国家理科基地教材

基础化学实验

（第二版）

李厚金　石建新　邹小勇　编著

科学出版社
北　京

内 容 简 介

本书是在中山大学多年实验教学研究和改革与教学实践基础上编写而成的。它和后续的《现代化学实验与技术》、《综合化学实验》构成化学和近化学专业实验教学的有机整体。全书分为四大部分：化学实验基本知识和基本技术、基本实验、制备实验和设计实验，内容涉及化学二级学科的无机化学实验、分析化学实验和有机化学实验的基本原理和技能，实验包括常量、半微量和微量实验、综合型实验和多步骤系列实验等共 137 个；并在保证对学生的基本训练基础上，加强创新意识和绿色环保意识的培养。

本书可作为高等学校化学类和近化学类专业（生物、医学、药学、化工、冶金、轻工、食品、农林、材料科学与工程、环境科学与工程等）基础化学实验教材，也可供相关人员参考使用。

图书在版编目(CIP)数据

基础化学实验/李厚金，石建新，邹小勇编著. —2版. —北京：科学出版社，2015.6

国家理科基地教材

ISBN 978-7-03-044590-2

Ⅰ.①基… Ⅱ.①李…②石…③邹… Ⅲ.①化学实验-高等学校-教材 Ⅳ.O6-3

中国版本图书馆 CIP 数据核字（2015）第 124803 号

责任编辑：丁 里 杨向萍 赵晓霞/责任校对：钟 洋
责任印制：吴兆东/封面设计：迷底书装

科学出版社 出版
北京东黄城根北街 16 号
邮政编码：100717
http://www.sciencep.com

天津市新科印刷有限公司印刷
科学出版社发行 各地新华书店经销

*

2008 年 1 月第 一 版 开本：787×1092 1/16
2015 年 6 月第 二 版 印张：24 1/2
2026 年 1 月第二十一次印刷 字数：627 000

定价：59.00 元

（如有印装质量问题，我社负责调换）

第二版前言

《基础化学实验》于2008年出版，各兄弟院校使用后对教材的教学效果均给予了积极评价，同时也反馈了不少建设性的修改意见，对此我们表示衷心的感谢！

近年来，随着我国科技和经济发展方式的转变，社会对高校人才培养提出了新的更高的要求。我们要坚持教育优先发展、科技自立自强、人才引领驱动，加快建设教育强国、科技强国、人才强国，坚持为党育人、为国育才，全面提高人才自主培养质量，着力造就拔尖创新人才，聚天下英才而用之。在国家重大战略的指引下，我们一线教师对化学实验教育也要有更深层次的思考：基础化学实验课程的教学内容和教学方式如何更好地与高校办学理念和人才培养目标相一致？基础实验教学如何在培养化学拔尖创新人才的过程中发挥其应有的基础性和关键性作用？基于这些思考和化学实验教学发展的趋势，我们对第一版教材进行了修订。

在修订过程中，我们坚持守正创新、坚持问题导向、坚持系统观念，遵循教学规律，吸收了国内外有关教材的长处以及兄弟院校多年来的教学实践经验。全书共选编137个实验，其中新改编和改动较大的有24个，其余实验也都进行了不同程度的修改和补充。为使实验课真正成为实施全面化学教育的最有效形式，我们在教材体系和编写方法上注意了以下几点：

第一，依据学生的认知规律、实验内容的特点与实验教学的要求，将全书分为化学实验基本知识和基本技术、基本实验、制备实验以及设计实验四部分。它们之间既相互独立又相互联系，每一部分在人才培养中都起到不同的作用。在内容安排上，既遵循循序渐进的原则，又分阶段、分层次对学生进行系统训练和培养。

第二，按照教学规律编写每一部分实验内容。基本操作由浅入深、由易到难；实验原理的叙述由详细到简洁；实验步骤由详尽到概略；实验内容由简单到综合。力求通过实验教学，学生能够掌握基本实验操作、技能和知识（知道如何做实验），培养学生观察和解释现象的能力（学会实验记录），以及分析数据与归纳实验结果的能力（学会写实验报告甚至小论文），进而逐步形成和提高发现问题、分析问题和解决问题的能力。

第三，坚持产教融合、科教融汇，突出实验教学与生产实际和科学研究的联系。本次修订强调实验内容与生产实际、科学研究的紧密联系，实验项目力求融基础性、新颖性、探索性、实用性、趣味性等特色于一体，使学生在实验中了解生产与科研的曲折过程，以期在培养学生“实验思维”与提高“动手能力”的同时，开拓其社会经济和学术视野，培养其科研兴趣和对化学学科的情感。

第四，增加了多步实验或系列实验、设计实验和研究型实验的教学内容，还实验的本来“面目”。实验项目内容既体现各学科之间相互交叉、相互渗透的现状，又体现化学学科发展的时代特点。期望通过基础化学实验的训练培养学生的“创新意识”与“创新能力”。

第五，取材广泛。近年来，各高校实验场地、实验仪器设备均得到极大改善，但仍不均衡。本书在实验内容、实验方法的选择方面特别注意多样性，为采用本书的兄弟院校提供了更多的选择余地。此外，我们还选编了 6 个英文实验，便于双语或全英文教学，有利于学生专业英语水平的提升和国际化视野的培养。

第六，强调“实验绿色化”，注重人文关怀。秉承绿色化学理念，我们删除了一些污染性较大的实验，尽量选择无污染或小污染的实验或试剂。在不影响实验教学效果的前提下，尽量减少试剂用量，使其成为节约型实验。践行环保育人，始终严格要求学生对实验产生的“三废”进行分类回收和处理，培养学生的绿色发展理念和作为一名化学人的社会责任感。

本次修订体现了中山大学从事基础化学实验教学老师们的集体智慧，是老师们多年来潜心实验教学，兢兢业业，尽心尽责，勤奋努力的结果。主要修订工作由李厚金、石建新与邹小勇老师完成。

在修订过程中，得到了中山大学实验教学研究（改革）项目（实验教材建设专项）的支持；得到学校和学院领导、实验教学的前辈以及其他老师的大力支持和热情帮助；参考了国内外部分化学实验教材和文献资料。在此向所有支持者表示衷心的感谢！

由于我们水平有限，书中疏漏或不妥之处在所难免，恳请有关专家和读者批评指正。

编　者

2023 年 7 月于康乐园

第一版前言

化学是一门实践性很强的基础学科。实验教学在化学及相关专业人才培养中起着关键作用，因此在本科教育中占有十分重要的地位。在教学实践中，我们坚持以人为本，全面贯彻落实科学发展观，将培养创新人才作为教学工作核心，实施开放式实验教学，促进学生知识、能力、思维和素质的全面协调发展，以期切实解决人才培养的科学发展问题。为此，我们对化学实验教学方法和内容进行了大力度改革，提出以教育思想和教育观念革新为先导，改革单向系统传授实验知识和技术的实验教学体系，建立系统传授与探索研究相结合的实验教学新体系，促进科研全面渗入本科实验教学，推行开放式实验教学，实施个性化实验教学，激发学生对科学实验的兴趣。通过实验教学改革带动实验室和实验课程建设，构建一套科学的化学实验教学体系以及创新人才培养模式和教学管理机制，全面推动本科化学教育创新。

根据教育部高等学校教学指导委员会化学类专业教学指导分委员会制定的《普通高等学校本科化学专业规范（草案）》、《化学类专业发展战略研究报告（草案）》(《大学化学》，2005，第 20 卷，第 6 期）以及《国家化学基础课实验教学示范中心建设标准》(2001) 等文件中规定的“化学专业化学实验教学基本内容”，从培养化学创新人才整体考虑，结合国际化学教育，特别是化学实验教学的发展趋势，我们对大学化学实验课程进行了一体化设计：将传统的四大基础化学实验课程、中级化学（专门化）实验课程进行了整合，独立设置了基础化学实验、现代化学实验与技术、综合化学实验、高分子化学与物理实验、化工原理实验和化工专业实验六门实验课程，形成了“一体化、多层次、开放式”的化学实验课程新体系。

基于上述实验教学理念、教学改革思路和实验课程体系，中山大学化学与化学工程学院自 2000 年开始教学改革与实践，全面整合和优化了实验教学内容，删减了部分验证性实验，精选基本操作训练实验，新开设一批综合性、设计型和研究创新性实验，其中的部分内容来自教师的科研成果，部分内容来自工业生产与工程实际和日常生活。这类强调化学与材料科学、生命科学、环境科学交叉融合的实验项目每学年都进行更新和调整，融新颖性、探索性、实用性、趣味性等于一体，颇具挑战性，受到学生的欢迎，取得了良好的教学效果。

本套教材是在学院原有实验教材和讲义的基础上，经过整合、优化、扩充、提高，并吸取了国内外同类教材的优点编写而成的，是多年实验教学改革和教学实践的成果，凝聚了许多老师的辛勤劳动。

《基础化学实验》是学院化学实验教学新体系中独立设置的实验课程之一，其目标是在培养学生掌握化学实验的基本操作、基本技能和基本知识的同时，培养学生的创新意识。它与后续的《现代化学实验与技术》和《综合化学实验》构成化学和近化学专业（生物、医学、药学、化工、冶金、轻工、食品、农林、材料科学与工程、环境科学与工程等）实验教学的有机整体。

本书融合了无机化学、分析化学、有机化学和综合化学实验四大板块，各板块间既分工明确，又紧密联系，每个大板块又分成若干有内在规律的小板块，以更好地体现学科渗透的特点。本书着重训练学生化学实验的基本知识、基本操作和基本技能，同时强调化学实验的综合性和先进性，突出“个性化”培养。通过本课程的学习和实践训练，使学生掌握常用玻璃仪器的基本操作、分离提纯技术、分析测定技术、化学物的性质及制备、综合及设计实验等，熟悉并掌握文献资料查阅、化学实验现象的观察和记录、实验条件的判断和选择、实验数据的测定和处理、实验结果的分析和解释等科学研究方法；培养学生发现问题、提出问题、分析问题、应用所学知识解决实际问题的能力，实事求是的工作态度，严谨的科学作风，为学生后续课程的学习打下扎实的基础。

本书是在我们多年使用的《无机化学实验》、《分析化学实验》、《有机化学实验》的基础上精选、修改、补充和完善而成，共选编了 117 个实验，其中既有技能训练和基础性实验，又有综合型实验及多步合成以及设计实验，适合化学和近化学专业的不同教学要求。每个实验都提供实验目的、实验原理和实验步骤，以及注意事项等。读者可在查阅相关文献资料的基础上开展研究性学习，以获得对实验方法和技术及其应用的全面理解和掌握。

本书由中山大学化学与化学工程学院刘汉标、石建新、邹小勇老师担任主要编写工作，郑成谋、马志玲、陈文华、庞冀燕、黄滨、梁起、林志强、阎素君、肖小华等老师也参加了部分章节的编写。

本书在编写过程中，得到了国家基础科学人才培养基金（化学基地）、中山大学实验教学研究（改革）项目（实验教材建设专项）、中山大学实验教学改革研究开放基金的支持；得到了学校和学院领导，实验教学前辈的指导，以及许多其他老师的大力支持和热情帮助；参考了部分国内外化学实验教材和文献资料。在此向所有支持者表示衷心的感谢！

本书是对基础化学实验教材改革的尝试，内容选择和章节编排上难免存在不妥之处，恳请有关专家和读者批评指正。

编　者

2007 年 7 月于康乐园

目　录

第二部分　基本实验

第四部分　设 计 实 验

第一部分　化学实验基本知识和基本技术

第1章　化学实验基本知识

1.1　基础化学实验课程简介

基础化学实验是以实验操作为主的技能课程，由传统的无机化学实验、定量化学分析实验和有机化学实验结合而成，同时融入了适量的物理化学实验内容。它既是一门独立的课程，又与相应的理论课——无机化学、定量化学分析、有机化学有紧密的联系。在新的实验课程体系中，包括了无机化学、分析化学、有机化学和综合化学实验四大板块，各板块间既分工明确，又紧密联系。每个大板块又分成若干个有内在规律的小板块，从而更好地体现了学科渗透的特点。整个课程体系及每个板块内部贯穿“基础、提高、综合、创新”这一特点。在“基础”阶段，着重进行基本知识、基本操作、基本技能的训练，即强调基础性；在“提高”阶段，突出教学对象的主动性和独立性；在“综合”阶段，强调化学实验的综合性和先进性；在“创新”阶段，强调化学实验的设计性和研究性。本课程目标是使学生掌握化学实验的基本操作、基本技能和基本知识，培养学生的创新意识与创新能力。

1.2　实验室守则

(1) 实验室是学生进行技能训练、培养创新思维和科学研究能力的基本场所，在本科教育中起着其他教学环境不可替代的重要作用。学生应重视实验课的学习。

(2) 学生进入实验室学习和工作前，应认真学习并严格遵守本守则和实验室其他管理规定，增强安全意识，注意人身和设备安全，要服从实验指导教师和实验室技术人员的安排。

(3) 学生在进行实验前须做好预习，认真阅读实验课本和其他有关内容，并按要求写出预习报告；了解实验原理和实验步骤，了解实验过程中可能出现的问题。

(4) 实验时，要保持室内安静，不准高声交谈，不得到处走动，影响他人实验。实验室严禁串位、吸烟、随地吐痰和乱扔杂物。

(5) 爱护国家财产，不准乱拆仪器设备。如果学生损坏玻璃和其他仪器设备，应及时报告指导教师和实验室技术人员，说明原因并填写“玻璃和仪器设备损坏登记表”，因违反操作规程而损坏仪器者应按有关规定赔偿。

(6) 实验完毕，实验数据和结果经指导教师签字和同意后，学生方能离开实验室。

(7) 值日学生要负责关闭实验室的水、电、煤气、窗，做好地面和台面卫生后方能离开实验室。

1.3　实验室安全

在基础化学实验中，经常使用腐蚀性的、易燃的或有毒的化学试剂；大量使用易损坏的玻璃仪器和某些精密仪器，以及水、电、煤气等。为确保实验的正常进行和人身安全，必须严格遵守实验室的安全规则：

（1）学生进入基础化学实验室后，要认真清点实验所用的仪器，并逐件检查是否完好，若发现有裂（伤）痕或损坏者，应及时更换。

（2）提供给实验者使用的标准磨口仪器，对接磨口的精密度比较高，为了保持其良好的使用性能，洗刷磨口时不得使用有机械磨损性的去污粉。一般情况下不要将磨口长时间处于对接状态放置，防止由于磨口黏结而难以松脱。若需对接存放时（如分液漏斗及其他带活塞的仪器），则应在磨口接触面夹上一张小纸片，并用棉纱线或橡皮圈将活塞固定。接触过碱液的磨口，应彻底洗涤干净，不然会造成磨口永久性黏结而使仪器报废。

（3）安装实验仪器装置时应严格遵守操作规程，安装完毕应作认真检查，确认无误后才能进行实验工作。

（4）进行实验操作时应戴上防护眼镜，对于有危险性的实验，应使用防护面罩和胶手套等防护用具。

（5）实验室内严禁饮食、吸烟，一切化学药品禁止入口。不能以实验容器代替水杯使用。

（6）使用煤气灯时，应先了解正确的使用方法，使用完毕立即关闭煤气开关。

（7）浓酸、浓碱具有强烈的腐蚀性，切勿溅到皮肤和衣服上。如果不小心溅到皮肤和眼内，应立即用水冲洗，然后用2%碳酸氢钠溶液（酸腐蚀时采用）或2%硼酸溶液（碱腐蚀时采用）冲洗，最后再用水冲洗。

（8）使用CCl_4、苯、丙酮、三氯甲烷等有机溶剂时，一定要远离火焰和热源。使用完毕将试剂瓶塞严，放在阴凉处保存。

（9）使用汞盐、砷化物、氰化物等剧毒物品时应特别小心。氰化物与酸作用会放出剧毒的HCN！故严禁在酸性介质中加入氰化物。氰化物废液应倒入碱性亚铁盐溶液中，使其转化为亚铁氰化物盐类，然后作废液处理，不要倒入水槽中。

（10）分析天平、分光光度计、酸度计等均为基础化学实验中使用的精密仪器，使用时应严格遵守操作规程。仪器使用完毕后，将仪器各部分旋钮恢复到原来位置，拔去电源插头。

（11）实验室应保持室内整齐、干净。禁止将固体物投入水槽内，以免造成下水道堵塞。废酸、废碱应小心倒入废液缸，切勿倒入水槽内，以免腐蚀下水管。

（12）如发生烫伤，可在烫伤处抹上烫伤软膏。严重者立即送医院治疗。

（13）实验过程中万一发生着火，应尽快切断电源或燃气源，用石棉或湿抹布熄灭（盖住）火焰。酒精及其他可溶于水的液体着火时，可用水灭火。密度小于水的非水溶性有机溶剂着火时，不可用水浇，以防止火势蔓延，可用砂土扑灭。电器着火时，也不可用水及CO_2灭火，而应首先切断电源，用CCl_4灭火器灭火。衣服着火时，切忌奔跑，而应就地躺下滚动，或用湿衣服在身上扑打灭水。情况紧急时应及时报警。

（14）实验结束后要洗手。离开实验室时，应仔细检查水、电、煤气、门窗是否已关好。

1.4　实验的预习、操作、记录和报告

实验预习对于做好实验至关重要。学生要按教学进度表进行预习，认真阅读相关的教材和文献资料，观看多媒体教学课件，做到明确实验目的、理解实验原理、熟悉实验内容、了解基本操作和仪器的使用、了解注意事项等目的，从而合理安排实验、提高实验效率。在此基础上，撰写预习报告，其格式可与实验报告的格式一样，留空以记录实验现象与结果。教师实验前要检查预习报告，不写预习报告不能进实验室。实验操作必须细致认真、独立完成；仔细观察实验现象并当场将实验现象与结果如实记录在预习报告上，不能随后补记或造假。养成良好的科学习惯，遵守实验工作规则。做到操作规范、环境整洁。在此基础上，使用专门的实验报告本，根据预习和实验中的现象及数据记录等，及时认真地写出实验报告。实验报告是对每次实验的概括和总结，书写必须严肃、认真、实事求是，要求整洁、条理清晰、简明扼要。基础化学实验报告一般包括以下内容：

（1）实验题目、日期。

（2）实验目的：简述实验目的。

（3）实验原理：简述实验原理，对定量测定实验还应简介实验有关基本原理和主要反应方程式。

（4）实验内容：实验内容是学生实际操作的简述，尽量用表格、框图、符号等形式，清晰、明了地表示实验内容。

（5）实验现象及原始数据记录：实验现象要表达正确，数据记录要完整。绝对不允许主观臆造、抄袭他人的作业。

（6）实验结果：对实验现象加以简明的解释，写出主要反应的化学方程式。数据处理要表达清晰，必须写出相应公式，代入数据与单位，计算结果。

（7）实验讨论：对实验中发现的问题，应运用已学过的知识，提出自己的见解，以培养分析和解决问题的能力。制备或提纯类实验应重点结合实验结果进行讨论，分析产物产率高低及纯度高低的原因等；定量分析实验应讨论实验结果的误差来源，经验教训或心得体会等。以上几项内容的繁简、取舍应根据不同实验的具体情况而定。报告中的一些内容，如原理、表格、计算公式等，要求在实验预习时准备好，其他内容则可在实验过程中以及实验完成后填写。

附：实验报告格式示例

1. 性质类实验报告

报告主要包含以下几项内容：实验项目、操作方法、化学反应式、实验现象及结论。表 1-1 是采用表格的一种参考书写形式。

2. 制备类实验报告

1）无机化合物的制备或提纯

（1）实验目的。

（2）实验原理：包括基本原理及主要反应，用自己的语言简要表达。

表 1-1　烯烃的化学性质

实验项目	操　作	化学反应式	现　象	结　论
Ⅰ. 烯烃的化学性质 Ⅱ. 与溴作用	取一试管，加入 0.5 mL 环己烯。加几滴 Br_2-CCl_4 溶液		溴的棕色立即褪去	烯烃可与 Br_2 加成

(3) 制备流程图。

(4) 实验操作与现象：只需就实验过程扼要地列出实验操作的项目即可。为了表达清楚，操作项目与现象应互相对应，并以表 1-2 的形式给出。

表 1-2　无机化合物制备或提纯类实验步骤与现象格式

实验步骤	实验现象	解释
1. 2.	1. 2.	1. 2.

(5) 实验结果与数据处理：包括产品外观、产量、母液体积、理论产量、产率或回收率等，并以表 1-3 的形式给出。

表 1-3　无机化合物制备或提纯类实验结果格式

产品外观	产量 /g	母液体积 /mL	理论产量 /g	产率 /%	……

数据处理过程：

(6) 讨论。

(7) 思考题。

2) 有机化合物的制备和提纯

(1) 实验目的。

(2) 实验原理：包括基本原理及主要反应，可用化学反应式表达。

(3) 实验试剂、药品及用量：列出反应作用物的用量，计算出它们的物质的量，以表明各作用物之间量的关系。

(4) 反应装置：画出反应装置图，按比例大小正确描绘出仪器的形状和仪器间的连接关系。

(5) 物理常数：查出本实验所用的原料及主要产物的物理常数，如相对分子质量、颜色、结晶形状、密度、熔点、沸点及溶解度等，并以表格的形式列出。这些数据可以帮助我们在实验中正确理解实验现象，作为判断和采取操作措施的依据。

(6) 实验操作与现象：实验操作无需完全照抄讲义或课本，只需就实验过程扼要地列出实验操作的项目即可。为了表达清楚，操作项目与现象应互相对应，如实地记录实验现象。书写格式见表 1-4。

表 1-4　有机化合物制备类实验报告格式

实验步骤	实验现象
1. 2.	1. 2.

（7）实验结果、计算理论产量和产率：理论产量是假设原料完全转变成所需产物而根据化学反应式计算出来的产量。事实上，在有机反应中，由于副反应的存在和分离提纯过程的损失等原因，实际产量往往低于理论产量。为了提高反应速度或促使反应尽可能完全，常增加某一反应物的用量。因此，在参与反应的原料有两种或两种以上时，应以使用物质的量最小的原料作为计算理论产量的依据。

（8）讨论：主要是依据操作者本人在实验中发现的问题，运用已学过的知识，提出自己的见解，有利于培养分析和解决问题的习惯和能力。

上述各项内容中，实验原理、试剂用量、反应装置、物理常数、实验操作与理论产量等项应在实验前结合预习事先写好，实验现象应在操作过程及时记录，百分产率和讨论则在实验结束后完成。

3. 测定类实验报告

实验 28　食醋中总酸量的测定（酸碱滴定法）

××××年×月×日

（一）实验目的

1. 复习强碱滴定弱酸的基本原理及指示剂的选择。

2. 学习食醋中总酸量的测定方法。

（二）实验原理

$$NaOH + CH_3COOH = CH_3COONa + H_2O$$

产物是 CH_3COONa，显弱碱性，可用酚酞作指示剂。

（三）数据记录及结果报告表

1. 0.1 $mol \cdot L^{-1}$ NaOH 标准溶液的配制和标定

标定结果 $c(NaOH) = 0.1008\ mol \cdot L^{-1}$（测定记录表略）。

2. 食醋总酸量的测定

吸取 10.00 mL 食醋试液于 100 mL 容量瓶中，用水稀释至刻度，摇匀（表 1-5）。

表 1-5　食醋总酸量测定记录表

测定次数	Ⅰ	Ⅱ	Ⅲ
$V_{食醋}$(稀释后试液)/mL	25.00	25.00	25.00
V_{NaOH}/mL	20.36	20.40	20.36
总酸度/[g·(100mL)$^{-1}$]*	4.930	4.939	4.930
平均总酸量/[g·(100mL)$^{-1}$]	4.933		
单次测定偏差 d/[g·(100mL)$^{-1}$]	−0.003	+0.006	−0.003
相对平均偏差/%**	0.08		

* 食醋总酸量，用每 100mL 食醋（原液）含 CH_3COOH 的质量(g)表示。

结果计算式：

$$总酸度/[g\cdot(100mL)^{-1}] = \frac{(cV)_{NaOH}M_{CH_3COOH}}{\frac{25.00}{100.00}\times 10.00\times 1000}\times 100\%$$

式中，$c_{NaOH} = 0.1008\ mol \cdot L^{-1}$，$M_{CH_3COOH}$为乙酸的相对分子质量。

$$** \quad 相对平均偏差/\% = \frac{|d_1|+|d_2|+|d_3|}{3\times 平均总酸量}\times 100\%$$

（四）讨论

结果精密较好，但第二份偏差较大，可能是由于滴定速度较快，滴定管读数过早。

（五）思考题

第2章　一般技术

2.1　玻璃仪器的使用

2.1.1　常用玻璃仪器

实验室常用的仪器有普通玻璃仪器、标准口（磨口）玻璃仪器、电学仪器和金属器具等。下面主要介绍玻璃仪器的名称及其保养。

图 2-1 列出的是常用普通玻璃仪器和标准口玻璃仪器。

实验室中常用的玻璃仪器，它们的用途各不相同，但共同的特点是易碎，故使用时应轻拿轻放。简介如下：

1. 普通玻璃仪器

1）温度计

普通温度计一般用玻璃制成，下端的水银球与上面一根内径均匀的厚壁毛细管连通。管外刻有表示温度的刻度。分度为 1℃或 2℃的温度计一般可估计到 0.1℃或 0.2℃的读数。

每支温度计都有一定的测量范围，通常以最高的刻度表示，如 100℃、200℃等。任何温度计都不允许测量超过其最高刻度的温度。

温度计水银球部分的玻璃壁很薄，特别容易破碎，使用时应加倍注意。不可将温度计当玻棒进行搅拌；测量液体温度时，要使水银球完全浸在液体中，注意勿使水银球接触容器底部或侧壁。测量完高温的温度计不能立即撤离高温载体，更不可立即用冷水冲洗，以免由于瞬间温差太大而发生断裂。温度计用完后应装入套筒内保存。

温度计的水银球若被打碎，洒出汞，应先用滴管尽可能将其收集起来，然后用硫磺粉覆盖在有汞溅落的地方，并摩擦之，使汞转化为难挥发的 HgS。

2）烧杯和烧瓶

烧杯和烧瓶不可直接用火加热，可通过电热板或热载体进行加热。不能用秃头毛刷或砂纸洗刷，因玻璃刮伤后容易破裂损坏。通常可用去污粉和肥皂水洗涤，若遇少量焦油状物难以洗脱时，可用洗液或少量回收的有机溶剂洗涤，最后用清水洗净。

3）蒸馏瓶

普通玻璃蒸馏瓶及带支管仪器的支管容易碰断，在使用、安装和放置时都要特别注意。任何情况下都不能把支管当作把手。

4）冷凝管

冷凝管夹套通水后质量较大，安装时应先用冷凝管夹在它的重心位置上进行固定。直形夹套冷凝管一般用作蒸馏沸点低于 130℃液体时的冷凝器，球形冷凝管一般用作回流冷凝器。洗涤冷凝管时需用长毛刷（冷凝管刷）。

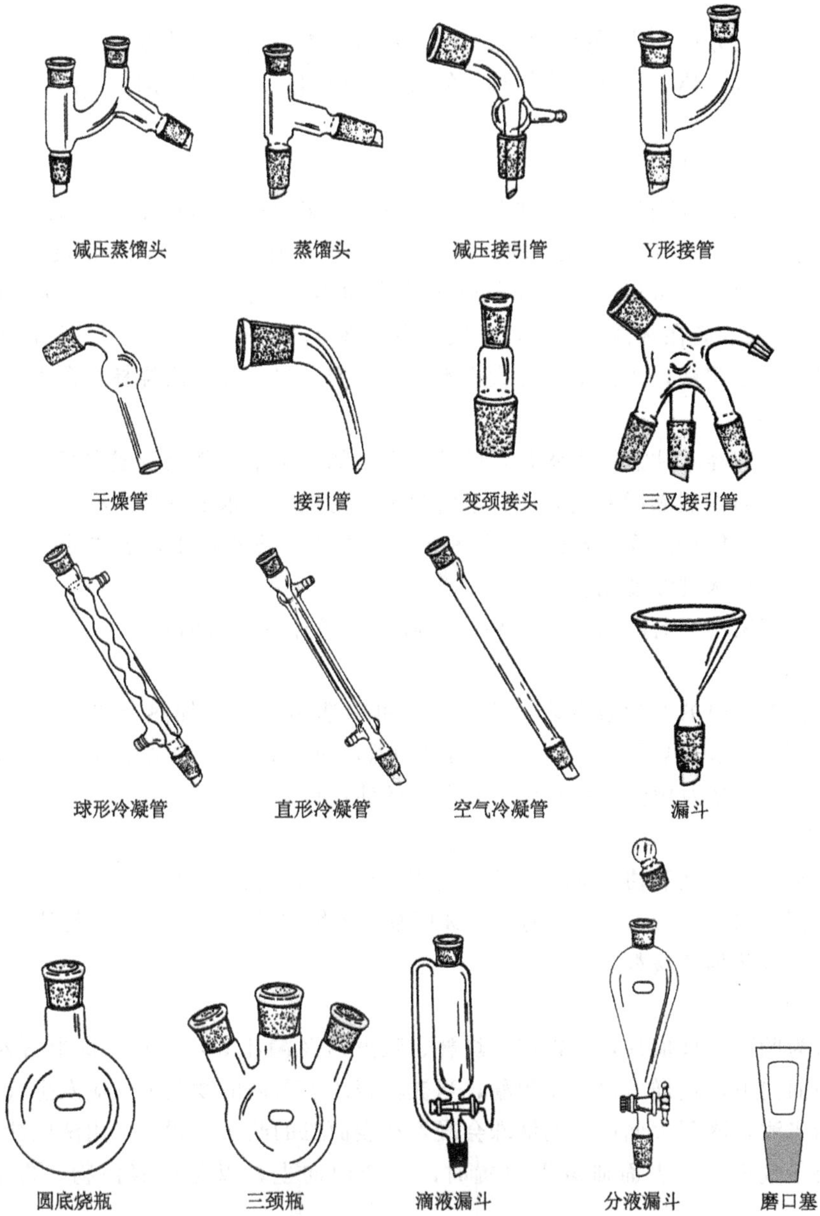

图 2-1　磨口玻璃仪器

5）分液漏斗

分液漏斗的活塞和顶盖塞都是玻璃磨口的，而且多数是以套装对磨而成，专一性极强，特别是活塞，不能互相调换。不用时应在活塞和顶盖塞的磨口面垫上纸片，防止下次使用时难以打开。使用前，在活塞外表面涂上一层薄薄的凡士林（或真空油脂），使活塞转动灵活，如需把分液漏斗放入烘箱干燥时，一定要把盖塞和活塞取下，否则会破裂或黏结。

6）洗瓶

目前实验室所用洗瓶多是塑料瓶，其中装入纯水，用于刷洗仪器或沉淀，其用水量少而且洗涤效果好。

塑料洗瓶使用方便，用手握住洗瓶一捏，水自喷嘴挤出。其缺点是当用热洗涤液时，不能将塑料洗瓶直接加热，只能灌注加热好的溶液，或用热水浴间接加热（注：塑料洗瓶加热温度不宜高于 60℃）。

7）蒸发皿与水浴锅

化学制备中用来浓缩溶液的是钵形的瓷蒸发皿，实验室常用有嘴带柄的蒸发皿，容量为 15～250 mL，内壁应该是洁白光滑的，绝不允许用搅捧在蒸发皿中刮动沉淀。

对热稳定的溶液，可以直接在煤气灯上小火加热，上面“罩”以表面皿（用玻璃勾架起）。易分解的溶液应在水浴上加热，蒸发皿内所盛溶液的体积不能超过蒸发皿容量的 2/3。

水浴锅一般是铜锅，水浴锅盖是大小不同的铜圈。将蒸发皿或烧杯放在水浴锅铜圈上加热即可（蒸气浴）。

使用水浴锅应经常注意锅中水是否已被烧干，如果烧干，就会变成空气浴，温度会升得很高，引起溶液的强烈沸腾溅失，而且水浴锅也容易烧坏。水浴锅内所盛的水不能超过其容量的 2/3，随着锅内水的不断蒸发，要注意添水。若不慎将水烧干，要立即停止加热，等水浴锅冷却后，再加水继续使用。

在分光光度法中，有时需将一系列显色溶液水浴加热，这时也可用一个大烧杯代替水浴锅。

另外，根据加热的对象及要求的不同，还可以选用其他的加热方式。例如：电热水浴（温度连续可调）及电热板。电热水浴所加热的器皿可直接放入水浴中（真正的水浴）加热即可。使用电热水浴及电热板应注意电热器件的使用规则。

8）搅棒

搅棒用来搅拌溶液和协助倾出溶液，是用 4～6 mm 直径棒截成的，将其斜放在烧杯中后，应比烧杯长出 4～6 cm。太长易将烧杯压翻，太短操作不方便，而且易沾污。搅棒的两端应烧光滑，以防划坏烧杯。

9）表面皿

表面皿为凹面的玻璃片，用以覆盖烧杯、蒸发皿及漏斗等，以防止灰尘落入。使用时，表面皿的凸面向下，这样可以放得很稳，当被覆盖的容器内的物质因反应发生气体时，必会产生溶液的飞溅，溅到表面皿上的液珠会凝聚在表面皿的凸出位置，可用洗瓶冲洗入原容器内，使溶液不致损失。表面皿取下放置时，应凸面向上，以免沾着污物，再盖时带入容器内。

在称量时，表面皿也常用来盛试剂或试样。表面皿玻璃质软易碎，不能直接加热。

10）瓷坩埚及坩埚钳

瓷坩埚可耐 1200 ℃高温，常用于沉淀的灼烧和称量。用煤气灯灼烧坩埚温度只能达到 800～900℃，更高的温度须在马弗炉中灼烧。选用的坩埚不要太大和太厚，常用的是 25mL 或 30mL 薄壁的瓷坩埚。瓷坩埚不能用来熔融金属碳酸盐、苛性碱，更不能与 HF 接触，使用前应用自来水及热的浓 HCl 洗涤（洗去 Fe_2O_3、Al_2O_3），最后用纯水冲洗干净。灼烧坩埚前，应先用小火焰“舐”烧坩埚的各部分，使其慢慢被烘干后，再逐渐升高温度。湿坩埚或放有湿沉淀的坩埚，绝不能突然用大火灼烧，否则很容易爆裂。

当夹取高温或冷却后待称量的坩埚时，要用坩埚钳。坩埚钳用后要钳口向上平放在白瓷板上，铜制或铁制坩埚钳要用细砂纸磨光亮后再用。

11）干燥器

所有的称量器皿和试样，烘干后一定要放置待其温度达到室温再称量。由于空气中总含有一定量的水分，因此冷却不能暴露于空气中，必须放在干燥器中。

按照放在干燥器中的物质的吸湿性的不同，需采用不同强度的干燥剂。常用的干燥剂是变色硅胶、无水 $CaCl_2$，其他干燥剂还有 $CaSO_4$、CaO、浓 H_2SO_4 等。P_2O_5 和 $Mg(ClO_4)_2$ 是最强的干燥剂，应用较少。

干燥器中有一带孔的白瓷板，孔上可以架坩埚和其他称量器皿等。

干燥器的准备和使用应注意以下几点：

（1）擦净干燥器的内壁，将多孔瓷板洗净烘干，把干燥器筛去粉尘后，借助纸筒放入器底（图 2-2），再盖上多孔瓷板。

（2）在干燥器的磨口上涂上一层薄而均匀的凡士林。

（3）开启干燥器时，左手按住干燥器的下部（手心向内），右手按住盖子上的圆顶，向左前方推开器盖。盖子取下后应拿在右手中，用左手放入（或取出）坩埚（或称量瓶），及时盖上干燥器盖（图 2-3）。盖子取下时，也可将其倒置在安全处，切忌放在桌子的边缘，以防盖子滚落跌损。加盖时，也应当拿住盖上圆顶轻轻推动盖好。

（4）将坩埚放入干燥器时，应放在瓷板圆孔内，当放入热的坩埚后，应稍稍打开干燥器盖一两次。

（5）干燥器内不准存放湿的器皿或沉淀。

（6）挪动干燥器时，用拇指和食指夹住干燥器盖，防止滑落打碎（图 2-4）。

图 2-2　装干燥剂

图 2-3　开启方法

图 2-4　搬动方法

12）量筒和量杯

量筒（图 2-5、图 2-6）和量杯（图 2-7）一般用于粗略地量取一定体积的液体。量筒分为量出式和量入式两种形式。量出式量筒在实验室中普遍使用。量入式量筒有磨口塞子，其用途和用法与容量瓶相似，容量精度介于容量瓶与量出式量筒之间。量入式量筒在实验室用得很少。量杯的读数误差比量筒的大。

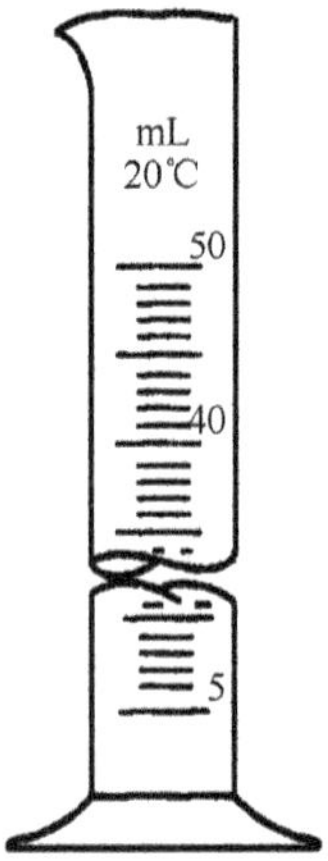

图 2-5　量出式量筒

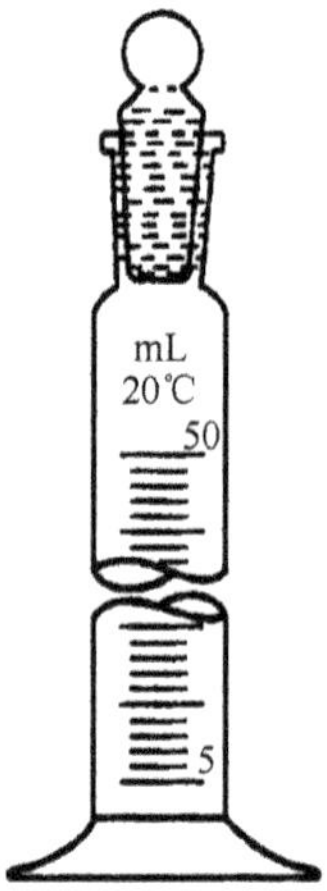

图 2-6　量入式量筒

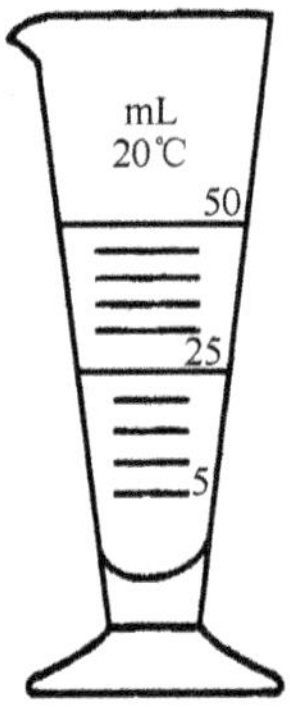

图 2-7　量杯

量筒和量杯的产品规格列于表 2-1 和表 2-2。

表 2-1　常用量筒

标称总容量/mL		10	25	50	100	250	500
分度值/mL		0.2	0.5	1	1	2 或 5	5
容量允差/mL	量入式	±0.10	±0.25	±0.25	±0.5	±1.0	±2.5
	量出式	±0.20	±0.50	±0.50	±1.0	±2.0	±5.0

表 2-2　常用量杯

标称总容量/mL	10	20	50	100	250	500
分度值/mL	1	2	5	10	25	25
容量允差/mL	±0.4	±0.5	±1.0	±1.5	±3.0	±6.0

使用中必须选用合适的规格，不要用大量筒计量小体积的液体，也不要用小量筒多次量取大体积的液体。往量筒或量杯中倒液体时，应先将其倾斜并用大拇指按住要量的刻度附近，慢慢往其中加液体。当液体快加到刻度时，小心控制至所需量。注意：不能用滴管往量筒或量杯中加液体。读数时，用食指和拇指拿住量筒或量杯上端，使其自然下垂，视线与量筒或量杯内液体凹液面最低处保持水平。

13）试剂瓶

试剂瓶一般用带有玻璃塞的细口瓶。见光易分解的试剂如 $KMnO_4$、$AgNO_3$ 等溶液，应该保存在棕色试剂瓶中。由于苛性碱对玻璃有显著的腐蚀作用，因此储放这种试剂时，应该用橡皮塞。如用玻璃塞，放置时间稍久，就会因玻璃被腐蚀而使塞与瓶紧紧地黏合在一起而无法启开。

试剂瓶只能储存而不能配制溶液。特别是不可用来稀释浓 H_2SO_4 和溶解苛性碱，否则配制过程中产生的大量热会使试剂瓶炸裂。应注意，试剂瓶绝对不能加热。

试剂配好以后，应立即贴上标签，注明品名、浓度及配制日期。长期保存时，瓶口上要倒置一个小烧杯以防灰尘侵入。

2. 标准口玻璃仪器

标准口玻璃仪器又称磨口玻璃仪器。按其容量大小及用途，分别制成各种不同编号的标准磨口。通常使用的标准磨口有10，14，19，24，29，34，40，50等。实验室常见的有14，19，24和29四种。这些数字编号是指磨口最大端的直径（mm)。有些磨口玻璃仪器同时使用两个数字，则表示磨口大小，如14/30表示此磨口最大处口径为14 mm，磨口长度为30 mm。使用时，相同编号的磨口可以相互连接，不同编号者可借助相应号码的变径接头进行连接。使用标准口玻璃仪器既可免去配塞子及钻孔等手续，又可避免反应物料被胶塞或木塞所沾污。使用磨口仪器时必须注意下述几点：

(1) 对接的磨口应尽量使用同一型号的玻璃制品。不同类型玻璃的磨口对接时，外套管的玻璃要具有较大的膨胀系数，否则容易由于胀缩不匀而破裂或打不开。

(2) 磨口处必须经常保持洁净，若粘有固体杂物，则使磨口对接不紧密引起泄漏甚至损坏磨口。

(3) 仪器用完后应即拆卸洗净。若处于对接状态的磨口长时间放置，磨口连接处常会黏结，难以打开（当有碱存在时更难打开!)。清洗磨口仪器时，不能用有机械损伤性的硬物或器械擦、刮磨口。

(4) 一般使用时，磨口处无需涂抹润滑剂，以免沾污内部物料。若反应物有强碱或酰卤时，则应涂上润滑剂，以防止磨口连接处因腐蚀黏结而无法打开。

(5) 安装标准口玻璃仪器时，各磨口连接处应不受由于歪斜或其他重力引起的应力作用。受热时这种应力更大，易使仪器断裂损坏。

(6) 对于损坏的磨口玻璃仪器，若磨口部分仍完好，应予以回收。

3. 常用仪器

1) 电热恒温干燥箱

电热恒温干燥箱（烘箱）用于烘干玻璃器皿、基准物、试样及沉淀等。根据烘干的对象不同，可以调节不同的温度。最高工作温度可达300℃，使用中一般不超过250℃。

电热恒温干燥箱还可用于重量法测定吸湿水、结晶水以及水或废水中的残渣等。

使用电热恒温干燥箱时要防止烫伤，往干燥箱中取放物品时要戴好棉纱手套；易燃、易爆等危险品以及能产生腐蚀性气体的物质不能放在恒温干燥箱内加热烘干；被烘干的物质不要撒落在箱内，如不小心撒落应及时清理干净，防止其腐蚀内壁及隔板。使用过程中要经常检查箱内温度是否在规定的范围内，温度控制是否良好，发现问题及时修理。另外，使用温度不能超过电热恒温干燥箱的最高允许温度，使用完毕应立即切断电源。

2) 煤气灯

煤气灯是利用煤气作燃料的加热灯，可用于加热、灼烧及弯制玻璃管。它由灯管及灯座组成，灯管的下部有螺旋可与灯座相连，灯管下部还有几个圆孔，是空气的入口。旋转灯管即可完全关闭或不同程度地开启圆孔，以调节空气的进入量。灯座侧面的煤气入口由橡皮管连接煤气开关。灯座下面（或侧面）有一针形阀，用以调节煤气的进入量。

当空气不足时点燃煤气灯，火焰呈黄色，此时煤气燃烧不完全，火焰中含有炭粒，火焰温度不高。逐渐加大空气量，煤气的燃烧逐渐完全，火焰分为三层：内层称为焰心，约为

300℃；中层称为还原焰，温度较焰心高，呈淡蓝色；外层称为氧化焰，温度在三层中最高，可达 800～900℃，呈淡紫色。实验时，一般使用外层氧化焰加热。当空气和煤气的量不合适时会产生不正常火焰。煤气和空气量都太大会产生“临空火焰”，灯点不着。当煤气量小、空气量大时煤气在灯管内燃烧，发出特殊的嘶嘶声，并将灯管烧热，称为“侵入火焰”，有时煤气量因某种原因减少也会发生侵入火焰，称为“回火”。如遇上述不正常燃烧情况，要关闭煤气灯开关，重新调节和点燃。

点燃煤气灯时，应先将空气孔调小，再点燃火柴，然后一边打开煤气开关一边点火（不允许先开煤气灯，再点燃火柴）。点燃煤气灯后，适当加大空气量，调节好煤气量，以得到合适的灯焰。使用过程中不得擅自离开，使用完毕后立即关闭。连接灯与管道的橡皮管若已老化应及时更换。

2.1.2 玻璃仪器的洗涤、干燥和使用

1. 玻璃仪器的洗涤

为了保证实验结果的科学性和准确性，所有实验均应使用清洁、干净的仪器。

在化学实验室中，常用去污粉和洗衣粉混合洗涤各种普通玻璃仪器。待洗仪器先用水润湿，再用湿毛刷蘸少许混合洗涤剂进行里外刷洗，最后用水冲洗。标准磨口仪器的洗涤，不要使用具机械磨损作用的去污粉，可用肥皂或洗涤剂进行清洗。为了提高洗涤效果，要根据污物的性质有针对性地选用适当的洗涤措施。例如，水溶性的物质可用水直接冲洗；碱性物质可用稀盐酸或硫酸溶液洗去；对于酸性物质则可用碱（NaOH 或 Na_2CO_3）溶液清洗。对于用一般方法难以清除的污垢，可选用少量的溶剂洗脱或用洗液浸泡。

对于量度溶液体积的玻璃器皿（简称容量器皿），如容量瓶、滴定管、移液管、吸量管等，如果器皿的内壁不干净，将直接影响测定体积的准确程度，并产生杂质离子的影响，引入测量误差。因此，为了保证分析结果的准确性和良好的精密度，实验中必须保持所使用的玻璃器皿的清洁。

洗净的玻璃器皿应该内、外清洁透明，而且水沿内壁流下后，均匀润湿，不挂水珠。

洗涤玻璃仪器要根据实验要求、污物的性质和沾污的程度等来选用洗涤剂。一般来说，附着在仪器上的污物有尘土、不溶性物质、可溶性物质和有机物等。一般用自来水和刷子刷洗可除去仪器上的尘土、不溶性物质和可溶性物质；用去污粉、肥皂和合成洗涤剂可以洗去油污和有机物质。也就是说，一般的玻璃器皿如烧杯、锥形瓶、离心试管等，先用自来水冲洗，再用去污粉或肥皂水刷洗，接着用自来水冲洗，最后从洗瓶挤出少量蒸馏水涮洗两三次。如果还不能洗净，可以根据污垢的性质选用适当的洗液来洗涤。

带刻度的容量器皿，如容量瓶、吸量管、滴定管等，为了保证容积的准确性，不宜用刷子刷洗，应选用适当的洗液（通常用铬酸洗液）来洗，具体办法如下。

1）移液管和吸量管的洗涤

为了使量出的溶液体积准确，要求管内壁和下部的外壁不挂水珠。先用自来水冲洗，再用洗耳球吹出管内残留的水，然后将移液管尖插入洗液瓶内，再用洗耳球将洗液缓缓吸入移液管球部或吸量管全管约 1/4 处，用右手食指堵住移液管上口，将移液管横置，左手托住没

沾洗液的移液管下端，右手指松开，平转移液管，使洗液润洗内壁，然后将洗液由上口放回原瓶，再用自来水充分冲洗，最后从洗瓶挤出少量蒸馏水冲洗内壁两三次即可。

2）容量瓶的洗涤

先用自来水涮洗内壁，倒出水后，内壁如不挂水珠，即可用蒸馏水涮洗备用，否则必须用洗液洗。用洗液之前，将瓶内残留的水倒出，装入约 15 mL 洗液，转动容量瓶，使洗液润洗内壁后，稍停一会儿，将其倒回原瓶，用自来水充分冲洗容量瓶，最后从洗瓶挤出少量蒸馏水冲洗内壁两三次。

3）滴定管的洗涤

滴定管分酸式和碱式两种。一般用自来水冲洗，零刻度以上部位可用毛刷蘸洗涤剂刷洗，零刻度线以下部位如不干净，则采用洗液洗（碱式滴定管应除去乳胶管，用橡胶乳头将滴定管下口封住）。少量的污垢可装入 5～10 mL 洗液，双手平托滴定管的两端，不断转动滴定管，使洗液润洗滴定管内壁，操作时管口对准洗液瓶口，以防洗液外流。洗完后，将洗液分别由两端放出。如果滴定管太脏，可将洗液装满整根滴定管浸泡一段时间。为防止洗液漏出，可在滴定管下方放一烧杯。最后用自来水、蒸馏水洗净。

另外，光度法中所用的比色皿，是用光学玻璃制成的，也不能用毛刷刷洗，通常用合成洗涤剂或（1＋1）HNO_3 洗涤后，再用自来水冲洗干净，然后用蒸馏水润洗两三次。

不能用刷子刷的仪器，如滴管等可用洗液浸泡数分钟（先取下橡皮头），然后用自来水及蒸馏水洗。

4）洗液的配制和使用

（1）铬酸洗液（重铬酸钾的浓硫酸溶液）。铬酸洗液常用来洗涤不宜用毛刷刷洗的器皿，可洗油脂及还原性污垢。5％的铬酸洗液的配制方法是：称取 10 g 工业用 $K_2Cr_2O_7$ 固体于烧杯中，加入 20 mL 水，加热溶解后，在搅拌条件下慢慢加入 180 mL 粗浓 H_2SO_4，溶液呈暗红色，储存于磨口玻璃瓶中备用。浓 H_2SO_4 易吸水，应用磨砂玻璃塞子塞好。由于铬酸洗液是一种酸性很强的强氧化剂，腐蚀性很强，易烫伤皮肤，烧坏衣物，而且铬有毒，所以使用时要注意安全，具体注意事项为：首先，使用洗液前，必须先将仪器用自来水冲洗，倾尽水，以免洗液稀释后降低洗液的效率。其次，用过的洗液不能随意乱倒，应倒回原瓶，以备下次再用。残留在仪器中的少量洗液，先用少量的自来水洗一次，首次废水最好倒入废液缸中。当洗液变为绿色（$K_2Cr_2O_7$ 被还原成 Cr^{3+}）时表示洗液失效，必须重新配制。而失效的洗液绝不能倒入下水道，只能倒入废液缸内，另行处理，以免造成环境污染。

（2）合成洗涤剂。可用洗衣粉或洗洁精配成大约 0.5％的水溶液，适合于洗涤被油脂或某些有机物沾污的容器。此洗液也可反复使用。

（3）还原性洗涤液。用以洗涤氧化性物质，如 MnO_2 可用 $H_2C_2O_4$ 的酸性溶液（10 g $H_2C_2O_4$ 溶于 100 mL 20％的 HCl 溶液中）洗涤。

（4）硝酸洗涤液。比色皿被沾污时，可用（1＋1）或（1＋2）的 HNO_3 泡洗。

以上介绍了四种常用的洗液，使用时要根据实际情况选择合适的洗液。

2. 玻璃仪器的干燥

1）晾干

为了保证实验时随时有洁净和干燥的仪器取用，一定要养成及时清洗仪器的习惯。每次做完实验后应把所使用过的玻璃仪器清洗干净，并把其倒置在仪器架上，让其自然晾干。这样既可保证下次实验有干净仪器使用，又避免由于久置而使污物更难洗去。

2）电热烘箱干燥

玻璃仪器放入烘箱干燥之前，应倒置在滴水板或仪器架上滴干器壁上的挂水。放入烘箱时，仪器开口部应朝上，使水蒸气容易逸去。烘箱温度应保持在 100～120℃。达到此温度后，中途不得临时再放入挂水的湿仪器，以免由于水滴滴到已受热的仪器上而造成破裂损坏。干燥完毕，应切断烘箱加热电源，并让其自动降温后才可取出仪器。取出仪器时应戴上棉纱手套（或用干毛巾垫手）。带余热的仪器放入干燥器或置于仪器架上，不要让热的仪器突然碰到冷水或金属板。计量玻璃仪器（如容量瓶、移液管、滴定管）不可用烘箱干燥。

3）电吹风

难以放入烘箱的大件仪器或者为了快速干燥个别仪器，可用电吹风干燥。先将仪器的挂水尽量沥干，用少量丙酮或乙醇荡洗，倾干，用电吹风冷风吹 1～3 min，吹走残留的溶剂，然后吹热风至干燥为止（有机溶剂蒸气易燃易爆，故开始时切勿吹热风），必要时再吹冷风，使仪器较快地冷却。

2.1.3 塞子的配置和打孔

使用普通玻璃仪器常常要用到塞子。实验室中常用的塞子有软木塞和橡胶塞，对于要求封闭严密的实验（如减压蒸馏）必须选用橡胶塞。选用塞子的大小应与所用仪器的口径相适应，以塞入瓶（管）口部分为塞子总高度的 1/3 至 2/3 为合适。

1. 软木塞的打孔

所选用打孔器的外径应比要插入软木塞的温度计或玻璃管等的直径略小。打孔的关键是一定要选用锋利的打孔器，而且打孔器的转动推进速度不能太快。当钻至塞高的一半时，取出打孔器，用金属棒推出打孔器内的塞芯，然后从塞子的另一面钻入，直至打通为止。这样，可防止软木塞爆裂，且可打出两端都比较圆滑的圆孔。必要时可用小圆锉修整孔洞。

2. 橡胶塞钻孔

应选择外径比要求打的孔径略大或至少相等的打孔器（视橡胶塞弹性的大小而定），并在打孔器的前端涂上一点甘油或凡士林。将橡皮塞放在一块小木板上，小的一端向上，右手握打孔器，左手握紧塞子，垂直用力慢慢往下钻，钻至塞高一半时，从另一面进钻，直至打通为止，打孔时进钻速度不宜太快，否则钻出的孔太小而不适合使用。

钻好孔后，将准备插入的温度计或玻璃管端的表面涂上少许甘油或水，握住温度计或玻璃管的手应尽可能靠近塞子的位置，另一只手握住塞子慢慢旋转插入，切不可用力直推，以免折断温度计或玻璃管，同时将手割伤。

2.1.4 常用的实验装置

有机反应往往比较复杂，影响因素也较多，因而对不同的反应，需根据所要求的反应温度、反应时间、物料的投放方式和顺序、反应过程的接触条件等因素而采用不同的装置。下面就实验室中几种常用的反应装置作简要介绍。

1. 回流装置

要求在某一指定的温度下进行较长时间反应时，常采用回流装置，如图 2-8 所示。借助反应溶剂或反应物的反复沸腾蒸发和冷凝回流而达到保持稳定的反应温度，其关键装置是在反应器上接有回流冷凝管。图 2-8（a）适用于反应过程释放出有害气体（如 HCl，HBr，SO_2，NO_2，NH_3等）的装置，图 2-8（b）的装置适用于要求防潮、干燥条件的反应。在回流过程的同时，需要滴液和测定温度的反应，可采用图 2-8（c）的装置。若需用氮气保护或其他导气反应时，可在三颈烧瓶的侧颈装上导气管。

操作要点：安装仪器按由下至上的顺序，烧瓶的盛液量以占总容积的 1/2 为宜，最多不得超过 2/3，加热前应先投入沸石（若使用磁力搅拌器时可不加沸石）；冷凝水从冷凝管的下口进，上口出。根据回流温度的高低选择合适的热浴（见 2.5 节）；回流速度控制在上升蒸气不超过冷凝管两个球为宜。

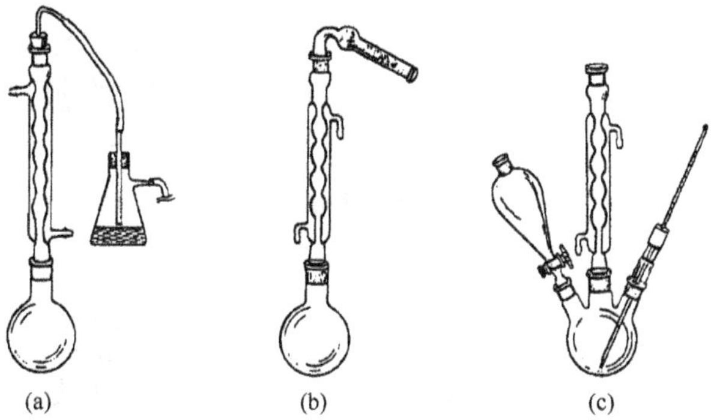

图 2-8　回流反应装置

2. 蒸馏装置

进行蒸馏或在反应过程中需蒸出某一液态组分时，就要使用蒸馏装置。图 2-9 列出了几种适用于不同蒸出温度的装置，其中，图 2-9（a）是最常用的蒸馏沸点不高于 130℃的蒸馏装置，蒸馏低沸点易燃溶剂时应使用图 2-9（b）的冰水浴冷却接受装置。冷凝管的下端进水，上端出水。蒸馏沸点高于 130℃的液态物质时，则应改用空气冷凝管。

3. 回流分液装置

图 2-10 是适用于利用共沸现象在反应过程中不断分离和移走某一液体组分的反应装置。它的特点是在反应器与回流冷凝管之间安装了一个液体分离器（或称分水器），图 2-10（a）回流分液装置适用于分出重组分的液体；图 2-10（b）装置则适用于分出轻组分的液体（操作方法参见 3.8 节）。

4. 搅拌装置

搅拌装置适用于非均相（液一液或液一固）或需在操作过程滴加物料的反应。搅拌可使反应物之间有更充分的接触，并加速热交换过程。目前常用的搅拌装置有磁力搅拌和电动

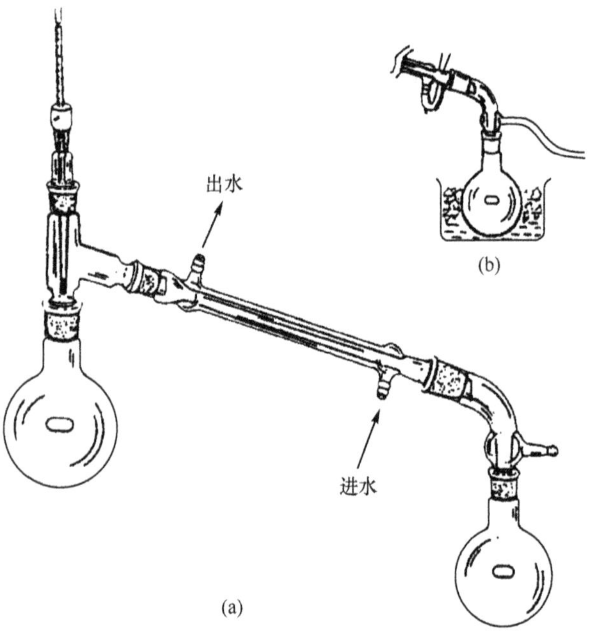

图 2-9　蒸馏装置

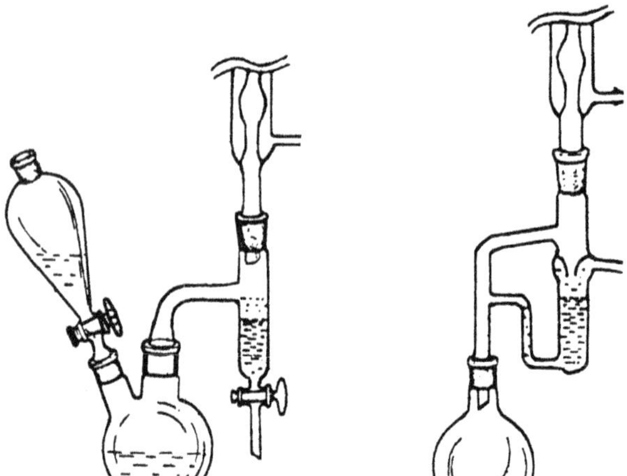

图 2-10　回流装置

搅拌。

1）磁力搅拌装置

磁力搅拌器［图 2-11（a）］的工作原理是仪器内部的强力马达带动永磁铁旋转，产生不断变化的磁场，带动放置在容器中的磁力搅拌子同步旋转，从而实现对样品溶液的搅拌混匀。同时，内部的电阻丝将电能转换成热能使盘面升温，加热温度通过热电偶检测并转换成电信号在面板上显示数字，以实现精确控温。加热盘面采用铝合金材质或一体成型的无缝陶瓷，陶瓷盘面的抗化学腐蚀性能极好。图 2-11（b）是一套常见的磁力搅拌反应装置，它由磁力搅拌器和反应装置组成。

(a) IKA C-MAG HS7电加热磁力搅拌器

(b) 磁力搅拌反应装置

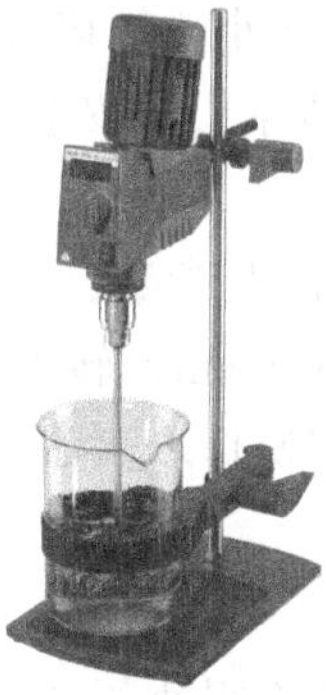

(c) IKA RW20顶置式搅拌器

(d) 电动搅拌反应装置

图 2-11　搅拌反应装置

IKA C-MAG HS7 电加热磁力搅拌器是目前基础化学实验室常用的电加热磁力搅拌器，其最大处理量为 10 L，搅拌转速范围为 100～1500 rpm，盘面控温范围为 50～500℃。其操作步骤如下：

（1）将仪器放置于较大空间且平稳、洁净无碎物、干燥防火的平面上。

（2）使用左边的操作旋钮设定加热盘目标温度，设定值显示在屏幕上，若开始加热，红色 LED 指示灯亮。

（3）使用右边的操作旋钮设定机器的速度。接通电源开机前将旋钮设置于左边位置，慢慢转动，逐渐增加速度，以避免转速过大造成泼溅。

（4）在搅拌和待机模式下，盘面温度大于 50℃，加热功能关闭后，“Hot”热警提示将在数字显示屏上闪现。

（5）若需连接接触式温度计，把仪器背部的堵塞拔出。若不需使用外置温度计，务必把堵塞重新塞上。

使用安全注意事项：

（1）加热盘可以达到将近 500℃高温。使用过程中盘面温度较高，避免碰触。关机后需留意余热的危险。电源线切勿接触加热盘。

(2) 仪器所加热介质的燃点必须高于设定温度 50℃以上。

(3) 陶瓷盘表面损坏（如擦伤、破裂或被腐蚀）时，切勿使用仪器。

(4) 使用中应考虑磁场对周围环境（如数据磁带、心脏起搏器等）带来的影响。

(5) 当使用 PTFE 磁力搅拌子，且温度在 300～400℃时，碱金属、碱土金属熔融状态或其溶液以及元素周期表第二族和第三族元素的粉末会与 PTFE 发生化学反应。常温下，只有单质氟、三氟化合物和碱金属会侵蚀 PTFE，而卤代烷烃会使其膨胀。

2) 电动搅拌装置

图 2-11 (c) 和 (d) 是化学实验室中常用的顶置式电动搅拌反应装置。顶置式搅拌器的工作原理是利用电驱动交流马达，通过一系列齿轮传动带动被转夹头夹持的搅拌桨随之旋转，从而对容器中的溶液样品产生搅拌混匀作用。利用圆锥形摩擦轮与齿轮之间的摩擦位点不同实现机械式调速，并通过数字把转速显示在屏幕上。具有两个速度挡，通过手动齿轮可方便地对搅拌机内部进行不同大小齿轮的更换，从而改变不同的转速及扭矩范围。它与磁力搅拌器的最大差异是：以小电机带动的机械搅拌棒代替小磁铁棒进行搅拌。这种搅拌器具有更好的搅拌效果，更适用于黏度较大的液一固反应体系。但安装和使用不及磁力搅拌器简便，使用时要注意选用合适的搅拌棒和密封装置。

IKA RW20 顶置搅拌器［图 2-11 (c) ］主要性能及参数：最大搅拌量 20 L（水），最大搅拌黏度 10000 mPa · s，钻夹头最大扭矩 150 N · cm，转速范围Ⅰ挡 (50 Hz) 60～500 rpm，转速范围Ⅱ挡 (50 Hz) 240～2000 rpm。其操作步骤如下：

(1) 将主机固定在带底座的支架台上。

(2) 选用合适的搅拌桨以达到最佳的搅拌效果。

(3) 固定搅拌桨，搅拌桨底部与容器底部的距离不得小于 10 mm，溶液液面不得低于 55 mm。

(4) 在搅拌器关闭后更换搅拌容器时，搅拌杆的顶部可以穿透搅拌器上端，方便更换容器。

(5) 如需更换搅拌桨，请确保仪器在 OFF 的状态或断开电源的情况下安装或拆卸搅拌桨。

(6) 调节换挡齿轮以确定在低转速（60～500 rpm）还是在高转速（240～2000 rpm）工作。

(7) 开机前须将调速轮设在最小速度位置，然后按下电源开关，再慢慢调节至所需转速。

(8) 转速在液晶屏上显示，速度单位为转/分 (rpm)。

在使用中需注意以下几点：

(1) 只有搅拌器在停止状态下才能进行高低速挡位调节。

(2) 当有玻璃容器时，应用固定夹固定，防止晃动。

(3) 必须在低速下开机，然后逐步调高转速至需要的速度，以防液体溅出。

(4) 转夹头最大可夹持直径为 10 mm 的搅拌杆。

(5) 当更换搅拌桨时，必须先拔掉电源。

(6) 马达自我保护功能会在马达过热的情况下停止工作，并显示 ER4，这时请关闭电源等待 4～5 min 后重新启动。

(7) 电源中断后恢复供电，仪器会自动开始运转。

2.2 简单玻璃工操作

在化学实验中，经常需要使用各种不同用途的弯管（棒）、吸管、熔点管和沸点管等，一般都需在实验室中自己动手制作。在加工烧制之前，应将所选用的玻璃管进行清洗和干燥：可先用自来水冲洗，再用洗液浸泡，然后依次用自来水、蒸馏水冲洗干净后，竖放晾干或在烘箱中烘干备用。

下面介绍几项简单的玻璃工操作方法。

1. 玻璃管的切割

切割玻璃管（棒）常用的工具是三角锉、砂轮片，有时使用瓷片。切割时，左手握玻管，大拇指按在待切割的位置，并把玻管斜放在台面，右手握三角锉，锉的棱边对着切割点，并保持锉刀锋与玻管相垂直，右拇指按住锉刀的上平面，然后稍用力一拉，便可刻出一个明显的切痕（不要来回拉锉）。然后两手握住玻璃管切痕的两边并把切痕朝外，两手的拇指按着切口的背面适当用力向前推，同时稍用力向两边拉，玻璃管便可在切痕处平整地断开。切割薄壁玻璃管时，锉刀刻痕用力不宜过重，以防玻璃管碎裂；折断时为安全起见，可用布包住刻痕两边手握部分。操作时要戴防护眼镜。

若需在玻管的近端处进行切割，可先用锉刀在切割处刻一切痕，再用一根小玻棒在煤气灯上烧红，取出后立即与玻管的切痕接触，片刻后玻管即沿切痕方向断裂开。若裂痕未扩展，可再次用烧红的玻棒压住裂痕前沿引导。直至完全断开。

切断后的玻管断口非常锋利，应把断口置于煤气灯火焰上加热，将其烧钝。加热时间不宜过长，否则管口会收缩变形。

2. 玻璃管的弯曲

两手握住干净玻管的两端，把待弯曲点平置在煤气灯火焰上，先用小火预热，然后加大火焰。为了加宽受热范围，可在煤气灯上套上一个鱼尾灯头，加热时两手必须慢慢地匀速转动玻璃管，使其受热均匀，直到烧至火焰发黄。玻璃变软后即可移离火焰，稍停瞬间，轻轻用力弯曲。若弯曲时用力过猛或速度过快，在弯曲处会形成折痕或变扁，弯得好的玻管在弯曲处应基本上是均匀的圆管。

若要将玻璃管弯成较小的角度，可分数次弯制，每次的加热中心应稍为偏移。

注意：烧热玻管时，两手旋转玻管的速度要一致，否则玻璃管会发生扭曲。若玻管加热过度则容易变形，更不可在火焰上弯曲玻管，弯曲加工好的玻管应放在防火板上让其自然冷却，不可直接放在桌面上。由于玻璃自然降温过程比较慢，切莫过早用手触拿，以免烫伤。

3. 玻璃管的拉长

1）吸液管的拉制

将洗净晾干的玻管在煤气灯上先用小火，后用强火加热，并不断转动，至玻璃管发黄变软后移离火焰，慢慢用力拉成符合要求的粗细为止。如果要求拉伸的细管部分有足够厚的管壁，则可在玻管加热至将软时，两手轻微用力稍向中间压缩。使受热部分的管壁增厚，然后移离火焰，边转动边拉长至所需粗细。冷却后在拉细部分的中间用薄砂轮片（或瓷片，但不宜用三角锉）切断，便得到两支吸液管。

2）熔点管和沸点管的拉制

为了准确地测量某种有机化合物的熔点或沸点，所使用的熔（沸）点管应制成薄壁的细管。一般应选择口径为0.8～1 cm的薄壁玻璃管，洗净晾干，把玻管置于带鱼尾灯头的煤气灯焰上加热，至发黄变软后移离火焰，边转动边拉长至内径为1～1.2 mm（熔点管）或3～4 mm（沸点管）的细管。拉制时应先慢后快；开始时如拉得太快，拉出的细管大小不匀；后期因玻管逐渐冷却变硬，故应用力快拉。

将直径为1～1.2 mm左右的毛细管用薄砂轮片截成12～14 cm长的小段（用砂轮片轻刻一切痕，两手稍向外拉折便可），两端分别斜置于火焰边缘转动烧熔封闭。然后存放于一干净的长试管内，使用时从中间切断即成两支熔点管。

将直径3～4 mm的细管截成5～7 cm长的小段，一端在小火边转动烧熔，封闭后便成沸点测定管的外管。另取口径约为1 mm，10 cm长的毛细管，在距一端2 cm处用小火烧至管壁黏结封闭，然后在距封闭处的短端5 mm处切断，最后长度为8～9 cm，作为沸点管的内管。使用时把封闭端插进外管中便可。

3）玻璃钉的制作

取一小段直径约3 mm的小玻璃棒，将其中一端置于煤气灯的氧化焰边缘转动，让其均匀加热至发黄变软。然后离开火焰，在垫有陶瓷板的铁纱网上垂直均匀用力往下压，即可制成一枚玻璃钉，用于少量物质的抽滤。这种玻璃钉由于压面上带有网状沟痕，过滤时更有利于滤液的排出。

2.3 化学试剂、溶液浓度及溶液配制

1. 试剂

1）试剂的分类

实验室通常使用的化学试剂的规格，是以试剂中所含杂质多少来划分的，一般分为四个等级，其等级和适用范围见表2-3。

表2-3 试剂的等级和适用范围

级别	名称	英文名称	符号	适用范围	标签标志
一级品	保证试剂（优级纯）	Guaranteed reagent	G. R.	纯度很高，适用于精密分析工作	绿色
二级品	分析试剂（分析纯）	Analytical reagent	A. R.	纯度仅次于一级品，适用于多数分析工作	红色
三级品	化学纯	Chemically pure	C. P.	纯度比二级品差些，适用于一般化学实验	蓝色
四级品	实验试剂	Laboratorial reagent	L. R.	纯度较低，适用于作实验辅助试剂	棕色或其他颜色

此外，还有各种专门用途的试剂，如基准试剂、生化试剂、光谱纯试剂、色谱纯试剂和高纯试剂等。

基准试剂的纯度相当于或高于优级纯，主要用作滴定分析中的基准物质，也可用于直接配制标准溶液。生化试剂（B.R.）适用于生物化学及医化学实验。光谱纯试剂（S.R.）和色谱纯试剂可分别作为光谱分析和色谱分析的标准物质，但不能当作滴定分析的基准物质使用。高纯试剂的特点是杂质含量低（比优级纯或基准试剂都低），主体含量一般与优级纯试剂相当。高纯试剂多属于通用试剂（如 HCl、$HClO_4$、$NH_3 \cdot H_2O$、Na_2CO_3等），主要用于微量分析中试样的分解及试液的制备以降低试剂的空白值。

我国化学试剂产品有国家标准（GB）、化工部标准（HG）及企业标准（QB）三级。国际标准化组织（ISO）近年来已陆续建立了很多种化学试剂的国际标准。国际纯粹与应用化学联合会（IUPAC）对化学标准物质的分级也有规定。

2）试剂的选用及取用规则

（1）试剂的选用规则：

要根据所做实验的具体情况，如分析方法的灵敏度和选择性、分析对象的含量及对分析结果准确度的要求等，合理地选用相应级别的试剂，既不超规格造成浪费，又不随意降低规格而影响分析结果的准确度。例如，滴定中常用的标准溶液，一般应选用分析纯试剂配制，再用基准试剂进行标定。在某些情况下（如对分析结果要求不很高的实验）也可以用优级纯或分析纯试剂代替基准试剂。滴定分析中所用的其他试剂一般为分析纯。

如果现有试剂的纯度不能满足某种实验的要求时，应将试剂提纯后再使用。

（2）固体试剂的取用规则：

(i) 要用干净的药勺取用。用过的药勺必须洗净并擦干后才能使用，以免沾污试剂。

(ii) 取出试剂后应立即盖紧瓶盖，不要盖错盖子。

(iii) 称量固体试剂时，必须注意不要取多。取多的药品不能放回原瓶，可放在指定容器中供他人使用。

(iv) 一般的固体试剂可放在干净的纸、表面皿或烧杯中称量。不准用滤纸盛放称量物。

(v) 有毒的药品要在教师指导下取用。

（3）液体试剂的取用规则：

(i) 从滴瓶中取液体试剂时，滴管不能触及所用容器的器壁，以免沾污（图 2-12）。滴管放回原瓶时不要放错。不准用自己的滴管到原瓶中取试剂。装有试剂的滴管不能平放或管口向上斜放，以免试剂流到橡皮胶头内。

(ii) 取用细口瓶的液体试剂时，先将瓶塞反放在桌面上，不要弄脏。拿试剂瓶时，要使瓶上标签向着手心，逐渐倾斜瓶子，以瓶口靠住容器壁，缓缓倒出所需液体。若所用容器为烧杯，可沿着洁净的玻棒注入烧杯（图 2-13）。取出所需量后，逐渐竖起瓶子，把瓶口剩余的一滴试剂“碰”到容器口内或用玻棒引入烧杯中，以免液滴沿着瓶子外壁流下。用完后，立即将瓶盖盖上，不要盖错盖子。取多的试剂不能倒回原瓶，可倒入指定容器供他人使用。

(iii) 定量量取液体试剂时可用量筒或移液管。若不需准确量取，则不必用量筒，可以估计，如 1 mL 溶液约相当于 20 滴。

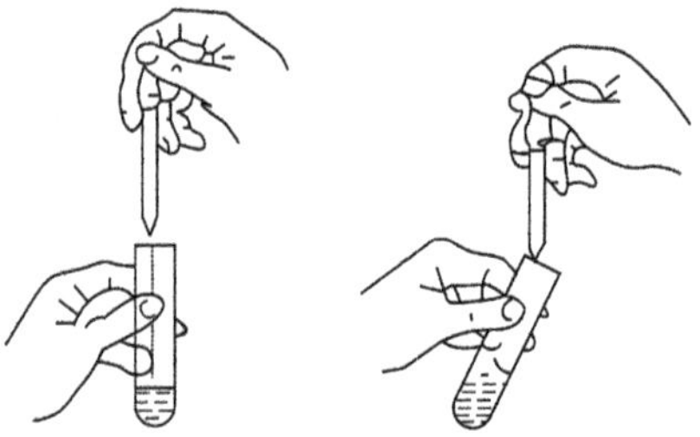

图 2-12　往试管中滴加溶液

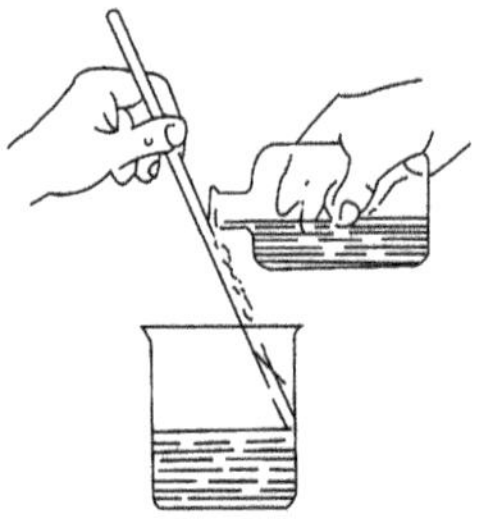
图 2-13　液体试剂倒入烧杯

2. 溶液浓度的表示法

在化学工作中所用的溶液可分为两类：一类溶液只具有大致的浓度，简称一般溶液，如一般用的酸、碱、盐的溶液，指示剂溶液、缓冲溶液、沉淀剂、洗涤剂和显色剂等溶液；另一类溶液具有准确的浓度，如各种标准溶液等。

在分析实验中，溶液组成的量度（过去习惯称为溶液的浓度）常用下列几种表示法。

1） 物质的量浓度

物质的量浓度（简称浓度）的定义是物质 B 的物质的量 n(B)除以溶液的体积 V，其国际符号为c(B)，即

$$c(\mathrm{B})=\frac{n(\mathrm{B})}{V}$$

在化学中常用单位为 $\mathrm{mol\cdot L^{-1}}$(或 mol/L)。标准写法如 $c(\mathrm{NaOH})=0.1\mathrm{mol\cdot L^{-1}}$。但在行文中为了简明，往往写成“0.1 $\mathrm{mol\cdot L^{-1}}$NaOH 溶液”，此时的“NaOH”表示物质的量浓度的“基本单元”。“$\frac{1}{2}H_2SO_4$、$\frac{1}{6}K_2Cr_2O_7$”等也可作为基本单元。在基础化学中，应用最多的是物质的量浓度。

2） 物质的质量浓度

符号为 ρ(B)。物质 B 的质量浓度 ρ(B)是物质 B 的质量除以溶液的体积。单位为 $\mathrm{g\cdot L^{-1}}$、$\mathrm{mg\cdot L^{-1}}$、$\mathrm{g\cdot mL^{-1}}$、$\mathrm{mg\cdot mL^{-1}}$、$\mathrm{\mu g\cdot mL^{-1}}$等。吸光光度法的标准溶液常用这种表示法。

3） 质量分数

符号为 w(B)，习惯上常用 m/m（%）表示。对于溶液，质量分数w(B)表示 100 g 溶液中所含溶质 B 的质量（g）。各种原装酸或氨水常用这种表示法，如 36%的浓盐酸。元素的分析结果通常也以此形式表示。

4） 体积分数

符号为 φ(B)，习惯上常用 V/V（%）表示。溶质为液体时可用此形式表示，即以 100 mL溶液中所含液体溶质 B 的体积（mL）表示。例如，5%盐酸是由 5 mL 浓盐酸用水稀释到 100 mL 而得。

5） 质量体积百分浓度

习惯上常用 m/V（%）表示。溶质为固体时可用此表示法，即以 100 mL 溶液中所含溶

质的质量（g）表示。例如，5%的铬酸钾是取铬酸钾 5 g 溶于适量水中，用水稀释至 100 mL；0.5%酚酞的 90%乙醇溶液是取酚酞 0.5 g 溶于 90 mL 乙醇中，用水稀释至 100 mL。在实验中，如果溶液的浓度不要求十分准确，或者溶质的量很少时，常近似地以溶剂的体积（mL）代替溶液的体积（mL）。例如，0.2%二甲酚橙溶液是以 0.2 g 二甲酚橙溶于100 mL水中；1%硝酸银溶液是以 1 g 硝酸银溶于 100 mL 水中。

6）体积比浓度

以（$A+B$）或（$A:B$）表示，是指 A 体积液体试剂（溶质）和 B 体积溶剂混合所得溶液的浓度。例如，(1+3) 的盐酸是 1 体积的浓盐酸与 3 体积的水配制而得的盐酸溶液。

7）滴定度

滴定度 T 用每毫升标准溶液相当于被测物质的质量（g）表示。例如，$T_{K_2Cr_2O_7/Fe}=0.005\ 585\ g \cdot mL^{-1}$，表示用 $K_2Cr_2O_7$法测定 Fe 含量时，1 mL $K_2Cr_2O_7$标准溶液相当于被测物 Fe 0.005 585 g。在常规分析某一固定组分时，标准溶液的浓度用此法表示，对计算测定结果较为方便。

上述第 1）～4）种表示法符号为国家法定计量单位；第 5）～7）种表示法虽然不是法定计量单位，但目前在分析实验室中仍然被广泛应用。

3. 一般溶液的配制

一般溶液的浓度不需要十分准确。配制时固体试剂用电子台秤称量，称量的器皿通常用表面皿或烧杯；液体试剂及溶剂用量筒量取，少量液体也可用吸量管量取。

称出的固体试剂，放入烧杯中先用适量水溶解，再稀释至所需的体积。试剂溶解时若有放热现象，或以加热促使溶解，应待溶液冷却后，再转入试剂瓶中。配好的溶液应立即贴好标签，注明溶液的名称、浓度和配制日期等。

有一些易水解的盐，配制溶液时需加入适量酸，再用水或稀酸稀释。有些易被氧化或还原的试剂常在使用前临时配制，或采取措施防止氧化或还原。

易侵蚀或腐蚀玻璃的溶液不能盛放在玻璃瓶内，如氟化物应保存在聚乙烯瓶中，装苛性碱的玻璃瓶应换成橡皮塞，苛性碱最好也保存在聚乙烯瓶中。

配制指示剂溶液时，需称取的指示剂量往往很少，这时可用分析天平称量，但只要读取两位有效数字即可；要根据指示剂的性质，采用合适的溶剂，必要时还要加入适当的稳定剂，并注意其保存期；配好的指示剂一般储存于棕色瓶中。

经常并大量使用的溶液，可先配制成浓度为使用浓度 10 倍的储备液，需要用时取储备液稀释 10 倍即可。

4. 标准溶液的配制和标定

标准溶液通常有两种配制方法。

1）直接法

用分析天平准确称取一定量的基准试剂，溶于适量的水中，再定量转移至容量瓶中，用水稀释至刻度。根据称取试剂的质量和容量瓶的体积，计算它的准确浓度。

基准试剂（基准物质）应具备下列条件：

（1）试剂的组成与其化学式完全相符。

（2）试剂的纯度应足够高（一般要求纯度在99.9%以上），而杂质的含量应少到不影响分析的准确度。

（3）试剂在通常条件下应该稳定。

（4）试剂参加反应时，应按反应式定量进行，没有副反应。

2）标定法

实际上只有少数试剂符合基准试剂的要求。很多试剂不宜用直接法配制标准溶液，而要用间接的方法，即标定法。在这种情况下，先配成接近所需浓度的溶液，然后用基准试剂或另一种已知准确浓度的标准溶液来标定它的准确浓度。

在实际工作中，特别是在工厂实验室，还常采用“标准试样”来标定标准溶液的浓度。“标准试样”含量是已知的，它的组成应与被测物质相近。这样标定标准溶液浓度与测定被测物质的条件相同，分析过程中的系统误差可以抵消，结果准确度较高。

储存的标准溶液，由于水分蒸发，水珠凝于瓶壁，使用前应将溶液摇匀。如果溶液浓度有了改变，必须重新标定。对于不稳定的溶液应定期标定。

2.4　物质的干燥和干燥剂

在化学实验室中，干燥是最常用又十分重要的基本操作。某些实验要求在无水的条件下进行反应，要求对反应的原料、试剂和仪器等进行严格的干燥，否则，将严重影响实验结果，甚至导致实验失败。对有机化合物进行分离提纯时也经常用到干燥操作，除去混杂或黏附在被提纯物质上的水分、醇类或其他溶剂，否则将直接影响该物质的质量及分析鉴定结果。下面讨论不同物态有机物的干燥方法。

1. 液态有机物的干燥和常用干燥剂

液体有机物在合成或分离的过程中，往往要经过一系列水溶液洗涤，因此不可避免地在粗产物中溶解或夹杂一些水分。残留的水分会严重地影响蒸馏操作和产品的质量。所以，在蒸馏之前必须用适当的方法除水。液态有机物的干燥，通常可用共沸蒸馏除去水分（见3.8节）或用无机干燥剂直接与被干燥液体接触。所使用的干燥剂不能和被干燥物发生化学反应，而且不溶于被干燥的液体。

化学实验室中常用的干燥剂分为两大类：第一类，与水结合是可逆的；第二类，与水作用后生成新的化合物，反应不可逆。

1）与水可逆结合的干燥剂

此类干燥剂的特点是吸水能力大，但干燥效能比第二类差。所谓吸水能力，是指干燥剂吸水量的多少，而干燥效能是指液体被干燥的程度。因为这类干燥剂吸水后形成水合物，而所有水合物都具有一定的水蒸气压，故这类干燥剂不能彻底地除去水分。

选用这类干燥剂时，必须考虑其吸水能力和干燥效能这两种因素。例如，无水硫酸钠可形成 $Na_2SO_4 \cdot 10H_2O$，即1 g Na_2SO_4能吸收约1.3 g H_2O，它的吸水量大，但其水合物的水蒸气压也比较大（20℃时为3.706 kPa），故干燥效能差。相反，无水硫酸钙只能形成 $CaSO_4 \cdot 1/2\ H_2O$，吸水量小，但所生成的水合物的水蒸气压只有0.53 Pa，因而干燥效能强。所以，应根据除水的具体要求选择合适的干燥剂。通常这类干燥剂形成水合物需一定的平衡时间。因此，投加干燥剂后，需放置一段时间才能达到预期的脱水效果。

已吸水的干燥剂受热后又会脱水，其蒸气压随温度的升高而增大，所以已干燥的液体在蒸馏之前必须将干燥剂滤去。

因为工业生产的无水氯化钙含有少量游离的 $Ca(OH)_2$ 和 $Ca(OH)Cl$，故不宜用作酸类或酸性液体的干燥剂。同时，氯化钙易与醇、酚、胺及某些醛、酮、酯结合，生成分子化合物，如 $CaCl_2 \cdot 4C_2H_5OH$，$CaCl_2 \cdot 2CH_3NH_2$，$CaCl_2 \cdot (CH_3)_2CO$ 等，故也不适于作上述化合物的干燥剂。

选用这类干燥剂对液态有机物进行干燥时，通常使用锥形瓶作容器。将适量的干燥剂投入盛有液体有机物的锥形瓶中，瓶口用塞子塞紧。由于这类干燥剂的脱水过程是可逆的，所以投放干燥剂后必须放置一段时间（至少 0.5 h 以上），并不时加以振荡。有时为了加速建立平衡，可以在水浴上适当加热。但要记住，当温度升高时，会降低其干燥效能。

掌握好干燥剂的用量很重要。用量不足，不能达到预期的干燥效果；用量太多，则由于干燥剂的吸附而使液体损失太大。操作时一般可先投入少量干燥剂到液体中进行振摇，如发现干燥剂附着在瓶壁或互相黏结，则说明干燥剂不够，应继续添加；如投入干燥剂后出现水相（一般为干燥剂的饱和水溶液），必须用吸管将水吸出，然后再添加新的干燥剂。有时干燥前的液体呈浑浊，经干燥后变为澄清，这种现象可以简单地作为大部分水分已除去的标志。但是澄清的液体并不能说明它不含水分，因为还与水在该物质中的溶解度有关。

2）与水起化学反应的干燥剂

此类干燥剂的特点是干燥效能高，但吸水能力不大。通常是在用第一类干燥剂干燥后，再用这类干燥剂除去残留的少量水分，而且只是在指定要彻底干燥的情况下才使用这类干燥剂，较常用的有金属钠、镁、氢化钙和五氧化二磷。五氧化二磷可用于干燥烷烃、卤代烷、芳香卤化物、醚和腈，但不适于干燥醇、酮、有机酸和有机碱类化合物。金属钠常用于干燥惰性有机溶剂，但不能作为醇（制无水甲醇、无水乙醇除外）、酸、酯、卤代烃、酮、醛及某些胺类的干燥剂。

表 2-4 及表 2-5 分别列举了各类有机化合物常用的干燥剂及一些干燥剂的干燥效能。

表 2-4 各类液态有机化合物的常用干燥剂

有机化合物类型	适用的干燥剂
烷烃、芳香烃、醚	$CaSO_4$，P_2O_5，Na，CaH_2
醇	$MgSO_4$，K_2CO_3，Na_2SO_4，$CaSO_4$，CaO，Mg
醛	$MgSO_4$，Na_2SO_4，$CaSO_4$
酮	$MgSO_4$，Na_2SO_4，K_2CO_3，$CaSO_4$
羧酸、酚	$MgSO_4$，Na_2SO_4
卤代烷	$CaCl_2$，$MgSO_4$，Na_2SO_4，P_2O_5
有机碱类	NaOH，KOH，CaO，K_2CO_3

表 2-5　一些常用干燥剂的干燥效能

干燥剂	空气中残余的水分 / (mg · L^{-1})	干燥剂	空气中残余的水分 / (mg · L^{-1})
P_2O_5	2×10^{-5}	硅胶	0.03
KOH（熔融）	0.002	NaOH（熔融）	0.16
CaO	0.003	H_2SO_4（95%）	0.3
分子筛（5Å）	0.0039	$CaCl_2$（无水）	0.36
Al_2O_3	0.005	NaOH（棒状）	0.8
$CaSO_4$	0.005	$CaCl_2$（工业，无水）	1.25
H_2SO_4（100%）	0.008	$CuSO_4$（无水）	2.8
KOH（棒状）	0.014	Na_2SO_4	12

2. 固体的干燥

固体或从重结晶得到的晶体有机物常带有一定量的水分或有机溶剂，应根据这些固体物质的特性选择适当的方法进行干燥。下面介绍几种常用的干燥方法。

1）空气晾干

对于遇热容易分解或附有易挥发溶剂（如乙醚、石油醚、丙酮等）的固体物质，可薄薄地铺在蒸发皿中，上面盖一张干净的滤纸，避免被灰尘污染，在室温下放置晾干。这种干燥法简单，但费时较长，且干燥不彻底。

2）加热干燥

一些对热稳定、熔点较高且受热时无明显升华现象的物质，可放在烘箱中烘干。加热的温度应低于该物质的熔点（一般应低 10℃以上）。加热干燥时，要经常翻动固体，防止分解及变色。

3）红外线干燥

红外线干燥箱或红外线灯是实验室中常用的干燥工具。红外线的特点是穿透性很强，能使水分或溶剂从固体内部的各个部分蒸发，因此干燥速度较快。但对光敏感的物质不适用。

4）干燥器干燥

对于容易吸湿或在较高的温度下干燥时发生分解或变色的固体物质，可置于干燥器中进行干燥。常用的干燥器有以下三种：

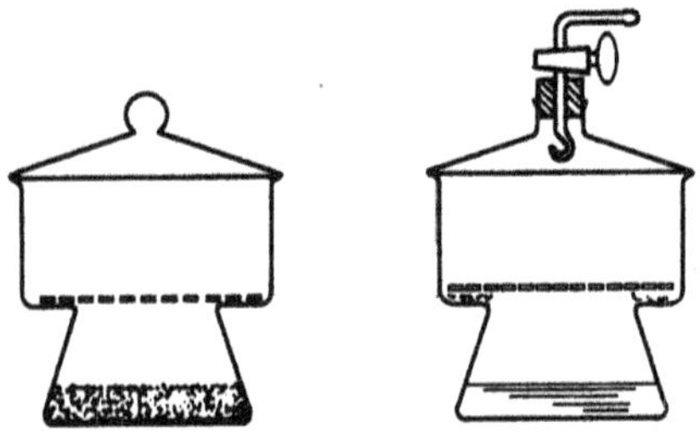

(a)普通干燥器　(b)真空干燥器

图 2-14　干燥器

（1）普通干燥器。如图 2-14（a）所示，底部放置干燥剂，如硅胶、无水氯化钙或浓硫酸、五氧化二磷等，中间隔一多孔瓷板，待干燥的物质放在瓷板上。干燥器盖与缸身的磨口处涂有一层凡士林。普通干燥器一般用于干燥无机物和易吸潮的药品，但干燥样品时所费时间较长，且干燥效率不高。

（2）真空干燥器。如图 2-14（b）所示，干燥器顶部装有带活塞开关的出气口，由此处抽气后，可使干燥器内压力降低并趋于真空，因而可以提高干燥效率。应该注意的是，这种干燥器在使用前一定要经过试压。试压时用防爆布或网罩盖住干燥器，然后抽真空，关上活塞后放置过夜。为安全起见，每次抽真空时最好加防护罩，防止炸碎时玻璃碎片飞溅伤人。解除器内真空时，开启活塞放入空气的速度不宜太快，以免吹散被干燥的样品（最好预先在样品上盖上一张干净的滤纸）。

(3) 真空恒温干燥器。对于一些在烘箱或一般干燥器中干燥都未能满足要求的样品，可用真空恒温干燥器（图 2-15）干燥。其优点是干燥效率高，能除去晶体中的结晶水或结晶醇。但这种干燥器只适用于少量样品的干燥。经过纯化准备进行分析鉴定（元素定量，波谱鉴定等）的样品，均需在真空恒温干燥器中真空干燥 2 h 以上，彻底除去样品中可能存在的有机溶剂、结晶水或结晶醇。图 2-16是两种简易干燥装置，适用于对少量样品进行一般的干燥。

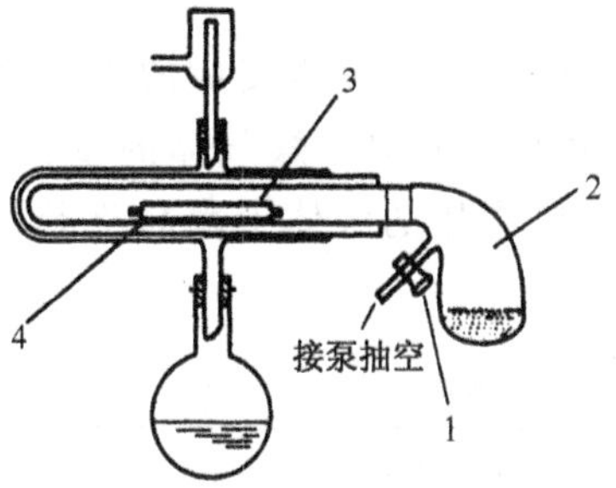

图 2-15　真空恒温干燥器

1. 活塞；2. 曲颈瓶；3. 干燥室；4. 夹层

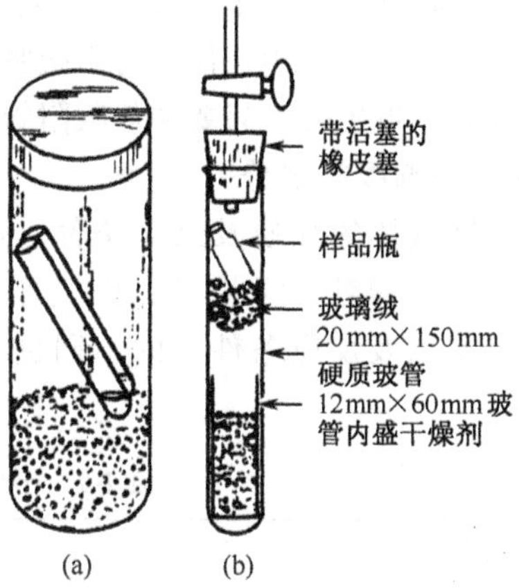

图 2-16　简易干燥器

使用真空恒温干燥器时，将盛有固体样品的小试管推入有夹层的干燥室 3 中，接上盛有干燥剂（五氧化二磷）的曲颈瓶 2。在烧瓶中装进沸点与所需恒温温度相当的溶剂及回流冷凝管，连接真空泵，抽至尽可能高的真空度后，关闭活塞 1，加热烧瓶至回流。溶剂蒸气在夹层 4 中加热样品干燥室 3，从而达到恒温真空干燥的目的。在整个干燥过程中，每隔一定时间后应再进行抽气，保持干燥室的真空度。

干燥器中所使用的干燥剂应根据需要进行选择。选用的干燥剂应不与被干燥的物质发生化学反应。常用的干燥剂及相应能除去的杂质见表 2-6。

表 2-6　干燥器内常用的干燥剂

干燥剂	能除去的杂质
CaO	水，乙酸，氯化氢，溴化氢
$CaCl_2$（无水）	水，醇（低级醇）
NaOH（粒状）	水，乙酸，氯化氢，酚，醇
P_2O_5	水，醇
石蜡片	醇，醚，石油醚，苯，甲苯，氯仿，四氯化碳
硅胶	水

3. 气体的干燥

气态化合物往往带有一定数量的水分，需要除水干燥后才能使用。较常用的干燥方法有以下几种。

1）冷冻干燥

让含有水分的气体通过低温冷冻的冷凝阱，在低温下，水及其他有机溶剂的蒸气压显著下降。例如，在－32℃时空气中水分的饱和蒸气压只相当于21℃时的5%，所以在低温下可使气体中夹带的大部分水蒸气冷凝下来。

2）吸附剂干燥

使用对水有相当大亲和力的吸附剂，如硅胶和氧化铝等，也可以达到干燥的效果。硅胶的吸水量可达到其自身质量的20%～30%，这类吸水剂的特点是经加热释放出所吸收的水后可以再生，能反复使用。使用时常把吸附剂装在管式装置中，让气体通过吸附管，便可达到脱水的目的。再生时，只要加热吸附管便可方便地把被吸附的水分去除。

3）用干燥剂吸收水分

根据干燥气体的性质及反应条件，选择不与被干燥气体发生反应的干燥剂。盛装干燥剂的仪器有干燥管、干燥塔、洗气瓶等，使用时可根据被干燥气体的量、含水程度、干燥剂的状态以及反应条件等的不同进行选择。一些常用的气体干燥剂及干燥对象见表2-7。

表 2-7　干燥气体时常用的干燥剂

干燥剂	能干燥的气体
碱石灰，固体 NaOH	NH_3，胺类
$CaCl_2$（无水）	H_2，HCl，CO_2，CO，SO_2，N_2，O_2，低级烷烃，醚，烯烃，卤代烃
P_2O_5	H_2，O_2，CO_2，CO，SO_2，N_2，烷烃，乙烯
浓 H_2SO_4	H_2，N_2，CO_2，Cl_2，CO，HCl，烷烃
$CaBr_2$，$ZnBr_2$（无水）	HBr

为了保证安全操作及提高干燥效果，进行气体干燥操作时应注意以下几列个问题：

（1）使用固体干燥剂（如 $CaCl_2$、碱石灰）时，应选用颗粒状且粒度适中固体，不得使用粉末，以防止吸水后结块，堵塞气体通道造成事故。装填粒状干燥剂时要疏密均匀，防止气体短路影响干燥效果。

（2）用浓硫酸作干燥剂时，应根据待除去的水量来考虑它的用量，导气管要插进硫酸中，但不应插得太深，否则会增加阻力。

（3）如干燥程度要求较高时，可使用连有多个装有不同干燥剂的干燥装置，但要注意干燥剂的排列顺序，干燥效力弱者应排在前面。例如，同时使用无水 $CaCl_2$ 和 P_2O_5 进行干燥时，$CaCl_2$ 应放在 P_2O_5 之前。

（4）通气速度及流量切忌过大。

2.5　加热与冷却

2.5.1　加热

1. 热源和热浴

在实验室中，使用的热源有酒精灯，煤气灯和电加热（电热板、电热套和红外灯）等，可根据需要和实际条件进行选择。例如，对易燃低沸点溶剂（如乙醚、石油醚、甲醇及丙酮等）不准用明火加热，应采用红外灯、电热板或热浴加热。对于高沸点且不易燃的物质，则可在铁丝网上用直接火加热。铁丝网不宜与烧瓶贴得太紧，以能把铁丝网抽动为宜。注意！不得用灯焰直接加热容器。以防止玻璃容器因受热不均匀而破裂或造成内盛物料局部过热分解。

用热浴进行间接加热可使反应瓶均匀受热。实验室中常用的热浴有水浴、油浴、砂浴和空气浴等。

1）水浴

沸点在80℃以下的液体可用水浴加热。操作时将容器浸入水浴中。若需加热到100℃时，可用沸水浴或蒸气浴。注意！凡涉及金属钠或钾的操作不能选用水浴。

2）油浴

所谓油浴，就是使用一些性质稳定的高沸点油类作为热载体的加热设备。一般用作100℃以上的热浴。常用的油浴有以下几种：

（1）液态石蜡。可以加热到160℃，在稍高的温度下虽不分解，但易着火燃烧。

（2）植物油。用菜油或花生油等可以加热到220℃，用橄榄油或氢化棉籽油等可以加热到250℃。使用植物油时需酌情加入少量对苯二酚，以增加它们在高温时的稳定性。

（3）硅油浴。加热到250～300℃时，性质仍较稳定，不易燃烧，是一种较理想的热载体，但价格较高。

使用油浴加热时，油浴中应放置温度计，观察热载体的实际温度，以便及时调节热源的强度，防止过热。

3）砂浴

实验室中要求加热到更高的温度时，可采用砂子作为热载体。为了使受热均匀，使用的砂子（河砂或石英砂）须用60～80目筛过筛，并用清水漂洗干净。由于砂浴用直接火加热，装砂子的容器一般为厚壁生铁锅（用砂量少时可堆放在大的金属板上），将待加热的容器埋入砂中。由于砂子的传热能力较差，所以容器底部的砂层要薄些，容器周围可铺较厚的砂层。砂浴中也应插入温度计（一般使用高温温度计或热电偶）观察温度。

2. 恒温装置

有机化合物的某些物理性质如折光率、密度、比旋光度的测定，需要长时间恒温加热的反应以及分馏或减压蒸馏等操作往往要求使用恒温加热的装置。实验室常用的恒温加热装置有恒温槽和电热恒温箱，其构造主要由三部分组成。

（1）加热系统：由电热丝或电热棒制成的电加热器。

(2) 保温系统：由隔热材料和外壳保护层构成。

(3) 温度控制系统：这是恒温装置的关键部件，由接触温度计和电子继电器组成。接触温度计是一支带有一根可作上下移动调节的金属丝的水银温度计。从温度计的水银球和金属丝各引出一条导线，并接到电子继电器的触点上，当旋转温度计顶上的磁铁帽罩，使螺杆向左方或向右方旋转，则可调节金属丝的高低位置。当金属丝与温度计水银柱面接触时，继电器自动切断加热电源，停止加热。当温度下降时，温度计水银柱界面和金属丝脱离接触。继电器自动接通加热电源，使加热器加热，这个过程自动地反复进行，达到加热温度相对稳定的目的。若使用较精密的恒温槽。温度变化可控制在 ±0.1℃。

2.5.2 冷却

在一些分离提纯过程（如气体纯化、结晶析出）及某些有机反应（如重氮化、亚硝化反应等）中，需要进行低温操作；对一些强烈的放热反应，为了及时排除过剩热量也要使用冷却手段。所以，冷却操作和冷却剂的使用都是基础化学实验中常用的基本操作知识。

当然，用冷水作为冷却剂进行冷却是最简便的方法，但只能冷却至室温。若要求冷却至室温以下，则可使用冰或碎冰和水的混合物作冷却剂。用冰-水混合物时，与被冷却容器有更大的接触面，因而冷却效果比单纯用冰块好，但冷却温度最低只能达到 0℃。

用碎冰与食盐按一定的比例混合制成的冷却剂，最低冷却温度可达－20℃；用干冰（固体 CO_2）或液态氨与某些有机溶剂混合，可冷却至 －110～－70℃的低温。一些常用冷却剂的组成及所能达到的最低温度列于表 2-8。

表 2-8　一些常用冷却剂的组成及其最低冷却温度

冷却剂的组成	最低温度/℃	冷却剂的组成	最低温度/℃
冰(或冰＋水)	0	干冰＋丙酮	－78
碎冰(3 份)＋NaCl(1 份)	－20	干冰＋乙醚	－100
碎冰(3 份)＋$CaCl_2 \cdot 6H_2O$(5 份)	－39	液氨＋乙醚	－116
液氨	－33	液态氮	－195
干冰＋乙醇	－72		

制备冰-盐冷冻剂时应用碎冰，然后按比例加入所需的盐，用适当的工具搅匀（不能直接用手搅，否则会造成冻伤）。

因液态空气在放置时，随着氮气的蒸发造成液态空气中氧含量比例不断增加，有着火的危险，故不能用液态空气来冷却有机物。

需要低温下长时间保存的物料，可存放在冰箱中，但放入冰箱保存的容器均应贴上标签，加塞封闭，以防有机物蒸气污染，甚至损坏冰箱。

2.6　试样的采取、制备和分解

2.6.1 分析试样的采取和制备

取样的目的是从大量物料中取得其中一小部分，在允许误差范围内，它应能代表大量物料的组成。物料组成不均匀、取样时可能混入的外来元素以及存在原始物料中需要清除掉的物质的污染是造成取样误差的主要来源。若在取样环节中已有误差，即使分析如何认真和准确，其结果也是毫无意义的。因为它不是代表所取原来物料中的成分，而是代表所取分析样品的成分。分析样品有的组成分布比较均匀，如水样、大气、化工产品和金属材料等；有的极不均匀，如煤炭、矿石等；有的组成受时间和地点的外界因素影响，如工业“三废”、土壤等。因此，如何根据不同分析对象的特性和均匀程度，选用合理的采样处理步骤，是分析工作中的重要环节。

1. 组成分布比较均匀的样品的采取与制备

一般来说，金属、水样、气体、化工产品中组分的分布是比较均匀的，稍加混合，就可取出一部分制成具有代表性的分析样品。

1）金属

钢锭、铸铁由于其内部和表面的凝固速度不同，铁和其他组分凝固温度不同，因此其表面和内部各组分分布有些不均匀，会产生“偏析现象”。为了克服由于偏析现象带来的不均匀性，应从铸件的不同部分、不同深度钻取，将得到的碎屑混合后即成分析试样。对其他金属样品根据其物理性质，硬的用钻床、铇床取样；软的如铅、锡可采用钢锉；脆的如 Sb、硅钢采用钢锤砸碎；片状丝状的如 Al、Zn 采用不锈钢剪刀剪成碎屑。无论哪种取样形式，应清除污染的表层，切削或钻取时速度不宜过快，以免金属发热，影响硫、碳等挥发组分的分析结果。

2）水样

水样的代表性和可靠性与采样断面和采样点有关。对于江、河、湖泊、海洋，由于表层与大气接触，底层与污泥交换，断面上组分分布是不均匀的。对于江河来说，在工业城市的上游（清洁点）、工业城市排污口（污染点）和远离工业城市的下游（净化点），都要设采样点。但无论在哪点采样，其采样方式没有本质上的差别。表层水是在水面下 0.3～0.5 m 处采样；深层水需要特殊采样器，如单层采水器。它是一个装在金属框内用绳索吊起的玻璃瓶，框底系有铅块，瓶口配塞，并在瓶塞上装有排气玻璃管，用绳索系牢，绳上标有高度，适合采集深层和供测定气体成分的水样。若采集自来水或抽水设备的水样时，应先放水数分钟，使积留在水管中的杂质及陈旧水排出，然后再取样。

从采样到测定间隔的时间越短，分析结果越可靠。若不能立即进行分析，应采取措施妥善保存，确保分析结果的准确度。常见的保存方法有以下几种：

(1) 冷冻法。

将水样保存在 4℃左右，以抑制细菌生长，减慢化学反应，减少组分挥发，适用于酸碱度、生物需氧量（BOD）、色、嗅、有机磷、有机氮和有机碳等分析。

(2) 化学法。

在水样中加入一定量化学试剂、杀菌剂、防腐剂，减少水样中发生的物理、化学和生物学变化，使水样成分和状态保持相对稳定。例如，水样中加入 $CuSO_4$ 可防止酚类化合物生物氧化；提高酸度，可防止沉淀、水解的发生，而降低酸度可防止氰化物、硫化物、有机酸类的挥发等。

3）大气样品

由于气体分子的扩散作用，其组成比较均匀。但大气中的污染物仍具有时间分布、空间分布和扩散迁移的特点，它的浓度受风向、风速、气温、湿度、地理环境等因素影响。其采样点的分布设立在环境监测规程中都有具体规定。

采集大气样品有直接采样法和浓缩采样法。当污染物浓度和测定方法的灵敏度高时，用直接采样法，即用采气袋、真空瓶等容器收集气样。当大气污染物浓度和测定方法的灵敏度较低时，用浓缩采样法，即让大气样品通过吸收液或吸附剂，将大气的污染物吸收或阻留，其装置由收集器、流量计和抽气动力三部分组成。收集器主要包括气泡吸收管、多孔玻板吸收管和冲击式吸收管。气泡吸收管、多孔玻板吸收管用于采集气态或蒸气态污染物；冲击式吸收管用于采集粉尘及烟，以很快的速度冲击吸收管底部，气溶胶颗粒（尘、烟）被粉碎而被溶液吸收。

2. 组成分布不均匀的样品的采取与制备

矿石、煤炭、土壤等组分分布很不均匀，颗粒大小不一，要取得具有代表性的分析试样，就要解决如何选取具有代表性的均匀试样（称为平均试样）、选取平均试样的质量数以及如何从平均试样中制成分析试样等问题。

首先从大批物料的不同部位、不同深度采样。采样量 Q（kg）的多少与以下三个因素有关：①样品中最大颗粒直径 d（mm）越大，Q 值越大；②样品组分分布越不均匀，Q 值越大；③分析准确度要求越高，Q 值越大。俄国切乔特从实践中得出的经验式是 $Q=Kd^2$，K 为矿物特性系数，其大小与颗粒大小、品位、均匀程度有关，一般试样的 K 值为 0.1～0.5。例如，铁矿含总铁 40%～60%，规定 $K=0.1$，若矿石最大颗粒直径为 20 mm，则所取最小平均试样的质量为 $Q=Kd^2=0.1\times(20)^2=40$（kg）。

其次，从上可看出所取的平均试样量往往很大，需要经过多次破碎、过筛、混匀、缩分等一系列加工程序，以制得少量有代表性的均匀粉末状（通常颗粒直径小于 0.14 mm）的分析试样。

（1）破碎与研磨：这是用机械或人工方法把样品粉碎至所需粒度，以便缩分和分解。破碎样品的装置有多种，颗粒直径在 50 mm 以下的用颚式破碎机，直径在 25 mm 以下的用轧辊式破碎机，直径在 5 mm 以下的用盘式细碎机，可粉碎全通过 100 号筛直径小于 0.14 mm 的样品，用玛瑙研钵可研磨到通过 200 号筛。

（2）过筛：在样品破碎过程中，颗粒大小变化大，为了提高破碎速度，可依照要达到破碎颗粒大小的规格，选用适当筛号过筛，不通过筛孔的样品继续破碎到全部通过过筛为止，切不可弃去。分析筛的筛号（目数）与孔径大小如表 2-9 所示。

表 2-9 分析筛号（目数）与孔径的关系

筛号（每英寸中的孔数）	5	10	20	40	50	60	80	100	150	200	400
筛的孔径/mm	4.00	2.00	0.84	0.42	0.297	0.25	0.177	0.149	0.100	0.074	0.037

（3）混匀与缩分：缩分主要在于把样品的质量缩减，便于进一步破碎。缩分前把样品混匀，对于小量样品常用掀角法，即把样品倒在一块四方的塑料布上，提起一角，使样品慢慢

滚到对角，放下这一角，提起相对的另一角，再反滚过来，重复两三次。改提另外两个角重复这一操作，直至混匀为止。缩分通常采用四分法，即把混匀后的样品堆成锥形，压成圆饼，用木质或金属质十字架对准圆饼的中心放下，把样品分成四等分，把相对的两份弃去，其余相对两份收集在一起混匀，这样就把样品缩减了一半。这时保留样品量是否要再缩分取决于试样的粒度，它们应符合切乔特经验公式。最后得到的分析样品，除部分用于测定外，应留一定数量的样品，注明样品的名称、来源、日期，保存备查。

2.6.2　试样的分解

分解试样的目的是使固体试样中待测组分与适当试剂作用转变为溶液，以便分离和测定。分解方法可分为溶解和熔融，采用哪种分解方法则应根据试样的来源、性质、组成和分析方法等选择。分解方法选择得当，既有利于测定又使分离手续大为简化。分解试样的好坏直接影响测定结果的准确度。

1. 分解试样的要求

(1) 试样应分解完全。分解后的溶液不应残留原试样的不溶物（除非确证不溶物对测定无影响）。

(2) 待测组分不应挥发损失。例如，钢铁中的磷，若是以磷钼蓝光度法测定，要求磷应以正磷酸形式存在于溶液中，故不能采用 HCl 或 H_2SO_4 分解试样，因为有挥发性磷化氢（H_3P）形成。

$$2Fe_3P + 12HCl = 6FeCl_2 + 2H_3P\uparrow + 3H_2\uparrow$$

$$2Fe_3P + 6H_2SO_4 = 6FeSO_4 + 2H_3P\uparrow + 3H_2\uparrow$$

应该用氧化性酸（如 HNO_3）或 HCl + HNO_3、H_2SO_4 + HNO_3混合酸溶解。

$$3Fe_3P + 41HNO_3 = 9Fe(NO_3)_3 + 14NO\uparrow + 16H_2O + 3H_3PO_4$$

又如，测定硅时不能用 HF，以免生成挥发性的氟化硅（SiF_4）而影响测定。

(3) 不能引入测定组分和干扰组分。例如，Cu 可溶于 HNO_3或 HCl + H_2O_2，当用碘量法测定时，最好用后者，因为前者反应生成低价氮的氧化物，若不除去就会氧化 I^-，从而导致测定结果偏高。当然，用后者溶解 Cu 后，也需加热分解过量的 H_2O_2。

2. 无机固体试样的分解

1) 酸碱溶解法

溶解是溶剂与试样作用，使被测组分直接进入被分析溶液的过程，因此这是一种直接分解法。这种过程简单、快速，分解试样应尽可能采用此法。可溶性无机盐可用水溶解制备成试液；其他无机盐则用酸、混合酸或碱溶解，主要利用它们的酸碱性、氧化还原性或配位性使试样中待测组分转入溶液。下面介绍常用的酸（或碱）溶样方法。

(1) HCl：在 1 atm 下盐酸在恒沸点（110℃）时含 HCl 20.2%（≈6 mol · L^{-1}）。溶解时，较浓或较稀的 HCl 溶液沸点均较低，沸腾时酸度逐渐改变直至达 110℃。HCl 虽然是低沸点酸，但不能用煮沸方法除去（除非蒸干），利用 HCl 的酸性、还原性与配位性可溶解多种试样。利用其酸性可溶解比氢活泼的金属、金属氧化物、碳酸盐及其矿物如菱铁矿

($FeCO_3$)、白云石 [$CaMg(CO_3)_2$]，利用其还原性和配位性可溶解软锰矿 (MnO_2)、赤铁矿 (Fe_2O_3)。

$$MnO_2 + 4HCl = MnCl_2 + Cl_2\uparrow + 2H_2O$$

$$Fe_2O_3 + 8HCl = 2FeCl_4^- + 2H^+ + 3H_2O$$

为提高 HCl 的溶解能力，常加入其他酸 (如 HNO_3) 或氧化剂 (如 $KClO_4$、H_2O_2) 等组成混合溶剂。例如

$$Cu + 2HCl + H_2O_2 = CuCl_2 + 2H_2O$$

$$Au + 4HCl + HNO_3 = HAuCl_4 + NO\uparrow + 2H_2O$$

(2) HNO_3：浓 HNO_3浓度 62.9% (16 mol · L^{-1})，恒沸点 121.8℃，仍为低沸点酸。HNO_3具有强的氧化性，可将比氢不活泼的金属溶解为可溶性硝酸盐，但 Sb、Sn 除外，因为形成难溶性偏锑酸 ($HSbO_3$) 和偏锡酸 (H_2SnO_3) 沉淀。Al、Cr、Ga、In 因表面形成致密的氧化膜，起"钝化作用"而不溶于 HNO_3。HNO_3 与金属反应不析出 H_2，它本身被还原的程度与酸的浓度和金属的活泼性有关，浓酸与金属作用生成 NO_2，稀酸生成 NO。例如

$$Ag + 2HNO_3(浓) = AgNO_3 + NO_2\uparrow + H_2O$$

$$3Ag + 4HNO_3(稀) = 3AgNO_3 + NO\uparrow + 2H_2O$$

HNO_3能氧化非金属如 C、S、P 为相应的含氧酸，能溶解硫化物及其矿物如黄铁矿 (FeS_2)、黄铜矿 ($CuFeS_2$) 等为相应高价金属硝酸盐，硫被氧化为 H_2SO_4。例如

$$CuFeS_2 + 22HNO_3 = Cu(NO_3)_2 + Fe(NO_3)_3 + 2H_2SO_4 + 17NO_2\uparrow + 9H_2O$$

1 体积浓 HNO_3 与 3 体积浓 HCl 混合是一种非常有用的氧化剂，俗称王水 (aqua regia)，两者之间反应生成活泼氯和亚硝酰氯，后者进一步分解也放出氯。王水具有酸性、配位性和强氧化性，常用于溶解贵金属及其矿物。例如

$$3Pt + 4HNO_3 + 18HCl = 3H_2PtCl_6 + 4NO\uparrow + 8H_2O$$

(3) H_2SO_4：浓 H_2SO_4主要特点是沸点 (338℃) 高，浓热的 H_2SO_4有氧化性，又是强的脱水剂，因此是一种常用的非挥发性强酸。稀硫酸无氧化性。为使硫酸在更高温度下溶解难溶矿物，常在溶样时加入碱金属盐如 Na_2SO_4、$(NH_4)_2SO_4$以提高沸点，浓热 H_2SO_4能与 C 作用。

$$2H_2SO_4 + C = CO_2\uparrow + 2SO_2\uparrow + 2H_2O$$

因此，H_2SO_4可分解含有机物试样以除去有机物。

H_2SO_4常用于分解氟化物如萤石 (CaF_2)、冰晶石 ($NaAlF_6$)，磷酸盐类矿物如独居石，钢铁试样，Fe 、Co、Ni、Zn 等金属及其合金。

(4) HF：40%的 HF 水溶液，无色，有刺激性臭味，恒沸点 112℃，浓度 38.26%，由于它的配位性而对 Fe、Al、Ti、Nb、Zr 有很强的溶解能力。HF 是唯一能与 Si、SiO_2及硅酸盐发生反应的酸，生成 H_2SiF_6，加热时分解为 SiF_4。

$$H_2SiF_6 = SiF_4 + 2HF\uparrow$$

实验室常用此反应除去试样中的 Si。用 HF 分解试样时应在 Pt 皿或聚四氟乙烯皿中进行 (<240℃)，也可在高压聚乙烯、聚丙烯器皿中进行 (<135℃)。HF 对人体有毒害，对皮

肤有强烈腐蚀性，使用时应小心，以免灼伤。

(5) $HClO_4$：浓热 $HClO_4$（含 $HClO_4$ 72.5%，沸点 203℃）具有强氧化性和脱水性，它可将 Cr、W、V、S 直接氧化为 $Cr_2O_7^{2-}$、WO_4^{2-}、VO_3^-、SO_4^{2-}。常用于分解铬铁矿、不锈钢、铝铁及氟矿石。

(6) H_3PO_4：使用 H_3PO_4 是因为它沸点高（85% H_3PO_4 沸点 158℃，100% H_3PO_4 沸点 261℃）以及对某些金属离子有强的配位能力，可生成可溶性配合物，从而促使样品分解。H_3PO_4 可分解铬铁矿、钛铁矿、金红石、铌铁矿、钨酸盐、硅酸盐等。在钢铁分析中常采用 H_3PO_4 与 H_2SO_4 或 HNO_3 的混合酸分解试样。例如，含钨合金钢，用 HNO_3 溶解析出钨酸（H_2WO_4），当有 H_3PO_4 存在时，H_2WO_4 转变为可溶性配合物 $H_7[P(W_2O_7)_6]$。

(7) NaOH (KOH)：用碱溶解试样并不广泛，一般用于溶解 Al 及其合金，各种酸性氧化物如 WO_3、MoO_3、GeO_2、V_2O_5、As_2O_3 等。例如，测定铝合金中的 Si，用 20% NaOH 溶液在 Ag 皿或聚四氟乙烯皿中分解。

$$2Al + 2NaOH + 2H_2O = 2NaAlO_2 + 3H_2\uparrow$$

$$Si + 2NaOH + H_2O = Na_2SiO_3 + 2H_2\uparrow$$

MoO_3、WO_3 可溶于浓氨水，常用于配制它们的标准溶液。

2) 熔融法

用酸或其他溶剂不能分解的试样则用熔融法分解，如硅酸盐、难溶氧化物（Nb、Ta、Ti、Zr、Sn、Cr 等的氧化物）、硫酸盐（$BaSO_4$）等。在高温下试样与过量溶剂发生复分解反应，生成易溶于水或酸的化合物。根据熔剂的性质可分为碱性熔剂、酸性熔剂、氧化还原性熔剂等。

(1) 碱性熔剂。

(i) Na_2CO_3（K_2CO_3 或 $Na_2CO_3+K_2CO_3$）：常用 Na_2CO_3，因其熔点比 K_2CO_3 低，不易潮解。用于分解酸性矿物如铝硅酸盐（$2SiO_2\cdot Al_2O_3$）、酸性氧化物（如 SiO_2），其反应如下：

$$2SiO_2\cdot Al_2O_3 + 3Na_2CO_3 = 2NaAlO_2 + 2Na_2SiO_3 + 3CO_2\uparrow$$

$$SiO_2 + Na_2CO_3 = Na_2SiO_3 + CO_2\uparrow$$

为使样品中的 S、P、Cr、V 等氧化为可溶性的高价含氧酸盐，常在 Na_2CO_3 中加入少量氧化剂如 KNO_3 或 $KClO_3$、Na_2O_2。

$$\underset{\text{(铬铁矿)}}{2FeO\cdot Cr_2O_3} + 5Na_2CO_3 + 7KNO_3 = 2NaFeO_2 + 4Na_2CrO_4 + 7KNO_2 + 5CO_2\uparrow$$

Na_2CO_3 与 K_2CO_3 按 1∶1（质量比）混合，可降低熔点（约 500℃）。K_2CO_3 一般用于 Nb、Ta 矿的分解，因为形成的铌酸钾、钽酸钾溶于 KOH 溶液中，而钠盐则不溶。熔融应在铂坩埚中进行，用水浸取。

(ii) NaOH（或 KOH）：熔点较低，NaOH 熔点 328℃，KOH 熔点 360℃。分解能力比 Na_2CO_3 强，熔融时间短。可分解硅酸盐如耐火材料（$Fe_2O_3\cdot 2SiO_2\cdot H_2O$）、炼钢炉渣（$MgSiO_3$）、磷酸盐及难溶矿物。

$$Fe_2O_3\cdot 2SiO_2\cdot H_2O + 6NaOH = 2NaFeO_2 + 2Na_2SiO_3 + 4H_2O$$

$$MgSiO_3 + 2NaOH = Na_2SiO_3 + Mg(OH)_2$$

NaOH 吸湿性强，应先将 NaOH 放在坩埚（Pt、Fe 或 Ni 坩埚）中低温熔化，以除去水分，冷却，再加入试样熔融，熔剂用量为试样量的 8～10 倍，熔融时间为 5～15 min。

（2）酸性熔剂。

(i) $K_2S_2O_7$：熔点 419℃，在 420℃时，$K_2S_2O_7$的分解反应如下：

$$K_2S_2O_7 = K_2SO_4 + SO_3\uparrow$$

SO_3是酸性氧化物，可与碱性氧化物、中性氧化物作用生成可溶性的硫酸盐。因此，$K_2S_2O_7$用于分解金红石（天然 TiO_2）、方钍石（ThO_2）、钛铁矿（$FeTiO_3$）、铝土矿（Al_2O_3）以及 Nb、Ta 等酸性矿物。例如

$$2FeTiO_3 + 8K_2S_2O_7 = 2Ti(SO_4)_2 + Fe_2(SO_4)_3 + 8K_2SO_4 + SO_2\uparrow$$

$$ThO_2 + 2K_2S_2O_7 = Th(SO_4)_2 + 2K_2SO_4$$

反应通常在瓷坩埚中进行。熔融温度不宜过高，以防 SO_3过早过多损失。熔融时间不宜过长，以免硫酸盐分解为难溶性氧化物。熔块用酸溶液浸取。

(ii) KHF_2（或 NH_4HF_2）：具有配位性的酸性熔剂，用于分解能形成稳定氟配合物的元素的氧化物及其矿物如绿柱石（$3BeO \cdot Al_2O_3 \cdot 6SiO_2$）。

$$3BeO \cdot Al_2O_3 \cdot 6SiO_2 + 36KHF_2 = 3K_2BeF_4 + 2K_3AlF_6 + 2K_2SiF_6 + 4SiF_4 + 20KF + 18H_2O$$

（3）氧化性熔剂。

Na_2O_2：纯度为 95%，杂质主要是 Na_2CO_3和水，熔点 495℃，高于此温度自身分解放出氧，是强氧化性碱性熔剂，分解能力比 NaOH 强，常用于分解 As、Sb、Cr、Mo、W、Sn、V 的矿物，并将这些元素氧化成高价。在 600～700℃时，$FeO \cdot Cr_2O_3$ 与 Na_2O_2 的反应如下：

$$2FeO \cdot Cr_2O_3 + 7Na_2O_2 = 2NaFeO_2 + 4Na_2CrO_4 + 2Na_2O$$

Fe、Ni、Ag、Pt 坩埚都可应用，但腐蚀严重。500℃以下 Pt 坩埚不受腐蚀，为避免坩埚被腐蚀，常事先用 Na_2CO_3打底，因为 Na_2CO_3熔点（850℃）高，而矿物用 Na_2O_2熔融温度为 600～700℃。

3）密封加压溶解

用酸在密闭的容器中加热分解矿物，由于蒸气压增加，提高了酸的沸点，从而使其分解能力提高，使一些在常压下难以分解的矿物完全分解。

加压溶解的优点是无挥发损失，另外由于溶剂用量少，空白值低，适用于痕量组分的测定，同时可减少环境污染。

密封加压溶解可在密封玻璃管或金属高压罐中进行。后者由于操作方便、安全性好而得到广泛应用。金属高压罐的外套为不锈钢，以 Pt（＜400℃）或聚四氟乙烯（＜250℃）作内衬，可用于 $HF\text{-}H_2SO_4$或 $HCl\text{-}HClO_4$混合酸分解许多难溶矿物。

4）微波溶样

微波能使分析样品快速溶解，这是因为酸与试样混合液中的极性分子（如酸、水等）在微波电磁场作用下以 24.5 亿次/秒的速度作极性变换运动，从而产生键的振动、撕裂和粒子间的相互摩擦、碰撞，迅速产生大量的热，促使酸与试样更好地接触和反应。另外，与被溶解试样相接触的介电溶液中（酸水溶液）比试样表面高几个数量级的热量导致很强的热对

流，这将搅动并清除试样表面已溶解的表面层，使试样与酸的接触界面快速更新，从而加速样品的溶解。

微波溶样有增压微波溶样和常压微波溶样两种。增压微波溶样（如特氟隆消解罐）是在密闭容器中通过微波加热使样品在提高压力和温度下进行消解的方法。常压微波溶样是利用敞开容器在常压下微波消化样品，比增压微波溶样具有样品容量大、安全性能好的优点，但要附设冷凝管装置，以避免酸腐蚀炉体。市面上已有商品微波炉销售。微波溶样已应用于金属材料、矿物、生物样品（如植物、蔬菜、肉类、中药材等）的消解。

3. 有机试样的分解

有机试样范围广泛，如动植物组织、食品、饮料、蔬菜、肉类、药物等。其中含有痕量元素，有的是人体必需的，如 Fe、Cu、Zn、Mn、Co、Mo、V 等（分析目的是做营养评价）；有的是有毒害的，如 Pd、Cd、Be、As、Hg、Sb、Tl 等（分析目的是做安全检查）。在有机物中痕量元素以无机形式或有机化合物形式存在。为了分析有机物中的无机组分，有机物的存在往往对测定有干扰，需要把有机物分解破坏，使无机组分以离子形式进入溶液，便于其后的测定。分解有机试样大体上分为湿法消化和干法灰化。

1）湿法消化

（1）浓 H_2SO_4：有机物试样用浓 H_2SO_4 加热消化，使试样中各类氮化物转化为 $(NH_4)_2SO_4$，然后进行 N 的测定，这是著名的凯氏定氮法，但更常用的是混合酸或酸加氧化剂。

（2）H_2SO_4-HNO_3：单独用 HNO_3 的缺点是易挥发，分解不完全；单独用 H_2SO_4，氧化能力不足，分解时间长。混合酸吸取 H_2SO_4 沸点高、HNO_3 能氧化很多有机物的特点。一般是先加 HNO_3，待反应不太猛烈时再加 H_2SO_4。易挥发元素需用冷凝管回流。

（3）HNO_3-$HClO_4$：先加 HNO_3 分解大部分有机物后再加 $HClO_4$，因为羟基化合物、醇类、纤维素与 $HClO_4$ 反应生成高氯酸酯，其会发生爆炸性分解。当不适合用 H_2SO_4 分解试样时（如测定 Ca、Sr、Pb）使用这种混合酸往往十分有效。

（4）H_2SO_4- H_2O_2：称为酸性 H_2O_2，氧化能力很强，用于分解塑料、橡胶、水果、蔬菜、肉类、饮料。先加 H_2SO_4，后加入 30% H_2O_2，当反应停止时，再加热到冒 SO_3 白烟，溶液应澄清。

湿法消化的优点是适应性强、快速、组分挥发损失小；缺点是试剂用量大，空白值大。近年来采用微波消化可克服上述缺点，其原理及有关文献前已述及。

2）干法灰化

干法灰化实质上是在高温下氧化分解，留下残渣再用稀酸溶解。干法灰化广泛使用的有两种，即坩埚灰化法和氧瓶燃烧法。

（1）坩埚灰化法：样品置于敞开容器于可控温的高温炉中进行，低温蒸去水分后再升温炭化、灰化，温度一般为 450～550℃。此法适用于生物、食品、石油等样品中非挥发性组分的测定，特别适用于需要取样量大的情况，有时需加入某种助灰化剂，其作用是氧化、固定、稀释疏松，以加速样品的分解，提高被测组分的回收率。例如，氯化物易挥发，可加入 H_2SO_4 转化为稳定的硫酸盐，测定 As 时加入 Mg（NO_3）$_2$ 能生成难挥发的焦砷酸镁（$MgAs_2O_7$）。

(2) 氧瓶燃烧法：试样在密闭容器的纯氧中燃烧，有机物被氧化分解，分解出的待测组分被吸收液吸收，再以此进行测定。此法是把少量试样包在无灰滤纸中，固定在瓶塞的铂丝样品夹上，瓶内放吸收液，小心通气 2 min，氧气管应接近地面，使瓶内充满氧气。点燃滤纸，立即放入瓶内并密封，待燃烧完毕，充分振摇，使生成的烟完全被吸收后按规定方法测定。本方法适用于生物样品、医药等易挥发组分（如卤素、S、P）和微量元素（如 Hg、As）的测定。若反应器外壳为不锈钢，内衬以 Pt 或聚四氟乙烯杯，试样包在滤纸中，放于铂金属架上，架上附有电热引火线，内充氧，通电燃烧，此法称为氧弹燃烧法。燃烧的气体产物可在钢弹内用适当的溶液吸收。

至于有机试样中某些有机物的测定，如低级醇、多元醇、氨基酸、尿素以及有机酸的碱金属盐可用水溶解。某些磺胺类药物可用稀碱溶液溶解。易溶于有机溶剂的有机试样，可根据相似相溶的原理，选用合适的有机溶剂溶解。例如，极性有机物易溶于乙醇、丙酮等极性溶剂；非极性有机物易溶于氯仿、苯、甲苯等溶剂。另外，有机酸易溶于乙二胺、甲胺等碱性有机溶剂，但所有的溶剂应以不干扰其后的测定为准则。

2.7 实验数据的记录和处理

在基础化学实验中，为了得到准确的测量结果，不仅要准确测定各种数据，而且还要正确地记录和计算。分析结果的数值不仅表示试样中被测组分含量的多少，而且还反映了测定的准确程度。因此，记录实验数据和计算结果应保留几位数字是很重要的，不能随便增加或减少位数。

2.7.1 实验数据的记录

记录实验过程中的测量数据时，应注意其有效数字的位数。用分析天平称量时，要求记录至 0.0001 g；滴定管及吸量管的读数应记录至 0.01 mL。实验记录的每一个数据都是测量结果，因此重复观测时，即使数据完全相同，也应记录下来。

在实验过程中，如发现数据记错或算错而需要改动时，可将数据用一横线划去，并在其上方写上正确的数据。

2.7.2 一般分析数据的处理

为了衡量分析结果的精密度，一般对单次测定的一组结果 x_1、x_2、…、x_n 计算出算术平均值后，再计算平均偏差和相对平均偏差，或标准偏差和相对标准偏差。

算术平均值：

$$\bar{x}=\frac{x_1+x_2+\cdots+x_n}{n}=\frac{\sum x_i}{n}$$

平均偏差：

$$\bar{d}=\frac{|x_1-\bar{x}|+|x_2-\bar{x}|+\cdots+|x_n-\bar{x}|}{n}=\frac{\sum|x_i-\bar{x}|}{n}$$

相对平均偏差：

$$\bar{d}_{相}=\frac{\bar{d}}{\bar{x}}\times 100\%$$

标准偏差：

$$s=\sqrt{\frac{\sum(x_i-\bar{x})^2}{n-1}}$$

相对标准偏差（RSD）：

$$\mathrm{RSD}=\frac{s}{\bar{x}}\times 100\%$$

基础化学实验中，得到一组数据（x_1、x_2、…、x_n）后，若某一数据与其他数据相差较远，这一数据称为可疑值或极端值。对这一可疑值是保留还是舍弃，可用下面两种常用的分析数据取舍方法进行处理。

1. $4\bar{d}$ 法

$4\bar{d}$ 法又称四倍平均偏差法。根据正态分布规律，偏差超过$\pm 3\sigma$ 的个别测定值的概率小于 0.3%，故这一测定值通常可以舍去。已知 $\delta=0.8\sigma$，$3\sigma \approx 4\delta$，即偏差超过 $\pm 4\delta$ 的个别测定值可以舍去。对于少量实验数据，只能用 s 代替 σ，用 $\bar{d}$ 代替 δ ，故可以粗略地认为，偏差大于$\pm 4\bar{d}$ 的个别测量值可以舍去。这种方法比较简单，不必查表，但误差较大，只能用于处理一些要求不高的实验数据。

应用 $4\bar{d}$ 法判断可疑值的取舍时，首先将这组数据中的可疑值删去，求出其余数据的平均值 $\bar{x}$ 和平均偏差 $\bar{d}$，然后将可疑值（极值）与平均值 $\bar{x}$ 比较，如果可疑值与 $\bar{x}$ 值的绝对差值大于 $4\bar{d}$，则可疑值应舍去，否则应保留。

2. Q 检验法

Q 检验法是根据统计规律，利用不同置信度下得到的 Q 值表进行检验。检验时，由下面两个公式计算 Q 值，与 Q 值表中在一定置信度下的 Q 值比较决定取舍。

检验最小值 x_1：

$$Q=\frac{x_2-x_1}{x_n-x_1}$$

检验最大值 x_n：

$$Q=\frac{x_n-x_{n-1}}{x_n-x_1}$$

一组数据 x_1、x_2、…、x_n由小到大按顺序排列。当用上述公式计算的 Q 值大于Q 值表中的值时，说明此极值达不到该置信度的水平，应予舍去。

为了衡量分析结果的准确度，可计算绝对误差和相对误差。测定结果（x）与真实值 x_{T}之间的差值称为误差或绝对误差（E），即

$$E=x-x_{\mathrm{T}}$$

相对误差（RE）是指误差在真实值中所占的百分数，即

$$RE = \frac{E}{x_T} \times 100\%$$

高含量组分分析的相对误差要求要小一些，微量、痕量组分可允许相对误差大一些。通常无机定量分析的允许相对误差与被测成分含量的关系参见表 2-10。

表 2-10　允许相对误差与被测成分含量的关系

成分含量/%	≈100	≈50	≈10	≈1	≈0.1	0.01～0.001
允许相对误差/%	0.1～0.3	0.3	1	2～5	5～10	～10

第 3 章　分离提纯技术

3.1　结晶与固液分离

3.1.1　固体的溶解

物质的提纯与分离往往是在溶液中进行的。

当固体物质溶解于溶剂中时，如果固体颗粒太大，可先在研钵中研细。溶解时常用搅拌、加热等方法促进溶解。注意搅拌不能太猛烈，也不能使搅拌棒触及容器底部及器壁。如果要加热，应视物质的热稳定性选用直接加热或水浴加热。

在试管中溶解固体时，可用振荡试管的方法促进溶解。不能上下振荡，也不能用手指堵住管口来回振荡。

3.1.2　溶液的蒸发（浓缩）

当溶液很稀而所制备的无机物的溶解度又较大时，为了能从溶液中析出该物质的晶体，必须加热使水分不断蒸发，溶液不断浓缩。蒸发到一定程度时冷却，就可析出晶体。浓缩程度一般由物质的溶解度随温度变化大小即“溶解度温度系数”决定：

(1) 溶解度温度系数较大，如 KNO_3，浓缩到有少量晶膜出现即可。

(2) 溶解度温度系数适中，如硫酸铜，浓缩到液面形成薄层晶膜。

(3) 溶解度温度系数较小，如莫尔盐，浓缩到液面形成较厚晶膜。

(4) 溶解度温度系数很小，如 NaCl，浓缩到溶液黏稠才行。

溶液的浓缩程度还取决于产品产率和纯度的要求。一般应在保证产品质量前提下尽可能提高产量。

蒸发在蒸发皿中进行，蒸发的面积较大，有利于快速浓缩。若物质对热稳定，可直接加热（应先均匀预热），否则用水浴间接加热。水浴加热浓缩的特点是能在溶液表面形成一层结晶薄膜，因此可通过控制薄膜的生成情况控制浓缩程度。而直接加热浓缩由于沸腾，造成晶膜破坏，晶体沉降在蒸发皿底部，不易控制浓缩程度。

3.1.3　结晶

大多数物质的溶液蒸发到一定程度后冷却，就会析出溶质的晶体。结晶一般指从溶液中析出晶体的过程。析出晶体颗粒的大小与结晶条件有关。如果溶液的浓度较高，溶质在水中的溶解度随温度下降而显著减小时，冷却得越快，那么析出的晶体就越细小；否则就得到较大颗粒的晶体。搅拌溶液与静置溶液，可以得到不同的效果。前者有利于细小晶体的生成，后者有利于大晶体的生成。

若溶液容易发生过饱和现象，可以用搅拌、摩擦器壁或投入几粒小晶体（晶种）等办法，使形成结晶中心，过饱和的溶质便会充分结晶析出。

3.1.4 固液分离与沉淀的洗涤

固液分离一般有三种方法：倾析法、过滤法和离心分离法。

1. 倾析法

当沉淀的结晶颗粒较大或密度较大，静置后容易沉降至容器底部时，可用倾析法分离或洗涤。倾析操作与转移溶液的操作是同时进行的，必须用玻璃棒引流，同时动作要轻、慢，以免泛起沉淀而造成损失。洗涤时，可往盛有沉淀的容器内加入少量洗涤剂（常用蒸馏水），充分搅拌后静置、沉降，再小心地倾析出洗涤液。如此重复操作两三遍，即可洗净沉淀。

2. 过滤法

过滤法是最常用的分离方法之一。当溶液和沉淀的混合物通过过滤器时，沉淀就留在滤纸上，溶液则通过过滤器而滤入接收的容器中。过滤所得的溶液称为滤液。

溶液的温度、黏度、过滤时的压力、过滤器孔隙大小和沉淀物的状态，都会影响过滤的速度。热溶液比冷溶液容易过滤。溶液的黏度越大，过滤越慢。减压过滤比常压过滤快。沉淀若呈现胶状时，必须先加热一段时间彻底破坏它，否则胶状物会透过滤纸，使过滤失败。沉淀物颗粒的大小影响过滤器的选用。颗粒较大的沉淀物，可选用孔隙较大的过滤器。对于一些颗粒较小的沉淀，常通过保温放置一段时间或者放置过夜以使颗粒长大（此过程称为陈化），然后才过滤。总之，要考虑各方面的因素来选用不同的过滤方法。

常用的三种过滤方法是常压过滤、减压过滤和热过滤，现分述如下：

（1）常压过滤。此法最为简便和常用。

如图 3-1 所示，先把滤纸折叠成四层，展开成圆锥形。如果漏斗的规格不标准（非

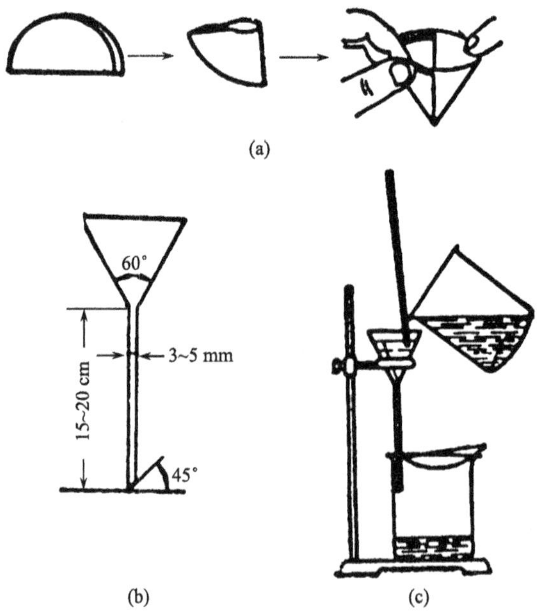

图 3-1 常压过滤

60°)，滤纸和漏斗就不密合，这时需要重新折叠滤纸，把它折成适当的角度。然后把三层厚的紧贴漏斗的外层撕去一小角，将滤纸放入漏斗中，滤纸边缘应略低于漏斗边缘。用食指把滤纸按在漏斗内壁上，用少量水将滤纸润湿，轻压滤纸从下到上赶去气泡。向漏斗中加水至滤纸边缘，这时漏斗颈内应全部充满水，形成水柱，液柱的重力可起抽滤作用，使过滤大为加速。若不形成水柱，可能是滤纸没有贴紧，或者是漏斗颈不干净，这时应重新处理。

过滤时应注意，漏斗要放在漏斗架上，漏斗颈的尖端要靠在接受容器的壁上；先转移溶液，留下少量溶液和沉淀，一并搅拌后转移；转移时，应在三层滤纸处用玻棒引流转移物。注意玻棒要靠近滤纸，但不能接触滤纸。每次转移量不能超过滤纸高度的 2/3。

如果需要洗涤沉淀，则应让沉淀尽量留在容器中，等溶液转移完毕后，往盛着沉淀的容器中加入少量洗涤剂，充分搅拌并静置，待沉淀下沉后，把洗涤液转移入漏斗，如此重复操作两三遍，再把沉淀转移到滤纸上。

如果沉淀未转移完全，特别是杯壁上沾着的沉淀，可进行以下处理：左手把烧杯拿在漏斗上方，烧杯嘴向着漏斗，拇指在烧杯嘴下方，右手把搅拌棒从烧杯中取出横在烧杯口上，使搅拌棒的下端伸出烧杯嘴 2～3 cm，此时用左手食指按住搅拌棒的较高位置，倾斜烧杯使搅拌棒下端指向滤纸三层一边，用洗瓶旋转着吹洗整个烧杯内壁，使洗涤液和沉淀沿搅拌棒流入漏斗中。

用一洁净的小试管盛接少量从漏斗中流出的洗涤液，用检测试剂检验沉淀是否洗净。

(2) 减压过滤（也称抽滤）。减压过滤可缩短过滤时间，并且沉淀经抽滤后比较干爽，但它不适用于颗粒太细的沉淀的过滤。太细沉淀的颗粒易堵住过滤器的孔隙，造成过滤器上形成一层薄而严实的滤层，使过滤速度大大降低。

减压过滤装置如图 3-2 所示，利用水泵中急速的水流不断将空气抽走，从而使抽滤瓶内压力减小，在布氏漏斗内的液面与抽滤瓶内造成一个压力差，提高过滤的速度。在连接水泵的橡皮管和抽滤瓶之间安装一个安全瓶，以防止因关闭水阀或水泵后流速的改变引起自来水倒吸，进入抽滤瓶将滤液污染并冲稀。也正因为如此，在停止过滤时，应首先拔掉橡皮管，然后关闭自来水龙头，以防止自来水吸入瓶内。

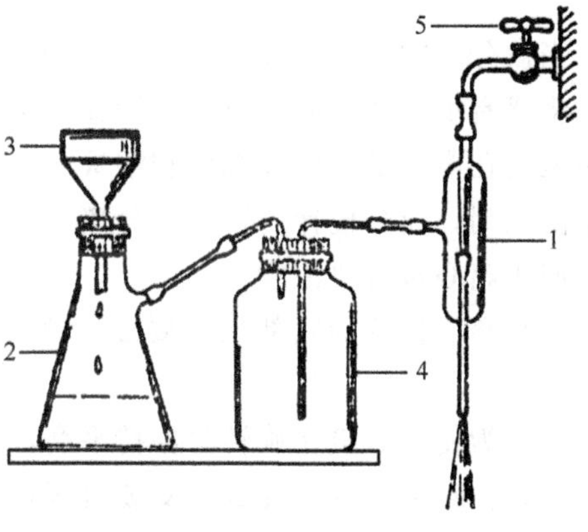

图 3-2　减压过滤装置

1. 水泵；2. 抽滤瓶；3. 布氏漏斗；4. 安全瓶；5. 自来水龙头

抽滤用的滤纸应比布氏漏斗的内径略小，但又要把滤孔全部覆盖，要求润湿的滤纸与布氏漏斗壁之间留有细小的空隙。将滤纸放入并湿润后，慢慢打开自来水龙头，先稍微抽气使滤纸紧贴，然后用玻棒往漏斗内转移溶液，注意加入的溶液不要超过漏斗容积的 2/3。开大水龙头，等溶液流完后再转移沉淀。继续抽滤，直至沉淀抽干。为了使沉淀抽得更干，可用药勺将沉淀压实。滤毕，先拔掉橡皮管，再关水龙头。用玻棒轻轻揭起滤纸边，取出滤纸和沉淀；或将布氏漏斗取下，倒过来放在表面皿上，用洗耳球对着漏斗尖嘴吹。滤液则由抽滤瓶的上口倾出。

若需要洗涤沉淀，则视沉淀量多少应关小水龙头或暂停抽滤，加入洗涤剂使其与沉淀充分接触后，再开大水龙头将沉淀抽干。

有些浓的强酸、强碱或强氧化性的溶液，过滤时不能使用滤纸，因为它们会与滤纸发生化学反应而破坏滤纸。这时可用的确良布或尼龙布来代替滤纸。另外，浓的强酸溶液也可使用烧结漏斗（也称砂芯漏斗）过滤，这种漏斗在化学实验中常见的规格有四种，即 G-1、G-2、G-3、G-4，其中 G-1 的孔径最大。可以根据沉淀颗粒不同来选用。但它不适用于强碱性溶液的过滤，因为强碱会腐蚀玻璃。

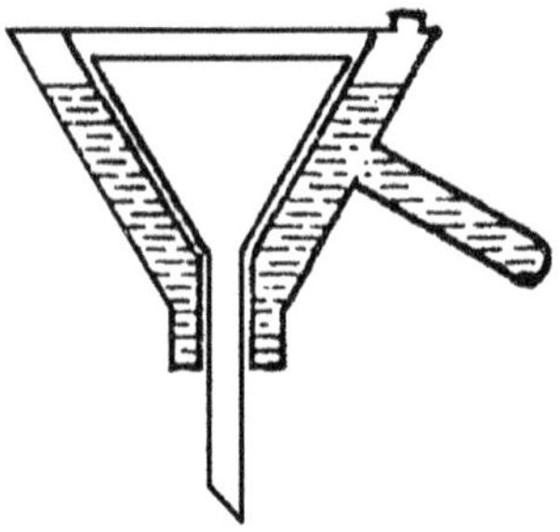

图 3-3 热过滤用漏斗（热漏斗）

（3）热过滤。如果溶液中的溶质在温度下降时容易析出大量晶体，而我们又不希望它在过滤过程中留在滤纸上，这时就要趁热进行过滤。过滤时可把玻璃漏斗放在铜制的热漏斗内（图 3-3），热漏斗内装有热水，以维持溶液的温度。也可以在过滤前把普通漏斗放在水浴上用蒸汽加热，然后使用。后一方法简单易行。热过滤时选用的漏斗的颈部越短越好，以免过滤时溶液在漏斗颈内停留过久，因散热降温，析出晶体而发生堵塞。

热过滤和趁热过滤是两种不同的方法，后者是指趁溶液温度较高时进行常压过滤或抽滤，目的是加快过滤速度。

3. 离心分离法

当被分离的沉淀的量很少时，可以用离心分离法。电动离心机是实验室常用的离心仪器。将盛有沉淀和溶液的离心试管放在离心机管套中，开动离心机，沉淀受到离心力的作用迅速聚集在离心试管的尖端而和溶液分开。用滴管将溶液吸出。如需洗涤，可往沉淀中加入少量洗涤剂，充分搅拌后再离心分离，重复操作两三遍即可。

使用离心机时要注意：

（1）离心机管套底部预先要放少许棉花或泡沫塑料等柔软物质，以免旋转时打破离心试管。

（2）为使离心机在旋转时保持平衡，离心试管要放在对称位置上。如果只处理一支离心试管，则在对称位置也要放一支装有等量水的离心试管。

（3）开动离心机应从慢速开始，运转平稳后再转到快速。关机时要使其自然停止转动，绝不能用手强制它停止转动。

（4）转速和旋转时间视沉淀性状而定。一般晶形沉淀以 1000 转 · min^{-1}，离心 1～2 min即可；非晶形沉淀需 2000 转 · min^{-1}，3～4 min。

（5）如发现离心试管破裂或震动太厉害，需停止使用。

3.2 重 结 晶

重结晶是提纯固体化合物最常用的方法。

固体有机物在溶剂中的溶解度与温度有密切关系，温度升高则溶解度增大。若把固体有机物溶解在热溶剂中且达到接近饱和，这种溶液冷却后，因溶解度的下降而变成过饱和状态，并析出结晶。利用某种溶剂对被提纯物质及杂质的溶解度不同，可以使被提纯物质从过饱和溶液中析出，而让杂质全部或大部分保留在溶液中，从而达到分离提纯的目的，这个过程称为重结晶。重结晶操作包含下列几个主要步骤：①将粗产品溶于热溶剂中（必要时进行脱色）；②趁热过滤除去不溶的物质；③热溶液冷却析出结晶；④抽气过滤，分离出晶体；⑤晶体的洗涤和干燥。

以下分别讨论重结晶过程中的几个主要问题。

3.2.1　溶剂的选择

重结晶的成功与否关键在于选择合适的溶剂，它直接影响纯化效果。选择作为重结晶的溶剂最好具备下列条件：①不与被提纯物质发生化学变化；②对被提纯的物质在温度较高时容易溶解，而温度较低时溶解很少；③对杂质的溶解度较大或几乎不溶；④能使被提纯物质析出较好的晶形；⑤便于晶体分离且容易挥发，沸点低于被提纯物的熔点；⑥廉价易得，无毒或低毒。

常用于重结晶的溶剂有水、甲醇、乙醇、异丙醇、丙酮、乙醚、石油醚、二氯甲烷、四氢呋喃、乙酸乙酯、二甲基甲酰胺（DMF）、乙酸和苯类等。

选择溶剂时，必须考虑到被溶解物质的结构，根据“相似相溶”的一般原理，溶质往往易溶于结构与其相似的溶剂中，极性物质较易溶于极性溶剂，而难溶于非极性溶剂。例如，含羟基的物质，在大多数的情况下，能或多或少地溶解在水或乙醇中。当分子中的碳链增长时（如高级醇），在水中的溶解度显著降低，而相应地在醇或烃类溶剂中的溶解度则增大。

溶剂的选择可查阅由 H. Stephen 主编的手册《无机及有机化合物溶解度》（*Solubilities of Inorganic and Organic Compounds*，1963）。从该书中可查到各种化合物在不同温度、不同溶剂中的溶解度。但在实际工作中，由于杂质因素的干扰，常需要通过实际试验选择溶剂。

假如未能找到某一合适的溶剂，可考虑选用混合溶剂。混合溶剂通常由两种互溶的溶剂组成，其中一种对被提纯物质的溶解度较大（称为良性溶剂），而另一种的溶解度较小（称为不良溶剂）。常用的混合溶剂有水与乙醇，水与丙醇，乙醇与乙酸乙酯，苯和石油醚等。

3.2.2　固体物质的溶解

溶解固体常用锥形瓶或圆底烧瓶作容器。在使用可燃性溶剂或需要作较长时间的加热溶解操作时，应装上回流冷凝管，并根据使用溶剂的沸点选择合适的热浴，应强调指出的是，使用易燃溶剂时，禁止用直接火加热。

操作时，将待纯化的固体样品放入烧瓶中，加入部分溶剂，加热至沸，若固体未全部溶解，再分批添加溶剂。每次加入溶剂后均需搅拌加热至沸，直至样品全部溶解（或几乎全部溶解）。有时尽管增大溶剂用量，而溶液中残留的固体量并不明显减少，这些固体可能是不溶性机械杂质，此时应停止加入过多的溶剂。为了便于趁热过滤，根据析出结晶的难易程度，还要多加 20%～50%的溶剂将溶液稀释。溶剂用量在整个重结晶操作中甚为重要，溶剂用量太少，可能造成趁热过滤时过早地在滤纸上析出结晶；溶剂用量太多，则溶质遗留在母液中也多，会影响重结晶的收率。

用混合溶剂进行重结晶时，一般是先用适量的良性溶剂，加热将样品溶解，溶液若有颜色，则用活性炭脱色，并趁热过滤除去不溶物。所得滤液在加热至近沸的情况下慢慢滴加不良溶剂，至溶液出现浑浊，且继续加热浑浊也不消失，此时再小心滴加良性溶剂，直至溶液变成透明，在室温下放置结晶。如果已知两种溶剂在某一比例下适用于该样品的重结晶，且在趁热过滤时不易在滤纸上析出结晶者，也可直接使用预先配制好的混合溶剂，按单一溶剂的操作方法溶解固体。

3.2.3 脱色和趁热过滤

固体物质溶解后，溶液中可能残留一些难溶（或不溶）的杂质，必须趁热过滤分离除去。若溶液中含有色素和树脂状杂质，将会影响纯化效果，甚至妨碍结晶的析出。通常可加入吸附剂除去这些杂质。最常用的吸附剂有活性炭、氧化铝或活性白土。下面以活性炭为例，介绍用吸附剂脱色的一般操作方法：

活性炭是由含碳物质如木炭、糖炭或骨炭制成，脱色时，活性炭的用量应根据杂质含量而定。一般情况下，加入活性炭的量大约相当于被提纯固体质量的5%，有时还要多些，若一次脱色不彻底，可以重复操作进行多次脱色。但必须注意，活性炭除吸附杂质外，同时也会吸附产物，因而活性炭的加入量不能太多。

使用活性炭脱色时，必须等待热溶液稍冷后才加入活性炭。注意！不准将活性炭直接加入正在加热的溶液中，否则会引起暴沸冲溢，造成损失甚至引起火灾。加入活性炭后，将溶液煮沸5～10 min，然后趁热过滤，除去活性炭和不溶性杂质。当使用有机溶剂时，在进行趁热过滤操作之前应先熄灭附近的火源。

趁热过滤通常使用短颈漏斗和沟形滤纸（或称折叠滤纸）进行过滤操作。沟形滤纸的折叠方法如下：

取一张大小合适的圆滤纸（其半径比短颈漏斗的边长略小），对折成半圆形。按图3-4（a）把半圆朝同一方向折成四等分，其棱线位置见图3-4（b），再将1，2边与2，6的凹面重叠对折，将2，3边与2，5的凹面重叠对折，1，2与2，5对折，2，3与2，6对折，则得到把半圆分成八等分的图3-4（c）。然后，在这八个等分中的每一小分中间以相反的方向对折成16等分，结果得到像折扇一样的图3-4（d），最后在1，2和2，3的小分处向内折一小折纹。注意！由于圆心处折纹多，折叠时不要推压圆心，否则会使滤纸中心部分造成损伤，甚至磨损破裂。

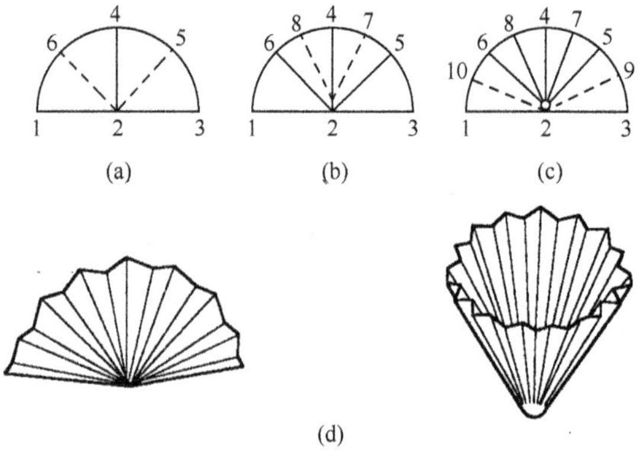

图3-4 折叠式滤纸的折叠顺序

用沟形滤纸进行过滤时，应先将折好的滤纸小心张开后反转，使折叠时与手接触可能受污染的一面向里，然后将此滤纸放入短颈漏斗中，并调整使沟形均匀分布。为了防止热过滤时在滤纸上析出结晶，使用前应预先把短颈漏斗放在烘箱中预热（不得直接用火烘烤）。过滤前先用少量热溶剂润湿滤纸，过滤完毕后可用少量热溶剂洗净烧瓶，并淋洗残留在滤纸上的少量结晶。如果滤纸上析出的结晶太多，应将滤纸和结晶一起重新放入锥形瓶中，加入适量溶剂加热溶解后，使用新的沟形滤纸重新进行热过滤。滤液的接收容器应使用锥形瓶。

经脱色和过滤之后，应得到清澈而透明的溶液。若在热过滤时接受瓶中有结晶析出，应在过滤完毕后加热滤出液使结晶复溶。

3.2.4　结晶的析出及滤集

将热过滤收集的滤液静置，使其慢慢地自然降温，即可析出均匀而洁净的晶体。当溶液的温度降至室温且已析出大量结晶后，可以进一步用冰水冷却，降低溶解度使更多的晶体从母液中离析出来。

有时过饱和的溶液不易析出结晶，这是由于溶液中难以形成结晶中心的缘故。为此，可用玻璃棒摩擦容器内壁或投入少量“晶种”（纯溶质的晶体），促使晶体析出。若遇结晶速度过于急速或直接成油状物析出时，应补充溶剂复溶，然后在缓慢降温的条件下析出结晶。

将晶体从母液中分离出来，通常使用布氏漏斗进行抽气过滤［图 3-5（a）］，所用滤纸应较漏斗底部的直径略小。过滤前，先用少量同样的溶剂润湿滤纸，轻微抽气，使滤纸与漏斗底部贴紧。在抽气的情况下，通过刮铲把经挑松的晶体连同母液倾在布氏漏斗上，用少量滤液将黏附在容器壁上的结晶洗出，用不锈钢刮铲、玻璃塞或玻璃棒（钉）将结晶压干，尽量除去母液。

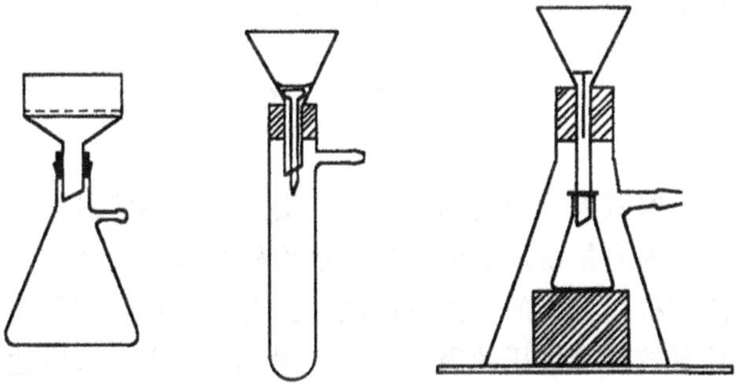

(a)　(b)　(c)

图 3-5　抽滤装置

为了除去晶体表面吸附的母液，可用少量新鲜溶剂洗涤晶体。洗涤时应先将连接吸滤瓶的橡皮管拔开，关闭水泵，加上少量溶剂，用不锈钢刮铲轻轻挑松结晶（注意！不要损伤滤纸），使全部结晶刚好被溶剂润湿，重新接上抽气胶管，开启水泵把溶剂抽去。重复上述操作一两次，即可把晶体洗涤干净。

过滤少量的晶体（0.5 g 以下），可用玻璃钉漏斗抽滤装置如图 3-5（b）所示。把玻璃钉放进漏斗后，在其上面放上一圆形滤纸，所用滤纸的直径应比玻璃钉的直径略大。用少量溶剂润湿滤纸后进行抽气，并用小刮铲压滤纸边沿使其紧贴在玻璃漏斗壁上。其他实验操作与使用布氏漏斗抽滤相同，洗涤晶体时一般用吸液管小心滴几滴溶剂即可。

抽滤后的母液量较大时，用蒸馏法回收溶剂。若母液中溶解的物质还有回收意义，可将母液适当浓缩后冷却，可得到第二批结晶，其纯度往往不及第一批，必要时再进行一次重结晶纯化。

重结晶一般只适合于提纯杂质含量在5%以下的固体化合物，若杂质含量太多时，就不能使用重结晶的方法进行分离提纯。

3.2.5 晶体的干燥

用重结晶法纯化后的晶体，其表面还吸附有少量溶剂，应根据所使用的溶剂及结晶的性质选择合适的方法进行干燥。常用的干燥方法有：空气晾干、加热（或红外线）烘干、干燥器（或真空恒温干燥器）干燥等，具体可参阅 2.4 节。

3.2.6 少量物质的重结晶

少量物质重结晶的原理和上面所述相同，只不过由于处理的量少，所用仪器有所不同，操作方法稍有差别。另外，操作时要更加小心细致。

少量物质重结晶时，可按处理物质量的多少和溶剂的用量决定使用仪器的大小。

处理量较小时（10～100 mg），可用小锥瓶或小试管溶解结晶，用玻璃钉漏斗过滤，如图 3-5（b）、（c）所示装置。图 3-5 中（c）的抽滤装置为割去底部并把边磨平的吸滤瓶，用少量凡士林黏附在磨砂玻璃板上，也可用小的离心试管或尾部拉细的试管进行重结晶。结晶析出后，用离心机离心，让晶体沉在底部，用毛细管小心吸出上层母液。若还需进行第二次重结晶，可待上层液体吸干后，重新加入新鲜溶剂至试管中将晶体溶解，重复以上操作。重结晶结束后，用小刮铲把晶体铲出置于小表皿中，然后放在干燥器中干燥。

3.3 升　华

某些物质在固体状态时具有相当高的蒸气压。受热时，不经过液体状态而直接气化；当蒸气遇冷时，又不经液态而直接凝成固体，这个过程称为升华。

升华也是提纯固体有机化合物的重要方法之一。有些有机物不易用重结晶或其他办法提纯，且在较低温度下具有较高蒸气压的固体物质，用升华的方法可以达到纯化的目的。这种方法特别适用于纯化易潮解和在溶剂中发生离解作用的物质。

图 3-6 是几种实验室中常用的升华装置。在图 3-6（a）的装置中，蒸发皿中盛样品，上面用一直径比蒸发皿小的漏斗覆盖（漏斗颈用棉花塞住，防止蒸气逸出）。漏斗与蒸发皿的接触面间用一张剪有许多小孔的滤纸隔开，以避免升华上来的物质再落回蒸发皿中。操作时可用砂浴（或其他合适的热浴）加热，小心调节火焰，控制浴温低于被升华物质的熔点，让其慢慢升华。蒸气通过滤纸小孔，冷却后凝结在滤纸或漏斗壁上。

为了加快升华的速度，还可以使升华在减压下进行。减压升华法特别适用于蒸气压不大或受热易分解的物质。图 3-6（b）和图 3-6（c）的装置用于少量物质的减压升华。通常用油浴加热，并视具体情况采用油泵或水泵抽气减压。

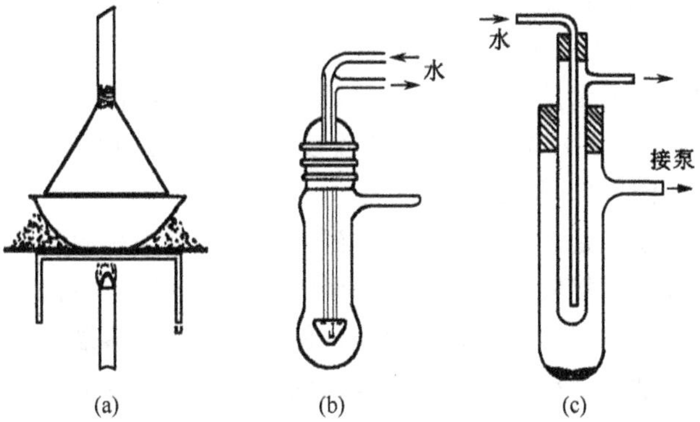

图 3-6　几种升华装置

3.4　常压蒸馏

3.4.1　基本原理

液态化合物的蒸气压随温度上升而增大。当液体的蒸气压增大至与外界压力相等即有气泡从液体内部逸出，这种现象称为气化。液体内部不断的气化即为沸腾，这时的温度称为该液态化合物在当时的大气压力下的沸点，通常以 101.325 kPa（1 atm）作为外压的标准。例如，水的蒸气压等于 101.325 kPa 时的温度（100℃）即为水的沸点。

将液体加热至沸点，该液体开始沸腾而逐渐变为蒸气，使蒸气通过冷凝装置进行冷却，便凝结并再度获得这一液体，这种操作称为蒸馏。因此，蒸馏包括两个过程，即从液体变成气体的气化过程及由气体凝结为液体的冷凝过程。若有两种互溶的液体混合在一起，由于它们的蒸气压不同，所以蒸气中两个成分的比例与液体混合物中两个成分的比例不同。蒸气压大（沸点低）的成分在气相中占的比例较大，若将这部分蒸气冷凝下来，所得的冷凝液中低沸点的成分就比原来混合物的增多。重复把这部分冷凝液进行蒸馏，便有可能将液体混合物中具有不同沸点的成分逐渐分开。

3.4.2　蒸馏操作的应用

凡加热到沸点而不分解的化合物，都可以进行蒸馏，蒸馏操作是基础化学实验中常用的方法，主要有以下几方面用途：①分离液体混合物，但只有当混合物中各成分的沸点间有较大的差异（如 30℃以上）时才能有效地进行分离；②测定化合物的沸点（常量法）；③提纯液体及低熔点固体，以除去不挥发的杂质；④回收溶剂，或浓缩溶液。

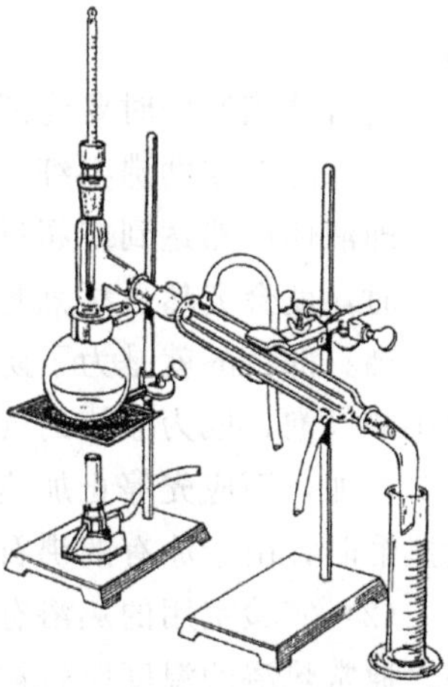

图 3-7　普通蒸馏装置

3.4.3　蒸馏装置的选择和安装

蒸馏装置主要包括蒸馏瓶、冷凝管和接受器三部分。

图 3-7 的装置适用于蒸馏沸点低于 130℃的一般有机液体。蒸馏沸点高于 130℃的液体时，应改用空气冷凝管，因为水套

冷凝管在 130℃以上时，由于温差大而容易破裂；若蒸馏乙醚、石油醚等低沸点易燃的液体时，则应使用图 2-9（b）所示的接收装置。

首先根据所蒸馏液体的量选用大小合适的蒸馏瓶，装入液体的体积不应超过蒸馏瓶容量的 2/3，一般以一半为宜，在蒸馏头安装一支温度计，其水银球的上端应在蒸馏瓶支管管口下方的水平延长线上［图 3-7，图 2-9（a）］。

安装仪器的程序习惯上是自下而上，从左到右，即先考虑热源的高低位置，固定好蒸馏瓶，然后依次装上冷凝管和接收装置。安装冷凝管时，先用固定在铁架上的冷凝管夹夹住冷凝管中部，然后调节铁架位置及冷凝管夹角度，使冷凝管处于蒸馏瓶支管的同一轴线上，再稍为松开冷凝管夹，沿轴线平推冷凝管至与蒸馏瓶支管连接，调节冷凝管夹的上下螺丝至刚好夹紧冷凝管且无上下应力为合适。此时，冷凝管夹的固定点应在冷凝管中间偏后的位置（重力中心）上。最后依次装上接引管和接受器。

蒸馏系统的接受器必须连通大气，蒸馏装置决不能造成密闭体系。

3.4.4 蒸馏操作

将待蒸液体经漏斗从蒸馏头上口倒入蒸馏瓶中（注意勿让液体从支管流出），装液量不得超过瓶容量的 2/3 或不少于 1/3。然后投入两三粒沸石，装上温度计。在冷凝管夹套中通水，水应从冷凝管的下部进，上部出，保持缓慢的流速。

选用合适的热浴加热。当液体的温度上升到达沸点时开始沸腾，蒸气上升时，在瓶颈被冷凝成液膜环，并由瓶颈逐步上升。当蒸气接触到温度计水银球时，温度计的水银柱很快上升，调节热浴的温度（使用热浴时应在热浴中置一温度计）。在整个蒸馏过程中，温度计的水银球上应始终附有冷凝的液滴，以保持气液两相平衡，从冷凝管流出液滴的速率为 1～2 滴每秒。如果蒸出温度变化较大，则需要换几个接受瓶，以收集不同温度的蒸出物。若收集馏分的温度范围已有规定，可按规定范围收集。所使用的接受瓶均应事先称量，便于称量各蒸出馏分的重量，且做好记录。

蒸馏时，不要把液体蒸干。当蒸馏瓶中只剩少量液体时，即应停止蒸馏。蒸馏完毕，应先停止加热及移开热源，然后关闭冷凝水。拆卸仪器前把冷凝管夹套中的水排走。拆卸仪器的顺序和安装时相反，即先取下温度计，接着取下接受瓶，再拆下接引管、冷凝管和蒸馏瓶。

进行蒸馏操作时要注意以下两个问题：

（1）沸石或助沸毛细管必须在开始加热前加入。大多数液体在加热时往往发生过热现象，即液体虽然达到或超过沸点的温度，但仍不沸腾。这种过热的液体受到外界干扰（如摇动）时，就会突然且猛烈地沸腾起来，大量的蒸气带着液体向上冲，即发生所谓“暴沸”。加入沸石的目的就是为了防止液体产生过热现象。在加热时，沸石的微孔或毛细管不断放出微小的气泡，成为液体的气化中心使沸腾平稳。如果事先忘记加沸石，决不能在液体接近沸点时补加，而应先停止加热，待液体稍冷却后再行补加沸石。若中途停止蒸馏，并需要再继续蒸馏时，由于原有的沸石已失效，应重新加入。

（2）实验室用的热浴有水浴、油浴和砂浴等，加热时可视液体沸点高低而选用合适的热浴。通常热浴的温度应较被蒸馏液体的沸点高 20℃左右。沸点在 80℃以下的液体用水浴加热；沸点较高的液体可选用油浴或砂浴。对于一些高沸点的不燃性液体，有时也采用直接火加热，但应在蒸馏瓶下放置一块铁丝网，使受热均匀并扩大受热面。铁丝网不宜与蒸馏瓶贴得太紧，以能把铁丝网抽动为宜。蒸馏高沸点液体如硝基苯、苯胺要使用支管低一些的蒸馏瓶，蒸馏瓶颈用玻璃布或棉布包裹保温。

3.4.5　少量物质的蒸馏

少量物质的蒸馏原理与普通蒸馏相同，不过由于被蒸馏物质较少，因而使用的仪器及操作方法稍有差异。

图 3-8 的装置适用于蒸馏体积为 2 mL 左右的液体，其中图 3-8（b）中的装置为领带形蒸馏瓶。

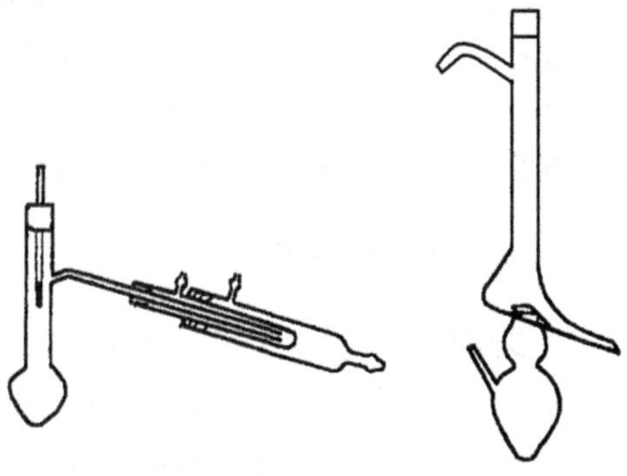

图 3-8　少量液体蒸馏装置

3.5　减 压 蒸 馏

3.5.1　基本原理

液体的蒸气压与外界大气压相等时的温度即是该物质在常压时的沸点。如果降低蒸馏系统的压力，则物质可在较低的温度下气化并沸腾，因而其沸点也相应地降低。当压力降低至 2.666 kPa 时，大多数有机化合物的沸点比常压时的沸点降低约 100℃。已知化合物在减压下的沸点可以从手册或文献中查到。常用的手册有：

Vapor Pressure of Organic Compounds（T. E. Jordan 编）

Handbook of Chemistry and Physics（R. C Weast 编）

有时在文献中查不到所选择压力下的沸点数据，则可利用图 3-9 所示的“压力-温度关系”经验曲线进行粗略估计。

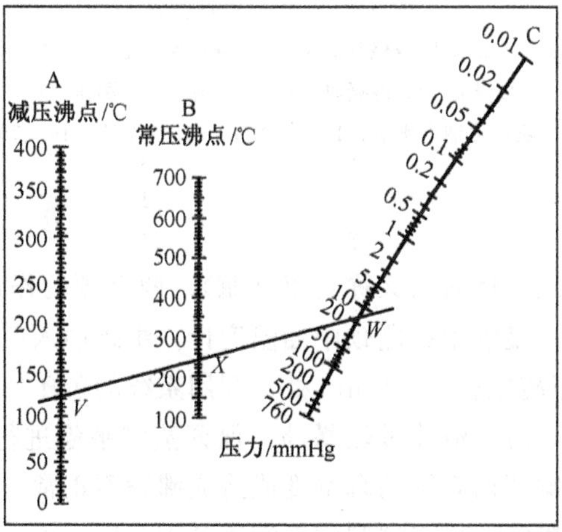

图 3-9　压力-温度曲线

1 mmHg = 133.3 Pa

例如，已知某液态化合物在常压下沸点为 250℃，要求估计压力为 2 kPa（15 mmHg）时该物质的沸点。首先在中间的 B 标尺线上找到 250℃的点 X，再在右边的曲线标尺 C 上找到 2 kPa（15 mmHg）的点 W，连接 WX 并把此连线向左延长与 A 标尺交于 V 点处，V 点所在的温度读数值 125℃便为该液体在 2 kPa（15 mm）压力时的沸点。

3.5.2 减压蒸馏的应用

许多高沸点有机物在高温下并不稳定，加热至沸点时往往会发生分解、氧化或聚合，所以不能采用常压蒸馏的方法分离提纯。减低体系压力可使化合物在较低温度下进行蒸馏，从而达到提纯的目的。这种在较低压力下进行蒸馏的操作称为减压蒸馏，表压很低时也称真空蒸馏。减压蒸馏在生产上及科研工作中应用甚广。

3.5.3 减压蒸馏的装置

图 3-10 是常用的减压蒸馏装置。整套装置分为蒸馏和抽气（减压）两部分。

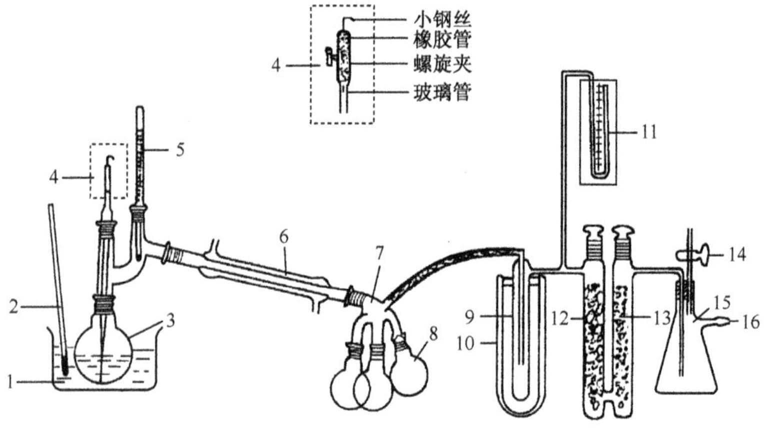

图 3-10 减压蒸馏装置

1. 热浴；2. 温度计；3. 减压蒸馏瓶；4. 导气管控制装置；5. 温度计；6. 冷凝管；7. 三叉接引管；8. 接受瓶；9. 冷凝阱；10. 杜瓦瓶；11. 测压计；12. 氯化钙干燥塔；13. 氢氧化钠干燥塔；14. 安全阀；15. 安全瓶；16. 接真空泵

1. 蒸馏部分

这一部分主要包括减压蒸馏瓶（又称克莱森瓶），两个颈的作用是为了避免减压蒸馏时瓶内液体直接飞溅或冲入冷凝管中；侧颈中插温度计，主颈插入一根毛细管，连通大气（或氮气），毛细管应一直插至离瓶底 1～2 mm 处，利用系统的负压使空气（氮气）不断自毛细管进入液体，起助沸作用，防止液体过热暴沸，保证蒸馏平稳进行。毛细管必须拉得很细，否则通入的空气太多，影响蒸馏系统的真空度或造成沸腾不正常；蒸馏液也可能被急速的气流吹成雾状的液沫进入冷凝管。检查拉制的毛细管是否合适，可用一小试管盛少许丙酮或乙醚，将毛细管插入乙醚中，从毛细管顶端吹入空气，毛细管口只冒出一连串细小的气泡即为合适，冒出的气泡太大时说明毛细管太粗，应重新拉制。毛细管的烧制方法一般是选取一根长度比减压蒸馏瓶颈短的硬质玻管（或磨口导气管），先把一端拉成 2 mm 左右的细管，再把此细管端在灯焰上加热至发软，离开火焰后即刻（用镊子）拉成细丝状，截至所需的长度。若毛细管口径较粗，则可在导气管进气口处套上一小段橡皮管，并在管中放置一根上端弯成钩状的小铜丝，用螺旋夹夹住胶管控制进气量［图 3-10（4）］。

根据蒸出液沸点，选用合适的热浴和冷凝管，蒸馏沸点高于 100℃的物质时，最好用玻璃布或棉布包裹蒸馏瓶颈，以减少热量损失，热浴温度一般应比蒸馏温度高 15～25℃。

图 3-10 中的 7 为三叉接引管，带有三个接受瓶，它适用于收集组分较少的不同沸点范围的蒸出物，只要转动接引管与冷凝管的连接磨砂接口即可更换接受瓶。

图 3-11 是一种较好的磨口减压蒸馏接引器。主要优点是接受馏分的数目不受限制。

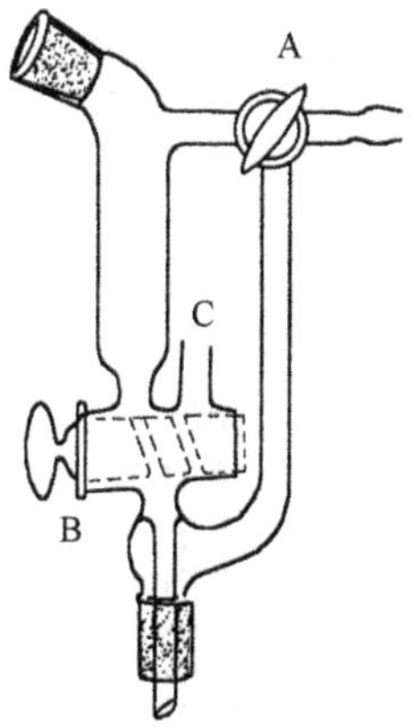

图 3-11 减压蒸馏接引器

注意！所有减压蒸馏均需使用优质的圆底容器作接受器。使用之前应检查蒸馏瓶和接受瓶是否完好，有裂痕或损伤者不能使用。绝不能用平底烧瓶或锥形瓶作接受器，否则会由于器壁受压不均匀而发生负压爆炸。

2. 抽气部分

实验室中常用水泵或油泵进行抽气减压。

（1）水泵：用玻璃或金属制成，结构简单，价格便宜，但所产生的真空度较低，水泵的效能和它本身的构造、水压及水温有关。最好的水泵在冬季（水温约 10℃时）可抽到 2 kPa 的低压，而夏季由于水温较高，只能达到约 4 kPa 的压力。带有前级机械齿轮泵的水泵可得到更高的真空度。

（2）油泵：好的油泵能抽到 133 Pa 以下的压力。油泵的效能取决于泵本身的机械结构及泵油的质量（油的蒸气压必须很低）。

蒸馏时，如果被蒸馏物中含有挥发性有机溶剂、水或酸性物质的蒸气，都会影响泵的效能，甚至损坏油泵。因为挥发性的溶剂蒸气被油吸收后，会增加油的蒸气压，酸性物质会腐蚀泵的机件，水蒸气凝结后可与油形成浓稠的乳状液造成气穴。因此，使用时应该十分注意油泵的保护工作。

为了防止挥发的有机溶剂进入油泵，必须先用水泵减压蒸去低沸点的有机物，然后再使用油泵蒸馏，并在接受器之后接一个低温捕集器（将此捕集器放进盛有冰-盐或液态氮气的保温瓶中），将低沸点的有机物蒸气冷凝下来。为了除去水和酸的蒸气，必须安装盛有无水氯化钙（或硅胶）、粒状（片状）氢氧化钠的吸收塔各一个，前者用来吸收水蒸气，后者吸收酸性物质。若需除去烃类气体，可再接一个盛有石蜡片的吸收塔，其连接顺序参见图 3-10。

实验室中通常采用测压计测量减压系统中的压力。图 3-12（a）是开口式水银压力计。开始抽气之前，玻璃管两端水银面处于同一高度（均等于当时的实际大气压），即

$$A_1 - B_1 = 0$$

对系统抽气后，由于开口端的压力等于大气压 p_a，而与真空装置连接处的水银液面上的压力 p 低于大气压。在这种情况下，真空装置一边的水银液面 A_2 高于 B_2，且有以下关系：

$$(A_2 - B_2) + p = p_a$$

因而，用开口式压力计不能直接测出减压系统的压力，减压系统中的实际压力 p 可由下式求得：

$$p = p_a - (A_2 - B_2)$$

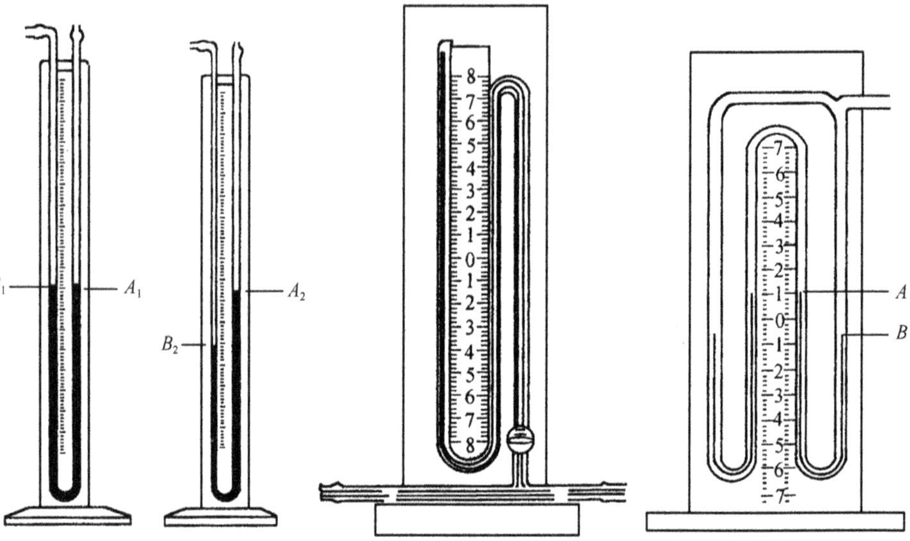

(a) 开口式水银压力计　　(b) 封闭式压力计

图 3-12　测压计

图 3-12（b）是封闭式压力计。减压操作时，两边水银液面之差（可通过中间标尺进行观察和计算）即为蒸馏系统中的实际压力：

$$p = A - B$$

开口式压力计较笨重，读数较麻烦，但测定的数据准确。封闭式压力计则比较轻巧，读数也比较方便，但常因水银中有残留空气，A 端并非绝对真空，往往不够准确，需用开口式压力计进行校正。

整个蒸馏系统必须保持密封不漏气，所有连接均需保证严密，橡皮管应采用厚壁真空胶管。

3.5.4　减压蒸馏操作

减压蒸馏时，应按下列程序进行操作：

（1）仪器（图 3-10）安装完毕后，先检查整个系统能否达到所需的真空度。为此，关闭安全瓶的活塞及导气管上的螺旋夹，开动油泵，若压力降不下来，应检查各部分活塞和橡胶管的连接是否严密。对于用胶管连接的装置，必要时可用熔融的固体石蜡-松香（质量比 4∶1）密封（密封应在解除真空后进行）。

（2）检查完毕后，慢慢旋开安全瓶的活塞，使系统与大气连通，然后关闭油泵，停止抽气。

（3）小心地打开带导气毛细管的塞子，将被蒸馏液通过长颈玻璃漏斗加到减压蒸馏瓶中，液体量约为蒸馏瓶容量的一半，部分打开安全阀，开动油泵，然后调节安全活塞至达到所需的真空度。此时导气管应有微气泡放出，确证其通气之后，才加热蒸馏。调节螺旋夹，控制毛细管的进气量，保证液体平稳地沸腾，调节热源温度，控制蒸出速度为 0.5～1 滴每秒。

(4) 按实验要求截取所需馏分。转动接引器，即可更换接受器。

(5) 蒸馏完毕后，先停止加热，移开热浴，让蒸馏瓶冷却至室温，然后小心地旋开安全瓶活塞慢慢放入空气（若开启太快则压力突然增大，压力计可能会因水银猛烈撞击而破裂），关闭油泵，待系统压力与大气平衡后方可拆卸仪器。

3.6 分　　馏

3.6.1 基本原理

蒸馏虽是分离液态有机化合物的常用方法，但其分离效率不高，被分离组分的沸点差达30℃以上时，才能用蒸馏法充分分离。对于沸点相近的混合物，一次普通蒸馏是不能把各组分分开的，只有经过分段多次蒸馏，才可能逐渐把它们分开。例如，用发酵法制乙醇时，所得发酵液中乙醇含量只有 9%左右。将 9%的乙醇溶液蒸馏一次最高也只能达到 76%。若要得到含量为 95.6%的乙醇，必须通过数十次重复的蒸馏过程，这样做既麻烦又浪费。工业生产中，将低浓度的发酵液通过特制的分馏塔，只需经一次分馏便可得到 95.6%的乙醇。各种天然原料如石油，工业产品如煤焦油、木焦油等，都是多种化合物的混合物，通过分馏即可把各种组分分离出来。

分馏实际上就是沸腾气化的混合物蒸气通过分馏柱（通常柱中装有大表面积的填料）并在柱中进行一系列热交换的结果。当蒸气进入分馏柱时，由于柱受外面空气的冷却，蒸气中沸点较高的物质先被冷凝，结果冷凝液中含有较多高沸点的物质，蒸气中低沸点的成分就相对地增多。冷凝液向下流动时又与上升的蒸气接触（在填料表面上进行），两者之间进行热交换，上升的蒸气中高沸点的物质又首先被冷凝下来，低沸点物质的蒸气仍继续上升；冷凝液中低沸点的物质被气化，而高沸点者仍呈液态。经过多次的液相与气相的热交换之后，低沸点的物质不断上升，最终被蒸馏出来，而高沸点的物质则不断流回受热容器中，结果使不同沸点的物质得到分离。

通过沸点-组成曲线（也称相图）能更好地理解分馏原理。这种曲线是在恒压条件下测定不同温度时气-液平衡体系中气相和液相的组成，以横坐标表示组成，纵坐标表示温度描绘而成的。图 3-13 (a) 是大气压下苯-甲苯体系的沸点-组成曲线。从图中可以看出，由 20%苯和 80%甲苯组成的液体（L_1）在 102℃时沸腾，与此液相平衡的蒸气的组成约含 40%的苯和 60%的甲苯（Y_1），若将这种蒸气凝成相同组成的液相（L_2），由与此液体重新达到平衡时蒸气（Y_2）组成约含 70%的苯和 30%的甲苯。显然，若继续经多次的平衡即可获得纯的苯蒸气。

采用分馏操作的分离效果比蒸馏好得多。例如，将含 20mL 甲醇和 20mL 水的混合物分别进行普通蒸馏及分馏（用简单分馏装置），控制蒸出速度为$1mL\cdot(3min)^{-1}$，每收集 1mL 蒸馏液记录温度一次。以温度为纵坐标，蒸出液体积为横坐标，分别得出蒸馏曲线和分馏曲线，如图 3-13 (b) 所示。从图中的分馏曲线可明显地看到，当大部分甲醇蒸出后，温度便很快上升，不久便达到水的沸点，水和甲醇可以得到较好的分离。但采用蒸馏法的分离效果

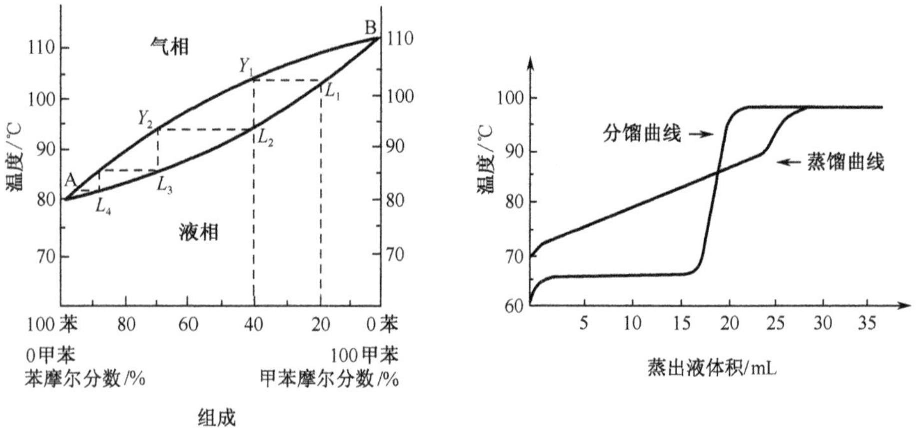

(a) 苯-甲苯体系的沸点-组成曲线　　(b) 甲醇-水混合物(1:1)的蒸馏和分馏曲线

图 3-13

就很差。

必须指出，并不是所有沸点不同的物质都能用分馏法分离出纯组分。当某两种或三种不同沸点的液体按一定比例混合时，可组成具有固定沸点的混合物。加热分馏这种混合物时，它们在柱中相互平衡的气相和液相的组成完全相同，因此分馏的产物只能是具有固定比例的混合物。这种混合物称为共沸点混合物，这种蒸馏称为共沸蒸馏，如上述的发酵液在常压下进行分馏最后只能得到95.6%的乙醇溶液便属于这种情况，将在3.8节中予以介绍。

3.6.2 简单的分馏装置和操作

1. 简单分馏柱的形式和装置

图3-14（a）是实验室中较常用的两种简单分馏柱：A是带有向心斜刺形的韦氏分馏柱；B是装有玻璃珠的分馏柱。这两种柱操作时难于控制回流比，且分馏效率较低，一般只相当于几个理论塔板。

2. 简单分馏操作

简单分馏操作的基本原则和蒸馏操作大致相同。如图3-14（b）安装仪器装置，必要时可用玻璃布包绕分馏柱保温。选择合适的热浴加热（一般用油浴），液体沸腾后要注意调节热浴温度，让蒸气慢慢升入分馏柱中，约10 min后升至柱顶。开始有液体蒸出时，调节热浴温度保持蒸出速度为每2～3秒1滴，这样可以得到较好的分馏效果。注意观察蒸出温度的变化，收集不同的馏分。

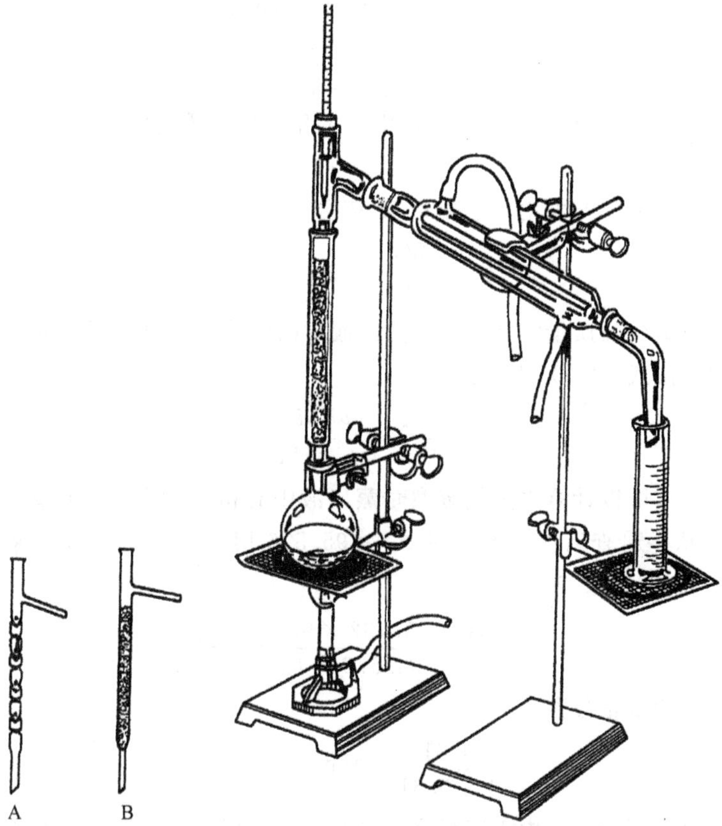

(a) 简单分馏柱　　(b) 简单分馏装置

图 3-14　简单分馏装置

3.7　水蒸气蒸馏

3.7.1　基本原理

两种互不相溶的液体混合在一起时，由于彼此的相互影响很小，它们各自具有独立的蒸气压，而液面上的总蒸气压等于两组分蒸气压之和。若其中一个组分为水时，则

$$p = p_{水} + p_{A}$$

式中，p 为总蒸气压；$p_{水}$、p_{A}分别为水和另一组分 A 的分压。

将此混合物加热时，两组分的蒸气压都随着温度的升高而增大，当两者的蒸气压总和等于外界大气压时，混合物便沸腾。此时的温度便为该混合物的沸点，这个沸点必然低于混合物中任何一种组分的沸点。水蒸气蒸馏就是根据这个原理。将水蒸气通入不溶或难溶于水的但在 100℃时有一定挥发性的有机物中，使该有机物在低于 100℃的温度下随水蒸气一起蒸馏出来，这样的操作称为水蒸气蒸馏。例如，在制备苯胺时（苯胺的沸点为 184℃），将水蒸气通入含苯胺的反应混合物中，当温度达到 98.5℃时，苯胺的蒸气压为 5.732 kPa，水的蒸气压为 95.576 kPa，两者的总和为 101.308 kPa，于是这个混合物便沸腾，苯胺随水蒸气一起被蒸馏出来。

根据道尔顿（Dalton）分压定律，蒸气的组成与组分的蒸气压有以下关系：

$$\frac{n_A}{n_水}=\frac{p_A}{p_水} \tag{3-1}$$

式中，n_A 和 $n_水$ 分别为已知体积的气相中组分 A 和水的物质的量；p_A 和 $p_水$ 分别为组分 A 和水的蒸气压。

各组分的物质的量 n 与相对分子质量 M 和质量 W 存在以下关系：

$$n_A=\frac{W_A}{M_A} \qquad n_水=\frac{W_水}{M_水}$$

因为气相中两组分的质量实际上就是蒸出液中两组分的质量，所以蒸出液中有机物组分与水的质量比例可按式（3-2）求出：

$$\frac{W_A}{W_水}=\frac{p_A M_A}{p_水 M_水} \tag{3-2}$$

利用这个关系式可以计算水蒸气蒸馏时蒸出液中有机物的含量。例如，苯胺与水混合，沸点是 98.5℃，从手册查到在此温度时 $p_水=95.576$ kPa，$p_{苯胺}=5.732$ kPa，已知 $M_水=18$，$M_{苯胺}=93$，代入式（3-2）得

$$\frac{W_{苯胺}}{W_水}=\frac{5.732\times 93}{95.576\times 18}=0.31$$

所以蒸出液中苯胺的质量分数为

$$\frac{0.31}{1+0.31}\times 100\%=24\%$$

以上的计算值是理论值，由于实际操作时有相当一部分水蒸气因来不及与被蒸馏物充分接触便离开了蒸馏器，且苯胺微溶于水，所以实际蒸出的水量比计算值大。

3.7.2 水蒸气蒸馏的应用

水蒸气蒸馏是分离提纯液体或固体有机物的常用方法。利用这个方法可以从天然物质中提取挥发性的化合物（如精油、樟脑等），在有机合成中常用水蒸气蒸馏的方法从反应混合物中分离出主要产物或除去副产物。例如，从硝基苯还原制苯胺时，如果从反应混合物中直接用乙醚提取苯胺，会产生乳状物以致难以分层；若采用水蒸气蒸馏法蒸出苯胺，然后再用乙醚提取，则可避免上述操作困难。又如制备三苯甲醇时，利用水蒸气蒸馏除去反应混合物中未起反应的原料（溴苯和苯甲酸甲酯）及部分副产物联苯，从而达到初步纯化三苯甲醇的目的。

具备下列条件的化合物可使用水蒸气蒸馏的方法进行分离提纯：①不溶或几乎不溶于水；②与水一起在近 100℃ 经长时间加热不发生化学变化；③在接近 100℃ 时至少有 1.33 kPa以上的蒸气压。

3.7.3 水蒸气蒸馏的装置

图 3-15（a）是一套普通的水蒸气蒸馏装置，其中 A 是铜制的水蒸气发生器，从液位计 B 的玻璃管可以观察发生器中水的液面，发生器的盛水量不得超过总容积的 3/4。安全玻管 C 几乎插到水蒸气发生器的底部，当发生器内压力较大时，水沿着安全管上升以调节气压，

如果系统发生堵塞，水便会从 C 管的上端喷出，此时应停止加热，检查圆底烧瓶 D 的蒸气导管及出口是否堵塞。

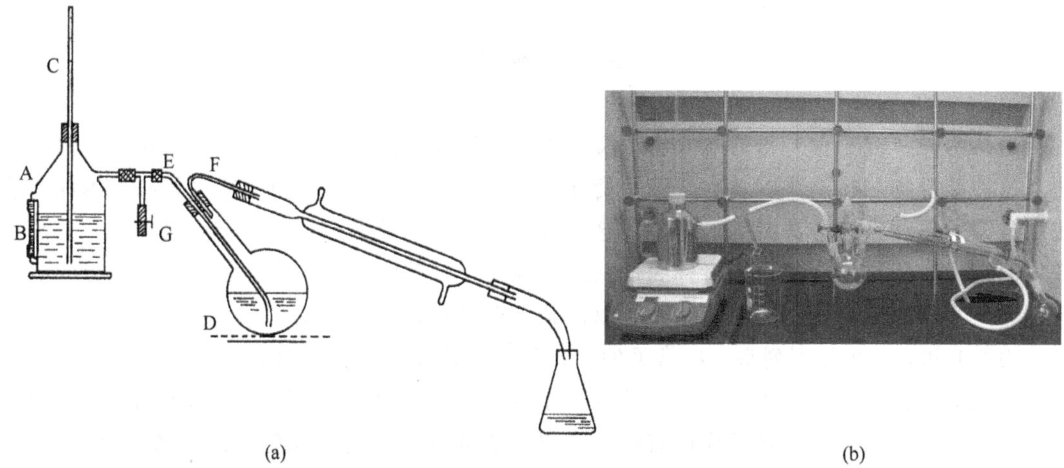

图 3-15　水蒸气蒸馏装置

蒸馏器通常使用合适的长颈圆底烧瓶 D，为避免蒸馏时瓶中的液体跳溅进入冷凝管内，最好将烧瓶的位置向水蒸气发生器的方向倾斜 45°。瓶内所盛的蒸馏液不得超过总容积的一半，瓶口装上双孔塞，一孔插入蒸气导管 E，另一孔插入蒸气蒸出管 F。导管 E 的末端应弯曲成约 135°，使其垂直地正对瓶底中央（应把玻管插入塞孔后才烧制弯曲）接近瓶底处。导管 F 的口径与 E 相等或略粗一些，F 的弯曲角度约为 30°。用直形夹套冷凝管可以使蒸出液充分冷却，由于水蒸气的冷凝热（约 2.26 $kJ \cdot g^{-1}$）较大，所以冷凝水的流速应稍大些。

水蒸气发生器和圆底烧瓶（蒸馏器）之间要连接一个 T 形管，T 形管下端接上带弹簧止水夹的胶管 G，它可以及时排去蒸气中的冷凝水，以及作为连通大气的安全开关。若临时中断加热时，为防止蒸馏液倒吸，可立即打开止水夹连通大气。水蒸气发生器至蒸馏瓶的管道应尽可能短，防止热量散失。

3.7.4　水蒸气蒸馏操作

蒸馏操作之前，应检查整套装置所有连接是否严密。操作时打开 T 形管的夹子 G，用直接火把蒸气发生器中的水加热至沸腾。当有水蒸气从 T 形管冲出时，再旋紧夹子 G，让水蒸气通入蒸馏瓶中。这时可见蒸馏瓶中的混合物翻腾不息，不久在冷凝管中就出现馏出液。调节火焰，使蒸馏瓶中的混合物不致飞溅得太厉害，并控制馏出液的速度为每秒 2～3 滴。为了防止蒸馏瓶中积聚冷凝水造成混合物体积过大，必要时可用小火隔着铁丝网加热圆底烧瓶 D。

若蒸出液呈澄清透明，表明不再含有有机物质的油珠。此时即可停止蒸馏，应先打开夹子 G，以防止蒸馏瓶 D 中的液体回吸到水蒸气发生器中，然后熄灭灯火，关闭冷凝水，拆卸装置。

3.7.5　少量物质的水蒸气蒸馏装置

对少量物质进行水蒸气蒸馏时，可把被蒸混合物与水直接混合，盛于小的两口或三口烧瓶中，按要求安装蒸馏装置，然后直接煮沸混合物。两口或三口瓶的一侧口装上盛水的分液漏斗，视蒸馏过程耗水量，必要时可经分液漏斗加水。

3.8 共沸蒸馏

当某两种（或三种）液态物质按一定比例混在一起时，组成一种具有固定沸点的混合物。这种混合物加热至沸时，在气液平衡体系中，气相组成与液相组成完全相同，因此不能使用分馏的方法将其分离成纯的物质，这种混合物称为共沸混合物或恒沸点混合物。共沸点低于混合物中任一组分的沸点者称为低共沸点混合物，共沸点高于混合物中任一组分的沸点者称为高共沸点混合物。在有机物中，以低共沸点混合物较为常见。

表 3-1 和表 3-2 分别列举一些常见的二元和三元共沸混合物的例子。

共沸蒸馏在实验室及生产过程中的应用相当广泛。例如，用于除去溶剂中的水分，除去反应过程中所生成的水，使反应向有利于生成产物的方向移动（如酯类的制备）；分离、精制各种物质等。

表 3-1 一些常见的二元共沸混合物

共沸混合物		组分的沸点/℃		共沸物的组成/%(质量分数)		共沸点/℃
A	B	A	B	A	B	
水	乙醇	100	78.3	5	95	78.15
水	乙酸乙酯	100	78	9	91	70
水	甲酸	100	100.7	23	77	107.3
水	二氧六环	100	101.3	20	80	87
水	氯仿	100	61	3	97	56.1
水	四氯化碳	100	77	4	96	66
水	苯	100	80.6	9	91	69.2
水	*m*-二甲苯	100	139	36	64	92
水	氯苯	100	131.8	28	72	90.2
乙醇	乙酸乙酯	78.3	78	30	70	72
乙醇	苯	78.3	80.6	32	68	67.9
乙醇	甲苯	78.3	110.7	68	32	76.7
乙醇	氯仿	78.3	61	7	93	59.4
乙醇	四氯化碳	78.3	77	16	84	64.9
甲醇	四氯化碳	64.7	77	21	79	55.7
甲醇	苯	64.7	80.6	39	61	58.3
氯仿	丙酮	61.2	56.4	80	20	64.4

表 3-2　一些常见的三元共沸混合物

共沸混合物			组分的沸点/℃			共沸物的组成/%(质量分数)			共沸点/℃
A	B	C	A	B	C	A	B	C	
水	乙醇	四氯化碳	100	78.3	77	4.5	10.0	85.5	62
水	乙醇	苯	100	78.3	80.6	7.4	18.5	74.1	64.9
水	异丙醇	苯	100	82.4	80.6	7.5	18.7	73.8	66.5
水	乙醇	乙酸乙酯	100	78.3	78	9.0	8.4	82.6	70.2
水	正丁醇	乙酸丁酯	100	117.3	126.5	29.0	8.0	63.0	90.7

蒸馏共沸混合物和蒸馏单纯物质时的情况基本相同，其特点是在混合物中任一成分被完全蒸出之前蒸出物的组成总是不变的。如果改变蒸馏系统的压力，有可能把共沸混合物的组分分开，因为在改变系统的总压力时，各组分的蒸气压力不会按相同的比例改变。

利用共沸蒸馏的方法除去某些有机溶剂中的水，一般是加入一种能与水形成低共沸点混合物，且蒸出冷凝后又与水不混溶的物质，也称水夹带剂。常用的水夹带剂有苯、甲苯、二甲苯、氯仿和四氯化碳等，后两者比水重。图 2-10 (a) 适合使用比水轻的夹带剂；使用比水重的水夹带剂时，应选用图 2-10 (b)。

使用这些分水装置，不仅能测量蒸出的水量，而且也可以观察分出水的情况及判断反应终点。例如，在合成乙酸正丁酯时，可利用水、丁醇、乙酸正丁酯能形成三元共沸混合物的特点，把反应过程中所生成的水及时带离反应体系，并根据蒸出水的量判断酯化反应的终点。又如，用工业乙醇制备无水乙醇时，可在 95%的工业乙醇中加入一定量的苯，然后蒸馏此混合物。最早被蒸出的是水-乙醇-苯的三元共沸混合物 (64.9℃)，当体系中的水被全部蒸出后，在蒸出温度升高至 68.2℃时，蒸出乙醇-苯二元共沸物，最后蒸出的便是无水乙醇 (78.3℃)。有时，当加入第三组分后可形成新的二元共沸混合物，蒸馏时可分出原混合物中的某一组分。例如，在甲苯及乙酸的共沸混合物中 (共沸点，105.4℃) 加入水，则蒸馏时首先被蒸出的是甲苯与水的共沸物 (81.4℃)，最后才蒸出不与水形成共沸物的乙酸。

3.9　萃取与洗涤

在提取或纯化有机化合物时常使用萃取操作。萃取技术可用于分离溶液中的物质，分离固体混合物或从混合物中除去杂质，后者又称为洗涤。

3.9.1　基本原理

萃取是根据待分离物质在同一溶剂中具有不同的溶解度或在两种互不相溶的溶剂中具有不同的溶解度而进行分离。用萃取法处理固体混合物时，萃取的效率取决于混合物中各组分在所选用的溶剂中的溶解度、被萃取物的粒度及和萃取溶剂的接触时间。

从液相中萃取物质的情况就比较复杂，必须考虑被萃取物质在两种不相溶的溶剂中的分配系数。在一定的条件下，一种物质被溶解在两种不相溶的液相 A 和 B 中达到平衡状态时，它在液相 A 和 B 中的浓度比是一个常数 K，称为分配系数，即

$$\frac{c_A}{c_B}=K$$

由以上公式通过推算可知，用同一分量的溶剂进行萃取时，若把溶剂分成几小分进行多次萃取，其效果比用全量进行一次萃取好。若物质在两溶剂中的分配系数为已知，也可用上述公式推算比较合适的萃取次数。

3.9.2 固体的萃取

常用的萃取方法是将固体物质和溶剂一起回流，经一段时间后将混合物趁热过滤或者把上部清液倾析。一般说来，这种操作应重复多次，因为溶剂渗入到固体物料中以及被萃取物质溶解和转移都比较慢。因此，在实验室中多数采用图 3-16 的形式，用低沸点溶剂进行连续萃取。最常见的仪器是脂肪提取器（又称索氏提取器），如图 3-16（a）所示。圆底烧瓶 A 装溶剂，加热时溶剂蒸气经过管 B 进入冷凝管 D，被冷凝后回流到提取器 C 内装有固体物料的滤纸筒 E 中，当溶液积聚到一定高度（虹吸管的顶部水平线）时，即带着部分溶出物沿虹吸管 F 流回到烧瓶中，溶剂不断地从烧瓶中蒸发，冷凝液积聚到一定高度时又虹吸下来，如此循环萃取，最后便可把固体中的可溶物质富集到烧瓶中。图 3-16（b）是用普通恒压筒形漏斗代替带虹吸管的提取器；图 3-16（c）表示用普通沟形滤纸盛装少量固体物质的简易提取装置。

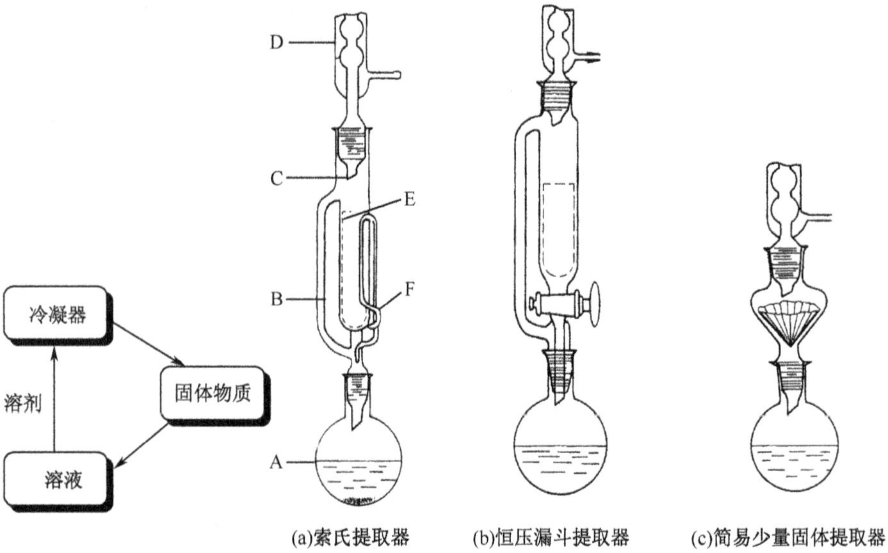

图 3-16　萃取装置

装固体物质的滤纸筒 E 在使用前应经使用的溶剂浸泡萃取过，防止滤纸筒本身所带的可溶性物质污染萃取液。固体物料一般只能装至纸筒 3/4 的高度，然后用一层经溶剂萃取过的棉花盖在固体上面，便可放进萃取器中进行萃取操作。

3.9.3 液体的萃取

1. 仪器及萃取操作

液体的萃取是实验室一项常用且十分重要的操作。在有机化合物的制备或分析工作中，要从水溶液中将某一组分分离出来，经常要使用液-液萃取操作。液体萃取最常用的仪器是分液漏斗。

操作时，将含有被萃取物质的溶液和萃取溶剂放在分液漏斗中，每次使用萃取溶剂的体积一般是被萃取液体的 1/5～1/3，而两者的总体积不应超过分液漏斗总容积的 2/3。为了使两种互不相溶的液体有充分接触的机会，必须加强振摇。振摇的方法如下：用右手心顶住分液漏斗上端的玻塞，左手按住下端活塞（图 3-17）。由于使用的萃取溶剂往往是低沸点物质，故开始振摇时要慢且次数少，每摇一两次后应即停止振摇，使漏斗柄倾斜向上，然后打开活塞排气（注意：排气时液面不得泡及活塞孔道，排气口不准对着人体或火源!），以释放漏斗中的压力。若使用如乙醚等的低沸点溶剂时，一经振摇，在分液漏斗中就有大量的蒸气，因此更应注意及时排气。否则，蒸气的压力可能将玻塞冲开而造成事故或不必要的损失。通常在漏斗倾斜而未经振摇时便要作首次排气，直到经数次振摇放气之后，分液漏斗的空间已被溶剂蒸气饱和且漏斗中的余压不变为止。这时的现象是打开分液漏斗活塞时，没有气体冲出的声音或声音很微小，只有在这时才能将分液漏斗较剧烈地振摇 1～2 min，然后放在铁环上静置分层。

分液漏斗如图 3-18 进行静置，两溶液分层后，把分液漏斗的下端贴靠在接受器壁上，然后先打开上面的玻璃塞，再慢慢打开活塞，使下层的液体由下端慢慢放出，上层液体则必须自漏斗的上口倒出。萃取操作的正确与否主要看两层互不相溶的液体是否分层彻底，即不应附有另一相的液体。为此，不要让两相间的一些絮状物混入需要的那层液体中。

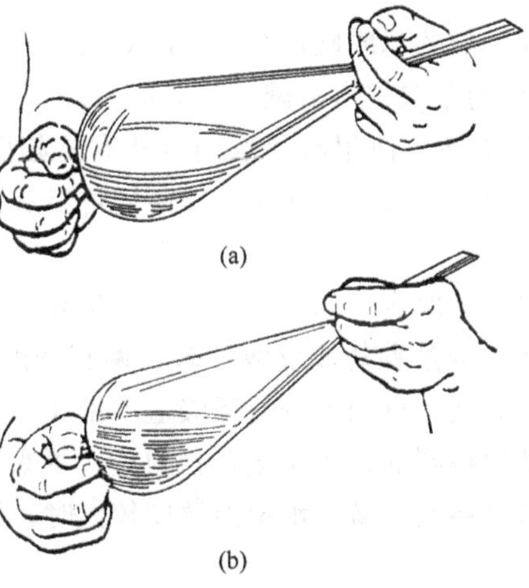

图 3-17　分液漏斗的振摇

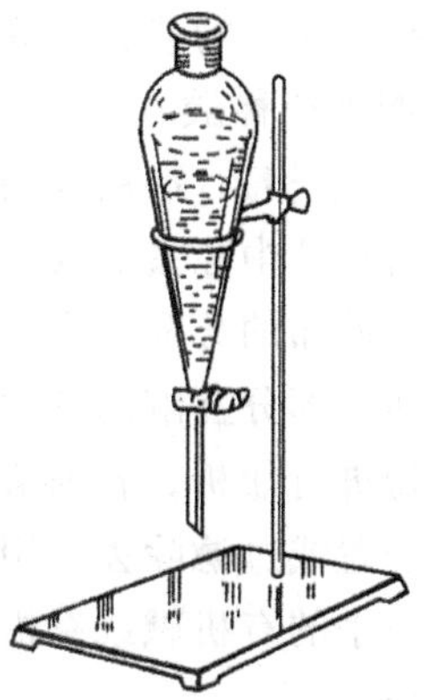
图 3-18　静置分层

在分离或洗涤时，除了肯定知道所需要的物质被萃取在哪一层中之外，不管是上层还是下层的液体都应该保留，直至确证已得到所需的物质后才能弃去，否则可能由于操作上的错误或出现反常现象而造成无法补救的损失。

萃取过程中，有时会形成乳浊液，在这种情况下，不可剧烈地振摇，而应慢慢旋摇。对于已形成的乳浊液，一般有以下处理方法：①静置较长时间；②若是由于溶液带碱性而造成乳化的，可以加入少量酸破坏；③若是由于两种溶液（水与有机溶剂）的溶解度而造成乳化的，可以加入少量无机电解质（如硫酸铵、氯化钠等普通盐类）破坏它，或加入几滴乙醇、磺化蓖麻油等以降低表面张力。

若被萃取物质在水中的溶解度比较大，为了加速萃取，可在水层中加入食盐至饱和，以产生盐析效应，降低被萃取物质在水中的溶解度，从而提高萃取效果。在两液相密度接近时可通过这一方法来增大水层的密度从而有利于分层。使用低沸点易燃的有机溶剂进行萃取操作时，应熄灭附近的火源。

2. 分配萃取条件选择

选择溶剂时，除要求对被提取物具有较大的溶解度、与被提取液的互溶度小以外，还要求所选溶剂对杂质的溶解度要尽量小、性质稳定、毒性小、有适宜的密度（溶剂与被提取物的密度不宜太接近，否则不易分层）、沸点不宜太高、便于蒸馏除去（最好用低沸点溶剂）等特性。一般来说，提取难溶于水的物质，宜选用非极性溶剂如石油醚、正己烷，对较易溶于水的物质用乙醚或苯，而对易溶于水的物质可用乙酸乙酯。

对于在两液相中分配系数 K 较大的物质，一般用分液漏斗萃取 3～5 次便足够了；但对分配系数接近 1 的物质，必须经反复多次的萃取，遇到这种情况，最好是使用连续萃取的方法。

3. 化学萃取

以上的萃取方法是依据“分配定律”，将溶质从原溶液转移到萃取溶剂相而达到分离的目的。此外，另一种萃取方法是萃取剂本身能和被萃取物质（可以是目标产物或杂质）起化学反应的萃取方法，最常见的是利用中和反应的萃取操作。萃取的对象多属带有酸性或碱性的有机物（如有机酸、酚或胺类等），常用的萃取剂为稀碱（5%NaOH，5%～10%Na_2CO_3 或 $NaHCO_3$）溶液或稀酸（硫酸或盐酸）溶液。使用碱萃取剂可从有机相中萃取出有机酸（生成羧酸盐转入水相），而用稀酸则可萃取有机碱。若使用浓硫酸还可以从饱和烃中除去不饱和烃，或从卤代烷中除去醇或醚等杂质。

操作方法和前面的分配萃取相同。但在萃取液呈碱性时，容易发生乳化或产生难以分层的现象。若属两相部分互溶的乳化，可加入少量食盐或戊醇；若因两相密度接近难分层时，可加进大量食盐进行盐析；若因溶液碱性太强，可加入少量稀酸适当中和；若出现悬浮物则可进行长时间静置或过滤除去。用酸碱萃取得到的是相应化合物的盐，萃取液需经碱化或酸化后才能得到原来的有机碱或有机酸。若这些酸、碱在水中溶解度较大时，可用溶剂反萃取或水蒸气蒸馏分离。

对于光学活性物质，一般不要使用化学萃取法分离，因为光活性物在酸、碱条件下容易消旋化。

3.9.4 溶剂的回收

萃取液需要蒸发除去溶剂后才能得到萃取的目标物质。由于溶剂的量远远超过被萃取物质，因而除了回收溶剂本身的必要性之外，还需要考虑蒸馏溶剂时所使用的仪器装置。

当萃取液的体积不大时，可使用普通蒸馏装置在合适的热浴上蒸出溶剂。但是，当萃取液的体积很大时，使用普通蒸馏法需要很长时间，这时最好使用旋转蒸发仪（图 3-19）。该仪器的基本原理是：加热锅对蒸发瓶内的样品溶液进行加热，同时电机带动蒸发瓶缓慢旋转，以保证蒸发瓶各部分均匀受热，由于液体样品和蒸发瓶间的向心力和摩擦力的作用，液体样品在蒸发瓶内表面形成一层液体薄膜，受热面积大，加快蒸发；而且旋转所产生的作用力可有效抑制样品的沸腾。通过抽真空降低旋转蒸发仪系统的气压，可快速、温和地对绝大多数样品进行蒸馏，溶剂受热气化后进入冷凝管，在冷凝管内冷凝液化后落入接收瓶，从而使溶质和溶剂蒸馏分离。

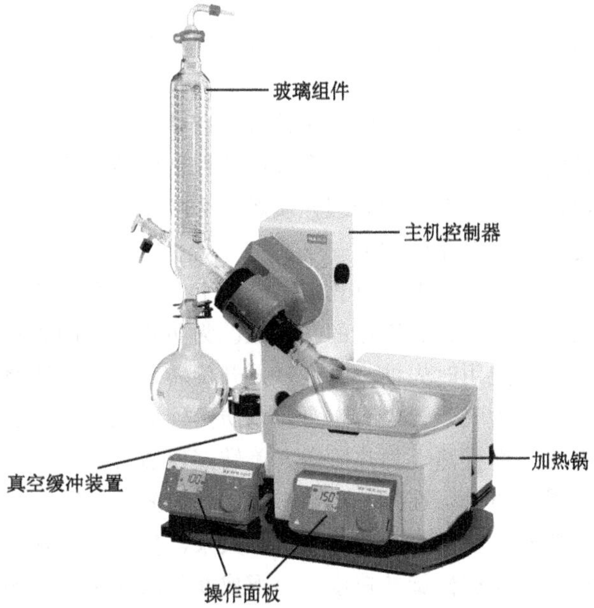

图 3-19　IKA RV 10 数显型旋转蒸发仪

IKA RV 10 数显型旋转蒸发仪主要性能及参数：转速范围 20～280 rpm；可间歇性左右旋转，马达升降，安全停止功能，电源中断时，马达将蒸发瓶自动提升至加热锅以上位置；可调升降终点识别功能，有效防止玻璃组件碰碎；旋转退瓶装置便于松开紧密结合的蒸发瓶；加热锅控温范围：室温（RT）～180℃；加热锅带安全把手，安全性好，加热速度快。

1. *使用方法*

（1）往加热锅中注入 2/3 体积的去离子水或油（约 2 L），打开旋转蒸发仪主机电源和加热锅电源开关。加热锅开机 10 s 内，转动加热锅面板旋钮调整安全温度，按下旋钮确认。转动旋钮调整蒸馏温度，按下旋钮确认设置。按下旋钮开启加热功能。

（2）按下“POWER”键，开启旋转蒸发仪主机。定时功能设定：按下“Timer”键，转动旋钮设置蒸馏时间。正反转功能设定：按下“Int”键，转动旋钮设定正反转间隔时间。

（3）关闭放气阀（转动冷凝管最左端玻璃塞至两个小口不重合的任意位置）。

（4）开启真空泵和冷却循环系统。

（5）按下“lift”下方“▼”键，将蒸发瓶降到加热锅中至淹没蒸发瓶 2/3 位置。设定下降终点定位装置。

（6）设定转速启动蒸馏：转动主机面板旋钮调至合适转速，启动蒸馏。

（7）蒸馏完成后，按下“lift”上方“▲”键，将蒸发瓶抬高出水浴锅。

（8）打开放气阀（转动冷凝管最左端玻璃塞至两个小口重合），泄真空。

（9）转动退瓶旋钮取下蒸发瓶。

（10）实验结束后，依次关闭加热锅，旋转蒸发仪主机，冷却系统和真空泵。

（11）清理收集瓶中的液体。

2. 使用注意事项

（1）加热锅选用去离子水或低黏度的干净硅油，并定期更换确保加热锅的加热介质足够浸没蒸发瓶的 2/3。

（2）玻璃磨口连接处每周用乙醇清洁并涂抹真空硅脂。

（3）清洁维护仪器时需断开电源。使用含表面活性剂的清洁剂或异丙醇清洁惰性污渍。

（4）加热锅安全温度应至少低于所处理介质燃点 25℃。

（5）蒸馏物的量勿超过蒸发瓶体积的一半。

（6）在真空控制器上设定真空度，以让样品蒸气上升到冷凝管的 3/4 处为宜。若真空度太低需注意检查各接头、真空管、玻璃瓶的气密性。为防止压力的累积，在常压状态下操作时，玻璃组件应保持通气。使用时先抽小真空，再开旋转，以防蒸馏烧瓶滑落；停止时，先停旋转，手扶蒸馏烧瓶，通大气，再停真空泵，以防蒸馏瓶脱落及倒吸。

（7）玻璃蒸发瓶不可一面受热，加热阶段，旋转蒸发瓶必须转动。

（8）旋蒸对空气敏感物质时，在排气口接一氮气球，先通一阵氮气，排出旋转蒸发仪内的空气，再接上样品瓶旋蒸。蒸完放氮气升压，再关泵，然后取下样品瓶封好。

（9）若样品黏度很大，应放慢旋转速度，以形成新的液面利于溶剂蒸出。

3.10 离子交换技术

3.10.1 概述

离子交换分离法是利用离子交换剂与溶液中的离子发生交换反应来进行分离的，这种方法的分离效果很高，不仅用于带相反电荷的离子之间的分离，还可用于相同电荷或性质相近的离子之间的分离，同时还广泛应用于微量组分的富集等。该方法的缺点是操作时间较长，所以分析化学中一般只用它来解决某些比较困难的分离问题。

离子交换剂有无机交换剂与有机交换剂两大类。最先使用的是无机离子交换剂，其最大缺点是只能在比较窄的 pH 范围内使用，且交换容量小，操作时需用大量交换剂。20 世纪 40 年代出现合成的有机离子交换剂，可在较宽 pH 范围内使用，交换容量也较大，得到广泛应用。

3.10.2 离子交换过程

离子交换包括以下五个步骤：

（1）溶液中的离子通过水层向树脂表面扩散。

（2）离子通过树脂表面向内部扩散。

（3）在树脂内部进行交换。

（4）交换下来的离子从树脂内部向外部扩散至树脂表面。

（5）该离子由树脂表面扩散到外部溶液中。

3.10.3 离子交换分离操作方法

离子交换分离操作方法有静态法和柱上操作法。

1. 静态法

静态法（又称平衡法）是将树脂放入待分离组分的溶液中，不断搅拌，当交换反应达到平衡后，将树脂滤出即可。使用静态法的条件是待分离的组分的分配比必须很大，很容易被树脂交换，而另一种组分的分配比很小（不同电荷），这样才能达到定量分离。静态法主要用于研究离子交换现象如测定分配比、树脂的交换容量等，在离子间的分离很少用。

2. 柱上操作法

柱上操作法最常用，其主要操作过程包括以下步骤。

1）树脂的选择

根据待分离物质的性质选择树脂的种类（阴、阳、强、弱）、牌号及型式（Na^+型、H^+型或Cl^-型、OH^-型，这是市售树脂常注明的）。

在环境监测分析中应用最多的是强酸性阳离子交换树脂和强碱性阴离子交换树脂，例如，欲测定某阳离子而受到与之共存的某些阴离子干扰时，可采用强酸性阳离子交换树脂，使待测阳离子被交换而留在树脂上，阴离子则仍留在溶液中；也可用强碱性阴离子交换树脂将干扰测定的阴离子“交换”到树脂上，阳离子则留在溶液中供测定。

2）磨碎与筛选

市售的交换树脂一般为筛孔 10～40 筛孔（目数），也有 50～100，100～200 目的离子交换树脂出售。一般说，粒度小的树脂，其表面积大，分离效率高，但颗粒太小，装填紧密、阻力大、流速慢。因此，树脂粒度大小，要根据实际需要来选择。分析分离中多采用 80～120 目的交换树脂，例如用于离子交换色谱分离的树脂多采用 200～400 目。将树脂干磨或浸透后湿磨（湿态较容易磨碎），筛选适当粒度来使用，注意粒度范围不宜太宽。

3）树脂的预处理

凝胶型树脂（阳或阴离子交换树脂）都需经过浸泡后才能使用，一般用水浸泡 1～2 d，去除水后，加入 2～3 倍体积的 2 $mol \cdot L^{-1}$ HCl 浸泡 1～2 d 以除去树脂中杂质，除去酸后，以水洗至中性，这样便得到H^+型阳离子交换树脂或Cl^-型阴离子交换树脂。如要将离子交换树脂转换成所需要的其他型式，还须用适当试剂处理，例如，要获得Na^+型或NH_4^+型阳离子交换树脂，需用 NaCl 或NH_4Cl（约 1 $mol \cdot L^{-1}$）溶液处理，最后用水洗至中性。

4）装柱

选择适当粗细长的柱（通常柱长 10～30 cm，内径 1 cm 左右），空柱先装满蒸馏水，由柱顶加入预处理过的树脂至一定高度，如图 3-20 所示。图 3-20（a）柱下部接着弯管可保证交换柱中的液面不会低于树脂床顶部。图 3-20（b）柱的形式比较简便，但操作时应留意不要让液面低于树脂床。

5）交换

将试液倒入交换柱中按选定的流速流经交换柱，进行交换。

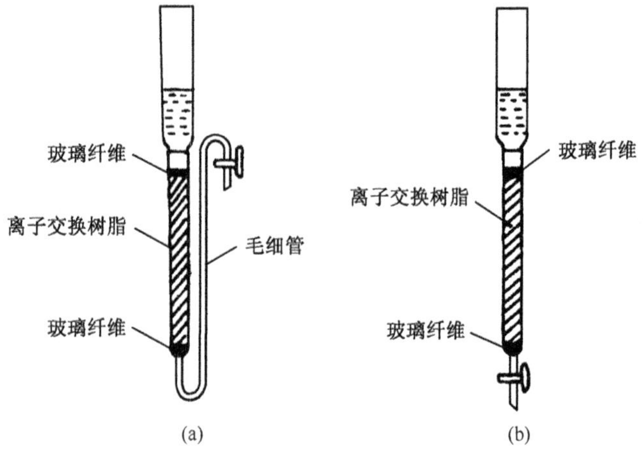

图 3-20　离子交换树脂柱

6）洗涤

交换步骤完成后，用洗涤液将树脂柱内残留的试液及被树脂交换出来的离子洗去。洗涤液通常是不含试样的“空白溶液”（不含试液而其他成分及酸度与试液相同）或用水。一般洗几次即可。

7）洗脱

用适当的洗脱剂将交换在树脂上的离子洗下来，通常用酸、碱或络合剂即可。洗脱过程的流速一般较慢。洗脱时，已交换在树脂上的离子并不是一下子就被洗下来，它由小至大再变小。以流出液中交换离子的浓度为纵坐标，洗脱液体积为横坐标作图称为洗脱曲线。曲线与横坐标所围的面积即为从交换柱上洗脱下来的该交换离子的总量。先作洗脱曲线，进行试样的分离时就可根据洗脱曲线在规定的体积范围内将该离子定量地收集以供测定。

8）再生

经过洗脱后的树脂应使它恢复到交换前的形式，以便重复使用。例如，阳离子交换树脂可用 2 $mol \cdot L^{-1}$ HCl 处理使转化为 H^+ 型，再用水洗至中性备用。阴离子树脂则用 1 $mol \cdot L^{-1}$ NaOH处理使其转化为 OH^- 型，水洗后备用。

第 4 章 分析测定技术

4.1 天平及其使用

天平是化学实验最常用的仪器之一，是化学工作者必须要熟练掌握与运用的仪器，尤其对于分析化学工作者来说，正确地使用天平是完成定量分析工作的基本保证，因此，了解天平的结构、性能和掌握正确的称量方法是十分重要的。

4.1.1 天平的级别与分类

根据国家计量检定规程 JJG 98—90《非自动天平试行检定规程》，天平按其标尺分度值 e 和标尺分度数 n，可划分为如表 4-1 所示的四个准确度级别。

表 4-1 天平的级别与分类表

准确度级别	名　称	符　号	分度值 e	标尺分度数 $n=Max/e$ 最小	标尺分度数 $n=Max/e$ 最大
特种级	高精密天平（分析天平）	(I)	$e\leqslant 5\mu g$ $10\mu g\leqslant e\leqslant 500\mu g$ $1mg\leqslant e$	5×10^4 5×10^4	不限制
高级	精密天平	(II)	$e\leqslant 50mg$ $0.1g\leqslant e$	5×10^3	1×10^5 1×10^5
中级	商用天平	(III)	$0.1g\leqslant e\leqslant 2g$	1×10^2 5×10^2	1×10^4 1×10^4
普通级	普通天平	(IIII)	$5\ g\leqslant e$	1×10^2	1×10^3

(I)级和(II)级机械杠杆式天平，又可根据天平的最大称量与标尺分度值之比，即 $n=Max/e$ 细分为 10 小级，如表 4-2 所示。

表 4-2 特种级与高级机械杠杆式天平的级别细分表

级别	(I)$_1$	(I)$_2$	(I)$_3$	(I)$_4$	(I)$_5$	(I)$_6$	(I)$_7$	(II)$_8$	(II)$_9$	(II)$_{10}$
$n\geqslant$	1×10^7	5×10^6	2×10^6	1×10^6	5×10^5	2×10^5	1×10^5	5×10^4	2×10^4	1×10^4

根据天平的结构特点，天平可分为等臂（双盘）天平、不等臂（单盘）天平和电子天平三类。根据用途又可分为标准天平和工作用天平两类。凡直接用于检定传递砝码质量值的天平均称为标准天平，其他的都称为工作用天平。实验室常用天平中，习惯上将分度值为 0.1 mg的天平称为常量分析天平（或称万分之一分析天平），分度值为 0.01 mg 的天平称为微量天平，分度值为 0.001 mg 的天平称为超微量天平。

电子天平的分类方法同样适用于表 4-1。通常分为电子分析天平、电子精密天平和普通电子天平。电子分析天平又细分为超微量电子分析天平、微量电子分析天平、半（准）微量电子分析天平。电子精密天平和普通电子天平也称普及型电子天平，有些既能使用交流电又能使用直流电池称便携式电子天平。

由表 4-1～表 4-3 可知，TG328A 电光天平，$Max=200$ g，$e=0.1$ g＞1 mg，$n=200/0.1\times10^3=2\times10^6$，为特种级高精密三级分析天平；PL602-S 电子精密天平 $Max=610$ g，$e=0.01$ g＜50 mg，$n=610/0.01=6.1\times10^4$，为高级精密八级天平；而 GSI-200 电子天平，$Max=200$ g，$e=0.1$ g，$n=2000$，为中级商用天平。

表 4-3 常用天平的规格型号

种 类	型 号	产 地	名 称	规 格
双盘天平	TG328A	上海天平仪器厂	全机械加码电光天平	200 g/0.1 mg
	TG328B	上海天平仪器厂	半机械加码电光天平	200 g/0.1 mg
	TG332A	上海天平仪器厂	微量电光天平	20 g/0.01 mg
单盘天平	DT-100A	北京光学仪器厂	单盘精密天平	100 g/0.1 mg
	TG729C	上海天平仪器厂	单盘分析天平	100 g/1 mg
	DWT-1	上海天平仪器厂	单盘微量天平	20 g/0.01 mg
电子天平	BS210S	北京赛多利斯天平有限公司	电子精密天平	210 g/0.1 mg
	BP221S	德国赛多利斯股份公司	电子分析天平	220 g/0.1 mg
	BP211D	德国赛多利斯股份公司	准微量分析天平	80 g/0.01 mg 210 g/0.1 mg 双量程
	PL602-S	梅特勒-托利多国际公司	（便携式）电子精密天平	610 g/0.01 g
	GSI-200	Acculab	便携式电子天平	200 g/0.1 g
	FA1604N	上海天平仪器厂	电子分析天平	160 g/0.1 mg
	MP200A	上海天平仪器厂	电子精密天平	200 g/1 mg
	JY2001	上海天平仪器厂	电子天平	200 g/0.1 g
	T1000	常熟市双杰测试仪器厂	电子天平	1000 g/0.1 g
	ACS	广州中庆达	电子计重秤	800 g/0.1 g

实验室普遍使用的天平为Ⓘ级至ⒾⅢ级天平，应根据分析任务所要达到准确度的要求来选择不同级别的天平。本书重点讨论电子天平。

4.1.2 电子天平

电子天平是最新一代的质量计量仪器。自 20 世纪 60 年代以来，随着科学技术的发展，天平的发展极为迅速。除了品种增加、结构不断改进外，还先后出现了各种不同精度的电子天平。电子天平是根据电磁力平衡原理而设计的，可以直接称量，全量程不需砝码，放上被称物后，在几秒钟内即达到平衡，显示读数，称量速度快，精度高。它的支承点用弹性簧片，取代了机械天平的玛瑙刀口，用差动变压器取代升降枢装置，用数字显示代替指针刻度式。因而，电子天平具有使用寿命长，性能稳定，灵敏度高和操作方便的特点。随着超高性能微处理技术的应用，电子天平的发展达到了令人难以想象的高水平。例如，可以全自动故障检查，内置标准砝码全自动校正，超载自动保护，自动回零（去皮），温度自动线性补偿等。一旦与打印机、计算机联用，还可以扩展其功能，如可以统计称量的最大值、最小值、平均值、标准偏差等。电子天平由于具有机械天平无法比拟的优点，已经越来越广泛地应用于各个领域。

1. 基本原理

电子天平是根据电磁力补偿原理设计并由微电脑控制，把被测物的质量转换成电信号(电压或电流)，经模数转换后，以数字和符号显示出称量结果。

最早期的电子天平只是把横梁的位移变成电信号，再以数字形式把称量结果显示出来。20 世纪 70 年代，又出现了无刀口、无砝码的全电子天平。这种天平采用电流补偿原理，把秤盘上负荷所引起的秤盘支架的垂直位置变化，通过位移转换器（如电感传感器等）将获得的信号加以放大，产生的补偿电流流入线圈，产生磁力把秤盘支架推回原位。这个补偿电流正比于负荷质量，它的数值大小以数字形式显示出来。

电子天平按结构可分为上皿式和下皿式电子天平。秤盘在支架上面为上皿式，秤盘吊挂在支架下面为下皿式。目前，广泛使用的是上皿式电子天平。上皿式电子天平尽管控制方式和线路结构多种多样，但其结构原理大体相同。现以上皿式结构方块图（图 4-1）为例讨论电子天平的结构原理。

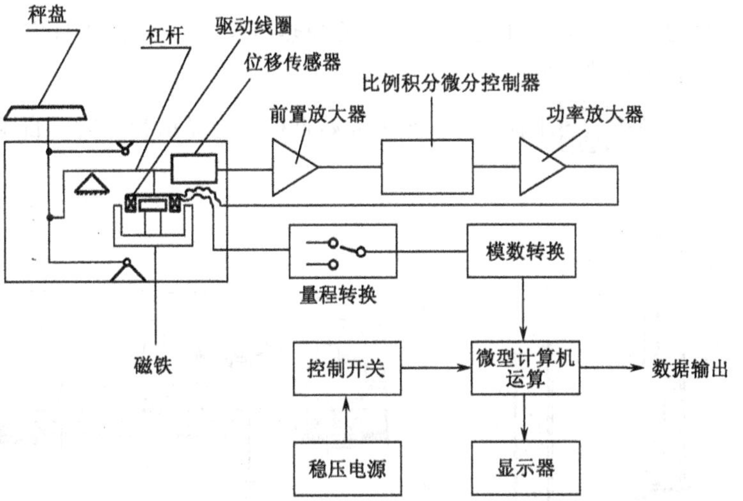

图 4-1　上皿式电子天平结构方块图

秤盘加载前，电磁力平衡传感器处于初始平衡状态，驱动线圈会有标准电流通过，产生电磁力 F，使天平处于平衡位置，显示为零，其中线圈通电后杠杆的位置改变量是由接收发光二极管和差动变压器进行测量的。

秤盘加载后，杠杆位移，位移传感器检测出不平衡的信号，此信号经前置放大器、比例积分微分控制器和功率放大器，再进入磁场中的驱动线圈，也即产生补偿电流流经线圈，并产生更大的电磁力，以维持天平的平衡，直到不平衡信号消失，天平则重新处于平衡状态，这时流过线圈的电流与天平在空载平衡时流过的电流存在一个增值，这个增值与电磁力 F 成严格的比例关系，也就是与待测物重力成正比，即

$$F = W = BLI = mg \qquad 故 \qquad m = BLI/g$$

式中，B 为永磁体的磁感应强度；L 为驱动线圈的有效导线长度。所以可用这个电流增值大小来表示待测物的质量。为了实现数字显示的目的，线圈中的电流增值通过量程选择器被送入模数转换器进行数字化，再经微机处理，最后在显示器中显示数据，同时可与打印机连接进行数据打印输出。

对于电子天平而言，只要物体的重力与电磁力相平衡，则用电子天平称量的结果就是物体的质量。但是，当天平摆放不同的地理位置，重力加速度 g 值不尽相同。为排除重力加速度 g 对电子分析天平称量准确性的影响，可在天平内设置一个标准砝码，或用高精度标准砝码作为天平的校准砝码附件，通过对标准砝码的称量，自动校准 g，并将 g 值存储于单片机系统的存储单元中，用以修正重力加速度 g 的影响。这也是为什么大多数电子天平都设有校正功能的原因。自校砝码应定期送当地计量部门检定，以确保其准确性。

2. 使用方法

尽管电子天平的种类繁多，但其使用方法大同小异，具体操作可参看各仪器的使用说明书。下面以梅特勒-托利多 ML204（图 4-2）和 EL204（图 4-3）电子天平为例，简要说明其使用方法。

（1）水平调节：观察水平仪，若水平仪水泡偏移，需调整水平调节脚，使水泡位于水平仪中心。

（2）预热：接通电源，天平即已通电，需要预热至少 30 min。称量完毕，一般不用切断电源，再用时可省去预热时间。

（3）开启天平：轻按 On/Off 开启天平，天平开始自检，当显示为零时，自检结束，天平工作准备就绪。

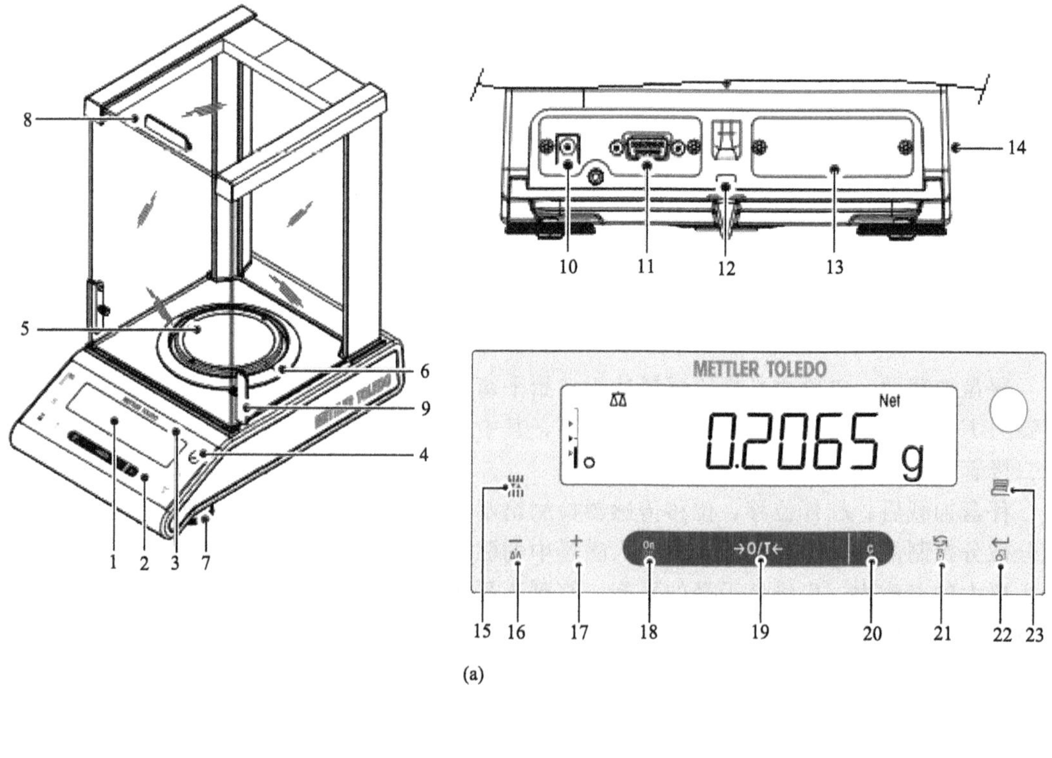

(a)

操作键功能			
序号	操作键	短按(< 1.5 秒)	长按 (> 1.5 秒)
15		• 在应用程序操作时改变可读性 (1/10d)	无此功能
16	—	• （向上滚动）后退浏览主菜单或菜单选择项 • 菜单或应用程序中的参数值逐一减少	• 激活称量模式 • 菜单或应用程序中的参数值快速减少
17	+ F	• （向下滚动）向前浏览主菜单或菜单选择项 • 菜单或应用程序中的参数值逐一增加	• 激活预设的称量应用程序并进入参数设置 • 默认设置的应用程序：计件称量 • 菜单或应用程序中的参数值快速增加
18	ON/OFF	• 开机	• 关机
19	→0/T←	• 置零/去皮	• 关机
20	C	• 取消，不保存并退出菜单(在菜单中后退一步)	无此功能
21		• 整体向下滚动 • 浏览主菜单或菜单选择项 • 在称量单位1，检索值（若已激活），称量单位2（若区别于称量单位1）以及其他称量单位之间的切换	• 执行预设的校正（校准）
22		• 进入或退出菜单选项或主菜单 • 进入设置应用参数，或切换到下一个参数 • 保存参数设置	• 进入或退出菜单(参数设置)
23		• 打印输出显示数值 • 打印输出当前菜单设置 • 数据传输	

(b)

图 4-2　梅特勒-托利多 ML204 电子天平外形图 (a) 及操作键功能 (b)

1. 显示屏；2. 操作面板；3. 型号标牌；4. 水平指示器；5. 秤盘；6. 防风圈；7. 水平调节脚；8. 玻璃防风罩；9. 用于操作防风罩的手柄；10. AC 适配器的插槽；11. RS232C 通信接口；12. 防盗装置连接点；13. 第二接口选件插槽（选配）；14. 产品标签

(4) 校准天平：当天平在安装后位置有较大的移动，或存放时间较长，环境温度、湿度发生较大的变化时，为了获得准确和可靠的称量结果，都应对天平进行校准。天平的校准有内校准和外校准之分。ML204 为内校准，而 EL204 为外校准。

当进行内校准（ML204）时，长按[校准键]至屏幕出现“ADJ. INT”，仪器启动内藏标准砝码自行校准，校准结束显示“ADJ. DONE”；若有必要，可重复几次该操作。

当进行外校准（EL204）时，按[C →0/T← On/Off]清零，再长按[1/10d Cal]至屏幕出现闪烁的“[Cal 200.0000 g]”，将 200g 标准砝码置于秤盘中央，待显示闪烁的“[Cal 0.0000 g]”，取下砝码，显示“[Cal CAL donE]”，校准结束；若有必要，可重复几次该操作。

(5) 称量与去皮称量：按[→O/T←]键清零，将被称容器置于秤盘上，天平显示容器质量；按[→O/T←]去皮重，天平显示“0.0000 g”，将被称物小心加入容器中直至所需质量，所显示的值即为被称物的净质量。

上述每一步操作结束后，读取显示屏的读数前，均应关好天平门。

（6）关闭显示器：称量结束后，长按[On/Off]关闭天平显示器，此时天平处于待机状态，下一次称量时，一旦开启显示器，天平便可立即工作，而不必经过预热过程。对于高准确度级的天平，若经常使用，可不必拔下电源插头，以保持天平长期通电预热状态，从而得到稳定可靠的称量结果。

（7）清扫天平：盖上防尘罩。若有样品撒在秤盘周围，应及时清扫，避免化学试剂腐蚀仪器表面。方法是将秤盘、底盘、屏蔽环逐一卸下，认真清扫干净，必要时用乙醇擦净，再依次将屏蔽环、底盘、秤盘恢复原样。

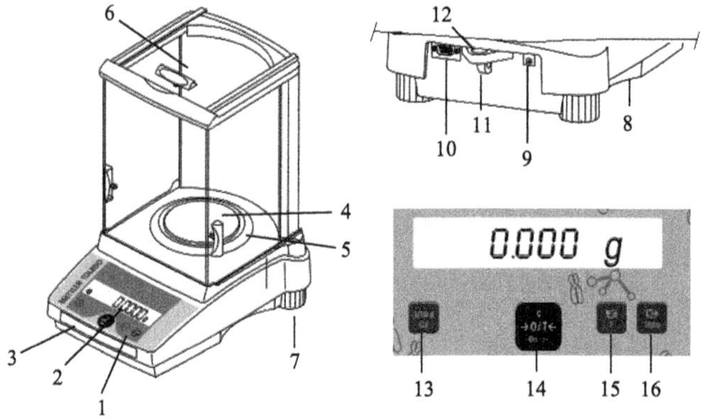

(a)

	称量模式下的操作键功能			
	短时间按键		长时间按键	
13	1/10d	•可读性减少1位	Cal	•调整（校准）
14	On →0/T← C	•开机 •清零/去皮 •取消	Off	•关机
15	↻	•转换 •改变设置	F	•功能调用所需功能须在菜单中激活，否则在显示屏上将出现“F nonE”
16	⇨	•通过接口传输称量数据到激活的打印机上 •数据设置确认	Menu	•菜单调用（按住键不放，直到出现MENU）

注：该天平具有三种操作方式，分别为称量模式、菜单模式和设置模式，此处仅针对称量模式进行说明。

(b)

图 4-3　梅特勒-托利多 EL204 电子天平外形图（a）及操作键功能（b）

1. 操作面板；2. 显示屏；3. 型号标牌；4. 秤盘；5. 防风圈；6. 防风罩；7. 水平调节脚；8. 用于下挂称量的秤钩（在天平底部）；9. 交流电源适配器插座；10. RS232C 接口（选配）；11. 防盗锁连接环；12. 水平指示器

4.1.3　其他常用电子天平简介

由于电子天平的高速发展和普及，近几年实验室已有十分之一或百分之一的电子天平取代了老式的托盘天平，大大加快了称量的速度，以下介绍常用电子天平的操作方法及注意事项。

1. PL602-S 式电子天平

PL602-S 式电子天平外形图如图 4-4 所示。

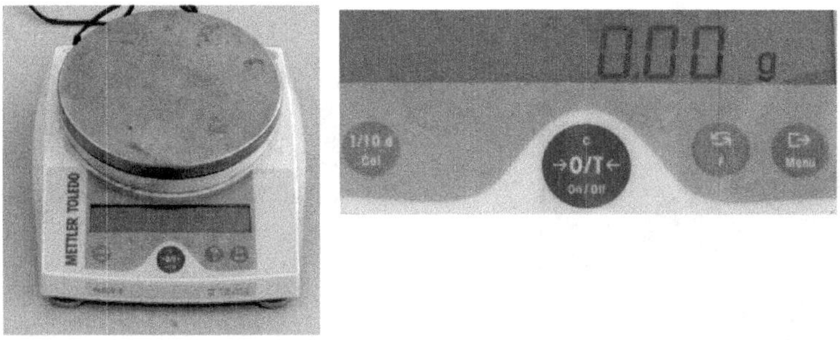

图 4-4　PL602-S 式电子天平外形图

这类天平具有两种操作方式：称量方式和菜单方式。根据所选择的操作方式和按键时间的长短，各键有不同的含意。一般情况下，各组合键上行功能为短时间触键，下行功能为长时间触键。在菜单方式下，天平具有扩展功能，如计件、百分比称量、动态称量、称量单位选择、自动零位跟踪的开启或关闭、数据输出等。使用方法如下：

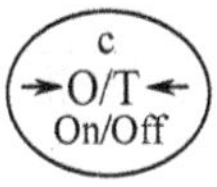

：On/Off 天平开关键；O/T 清零、去皮功能键，C 取消功能键。将交流电源适配器与天平连接好，接通电源，天平即开始预热，约 60 min 后达到工作温度。开机时，单击 On 键，自检后显示为零，天平处于称量方式下。关机时，按住 Off 键不放直到显示屏出现“OFF”字样，再松开键。

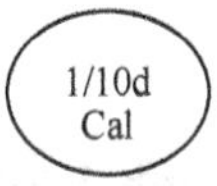

：改变精度设置键与校正功能键。按 1/10d 键可将天平的精度降低一位，从而可以更快地显示称量结果，再按一下，天平又返回到正常读数精度工作状态。为了获得准确的称量结果，必须进行校准以适应当地的重力加速度。按住 Cal 键不放，直到显示屏出现“Cal”后松开该键，天平闪烁显示所需的校准砝码（500 g），将 500 g 标准砝码放于秤盘中心位置，则天平自动进行校准，当闪烁显示“0.00 g”时，移去砝码，接着显示信息“CAL done”，又显示“0.00g”时，天平校准结束。天平又回到称量工作方式，等待称量。用上述 C 取消功能键可以随时中断校准，天平又回到称量工作方式。

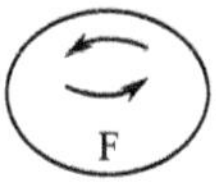

：转换/改变设置键及功能调用键。要使用功能调用键 F，前提是所需功能必须在菜单中激活。

：数据输出与菜单调用键。

这部天平还有水平仪（天平右上角），若水平泡不在圈内，可调节天平底部的四个水平调节脚，以保证天平的准确称量。

2. JY5002 式电子天平

JY5002 式电子天平外形图如图 4-5 所示。

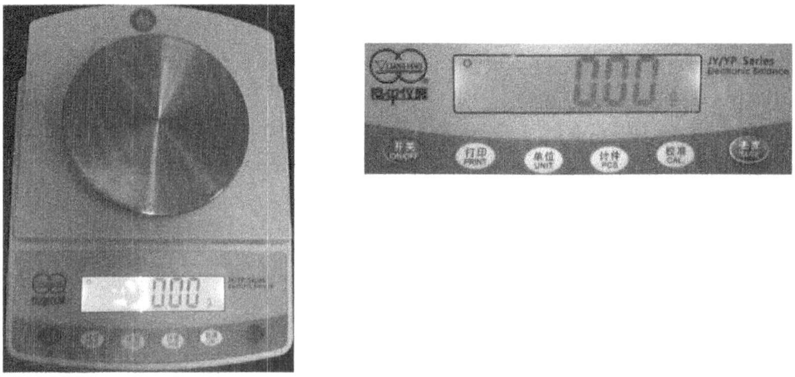

图 4-5 JY5002 式电子天平外形图

将交流电源适配器与天平连接好，接通电源，天平预热约 30 min 可开始正常工作。

开关：天平开启和关闭键。打印：进入打印功能。单位：选择称量单位，特别注意显示频右下角显示为“g”[1]时，才开始称量。计件：按此键天平进入计件状态。校准：校准键。去皮：清零、去皮键。

校准操作：在显示零位的状态下按校准键，直到显示闪烁的“200.00”，将 200g 校准砝码放于秤盘中心位置，当显示稳定的“200.00 g”时，校准结束。

【注释】

① 有四个单位可选。ct：克拉，1 ct=0.2 g；ib：磅，1 ib≈453.5924 g；oz：盎司，1 oz≈28.3495 g。

3. T1000 式电子天平

T1000 式电子天平外形图如图 4-6 所示。

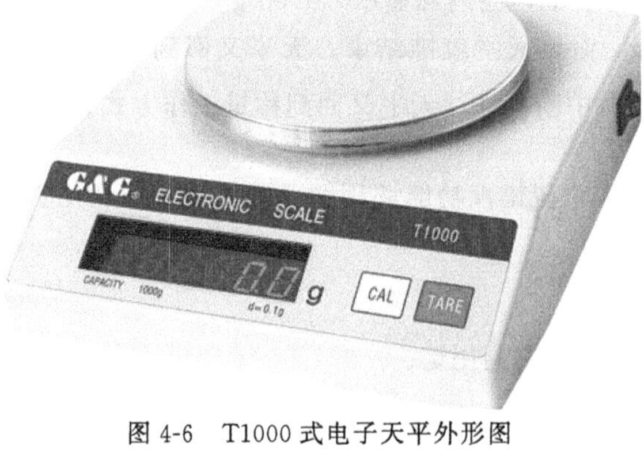

图 4-6 T1000 式电子天平外形图

CAL：校正键。校正砝码为 100 g。

TARE：清零、去皮键。

注意：电源开关（I/O）位于机后右侧，若长期不用应关闭电源，否则会烧坏变压器。

参考文献

滕召胜. 2001. 重力加速度对电子分析天平的影响及其补偿. 计量学报. 22（2）：129～132

中华人民共和国国家计量检定规程. 1992. 质量（二）1990～1991. 北京：中国计量出版社

4.2 酸度计及其使用方法

4.2.1 酸度计简介

在理论上，溶液的酸度可以这样测得：以参比电极、指示电极和溶液组成工作电池，测量出电池的电动势。以已知酸度的标准缓冲溶液的 pH 为基准，比较标准缓冲溶液所组成的电池的电动势和待测试液组成的电池的电动势，从而得出待测试液的 pH。用来进行这一测量工作的仪器就是酸度计（或称 pH 计）。

酸度计由电极和电动势测量部分组成。电极用来与试液组成工作电池；电动势测量部分则将电池产生的电动势进行放大和测量，最后显示出溶液的 pH。多数酸度计还有毫伏测量挡，可直接测量电极电位。如果配上合适的离子选择电极，还可以测量溶液中某一种离子的浓度（活度）。

酸度计通常以玻璃电极为指示电极，饱和甘汞电极为参比电极。玻璃电极的下端是玻璃泡，球泡内装有一定 pH 的内标准缓冲溶液，电极内还装有一个银-氯化银电极作为内参比电极，玻璃电极的电极电位随溶液 pH 的变化而改变。饱和甘汞电极由汞、甘汞（Hg_2Cl_2）及饱和氯化钾溶液组成，其电极电位稳定，不随溶液 pH 的变化而改变。当玻璃电极与饱和甘汞电极以及待测溶液组成工作电池时，在 25℃下，所产生的电池电动势为

$$E = K' + 0.059\text{pH}$$

式中，K'为常数，测量这一电动势就可以获得待测溶液的 pH。

用于对酸度计进行校正的 pH 标准溶液，应保证其 pH 稳定不变，一般采用缓冲溶液，即 pH 标准缓冲溶液。我国目前使用的几种 pH 标准缓冲溶液在不同温度下的 pH 列于表 4-4。常用的几种 pH 标准缓冲溶液的组成和配法见表 4-5。

表 4-4 不同温度下标准缓冲溶液的 pH

t/℃	0.05 mol·L^{-1} 四草酸钾	饱和酒石酸氢钾	0.05 mol·L^{-1} 邻苯二甲酸氢钾	0.025 mol·L^{-1} 磷酸二氢钾和磷酸氢二钠	0.01 mol·L^{-1} 四硼酸钠
0	1.67	—	4.01	6.98	9.40
5	1.67	—	4.01	6.95	9.39
10	1.67	—	4.00	6.92	9.33
15	1.67	—	4.00	6.90	9.27
20	1.68	—	4.00	6.88	9.22

续表

t/℃	0.05 mol·L^{-1} 四草酸钾	饱和酒石酸氢钾	0.05 mol·L^{-1} 邻苯二甲酸氢钾	0.025 mol·L^{-1} 磷酸二氢钾和磷酸氢二钠	0.01 mol·L^{-1} 四硼酸钠
25	1.69	3.56	4.01	6.86	9.18
30	1.69	3.55	4.01	6.84	9.14
35	1.69	3.55	4.02	6.84	9.10
40	1.70	3.54	4.03	6.84	9.07
45	1.70	3.55	4.04	6.83	9.04
50	1.71	3.55	4.06	6.83	9.01
55	1.72	3.56	4.08	6.84	8.99
60	1.73	3.57	4.10	6.84	8.96

表 4-5 标准缓冲溶液的配制方法

试剂名称	分子式	浓度	试剂的干燥与预处理	缓冲溶液的配制方法
四草酸钾	$KH_3(C_2O_4)_2 \cdot 2H_2O$	0.05 mol·L^{-1}	57±2℃下干燥至恒量	12.7096 g $KH_3(C_2O_4)_2 \cdot 2H_2O$ 溶于适量蒸馏水，定量稀释至1 L
酒石酸氢钾	$KC_4H_5O_6$	饱和	不必预先干燥	$KC_4H_5O_6$溶于57±3℃蒸馏水中直至饱和
邻苯二甲酸氢钾	$KHC_8H_4O_4$	0.05 mol·L^{-1}	110±5℃干燥至恒量	10.2112 g $KHC_8H_4O_4$溶于适量蒸馏水中，定量稀释至1 L
磷酸二氢钾和磷酸氢二钠	KH_2PO_4和Na_2HPO_4	0.025 mol·L^{-1}	KH_2PO_4在110±5℃下干燥至恒量；Na_2HPO_4在120±5℃下干燥至恒量	3.4021 g KH_2PO_4和3.5490 g Na_2HPO_4溶于适量蒸馏水，定量稀释至1 L
四硼酸钠	$Na_2B_4O_7 \cdot 10H_2O$	0.01 mol·L^{-1}	$Na_2B_4O_7 \cdot 10H_2O$放在含有NaCl和蔗糖饱和液的干燥器中	3.8137 g $Na_2B_4O_7 \cdot 10H_2O$溶于适量去除CO_2的蒸馏水中，定量稀释至1 L

标准缓冲溶液须保存在盖紧的玻璃瓶或塑料瓶中（硼砂溶液应保存在塑料瓶中）。一般几周内可保持pH稳定不变，低温保存可延长使用寿命。在电极浸入pH标准缓冲溶液之前，玻璃电极与甘汞电极应用蒸馏水充分冲洗，并用滤纸轻轻吸干，以免标准缓冲溶液被稀释或沾污。pH标准缓冲溶液在稳定期内可多次使用。如果由于变质发混，则应弃去不用。

在使用酸度计测pH时，一般只要有酸性、近中性和碱性三种标准就可以了。应选用与待测溶液的pH相近的pH标准缓冲溶液来校正酸度计，这样可减少测量误差。

酸度计测量pH时，最重要的部件就是电极。将pH玻璃电极和参比电极组合在一起的电极称为pH复合电极。将温度探头和复合电极组合在一起就称为三合一电极，用这种电极测量pH时无需连接单独的温度电极以进行温度补偿。电极不可长时间干放或浸泡在蒸馏水中，应置于相应的电极存储液中（存储液一般与电极填充液保持一致，如一支填充液为 3 mol · L^{-1} KCl的电极应存放于 3 mol · L^{-1} KCl 中），否则会缩短电极寿命。保存不当的电极可能会出现玻璃膜干涸的情况，短时间干涸的玻璃膜可以将其浸泡在 0.1 mol · L^{-1} 稀 HCl 中数小时使其重新恢复功能，长期干涸的玻璃膜使用该方法也可能无法恢复。

目前广泛应用的是直读式酸度计（电位式少用），它实际上是一台高输入阻抗的直流毫伏计。测出的电池的电动势经阻抗变换后进行直流放大，带动电表直接显示出溶液的 pH。目前，国产的酸度计型号繁多，精度不同，使用方法也有差异，应按照仪器所附的使用说明书进行操作。

4.2.2　EL20 型酸度计

EL20 型酸度计精度为 0.01 pH 或 1 mV，操作简单，并能满足一般化学实验的要求。EL20 型酸度计外部各部件的位置和名称如图 4-7 所示。

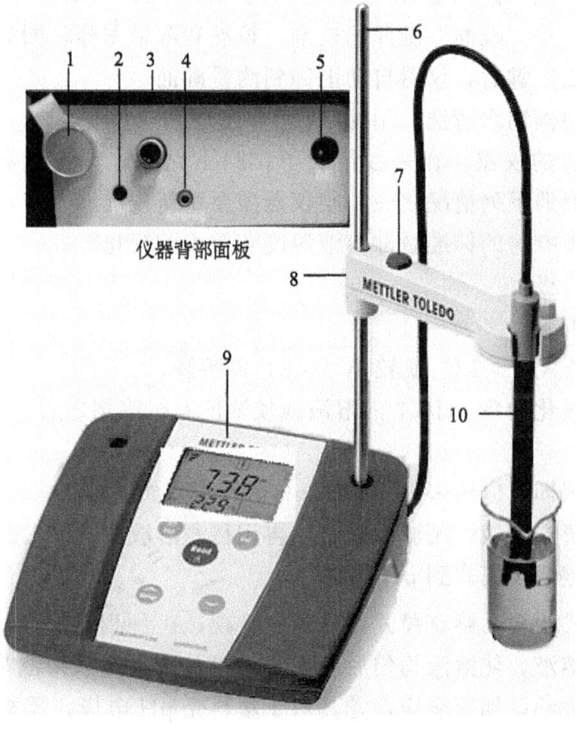

图 4-7　EL20 型酸度计

1. pH 电极接口；2. 参比电极接口；3. 自动温度补偿接口；4. 模拟输出接口；5. 电源适配器接口；6. 电极支架杆；7. 支架紧固按钮；8. 电极支架；9. 仪器显示屏及操作按键；10. 复合 pH 电极

首先，按图 4-7 所示的方式，稍用力将电极支架杆有凹槽一端插入安装孔，并使其牢固地安装于仪器上，然后压下电极支架紧固按钮不要松开，将支架套在已安装好的支架杆上，调整到合适的高度，松开紧固按钮，电极支架安装完毕。装好复合电极，接上电源适配器，仪器即处于待机状态。

1. 测量溶液的 pH

使用前请确保电源线及电极连接可靠。

1）开机

按“退出”键，预热 30 min。

2）校准

仪器在使用之前，即测未知溶液 pH 之前，先要校准，有一点校准、两点校准、三点校准三种方式，可根据测试的具体需要进行选择。此处以“单一标准缓冲溶液校准”即“一点校准”为例。

(1) 按“设置”键进入校准设置模式，调整校正标准液参数（一般由准备室完成）。

(2) 旋开并取下复合电极套，注意放置方式以避免保护液洒落。

(3) 用蒸馏水清洗电极，用滤纸吸干，然后将电极插入 pH 4.00 的标准缓冲溶液中。

(4) 在自动终点模式（此时显示屏显现$\sqrt{A}$，如显现$\sqrt{\quad}$则为手动终点，可长按“读数”键切换模式）下，按“校准”键开始校准，校准和测量图标将同时显示。

(5) 再次按“读数”键后，仪器自动退回到测量画面。

(6) 取出电极并用蒸馏水清洗，用滤纸吸干。

经上述步骤标定后的仪器，在一般情况下，24 h 之内，无论电源是连续开或间隔开，仪器不需要再校准，但遇下列情况之一，则仪器需要重新校准。

(1) 溶液温度与校准时的标准缓冲溶液温度有较大的变化。

(2) 干燥过久的电极。

(3) 换过了新的电极。

(4) 测量过 pH 较大（>12）或较小（<2）的溶液。

(5) 测量过含有氟化物且 pH<7 的溶液或较浓的有机溶剂之后。

3）测量

已经校准过的仪器即可以用来测样品的 pH，其步骤如下：

(1) 先用蒸馏水清洗电极，用滤纸吸干，再用待测溶液清洗一次。

(2) 按“模式”键切换模式到 pH 挡。

(3) 确认此时模式为自动终点模式，显示屏显现$\sqrt{A}$［见校准（4）］。

(4) 用玻棒搅拌溶液，使溶液均匀后，把清洗过的电极插入待测溶液中（pH 复合电极浸入溶液后需要进行搅动以加速响应，尤其对于塑料壳 pH 电极，需要排除电极球泡处保护罩空腔内的气泡，否则会响应缓慢甚至测试不准确。因此，使用电极架进行测试时，可将盛溶液的烧杯轻轻摇动)，按“读数”键开始测量。

(5) 等待仪器数显屏小数点固定不再闪动，记录 pH。

(6) 一般重复读数两三次［重复此节中的步骤（4）、(5)］。

(7) 如需继续测样品，重复此节中的步骤（1）～（6）。

4）结束

(1) 长按“退出”键关机。

(2) 用蒸馏水清洗电极，用滤纸吸干。

(3) 套上复合电极套，套内应放少量保护液（3 mol · L^{-1} KCl)，并没过电极玻璃膜。

5）注意事项

（1）电极保护套放在指定位置，以免洒落内装保护液。

（2）使用完毕，往电极套补充适量保护液（3 mol · L^{-1} KCl），并给电极套上电极套。

（3）关闭电源开关，不要拔下电极和电源插座。

（4）确保仪器外壳干净，如沾上溶剂请尽快擦去。

（5）有故障及时报告实验教师。

2. 测量电极电位

要在 pH 测量过程中查看 mV 值，只要按“模式”键即可。要执行 mV 值测量，按 pH 测量相同的步骤进行。

4.3　电导率仪及其使用方法

4.3.1　基本原理

电解质溶液在电势场作用下能导电，其导电能力的大小常用电导或电阻表示。测量溶液电导的方法通常是将两个电极插入溶液中，测出两电极间的电阻。根据欧姆定律，在温度一定时，两电极间的电阻与两电极间的距离 L(cm)成正比，与电极的截面积 A(cm^2)成反比，即

$$R=\rho L/A$$

对于一个电极而言，电极面积 A 与间距 L 都是固定不变的，L/A 称为电极常数，以 Q 表示。由于电导是电阻的倒数，因此

$$G=1/R=1/\rho Q=K/Q$$

式中，K 为电导率，是两个电极间距为 1 cm、截面积为 1 cm^2 时溶液的电导，其单位为 S · cm^{-1}，常用 μS · cm^{-1}。

电导率仪的工作原理如图 4-8 所示。由图 4-8 可知

$$V_m=VR_m/(R_m+R_x)=VR_m/(R_m+Q/K)$$

式中，R_x为溶液电阻；R_m为分压电阻。

当上式中的 V、R_m和 Q 均为常数时，电导率 K 的变化必引起 V_m作相应的变化。因此，通过测量 V_m的大小，就可以知道溶液电导率的数值。

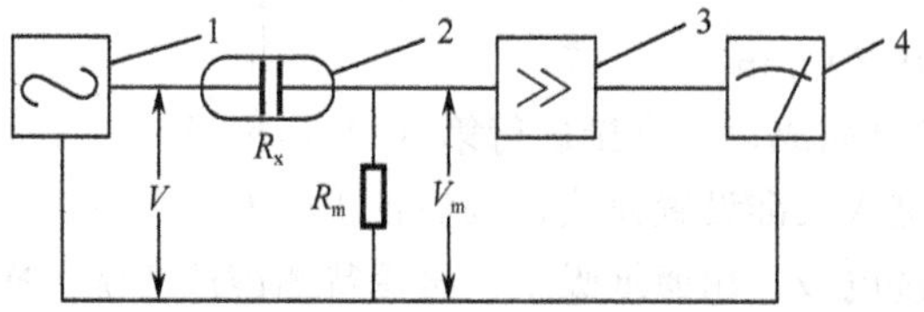

图 4-8　测量原理

1. 振荡器；2. 电导池；3. 转换器；4. 电表

4.3.2　EL30 型电导率仪的外形结构和使用方法

1. 电导率仪的外形结构

在电导率测量过程中，正确选择电极常数对于获得较高的测量精度是非常重要的。一般

应根据测量范围参考表 4-6 选择相应常数的电极。

表 4-6 测量范围与配套电极

测量范围/($\mu S \cdot cm^{-1}$)	推荐使用电极的电极常数
0～2	0.01，0.1
0～200	0.1，1.0
200～2000	1.0
2000～20000	1.0，10
20000～200000	10

电导电极一般分为二电极式和多电极式两种类型。

(1) 二电极式电导电极：这是目前国内使用最多的电导电极类型，它的结构是将两片铂片烧结在两块平行玻璃片或圆形玻璃管的内壁上，调节铂片的面积和距离，就可以制成不同常数值的电导电极。

(2) 多电极式电导电极：一般在支持体上有几个环状的电极，通过环状电极的串联和并联的不同组合，可以制成不同常数的电导电极。环状电极的材料可以是石墨、不锈钢、钛合金和铂金。电导电极还有四电极类型和电磁式类型。四电极电导电极的优点是可以避免电极极化带来的测量误差。

图 4-9 是 EL30 型电导率仪的外形结构。仪器使用的 LE701 四环电导电极是采用四环电位原理设计而成。由于彻底解决了二电极式电导电极中存在的极化问题，四环电导电极能在更大的量程范围进行精确测量（可测量范围为 70 $\mu S \cdot cm^{-1}$～199.9 $mS \cdot cm^{-1}$）。

电导率温度补偿是指将测量值补偿换算到参比温度（25℃）下的电导率值。溶液的电导率值随温度变化而变化，电导率仪可以根据温度系数对溶液进行补偿。仪器默认设置为 2%，一般不需要改变。温度系数设置为 0，则仪表部进行温度补偿，即显示值为当前温度下的电导率值。

2. 使用方法

使用前请确保电源线及电极连接可靠。

1) 开机

按“退出”键，预热 30 min。

2) 校准 [如准备室已完成，可直接进行第 (4) 步测量]

(1) 按“设置”键进入校准设置模式，调整校正标准液参数。

(2) 先用蒸馏水清洗电极，用滤纸吸干，再用待测溶液清洗一次。

(3) 把清洗过的电极插入电导率为 1413 $S \cdot cm^{-1}$ 的标准缓冲溶液中。

(4) 按“校准”键开始校准，校准和测量图标将同时显示。信号稳定后仪表根据预选终点方式自动终点（显示屏显现$\sqrt{A}$）或按“读数”键手动终点（显示屏显现$\sqrt{\quad}$）。

(5) 取出电极并用蒸馏水清洗，用滤纸吸干。

3) 测量

(1) 先用蒸馏水清洗电极，用滤纸吸干，再用待测溶液清洗一次。

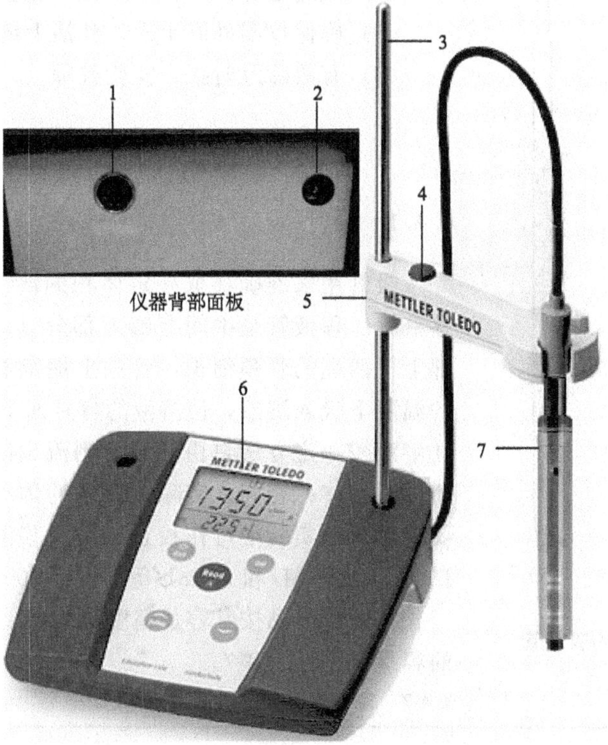

图 4-9　EL30 型电导率仪的外形结构

1. 电极接口；2. 电源适配器接口；3. 电极支架杆；4. 支架紧固按钮；
5. 电极支架 ；6. 仪器显示屏及操作按键；7. 四环电导电极

(2) 长按“读数”键切换模式为自动终点模式。

(3) 测量前电极一定要套好塑料套筒，测量中液面一定要没过电极的四个金属环；用玻棒搅拌溶液，使溶液均匀后，把清洗过的电极插入待测溶液中（注意观察，确保测量池中无气泡。建议以一定角度将电极插入溶液中，然后垂直，可避免气泡产生），按“读数”键开始测量。

(4) 等待仪器数显屏小数点固定不再闪动，记录电导率数值。

(5) 一般重复读数两三次，重复此节中的步骤 (3) 和 (4)。

(6) 如需继续测样品，重复此节中的步骤 (1) ～ (5)。

4) 结束

(1) 长按“退出”键关机。

(2) 用蒸馏水清洗电极，用滤纸吸干，套好电极保护套。

3. 注意事项

(1) 测量过程中不要取下电极塑料套筒。

(2) 此电极不宜用于有机溶剂的测量，也不宜用有机溶剂清洗。

(3) 超出 0～50℃温度范围的环境下不宜使用。

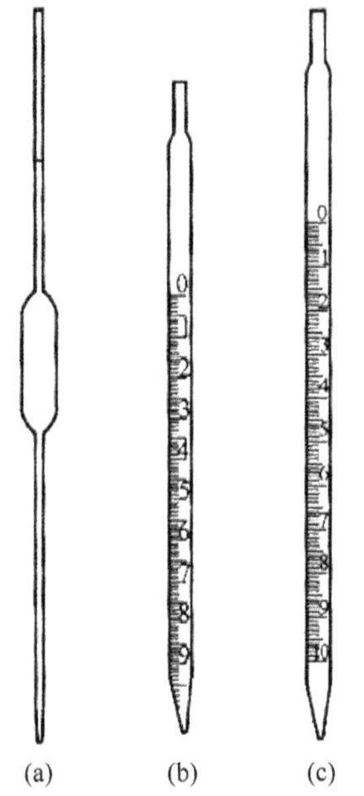

图 4-10　移液管和吸量管

(4) 关闭电源开关，不要拔下电极和电源插座！

(5) 确保仪器外壳干净，如沾上溶剂请尽快擦去。

(6) 有故障及时报告实验教师。

4.4　滴定分析仪器及基本操作

4.4.1　吸管

吸管用来准确移取一定体积的溶液。无分度吸管通称移液管。移液管是中间有膨大部分（球部）的玻璃管。球部上下两端的管颈细长，管颈上端刻有环形标线。在标明的温度下吸入溶液，使溶液的弯月面下缘与标线上缘相切，让溶液按一定方法自由流出，则流出的溶液的体积与管上所标明的体积相同。实际上两者的体积可能稍有差异，在要求较高的实验中可作校正。常用移液管的容积有 5 mL、10 mL、25 mL 和 50 mL 等［图 4-10（a）］。

移液管产品按其容量精度分为 A 级和 B 级。国家规定的容量允差见表 4-7。

表 4-7　常用移液管的容量允差

标称容量/mL		2	5	10	20	25	50	100
容量允差/mL	A	±0.010	±0.015	±0.020	±0.030		±0.05	±0.08
	B	±0.020	±0.030	±0.040	±0.060		±0.10	±0.16

分度吸管又称吸量管，可以根据刻度吸取所需体积的溶液，常用的吸量管有 1 mL、2 mL、5 mL、10 mL 等规格［图 4-10（b）、（c）］。吸量管的准确度不如移液管，若要准确移取溶液，应尽可能使用移液管，吸量管主要在光度法实验中使用。

各类常用吸量管的容量允差列于表 4-8。

表 4-8　常用吸量管的容量允差

标称总容量/mL	分度值/mL	容量允差/mL		
		A	B	吹出式
0.1	0.001 0.005	—	±0.003	±0.004
0.5	0.005 0.01 0.02	—	±0.010	±0.010
1	0.01	±0.008	±0.015	±0.015
2	0.02	±0.012	±0.025	±0.025
5	0.05	±0.025	±0.050	±0.050
10	0.1	±0.05	±0.10	±0.10
25	0.2	±0.10	±0.20	—

现将吸管使用方法分述如下。

1. 洗涤

使用前，吸管应洗至整个内壁和下部外壁不挂水珠，具体方法见 2.1.2 节。干净的吸管应放在吸管架上，以免沾污。

2. 吸管的润洗

移取溶液前，先用滤纸将尖端内外的水除去，然后用少量待吸溶液润洗三次。吸入溶液时要注意勿使溶液回流，以免稀释溶液[①]。润洗吸管时，应使溶液浸润至吸管标线略高一些的管颈，但注意不要让溶液流至上管口。润洗过的溶液应该从吸管下口流出弃去。其余操作可参见铬酸洗液洗涤移液管的方法。

3. 溶液的移取

吸管经润洗后，可以直接插入[①]待吸液液面 1～2 cm 深处。注意不要伸入太浅，以免液面下降后造成吸空；也不要伸入太深，以免吸管外壁附有过多的溶液[②]。吸液时将洗耳球紧按在移液管上口（图 4-11），并注意容器中液面和吸管尖的位置，应使吸管尖随液面下降而下降。在使用洗耳球时要注意先捏洗耳球驱出其中的空气，再对准吸管上口吸取溶液，不得先将洗耳球对住吸管后再捏洗耳球，以免造成在溶液中鼓泡。当吸管液面上升至标线以上时，迅速移去洗耳球，并用右手食指按住管口（食指最好潮而不湿），左手改拿待吸液的容器。将吸管提离液面（必要时用滤纸擦去管尖外壁的溶液），然后将容器倾斜 30°，竖直吸管，吸管尖应与器壁紧贴（注意不要悬空调节液面），微微松动右手食指，用拇指及中指轻轻捻转管身，使吸管液面缓缓下降，平视标线，待溶液弯月面下缘与标线上缘相切时，立即按紧管口。将吸管插入接受器，吸管垂直，与接受器成 30°，管尖紧靠接受器内壁，放开食指（图 4-12），使溶液沿内壁自然流下（注意中途管尖不应离壁），待下降的液面静止后，再停留 15 s，取出吸管。除非少数吸管在管身特别注有“吹”字，否则管尖最后留有的少量

图 4-11　用洗耳球吸液操作

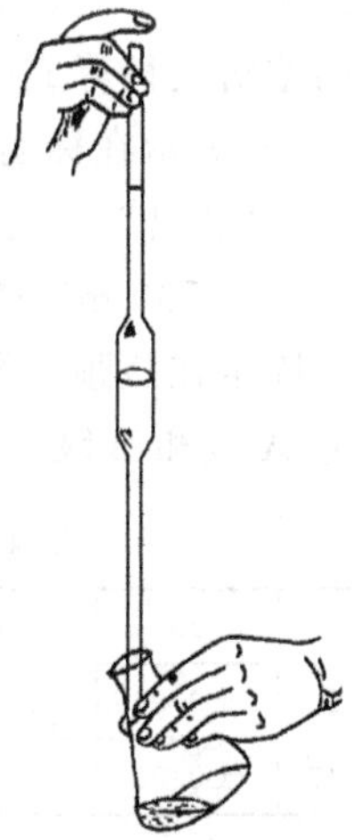

图 4-12　移液管的使用

溶液不应吹入接受器，因为在检定吸管时，未将此部分溶液体积计入。

使用吸量管时还应注意，有的吸量管的分刻度刻到末端收缩部分［图 4-10（b）］，有的只刻到距尖端 1～2 cm 处［图 4-10（c）］。在同一实验中，应尽可能使用同一根吸量管的同一段，通常尽可能使用上面部分，而不用末端收缩部分。例如，用 5 mL 的吸量管移取 3 mL溶液，通常让溶液自 0 刻度流至 3 mL 刻度，而避免从 2 mL 刻度流到末端。

各种吸管使用方法的区别详见表 4-9。

表 4-9　各种吸管使用方法的区别

<table>
<tr><th colspan="2">吸管名称</th><th>使用方法</th></tr>
<tr><td rowspan="2">无分度吸管</td><td>具一条标线</td><td>液体自标线流至口端，A 级等待 15 s，B 级等待 3 s（流液口应保留残留液）</td></tr>
<tr><td>具两条标线</td><td>液体自上标线流至下标线上约 5 mm 处，A 级等待 15 s，B 级等待 3 s，然后调至下标线</td></tr>
<tr><td colspan="2">完全流出式分度吸管</td><td>液体自标线流至口端，A 级、A_2级等待 15 s，B 级和快流速等待 3 s（流液口要保留残留液）</td></tr>
<tr><td colspan="2">不完全流出式分度吸管</td><td>液体自上标线流至最低标线上约 5 mm 处，A 级、A_2级等待 15 s，B 级等待 3 s，然后调至最低标线</td></tr>
<tr><td colspan="2">吹出式吸管</td><td>液体自标线流至口端，随即将口端残留液全部吹出</td></tr>
</table>

【注释】

① 为避免引起稀释或沾污，也可将部分溶液转移到已洗净的干烧杯中，烧杯也应用待吸液润洗三次。烧杯应加盖表面皿，并注意最好在临用前才转到烧杯，以免待吸液挥发或被污染。一般不提倡上述做法。

② 用吸管转移溶液，只考虑由吸管流出溶液的体积，如果吸管外壁附有过多的溶液（特别是挂有水珠），这些额外的溶液也同时进入接受器，势必引起误差。

4.4.2　容量瓶

容量瓶是一种细颈梨形的平底玻璃瓶，它用于把准确称量的物质配成准确浓度的溶液，或将准确体积及浓度的浓溶液稀释成准确浓度及体积的稀溶液。一般的容量瓶是“量入”式的，符号为 In（或 E），它表示在标明温度下，溶液充满到标线时，瓶内液体的体积恰好与瓶上标明的体积相同。“量出”式容量瓶少用。容量瓶常用的规格有 10 mL、25 mL、50 mL、100 mL、250 mL、500 mL 和 1000 mL 等。容量瓶带有磨口玻璃塞或塑料塞。玻璃塞可用细纱绳或塑料绳固定在瓶颈，绳子不要过长。平顶塑料塞可倒置于桌面。

容量瓶的精度分为 A 级和 B 级，国家规定的容量允差列于表 4-10。

表 4-10　常用容量瓶的规格

标称容量/mL		10	25	50	100	200	250	500	1000	2000
容量允差/mL	A	±0.020	±0.03	±0.05	±0.10	±0.15	±0.15	±0.25	±0.40	±0.60
	B	±0.040	±0.06	±0.20	±0.20	±0.30	±0.30	±0.50	±0.80	±1.20

容量瓶的使用方法及注意事项如下。

1. 容量瓶的检查

使用前先检查：①瓶塞是否漏水；②标线位置距离瓶口是否太近（标线以上的体积太小不利混匀）。如有上述情况的容量瓶不宜使用。检漏的方法是：加自来水至标线附近，用一只手食指按住塞子，其余手指拿住瓶颈标线以上部分，用另一只手指尖托住平底边缘（图 4-13）[①]，倒立约 2 min，如果不漏水，将瓶直立，并将瓶塞旋转 180°后，再倒立实验，如还不漏水，即可使用。使用玻璃塞容量瓶时，瓶塞尽量不要触及瓶颈外壁，以免沾污。操作时，可用食指及中指夹住瓶颈的扁头（图 4-14）。

2. 容量瓶的洗涤

参阅 2.1.2 节。

3. 溶液的配制

将已准确称量的固体置于已洗净的小烧杯中，加入适量纯水（或适当的溶剂）溶解（避免一次加入过多），然后定量地转移入容量瓶中。如果固体不易溶解，可适当加热促进其溶解但应注意冷却至室温后方可转移入容量瓶内。转移时，烧杯口应紧靠玻璃棒，玻棒的下端应靠瓶颈内壁，其上部不要碰瓶口，使溶液沿玻棒和内壁流入瓶内（图 4-15）。烧杯中溶液流完后，将烧杯沿玻棒稍微向上提起，同时使烧杯直立，再将玻棒放回烧杯。用洗瓶吹洗玻棒和烧杯内壁，如前法将洗涤液转移至容量瓶中，一般应重复操作 5 次以上，以保证定量转移。当加水至容量瓶约 3/4 容积时，用手指夹住瓶塞，将容量瓶拿起，旋转摇动几周，使溶液初步混匀（因为此时空间较大，混匀的效果较好，但注意此时不能加塞倒立摇动）。继续加水至距离标线约 1 cm，等待 1～2 min，使附在瓶颈内壁的溶液流下后，再用滴管加水

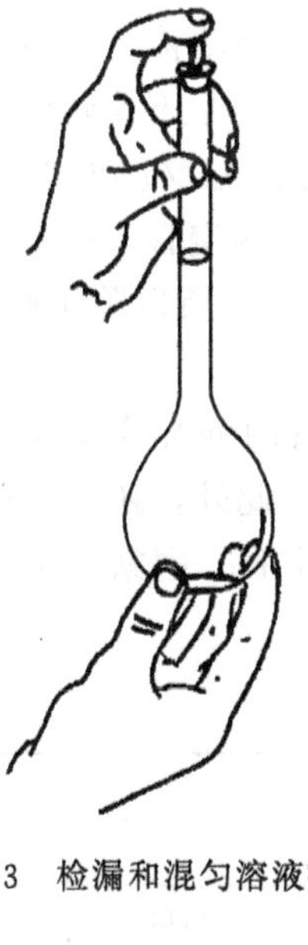

图 4-13　检漏和混匀溶液操作

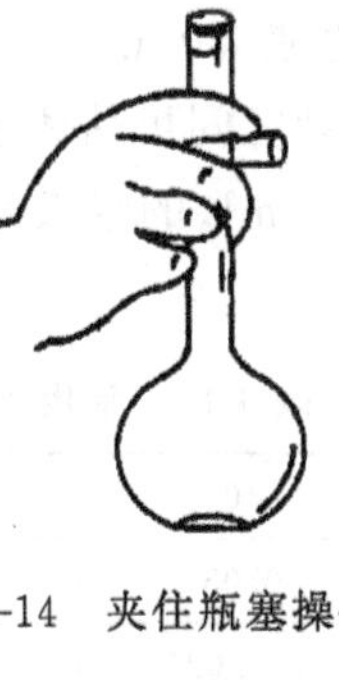

图 4-14　夹住瓶塞操作

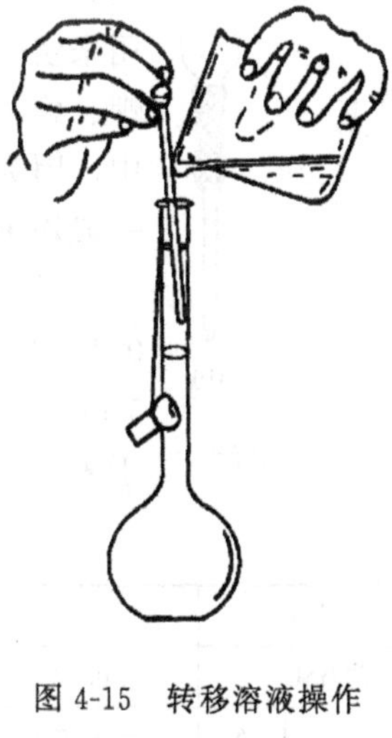

图 4-15　转移溶液操作

（熟练操作时可用洗瓶加水）。注意滴管加水时，勿使滴管触及溶液。加水到溶液的弯月面下缘与标线上缘相切为止（有色溶液亦同）②。盖紧瓶塞，按图 4-13 的姿势，倒转容量瓶，使气泡上升到顶部后，再摇动数次，如此反复 10 次左右。放正容量瓶（此时因一部分溶液附于瓶塞附近，瓶内液面低于标线，不应补加水至标线），打开瓶塞，使瓶塞周围溶液流下，重新塞好塞子后，再倒转振荡一两次，使溶液全部混匀。

如用容量瓶稀释溶液，则用吸管移取一定体积溶液于容量瓶中，加水稀至标线，其余操作同上。

配好的溶液如需保存，应转移至磨口试剂瓶中，不要将容量瓶当作试剂瓶使用。

容量瓶用毕，应立即用清水冲洗干净。如长期不用，应用纸片将磨口隔开，防止玻塞黏结不易打开。

【注释】

① 尽量避免手的温度对容量瓶体积的影响，特别注意不能用手掌托住或包住容量瓶底部。

② 在一般的情况下，当稀释不慎超过标线，不得将超过标线的溶液吸出弃去，应全部弃去，洗净容量瓶重新配制。

4.4.3　滴定管

滴定管是滴定时准确测量流出标准溶液体积的玻璃量器。滴定管一般分为两种：一种是下端带有玻璃旋塞的酸式滴定管［简称酸管，图 4-16（a）］；另一种是用于盛放碱液的碱式滴定管［简称碱管，图 4-16（b）］，碱式滴定管下端连接一段乳胶管，内放玻璃珠以控制溶液流出，乳胶管下端再连接一个尖嘴玻璃管。还有一种滴定管为通用型滴定管，它带有聚四氟乙烯旋塞，可盛放酸液或碱液。

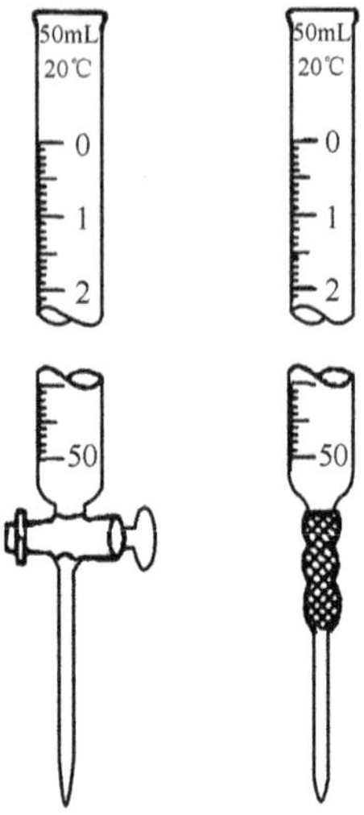

(a)　　(b)

图 4-16　滴定管

酸式滴定管用来装酸性、中性及氧化性溶液，但不适宜装碱性溶液，因为碱性溶液能腐蚀玻璃，放置久了旋塞不能转动。碱式滴定管用来装碱性及无氧化性溶液，凡能与橡皮起反应的溶液，如高锰酸钾、碘和硝酸银等溶液，都不能装入碱式滴定管。在平常的滴定分析中，因为酸式滴定管操作比较灵活、方便，所以除了强碱性溶液外，一般均采用酸式滴定管进行滴定。

最常用的是 50 mL、25 mL 容积的滴定管，其最小刻度是 0.1 mL，最小刻度间可估读至 0.01 mL。此外，还有容积为 10 mL、5 mL、2 mL、1 mL 的半微量和微量滴定管。国家规定的容量允差列于表 4-11。

表 4-11　常用滴定管

标称总容量/mL		5	10	25	50	100
分度值/mL		0.02	0.05	0.1	0.1	± 0.2
容量允差/mL	A	± 0.010	± 0.025	± 0.04	± 0.05	± 0.10
	B	± 0.020	± 0.050	± 0.08	± 0.10	± 0.20

1. 酸式滴定管的准备

(1) 使用前，首先应检查活塞与活塞套是否配合紧密，如果不密合将会出现漏水现象，则不宜使用。

滴定管的洗涤方法见 2.1.2 节。

(2) 玻璃活塞涂油。为了使玻璃活塞转动灵活并防止漏水现象，需将活塞涂油（凡士林或真空活塞油脂）。操作方法如下：

(i) 取下活塞小头处的小橡皮套圈，再取出活塞（注意：勿使活塞跌落到地上）。

(ii) 用滤纸片将活塞和活塞套擦干擦净，擦拭活塞套时可将滤纸片卷在玻棒上。

(iii) 用玻璃棒或火柴梗将油脂薄而均匀地涂抹在活塞套小口内侧（图 4-17），用手指将油脂涂抹在活塞的大头上。也可以用手指均匀地涂一薄层油脂于活塞两头，但不涂活塞套（图 4-18）。油脂涂得太少，活塞转动不灵活；涂得太多，活塞孔容易被堵塞。油脂涂得不好还会漏水。

(iv) 将活塞插入活塞套中。插时活塞孔应与滴定管平行，径直插入活塞套，不要转动活塞，这样可以避免将油脂挤到活塞孔中。然后，向同一方向不断旋转活塞，并轻轻用力向活塞小头部分挤，以免来回移动活塞，直至油脂层中没有纹路，旋塞呈现均匀的透明状态。最后将橡皮套在活塞的小头部分沟槽上。

通用型滴定管，使用前应检查聚四氟乙烯旋塞是否灵活转动，塞子两侧及滴定管嘴是否有漏水现象。一般都可以通过旋紧或旋松塞子侧面的螺帽来解决。与酸式滴定管不同，聚四氟乙烯旋塞是不用涂油的。

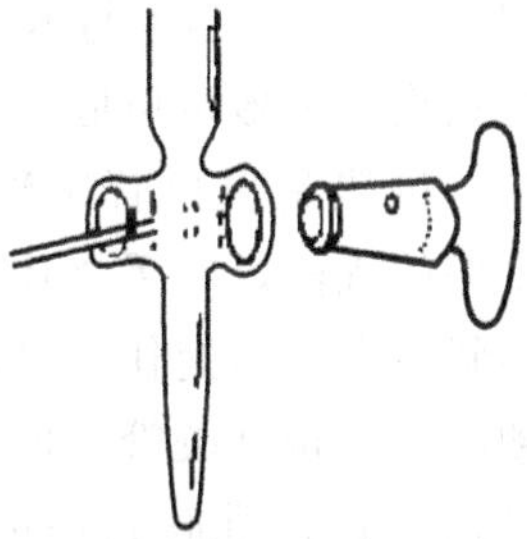

图 4-17　涂油操作Ⅰ

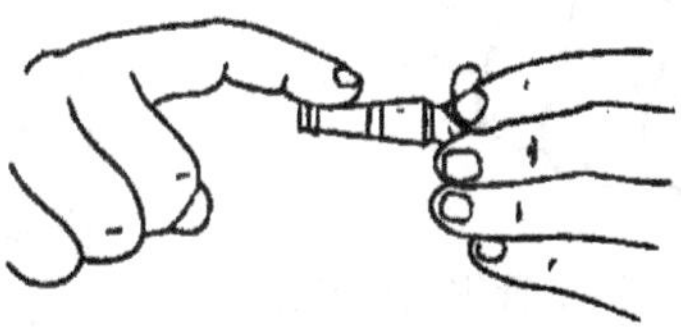

图 4-18　涂油操作Ⅱ

(3) 用水充满滴定管，安置在滴定管架上直立静置 2 min，观察有无水滴漏下。然后将活塞旋转 180°，再在滴定管架上直立静置 2 min，观察有无水滴漏下。如果漏水，则应重新进行涂油操作。如再经涂油，且操作正确，还出现漏水现象，这可能是滴定管本身的质量问题，最好另换一支滴定管。

若活塞孔或出口管尖被油脂堵塞，可将它插入热水中温热片刻，然后打开活塞，使管内的水突然流下，冲出软化油脂。必要时取出活塞，用螺旋状细金属丝将油脂带出，重新涂油。最后用蒸馏水淋洗滴定管三次（每次 5～10 mL），备用。

2. 碱式滴定管的准备

使用前，应检查乳胶管是否老化、变质。检查玻璃珠是否呈完整球状，玻璃珠的大小是否合适。玻璃珠过大，不便操作；玻璃珠过小，则会漏水。如不符合要求，应及时更换。洗涤方法见 2.1.2 节。

3. 操作溶液的装入

(1) 将溶液装入滴定管前，应将试剂瓶或容量瓶中的溶液摇匀，使凝结在瓶内壁上的水珠混入溶液。在天气较热、室温变化较大或溶液放置时间较长时，尤其需要注意先行摇匀溶液。混匀后的操作溶液一般直接倒入滴定管中，而不借助漏斗等其他器皿，否则既浪费操作液又增加污染的机会。必要时（如试剂瓶太大、小容量滴定管管口较小、公用操作液等）也可将操作溶液转移入烧杯（宜用干燥、洁净的烧杯，并用操作液洗三次，盖上表面皿），再倒入滴定管。转移溶液至滴定管时，用左手前三指持滴定管上部无刻度处，并稍倾斜，右手拿住试剂瓶，向滴定管倒入溶液。如用小试剂瓶，右手可握住瓶身（试剂瓶标签应向手心），倾倒溶液于管中。如果试剂瓶或容量瓶较大，可将瓶放在桌沿，手拿瓶颈，使瓶倾斜让溶液慢慢倾入管中。

(2) 在正式装入操作溶液时，应先用操作溶液将滴定管润洗三次。第一次用 10 mL，润洗时两手平端滴定管，边转动边倾斜管身，使溶液洗遍滴定管内壁，大部分溶液可由上口放出。每次洗涤尽量放干残留液。对于碱管，应特别注意玻璃珠下方的洗涤。最后，关好活塞（注意应使活塞柄与管身垂直），倒入操作液，直至充满到 0 刻度以上为止。

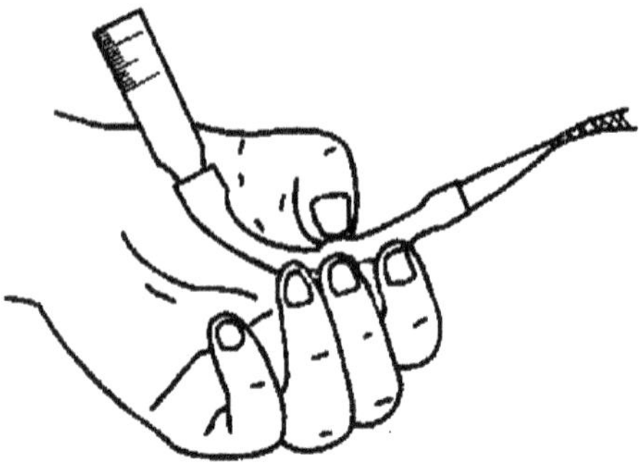

图 4-19　碱式滴定管排气泡操作

(3) 滴定管充满溶液后，应检查活塞下部与玻璃尖嘴部分是否留有气泡。酸管的气泡一般容易看出。当有气泡时，右手拿滴定管上部无刻度处，并使滴定管倾斜 30°，左手迅速打开活塞，使溶液冲出管口，反复数次，一般可以除去气泡。如果仍不能使溶液充满，可能是出口管未洗净，必须重洗。为了排出碱管中的气泡，右手拿住管身上端，并使管身稍向右倾斜，左手指捏住玻璃球部位，使乳胶管向上弯曲翘起，捏挤乳胶管，使气泡随溶液排出（图 4-19），然后一边捏乳胶管一边把乳胶管放直，注意待乳胶管放直后，再松开拇指和食指，否则出口管仍会有气泡。除去气泡后，重新补充溶液至 0 刻度以上。

4. 滴定管的读数

滴定管读数前，应注意管出口尖嘴上是否挂着水珠。若滴定前发现挂有水珠，应先除去；如滴定后发现挂有水珠，说明操作有误或滴定管仍有轻微漏水，这时是无法准确读数的。一般读数应遵守下列原则：

(1) 读数时一般应将滴定管从架上取下，用右手大拇指和食指捏住滴定管上部无刻度处，必要时其他手指从旁辅助，使滴定管保持垂直，然后再读数。滴定管夹在架上很难确保管的垂直，也不容易保证视线的水平。

(2) 由于水的内聚力小于水和器壁的附着力，因而使滴定管内的液体表面形成凹月面，当光进入玻璃和水或其他液体时，都会产生一定角度的反射和折射。因此，当观察液体在玻璃管内弯月面时，往往看到好几层。在自然光和日光灯照射下，较明显的是三层阴影带。读数时，应读弯月面下缘实线的最低点，视线应与弯月面下缘实线的最低点相切，即视线应与弯月面下缘实线的最低点在同一水平上（图 4-20）。对于有色溶液，如颜色过深，则其弯月面不够清晰，读数时，可读液面两侧的最高点。例如，对 $KMnO_4$、I_2 等有色溶液的读数就可采取这种方法。但一定要注意初读数与终读数采用同一标准。

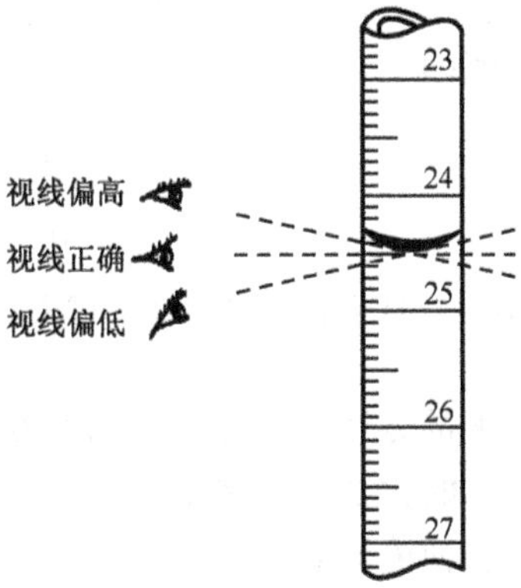

图 4-20　读数视线位置

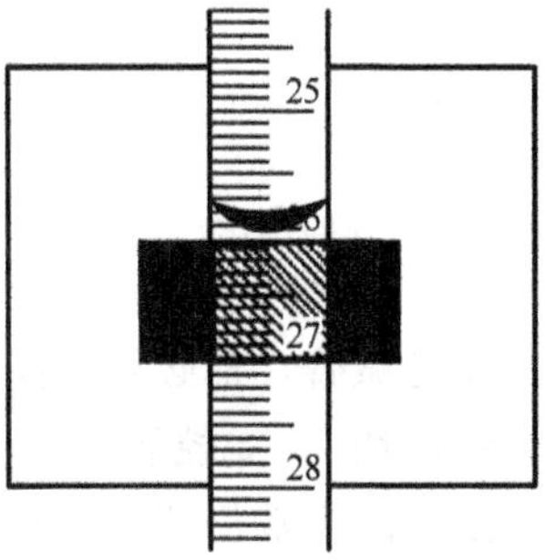

图 4-21　读数卡读数

(3) 在滴定管装满或放出溶液后，必须等 1～2 min（注意关好活塞，并观察有无漏水），使附着在内壁的溶液流下来后再读数。如果放出液的速度较慢（如接近终点时），等 0.5～1 min 后即可读数。注意，每次读数前，都要看一下管壁有无挂水珠，管的出口尖嘴处有无悬挂液滴，管嘴有无气泡。

(4) 必须读到小数点后第二位，即要求估读到 0.01 mL。

(5) 初学者可采用黑白纸板练习读数。读数时，将纸板放在滴定管背后，使黑色部分在弯月下约 1 mm 处（图 4-21），此时即可看到弯月面的反射层全部变为黑色，然后读此黑色弯月面下缘的最低点。对有色溶液需读其两侧最高点时，要用白色纸板作背景。基本掌握读数方法后，可不要求借助黑白纸板进行读数。

5. 滴定管的操作方法

进行滴定时，应将滴定管垂直地夹在滴定管架上。

使用酸管时，左手握滴定管，无名指和小指向手心弯曲，无名指轻轻靠住出口玻管，拇指和食指、中指分别放在活塞柄上、下，控制活塞的转动（图 4-22）。应该注意，不要向外用力，以免推出活塞造成漏水，应使活塞稍有一点向手心的回力。当然也不可向里用力过度，以免造成活塞转动困难。

使用碱管时，仍以左手握管，拇指在前食指在后，其他三指傍住出口管，用拇指和食指捏住玻璃珠所在部位（图 4-23），往一旁（左右均可，通常在右比较省力）捏乳胶管，使溶液从玻璃珠旁空隙处流出（图 4-24），注意不要从正中相反方向用力捏玻璃珠的中心位置，也不要使玻璃珠上下移动，不要捏玻璃珠下部胶管，以免空气进入而形成气泡，影响读数。

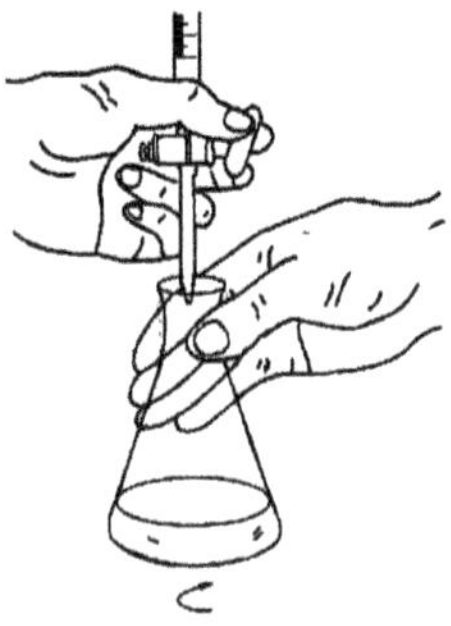

图 4-22　酸式滴定管的操作

图 4-23　碱式滴定管的操作

图 4-24　碱式滴定管操作

无论使用酸管还是碱管，都必须掌握三种滴液的方法：①连续滴加的方法，但不形成连续的水流，即“见滴成线”；②控制一滴一滴加入的方法，要做到需 1 滴就能只滴加一滴，不能滴出一滴后滴定管的尖端仍挂有液滴；③学会使液滴悬而不落，只加半滴，甚至不到半滴的方法。

滴定时，滴定反应可在锥形瓶或烧杯中进行。在锥形瓶中进行时，用右手拇指、食指和中指拿住锥形瓶，其余两指辅助在下侧，使瓶底离滴定台 2～3 cm，滴定管下端伸入瓶口内约 1 cm。左手握住滴定管，按前述方法，边滴加溶液，边用右手摇动锥形瓶。两手操作姿势如图 4-22 和图 4-23 所示。

进行滴定时。还应注意以下几点：

(1) 最好每次滴定都从 0.00 mL 或接近 0.00 mL 开始，这样可以相互抵消滴定管不同段的误差。

(2) 滴定时，左手不能离开活塞，不能“放任自流”。

(3) 摇动锥形瓶时，应微动腕关节，使溶液向同一方向旋转，不能前后摇动，不应听到滴管下端与锥形瓶内壁的撞击声，避免溶液溅出。摇瓶时，要求有一定的速度，不能摇得太慢，以免影响化学反应的进行。

(4) 滴定时，要注意观察滴落点周围颜色的变化，不要只注意滴定体积的变化，而不顾滴定反应的进行情况。

(5) 滴定速度的控制。一般在开始时，滴定速度可稍快，呈“见滴成线”，这时的速度约 $10\ mL\cdot min^{-1}$，即 3～4 滴每秒。接近终点时，用洗瓶吹洗一下锥瓶内壁，并改为一滴一滴加入，即每加一滴摇几下。最后是每加半滴，摇几下锥形瓶，直至溶液出现明显的颜色变化为止。加半滴溶液时，使溶液悬挂在滴定管出口上，用锥形瓶内壁将其沾落，再用洗瓶吹少量水将附于锥形瓶壁上的溶液冲下去，摇动几下，观察颜色变化。如此反复，直至终点。

滴定通常都在锥形瓶中进行，而溴酸钾法，碘量法（滴定碘法）等最好在碘量瓶中进行反应和滴定。碘量瓶是带有磨口玻璃塞和水槽的锥形瓶（图 4-25），喇叭形瓶口与瓶塞柄之间形成一圈水槽，槽中加纯水可形成水封，防止瓶中溶液反应生成的气体（Br_2、I_2等）逸失。反应一段时间后，打开瓶塞，水即流下并同时冲洗瓶塞和瓶壁，接着进行滴定。

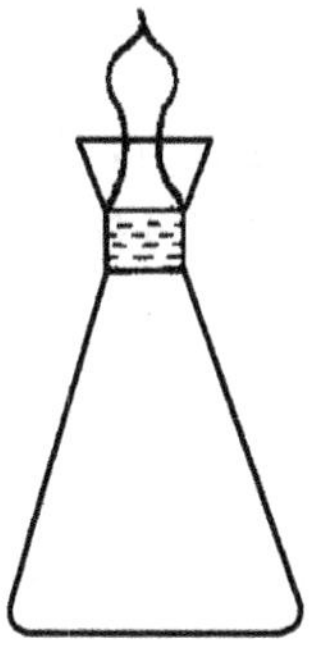

图 4-25　碘量瓶

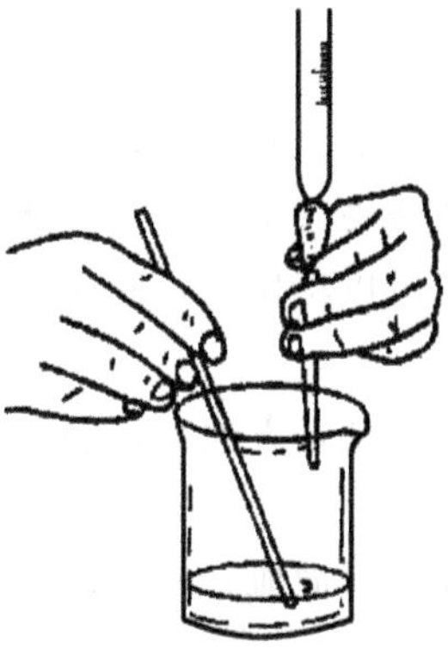

图 4-26　在烧杯中的滴定操作

络合滴定常在烧杯中进行，这样方便调节 pH。在烧杯中滴定时，将烧杯放在滴定台上，调节滴定管的高度，使其下端伸入烧杯内约 1 cm。滴定管下端应在烧杯中心的左后方处（放在中央影响搅拌；离杯壁过近不利搅拌均匀）。左手滴加溶液，右手持玻璃棒搅拌溶液，如图 4-26 所示。玻棒应作圆周搅动，尽量不要碰到烧杯壁和底部。当滴至接近终点只滴加半滴溶液时，可用玻棒下端沾下此悬挂的半滴溶液于烧杯中搅匀。其余操作同前所述。

滴定结束后，滴定管内的溶液应弃去，不要倒回原瓶中，以免沾污操作溶液。洗净的滴定管，用蒸馏水充满全管，夹在滴定管架上，上口用一微量烧杯或试管罩住，备用；或倒尽水后将滴定管收在仪器柜中。

4.5　重量分析基本操作

4.5.1　样品的溶解

（1）准备好洁净的烧杯、合适的搅拌棒（搅拌棒的长度应高出烧杯 4～6 cm）和表面皿（表面皿的大小应稍大于烧杯口）。烧杯内壁和底不应有划痕。

（2）称入样品后，用表面皿盖好烧杯。

（3）溶样时应注意：

(i) 溶样时若无气体产生，可取下表面皿，将溶剂沿烧杯壁或沿着下端紧靠烧杯壁的搅拌棒加入烧杯。搅拌直至样品完全溶解。然后盖上表面皿。

(ii) 溶样时若有气体产生（如碳酸钠加盐酸），应先加少量水湿润样品，盖好表面皿，由烧杯嘴与表面皿的间隙处滴加溶剂。样品溶解后，用洗瓶吹洗表面皿的凸面，流下来的水应沿杯壁流入烧杯，并吹洗烧杯壁。

(iii) 溶解样品时，若需要加热，应盖好表面皿。停止加热时，应吹洗表面皿和烧杯壁。

(iv) 若样品溶解后必须加热蒸发，可在杯口放上玻璃三角或在杯沿上挂三个玻璃钩，再放表面皿。

4.5.2　沉淀

应根据沉淀性质采取不同的操作方法。

1. 晶形沉淀

(1) 在热溶液中进行沉淀，必要时将溶液稀释。

(2) 操作时，左手拿滴管滴加沉淀剂溶液。滴管口应接近液面，勿使溶液溅出。滴加速度要慢，接近沉淀完全时可以稍快。与此同时，右手持搅拌棒充分搅拌，但需注意不要碰到烧杯的壁或底。

(3) 应检查沉淀是否完全，方法是：静置，待沉淀下沉后，于上层清液液面滴加少量沉淀剂，观察是否出现浑浊。

(4) 沉淀完全后，盖上表面皿，放置过夜或在水浴上加热 1h 左右，使沉淀陈化。

2. 非晶形沉淀

沉淀时宜用较浓的沉淀剂溶液，加沉淀剂的速度可快些，沉淀完全后要用热蒸馏水稀释，充分搅拌，不必放置陈化。

4.5.3 过滤和洗涤

对于需要灼烧的沉淀，要用定量（无灰）滤纸[①]过滤（若滤纸的灰分过重，则需进行空白校正），而对于过滤后只要烘干即可进行称量的沉淀，则可采用玻璃砂芯滤器[②]过滤。

1. 用滤纸过滤

1) 滤纸的选择

(1) 滤纸的致密程度要与沉淀的性质相适应。胶状沉淀应选用质松孔大的滤纸，晶形沉淀选用致密孔小的滤纸。沉淀越细，所用滤纸应越致密。

(2) 滤纸的大小应与沉淀量相适应。过滤后，沉淀一般不应超过滤纸圆锥高度的 1/3，最多不得超过 1/2。

2) 漏斗的选择

(1) 漏斗的大小应与滤纸的大小相适应，滤纸的上缘应低于漏斗上沿 0.5～1 cm。

(2) 应选用锥体角为 60°、颈口倾斜处磨成 45°角的长颈漏斗。颈长为 15～20 cm，颈的内径不宜过大，以 3～5 mm 为宜。

3) 滤纸的折叠和漏斗的准备

(1) 手洗净擦干后，把滤纸整齐地对折，然后再对折。为保证滤纸和漏斗密合，第二次对折时不要折死，圆锥体滤纸打开后，放入洁净而又干燥的漏斗中，如果不十分密合，可以稍稍改变滤纸的折叠程度，直到与漏斗密合为止。用手轻按滤纸，把第二次的折边折死，所得的圆锥体半边为三层，另半边为一层。取出滤纸，把三层厚的外层撕下一角（图 4-27，最外层多撕一点，第二层少撕一点，第三层即内层不撕，这样便成为阶梯状，便于滤纸贴紧漏斗壁），撕下的滤纸保存在干燥的表面皿上，以备以后擦烧杯壁上残留的沉淀用。

(2) 将折叠好的滤纸重新放入漏斗中，三层的一边应放在漏斗出口短的一边。用食指按紧三层的一边，用洗瓶吹入水流将滤纸湿润，然后轻轻按压滤纸，使滤纸的锥体与漏斗之间没有空隙（注意：三层与一层之间接界处与漏斗的密合）。按好后，在其中加水至滤纸边缘。这时漏斗颈内应全部被水充满，当滤纸上的水流尽后，颈内仍能保留水柱且无气泡。若不能

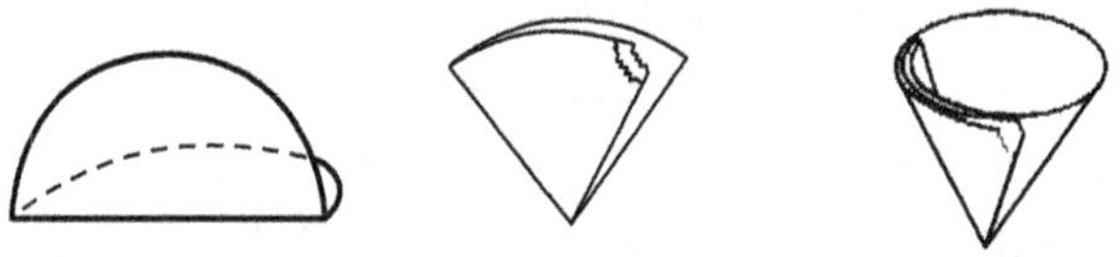

图 4-27　滤纸的折叠

形成完整的水柱，可以用手指堵住漏斗下口，稍稍掀起滤纸多层的一边，用洗瓶向滤纸与漏斗间的空隙里加水，直到漏斗颈与锥体的大部分被水充满，最后按紧滤纸边，放开堵住出口的手指，此时水柱即可形成；也可用食指堵住漏斗下口，向漏斗中加水至近满（溢过滤纸边缘），用另一食指按住三层处将滤纸稍微往上抽，放开下口，趁水流下时，按住三层的食指顺势将滤纸锥体向下推回原位，用此法造水柱往往十分有效。

（3）再用蒸馏水冲洗一次滤纸，然后将准备好的漏斗放在漏斗架上，下面放一洁净的较大烧杯承接滤液，漏斗出口长的一边紧靠杯壁，漏斗和烧杯均盖好表面皿，备用。

4）过滤和洗涤

（1）采用“倾注法”过滤，即先把上层清液倾入漏斗，使沉淀尽可能留在烧杯内。主要步骤是：一手拿起烧杯置于漏斗上方，一手轻轻地从烧杯中取出搅拌棒，紧贴杯嘴，垂直地立于滤纸三层部分的上方，尽可能接近滤纸，但又不要接触滤纸，慢慢将烧杯倾斜，尽量不搅起沉淀，将上层清液沿搅拌棒倾入漏斗中（图 4-28）。注意，倾入漏斗的溶液最多加到滤纸边缘下 5～6 mm 的地方。过滤过程中漏斗颈的下端不能接触滤液。当暂停倾注时，将烧杯沿着搅拌棒慢慢向上提一段，同时缓慢扶正烧杯，等搅拌棒上的溶液流完后，将搅拌棒放回烧杯中（不能靠在烧杯嘴处）。整个操作必须在漏斗正上方进行。

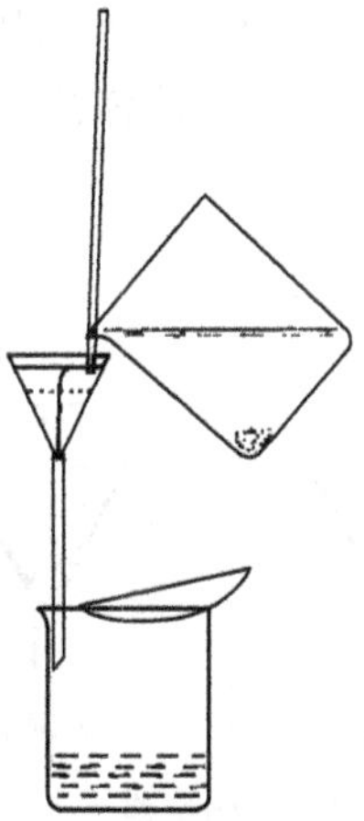

图 4-28　倾注法过滤

图 4-29　冲洗沉淀的方法

在过滤和洗涤过程中，将带有沉淀和溶液的烧杯稍微倾斜放置（将烧杯嘴对面一侧的底垫高），可使沉淀集中在烧杯嘴一侧，易将溶液倒出。另外，同时进行几个平行分析时，应把装有待滤溶液的烧杯分别放在相应的漏斗之前。

（2）过滤开始后，随时检查滤液是否澄清。如果滤液不澄清，则必须另换一洁净的烧杯承接滤液，用原漏斗将滤液进行第二次过滤。若滤液仍不澄清，则应更换滤纸重新过滤。沉淀穿透过的滤纸应保留，待洗涤沉淀时合并洗涤。

（3）当清液倾注完毕后，即可进行初步洗涤，每次用洗瓶或滴管沿烧杯壁旋转着加入10～15 mL洗涤液，充分搅拌后把烧杯放置在桌上，待沉淀下沉后再倾注过滤。如此重复洗涤数次，每次待滤纸内洗涤液流尽后再倾注下一次洗涤液。如果所用的洗涤液总量相同，则“少量多次”洗涤效果较好。

（4）初步洗涤几次之后，再进行沉淀的转移。向盛有沉淀的烧杯中加入少量洗涤液（以漏斗一次能容纳为度），搅起沉淀，立即将沉淀与洗涤液沿搅拌棒倾入漏斗中（这一步最易引起沉淀损失，应特别小心！）如此反复多次，尽可能地将沉淀都转移到滤纸上。

（5）如沉淀未转移完全，特别是杯壁上沾着的沉淀，可作如下处理：左手把烧杯拿在漏斗的上方，烧杯嘴向着漏斗，拇指在烧杯嘴下方，同时，右手把搅拌棒从烧杯中取出横在烧杯口上，使搅拌棒的下端伸出烧杯嘴2～3 cm，此时用左手食指按住搅拌棒的较高位置，倾斜烧杯使搅拌棒下端指向滤纸三层一边，用洗瓶旋转着吹洗整个烧杯内壁，使洗涤液和沉淀沿搅拌棒流入漏斗中（图4-29）。

（6）实验中往往有一些牢牢地粘在烧杯壁上的沉淀洗不下来，这时可用一小块无灰滤纸（折叠滤纸时撕下的那一小块），以水润湿后，先擦拭搅拌棒上的沉淀，再用搅拌棒捺住此纸块沿杯壁自上而下旋转着把沉淀擦“活”，然后把滤纸块挑出放入该漏斗的滤纸上，与主要沉淀合并，再用洗瓶按图4-29的方法吹洗烧杯，把擦“活”的沉淀微粒涮洗入漏斗中。最后在明亮处仔细检查烧杯内壁、搅拌棒、表面皿是否干净，不黏附沉淀，若仍有一点点痕迹，再进行擦拭，转移，直到完全为止。对于粘在烧杯壁上的沉淀，也可用沉淀帚（图4-30，它是一头带橡皮套的玻璃棒）在烧杯内壁自上而下擦拭，再用洗瓶吹洗烧杯和沉淀帚。若有沉淀穿透过的滤纸，也放在沉淀上一起洗涤。

（7）沉淀全部转移后，继续用洗涤液洗涤沉淀及滤纸。洗涤时，水流从滤纸上缘开始往下作螺旋形地移动，将沉淀冲洗到滤纸的底部（图4-31），用少量洗涤液，反复洗涤，直到沉淀洗净为止。

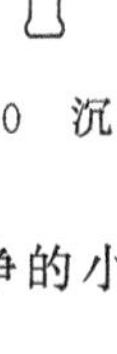

图4-30　沉淀帚

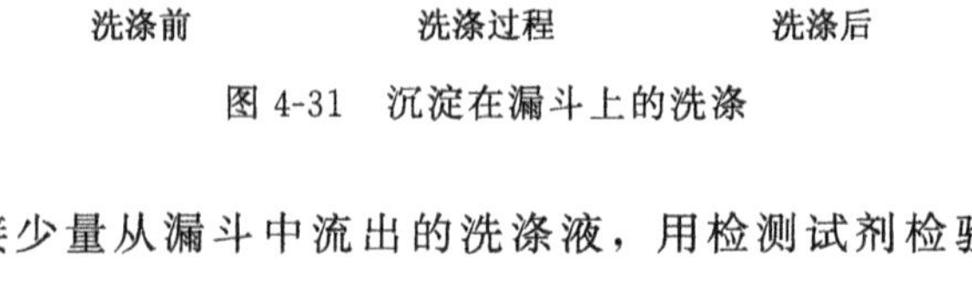

图4-31　沉淀在漏斗上的洗涤

（8）用一洁净的小试管承接少量从漏斗中流出的洗涤液，用检测试剂检验沉淀是否洗净。

2. 用玻璃砂芯滤器[2]过滤

对于烘干后即可称量的沉淀，须采用玻璃砂芯滤器过滤。它包括微孔玻璃漏斗（图4-32）和微孔玻璃坩埚（图4-33）。

(1) 微孔玻璃漏斗和坩埚的滤板是用玻璃粉末在高温熔结而成。按照微孔的大小玻璃砂芯滤器分为六级，1 号的孔径最大，6 号的孔径最小。在定量分析中，一般用 4、5 号（相当于慢速滤纸）过滤细晶形沉淀：用 3 号（相当于中速滤纸）过滤一般晶形沉淀。微孔玻璃漏斗或坩埚不能过滤强碱性的溶液。过滤时，将微孔玻璃滤器安置在具有橡皮垫圈或孔塞的抽滤瓶上（图 4-34），用抽水泵抽滤。

图 4-32　微孔玻璃漏斗

图 4-33　微孔玻璃坩埚

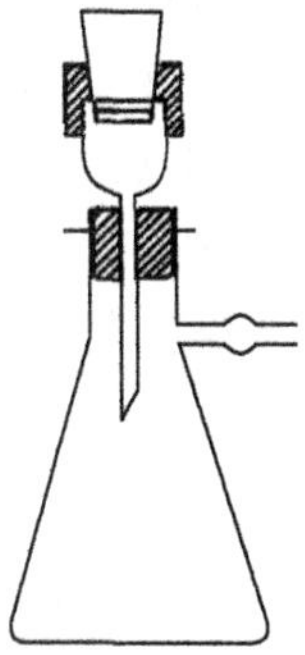

图 4-34　抽滤装置

(2) 新的微孔玻璃滤器在使用前应以热盐酸或铬酸洗液先行抽滤，并立即用水抽洗干净。旧滤器使用前，先用稀盐酸或稀硝酸抽滤，再用水抽洗干净。然后，在相当于烘干沉淀的温度下烘至恒量，以备使用。

(3) 过滤时，先将溶液倒入滤器中，然后打开水泵。转移沉淀和洗涤沉淀的方法与用滤纸过滤时相同，但洗涤操作未完成前一定不要把沉淀抽干。擦净搅拌棒和烧杯壁上的沉淀时，不能用滤纸，只能用沉淀帚。当结束抽滤时，应先拔出抽滤瓶上的橡皮管，再关抽滤泵，以免倒吸。

(4) 微孔玻璃滤器每次用毕，必须及时洗涤干净。可将滤器倒置，在沉淀物相反方向用水反复冲洗，以洗去沉淀物。也可针对不同的沉淀物，采用相应的洗涤液先行处理（例如，丁二酮肟镍可采用温热盐酸处理；AgCl 用氨水或 $Na_2S_2O_3$ 溶液处理；过滤 $KMnO_4$ 溶液后要用盐酸或草酸溶液浸洗残留的 MnO_2），然后再用水抽洗干净。

【注释】

① 滤纸规格详见附表 8 (1)。

② 玻璃砂芯滤器的规格、用途见附表 8 (2)。

4.5.4　干燥和灼烧

1. 干燥器的准备

见 2.1.1 节。

2. 坩埚的准备

(1) 瓷坩埚和盖洗净、晾干。用蓝黑墨水或 $K_4Fe(CN)_6$ 溶液在坩埚外壁和盖上编号。

(2) 坩埚（连盖）灼烧至恒量。灼烧的温度和时间以及冷却的时间等条件，应与有沉淀时一致。可将坩埚放入高温炉中灼烧。第一次灼烧 30～40 min。灼烧后取出坩埚时，坩埚钳应预热，先将坩埚移至炉口。至红热稍退后，再将坩埚从炉口取出放在洁净的耐火瓷板上。待坩埚冷却至红热退去后，再将坩埚移入干燥器中。在天平室内放置 30～40 min 冷却至室温（中间推开干燥器盖几次，使内外压力基本平衡），用坩埚钳取出坩埚，称其质量。第二次灼烧 15～20 min，取出、冷却、称量方法同上。灼烧直至恒量（先后两次灼烧后的称量差不超过 0.3 mg）。也可将坩埚放在泥三角上（泥三角放在铁台架的铁环上），用煤气灯灼烧。坩埚斜置于泥三角上，如图 4-35（a）所示，然后再把坩埚盖半掩地倚于坩埚口。显然，如果按图 4-35（b）的方式放置坩埚，则坩埚盖将无法搁放。应该使用氧化焰灼烧，火焰中淡蓝色还原焰的顶点应比坩埚底低几毫米。灼烧时还应使用坩埚钳不时转动坩埚，使之均匀受热。其余操作与在高温炉中灼烧相同。

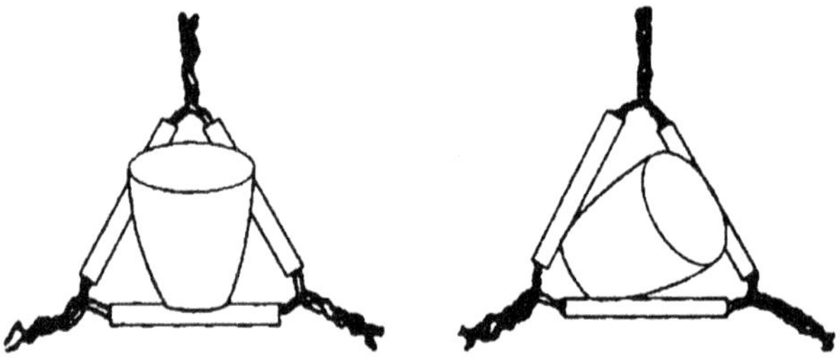

(a)正确　　(b)错误

图 4-35　坩埚的装置

3. 沉淀和滤纸的烘干

（1）从漏斗中取出带有沉淀的滤纸时，应用扁头玻璃棒将滤纸边挑起，向中间折叠，将沉淀包住（图 4-36）。再用玻璃棒轻轻转动滤纸包，以便擦净漏斗内壁可能沾有的沉淀。然后把滤纸包转移到已恒量的坩埚中，把滤纸包稍斜放，滤纸的三层部分应向上，使滤纸灰化较容易。

（2）沉淀的烘干及滤纸的炭化，应在高温炉外进行，一般使用煤气灯。先调节好泥三角位置的高低，将放有沉淀的坩埚斜放在泥三角上，坩埚底部枕在泥三角的一边上，坩埚口朝泥三角的顶角，把坩埚盖斜倚在坩埚口。为使滤纸和沉淀迅速干燥，应该用反射焰，即用小火加热坩埚盖中部［图 4-37（a）］，热空气流便进入坩埚内部，而水蒸气从坩埚上面逸出。

图 4-36　沉淀的包裹

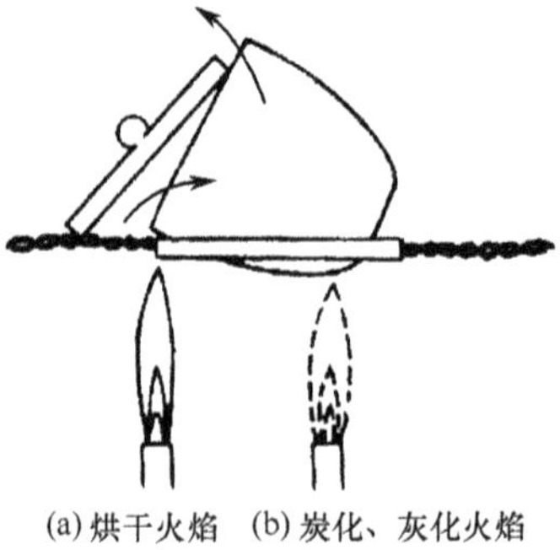

(a)烘干火焰　(b)炭化、灰化火焰

图 4-37

4. 滤纸的炭化和灰化

待沉淀和滤纸干燥后，将煤气灯移至坩埚底部［图 4-37（b）］，稍加大火焰，使滤纸炭化。炭化时如遇滤纸着火，可用坩埚盖盖住，同时移去煤气灯，使火焰熄灭，切不可吹灭，以免沉淀飞扬。待火熄灭后，将坩埚盖移至原来位置，继续加热至全部炭化（滤纸变黑）。

炭化后可加大火焰，使滤纸灰化，滤纸灰化后，应呈灰白色而不是黑色。为使灰化较快地进行，应该随时用坩埚钳夹住坩埚使其转动，但不要使坩埚中的沉淀翻动，以免沉淀飞扬损失。坩埚盖上如附有黑炭，也应注意使其灰化。

若在电炉上进行烘干、炭化和灰化，应注意温度不能太高，且这时坩埚是直立，坩埚盖不能盖严，其他操作和注意事项同前。

5. 沉淀的灼烧

灰化后，将坩埚移入高温炉中，盖上坩埚盖（稍留有缝隙）。将炉温升至指定温度（根据沉淀性质而定，并与灼烧空坩埚时一致）后保温灼烧，与空坩埚灼烧恒量的操作相同，将沉淀灼烧至恒量。若以煤气灯灼烧沉淀，则将坩埚直立于泥三角上，盖好坩埚盖，在氧化焰上以大火灼烧。

6. 用玻璃砂芯滤器过滤的沉淀的烘干

对于采用微孔玻璃漏斗（或坩埚）过滤的沉淀，可将滤器放在表面皿上，移入烘箱中烘干。干燥温度根据沉淀的性质确定。通常，第一次烘干约 2 h，第二次烘干为 45～60 min，直至恒量。

4.6　分光光度法常用仪器及基本操作

紫外和可见分光光度计品牌和型号多种多样，各仪器的使用方法不尽相同，这里只介绍上海棱光公司的 S22PC 分光光度计和岛津公司的 UV-1750 紫外-可见分光光度计。

4.6.1　S22PC 分光光度计

1. 仪器规格和性能指标

S22PC 分光光度计的仪器规格和性能指标见表 4-12。

表 4-12　S22PC 分光光度计的仪器规格和性能指标

光学系统	衍射光栅 C-T 单色器
光源	卤素灯 20 W/12 V
波长范围	340～1000 nm
波长准确度	±2 nm

续表

波长重复性	1 nm
透射比准确度	±0.5% (τ) (SRM930D)
透射比重复性	0.3% (τ)
光谱带宽	6 nm
杂光	≤0.2% (τ) (360 nm，$NaNO_2$)
各功能显示范围	(T)：0.0～199.9% (A)：−0.3～2.999 (F)：1～9999 (C)：0～9999

2. 仪器结构

S22PC分光光度计示意图如图4-38所示。

该仪器设有四种功能显示窗，按下[MODE]模式键选择不同的显示功能，[↑/100%]调节键及[↓/0%]调节键在不同的显示灯亮时，具有不同的含义。

[↑/100%]调节键：在“TRANS”灯亮时，用作自动调整100%T（不为100.0时可重复按一次）；在“ABS”灯亮时，用作自动调节吸光度0；在“FACT”灯亮时，用作增加浓度因子设定，持续按1s后，可快速增加；在“CONC”灯亮时，用作增加浓度直读设定，持续按1s后，可快速增加。

[↓/0%]调节键：在“TRANS”灯亮时，用作自动调整0%T（调整范围<10%T)；在“ABS”灯亮时不用，若按下则出现超载；在“FACT”灯亮时，用作减少浓度因子设定，操作方式同[↑/100%]调节键；在“CONC”灯亮时，用作减少浓度直读设定，操作方式同[↑/100%]调节键。

四大功能常用的是TRANS和ABS功能，具体操作如下所述。如要进一步了解其他两个功能，请查阅该仪器说明书或该仪器公司网址。

3. 使用说明

(1) 预热：接通220 V电源，打开电源开关，预热仪器30 min。

(2) 选定波长：将波长调节旋钮调至所需要的波长（垂直观察），同时将样品室里的滤光片拨杆[①]拨到相应的波长位置。

(3) 调零：将盛有空白（或参比）溶液的比色皿[②]放入样品室比色槽的零位（最靠近测试者的槽位定为零位），打开样品室盖（此时光路不通），按[MODE]模式键至“TRANS”指示灯亮，再按[0%]调节键则自动调零，不为零时，可重复按一次[0%]调节键。

(4) 调节100%T：盖严样品室盖（此时光路通），然后按下[100%T]调节键则自动调整100%T，不为“100.0”时，可重复按一次[100%T]调节键。

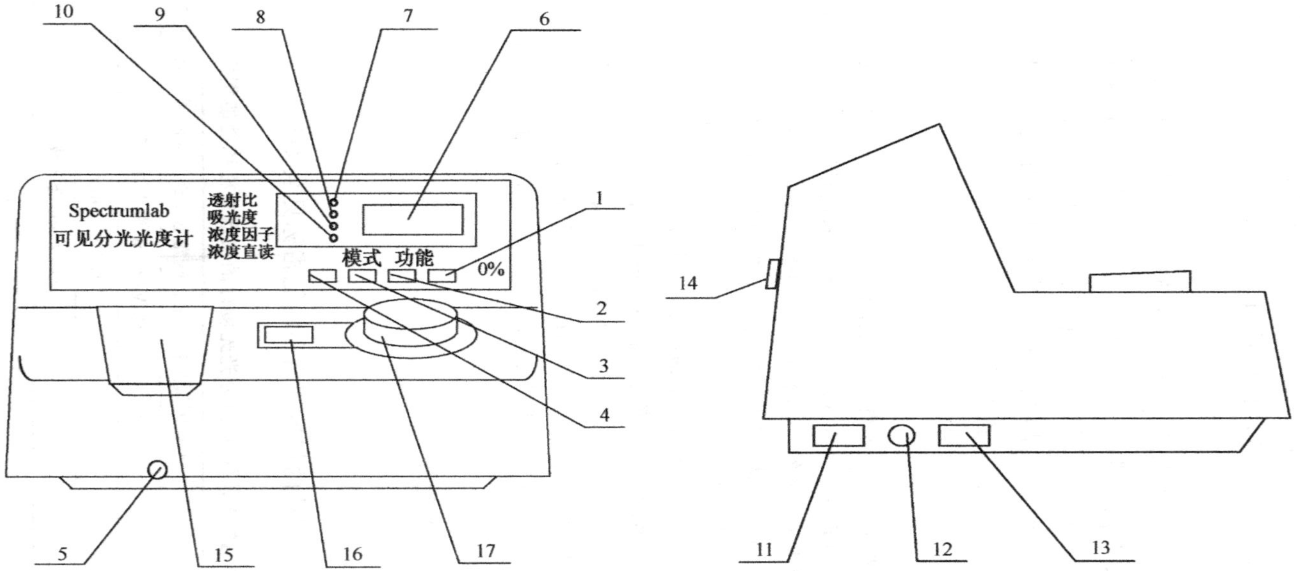

图 4-38　S22PC 分光光度计示意图

1. ↑/100% 调节键；2. ↓/0% 调节键；3. FUNC 功能键；4. MODE 模式键；5. 比色皿架拉杆；6. 显示窗；7. TRANS 透射比指示灯；8. ABS 吸光度指示灯；9. FACT 浓度因子指示灯；10. CONC 浓度直读指示灯；11. 电源插座；12. 熔丝座；13. 总开关；14. RS232C 串行接口插座；15. 样品室盖；16. 波长指示窗；17. 波长调节旋钮

(5) 重复几次打开、关上样品室盖，反复调整透光率“0”和“100%”，待指示稳定后，方可开始测量。

(6) 样品测定：将盛有样品溶液的比色皿放入样品室比色槽的 1，2，3 位，由里向外依次为 0，1，2，3 位。拉杆推向最内为零，拉出拉杆，依次为 1，2，3 位③，即可分别读出各位置样品的透光率。

若要测定样品的吸光度，则反复上述 (3)、(4) 后，然后按 MODE 模式键，至“ABS”指示灯亮，依次拉出比色皿架拉杠，即可分别读出各位置样品的吸光度值。

(7) 每当改变波长测量时，必须重新校正透光率“0”和“100%”。

(8) 仪器使用完毕，取出比色皿，洗净、晾干。关闭电源开关，拔下电源插头（短时间停用仪器，不必关闭电源），复原仪器，盖上防尘罩。

【注释】

① 本仪器因采用机械联动滤光片装置，故当波长旋钮转过 580 nm 时会有金属接触声，如在 580～1000 nm存在轻微金属摩擦声属正常现象。如在 380～1000 nm 波长测试时，误将样品室滤光片拨杆至在 340～380 nm 波段，则仪器将出现不正常现象（如噪声增加，不能调 100% 等）。

② 比色皿使用注意事项：拿取比色皿时，手指不能接触其透光面。测定时，应先用该溶液润洗比色皿内壁两三次。测定一系列溶液时，通常是按从稀到浓的顺序测定。被测定的溶液以装至比色皿的 3/4 高度为宜。盛好溶液后，应先用滤纸轻轻吸去比色皿外部的液体，再用镜头纸轻轻擦拭透光面，直至洁净透明（或直接用擦镜布吸干水分）。实验过程中，勿将盛有溶液的比色皿放在分光光度计的面板上，以免沾污或腐蚀仪器。实验完毕，比色皿要洗净、凉干，必要时可用（1＋1）或（1＋2）的硝酸或盐酸浸洗几分钟（不能长时间浸泡，否则比色皿会脱胶），浸洗后立即用水冲净，晾干备用。

③ 拉杆的定位要特别注意 0、3 位，慢慢体会完全对位时的感觉，错位时光路并非完全照射到样品上，测出的数据不可靠。

4.6.2 UV-1750 紫外-可见分光光度计

1. 仪器规格和性能指标

UV-1750 紫外-可见分光光度计的仪器规格和性能指标见表 4-13。

表 4-13 UV-1750 紫外-可见分光光度计的仪器规格和性能指标

性能指标	平面闪耀全息光栅、硅光电二极管检测器、双光束配置
光源	12 V/20 W 卤素灯，氘灯
波长范围	190～1100 nm
波长准确度	±0.3 nm 全区域
波长重复性	±0.1 nm
波长显示	0.05 nm
光度准确度	±0.002 Abs (0～0.5 Abs) ±0.004 Abs (0.5～1.0 Abs)

续表

性能指标	平面闪耀全息光栅、硅光电二极管检测器、双光束配置
光度重复性	±0.001 Abs (0～0.5 Abs) ±0.002 Abs (0.5～1.0 Abs)
光谱带宽	5.0 nm，4.0 nm，2.0 nm，1.0 nm，0.5 nm (5 挡可选)
杂散光	≤0.05% (220 nm，NaI，10 g·L^{-1}，2 nm 带宽测定) ≤0.05% (340 nm，$NaNO_2$，50 g·L^{-1}，2 nm 带宽测定)
光度范围	吸光度：−3～3.0 Abs 透光率：0～300%
基线平直度	±0.001 Abs (200～1050 nm) 仪器通电 1 h，温度变化小于 2℃ (在仪器允许的工作温度范围内)
基线漂移	<0.0004 Abs/30 min (2 nm 带宽，500 nm 处) 仪器通电 1 h，温度变化小于 2℃ (在仪器允许的工作温度范围内)
光度噪声	P-P：≤0.0008Abs (2 nm 带宽，500 nm 处)

2. 使用说明

UV-1750 紫外-可见分光光度计本身自带液晶显示屏和轻触式键盘，可用自带键盘完成相应的测定工作；也可连接计算机并使用 UVProbe 软件进行操作。后者操作方便快捷，是最常见的使用方式，以下内容也是针对此种方式。这里简单介绍主要操作步骤。

1）开机

打开主机电源，同时打开自带屏幕，分光光度计将按屏幕显示的项目进行自检和初始化。打开显示器电源，开启计算机，待仪器初始化完成后双击桌面上 UVProbe 图标，启动 UVProbe 应用程序。最好待仪器预热约 30 min，达到稳定状态才进行测试工作。

2）测试

有八种操作模式（光谱、光度、定量、动力学、时间扫描、多组分测量、多波长测定、设置仪器参数）。实验中最常用的有光谱、光度、定量三种模式。以分光光度法测定试液中铁含量为例进行介绍。

光谱测量　测量样品的吸光度值随波长而变化的曲线即光谱扫描曲线，从曲线上可找出样品的最大波长吸收峰。操作步骤如下：

(1) 将盛空白的比色皿①放入空白池，另一个盛空白的比色皿和盛样品的比色皿分别放入样品池 1、2 位（最靠近测试者为 1 号位）。

(2) 点开光谱测定窗口：选择［窗口］—［3 光谱］。

(3) 建立数据采集方法：点击［编辑］→［方法］—点击［光谱方法］窗口中的［测定］选项卡，［波长范围］②开始 550 nm、结束 450 nm，［扫描速度］中速，［采样间隔］1.0 nm，［扫描方式］选择［单个］—点击［仪器参数］选项卡，［测定方式］选择［吸收值］，［狭缝宽］选择［2.0］，其余用默认值。设置完毕点击［确定］，要保存数据采集方法，可以点击［文件］→［另存为］，文件以后缀“.smd”格式保存，下次使用时打开该方法文件即可。

(4) 执行基线校正：点击［池复位］按钮—点击［基线］按钮，在弹出的菜单中确认扫描波长范围，确认无误点击［确定］按钮开始执行基线校正。

(5) 吸收曲线：待基线校正完毕后，点击［下一池］按钮（点击一次该按钮，池位置增加 1 位），将池位置调节到样品所在池位置—点击［开始］按钮，随即开始扫描样品的吸收曲线。扫描完毕，弹出［数据采集］对话框，在［文件］输入框中选择文件保存路径和文件名，在［分析者］输入框中输入分析者姓名。其他选项不用更改和填写。点击［确定］按钮完成数据采集。至此，数据仅存储在内存中，而没有存储到磁盘上，如果此时关闭软件，数据将丢失，因此还需点击软件主菜单的［文件］→［保存］按钮才能将数据保存到磁盘上！

(6) 峰值检测：在软件主菜单上点击［操作］→［峰值检测］，则出现峰值检测表。峰值检测等数据处理操作完成后，点击软件主菜单的［文件］→［保存］按钮。

光度测量 测量样品在某一波长或多至 10 个波长的吸光度值或透光率。操作步骤如下：

(1) 将空白与样品按相应顺序放入样品池。

(2) 点击打开光度测定窗口：选择［窗口］—［2 光度测定］。

(3) 建立数据采集方法：点击［编辑］→［方法］—［波长类型］选择［点］，输入测定用波长，然后点击［加入］—点击［下一步］，在［类型］中选择［原始数据］—点击［下一步］，在出现的［测定参数（样品）］标签页中设置样品的采集方法为［仪器］测量—点击［下一步］，进入［文件属性］标签页，分别设置文件名、文件保存路径、标题、分析者等，设置完毕点击［完成］，［光度测定方法］窗口出现—点击［附件］选项卡，在［附件(A)］选择框中，选择［6 联池］，在［池数目］选择框中，选择［0］，严禁点击［初始化］按钮！—点击［仪器参数］选项卡，在［测定方式］选择框中，选择［吸收值］，在［狭缝宽］选择框中，选择［2.0］，其他仪器参数保留默认值，最后点击［关闭］完成设置。可以点击［文件］→［另存为］，将数据采集方法保存起来，以便以后测量使用，方法文件以后缀“.pmd”格式保存，下次使用时打开该方法文件即可。

(4) 调零：点击［池复位］按钮—点击［自动调零］按钮，则参比溶液的吸光值被测量并且软件将其吸光值调为 0。

(5) 测定样品的吸光度值：点击［下一池］按钮—点击［读取 Unk.］按钮，则在样品表中第一行得到样品 1 的吸收值数据—通过点击［下一池］和［读取 Unk.］按钮依次测定样品室余下四个样品，结果显示在样品表中。测试完毕，点击软件主菜单的［文件］→［保存］按钮。

定量测定 包括标准曲线的绘制和未知样品的测定。操作步骤如下：

(1) 将空白与标准样品按相应顺序放入样品池。

(2) 建立数据采集方法：参照“光度测量”，先打开光度测定窗口。然后点击［编辑］→［方法］，即弹出［光度测定方法向导］窗口—［波长类型］选择［点］，输入测定用波长，然后点击［加入］—点击［下一步］，在［类型］中选择［多点］，［定量法］中选择［固定波长］，［WL1］中选择测定用波长，［单位］中输入浓度的单位（如 $mg \cdot L^{-1}$ 等），在［曲线次数］选择框中选择［1］，最后选择［通过原点］。确认无误点击［下一步］—在出现的［测定参数（标准）］标签页中设置标准样品数据的采集方法为［仪器］测量，然后点击［下一步］，进入［测定参数（样品）］标签页，在此页中可以设置未知样品数据的采集方法（用户输入或仪器测量），一般选［仪器］—点击［下一步］，进入［文件属性］标签页，分别设置文件名、文件保存路径、标题、分析者等，设置完毕点击［完成］—［光度测定方法］窗口出现，［附件］选项卡和［仪器参数］选项卡的设置参照“光度测量”。

(3) 填充标准表：在［标准表］中依次输入标准样品 ID 及浓度。

(4) 调零：参照“光度测量”中的“调零”步骤。

(5) 标准样品吸光值测定：点击标准表使其激活，通过调节池位置和点击［读取 Std.］按钮，依次测完所有标准样品的吸光值。注意：在第一次点击［读取 Std.］按钮后，会弹出一个提示框，点击［是］即可继续。所有标准样品测完后，点击主菜单的［图像］→［标准曲线统计］，单击勾选［方程式］和［相关系数］，则在图像左下角显示标准曲线方程和相关系数。

(6) 未知样品的测定：取出样品室中的标准样品（参比不用取出），将待测的未知样品溶液按照顺序放入样品室中。点击样品表使其激活，按照刚才的放置顺序输入未知样品 ID，通过调节池位置和点击［读取 Unk.］按钮，依次测完所有未知样品的吸光值，同时未知样品的浓度也在样品表中显示出来（系统根据标准曲线和未知样品的吸光值计算得到浓度）。

(7) 测试完毕，点击软件主菜单的［文件］→［保存］按钮。

3) 关机

点击［池复位］按钮使池位置回到第一位。取出样品室的所有比色皿，先退出 UVProbe 应用程序—关闭主机电源—关闭计算机—盖上防尘罩。

关于仪器和软件的更多相关操作，可到准备室借阅仪器的相关说明书。

【注释】

① 参见 S22PC 比色皿使用注意事项。

② 波长扫描从长波长扫到短波长；定性测量时可选择快速扫描及较大的采样间隔，准确测量时可选择较慢的扫描速度和较小的采样间隔。如果波长扫描范围在可见区，应关闭氘灯；狭缝宽控制进入分光光度计的光通量（简单地说就是控制单位时间内进入的光的总能量大小），狭缝越宽进入的能量越大。狭缝宽度也影响分光光度计的分辨率，狭缝越宽，其分辨率越低。狭缝宽度也不能太小，因为探测器灵敏度有下限，进入能量太低，探测器没有响应。同时由于噪声的影响，能量太低，信噪比会很差。在满足分辨率要求的前提下，入射狭缝越宽越好。

参考文献

常建华，董绮功. 2003. 波谱原理及解析. 北京：科学出版社

刘忠献. 1997. 现代分析仪器分析方法通则及计量检定规程. 北京：科学技术文献出版社

4.7　密度的测定

密度是物质的基本物理性质之一，它是单位体积物质的质量，以符号 ρ 表示，其单位为 $g \cdot mL^{-1}$ 或 $g \cdot cm^{-3}$。相对密度一般是指 20℃时样品的质量与同体积的纯水在 4℃时的质量之比，以 d_4^{20} 表示。密度测量方法很多，针对不同的物质聚集状态，有不同的测定方法。在此，对液体、固体、气体密度的测定方法作简单介绍。

4.7.1 液体密度的测定

液体密度的测定可采用比重瓶法、浮力法、振动管法。

1. 比重瓶法

比重瓶法是一种精度较高的密度测量法，其测量装置简单，使用方便，得到广泛应用。这种方法的优点是，测量精度主要取决于质量测定精度；比重瓶中液体几乎与空气隔绝，液体的蒸发和从空气中吸湿的可能性小，对于易挥发性液体及黏度很大的液体密度的测定都适用，测定所用液体量较小，一般为1～100 mL。比重瓶法测定液体密度需通过三次称量来完成，称量空比重瓶的质量，称量指定温度下装满参考液体（水或水银）的比重瓶的质量，称量同温度下装满待测液体的比重瓶的质量。

比重瓶有多种类型，使用时应根据待测液体的种类、数量和所需要的测量精度选用。比重瓶容积越大，测量的相对误差越小，但是必须增加恒温时间，以减少瓶内液体温度不均匀带来的误差，且样品用量较大。

使用比重瓶时的注意事项：比重瓶内外表面要干净；称量空比重瓶时一定要充分干燥比重瓶，干燥后的比重瓶勿用手摸；称量时，比重瓶应在天平内放置 10 min 后再称量、读数；室温要低于恒温温度，以防止恒温后因室温高于恒温温度而致使液体体积膨胀并溢出液体；恒温后装满液体的比重瓶不要用热手捂着，以防止用手暖热比重瓶而使液体溢出；在精密测定中，实际空比重瓶的质量应该是空瓶称量数值减去瓶中空气的质量之差。

2. 浮力法

基于阿基米德原理发展的一种测定液体密度的方法称为浮力法。其精确度较低，但操作简便、迅速，故工业上常用此法测定酸、碱、糖、石油等液体产品的密度。常用仪器有比重球、比重计和比重天平。

(1) 比重球或比重计直接测量法。比重球由内装水银的玻璃球组成。根据水银装入的多少做成密度不同的比重球。将比重球浸入待测液体中，若液体密度大于比重球密度，比重球浮在液面上；相反，比重球沉于底部；若相等，则比重球可在液体中任一位置静止，此时比重球受到的重力等于液体对它的浮力，比重球的密度等于待测液体的密度。

(2) 比重天平有一个垂直的支柱和一个两臂不等长的横梁，支柱的上部可用夹环来调节天平的高低，天平支座的底部有一个调节螺旋，用来调节天平的垂直位置，天平横梁的短臂上有一个圆柱形的平衡锤，平衡锤的末端有一个尖端，在天平的支架上固定有另一个与尖端相对的尖端。当天平安装正确时，这两个尖端应位于同一高度，即一个尖端对着另一个尖端。每一台比重天平都有与其相对应的浮子和一套游码，不可用其他浮子和游码代替。

必须指出，比重天平所给出的示值仅代表密度的近似值，这是由于天平平衡时没有考虑空气浮力的影响，真实的密度值要通过校正得到。

3. 振动管法

当振动着的管子中流过被测液体时，此振动管的横向自由振动频率将随着被测液体密度的变化而改变。当液体密度增大时，振动频率将减小。反之，当液体的密度减小时，则振动频率增加。因此，通过测定振动管频率的变化，就可以间接地获得被测液体的密度。振动式密度计有单管振动式与双管振动式两种，检测方法也有多种形式。

振动式密度计能连续、高精度、极为灵敏地检测液体的密度。它广泛应用于石油、化工及其他工业部门。振动式密度计不仅可以用来测量液体的密度，也可测量气体的密度。

4.7.2 固体密度的测定

对于各种有规则的固体，直接测量固体的质量及体积即可求得密度。若固体形状不规则，可采用浮力法和比重瓶法测定固体密度。

1. 浮力法

根据阿基米德原理，浸在液体中的固体所受的浮力为其所排开的同样体积液体的重力。由此可求算固体密度。应该指出，固体浸入液体时，固液两相都不应有气泡存在。一般测定中使用的液体为水。若固体不溶于水，可采用各种浓度的盐类水溶液。若固体溶于水，可改用密度已知的液体有机溶剂。常用的盐类水溶液有氯化钙水溶液、高氯酸铅水溶液等，有机溶剂有苯、丙酮、四溴乙烷的苯溶液、碘甲烷与碘乙烷的混合溶液等。

2. 比重瓶法

若固体是粉末状或小颗粒状，采用比重瓶测定其密度。首先称量空比重瓶的质量，然后注入已知密度的参考液体，该液体不能溶解待测固体而只能湿润固体；恒温后称其质量，倒去液体，吹干，在同一比重瓶内放入待测固体粉末或小颗粒，称其质量；再将参考液体注满比重瓶，恒温后称其质量，采用相应公式计算待测固体密度。

测量时需注意，比重瓶内不能有气泡，若有气泡可振动比重瓶或略加热比重瓶使气泡溢出。

4.7.3 气体密度的测定

杜马氏（Dumas）法测定气体密度的原理为：测定已知容量且抽真空的玻璃球的质量后，装入待测气体，再称其质量，此质量差等于待测气体的质量，根据密度的定义计算该气体的密度。

若要获得更精密的结果，对于玻璃球因压力而使容积发生变化时，须加以校正。另外，球内部的真空若不能抽至 13.3 Pa 以下时，应对残留气体加以校正。

参 考 文 献

范玉久. 2002. 化工测量及仪表. 2 版. 北京：化学工业出版社
王秋长，赵鸿喜，张守民等. 2003. 基础化学实验. 北京：科学出版社

4.8 熔点的测定

4.8.1 原理及应用

鉴定固体有机物纯度的一种简便方法是测定它的熔点。

当晶体加热到一定温度时，随即从固态转变为液态，此时的温度可视为该物质的熔点。然而，晶体的真实熔点，应为固液两相在大气压力下成平衡时的温度，即固体物质刚开始熔融转变为液体，而且固相和液相是共存的，这时的温度为该化合物的熔点。

对于一个纯粹的物质，在一定的压力下，固液两相之间的变化，是非常敏锐的，由初熔至全熔，温度一般不超过 1℃，这一温度间隔称为该化合物的熔点范围。纯的固体化合物都有其固定的熔点，测定熔点对于鉴定纯粹的有机物具有重大的意义。同时通过熔点的测定，又可大致估计该化合物的纯度。如果含有杂质，则其熔点较纯化合物低，且熔点范围较大。

把两种纯粹化合物混合后，所测得的熔点称为混合熔点。不同的固体物质尽管其熔点可以相同或接近，但将两者混合后，一般是熔点范围显著增大，而且熔点降低。这是因为甲、乙两种物质混合在一起时，甲可以看作乙的杂质，而乙又可看成甲的杂质。如果两种固体是同一化合物，则它们混合后的熔点不会下降。有机化合物中熔点接近者很多，故利用混合熔点的测定可以帮助我们正确地判断两种固体是否为同一种物质。

4.8.2 毛细管熔点测定法

1. 仪器装置

测定熔点有多种方法，以毛细管法最为简便。

图 4-39 是几种常用的毛细管法测定熔点的装置。其中，(a) 是特制的熔点测定管（又称 Thiele 管）；(b) 是采用 50 mL 或 100 mL 的圆底烧瓶；(c) 为两侧开有小口的长颈圆底烧瓶，两侧小口便于更换熔点管。前两种装置必须使用有缺口的塞子，避免加热体系密闭。

加热液体通常多采用浓硫酸，它适用于测定熔点在 250℃以下的样品，用硫酸和硫酸钾的混合物（质量比 7 ∶ 3）可以加热到 320℃。此外还可以用硅油或石蜡油作为加热液体。对于熔点低于 90℃的物质，也可使用水作为热载体。

待测样品装在 5～7 cm 长，直径为 1～1.2 mm 的薄壁熔点管（拉制方法见 2.2 节及实验 1）中。熔点管必须干净，否则将影响测得熔点的准确性。

2. 实验操作（测熔点时一定要戴防护眼镜）

取少量（10～20 mg）经彻底干燥的样品置于干净的表面皿上，用玻璃棒或小刮铲将它研磨成粉末并拨成一堆。把熔点管开口的一端插入样品粉末中，将样品压入毛细管口，重复几次，至管内装 3～4 mm 高的样品。倒转毛细管，让封口的一端向下并轻轻地在桌面上敲击，使样品的粉末落入管底。取一支长约 50 cm 的玻璃管，垂直置于干净的瓷板或表面皿玻片上，让装好样品的毛细管从玻管上端自由落下，重复几次，样品就紧密地填装在毛细管的底部。样品高度以2～3 mm 为宜。

把装好样品的毛细管小心地用小橡皮圈附于温度计一侧，并使装有样品部分恰好正对水银球中部，如图 4-39 所示。

按图 4-39 装好装置，温度计水银球离瓶底必须有 1.5 cm 左右。用小火加热，在离样品熔点约 20℃，应即减慢加热速度。当离熔点 10℃时，加热速度应控制在每分钟上升 1～2℃。越接近熔点，升温速度应越慢。注意观察样品的变化，一般在接近熔点时，样品先出现收缩，当样品开始塌落并出现液相时，即为始熔。最后固体完全消失而成为透明的液体

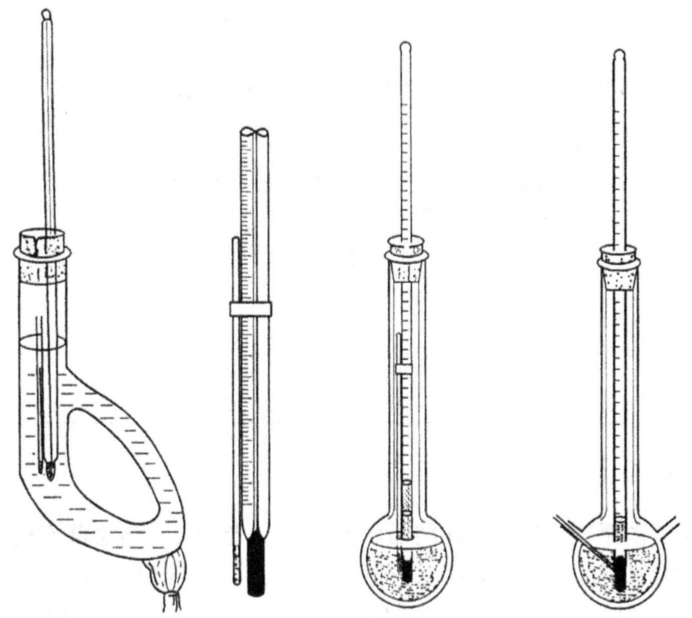

图 4-39　熔点测定装置

时，即为全熔。由始熔至全熔的温度间隔为该样品的熔点范围。有时，在接近熔点时样品发生分解（样品不转变成液体，而是出现大量小气泡、样品向上涨、变色、炭化等现象），记录时，应加以注明。

测定一个样品的熔点，要求至少有两次重复的数据。第二次的测定必须用新的熔点管重新装样品，因为有些物质熔融后会发生部分分解，或转变成具有不同熔点的其他结晶形态。测定易升华或易吸潮物质的熔点时，应将熔点管的开口端在火焰上烧熔封闭，因压力对于熔点的影响很小。在进行第二次测定时，热浴温度需降至低于样品熔点 20～25℃以下再测。如果要测定未知物的熔点，应先粗测一次，粗测时加热可快些，粗略测得近似熔点后，再进行精确的测定。

熔点测定完毕，应让热浴自动降温之后才可取出温度计，切勿用水冲洗热的温度计，否则会爆裂损坏。如用硫酸作浴液，不准把热硫酸倒入试剂瓶中，以免发生事故。

要测准化合物的熔点必须注意以下几点：

（1）温度计要经过校正。

（2）熔点管要干净，管壁不宜太厚。

（3）样品必须干燥并磨成很细的粉末，装填应紧密。

（4）要严格控制加热速度。温度上升太快，不易同时观察样品熔化情况及读准温度的读数。

3. 温度计的粗略校正

一般市售的温度计，其刻度可能不够准，为了校正温度计的刻度，可以用标准温度计与之比较。在没有标准温度计的情况下，可采用纯粹有机化合物的熔点（实际上使用凝固点更好）作为校正标准。

校正的方法是选择数种标准样品（表 4-14），分别测定它们的熔点，然后以观察到的熔点作纵坐标，观察值与化合物实际熔点的差值作横坐标，画出校正曲线。根据这一曲线，由观察到的熔点值便可查得相应的校正值。

表 4-14　一些用于校正温度计物质的熔点

物质名称	熔点/℃	物质名称	熔点/℃
冰水	0	苯甲酸	122.4
α-萘胺	50	尿素	132.7
二苯胺	53	水杨酸	159
萘	80.55	对苯二酚	173.4
乙酰苯胺	114.3	3，5-二硝基苯甲酸	205

4.8.3 数字熔点仪

数字熔点仪的工作原理基于物质在结晶状态时反射光线，在熔融状态时透射光线。因此，物质在熔化过程中随着温度的升高会产生透光度的跃变。其特点为：光电检测，数字显示，配有 RS232 接口，可向 PC 机传送数据，显示熔化曲线。图 4-40 是 WRS-3 型数字熔点仪。

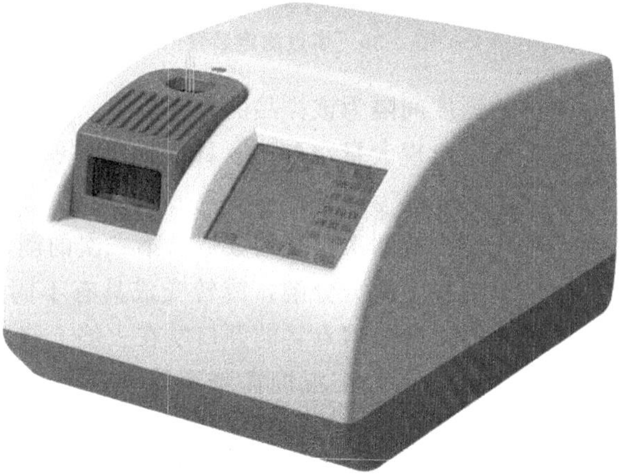

图 4-40　WRS-3 型数字熔点仪

常规熔点测定的操作步骤如下：

（1）开启电源开关，显示上一次起始温度及升温速率。稳定 20 min，此时光标将停止在“起始温度”第一位数字，用户可通过键盘修改起始温度，并按“enter”键表示确认，若起始温度不需修改可直接按“enter”键，此时光标跳至“升温速率”第一位数字。

（2）通过键盘输入升温速率，按“enter”键表示确认，也可直接按“enter”键，默认当前的升温速率，此时光标又回到“起始温度”第一位数字。

（3）用户也可通过光标移动键“←”将光标移到需修改的数字中，然后进行修改（总之光标所停的位置即是可修改的），修改后按“enter”键表示确认。

（4）当实际炉温达到预设温度并稳定后，可插入样品毛细管。

（5）按升温键，操作提示显示“↑”，此时仪器将按照预先设定的工作参数对样品进行测量（注意！按升温键后，未放毛细管的炉子将出现“未放样品”即炉子的序号而不显示“↑”）。

（6）当到达初熔点时，显示初熔温度，当到达终熔点时，显示终熔温度，同时显示熔化曲线。

（7）只要电源未切断，上述读数值将一直保留。

（8）若用户想测量另一新样品，输入完“起始温度”并按“enter”键后，原先的曲线将自动清除，开始下一样品的测量。

使用注意事项：

（1）样品必须干燥、碾碎，用自由落体法敲击毛细管使样品填装结实，样品填装高度为 3 mm。

（2）某些样品起始温度高低对熔点测定结果有影响，一般应通过实验确定最佳测试条件。建议提前 3～5 min 插入毛细管，若线性升温速率选 1℃ · min^{-1}，则起始温度应比熔点低 3～5℃；若速率选 3℃ · min^{-1}，则起始温度应比熔点低 9～15℃。

（3）线性升温速率不同，测定结果也不一致。一般速率越大，读数值越高。未知熔点值的样品可先用快速升温或大的速率，得到初步熔点范围后再精测。

思考题

1. 要测准一个化合物的熔点应注意什么？
2. 如何判断始熔和全熔？

4.9　沸点的测定

液态物质在不同的温度下均有一定的蒸气压，且其数值随温度的升高而增大。当液体的蒸气压增大至与外界压力相等时，液体内部开始气化并有气泡冒出即为沸腾。这时的温度称为该液态化合物在当时气压下的沸点。通常以 101.325 kPa（1 atm）作为外界压力的标准。例如，水的蒸气压等于 101.325 kPa 时的沸点，即为 100℃。

测定沸点的方法分常量法与微量法。

4.9.1　常量法测沸点

一般采用 100 mL 的蒸馏瓶，其装置及操作方法与蒸馏操作相同。纯化合物的沸点恒定，混合物的沸程间隔大。因此，在实际测定时，当蒸出第一滴液体的温度至液体将蒸完（蒸出温度开始下降）时的温度代表该液体的沸程。纯的液体化合物进行蒸馏时，从开始蒸出第一滴至全部蒸完，其蒸出温度基本保持恒定，沸程不超过 2℃。因此，可用蒸馏法测定纯净化合物的沸点，并从沸程的大小初步估计该液体化合物的纯度。但是，恒沸点混合物属例外情况。

在常压下进行蒸馏时，由于当时的大气压不一定恰好为 101.325 kPa，有时相差值达 ±2.6 kPa之多，因此观测到的沸点需加入校正值 Δt，一般液态物质的校正值可用下式求出：

$$\Delta t = 0.0012 \times (760 - p) \times (t + 273)$$

对于水、醇、酸及某些能起缔合作用的液体，则用下式求 Δt：

$$\Delta t = 0.0010 \times (760 - p) \times (t + 273)$$

式中，Δt 为温度校正值，℃；p 为测定时的大气压，mmHg [1 mmHg = (101.325 kPa)/760 =133.3 Pa]；t 为观测到的沸点，℃。

4.9.2 微量法测沸点

对难以用蒸馏法测定沸点的少量液体，均可采用微量法进行测定。操作过程如下：

将 1～2 滴待测液体注入沸点管（制作方法见 2.2 节）中，然后插入一根下端距管口约 5 mm处已封闭的毛细管作内管，此时液面应比内管封闭处略高。用小橡皮圈将装好样品的外管固定在温度计旁，橡皮圈应套在外管上部，装有液体部分必须位于温度计水银球的中部，将此装置浸入热浴中，橡皮圈不要触及热浴。慢慢加热，当温度上升至低于被测液沸点约 10℃时，改用小火加热（如果测定未知物质，应先粗测一次）。控制每分钟升温 1～2℃，至内管口有一连串气泡冒出时停止加热，使浴温自行缓慢下降，气泡冒出的速度逐渐减慢。当气泡不再冒出，且液体刚要进入毛细管（内管）的瞬间，即最后一个气泡刚开始缩回毛细管时，表示毛细管内的蒸气压与外界压力相等，此时的温度即为该液体的沸点。

思　考　题

1. 什么是沸点？“沸点是一个不变的常数”这句话对吗？
2. 如果液体具有恒定的沸点，那么能否认为它是单纯物质？
3. 为什么在常量测沸点的蒸馏时最好控制馏出液速度为 1～2 滴每秒？

4.10 折光率的测定

4.10.1 阿贝折光仪的构造和工作原理

单色光从一种介质进入另一种介质时即发生折射现象。在一定的温度下，入射角 i 的正弦和折射角 r 的正弦之比等于光在两种介质中的传播速率 v_1，v_2之比，即

$$\sin i / \sin r = v_1 / v_2 = n_{1,2}$$

比值 $n_{1,2}$称为折光率，在一定的温度和介质中它是一个常数。

折光率 n 是化合物的特性常数，固体、液体、气体都有折光率，特别是在鉴定液体样品时常作为一个重要的参数。折光率与化合物的结构和光线的波长有关，受温度影响较大，所以表示折光率时需同时说明所用的光线和温度，如 n_D^t，n 代表折光率的符号，t 为测量时棱镜的温度，D 表示以钠光作为光源。纯化合物在一定的温度下具有特定的折光率。混合物折光率的数值随两组分的不同而异，在定量分析上可通过测定混合物的折光率求组分的含量。纯物质的折光率还可以帮助推测分子结构。

测定折光率的仪器是阿贝（Abbe）折光仪（图 4-41）。它是根据光的全反射原理制成的。当 $n_{1,2}>1$ 时，从以上公式可知入射角 i 必大于折射角 r，这时光线由第一介质进入第二介质时便折向 N 线，如图 4-42 所示。在一定温度下，折光率 $n_{1,2}$对于已确定的两种介质来说为一常数，故当入射角 i 大时，折射角 r 也必然相应增大，当 i 达到极大值 $\pi/2$ 时，所

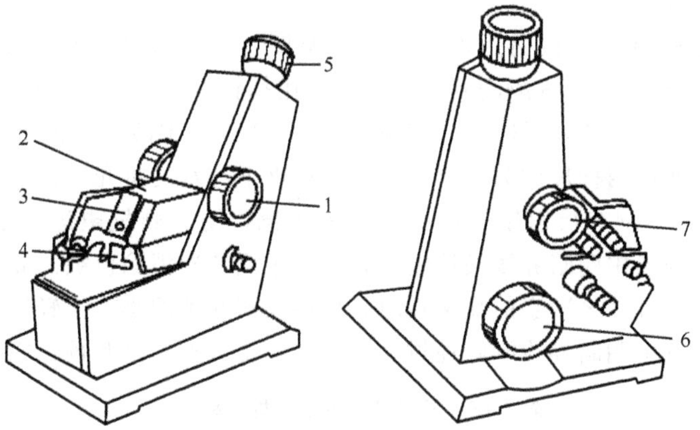

图 4-41　BM-2WAJ 型阿贝折光仪

1. 手轮；2. 进光棱镜；3. 遮光板；4. 反射镜；5. 目镜；
6. 刻度盘转轮；7. 色散调节手轮

得折射角 r_c 称为临界折射角。显然，从图中法线 N 左边入射的光线折射入第二种介质时，折射线都应落在临界角 r_c 之内。这样，若在 M 处设置一目镜，则见镜面上一半明一半暗。

阿贝折光仪的主要部件为两个直角棱镜 5 和 6（图 4-43）。两棱镜中间留有微小的缝隙，其中可以铺展一层待测液体。光线从反射镜射入棱镜 6 后，在 AD 界面上发生漫射（AD 面为毛玻璃面）。漫射所产生的光线透过缝隙的液层而从各个方向进入棱镜 5 中。根据上面的讨论，从不同方向进入棱镜 5 的光线均产生折射。而其折射角都落在临界折射角 r_c 之内，具有临界折射角 r_c 的光线穿过棱镜 5 之后射于目镜 M 上，此时若将目镜的平分线调到合适的位置，则会见到目镜上的视野一半明一半暗。这时目镜的位置表征出角 r_c 的大小，而对应在标尺上的刻度，即为被测液在该温度下的折光率。

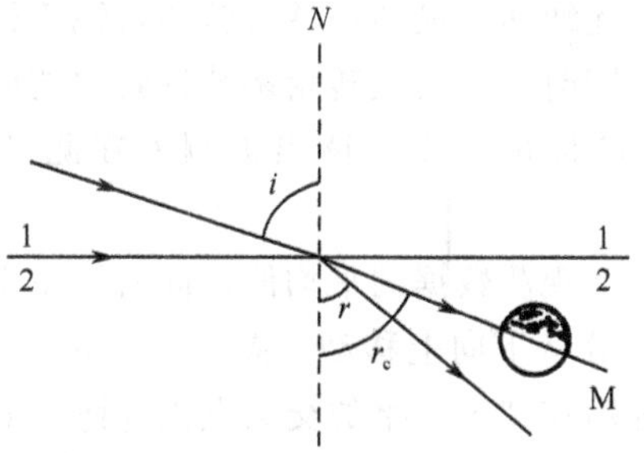

图 4-42　光通过棱镜的行程

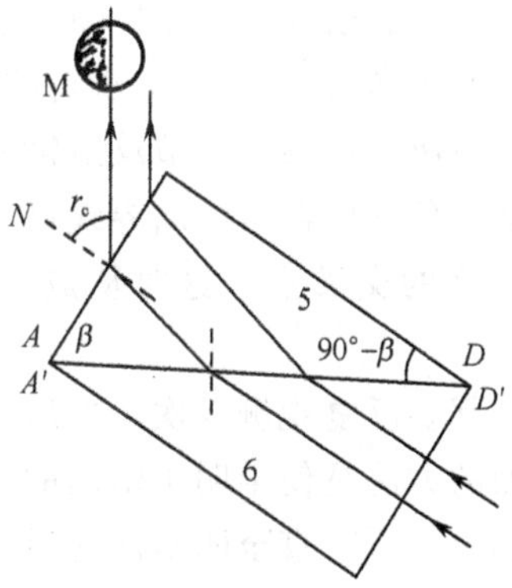

图 4-43　光的折射

4.10.2　折光仪的使用和维护

1. 仪器的校正

阿贝折光仪需经校正后才能用于测试样品，常用的校正方法有以下两种。

1）用纯水（二次蒸馏水）校正

用胶管将棱镜室与超级恒温槽连接，装上温度计，通入恒温水至棱镜恒温在 20℃或 25℃。开启棱镜，将 2～3 滴丙酮滴到镜面上，并用抹镜纸洗擦（不得使用滤纸或其他粗糙物品）抹净。待残余丙酮挥发干净后，用吸管将 1～2 滴纯水滴在镜面上。关上棱镜，转动左面刻度盘转轮，使镜内标尺读数等于当时棱镜温度下纯水的折光率数值（不同温度下纯水的折光率见表 4-15）。调节反射镜让反射光进入棱镜，使从测量望远镜中观察到的视场最亮。调节测量镜使视场中明暗界线最清晰，转动消色调节器消除色散。此时从测量镜中观察到的明暗界线若不通过"×"字的交叉点时，可用仪器配备的小旋子轻轻旋动右面镜筒下方的小螺丝，调节视野中明暗界线刚好通过"×"字的交叉点，至此校正完毕。

表 4-15　不同温度下水的折光率（n）

t/℃	n_D^t	t/℃	n_D^t	t/℃	n_D^t
14	1.33348	22	1.33281	28	1.33219
16	1.33333	24	1.33262	30	1.33192
18	1.33317	25	1.33252	32	1.33164
20	1.33299	26	1.33241	34	1.33136

2）用标准折光玻璃校正

将棱镜打开并处于水平位置，用少量丙酮抹洗干净后，取出一片仪器配备的标准折光玻璃片，在其光滑面上粘上一小滴 1-溴萘（已配备在仪器中），然后将此玻片黏附在棱镜光滑的镜面上，不必合拢下棱镜。调节上棱镜让标准折光玻璃对准反光镜，并按 1）的操作方法将读数标尺调至标准折光玻片上标示的数值，然后按 1）的方法校正。

2. 样品的测定

将折光仪与恒温槽连接，至棱镜恒温后，将棱镜打开，用抹镜纸沾少许丙酮洗抹镜面。待残留丙酮挥发干净后，将 1～2 滴待测液体样品滴在镜面上，迅速地关上棱镜使样品铺满整个镜面，以免影响观察。调节反射镜使入射光线达到最强，然后转动目镜使视野中出现明暗界线。转动消色补偿器至阴暗界线最清晰，同时通过读数转轮调节视野中的明暗面界线刚好通过"×"字的交叉点。这时从放大镜下的标尺可直接读出被测液在测试温度下的折光率。

每个样品都要反复观测 5 次，然后取这 5 次观测数据的平均值，同时记录下观测时的温度，重复观测的方法是使半明半暗面的暗面部分从下向上移动［图 4-44（b）］或由上向下移动［图 4-44（c）］，直至明暗面的界线恰好落在"×"字的交叉点上［图 4-44（a）］，记下读数。

测试时常用自然光（白光）。测定时，转动消色补偿器即可消除色散而得到清楚分明的分界线。这时所测得的液体折光率和应用钠光 D 线所得的折光率相同。

3. 注意事项

（1）阿贝折光仪的量程为 1.3000～1.7000，精密度为 ±0.0001。测量时应注意保温套温度是否正确。若欲测准至 ±0.0001，温度变化范围应控制在±0.1℃。折光率随温度升高

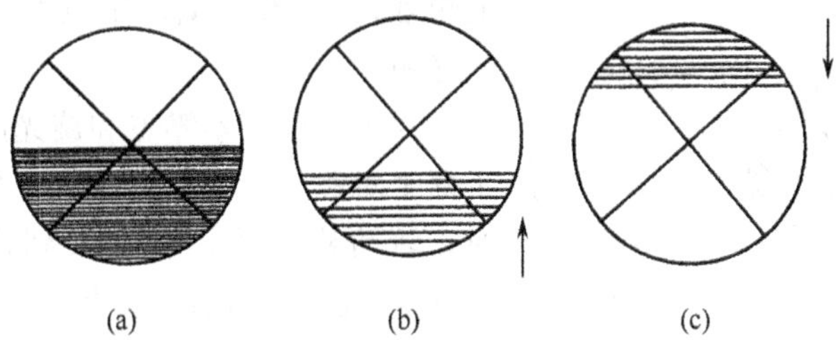

图 4-44　折光仪的观测视野

而减少。在许多有机物中，温度每升高 1℃，折光率就下降 0.00035～0.00055，一般采用 0.0004 作为温度变化常数，这种粗略估算的结果会有误差，但仍有参考价值。

(2) 折光仪在使用或存放时，均不应曝晒于日光中，不用时应放入仪器箱中。

(3) 必须注意保护折光仪的棱镜，不准在镜面上造成刻痕，滴加液体时，滴管的末端一定不能触及棱镜。

(4) 在每次滴加样品前应洗净镜面。测试完毕后，也应用丙酮或 95%乙醇洗净镜面，待晾干后再闭上棱镜，在两棱镜中间应垫上一层抹镜纸。

(5) 凡对棱镜玻璃、保温套金属及其间的胶合剂有腐蚀或溶解作用的液体，均应避免使用。

最后还应指出，阿贝折光仪不能在较高温度下使用。要求用于测定折光率的样品是高纯度的，否则测定的意义不大。

4.11　旋光度的测定

4.11.1　概述

具有手性结构的有机化合物能使通过它的偏振光的振动面旋转一定的角度，这种现象称为旋光。具有旋光现象的物质称为光活性物质。不同结构的物质使偏振光转动的角度不同，因而测定旋光度可以定性鉴定光活性物质，也可以分析它的浓度、纯度和含量等。

测定旋光度的仪器是旋光仪。市售旋光仪一般有两种类型：一种是直接目测；另一种是自动显示数值。目测旋光仪的主要组成如图 4-45 所示。

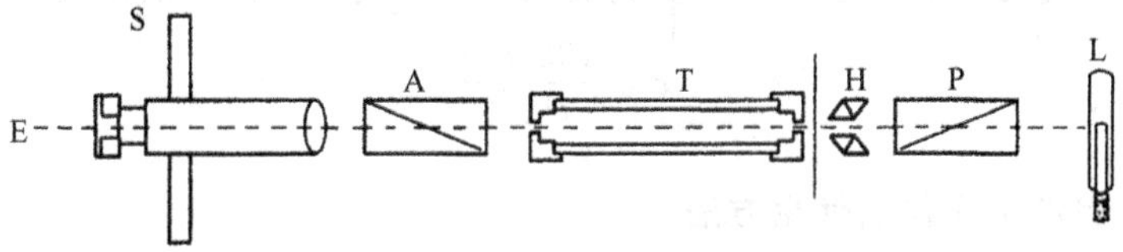

图 4-45　旋光仪的主要组成部件

目测旋光仪包括两个尼科尔棱镜（图 4-45 中 A、P）、样品管 T 和回旋刻度盘 S。P 为固定不动的尼科尔棱镜，它使光源射入的普通光线变为偏振光，称为起偏镜；A 是可以旋转的尼科尔棱镜，接在回转刻度盘 S 上，用来检查偏振面的旋转情况，称为检偏镜；回转刻度盘 S 用来读出检偏镜的旋转度数（这个角度就等于偏振光通过旋光物质后，偏振面被旋转

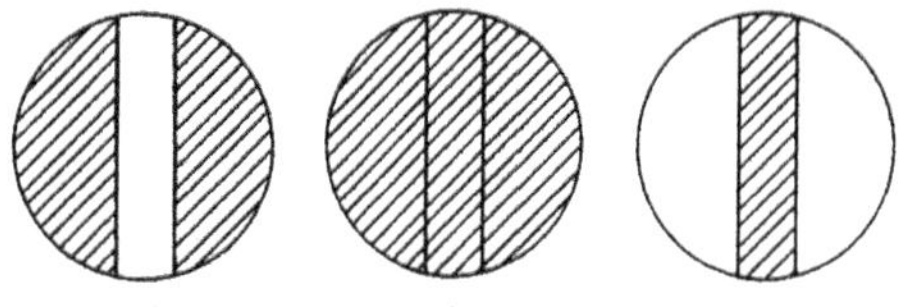

图 4-46　三分视场

的角度)；E 为目镜，用以观察光线通过情况；L 为光源。

为了准确观察零点和旋光度，在起偏镜后放置了两个对称小棱镜，使成为三分视场。在检测零点时，转动检偏镜，可观察到由图 4-46 (a) 所示(当中明亮，两旁较暗)到 (b) 所示(整个视场亮度一致)再至 (c) 所示(当中较暗，两旁明亮)的过程或相反过程。只当调至整个视场亮度一致如图 4-46 (b) 所示时，即为仪器零点(如果零点偏离大，仪器要校正)。在测试样品时，所观察到的度数即为样品的测定旋光度。此操作要重复 5 次，取 5 次测量的平均值。如果零点有偏差时，样品旋光度还应扣除零点偏差。

一个旋光性物质在旋光仪中测出的旋光度的读数大小与该物质的浓度、液层厚度(样品管长度)、溶剂的性质、光源的波长和测定的温度等因素有关。因此，要制定一个比较的单位，通常以“比旋光度”[α] 表示，如乳酸的比旋光度可写为

$$[\alpha]_D^t = +3.80(c.\ 10，水)$$

这些符号表示在测定乳酸的旋光时，使用浓度为 10% [质量体积浓度，g·$(100\text{mL})^{-1}$] 的水溶液，测量温度为 20℃，光源为钠灯。比旋光度的数值可根据下式求得：

纯液体的比旋光度

$$[\alpha]_D^t = \frac{\alpha}{ld}$$

溶液的比旋光度

$$[\alpha]_D^t = \frac{100\alpha}{lc}$$

式中，α 为旋光仪中旋转角度的读数；l 为旋光管的长度，dm；d 为纯液体密度；c 为 100 mL溶液中所含样品的质量，g。

由测得的比旋光度可求得样品的纯度：

$$纯度 = \frac{实测比旋光度}{纯品比旋光度}$$

对已知比旋光度的样品，也可根据实测旋光度计算其在溶液中的浓度 c：

$$c = \frac{100 \times \alpha}{l[\alpha]}$$

4.11.2　SGW-1 自动旋光仪的使用方法

SGW-1 自动旋光仪(图 4-47)采用发光二极管作光源，工作波长 589.3 nm(钠 D 光谱)。使用方法如下：

(1) 开机先进入“参数设置”，各项参数修改好后按“ENTER(确认)”键保存设置，并进入测试页面。测量模式可选：旋光度、比旋光度、浓度、糖度。

(2) 将装有蒸馏水或其他空白溶剂的试管放入样品室，盖上样品室盖，按“清零”键，显示 0 读数。试管中若有气泡，应先让气泡浮在凸颈处；通光面两端的雾状水滴应用软布擦

图 4-47　SGW-1 自动旋光仪

干。试管螺帽不宜旋得过紧，以免产生应力，影响读数。试管安放时应注意标记、位置和方向。

（3）取出试管。将待测样品注入试管，按相同的位置和方向放入样品室内，盖好室盖。仪器将显示该样品的旋光度（或相应示值）。

（4）仪器设置自动测量 n 次，得到 n 个读数并显示平均值。如果测量次数设定为 1，可用“复测”键手动复测，在复测次数 $n>1$ 时，按“复测”键，仪器将清除前面的测量值，再连续测量 n 次。

（5）每次测量前，请按“清零”键。

（6）仪器使用完毕后，应关闭电源开关。

第二部分　基本实验

第 5 章　基本操作训练

实验 1　煤气灯的使用和简单玻璃工操作

(一) 实验目的

(1) 认识煤气灯的构造并自行组装。

(2) 了解煤气灯火焰的性质，能正确选择加热火焰的部位和调节火焰大小。

(3) 熟练掌握煤气灯的正确操作。

(4) 学习截断玻璃管 (棒)、玻璃管弯曲与拉细的基本操作。

(二) 实验步骤

1. 煤气灯的使用

1) 煤气灯的拆卸与组装

拆开煤气灯，了解各部分的构造与功能。用细铁丝将灯内煤气的进口和出口清理干净 (煤气中常带有未除尽的煤焦油或加热时污染的化学药品)，然后重新组装。

2) 煤气灯的点燃和正常火焰的调试

按照本书关于煤气灯使用的说明，练习点燃煤气灯和调节煤气灯的各个功能部件，使灯焰呈正常火焰。

3) 使用煤气灯加热烧杯中的水

洗干净一个烧杯，内盛适量水 (一般不应超过烧杯容量的 1/2)，擦去烧杯外壁水珠 (石棉网遇水易腐烂，使用时应保持干燥)。将烧杯放于石棉网上，盖上表面皿，然后点燃煤气灯，调节正常火焰，通过调节铁架台上铁环的高度，选择氧化焰部位加热。烧杯中的水沸腾后，调节正常火焰的大小，使水保持微沸。

2. 简单玻璃工操作

1) 制作搅拌棒

取直径约 5 mm 的长玻璃棒 1 根，截取长约 15 cm、20 cm 的玻璃棒各 1 支，断口熔烧至圆滑，作为搅拌棒用。

2) 制作吸管

取口径约 7 mm 的厚壁玻璃管，截取长约 20 cm 的两段，在煤气灯上将其中部烧至发黄变软 (注意转动)，离开火焰稍停片刻，把中间拉成细管 (内径 1.5～2 mm)，然后从中间切断，切口在火焰上烧至圆滑。放置冷却后，装上胶吸头，便得到 2 支吸管。每人烧制 4 支。

3）制作玻璃弯管

取厚壁玻璃管，在带有鱼尾灯头的煤气灯上加热至发黄变软，离开灯焰后弯曲成角度为75°、90°的玻璃弯管各 1 根。

4）拉制熔点管

取口径 10 mm 的薄壁玻璃管，在带有鱼尾灯头的煤气灯焰上加热，边加热边转动，至发黄变软。离开灯焰后稍停片刻，拉成内径为 1～1.2 mm 的均匀毛细管，冷却后切成约14 cm长的小段，两端在灯焰上封口，装在干净大试管中备用。每人烧制 15 支。

5）制作沸点管

取薄壁玻璃管，在带鱼尾灯头的灯焰上加热至发黄变软，小心地拉制成口径为 3～4 mm的细管，用瓷片切成长度约 6 cm 的小段，一端用火封闭，即成沸点管的外管。另将口径为 1～1.2 mm 的毛细管在中间部位用小火焰烧结封闭，在离封闭点 5 mm 处切断，另一端在约 8 cm 处切断即成沸点管的内管。每人烧制 2 套沸点管，置于干净试管中备用。

6）制作玻璃钉

将直径约 3 mm、长约 10 mm 的小玻璃棒中部置于火焰上烧至发黄变软，离开火焰后拉细，冷却后在中间割断，然后把各段的粗端在灯焰上烧至发黄变软，立即在下面垫有瓷板的铁丝网上压成玻璃钉。放置于玻璃漏斗中配成玻璃钉漏斗，作抽滤少量固体用。

7）制作玻璃沸石

取制作熔点、沸点管时切下的废管两端，同时置于煤气灯上烧至发黄变软，对接后烧熔，并在火焰上拉长后对叠，造成空气空隙，再拉长对叠，如此反复几十次造成一个熔团（必要时两端可用力向相反方向扭转）。继续烧至整个熔团成带有气泡的半熔融状态，离开火焰后稍停瞬间，用力拉成直径 1～2 mm 的细棒，用瓷片切成约 4 mm 长的小段即成玻璃沸石，装在干净的试管中备用。这种玻璃沸石的优点是干净、助沸效果好。

思考题

1. 煤气灯正常火焰由哪几部分组成？应用哪一部分火焰加热？
2. 在切割烧制玻璃管（棒）等操作中，应注意哪些安全问题？
3. 如何增大玻璃管的受热面积？刚灼烧过的灼热玻璃和冷的玻璃往往外表难以分辨，如何防止烫伤？
4. 为什么在拉制玻璃毛细管及制作弯管时要均匀地转动玻璃管进行加热？
5. 拉制毛细管时，要离开火焰后稍停片刻才拉，且拉制时要先慢后快，为什么？
6. 在强热玻管（棒）前，应先用小火加热，在加工完毕后，又需经小火“退火”，为什么？

实验 2　电子天平称量练习

（一）实验目的

（1）掌握电子天平校准技术。

（2）掌握电子天平称量技术。

（3）学习准确、简明、整齐记录实验原始数据的方法。

（4）预习 4.1 节内容。

(二) 实验步骤

1. 电子天平校准

外校准步骤如下：

(1) 按[C →O/T← On/Off]键清零。

(2) 再长按[1/10d Cal]至屏幕出现闪烁的“[Cal 200.0000 g]”，将 200 g 标准砝码置于秤盘中央。

(3) 待显示闪烁的“[Cal 0.0000 g]”，取下砝码，显示“[Cal CAL donE]”，校正结束。

(4) 若后两个显示都有偏差，则重复操作几次。

内校准步骤如下：

(1) 按[→O/T←]键清零。

(2) 长按至屏幕出现“ADJ. INT”，仪器启动内藏标准砝码自行校准，校准结束显示“ADJ. DONE”。

(3) 如有必要，反复几次。

2. 范围称量法

称取 0.4～0.5 g 细沙，称量步骤如下（以内校准为例）：

(1) 按[→O/T←]键清零。

(2) 将洁净的烧杯置于秤盘上，待天平读数稳定时，显示屏的读数即为烧杯质量。

(3) 按[→O/T←]键去皮重，天平显示零。

(4) 用牛角匙将细沙小心加入烧杯中直至所需质量，所显示的值即为细沙的净质量。

(5) 重复步骤 (3)，直到熟练。

3. 固定称量法

称取 0.5000 g 细沙，称量步骤如下（以内校准为例）：

(1) 按[→O/T←]键清零。

(2) 将洁净的烧杯置于秤盘上，待天平读数稳定时，显示屏的读数即为烧杯质量。

(3) 按[→O/T←]键去皮重，天平显示零。

(4) 用牛角匙将细沙小心加入烧杯中直至所需质量，所显示的值即为细沙的净质量。

(5) 重复步骤 (3)，直到熟练。

操作结束后，读取显示屏的读数前，均应关好天平门。

思 考 题

1. 在称量中，用牛角匙将试样加于盛器，需要注意哪些问题？

2. 电子天平称量后，读取显示屏的读数前，需要注意哪些问题？
3. 如果要求称量误差小于±0.2%，则称取的试样最少要多少克？

实验 3 容量仪器的校准

(一) 实验目的

（1） 了解容量仪器校准的意义。
（2） 学习容量仪器校准的方法。

(二) 实验原理

滴定管、移液管和容量瓶等基础化学实验室常用的玻璃量器，都具有刻度和标称容量(量器上所示的量值)，其容量可能都有一定的误差，即实际容量与其标称容量之差。量器产品都允许有一定的容量误差，规定的允差见表 4-7～表 4-10。合格的产品其容量误差往往小于允差，但也常有质量不合格的产品流入市场，如果不预先进行校准，就可能给实验结果带来误差。因此，在滴定分析中，特别是在准确度要求较高的测定中，对所使用的一套量器进行校准是十分必要的。

校准的方法有称量法和相对校准法。

称量法的原理是，称量被校量器中量入或量出的纯水的质量，再根据纯水的密度计算出被校量器的实际容量。

测量液体体积的基本单位是升（L）。1 L 是指在真空中，1 kg 的水在最大密度时(3.98℃）所占的体积，即在 3.98℃和真空中称量所得的水的质量（g)，在数值上就等于它的体积（mL)。

由于玻璃的热胀冷缩，所以在不同温度下，量器的容积也不同。因此，规定使用玻璃量器的标准温度为 20℃。各种量器上标出的刻度和容量，称为在标准温度 20℃时量器的标称容量。

但是，在实际标准工作中，容器中水的质量是在室温下和空气中称量的。因此必须考虑以下三个方面的影响：

（1） 由于空气浮力使质量改变的校正。
（2） 由于水的密度随温度而改变的校正。
（3） 由于玻璃容器本身容积随温度而改变的校正。

考虑了上述的影响，可得出 20℃容量为 1 L 的玻璃容器在不同温度时所盛水的质量(表 5-1)。据此计算量器的校正值十分方便。

例如，某支 25 mL 移液管在 25℃放出的纯水质量为 24.921 g，计算该移液管在 20℃时的实际容积。

$$V_{20}=\frac{24.921}{0.99617}=25.02(\text{mL})$$

即这支移液管的校正值为 25.02－25.00＝＋0.02（mL）。

值得一提的是，校准不当和使用不当一样，都是产生容量误差的主要原因，其误差有时可能超过允差或量器本身固有的误差。所以，校准时必须仔细、正确地进行操作，使校准误

表 5-1　不同温度下 1 L 水的质量（在空气中用黄铜砝码称量）

t/℃	m/g	t/℃	m/g	t/℃	m/g
10	998.39	19	997.34	28	995.44
11	998.33	20	997.18	29	995.18
12	998.24	21	997.00	30	994.91
13	998.15	22	996.80	31	994.64
14	998.04	23	996.60	32	994.34
15	997.92	24	996.38	33	994.06
16	997.78	25	996.17	34	993.75
17	997.64	26	995.93	35	993.45
18	997.51	27	995.69		

差减至最小。凡要使用校准值的，其校准次数不可少于 2 次。2 次校准数据的偏差应不超过该量器容量允许的 1/4，并以其平均值为校准结果。

在某些情况下，人们只要求两种容器之间有一定的比例关系，而无需知道他们的准确体积。这时可用容量相对校准法。经常配套使用的移液管和容量瓶，采用相对校准法更为重要。例如，用 25 mL 移液管移取蒸馏水于干净且倒立晾干的 100 mL 容量瓶中，到第 4 次后，观察瓶颈处水的弯月面下缘是否刚好与刻线上缘相切。若不相切，应重新做一记号为标线，以后此移液管和容量瓶配套使用时就用校准的标线。

为了更全面、详细了解容器仪器的校准，可参考 JJG 196—90《常用玻璃量器检定规程》。

(三) 实验步骤

1. 滴定管的校准（称量法）

将已洗净且外表干燥的带磨口玻璃塞的锥形瓶[①]放在分析天平上称量，得空瓶质量 m(瓶)，记录至 0.001 g。

再将已洗净的滴定管盛满纯水，调至 0.00 mL 刻度处，从滴定管中放出一定体积(记为 V_0)，如放出 5 mL 的纯水于已称量的锥形瓶中[②]，塞紧盖子，称出“瓶＋水”的质量 m(瓶＋水)，两次质量之差即为放出之水的质量 m(水)。用相同方法称量滴定管从 0.00 mL 到 10 mL、0.00 mL 到 15 mL、0.00 mL 到 20 mL、0.00 mL 到 25 mL、……刻度间的 m(水)，用实验水温[③]时水的密度来除每次m(水)，即可得到滴定管各部分的实际容量 V_{20}。重复校准一次，两次相应区间的水质量相差应小于 0.02 g（为什么?)，求出平均值，并计算校准值 $\Delta V(V_{20}-V_0)$。以 V_0为横坐标，ΔV 为纵坐标，绘制滴定管校准曲线。

现将一支 50 mL 滴定管在水温 21℃校准的部分实验数据列于表 5-2。

表 5-2　50 mL 滴定管校正表（水温 21℃，1 mL 水质量为 0.99700 g）

V_0(滴定管读数)/mL	m(瓶+水)/g	m(瓶)/g	m(水)/g	V_{20}/mL	ΔV(校正值)/mL
0.00～5.00	34.148	29.207	4.941	4.96	−0.04
0.00～10.00	39.317	29.315	10.002	10.03	+0.03
0.00～15.00	44.304	29.350	14.954	15.00	0.00
0.00～20.00	49.395	29.434	19.961	20.02	+0.02
0.00～25.00	54.286	29.383	24.903	24.98	−0.02
		……			

移液管和容量瓶也可用称量法进行校准。校准容量瓶时，当然不必用锥形瓶，且称准至 0.01 g 即可。

2. 移液管和容量瓶的相对校准

用洁净的 25 mL 移液管移取纯水于干净且晾干的 100 mL 容量瓶中，重复四次后，观察液面的弯月面下缘是否恰好与标线上缘相切，若不相切，则用胶布在瓶颈上另做标记，以后实验中，此移液管和容量瓶配套使用时，应以新标记为准。

【注释】

① 拿取锥形瓶时，用纸条（三层以上）套取。

② 锥形瓶磨口部位不要沾到水。

③ 测量实验水温时，须将温度计插入水中 5～10 min 后才读数，读数时温度计球部仍应浸在水中。严格来说，必须使用分度值为 0.1℃的温度计。

思　考　题

1. 校准滴定管时，锥形瓶和水的质量只需称准到 0.001 g，为什么？
2. 容量瓶校准时为什么需要晾干？在用容量瓶配制标准溶液时是否也要晾干？
3. 在实际分析工作中如何应用滴定管的校准值？
4. 思考本实验三个注释，为什么要按此操作？

实验 4　滴定分析基本操作练习

（一）实验目的

（1）初步掌握移液管、滴定管的洗涤和正确使用方法。

（2）通过练习滴定操作，初步掌握甲基橙、酚酞知识及终点的确定。

（3）预习 2.1.2 节和 4.4 节。

（二）实验原理

0.1 mol · L^{-1} HCl（强酸）和 0.1 mol · L^{-1} NaOH（强碱）相互滴定时，化学计量点的 pH

为 7.0，pH 突跃范围为 4.3～9.7。凡在突跃范围内变色的指示剂，都可以保证测定有足够的准确度。本实验采用甲基橙（变色范围为 pH 3.1～4.4）和酚酞（变色范围为 pH 8.0～9.6）作指示剂。

(三) 实验步骤

1. 溶液配制

1）0.1 mol·L^{-1} HCl 溶液的配制

用 10 mL 洁净量筒（或吸量管）量取 6 mol·L^{-1} 盐酸[①] 5.0 mL，倒入装有 295 mL 水的 500 mL 试剂瓶中，盖上玻璃塞，摇匀。

2）0.1 mol·L^{-1} NaOH 溶液的配制[②]

用 500 mL 干净烧杯迅速称取 NaOH 1.2 g（思考用什么天平称量），加入 300 mL 蒸馏水，用玻棒搅拌溶解，冷至室温后移入 500 mL 试剂瓶中，用橡皮塞塞好瓶口，摇匀。

2. 酸、碱溶液的相互滴定

(1) 用 0.1 mol·L^{-1} NaOH 溶液润洗已洗净的碱式滴定管两三次，每次5～10 mL，然后将 NaOH 溶液装入碱式滴定管中，液面调至 0.00 mL 刻度处。

(2) 用 0.1 mol·L^{-1} HCl 溶液润洗已洗净的酸式滴定管两三次，每次5～10 mL，然后将 HCl 溶液装入酸式滴定管中，液面调至 0.00 mL 刻度处。

(3) 由碱式滴定管中放出 NaOH 溶液 10 mL 于 250 mL 锥形瓶中，加入 1 滴甲基橙指示剂，用 0.1 mol·L^{-1} HCl 溶液滴定，直到加入 1 滴或半滴 HCl 溶液后，溶液由黄色刚变为橙色；再由碱式滴定管中滴入少量（几滴）NaOH 溶液，溶液又由橙色变为黄色；再由酸式滴定管中滴入 HCl 溶液，使溶液由黄色变为橙色；如此反复练习滴定操作和观察终点颜色的变化。用少量蒸馏水淋洗锥形瓶内壁。最后在黄色刚变为橙色时停止滴定，读准最后所用 HCl 和 NaOH 溶液的体积数，并求出两溶液的体积比 V_{HCl}/V_{NaOH}。平行滴定三份，计算平均结果和相对平均偏差，要求相对平均偏差不大于 0.2%。按表 5-3 填写记录。

表 5-3　HCl 溶液与 NaOH 溶液体积比的测定

滴定编号		Ⅰ	Ⅱ	Ⅲ
指示剂				
HCl 溶液	终读数			
	初读数[③]			
	V_{HCl}/mL			
NaOH 溶液	终读数[③]			
	初读数			
	V_{NaOH}/mL			
V_{HCl}/V_{NaOH}				
$(V_{HCl}/V_{NaOH})_{平均值}$				
单次测定偏差				
相对平均偏差/%				

$$相对平均偏差/\% = \frac{|d_1| + |d_2| + \cdots + |d_n|}{n \times (V_{HCl}/V_{NaOH})_{平均值}} \times 100$$

（4）用移液管吸取 10.00 mL 0.1 mol · L^{-1}HCl 溶液于 250 mL 锥形瓶中，加1～2滴酚酞指示剂，用 0.1 mol · L^{-1}NaOH 溶液滴定，至出现微红色 30 s 不褪色为终点[④]。平行测定三次，要求三次滴定所消耗 NaOH 溶液的体积极差值不超过 0.04 mL。按表 5-4 填写记录。

表 5-4　NaOH 溶液滴定 10.00 mL HCl 溶液

滴定编号		Ⅰ	Ⅱ	Ⅲ
指示剂				
V_{HCl}/mL				
NaOH 溶液	终读数			
	初读数[③]			
	V_{NaOH}/mL			
V_{HCl}/V_{NaOH}				
$(V_{HCl}/V_{NaOH})_{平均值}$				
单次测定偏差 d				
相对平均偏差/%				

【注释】

① 提供（1+1）或 6 mol · L^{-1}盐酸给学生配制溶液，可减少 HCl 的挥发，有利于改善实验室的环境质量。若使用浓盐酸，最好在通风橱中操作。配制溶液时，要预留部分蒸馏水将量筒中残留的盐酸洗干净。

② 配制不含碳酸盐的氢氧化钠溶液的方法见实验 29。

③ 当有把握将初读数每次都调至 0.00 mL 刻度时，可不必记录初读数，而直接记录消耗滴定剂的体积。

④ 当有暂时、局部的粉红色出现时，预示着已接近终点。滴定至完全混合后微红色遍及整个溶液时就停止滴定，记录滴定管读数。溶液放置 0.5～1 min 后，由于吸收了空气中的 CO_2，溶液颜色逐渐褪去。

思　考　题

1. 在滴定分析中，滴定管、移液管为什么要用操作溶液润洗几次？滴定中使用的锥形瓶是否也要用操作溶液润洗？为什么？

2. 为什么每次最好将滴定管的初读数调至 0.00 mL 刻度处？

3. 配制标准溶液（仅考虑作为滴定剂用的）过浓或过稀对滴定有什么影响？

实验 5　沉淀与溶液的分离

（一）实验目的

（1）掌握倾析法、常压过滤和减压过滤等固液分离方法的正确操作及其适用场合。

（2）掌握沉淀洗涤及产品干燥的正确操作。

（3）了解沉淀状态与沉淀条件的关系。

（4）学习检查沉淀完全与否的方法。

（二）实验原理

过滤是最常用的沉淀分离方法，过滤时应考虑各种因素的影响而选用不同方法。通常，热溶液因黏度小而比冷溶液容易过滤，减压过滤（又称抽滤）比常压过滤快。过滤还受过滤器（如滤纸）孔隙大小和沉淀颗粒大小的影响。孔隙较大可以加快过滤速度，但小颗粒的沉淀会透过过滤器而造成过滤失败。胶状沉淀能穿过一般的滤纸，应加热把胶体破坏后再过滤。

制备沉淀时，要求获得的沉淀物颗粒较粗大，易于过滤和洗涤。溶液中沉淀形成包括成核与长大两个阶段：

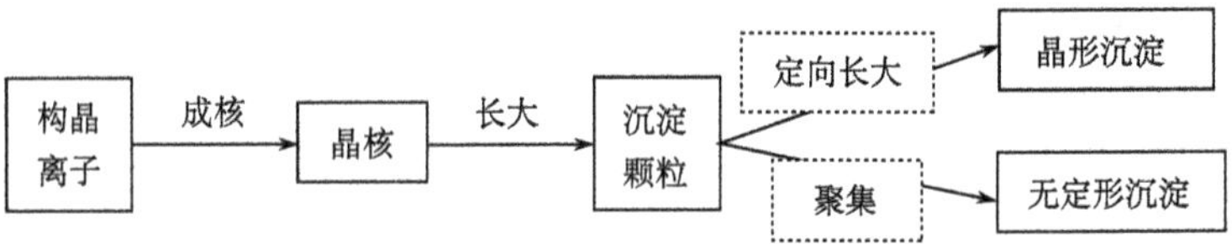

根据定向长大速率与聚集速率的相对大小可将沉淀分为以下 3 类：

（1）无定形沉淀：颗粒直径一般小于 0.02 μm，如 Fe^{3+} 等高价金属离子的氢氧化物和硫化物，具有较小的定向长大速率，但聚集速度大，易形成无定形沉淀。

（2）凝乳状沉淀：颗粒直径一般为 0.02～0.1 μm，如 AgCl 等。

（3）晶形沉淀：颗粒直径为 0.1～1 μm，如 $BaSO_4$ 等强极性无机盐，具有较大的定向长大速率，易形成晶形沉淀。

沉淀颗粒的大小，除与它们的性质有关外，还与沉淀条件有关，一般有以下规律：

（1）无定形与凝乳状沉淀：难成晶核或晶体本身难长大而易形成胶体，会穿透滤纸，所以应抑制胶体的形成。方法是：①加热；②浓溶液；③加沉淀剂速度快（如倒入）。浓、快的实质是浓，从而起胶体聚沉作用。沉淀完全后，应加热并保温一段时间以破坏胶体，使生成的沉淀更密实。

（2）晶形沉淀：晶形沉淀有序，控制沉淀剂略微过饱和、生成的晶核数量少，从而利于长成粗大的晶体。方法是：①加热；②适当稀溶液；③充分搅拌；④缓慢滴加沉淀剂。这 4 种方法均有稀释作用而使晶核形成的数量少，加热还有减少吸附杂质离子的作用。

为使沉淀完全，沉淀剂一般要过量 10%～30%。

（三）实验步骤

1. $Cu_2(OH)_2CO_3$ 的制备和分离

称取 5.0 g $CuSO_4 \cdot 5H_2O$ 和 4.0 g $NaHCO_3$ 于研钵中，充分磨细混合至粉体颜色均匀。然后在快速搅拌下将混合物用药勺分多次缓慢加入 100 mL 近沸的蒸馏水中（此时要停止加热，为什么?）。混合物加完后，再加热近沸数分钟。静置澄清后，用倾析法倾去上层清液（又称母液），再用倾析法洗涤（每次水量约 100 mL）沉淀至洗涤液无 SO_4^{2-}（如何检验?）。抽滤，用 10 mL 乙醇分两次洗涤沉淀（又称滤饼）。将沉淀置于干燥洁净的表面皿中，放入 105℃烘箱中烘干，冷却后称量，计算产率。

2. $Fe(OH)_3$胶状沉淀的生成与分离

取 20 mL 水于烧杯中，再加入20 mL 0.1 mol · L^{-1} $Fe_2(SO_4)_3$溶液，不断搅拌下加入 2 mol · L^{-1} NaOH溶液直至 pH≈5①，观察生成 $Fe(OH)_3$沉淀的颜色和形态。检查沉淀是否完全②，若不完全，则继续加 NaOH 溶液至 Fe^{3+}沉淀完全为止。对其分别进行常压过滤和减压过滤，并观察比较两者的过滤速度、沉淀是否穿过滤纸进入滤液、滤饼的干爽程度。

3. $Fe(OH)_3$胶状沉淀的破坏与分离

取40 mL 0.1 mol · L^{-1} $Fe_2(SO_4)_3$溶液于烧杯中，加热至沸，在继续加热和搅拌下，快速加入 6 mol · L^{-1} NaOH 溶液至 pH≈5，并充分煮沸（煮沸过程中要不断搅拌，以防溶液溅出），观察沉淀颜色和形态。同样进行常压过滤和减压过滤，观察现象，并与步骤 2. 比较。

【注释】

① 试纸的使用。

实验室常用的试纸有 pH 试纸、石蕊试纸、乙酸铅试纸和碘化钾-淀粉试纸。

pH 试纸和石蕊试纸都可用来检验溶液的酸碱性。

使用石蕊试纸时，先将其剪成小块，放在干燥清洁的表面皿或点滴板上，再用玻棒蘸取待测溶液，滴在试纸上，0.5 min 内观察试纸的颜色（酸性显红色，碱性显蓝色）变化。不得将试纸投入溶液中进行实验。检查挥发性物质的酸碱性时，可先将石蕊试纸用蒸馏水润湿，然后悬空放在气体出口处，观察试纸的颜色变化。

pH 试纸有两类，一类是广泛 pH 试纸，变色范围是 pH=1～14，用来粗略检验溶液的 pH；另一类是精密 pH 试纸，用于较精细地检验溶液的 pH，它的种类较多，可根据要求选用。pH 试纸的使用方法与石蕊试纸大致相同，差别在于，pH 试纸显色后 0.5 min 内需将所显颜色与标准色阶相比较，才能知道溶液的 pH。广泛 pH 试纸的色阶变化为“1”个 pH 单位，而精密 pH 试纸的色阶变化小于“1”个 pH 单位。

乙酸铅试纸用来定性检验反应是否有 H_2S 气体产生。使用时，在滤纸条上滴加 1～2 滴乙酸铅溶液，然后放在管口，将待测溶液酸化，如有 S^{2-}，则生成的 H_2S 气体遇到试纸生成黑色的 PbS 沉淀，使试纸呈黑褐色并有金属光泽。若 S^{2-} 浓度太低，则不易检出。

碘化钾-淀粉试纸用来检验氧化性气体（如 Cl_2、Br_2等）。使用时，在滤纸条上滴加 1～2 滴碘化钾-淀粉溶液，然后放在管口，氧化性气体遇到试纸，将 I^- 氧化为 I_2，I_2 即与试纸上的淀粉作用而使试纸变蓝。有时，试纸变蓝后又褪色，这是由于气体氧化性太强而进一步将 I_2 氧化为 IO_3^-，并不影响检验。

② Fe^{3+} 是否沉淀完全的检查方法：初步方法是，停止加热，在烧杯中让沉淀静置沉降，沿烧杯壁往上层清液中滴加 2 滴 NaOH 溶液，如不变浑浊，表示沉淀已基本完全，该方法比较耗时，且不够准确。若需进一步确证，则采用“干过滤法”，将一张小的方形滤纸对折两次，用少许蒸馏水润湿后放在小试管口，可吸取少量上层清液过滤于小试管中，加入 3 mol · L^{-1} H_2SO_4 酸化，然后加 2 滴 25％的 KNCS 溶液，如溶液变成血红色，表示 Fe^{3+} 未沉淀完全。一般在 pH≈5 时，Fe^{3+} 应沉淀完全。

思　考　题

1. 常压过滤时滤纸为什么要撕去一角？

2. 抽滤时剪好的滤纸用水湿润后是否变大？湿滤纸略大于布氏漏斗的内径，或剪得不圆周边凸出部分贴在布氏漏斗内壁上，对抽滤有何影响？为什么？

3. 抽滤时，转移溶液之前为什么要先稍微抽气，而不能在转移溶液后才开始抽气？

4. 沉淀物未能铺满布氏漏斗底部、滤饼出现裂缝、沉淀层疏松不严实，对抽干效果有什么影响？为什么？如何使沉淀抽得更干爽？

实验 6　由胆矾精制五水硫酸铜

（一）实验目的

（1）掌握固体的加热溶解、热过滤、水浴蒸发浓缩、热过滤、结晶与重结晶等基本操作。

（2）熟悉减压过滤操作。

（3）熟悉结晶过程与重结晶过程。

（4）掌握结晶与重结晶提纯固体物质的原理和方法。

（二）实验原理

工业硫酸铜（俗称胆矾）含有不溶性杂质及 Fe^{3+}、Fe^{2+} 和 Cl^- 等可溶性杂质。不溶性杂质可用过滤方法除去，可溶性杂质由于其含量较少，在结晶和重结晶过程中留在母液中而除去。对 $CuSO_4$ 的不饱和溶液进行水浴蒸发浓缩时，随着水的蒸发，溶液慢慢变成饱和、过饱和溶液，$CuSO_4 \cdot 5H_2O$ 晶体将逐渐析出。当采用水浴浓缩和不搅拌时，溶液表面的蒸发作用导致其浓度较大，温度较低而首先结晶，逐渐形成一层晶膜。若冷却此溶液，就会有大量晶体析出，从而达到分离和提纯的目的。

晶体从溶液中结晶的基本条件是其溶液处于过饱和状态，即热力学不稳定状态，此状态下必然要结晶。但结晶是一个从无序到有序即熵值减小的过程，需要一定的条件。一般结晶时溶液先形成微小的晶体（又称晶核），然后晶体慢慢长大。因此，结晶时析出晶体颗粒的大小，除与晶体本身的习性（形成大晶体还是小晶体）有关外，还与结晶初期时生成的晶核数目有关。一般晶核数目越多，最终晶体的颗粒越小；反之，则可获得较粗大的晶体。晶核的数量与实验条件有关。溶液过饱和度大、溶质溶解度较小、冷却速度快、搅拌和摩擦容器内壁，都有利于形成较多晶核而使析出晶体较小；反之，则得到较大晶体。晶体的大小要适当。一般晶体太小，比表面积大，吸附和挟带母液（含杂质）较多，也不容易洗涤干净，因此结晶时杂质分离效果较差。大晶体有利于杂质的分离，但晶体太大，结晶时必然要求溶液的浓度小，母液中含有的产品物质较多，产率较低，而且需要放慢冷却速度，延长实验时间。因此，结晶分离提纯物质时，产率和质量是一对矛盾，需根据要求选择条件。同时，产率和质量也与操作者的实际技术密切相关，应在保证质量的同时力争提高产量。

结晶和重结晶是提纯固体物质的重要方法，二者关系密切而又互有区别。就本实验而言，结晶是指物质从溶液析出晶体的过程。$CuSO_4 \cdot 5H_2O$ 的溶解度随温度降低而明显减小，经浓缩后降温便析出大量晶体。有时经结晶后得到晶体的纯度未达到要求，需要用重结晶的方法进一步提纯。重结晶是指将晶体先溶解，然后再析出结晶的过程，一般情况下要避免浓缩。利用重结晶可以降低或除去晶体中的杂质。有时，为了获得更高纯度的晶体，需要进行多次重结晶。

（三）实验步骤

1. 工业硫酸铜中不溶物的去除

称取 20.0 g 工业硫酸铜于烧杯中，加入 40 mL 水，加热溶解，热过滤除去不溶性杂质。

2. 五水硫酸铜的结晶提纯

将滤液转入蒸发皿，加入 2 mL 3 mol · L^{-1} H_2SO_4，水浴加热蒸发浓缩，直至溶液表面形成一薄层完整的晶膜，冷至室温，减压过滤得粗晶体，称量，并量母液体积，计算粗晶体的回收率。

3. 重结晶提纯

取 0.5 g 粗晶体留作鉴别比较用，其余转入小烧杯中，按一定比例量取蒸馏水①，先加入一大半水，再加入 8 滴 3 mol · L^{-1} H_2SO_4，加热至沸使晶体溶解。若晶体不能完全溶解，需逐滴加水至沸腾时晶体刚好完全溶解②。若发现有不溶物，则需再次热过滤。冷却至室温后抽滤，量母液体积。取 10 mL 乙醇，分 2 次洗涤晶体③。取出晶体，称量并计算回收率。产品回收。

比较原料、粗产品和重结晶产品中杂质铁黄色色调的深浅，粗略判断结晶和重结晶的提纯效果。

【注释】

① 按溶剂沸腾温度（溶剂为水时，温度为 100℃）时溶质的溶解度计算。

② 注意水不要加得太多，以免产率太低或者冷却后没有晶体析出。

③ $CuSO_4 \cdot 5H_2O$ 是离子晶体，不溶于乙醇。乙醇可以与水混溶，能除去晶体表面吸附的少量水分，使产品干爽，并且降低水的活度。因此，用乙醇洗涤 $CuSO_4 \cdot 5H_2O$ 晶体时，母液会变浊或有 $CuSO_4 \cdot 5H_2O$ 晶体析出。

思　考　题

1. 结晶与重结晶有什么联系和区别？实验操作上有什么不同？为什么？
2. 结晶和重结晶分离提纯物质的依据是什么？若被提纯的物质是 NaCl，应如何操作？
3. 水浴加热浓缩速度较慢，开始时可搅拌加速蒸发，但临近结晶时能否这样做？为什么？
4. 如果室温较低，可采用什么措施使热过滤顺利进行？
5. 浓缩和重结晶过程为什么要加入少量 H_2SO_4？
6. 实验时要两次量母液体积，该数据有什么用？

实验 7　蒸馏和沸点的测定

（一）实验目的

学习常压蒸馏和测定沸点的原理和操作。

（二）实验原理

详细阅读 3.4 节和 4.9 节。

(三) 实验步骤

1. 丙酮-水的蒸馏

按图 2-9 (b) 装好仪器。将 25 mL 丙酮 (b. p. 56. 3℃) 和 25 mL 水 (b. p. 100℃) 经一玻璃漏斗从蒸馏头上口小心倒入 100 mL 蒸馏瓶中，加入两三粒沸石，装好温度计，通入冷凝水，水浴加热。开始时可调大些火焰，并注意观察蒸馏瓶中的现象及温度计读数的变化。当瓶内液体开始沸腾，蒸气逐渐上升，升至温度计水银球时有冷凝液滴滴回。继续加热至有液体蒸出，记录蒸馏瓶支管滴出第一滴馏出液时的温度。调节火焰。控制蒸出速度使从冷凝管液滴流速为每秒1～2 滴为宜。

按下面指定温度范围收集蒸出的各馏分：56～62℃、62～72℃、72～82℃、82～95℃、95～100℃ (应包括在 100℃时蒸出的全部馏分)，并记录各馏分体积。从收集第 4 个馏分时除去水浴改在铁丝网上加热，用小锥形瓶收集。整个蒸馏过程中，应使温度计水银球常附有被冷凝的液滴。以蒸出温度为纵坐标 (坐标从 50℃ 至 100℃)，将 62℃、72℃、82℃、95℃、100℃时蒸出的累计体积 (mL) 为横坐标，将实验结果绘成曲线。

利用蒸馏可以测定化合物的沸点 (常量法)。

2. 工业乙醇的蒸馏

按图 2-9 (a) 装好蒸馏装置①。将 50 mL 工业乙醇② 倒入 100 mL 蒸馏瓶中蒸馏 (操作方法同 1.)。

记录蒸馏瓶支管滴出第一滴馏出液时的温度。调节火焰，控制蒸出速度，使从冷凝管流出的液滴速度为每秒 1～2 滴为宜。当温度计读数上升至 77℃时，换一个已称量的干燥的接受瓶。收集 77～79℃ 的馏分。记录蒸馏过程中相对恒定的温度。当瓶内只剩下少量 (约 0. 5 mL)液体时即停止蒸馏。将收集到的主要馏分称量，并量其体积，计算回收率。

分别记录前馏分、主要馏分和残余液的量及外观。

3. 微量法测定沸点

用特制的尖细吸管吸取 1～2 滴无水乙醇注入微量沸点管中，小心插入内管，然后将此沸点管系于温度计上，注意沸点管装样部分的位置必须在温度计水银球的中部。放入小圆底瓶或小烧杯的热浴中，依照第 4 章有关微量测定沸点法的实验操作，测定其沸点。重复测定一次。记录两次测得的数据。

【注释】

① 全部仪器应干燥。

② 95%乙醇为共沸混合物，它具有一定的沸点和组成，不能通过普通蒸馏法进行分离。

思 考 题

1. 蒸馏时，温度计水银球的正确位置应该是怎样的？为什么？
2. 蒸馏时为什么要加入沸石？沸石能否加到热溶液中？沸石能否重复使用？

3. 蒸馏时为什么蒸馏瓶所盛液体的量不应超过其容积的 2/3，也不应少于 1/3？
4. 为什么蒸馏时不能将液体蒸干？

实验 8　熔点的测定和温度计的校正

（一）实验目的

理解熔点测定的原理、应用。

（二）实验原理

参见 4.8 节。

（三）实验内容

（1）测定尿素的熔点（纯品的熔点为 132.7℃）。
（2）测定肉桂酸的熔点（纯品的熔点为 133℃）。
（3）测定混合样品（50%尿素 50%肉桂酸）的熔点。
（4）测定一种未知物的熔点（分 A、B、C 三个样品）。

（四）实验步骤

分别取少量样品（5～10 mg）于表面皿上，用不锈钢铲或一圆滑的玻棒顶端将样品研磨成粉末，把样品密实地填入熔点管 2～3 mm。按图 4-39 装好仪器，加入浓硫酸（或硅油）至圆底烧瓶体积的 1/2。把熔点管黏附（或用橡皮圈固定）于带有缺口塞子的温度计上（装有样品部位应对正水银球的中部）。把温度计放入圆底烧瓶中（水银球应在瓶内液体的中部）。在铁丝网上加热圆底烧瓶，测定样品熔点（每个样品要有两次数据重复）。

思　考　题

1. 为什么要求熔点的数据要有两次以上的重复？要达到此要求，操作过程中有哪些注意事项？
2. 有两个样品，分别测定的熔点和将它们按任何比例混合后测定的熔点都是一样，这说明什么？

实验 9　重　结　晶

（一）实验目的

掌握重结晶的原理，学会重结晶操作。

（二）实验原理

参见 3.2 节。

本实验所用的原料（乙酰苯胺及萘）采用粗的工业品，通过重结晶制成较纯的产物。根据两者性质的不同，选用不同的溶剂进行重结晶。乙酰苯胺在水中的溶解度随温度升降的变化较大，因此以水为溶剂进行重结晶。萘在水中的溶解度很小，在乙醇中的溶解度太大，两者均不适用，用乙醇和水组成的混合溶剂进行重结晶可得到较好的结果。

（三）实验步骤

1. 乙酰苯胺的重结晶

称取 4 g 工业乙酰苯胺，置于 250 mL 锥形瓶中，加入 100 mL 水和搅拌子，电磁搅拌加热至沸，使乙酰苯胺完全溶解（注意是否有不溶性杂质）①。

停止加热，待稍冷后加入 0.2 g 活性炭，再加热沸腾 5 min。

将短颈漏斗置于烘箱中预热，取出安放在铁环上，将折叠滤纸放入漏斗中，并用少量热水润湿。将上述溶液趁热迅速滤入另一锥形瓶中，每次倒入漏斗中的液体不要太满，也不要等溶液全部滤完后才加。等待过滤的液体要继续用小火加热，以防冷却而析出结晶。

过滤完毕，用表面皿将盛滤液的锥形瓶盖好，静置让其慢慢冷却，待冷至室温后②，用小布氏漏斗抽滤，以少量滤液洗出残留于锥形瓶内的结晶。用清洁玻璃塞或小不锈钢刮铲将结晶压实，尽量除去母液，至无滤液滴出为止，停止抽气，用 4 mL 水使结晶润湿，再次抽干。再用 4 mL 水洗一次，抽干，将此结晶转移到表面皿，烘干③。

结晶干燥后称量，计算重结晶的产率④。测熔点，并与未重结晶的粗品比较。

2. 萘的重结晶

称取 2 g 粗萘，放入 100 mL 圆底烧瓶中，加入 35～40 mL 70％乙醇和沸石，装上回流冷凝管，在水浴上（为什么?）加热至沸，使萘溶解。必要时用活性炭脱色。利用短颈漏斗和折叠滤纸趁热过滤（注意：过滤前要熄灭附近的火源，以免着火），以除去不溶性杂质，滤液用干燥的锥形瓶接收。瓶口用塞子塞住，注意结晶的析出及其形状。

待冷至室温后（最好再用冰水冷却），用小布氏漏斗抽滤，结晶用冷的 70％乙醇洗涤 2 次，每次约 3 mL。结晶抽干后转移到表面皿，烘干⑤，称量，计算重结晶的产率，测熔点并与粗萘比较。

【注释】

① 见 3.2 节。

② 不同温度下乙酰苯胺在水中的溶解度如下：

温度/℃	0	10	20	30	50	70	80	100
溶解度/[g·(100 g 水)$^{-1}$]	0.36	0.44	0.56	0.73	1.32	2.67	3.45	5.5

③ 乙酰苯胺会升华，烘干时要小心控制温度。

④ 母液经浓缩后进一步冷却，可以得到第二批结晶。

⑤ 萘会升华，烘干时要小心控制温度。

思　考　题

1. 简单叙述固体有机化合物重结晶操作的步骤以及每一步的目的。
2. 为什么从母液分离结晶不用普通过滤方法，而用布氏漏斗抽滤？
3. 为什么洗涤结晶操作时要停止抽气？

4. 活性炭为什么要在固体完全溶解后才能加入？为什么不能加到正在沸腾的溶液中？
5. 若向萘的重结晶母液中加水，有大量白色沉淀析出，为什么？
6. 用有机溶剂重结晶时，哪些操作容易着火？应如何防范？

实验 10　薄层层析、氨基酸纸上层析

Ⅰ. 薄 层 层 析

（一）实验目的

学习色谱法原理和薄层层析操作。

（二）实验原理

本实验以硅胶 G 为吸附剂，制成薄层硬板。用于分离下列两种样品：①以乙酸乙酯-石油醚（60～90℃）（体积比 5∶95）作展开剂分离偶氮苯和苏丹Ⅲ的混合物；②以乙酸乙酯-石油醚（60～90℃）（体积比 2∶8）的混合溶剂作展开剂分离乙酰乙酸乙酯和 1-苯基-3-甲基-5-吡唑酮的混合物（用碘显色）。可用本法检查由乙酰乙酸乙酯合成 1-苯基-3-甲基-5-吡唑酮的反应进行情况——随着反应的进行每隔一段时间取样层析，可见到原料乙酰乙酸乙酯斑点逐渐减弱至几乎消失，产品 1-苯基-3-甲基-5-吡唑酮斑点浓度则逐渐增加。

（三）实验步骤

1. 硅胶硬板的制备

取 15 cm×3 cm 的玻璃片三块（先用洗液浸泡，再用自来水洗净，最后用蒸馏水冲洗干净，晾干），称取 3.8 g 硅胶 G（210 目），放入 50 mL 烧杯中，加入 8.5 mL 0.5%羧甲基纤维素钠（CMC）① 水溶液，用洁净的不锈钢匙搅成糊状物。用钢匙将此糊状物均匀分铺在三块玻璃片上，然后在台面上轻轻平敲，使夹杂在糊状物中的气泡逸去，得厚度均匀、表面平滑的薄层。将此薄层板置于水平的干净长玻板上，在室温放置约 1h，待薄层凝固定形后，放入烘箱中。缓慢升温至 110℃，保温 0.5 h②，稍冷后取出，置于干燥器中备用。

2. 点样

在一支干净的小试管中，滴入 1%偶氮苯的苯溶液和 1%苏丹Ⅲ的苯溶液③各 3 滴，摇匀。在另一支干净的小试管中滴入 1%乙酰乙酸乙酯的苯溶液和 1%1-苯基-3-甲基-5-吡唑酮的苯溶液各 3 滴，摇匀。以这两个混合好的样品作为混合物分离试样。

在离薄层板一端约 1 cm 处，用铅笔轻轻划上记号线，取管口平整、内径小于 1 mm 的毛细管插入样品溶液中吸取样品，在记号线上，离边 1 cm 处垂直轻轻点样④，右边点混合样品，左边点一个已知的纯样品的 1%苯溶液作对照，两个点要求在一平线上且相距 1 cm。点样后稍等一会，待溶剂苯挥发后进行展开。

3. 展开

将点好偶氮苯和苏丹Ⅲ的混合样品及其中一个纯样品的薄层板小心放入盛有乙酸乙酯-石油醚（60～90℃）（体积比 5∶95）作展开剂的层析缸中，点样端在下，浸入展开剂内约 0.5 cm⑤，盖好。另一块点好乙酰乙酸乙酯和 1-苯基-3-甲基-5-吡唑酮的混合样品及其中一个纯样品的薄层板放入乙酸乙酯-石油醚(60～90℃)（体积比 2∶8）的混合溶剂为展开剂的层析缸中。当展开剂前沿上升约 10 cm 时取出，尽快用铅笔在展开剂上升的前沿处划一记号⑥，晾干⑦。按下式计算各斑点的比移值 R_f：

$$R_f=\frac{\text{原点至斑点中心的距离}}{\text{原点至展开剂前沿的距离}}$$

在实验报告本上按比例绘出所有斑点的形状、位置及颜色并记录各层析板的展开剂条件和显色方法，标出各斑点的归属。

【注释】

① 5%CMC 溶液的配制方法：称取 0.5 g 羧甲基纤维素钠于 50 mL 烧杯中，量取 100 mL 蒸馏水，取出约 10 mL 蒸馏水加入羧甲基纤维素钠中搅匀，剩余的水在 200 mL 锥形瓶中加热至沸，然后在搅拌下慢慢加入羧甲基纤维素纳，使其溶解均匀。放冷，静置数天，使不溶的羧甲基纤维素钠沉淀，小心倾出上层清液备用。

② 如放入烘箱时，硅胶薄板较湿，则烘板的时间要增至 1 h。

③ 通常将样品溶于某种挥发性溶剂（如丙酮、甲醇、乙醚、乙酸乙酯、氯仿等）中，样品的用量对物质的分离效果有很大的影响，而所需样品的量与显色剂的灵敏度、吸附剂的种类和薄层的厚度均有关系。样品量太少时，斑点不清楚，难以观察，样品量太多时，往往出现斑点太大或拖尾，以致具有相近 R_f 值的化合物的斑点连在一起分不开。通常用 1%浓度的样品溶液点样为宜。苏丹Ⅲ的结构为

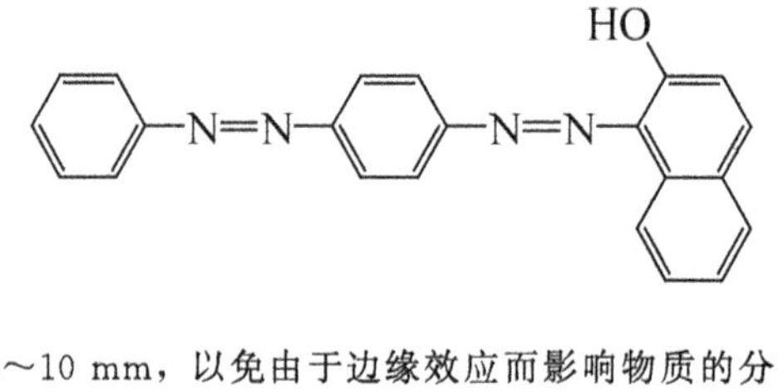

④ 点样位置应距离边缘 8～10 mm，以免由于边缘效应而影响物质的分离效果。为此薄层板最好只点两个样，最多点三个样。同时注意在点样时避免把薄层戳穿孔，因此毛细管口一定要整齐。若薄层被毛细管戳穿，则展开后斑点的形状不正常。

⑤ 展开剂液面一定要在点样线以下，不能超过点样线。

⑥ 取出薄层板后立即在展开剂前沿划上记号，如不注意，等展开剂挥发后就无法确定展开剂上升的高度。

⑦ 若层析样品为无色物质，在晾干后，应喷洒显色剂或放在显色缸内用显色剂（如碘蒸气）显色。本实验分离的样品①为有色物质，故可省去显色一步；样品②为无色物质，要用碘蒸气或其他显色剂显色。

思　考　题

1. 制备薄层板有几种方法？制板时要注意什么？
2. 影响薄层板分离效果的因素有哪些？如何克服？
3. 常用吸附剂硅胶、氧化铝的活性与它们的含水量有什么关系？

Ⅱ. 氨基酸纸上层析

(一) 实验原理

参见色谱法的相关理论。

本实验采用单相层析法分离简单的氨基酸混合物（胱氨酸、谷氨酸、酪氨酸），至于复杂的混合物，如头发水解液，就必须用两种溶剂进行双向层析（二次层析）才能将各氨基酸逐一分开。

(二) 实验步骤

用吸管吸取 2 mL 80%苯酚溶液，直插入 2 cm×15 cm 的大试管底部，轻轻地放出苯酚液（注意勿使苯酚液沾到试管壁）。试管用木塞塞好，放在 250 mL 锥形瓶中，使其略微倾斜 [图 5-1（a）]。

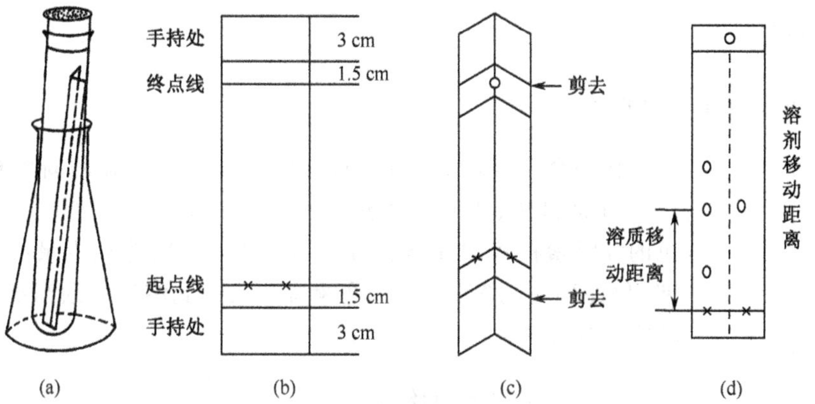

图 5-1 纸上层析

取 19 cm×2 cm 的层析滤纸条，用铅笔按图 5-1（b）划记号。必须注意，整个过程不得用手接触纸条中部，因为皮肤表面沾着的脏物碰到滤纸会出现错误的斑点。用直尺和三角尺将纸条对折成如图 5-1（c），剪好小孔。

用细小的毛细管点样品于起点线的×处，所点样品的直径不得超过 2 mm，待样品干后，剪去纸条上下的手持部分。用带有小钩的玻璃棒钩住滤纸，点有样品的一端朝下，轻轻地正放在试管中，使滤纸条只有上下两端碰到试管壁，而其他部位不得贴在壁上 [图 5-1（a）]。塞好木塞，80%苯酚溶液因毛细管作用沿滤纸向上移动，待溶液前沿到达终点线，即将滤纸取出。挂在玻璃棒上，于 80～100℃的烘箱内烘干。

将茚三酮的醇溶液（参见“氨基酸及蛋白质的显色反应”实验）滴在滤纸上，使滤纸全部润湿，再于烘箱内烘干，即出现蓝色斑点。测量斑点中心至起点线的距离，求出比移值 R_f [图 5-1（d）]。

用下述样品进行纸上层析：胱氨酸、谷氨酸、酪氨酸的混合物和胱氨酸样品（或谷氨酸或酪氨酸样品）。

思　考　题

1. 纸上层析法属于吸附层析还是分配层析?
2. 本实验结果说明什么问题?

实验 11　植物色素的提取和柱层析

(一) 实验目的

学习固体的提取、色谱法原理和柱层析操作。

(二) 实验原理

参见 3.9 节。

(三) 实验步骤

1. 绿色植物叶子色素的提取

在一个干净的瓷研钵中，放入 1～2 g 剪碎的新鲜植物叶子、1.5 g干净砂子、5 mL 丙酮和 5 mL 石油醚（60～90℃）。研磨直至绿色的叶绿素被提取完全。若溶剂已挥发，应补充少量溶剂。把提取液①倾注到一试管中，作为色素提取液。此溶液必须当次使用，因为叶绿素分解很快。

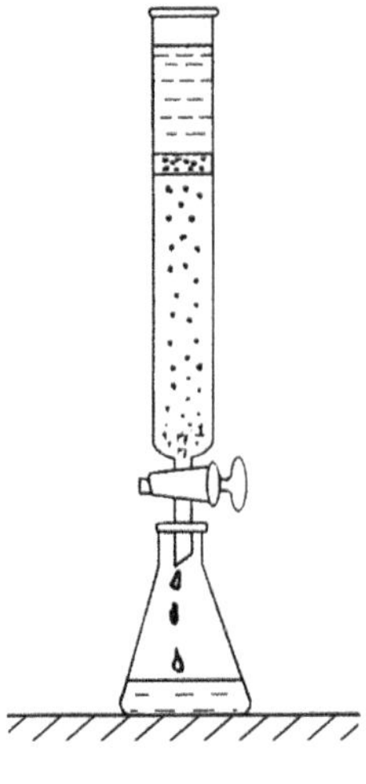

图 5-2　柱层析装置图

2. 柱层析分离植物色素

取一支约 25 mL 的层析柱②，用夹子垂直固定于铁架上（图 5-2)，以 25 mL 锥形瓶作洗脱液的接受器。

向柱中倒入丙酮-石油醚（体积比 5∶95）至柱高的 3/4 处，用镊子取少许干净的脱脂棉（或玻璃纤维）浸入层析柱内溶剂中，用玻璃棒将棉花内的气泡赶净，轻轻塞至柱底部，压平。打开活塞，控制流出的速度为 1 滴每秒，自柱顶加入用 20 mL 丙酮-石油醚（体积比 5∶95)和 10 g 硅胶（60～100 目）调成的糊状物③，用带胶套的玻璃棒轻轻敲打柱身下部，使装填紧密④。当硅胶加完后，及时将挂壁的硅胶冲洗下去，保持溶剂的流速，让吸附剂随溶剂的流动而不断下沉。当液面降近硅胶面时，关闭活塞，轻敲柱身使硅胶面平整。然后，在硅胶面上均匀铺一层约 0.5 cm 厚的石英砂⑤，敲平。注意不能让溶剂液面低于石英砂面⑥。

当溶剂液面刚好流至石英砂面时，关上活塞，用滴管加入 0.5～1 mL 色素提取液。开启活塞并控制流速为 1 滴每秒，当液面降至上层石英砂面时，再关活塞，用 1mL 装柱时用的溶剂洗下柱壁可能黏附的色素提取液，再将液面放至上层石英砂面。如此重复洗涤两三次，直至洗净为止。然后用丙酮-石油醚（体积比 5∶95）混合液洗脱，控制流出速度如前。

注意观察被分开的色带情况，分别收集各色带的洗脱液。当能为上述洗脱液冲下的色带已洗脱完毕时，可改用极性稍大的丙酮-石油醚（体积比 1∶9）洗脱。以后依次可逐渐增加丙酮的比例，直至所有色带都被洗脱下来。

观察可分出几个色带，各色带的颜色如何。分别收集的各色带洗脱液被浓缩后用薄层层析或其他方法鉴定其纯度及所属化合物等。

【注释】

① 提取液如分为两层时，应用上层的绿色液进行柱层析。

② 层析柱的大小取决于被分离物的量和吸附剂。柱的直径与长度应有一定的比例，直径一般为柱长的 1/30～1/10，实验室中常用色谱柱的直径为 0.5～10 cm。当吸附物的色带占吸附剂高度的 1/10～1/4 时，分离效果很差，甚至不能分离。

③ 填装过程要使硅胶保持浸泡在溶剂中，否则容易吸收空气中的水分而失活。

④ 层析柱装填紧密、均匀与否，对分离效果影响很大。若柱中留有气泡或松紧不匀（或有断层）会影响分离效果。

⑤ 加入砂子的目的是使加料时不致把吸附剂冲起，影响分离效果。若无石英砂时，可用洗净烘干的河砂；也可用剪成比柱内径略小的滤纸压在吸附剂上面。

⑥ 为了保持柱子的均一性，使整个吸附剂泡在溶剂或溶液中是必要的。否则当柱中溶剂或溶液流干时，就会使柱身干裂，影响分离效果。

思　考　题

1. 所用的填柱方法实际上保证了没有气泡堵在硅胶之中，试说明这个操作的重要性。
2. 加石英砂的目的是什么？
3. 如果柱层析法和重结晶法得到相同纯度的产品，提纯大量易得的样品和少量难得的样品，将各选用哪一种方法？为什么？
4. 色谱柱有几种填装方法？
5. 柱身不垂直及柱内硅胶面不平整对分离效果有什么影响？

实验 12　辣椒红色素的提取、分离及红外光谱法鉴定

（一）实验目的

（1）了解天然产物的提取与分离技术。

（2）掌握薄层色谱和柱色谱的实验操作技术及其应用。

（3）了解辣椒中的色素成分以及它们的结构和波谱学特征。

（二）基本原理

辣椒中含有多种颜色鲜艳的色素成分，它们很容易通过薄层色谱（thin-layer chromatography，TLC，又称薄层层析）或柱色谱（column chromatography，CC，又称柱层析）得到分离。其中主要的红色素是辣椒红素（capsanthin）的脂肪酸酯。另外，更少量的色素成分还有辣椒玉红素（capsorbin）的脂肪酸酯和β-胡萝卜素（β-carotene）。

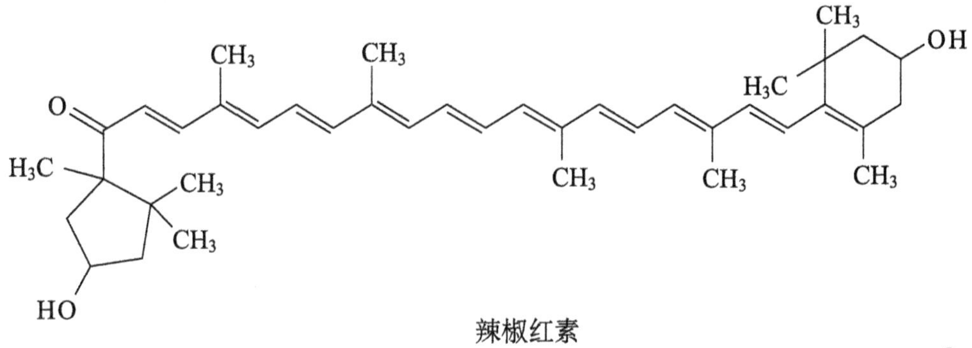

辣椒红素

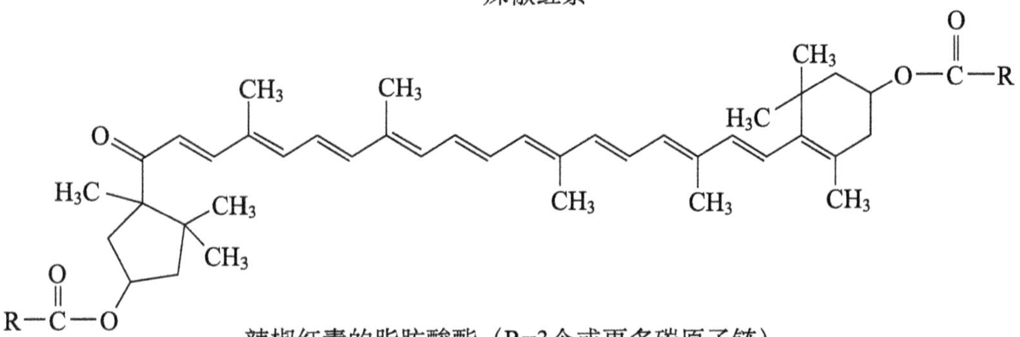

辣椒红素的脂肪酸酯（R=3个或更多碳原子链）

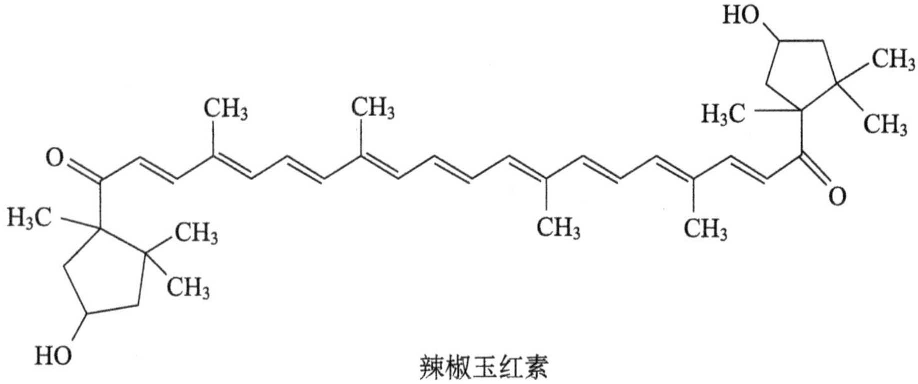

辣椒玉红素

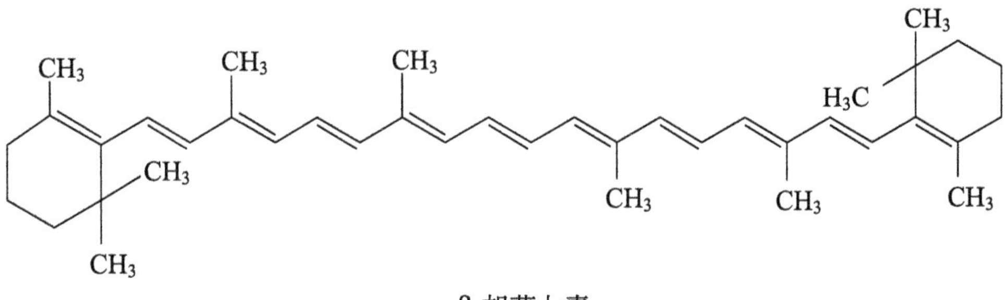

β-胡萝卜素

本实验内容为红辣椒经萃取得到一个色素的粗混合物，然后用薄层层析进行分析，选取最佳的展开溶剂，使色素斑点清晰。在鉴定出主要成分红色素之后，再用柱层析将红色素分离。经柱层析收集的洗脱液用薄层层析进行鉴定，合并含有相同红色素的组分，然后用红外光谱（infrared，IR）进行结构测定。

（三）实验步骤

1. 辣椒红色素的萃取、浓缩

在 100 mL 圆底蒸馏烧瓶中放入 5 g 红辣椒和 3 粒沸石，加入 30 mL 乙酸乙酯，水浴回流 20 min。待回流结束冷至室温后，过滤除去固体。共提取两次，合并提取液。利用旋转蒸发仪浓缩提取液。

2. 红辣椒色素的 TLC 实验

准备两个薄层层析缸，用不同的溶剂进行薄层层析实验，从中找出具有最佳分离效果的展开剂，并以此作为下一步柱层析洗脱剂选择的根据。进行薄层层析实验时，注意样品的浓度要适宜，点样点要均匀。记录每一点的颜色并计算各点的 R_f 值。

薄层层析的操作如下：

（1）将毛细管的尖端浸入待分析的溶液中。

（2）把装有一小段溶液的毛细管尖端轻轻接触层析板，产生直径小于 2 mm 的斑点，此斑点距层析板边沿应超过 0.5 cm，不可将斑点浸没在展开剂中。如果溶液太稀，可在同一位置点样数次，以使层析板上有足够的样品量。

（3）可用铅笔在硅胶板上下两端各划一条直线，标记原点和展开剂前沿到达的位置。

注意每块板展开的距离都要相同。

3. 柱层析分离红色素

用湿法装柱，以石油醚为装柱溶剂，将 20 g 硅胶（100～140 目）装填到配有玻璃活塞的层析柱中。

柱填好后，将石油醚液面小心下降到层析柱硅胶上部表面。

将色素的粗混合物用约 2 mL 石油醚溶解，然后将此溶液用干净滴管小心加至层析柱硅胶表面，小心将此段溶液降至层析柱硅胶表面，再用少量石油醚洗涤层析柱管壁 2～3 次，使硅胶上面的石油醚液呈无色透明。再用选好的洗脱剂洗脱色素，收集洗脱组分（注意：当洗脱液颜色改变时，应及时更换收集瓶，不必拘泥于每瓶的收集量），当谱带移动太慢时，应考虑适当增加洗脱剂的极性。当全部色素洗脱后，停止层析。

通过洗脱液的薄层层析检验柱层析效果，使用前面所述的方法，采用硅胶 G 层析板，鉴定含有红色素的洗脱液，然后将基本上含相同色素成分的进行合并。将薄板层析效果记录在实验报告上。

4. 红色素的红外光谱鉴定

记录红色素纯样品的红外光谱（图 5-3）。将记录的谱图与红色素的标准红外谱图比较，并解释辣椒红色素的红外光谱的重要吸收峰。

辣椒红素的 IR 数据/cm^{-1}：964vs（$\gamma_{=CH, C=C\ trans}$），1049vs（ν_{C-O}），1184m［$\nu_{C(CH_3)_2}$］，1254m［$\nu_{C(CH_3)_2}$］，1365m（σ_{s, CH_3}），1397m（σ_{s, CH_3}），1455m（σ_{as, CH_3}），1553vs（$\nu_{C=C}$），1578s（$\nu_{C=C}$），1601w（$\nu_{C=C}$），1665m（$\nu_{C=O,酯基}$），1735m（$\nu_{C=O,酮基}$），2867m（ν_{s, CH_3}，

ν_{s,CH_2})，2917s（ν_{as,CH_2}），2956s（ν_{as,CH_3}），3028w（$\nu_{=CH}$），3329m（ν_{OH}）。

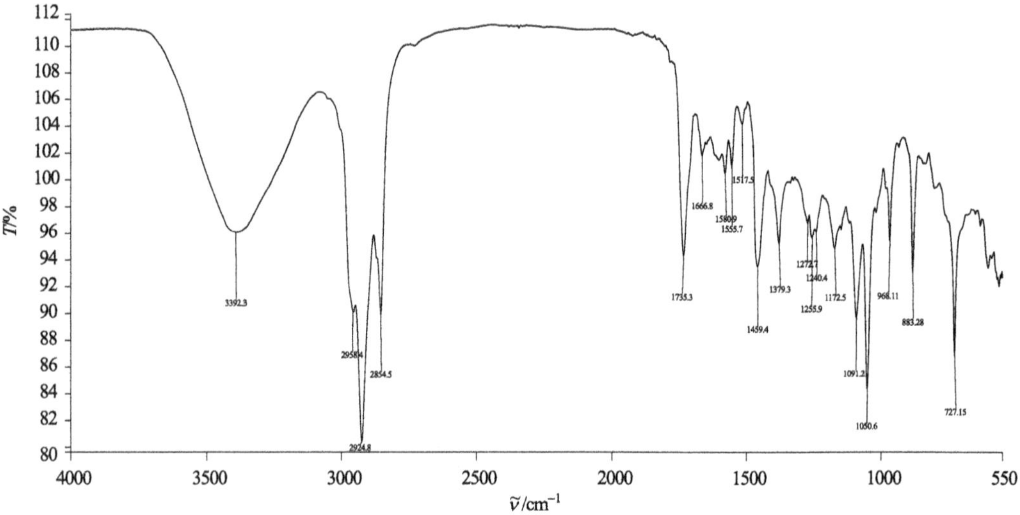

图 5-3　辣椒红色素的红外光谱图

思　考　题

1. 柱层析分离辣椒红色素，其良好的分离效果取决于哪些因素？
2. 如果要对一个未知的天然混合样品进行分析，将如何设计该样品的分离、纯化方案？

实验 13　比旋光度的测定

（一）实验目的

掌握旋光物质比旋光度的测定，学会使用旋光仪。

（二）实验原理

参见 4.11 节。

（三）实验步骤

1. 溶液的制备

准确称取 20 g 蔗糖样品，在 100 mL 容量瓶中配成水溶液。纯溶液应该是无色透明的。另配一定浓度的葡萄糖溶液，置于容量瓶中备用。

2. 旋光管装液和旋光仪零点的校正

测定样品前，先校正旋光仪的零点。将放样品用的管子洗净，装上蒸馏水，使液面凸出管口，让旋光管直立几秒钟，直至所有的空气泡逸出。将玻璃盖沿管口边缘轻轻平推盖好，然后旋上螺旋盖帽，使之不漏水，不要过紧，过紧会使玻璃盖产生扭力，造成管内有空隙，影响旋光测定。将样品管擦干，放入旋光仪内，罩上盖子。开启钠光灯，将标尺盘置于零点左右，旋转手轮，使视场内整个面亮度均匀一致（图 4-46），记下读数[①]。重复操作，取平均值。若零点相差太大，应重新校正。

3. 旋光度的测定

（1）将已知浓度[20 g·(100 mL)$^{-1}$]的蔗糖溶液的样品装入旋光管（必须先用该溶液洗旋光管两次）。重新调节仪器，使得到相等的视场，这时所得的读数与零点之间的差值即为该物质的观测旋光度（通常应该是 5 次读数的平均值）。记下样品管的长度及溶液的温度[②]，然后按公式计算其比旋光度及样品的纯度。纯蔗糖的比旋光度$[\alpha]_D^t=+66.5°$。

（2）按以上方法测定未知浓度的葡萄糖溶液的旋光度，已知葡萄糖溶液的比旋光度$[\alpha]_D^t=+52.7°$，计算葡萄糖溶液的浓度。

【注释】

① 也可用自动旋光仪测定，方法请见 4.11.2 节。

② 旋光度和温度也有关系。对大多数物质，用$\lambda=5.893\times10^{-7}$ m（钠光）的光源测定，温度升高 1℃时，旋光度约减少 0.3%。

思 考 题

1. 葡萄糖有变旋现象，假设给定一个新配制的 α-葡萄糖和 β-葡萄糖的混合溶液，将如何测定溶液中葡萄糖的浓度?

2. 实验测得旋光度以 60°出现，解释为+420°、−300°等同样是可以的。如何判断哪个旋光度是正确的?

第 6 章　常数测定和化合物的性质

常 数 测 定

实验 14　阿伏伽德罗常量的测定

（一）实验目的

了解电解法测定阿伏伽德罗常量的原理和方法，并学习电解操作。

（二）实验原理

阿伏伽德罗常量（N_A）是化学中十分重要的物理常量，有多种测定方法。本实验采用电解法测定。

若用两块已知质量的铜片分别作电解池的阴极和阳极、以硫酸铜溶液作电解质进行电解，则有以下电极反应：

阴极反应　$Cu^{2+} + 2e^- \longrightarrow Cu$

阳极反应　$Cu \longrightarrow Cu^{2+} + 2e^-$

电解时，如电流强度为 I(A)，则在时间 t(s)内通过的总电量 Q（C 或 A·s)为

$$Q = It$$

设阴极上铜片增加的质量为 m(g)，则阴极上每增加 1 g 铜所需电量 Q 为 (It/m)(C·g^{-1})，铜的摩尔质量为 63.5 g·mol^{-1}，所以电解得到 1 mol 铜所需的电量 Q 为

$$Q = \frac{It}{m} \times 63.5$$

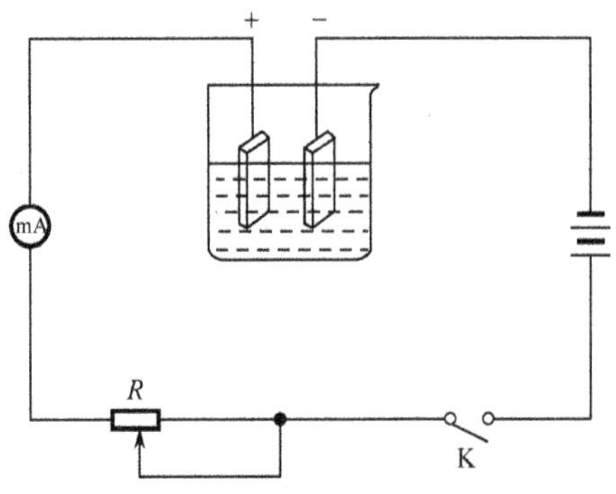

图 6-1　电解装置

mA. 毫安表　K. 开关　R. 变阻箱

已知一个一价离子所带的电量 Q（1 个电子带的电量）是 1.60×10^{-19} C，一个二价离子（Cu^{2+}）所带的电量 Q 便是 $2 \times 1.60 \times 10^{-19}$ C，则1 mol铜所含的原子数目即 N_A为

$$N_A = \frac{It \times 63.5}{m \times 2 \times 1.60 \times 10^{-19}}$$

（三）实验步骤

取 3 cm×5 cm 的薄紫铜片两块，用砂纸擦去表面氧化物，然后用水洗净，再用蘸有乙醇的棉花擦净晾干，在分析天平上称量。一片作阴极，另一片作阳极。

在 100 mL 烧杯中加入约 80 mL $CuSO_4$溶液，将两块铜片插入 $CuSO_4$溶液中，浸入高度约为铜片高度的 2/3，两块铜片之间的距离保持约 1.5 cm，然后按图6-1安装装置。

直流电源的电压控制为 10 V，实验开始时，电阻控制在 70 Ω 左右，按下开关，迅速调节电阻使毫安表指针在 100 mA 处，同时准确记下时间，通电 60 min 后，拉开开关，停止电解。在整个电解期间，电流应保持恒定，如有变动，需及时调节电阻以维持恒定。

取下阴阳极铜片，放进水中漂洗干净后，再放入乙醇中漂洗一次，晾干后在分析天平上称量，记录实验结果并处理数据，分析误差产生的主要原因。

思考题

1. 电解过程中，如果电流不能维持恒定，对实验结果将有什么影响？
2. 计算阿伏伽德罗常量时，用阳极铜片的减重与用阴极铜片的增重，哪个更合理？

实验 15　$I_3^- \rightleftharpoons I_2 + I^-$ 体系平衡常数的测定

（一）实验目的

（1）测定 $I_3^- \rightleftharpoons I_2 + I^-$ 体系的平衡常数，加深对化学平衡和平衡常数的理解。

（2）学习滴定操作。

（二）实验原理

碘溶解于碘化钾溶液，主要生成 I_3^-。在一定温度下，存在以下平衡：

$$I_3^- \rightleftharpoons I_2 + I^-$$

其平衡常数是

$$K_a = \frac{a_{I_2} a_{I^-}}{a_{I_3^-}} = \frac{[I_2][I^-]}{[I_3^-]} \frac{\gamma_{I_2} \gamma_{I^-}}{\gamma_{I_3^-}}$$

式中，a、[ ]、γ 分别表示各物质的活度、物质的量浓度、活度系数。K_a越大，表示 I_3^- 越不稳定，故 K_a又称为 I_3^- 的不稳定常数。

在离子强度不大的溶液中，由于

$$\frac{\gamma_{I_2} \gamma_{I^-}}{\gamma_{I_3^-}} \approx 1$$

故

$$K_a \approx \frac{[I_2]\ [I^-]}{[I_3^-]} = K_c$$

为了测定上述平衡体系中各组分的浓度，可将已知浓度 c 的 KI 溶液与过量的固体碘一起振荡，平衡后用标准 $Na_2S_2O_3$溶液滴定，便可求得溶液中碘的总浓度 c_1（$[I_3^-]_平 + [I_2]_平$）。其中的 $[I_2]_平$可用 I_2在纯水中的饱和浓度代替。因此，将过量的碘与蒸馏水一起振荡，平衡后用标准 $Na_2S_2O_3$溶液滴定，就可以确定 I_2的平衡浓度 $[I_2]_平$，同时也确定了 $[I_3^-]_平$

$$[I_3^-]_平 = c_1 - [I_2]_平$$

由于形成一个 I_3^- 要消耗一个 I^-，所以平衡时 I^- 的浓度为

$$[I^-]_{平}=c-[I_3^-]_{平}$$

将 $[I_2]_{平}$、$[I_3^-]_{平}$、$[I^-]_{平}$ 代入 K_c 表达式便可求出该温度下的平衡常数 K_c。

(三) 实验步骤

(1) 取 3 个 100 mL 干燥的碘量瓶和一个 500 mL 碘量瓶，按表 6-1 所列的量配制溶液。

表 6-1 溶液的配制方法

编　号	1	2	3	4
$c_{KI}/(mol \cdot L^{-1})$	0.100	0.200	0.300	—
V_{KI}/mL	50	50	50	—
m_{I_2}/g	2.0	2.0	2.0	2.0
V_{H_2O}/mL	—	—	—	250

(2) 将配好的溶液在室温下强烈振荡 25 min，静置，待过量的固体 I_2 沉于瓶底后，取清液分析①。

(3) 在 1～3 号瓶中分别吸取上层清液 10.00 mL 于锥形瓶中，加入 30 mL 蒸馏水，用标准 $Na_2S_2O_3$ 溶液滴定至淡黄色，然后加入 2 mL 淀粉溶液，继续滴定至蓝色刚好消失，记下 $Na_2S_2O_3$ 消耗的体积。于第 4 号瓶中量取出 100 mL 清液，以标准 $Na_2S_2O_3$ 溶液滴定，记录消耗的体积。

(4) 记录和结果。

(i) 列表记录有关数据，分别求出碘的总浓度 c_1 和 $[I_2]_{平}$。

(ii) 分别求出三种编号溶液中的 $[I_3^-]_{平}$、$[I^-]_{平}$ 以及平衡常数 K_c。

【注释】

① 由于碘易挥发，吸取清液后应尽快滴定，不要放置太久，在滴定时不宜过于剧烈地摇动溶液。本实验所有含碘废液都要回收。

思 考 题

1. 在固体碘和 KI 溶液反应时，如果碘的量不够，将有什么影响？碘的用量是否一定要准确称量？

2. 实验过程中，下列操作对实验结果将产生什么影响？

(1) 吸取清液进行滴定时不小心吸进一些碘微粒。

(2) 饱和的碘水放置很久才进行滴定。

(3) 振荡时间不够。

实验 16　弱电解质电离度与电离常数的测定

在水溶液中仅能部分电离的电解质称为弱电解质。弱电解质的电离平衡是可逆过程，当正、逆过程速率相等时，分子和离子之间就达到了动态平衡，这种平衡称为电离平衡。一般

只要设法测定平衡时各物质的浓度便可求得平衡常数。通常，测定平衡常数的方法有目测法、pH 法、电导率法、电化学法和分光光度法等，本实验利用 pH 法和电导率法测定乙酸的电离常数。

Ⅰ. pH 法测定乙酸的电离常数和电离度

（一）实验目的

（1）测定乙酸的电离常数，加深对电离度和电离常数的理解。

（2）学习正确使用 pH 计。

（3）复习移液管、吸量管和容量瓶的使用方法。

（二）实验原理

乙酸（CH_3COOH）简写成 HAc，在溶液中存在以下电离平衡：

$$HAc \rightleftharpoons H^+ + Ac^-$$

其平衡常数为

$$K_i = \frac{[H^+][Ac^-]}{[HAc]}$$

式中，$[H^+]$、$[Ac^-]$ 和 [HAc] 分别是 H^+、Ac^- 和 HAc 的平衡浓度。HAc 溶液的总浓度可用标准 NaOH 溶液滴定测得。一定温度下，溶液中电离出 H^+ 的浓度可以用 pH 计测定 HAc 溶液的 pH 计算出来。另外，根据各物质之间的浓度关系，求出 $[Ac^-]$ 和 [HAc] 后代入上式便可计算出该温度下的 K_i 值，并可计算出电离度 α。

（三）实验步骤

（1）用 0.2 $mol \cdot L^{-1}$ NaOH 标准溶液测定 HAc 溶液的浓度，以酚酞作指示剂。

（2）分别吸取 2.50 mL、5.00 mL 和 25.00 mL 上述 HAc 溶液于 3 个 50 mL 容量瓶中，定容，并分别计算出各溶液的准确浓度。

（3）用 4 个干燥的 50 mL 烧杯，分别取约 30 mL 上述 3 种浓度的 HAc 溶液及未稀释的 HAc 溶液，由稀到浓分别用 pH 计测定它们的 pH。

（4）记录和结果。

（i）以表 6-2 形式列出实验数据，并计算电离常数 K_i 及电离度 α。

表 6-2　溶液的配制方法与结果记录

编号	V_{HAc}/ mL	c_{HAc}/ ($mol \cdot L^{-1}$)	pH				$[H^+]$	K_i	α/%
			1	2	3	平均值	/($mol \cdot L^{-1}$)		
1									
2									
3									
4									
	K_i的平均值与相对误差								

（ii）根据实验结果讨论 HAc 电离度与其浓度的关系。

思　考　题

1. 在乙酸溶液的平衡体系中，未电离的 HAc、H^+和 Ac^- 的浓度是如何获得的？
2. 在测定同一种电解质溶液的不同 pH 时，测定的顺序为什么要由稀到浓？
3. 用 pH 计测定溶液的 pH 时，怎样正确使用玻璃电极？

Ⅱ. 电导率法测定乙酸的电离常数和电离度

（一）实验目的

（1）学习电导率法测定乙酸的电离常数。

（2）了解电导率仪的正确使用方法。

（二）实验原理

电解质溶液导电能力的大小常以电阻 R 或电导 G 表示，电导为电阻的倒数，电阻的单位为欧(Ω)，电导的单位为西(S)。

温度一定时，两电极间溶液的电导与电极之间的距离 l 成反比，与电极的面积 A 成正比：

$$G=\kappa\frac{A}{l} \tag{6-1}$$

式中，κ 为电导率，即两电极距离为 1 cm、电极面积为 1 cm^2 时溶液的电导（单位 $S\cdot cm^{-1}$）。当两电极距离 l 和面积 A 一定时，l/A 为一常数，称为电极常数。

距离为 1 cm 的两平行电极间放置含有 1 mol 电解质溶液的电导率称为摩尔电导率 Λ_m（为了便于应用摩尔电导率比较电解质的导电能力，故取 $1/n$ 电解质化学式量为摩尔的基本单元)。摩尔电导率和电导率有以下关系：

$$\Lambda_m=\frac{1000\kappa}{nc} \tag{6-2}$$

式中，c 为电解质溶液的物质的量浓度（以电解质的化学式量为基本单元)；n 为一式量溶质中阴离子或阳离子的电荷总数。

溶液无限稀释时的摩尔电导率称为极限摩尔电导率 Λ_0。一定温度下，溶液的摩尔电导率和离子的真实浓度成正比。当溶液无限稀释时，弱电解质可看成全部电离，此时测得的电导率为极限摩尔电导率。一定温度下各种弱电解质的 Λ_0有一定值，表 6-3 是 HAc 的极限摩尔电导率。对于某一弱电解质，其电离度 α 等于浓度为 c 的摩尔电导率 Λ_m和 Λ_0之比：

$$\alpha=\frac{\Lambda_m}{\Lambda_0} \tag{6-3}$$

表 6-3　不同温度下 HAc 的极限摩尔电导率

t/℃	0	18	25	30
$\Lambda_0/(S\cdot cm^2\cdot mol^{-1})$	245	349	390.7	421.8

HAc 在溶液中电离达到平衡时有以下关系：

$$K_i = \frac{c\alpha^2}{1-\alpha} \tag{6-4}$$

将式（6-3）代入式（6-4）得

$$K_i = \frac{c\Lambda_m^2}{\Lambda_0(\Lambda_0 - \Lambda_m)} \tag{6-5}$$

将式（6-2）代入式（6-5）得

$$K_i = \frac{\kappa^2 \times 10^6}{n\Lambda_0(nc\Lambda_0 - \kappa \times 10^3)} \tag{6-6}$$

因此，只要测得 HAc 的浓度和对应的电导率，便可求得一定温度下 HAc 的电离常数。

（三）实验步骤

（1）按照 pH 法配制不同浓度的 HAc 溶液。

（2）由稀到浓测定溶液的电导率。

（3）记录和结果。

实验数据以表 6-4 形式列出，计算 HAc 的电离常数 K_i 和电离度 α，并与 pH 法的结果进行比较分析。

表 6-4　溶液的配制方法与结果记录

编　号	V_{HAc}/ mL	c_{HAc}/ (mol · L^{-1})	κ/ (μS · cm^{-1})				K_i	α/%
			1	2	3	平均值		
1								
2								
3								
4								
K_i的平均值与相对误差								

思　考　题

1. 弱电解质的电导率与哪些因素有关？什么是极限摩尔电导率？
2. 使用电导率仪应注意哪些问题？

实验 17　碘酸铜溶度积的测定

（一）实验目的

（1）了解用光电比色法测定碘酸铜溶度积的原理和方法。

（2）熟悉分光光度计的使用方法。

(二) 实验原理

碘酸铜是难溶强电解质，其饱和水溶液中存在以下平衡：

$$Cu(IO_3)_2(s) \rightleftharpoons Cu^{2+}(aq) + 2IO_3^-(aq)$$

一定温度下，溶液中 Cu^{2+} 与 IO_3^- 平衡浓度平方的乘积是一个常数：$K_{sp}=[Cu^{2+}]\cdot[IO_3^-]^2$①，如果能测得其中的 $[Cu^{2+}]$ 和 $[IO_3^-]$，就可以求算出该温度下的溶度积常数 K_{sp}。

本实验由硫酸铜和碘酸钾作用制备 $Cu(IO_3)_2$ 饱和溶液，然后利用饱和溶液中的 Cu^{2+} 与过量 $NH_3\cdot H_2O$ 作用生成深蓝色的$[Cu(NH_3)_4]^{2+}$，这种配离子对波长 600 nm 的光具有强吸收，而且在一定浓度下，它对光的吸收程度（用吸光度 A 表示）与溶液浓度成正比。因此，由分光光度法测得 $Cu(IO_3)_2$ 饱和溶液中 Cu^{2+} 与 $NH_3\cdot H_2O$ 作用后生成的 $[Cu(NH_3)_4]^{2+}$ 溶液的吸光度，利用工作曲线并通过计算就能确定饱和溶液中 $[Cu^{2+}]$。

利用平衡时 $[Cu^{2+}]$ 与 $[IO_3^-]$ 的关系，就能求出碘酸铜的溶度积 K_{sp}。

(三) 实验步骤

1. $Cu(IO_3)_2$的制备

用 2.0 g $CuSO_4\cdot 5H_2O$ 和 3.4 g KIO_3 与适量水反应制得 $Cu(IO_3)_2$ 沉淀，用蒸馏水洗涤沉淀至无 SO_4^{2-} 为止。

2. $Cu(IO_3)_2$饱和溶液的制备

将上述制得的 $Cu(IO_3)_2$ 固体配制成 80 mL 饱和溶液。用干的双层滤纸过滤，滤液收集于一个干燥的烧杯中。

3. 工作曲线的绘制

分别吸取 0.40 mL、0.80 mL、1.20 mL、1.60 mL 和 2.00 mL 0.100 $mol\cdot L^{-1}$ $CuSO_4$ 溶液于 5 个 50 mL 容量瓶中，各加入4 mL (1+1)$NH_3\cdot H_2O$，定容。

以蒸馏水作参比液，选用 1 cm 比色皿，选择入射光波长为 600 nm，用分光光度计分别测定各溶液的吸光度，并绘制工作曲线。

4. 饱和溶液中 Cu^{2+} 浓度的测定

吸取 20.00 mL 过滤后的 $Cu(IO_3)_2$ 饱和溶液于 50 mL 容量瓶中，加入4 mL (1+1)$NH_3\cdot H_2O$，定容。按步骤 3. 的条件测定溶液的吸光度。并求出饱和溶液中的 $[Cu^{2+}]$。

5. $Cu(IO_3)_2$的 K_{sp} 计算

根据饱和溶液中 Cu^{2+} 的浓度，计算 $Cu(IO_3)_2$ 的 K_{sp}。

【注释】

① 严格来说应以离子活度代替离子浓度。

思 考 题

1. 怎样制备 $Cu(IO_3)_2$ 饱和溶液？若 $Cu(IO_3)_2$ 溶液未达饱和，对测定结果有什么影响？
2. 过滤 $Cu(IO_3)_2$ 饱和溶液时若有 $Cu(IO_3)_2$ 固体穿过滤纸，将对实验结果产生什么影响？

实验 18　磺基水杨酸铜配合物组成与稳定常数的测定

(一) 实验目的

(1) 了解分光光度法测定溶液中配合物的组成和稳定常数的原理。

(2) 进一步熟悉分光光度计的使用。

(二) 实验原理

根据朗伯-比尔定律，溶液中有色物质对光的吸收程度（吸光度 A）与液层的厚度及有色物质的浓度成正比。当液层厚度不变，吸光度便只与有色物质的浓度成正比。

为了测定配合物的组成和稳定常数，被测的配离子 ML_n（省去电荷）中心离子 M 与配位体 L 在溶液中本身最好是无色的，而且在一定条件下它们只生成一种配合物；如果有色也必须在选定的波长下不吸收。

Cu^{2+} 与磺基水杨酸（简写为 H_3L）在 pH 约为 5 时形成 1∶1 配离子，显亮绿色，pH>8.5 形成 1∶2 配离子显深绿色，已知 pH 在 4.5～4.8 的溶液中选用波长为 440 nm 的单色光，H_3L 不吸收，Cu^{2+} 对光也几乎不吸收，而它们形成的配合物有强吸收。

本实验是用等物质的量系列法进行测定，即由 M 溶液和 L 溶液配成一系列溶液，其中 M 和 L 总的物质的量不变，但两者的物质的量分数连续变化。测定它们的吸光度并作出吸光度-组成图，与吸光度极大值相对应的溶液组成便是该配合物的组成。

利用等物质的量系列法还可以求算配合物的稳定常数。由图 6-2 可见，当 M 浓度较低、L 浓度较高，或 M 浓度较高、L 浓度较低时，吸光度 A 与配合物浓度几乎成直线关系，当 M 和 L 浓度之比接近配合物组成时，吸光度 A 几乎不随溶液组成变化而变化（为什么?）。图中 E 为曲线两侧直线部分的延长线交点，它对应假定配合物在溶液中完全不电离时的吸光度的极大值（A_1）。B 对应实验测得的吸光度极大值（A_2）。显然，配合物的电离度越大，A_1 与 A_2 的差值就越大，所以对于配位平衡

$$M+L \rightleftharpoons ML$$

其电离度 α 为

$$\alpha=\frac{A_1-A_2}{A_1}$$

表观稳定常数 $K_稳$ 为

$$K_{稳}=\frac{[ML]}{[M][L]}=\frac{1-\alpha}{\alpha^2 c_M}$$

式中，c_M 为图 6-2 中 E 点对应的溶液中 M 离子的总浓度。

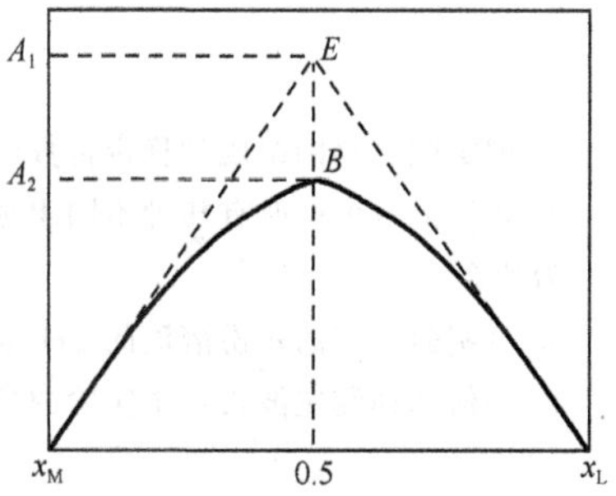

图 6-2　吸光度-组成图

（三）实验步骤

（1）在 13 个 50 mL 干净烧杯中，按表 6-5 的要求配制 0.05 mol · L^{-1} H_3L 与 0.05 mol · L^{-1} $Cu(NO_3)_2$ 的系列混合溶液。

表 6-5　系列混合溶液的配制

溶液编号		1	2	3	4	5	6	7	8	9	10	11	12	13
V_{H_3L}/mL		0	2.0	4.0	6.0	8.0	10	12	14	16	18	20	22	24
$V_{Cu(NO_3)_2}$		24	22	20	18	16	14	12	10	8.0	6.0	4.0	2.0	0
$x_L=\frac{V_L}{V_L+V_M}$														
吸光度 A	1													
	2													
	3													
	平均值													

（2）使用电磁搅拌器和 pH 计调节溶液 pH 为 4.5～4.8（先用 1 mol · L^{-1} NaOH 调，当 pH 至 3～4 时改用 0.05 mol · L^{-1}NaOH）。

（3）调好 pH 的溶液分别定量转移到 50 mL 容量瓶中，用已调节 pH 为 4.5～4.8 的 0.1 mol · L^{-1} KNO_3溶液定容。

（4）在波长为 440 nm 的条件下用分光光度计分别测定各溶液的吸光度。

（5）记录实验数据。

以吸光度 A 为纵坐标，磺基水杨酸摩尔分数 x_L为横坐标作吸光度-组成图①，求出实验条件下配合物 CuL_n的组成和表观稳定常数 $K_{稳}$。

【注释】

① 作图要求：用铅笔在坐标纸作图或用计算机作图；横、纵坐标比例要合适，保证切线接近 45°或 135°；用曲线板作图以便曲线光滑，实验点尽量在曲线两侧均匀分布；按照数学要求作切线。

思　考　题

1. 测定配合物的组成和稳定常数的方法有哪些？

2. 如果溶液中同时有几种不同组成的有色配合物存在，能否用本实验方法测定它们的组成和稳定常数？为什么？

3. 本实验测定的每份溶液的 pH 是否需要完全一致？为什么？

4. 如何选择测定波长？本实验的参比溶液是什么？

元素性质

实验 19　主族元素化合物的性质

(一) 实验目的

(1) 熟练掌握试管操作。
(2) 学习离心分离操作。
(3) 学习主族元素一些化合物的化学性质。

(二) 实验内容

1. 卤离子的还原性

向 3 支盛有绿豆大小的 KI、KBr 和 KCl 固体的试管中分别加入 0.5 mL 浓硫酸，观察反应产物的颜色和状态。把湿的乙酸铅试纸、湿的 KI-淀粉试纸和湿的 pH 试纸分别伸向装有 KI、KBr 和 KCl 的试管口上，检查产生的各是什么气体？

2. 氯含氧酸盐的氧化性

往 3 支试管中分别加入 NaClO、$KClO_3$和 $KClO_4$溶液，然后加入 KI-淀粉溶液，观察现象。向观察不到明显现象的试管中加入 H_2SO_4酸化，再观察现象。根据实验说明上述 3 种物质氧化能力的强弱。

3. 过氧化氢的氧化还原性

(1) 氧化性：取 1 小片 $Pb(Ac)_2$试纸，加 1 滴 H_2S 的水溶液，则有黑色的 PbS 生成。再向试纸上滴 1 滴 3%的 H_2O_2溶液，观察有何现象。

(2) 还原性：取少量 3% H_2O_2 溶液，用 H_2SO_4 酸化，再滴加 2 滴 0.01 mol · L^{-1} $KMnO_4$溶液，观察现象。

4. 过硫酸盐的氧化性

向盛有 1 滴 0.1 mol · L^{-1} $MnSO_4$溶液的试管中加入 1 mL 3 mol · L^{-1} H_2SO_4、2～3 滴 $AgNO_3$溶液，再加入少量 $K_2S_2O_8$ 固体，小心加热，观察现象；另取 1 支试管，不加 $AgNO_3$，进行对照实验。比较两实验现象的差别并解释原因。

5. 亚硝酸的氧化还原性

利用 0.5 mol · L^{-1} $NaNO_2$、0.1 mol · L^{-1} KI、0.02 mol · L^{-1} $KMnO_4$和 1 mol · L^{-1} H_2SO_4试剂，试验 HNO_2的氧化还原性质。写出实验的试剂用量、步骤、现象和有关的反应式。

6. 硝酸根的检验

取少量 $FeSO_4 \cdot 7H_2O$ 固体于试管中，滴加 1 滴 0.5 mol · L^{-1} $NaNO_3$溶液及 1 滴浓

H_2SO_4，静置，观察现象。反应式为

$$3Fe^{2+} + NO_3^- + 4H^+ \longrightarrow 3Fe^{3+} + NO + 2H_2O$$

$$Fe^{2+} + NO + SO_4^{2-} \longrightarrow Fe(NO)SO_4\text{(棕色)}$$

7. 磷酸根、焦磷酸根和偏磷酸根的鉴别

(1) 分别向 0.1 mol·L^{-1} Na_2HPO_4、$Na_4P_2O_7$ 和 $NaPO_3$ 溶液中滴加 0.1 mol·L^{-1} $AgNO_3$ 溶液，观察发生的现象。生成的沉淀是否溶于 2 mol·L^{-1} HNO_3？

(2) 用 2 mol·L^{-1} HAc 酸化磷酸盐、焦磷酸盐和偏磷酸盐溶液，再分别加入蛋白溶液，各发生什么现象？

根据以上实验，说明 PO_4^{3-}、$P_2O_7^{4-}$ 和 PO_3^- 的鉴别方法，并列表表示实验结果。

8. Sn^{2+}、Pb^{2+}、Sb^{3+}、Bi^{3+} 氢氧化物的酸碱性

现有 0.1 mol·L^{-1} 的 $SnCl_2$、$Pb(NO_3)_2$、$SbCl_3$ 和 Bi $(NO_3)_3$，2 mol·L^{-1}、6 mol·L^{-1} 和 40% 的 NaOH 溶液，制备少量氢氧化物沉淀，并试验这些氢氧化物的酸碱性。写出步骤、现象、试剂用量，并列表表示实验结果。

9. Sn、Pb、Bi 不同价态离子的氧化还原性

(1) Sn（Ⅱ）的还原性：在 0.1 mol·L^{-1} $HgCl_2$ 溶液中逐滴加入 0.1 mol·L^{-1} $SnCl_2$ 溶液，观察现象。

(2) Pb（Ⅳ）的氧化性：往试管中加入少量 PbO_2(s)，并加入 3 mol·L^{-1} H_2SO_4 酸化，再加入 1 滴 0.1 mol·L^{-1} $MnSO_4$ 溶液，水浴加热，观察现象。

(3) Bi（Ⅲ）的还原性和 Bi（Ⅴ）的氧化性：在试管中加入少量 $Bi(NO_3)_3$ 溶液，再加 6 mol·L^{-1} NaOH 溶液和氯水，水浴加热，观察现象。离心分离弃去上层清液，再向沉淀中加浓 HCl，观察现象，并鉴别放出的气体产物。写出反应式并解释原因。

思 考 题

1. 为什么过氧化氢既可作氧化剂又可作还原剂？用 H_2O_2 还原 $KMnO_4$ 时，什么条件下 MnO_4^- 被还原为 Mn^{2+}，什么条件下还原为 MnO_2？

2. 为什么 $K_2S_2O_8$ 与 Mn^{2+} 的反应要在足够的酸性介质中进行？介质酸性不足有什么影响？

3. 为什么在一般情况下不使用 HNO_3 作为酸性反应介质？

4. As（Ⅲ）、Sb（Ⅲ）和 Bi（Ⅲ）被氧化时为什么要在碱性介质中，而 Pb（Ⅳ）、As（Ⅴ）、Sb（Ⅴ）、Bi（Ⅴ）被还原时则用酸性介质？

5. 在 PbO_2(s) 氧化 Mn^{2+} 时，为什么用 H_2SO_4 介质而不用 HCl 或 HNO_3 介质？

实验 20　过渡金属元素化合物的性质

（一）实验目的

(1) 试验 ds、d 区某些元素化合物的性质。

（2）试验 ds、d 区元素配合物的生成和性质。

（3）试验 d 区某些配合物在金属离子鉴定中的应用。

（二）实验内容

1. Cu^{2+}、Ag^{+}、Zn^{2+} 的氨合物

分别往 $CuSO_4$、$AgNO_3$、$ZnSO_4$溶液中滴加 2mol·L^{-1}氨水，观察沉淀的生成与溶解。设计实验确定 $CuSO_4$与氨水反应生成的配合物的内界和外界。

2. 银镜的制作

在洗净的试管中加入少量 $AgNO_3$溶液，滴加 2 mol·L^{-1}氨水至生成的沉淀刚好溶解。往溶液中加入少量 10%葡萄糖溶液，并水浴加热，观察现象。

3. Cu（Ⅰ）化合物及其性质

取 0.5～1 mL 0.1 mol·L^{-1} $CuSO_4$ 溶液，加入过量的 6 mol·L^{-1} NaOH 溶液使 $Cu(OH)_2$沉淀完全溶解。滴加数滴 10%葡萄糖溶液，摇匀，水浴微热，观察现象。当绛蓝色溶液刚刚褪色时，立即取出试管离心分离，并尽量吸干上层清液。往沉淀中加入 0.5～1 mL 3 mol·L^{-1} H_2SO_4，水浴微热并用玻璃棒不断搅拌沉淀，观察实验现象。

4. Fe^{2+}、Co^{2+}、Ni^{2+} 的还原性

在$(NH_4)_2Fe(SO_4)_2$、$CoCl_2$、$NiSO_4$溶液中分别加入 6 mol·L^{-1} NaOH，观察现象。将沉淀放置一段时间后，观察有何变化。再将 Co^{2+}、Ni^{2+}生成的沉淀各分成 2 份，分别加入 3%H_2O_2溶液和溴水，各有什么变化？比较 Fe^{2+}、Co^{2+}和 Ni^{2+}还原性的差异。

5. 锰化合物的氧化还原性

（1）Mn^{2+}的还原性：试验碱性介质中 $MnSO_4$溶液与溴水的作用。

（2）Mn(Ⅳ)的氧化还原性和 Mn(Ⅵ)的性质。

（i）在少许 MnO_2固体中加入 2 mL 浓 HCl，观察深棕红色液体的生成。把此溶液微热，颜色有何变化？检验有无 Cl_2产生。

（ii）取少量 MnO_2固体，加入约 10 滴 40%NaOH 溶液和 1 滴 0.1 mol·L^{-1} $KMnO_4$溶液，搅拌微热后静止片刻，离心分离。观察上层清液 Mn（Ⅵ）的特征颜色。取出上层清液，加入 3 mol·L^{-1} H_2SO_4酸化，观察溶液颜色的变化和沉淀的析出。此现象说明 Mn(Ⅵ)的什么性质？

（3）Mn(Ⅶ）的氧化性：分别试验 Na_2SO_3溶液在酸性、中性和碱性介质中与 $KMnO_4$的作用。

6. 钴和镍氨配合物的生成及性质

（1）钴氨配合物的生成和性质：往 0.1 mol·L^{-1} $CoCl_2$溶液中逐滴加入浓氨水，观察沉淀的产生和溶解。将溶液静置一段时间，部分$Co(NH_3)_6^{2+}$会被氧化成 $Co(NH_3)_6^{3+}$，观察溶液颜

色的变化。反应式为

$$Co^{2+} + NH_3 \cdot H_2O + Cl^- = Co(OH)Cl(s) + NH_4^+$$

$$Co(OH)Cl + NH_4^+ + 5NH_3 \cdot H_2O = Co(NH_3)_6^{2+} + Cl^- + 6H_2O$$

$$4Co(NH_3)_6^{2+} + O_2 + 4NH_4^+ + 2H_2O = 4Co(NH_3)_6^{3+} + 4NH_3 \cdot H_2O$$

(2) 镍氨配合物的生成和性质：向 $NiSO_4$溶液中滴加 2 mol · L^{-1}氨水，观察沉淀的生成和溶解。然后往溶液中加入 2 mol · L^{-1}NaOH，观察有何变化。反应式为

$$2Ni^{2+} + SO_4^{2-} + 2NH_3 \cdot H_2O = Ni_2(OH)_2(SO_4)(s) + 2NH_4^+$$

$$Ni_2(OH)_2(SO_4) + 2NH_4^+ + 10NH_3 \cdot H_2O = 2Ni(NH_3)_6^{2+} + 12H_2O + SO_4^{2-}$$

$$Ni(NH_3)_6^{2+} + 2OH^- + 6H_2O = Ni(OH)_2(s) + 6NH_3 \cdot H_2O$$

7. 配合物的应用——金属离子的鉴定

(1) Co^{2+}的鉴定：向 $CoCl_2$溶液中加入戊醇（或丙酮）后，再滴加饱和KNCS溶液，观察现象。

(2) Ni^{2+}的鉴定：向 $NiSO_4$溶液中加入 2 mol · L^{-1}氨水使介质呈弱碱性，再加入 1 滴 1%丁二酮肟溶液，观察现象。反应式为

$$Ni^{2+} + 2\begin{matrix} CH_3C{=}NOH \\ | \\ CH_3C{=}NOH \end{matrix} + 2NH_3 \cdot H_2O = Ni\left[\begin{matrix} CH_3C{=}NO \\ | \\ CH_3C{=}NOH \end{matrix}\right]_2(s) + 2NH_4^+ + 2H_2O$$

(3) Ti（Ⅵ）的鉴定：在少量 $TiOSO_4$溶液中滴加 3%H_2O_2，观察现象。反应式为

$$2SO_4^{2-} + TiO^{2+} + H_2O_2 = [Ti(O_2)(SO_4)_2]^{2-} + H_2O$$

(4) V（Ⅴ）的鉴定：取 3 滴 0.01 mol · L^{-1} NH_4VO_3溶液，加入 3 滴 3 mol · L^{-1} H_2SO_4酸化，摇匀后放置几分钟，再加入 1 滴 3%H_2O_2溶液（必要时再加 1 滴 H_2O_2），观察现象。反应式为

$$2NH_4VO_3 + 2H_2O_2 + 4H_2SO_4 = [V(O_2)]_2(SO_4)_3 + (NH_4)_2SO_4 + 6H_2O$$

若 H_2O_2过量，则过氧钒盐转化为黄色过氧原钒酸

$$\underset{\text{棕红到粉红}}{[V(O_2)]_2(SO_4)_3} + 6H_2O \underset{H_2SO_4}{\overset{H_2O_2}{\rightleftharpoons}} \underset{\text{黄色}}{2[V(O_2)](OH)_3} + 3H_2SO_4$$

思 考 题

1. 银镜制作利用了 Ag^+的什么性质？反应前为什么要把 Ag^+转化为 $Ag(NH_3)_2^+$？镀在试管上的银如何洗掉？

2. 反应 $Cu_2O + H_2SO_4 = Cu\downarrow + CuSO_4 + H_2O$ 的热力学趋势很大，但存在动力学障碍，反应不易进行。本实验采用了哪些措施消除动力学障碍？

3. Mn^{2+}在碱介质中生成的 $MnO(OH)_2$沉淀能溶于 HCl 溶液或 $H_2SO_4 + H_2O_2$溶液，但不溶于稀 H_2SO_4或 HNO_3溶液中，为什么？

4. 在碱性介质中，氯水能把 Co^{2+}氧化成 Co^{3+}，而在酸性介质中，Co^{3+}又能把 Cl^-氧化成 Cl_2，这有矛盾吗？为什么？

实验 21　反应自由能与反应方向

(一) 实验目的

通过实验研究某些化学反应的自由能变化与反应方向，加深对热力学基本原理的理解。

(二) 实验原理

根据热力学原理，一个化学反应能否在一定条件下自发地进行，由它的自由能变化来决定。如果反应体系的自由能减小，这个反应就可以发生；如果反应体系的自由能增加，则这个反应就不能自发进行。本实验通过计算一系列化学反应自由能的变化来判断反应是否能发生，并由实验进一步加以验证。

(三) 实验内容

(1) 根据表 6-6 给出的数据和物质的状态，分别计算出各种阳离子与阴离子在水溶液中反应的 ΔG^*，并通过实验观察有关反应现象。将实验结果与计算的 ΔG^* 值作一对照，以表格形式写出实验结论并给出必要的解释。

表 6-6　一些常见离子和相应的盐（固态）的生成自由能（25℃）

阳离子 $\Delta G_f^*/(kJ \cdot mol^{-1})$	阴离子 $\Delta G_f^*/(kJ \cdot mol^{-1})$	
	−137.9 (Cl^-)	−748.2 (SO_4^{2-})
−564.3 (Ba^{2+})	−1295.8w_2	−1351.8
−555.9 (Ca^{2+})	−748.2	−1793.2w_2
−459.8 (Mg^{2+})	−593.6	−1174.6
58.52 (Cu^{2+})	−175.6	−1847.6w_5
−29.26 (Pb^{2+})	−313.5	−810.9
−154.7 (Zn^{2+})	−367.8	−2558.2w_7

注：① 表中列出的各种离子的生成自由能是在 0.1 mol · L^{-1}溶液中的数据，用 ΔG_f^* 表示，它与标准状态的 ΔG_f°关系为 $\Delta G_f^* = \Delta G_f^\circ - 2.303RT$。

② 凡标有 w_2、w_5、w_7者是指固体的结晶水数目，在计算反应的自由能变化时就要考虑到水的 ΔG_f°。

(2) 查阅有关 ΔG_f°数值，判断下列反应在标准状态下能否发生，然后进行试验，写出有关实验结论并解释。

(i) $Cu(OH)_2O(s) + NH_3 \cdot H_2O(aq) \longrightarrow Cu(NH_3)_4^{2+}(aq) + OH^-(aq) + H_2O(l)$

(ii) $Cu(NH_3)_4^{2+}(aq) + CO_3^{2-}(aq) \longrightarrow CuCO_3(s) + NH_3(g)$

(iii) $Br_2(aq) + NO_2^-(aq) \longrightarrow Br^-(aq) + NO_3^-(aq)$

(iv) $Br^-(aq) + Fe^{3+}(aq) \longrightarrow Br_2(aq) + Fe^{2+}(aq)$

(3) 从含碘废液中提取单质碘。利用实验室中的含碘废液可以提取单质碘。现给出两条提取单质碘的工艺路线，试分别根据反应的自由能变化及有关知识选择其中一个方案，并进行实验。

方案一：将含碘废液用 Na_2SO_3还原为 I^-后，用 $CuSO_4$和 Na_2SO_3与之反应，使生成

CuI 沉淀，然后用浓 HNO_3氧化，使 I_2析出，再用升华方法将 I_2提纯，其反应如下：

$$I_2+SO_3^{2-}+H_2O = 2I^-+SO_4^{2-}+2H^+$$

$$2I^-+2Cu^{2+}+SO_3^{2-}+H_2O = 2CuI(s)+SO_4^{2-}+2H^+$$

$$2CuI+8HNO_3 = 2Cu(NO_3)_2+4NO_2(g)+I_2(s)+4H_2O$$

方案二：用 $Na_2S_2O_3$代替 Na_2SO_3进行反应

$$I_2+2S_2O_3^{2-} = 2I^-+S_4O_6^{2-}$$

$$2I^-+2Cu^{2+}+2S_2O_3^{2-} = 2CuI(s)+S_4O_6^{2-}$$

$$2CuI+8HNO_3 = 2Cu(NO_3)_2+4NO_2(g)+I_2(s)+4H_2O$$

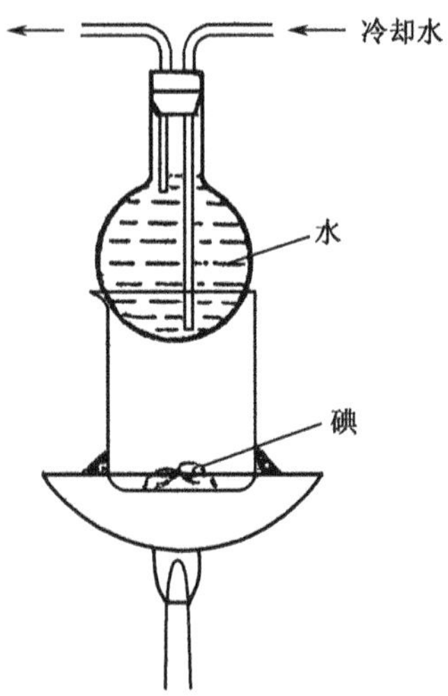

图 6-3　碘升华装置

提示：实验可按下列步骤进行：

(i) 根据含碘废液中 I^- 含量（用 Na_2SO_3或$Na_2S_2O_3$还原后标定），计算出处理一定量废液（如 300 mL）使 I^-沉淀为 CuI 所需的 Na_2SO_3或 $Na_2S_2O_3$和 $CuSO_4 \cdot 5H_2O$ 理论量。

(ii) 将 Na_2SO_3或 $Na_2S_2O_3$溶于上述废液中，并将 $CuSO_4$配成饱和溶液，在不断搅拌下滴加到废液中，加热至 70℃左右，待沉淀完全后，静置，倾去清液，最后使沉淀体积约保持在 20 mL 左右并将其转移到烧杯中。

(iii) 在烧杯上盖上表面皿，逐滴加入计算量的浓 HNO_3（通风橱内进行），搅拌，当 I_2析出后，静置，令 I_2沉降，倾去清液，用少量水洗涤 I_2晶体。

(iv) I_2的升华可用图 6-3 所示装置。将装有冷水的圆底烧瓶置于烧杯上，烧杯放在砂盘上缓慢加热至 100℃左右，在烧瓶底部就会析出碘晶体。升华结束后收集 I_2并称量。

思　考　题

1. 任何化学反应在常压条件下，如果低温时能自发进行，高温下是否也必然能自发进行？

2. 在进行化学反应实验过程中，若观察不到气体的生成、沉淀的产生或溶液颜色的变化，能否认为该反应就没有发生？

实验 22　无机未知物判别

（一）实验目的

（1）复习和巩固元素及其化合物的性质。

（2）用化学方法判别未知纯物质的化学成分。

（3）学习判别步骤简图的写法。

（二）实验内容

（1）判别下列白色固体是哪种钠盐：NaCl，$NaHCO_3$，Na_2CO_3，Na_2SO_3，Na_2SO_4，$Na_2S_2O_3$，Na_3PO_4，NaH_2PO_4，$Na_4P_2O_7$。

(2) 判别下列四种黑色或近黑色固体是何种金属氧化物：CuO，MnO_2，PbO_2，Co_2O_3。

(3) 判别下列无色溶液是何种二价金属离子的溶液：Ca^{2+}，Mg^{2+}，Ba^{2+}，Zn^{2+}，Cd^{2+}，Pb^{2+}。

有机化合物的性质

实验 23 有机化合物的元素定性分析

(一) 实验原理

在有机化合物中，常见的元素除碳、氢、氧外，还有氮、硫及卤素等。元素定性分析的目的在于检定某一有机物是由哪些元素组成的，在此基础上再进行元素定量分析或功能团的试验。

一般有机物都含有碳和氢，因此已知分析的样品是有机物后，就不必检定其中是否含有碳和氢。化合物中氧的检定，目前还没有很好的直接方法，通常是通过功能团鉴定反应或根据定量分析结果来判断其存在的。

由于组成有机化合物的原子基本上都是以共价键相互结合的，很难在水中离解成相应的离子，因此需要将样品分解，使元素转变成离子，再利用无机定性分析的方法加以鉴定。分解样品的方法很多，最常用的方法是钠熔法，即将有机物样品与金属钠混合共熔，结果有机物中的氮、硫和卤素等元素转变为氰化钠、硫化钠、硫氰化钠和卤化钠等可溶于水的无机化合物，然后进行鉴定。

$$\begin{matrix}\text{有机物}\\ \text{(含 C, H, O, N, S, X)}\end{matrix}\xrightarrow{\text{钠熔}}\begin{cases}Na_2S\\ NaCN\\ NaX\\ NaOH\\ NaCNS\end{cases}$$

1. 硫的检定

硫化钠用乙酸酸化之后，加乙酸铅溶液，则有黑色硫化铅沉淀生成，也可以使硫化钠和亚硝基铁氰化钠作用而出现紫红色。

$$Na_2S + Pb(OAc)_2 \longrightarrow PbS\downarrow + 2NaOAc$$

$$Na_2S + Na_2Fe(CN)_5(NO) \longrightarrow \underset{\text{紫红色}}{Na_4Fe(CN)_5(NOS)}$$

2. 氮的检定

氰化钠与硫酸亚铁作用，生成亚铁氰化钠，后者遇三价铁则产生普鲁士蓝沉淀。

$$6NaCN + FeSO_4 \longrightarrow Na_4Fe(CN)_6 + Na_2SO_4$$

$$3Na_4Fe(CN)_6 + 2Fe_2(SO_4)_3 \longrightarrow \underset{\text{普鲁士蓝}}{Fe_4[Fe(CN)_6]_3}\downarrow + 6Na_2SO_4$$

如果样品中含有氮和硫，则通常可能变成硫氰化钠，因此若检查硫及氮都得到负结果，还要检查是否有 CNS^- 存在。CNS^- 与 Fe^{3+} 作用生成血红色的硫氰化铁。

$$3NaCNS + FeCl_3 \longrightarrow Fe(CNS)_3 + 3NaCl$$

有时检验硫和氮都得到正结果，而本实验却为负结果，这是因为 NaCNS 被过量的金属钠分解为 Na_2S 和 NaCN。反之，在金属钠较少时，容易产生 NaCNS。

3. 卤素的检定

卤化钠经硝酸酸化后，加硝酸银则产生卤化银沉淀。氯化银为白色，溴化银为淡黄色，碘化银为黄色。根据析出沉淀的颜色可以初步推测为何种卤离子。

$$NaX + AgNO_3 \longrightarrow AgX\downarrow + NaNO_3$$

（二）实验步骤

取一支干燥的硬质小试管，用铁丝垂直固定后，架于小铁环上。在试管中加入一粒黄豆大小的金属钠①，用小火加热，至钠熔化而且有蒸气上升时，移去煤气灯，迅速加入 3 滴液体或约 10 mg 固体样品②，加入时切勿使样品沾在试管壁上，应使它直落管底。此时样品即与金属钠发生猛烈的作用，冒出大量白烟，甚至放出一些火花。待反应稍缓后，再用小火加热，并逐渐加大火焰，最后强热至试管底部发红为止。然后让试管冷至室温，置于小烧杯中，加入 1～2 mL 95％乙醇，以破坏未作用的金属钠，用玻璃棒充分搅拌，捣碎熔融物，待金属钠全部消失后，加蒸馏水至试管的一半，温热使无机盐全部溶解，将溶液倒至小烧杯中。试管中的残渣用少量蒸馏水洗涤两三次，并将洗涤液一并转入小烧杯中（总溶液体积最好勿超过 10 mL），经折叠滤纸过滤，滤液应为无色③，取滤液进行下列元素的鉴定。

1. 硫的鉴定

（1）在白色点滴板或瓷蒸发皿中置一小粒（芝麻大小）亚硝基铁氰化钠，并加 2 滴蒸馏水，固体溶解后，再加 1～2 滴试液并及时观察，如出现紫红色，则表示样品中有硫存在。

（2）取试液 4 滴，以乙酸酸化，再滴加 2 滴 5％乙酸铅溶液，若生成黑色（或棕黑色）沉淀，表示有硫存在。

2. 氮的鉴定

取 2 mL 试液滴加 10％NaOH 溶液使 pH＝13，加 2 滴饱和硫酸亚铁铵溶液和 2 滴 30％ KF 溶液，摇匀后煮沸半分钟，趁热逐滴加入 20％硫酸，直至氢氧化亚铁和氢氧化铁沉淀恰好溶解为止（勿加入过量的硫酸），如有蓝色沉淀生成表明氮的存在。若样品分解不完全，CN^- 太少，则溶液仅显淡蓝色或绿色，可将溶液过滤，观察滤纸上有无少量蓝色沉淀。

3. 氮和硫的同时鉴定

取 1 mL 试液，加 20％H_2SO_4 使呈弱酸性，再加 2 滴 2％$FeCl_3$ 溶液，血红色的出现表明硫和氮的同时存在。

4. 卤素的鉴定

取 0.5 mL 试液，加（1＋1）硝酸使呈酸性，加热微沸几分钟以赶去可能存在的 HCN

和 H_2S（若氮、硫不存在，可不必加热）。加数滴 5% $AgNO_3$ 溶液，如有沉淀产生表示卤素的存在。若仅出现浑浊，可能是含有微量杂质的缘故，不能作为含有卤素的依据。

5. 未知物的鉴定

用钠熔法鉴定未知样品是否有上述元素。

做未知物鉴定时，首先应记录样品的编号、外观，然后进行钠熔及元素鉴定。

【注释】

① 用镊子夹出浸在煤油中的金属钠，用滤纸拭干表面的煤油，在光滑的白瓷板上切去外皮使呈金属光泽后使用。要注意钠屑不能掉在桌面或任意丢入水槽和废物缸中，应立即放回原瓶中。

② 必要时也可以把样品分两次加入，即在投入金属钠之前先投进一半样品，加热至钠熔化后再加入剩下的一半，这样做效果更好。若遇分子中含碳较少的含氮化合物时，可在样品中混入部分葡萄糖更有利于生成 CN^-。

③ 滤液若有颜色，表明样品分解不彻底，其原因为钠太少，或样品太多，或因样品黏附在试管壁上而未完全分解。

思考题

1. 有机物元素定性分析与无机定性分析有何同异点？
2. 使用金属钠时要注意些什么？

实验 24 有机化合物的性质（烷、烯、炔、卤代烃、醇、酚）

Ⅰ. 烷、烯、炔的化学性质

烷烃分子只含 C—H 与 C—C 键，是饱和的碳氢化合物，在一般情况下比较稳定。但在光照条件下可以发生游离基取代反应。

烯烃与炔烃分子分别含 C═C 和 C≡C 键，是不饱和的碳氢化合物，易于发生加成反应和氧化反应。溴的四氯化碳溶液（或水溶液）和高锰酸钾溶液是常用来鉴别饱和烃和不饱和烃的试剂。

R—C≡C—H 型的炔烃含有活泼氢，可被某些金属取代生成金属炔化物，借此性质区别于烯烃和 R—C≡C—R 型炔烃。

（一）烷烃的化学性质

1. 与溴作用

在两支干燥试管中，各加入 0.5 mL 庚烷和 2 滴 3%溴的 CCl_4 溶液，摇动均匀。一支放在没有光线照射的柜内，另一支放在有强光照射的窗口，10 min 后观察现象，并加以记录。

2. 与 $KMnO_4$ 作用

在试管中加入 2 滴 0.2% $KMnO_4$ 溶液和 5 滴 10% H_2SO_4 摇匀，再加入0.5 mL庚烷，观察现象。

(二) 烯烃的化学性质

1. 与溴作用

在试管中加入 0.5 mL 环己烯，逐滴加入 3%Br_2-CCl_4溶液，观察现象并与庚烷的实验进行比较。

2. 与 $KMnO_4$ 作用

在试管中加入 2 滴 0.2%$KMnO_4$与 5 滴 10%H_2SO_4，摇匀，再加入 0.5 mL 环己烯，并与庚烷的实验进行比较。

(三) 乙炔的制取及其化学性质

1. 乙炔的制取

在 50 mL 干燥带有支管的试管中放置 3 g 碳化钙（电石），管口用带有小分液漏斗的胶塞塞住，侧口用胶皮管与玻璃导管相连。分液漏斗内盛饱和食盐水①，打开活塞使盐水逐滴加到有支试管中，即有乙炔气体生成②。

2. 乙炔与溴作用

在试管中加入 0.5 mL 1%溴的水溶液，通入乙炔，观察现象。

3. 乙炔与 $KMnO_4$ 作用

在试管中加入 2 滴 0.2%$KMnO_4$与 5 滴 10%H_2SO_4，通入乙炔，观察现象。

4. 金属炔化物的形成

(1) 乙炔银：在试管中加入 0.5 mL 5%$AgNO_3$溶液，再加 1 滴 5%NaOH 溶液，然后滴加 2%氨水至生成的沉淀刚好溶解为止，即得银氨溶液③，通入乙炔，观察析出的沉淀④。

(2) 乙炔亚铜：将乙炔通入 0.5 mL 氯化亚铜氨溶液⑤中，观察现象。

乙炔银和乙炔亚铜都具有高度爆炸性⑥，故实验完毕后，倾去炔化物沉淀上层的水，然后加入2 mL (1+1)硝酸或盐酸并在水浴中加热，使炔化物分解。

【注释】

① 若将水加到电石中，反应进行过于剧烈，用饱和食盐水可比较平稳而均匀地产生乙炔气流。

② 纯乙炔是无恶臭而有麻醉性的气体，大量吸入会中毒。工业用电石通常含有微量的硫化钙（CaS）、磷化钙（Ca_3P_2）、砷化钙（Ca_3AS_2）等杂质，与水作用即产生硫化氢（H_2S）、磷化氢（H_3P）、砷化氢（AsH_3）等气体，故由电石制得的乙炔具有恶臭且毒性较大。

③ 银氨溶液应在使用前临时配制，久置会析出有爆炸性的沉淀。

④ 乙炔银是白色的沉淀，若乙炔中混有硫化氢等杂质，则所得乙炔银沉淀往往带黑色或黄色。

⑤ 氯化亚铜氨溶液配制如下：取 1 g 氯化亚铜加入 2 mL 浓氨水和 10 mL 水，用力摇匀后静置片刻，倾出溶液并投入一块铜片（或铜丝）储存备用。溶液应是无色的，若带有蓝色（Cu^{2+}），则在使用前要加

入几滴 20%盐酸羟氨溶液使蓝色退去。

⑥ 乙炔银和乙炔亚铜在干燥状态时具有高度的爆炸性，爆炸时放出巨大的热量：

$$Ag—C\equiv C—Ag \longrightarrow 2Ag+2C \qquad \Delta H=-365\ kJ\cdot mol^{-1}$$

金属炔化物和酸作用分解为金属盐和乙炔：

$$Ag—C\equiv C—Ag+2HNO_3 \longrightarrow 2AgNO_3+C_2H_2\uparrow$$

$$Cu—C\equiv C—Cu+2HCl \longrightarrow Cu_2Cl_2+C_2H_2\uparrow$$

思 考 题

1. 烷、烯、炔与下列试剂有无反应？若有反应指出其现象。

物　质	溴水	酸性 $KMnO_4$	银氨溶液
烷　烃			
烯　烃			
R—C≡C—H			
R—C≡C—R			

2. 柴油在 800℃热裂解所产生的气体物质再混以 4 倍体积的空气即成实验室用的“煤气”，如何检验“煤气”中是否含有不饱和烃？

3. 有 A、B、C 三个瓶子，分别装有液体石蜡、环己烯和苯乙炔，如何用化学方法检定每个瓶子中装的是什么物质？

Ⅱ. 卤代烃的化学性质

含有活泼卤原子的化合物能与硝酸银作用形成卤代银沉淀，借此可检出卤代烃。例如：

$$RX+AgNO_3 \longrightarrow AgX\downarrow+RONO_2$$

卤代烃由于分子结构不同，所含卤原子的活泼性有很大的差异。碳原子数目相同的伯、仲、叔卤代烷，其卤原子活泼性的次序为叔＞仲＞伯。直接连于碳-碳双键或芳环上的卤原子很不活泼，一般不与硝酸银作用；但与双键或苯环隔一个碳原子上的卤原子则很活泼，如烯丙基氯和苄氯。下列三个氯代烃的活泼性顺序为

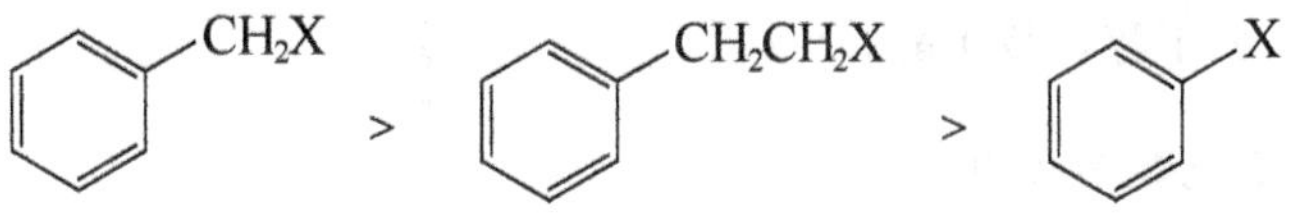

实验步骤

加 5 滴 2%$AgNO_3$-乙醇溶液及 1 滴试样于干燥的试管中，摇动后观察现象。将没有沉淀的试管煮沸片刻，如有沉淀生成，加入 2 滴 1 $mol\cdot L^{-1}$ HNO_3，观察沉淀是否溶解。卤化银应不溶于硝酸。

试样：1-氯丁烷，2-氯丁烷，叔氯丁烷，苄氯，氯苯。

Ⅲ. 醇的化学性质

1. 活泼氢实验

醇类化合物含有羟基，能与金属钠作用生成醇钠和氢。此法用来鉴定 C3～C6 的醇最为合适。

操作：在一支干燥的试管中加入 0.5 mL 无水乙醇，投入一粒绿豆大小的金属钠，观察有何现象。待钠反应完毕，将液体倒至表面皿中，在水浴上加热使乙醇挥发，残留的固体就是乙醇钠。滴几滴水在乙醇钠上面，用 pH 试纸试验，结果如何？

2. 比较醇的同系物在水中的溶解度

在 4 支试管中各加入水 2 mL，然后分别滴加甲醇、乙醇、丁醇、辛醇各 10 滴，振摇并观察溶解情况，如已溶解则再加 10 滴样品观察，可得出什么结论？

3. 氧化反应

硫酸和重铬酸钾的混合溶液在常温下能氧化大多数的伯醇和仲醇，使溶液变绿色（Cr^{3+} 的颜色），而在同样条件下，叔醇不被氧化。

操作：取 1% $K_2Cr_2O_7$ 溶液 1 mL，加 3 滴浓硫酸，振摇均匀，滴入 3 滴样品，观察现象，若无变化再微热。

样品：乙醇，2-丙醇，叔丁醇。

4. 卢卡斯实验

醇与盐酸-无水氯化锌试剂［卢卡斯（Lucas）试剂］作用的快慢取决于醇的结构。在常温下，叔醇立即反应；仲醇缓慢反应；伯醇长时间也不反应。可用这个方法鉴别伯、仲、叔醇。此法适用于 C3～C6 的醇类。

操作：取伯、仲、叔醇样品各 2 滴分别放入干燥试管中，再各加入 1 mL 盐酸-氯化锌溶液①，塞好试管振摇。静置后，观察反应物是否变浑浊，有无分层现象，并记录浑浊或分层所需要的时间。

样品：1-丁醇，2-丁醇，叔丁醇。

5. 多元醇与氢氧化铜的作用

取 3 mL 5% NaOH 及 5 滴 10% $CuSO_4$ 溶液，配制新鲜的氢氧化铜，分装于两支试管，取 5 滴多元醇样品滴入上述新鲜的氢氧化铜中，记录观察到的现象。

样品：乙二醇，甘油。

【注释】

① 盐酸-氯化锌溶液的配制：将无水氯化锌在蒸发皿中加热熔融，稍冷后放入干燥器中冷至室温，取出捣碎。称取 34 g 溶于 23 mL 浓盐酸（相对密度为 1.18）中，配制时需加以搅拌，并把容器放在水浴中冷却，以减少氯化氢逸出。试剂要保存在密闭的容器中，防止水汽进入而失效。

Ⅳ. 酚的化学性质

酚类化合物具有弱酸性，和强碱作用生成酚盐（酚钠的水溶性较酚大）。含有酚羟基的化合物大都能与三氯化铁水（或醇）溶液作用形成配合物而呈现不同的颜色（多数为红、蓝、紫或绿色）。以苯酚为例：

$$6C_6H_5OH + FeCl_3 \longrightarrow 6H^+ + [Fe(OC_6H_5)_6]^{3-} + 3Cl^-$$

通常烯醇类化合物也能与三氯化铁起颜色反应（多数为红紫色），但大多数硝基酚类以及间和对位羟基苯甲酸不起颜色反应。

由于羟基的存在使苯环活化，酚类化合物极易发生取代反应，例如可使溴水褪色，并形成溴代酚析出。苯酚与溴水作用生成微溶于水的白色固体 2，4，6-三溴苯酚沉淀。若滴加过量溴水则白色沉淀会转变为淡黄色的难溶于水的四溴化物沉淀，但这个反应并非酚的特有反应，一切含有易被溴取代的氢原子的化合物或容易被溴水氧化的化合物，均使溴水迅速褪色。

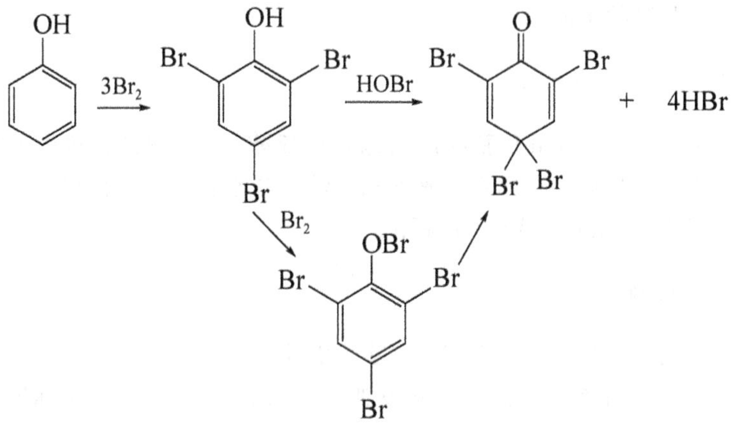

1. 酚的弱酸性

（1）取 2 滴液体苯酚放在一支试管中，加入 5 滴水，振摇后成乳浊液（为什么?），再滴入 5%NaOH，溶液逐渐澄清（为什么?），然后滴加 10% H_2SO_4 溶液至呈酸性，观察有何变化。

（2）另取少许固体 β-萘酚进行上述实验。

（3）再以 5% $NaHCO_3$ 代替 5%NaOH 进行上述两实验[①]有什么结果？为什么？

2. 三氯化铁试验

在试管中加入 5 滴 1%样品溶液，再加入 2 滴 1% $FeCl_3$ 溶液，观察不同的颜色[②]。

样品：苯酚，水杨酸，间-苯二酚，邻-硝基苯酚，乙酰乙酸乙酯。

3. 溴化

加 2 滴样品溶液于小试管中，慢慢滴加饱和溴水 5 滴，观察有何现象，为什么？

样品：苯酚，苯胺，水杨酸，对-硝基苯酚，苯甲醚。

【注释】

① 5%$NaHCO_3$的用量应与5%NaOH的用量相同。

② 大多数酚与三氯化铁反应产生红、蓝、紫或绿色反应，但所呈现的颜色随所用溶剂、试剂浓度、反应与观察时间间隔之长短以及pH等的不同而改变，如苯酚加过量三氯化铁溶液，颜色反而不明显。

实验25　有机化合物的性质（醛、酮、羧酸及其衍生物）

Ⅰ．醛和酮的化学性质

1. 与2，4-二硝基苯肼作用——2，4-二硝基苯腙的生成

在试管内加入8滴95%乙醇和1滴样品，摇匀后滴加5滴2，4-二硝基苯肼试剂[①]，注意观察沉淀的生成及其颜色[②]。用甲醛、丙酮、环己酮和糠醛（新蒸的）进行实验。用通式表示2，4-二硝基苯肼的生成。

2. 与亚硫酸氢钠的加成反应

在两支试管中，各加入1 mL新配制的饱和亚硫酸氢钠[③]溶液，然后分别加入0.5 mL苯甲醛、丙酮，用力振摇后，在冰水中放置几分钟，观察有无结晶析出[④]。必要时用玻璃棒摩擦试管壁，静置2～3 min，促使结晶析出。

3. 醛类的特殊性质

醛类化合物可发生下列反应，而酮类（除个别外）不起作用。

(1) 品红实验：在白色点滴板或瓷蒸发皿上加3滴品红试剂［又称席夫（Schiff）试剂］[⑤]，再加1滴样品，静置1～2 min，观察颜色变化，紫红色的出现说明醛基的存在。用甲醛、乙醛、丙酮进行实验。在甲醛、乙醛的试验液中显色后再加入3滴浓硫酸，溶液即由紫红色变为蓝紫色，甲醛试液的颜色能持久，而乙醛试液的颜色容易褪去，由此可鉴别甲醛与其他醛。

(2) 与银氨溶液的作用：在洁净的试管[⑥]中，加入6滴5%$AgNO_3$和1滴5%NaOH，然后振摇下滴加2%氨水，至所有的氢氧化银沉淀刚好溶解为止，得澄清的银氨溶液[⑦]［土伦（Tollens）试剂］，加1滴样品，在50～60℃的温水浴中加热，有银镜生成[⑧]表示正反应。

分别以乙醛、丙酮进行实验。

(3) 与费林（Fehling）试剂作用：取4支试管各加入1 mL硫酸铜溶液（费林溶液A）和1 mL碱性酒石酸钾钠（费林溶液B），混合均匀即成费林试剂[⑨]，分别滴加4滴甲醛、乙醛、苯甲醛和丙酮，在沸水浴中加热，观察溶液的变化[⑩]。

4. 碘仿反应

在试管中加入0.5 mL水、2滴样品和2滴10%NaOH溶液，摇匀，滴加碘-碘化钾试剂[⑪]至呈淡黄色，注意有无沉淀生成。如无沉淀生成，可以在水浴中加热，若溶液变成无

色，应再加几滴试剂。

用丙酮、1-丙醇、2-丙醇，乙醛进行上述实验。

【注释】

① 试剂配制如下：取 3 g 2,4 -二硝基苯肼溶于 15 mL 浓硫酸，将它加到 20 mL 水和 70 mL 95%乙醇的混合液中，摇匀即成。

② 大多数醛、酮类化合物都能产生有色的 2，4-二硝基苯腙沉淀，这些衍生物具有一定的熔点（如丙酮的为 126℃，甲醛的为 116℃，环己酮的为 162℃，糠醛的为 229℃），因此用于羰基的检定及鉴定。

③ 亚硫酸氢钠饱和溶液的配制：先配好 40%亚硫酸氢钠溶液。取 12 mL 40%亚硫酸氢钠溶液，加 3 mL不含醛的乙醇，混合后将有少量亚硫酸氢钠结晶析出，必须滤去，此溶液不稳定易被氧化和分解，因此不能久存。

由于商品亚硫酸氢钠久置后易失去二氧化硫而变质，所以上述试液也可按下法配制：将研细的碳酸钠晶体（$Na_2CO_3 \cdot 10H_2O$）与水混合，水的用量使粉末上只覆盖一薄层水为宜，然后在混合物中通入二氧化硫气流，至碳酸钠近乎完全溶解。

④ 加成反应时有热量放出，故需将稍微发热的混合液放在冰水（或冷水）中冷却片刻。析出的亚硫酸氢钠加成物只在中性溶液中稳定，酸和碱都能使它们分解变回醛或酮，故可用此实验来提纯或分离醛及脂肪族甲基酮。

⑤ 品红是一种红色染料，它的水溶液被二氧化硫饱和则变成无色溶液，称为品红试剂，该试剂不稳定，应密闭存放在暗处。若受热或暴露在空气中过久，试剂中二氧化硫挥发，则呈现红色（品红的颜色）。

⑥ 试管用 1%NaOH 溶液煮沸 1～2 min 后，水洗干净。如试管不干净，则不形成银镜而只得黑色沉淀，黑色沉淀也表明醛基的存在。

⑦ 有关反应可参见实验 24 注释③。配制试剂时，氨水不能过量，否则会降低灵敏度。

⑧ 试验完毕倾去水溶液，沉淀用 1∶1 硝酸分解。

⑨ 酒石酸钾钠的作用是与氢氧化铜形成配合物，避免氢氧化铜沉淀析出。Fehling 试剂久置后性能降低，必须临时配制，溶液 A 和 B 配制如下：

溶液 A：溶 3.5 g 硫酸铜结晶（$CuSO_4 \cdot 5H_2O$）于 100 mL 水中。

溶液 B：溶 17 g 酒石酸钾钠于 20 mL 热水中，加入由 5 g 氢氧化钠和 20 mL 水配制成的溶液，然后用水稀释至 100 mL。

⑩ 费林试剂呈深蓝色，与醛共热后溶液的颜色变化一般为：蓝—绿—黄—红色沉淀（Cu_2O）。过量游离碱的存在能加速醛的氧化。芳香醛不发生反应。

⑪ 碘-碘化钾试剂的配制：取 10 g 碘和 20 g 碘化钾加到 80 mL 蒸馏水中，使其完全溶解即成。不溶于水的样品要以二噁烷（二氧六环）为溶剂进行实验。

Ⅱ. 羧酸衍生物的性质

羧酸衍生物（酯、酰卤、酸酐和酰胺）的性质主要包括两方面的内容。第一是这些衍生物的水解、醇解和氨解；第二是鉴别这些羧酸衍生物的异羟肟酸铁实验。所谓异羟肟酸铁实验，是指酯、酰卤、酸酐和酰胺都能与羟氨作用生成羟肟酸，羟肟酸与三氯化铁在弱酸性溶液中形成紫红或深红色的可溶性羟肟酸铁。

$$RCOOR' + NH_2OH \longrightarrow RCO(NHOH) + R'OH$$

$$R\overset{\overset{\displaystyle O}{\|}}{C}{-}O{-}\overset{\overset{\displaystyle O}{\|}}{C}R + NH_2OH \longrightarrow RCO(NHOH) + RCOOH$$

$$3RCO(NHOH)+FeCl_3 \longrightarrow (ROONHO)_3Fe+3HCl$$

羧酸及酰卤也可先转变为酯，再用羟肟酸铁实验间接检出。

$$RCOOH+SOCl_2 \longrightarrow RCOCl+SO_2+HCl$$

$$RCOCl+R'OH \longrightarrow RCOOR'+HCl$$

1. 羧酸衍生物的水解

(1) 酰氯的水解：在盛有 1 mL 蒸馏水的试管中加 3 滴酰氯，稍微摇动。此时乙酰氯与水剧烈反应放热，将试管冷却，加入 1～2 滴 2%硝酸银溶液。观察有何变化。

(2) 酯的水解：在三个试管中分别都加入 1 mL 乙酸乙酯和 1 mL 水。然后在第一个试管中加 1 mL 3 mol·L^{-1}硫酸，在第二个试管中加 1 mL 6 mol·L^{-1}氢氧化钠溶液，把三个试管同时放入 70～80℃的水浴中，一边摇动，一边观察，比较三个试管中酯层消失的速度。

(3) 酸酐的水解：在盛有蒸馏水的试管中加三滴乙酸酐。乙酸酐不溶于水，呈油珠状沉于管底。为加速反应，把试管稍加热，这时油珠消失，同时嗅到乙酸的气味。

(4) 酰胺的水解：碱性水解是在试管中加入 0.5 g 乙酰胺和 3 mL 6 mol·L^{-1}氢氧化钠溶液，煮沸，辨别有无氨的气味。酸性水解是在试管中加入 0.5 g 乙酰胺和 3 mL 2.5 mol·L^{-1}硫酸煮沸，辨别有无乙酸的气味。

2. 羧酸衍生物的醇解

(1) 酰氯的醇解：试管中加入 1 mL 乙醇，一边摇动，一边慢慢地滴加 1 mL 乙酰氯(反应十分剧烈，小心，以免液体从试管中冲出)，将试管冷却，慢慢加入 2 mL 饱和碳酸钠溶液，同时轻微地振荡。静止后，就有乙酸乙酯浮到液面上，嗅到香味。

(2) 酸酐的醇解：在试管中加入 2 mL 乙醇和 1 mL 乙酸酐，混合后加一滴浓硫酸，振荡。这时反应混合物发热，以致沸腾。将试管冷却，慢慢加入 2 mL 饱和碳酸钠溶液，同时轻微地振荡。静止后，就有乙酸乙酯浮到液面上。

(3) 羧酸与醇的作用（酯化反应）：在两个干燥的试管中分别都加入 2 mL 乙醇和 2 mL 冰醋酸。混合均匀后，在一个试管中加入 5 滴浓硫酸。把两个试管同时放入 70～80℃的水浴中，边加热边摇动，10 min 后，取出试管，用冷水冷却，再各滴入 2 mL 饱和碳酸钠溶液。静置，观察有无乙酸乙酯浮在液面。

3. 羟肟酸铁实验①

取一试管，加入 1 mL 羟氨盐酸盐乙醇溶液②，再加入 1 滴液体样品或 5 mg 固体样品，摇动后，加 0.2 mL 6 mol·L^{-1}氢氧化钠溶液，将溶液煮沸，稍冷后加入 2 mL 1 mol·L^{-1}盐酸，如果溶液变混，加 2 mL 95%乙醇，然后加 1 滴 5%三氯化铁溶液。如果产生的颜色很快消失，应继续逐滴加入至颜色不褪为止。紫红色表示正反应。

样品：乙酸乙酯，未知物 A 和 B。

【注释】

① 如果样品中有与三氯化铁起颜色反应的官能团，会对本试验有干扰，不可采用。也可以通过 $FeCl_3$ 实验（参考“酚的化学性质”）判断是否存在这种干扰。

② 羟氨盐酸盐乙醇溶液的配制：18 g 羟氨盐酸盐溶于 500 mL 95%热乙醇中。

实验 26　有机化合物的性质（胺、糖）

Ⅰ. 胺的化学性质及重氮盐的反应

低级脂肪胺是水溶性气体或液体，高级脂肪胺及芳胺微溶于水。胺类具有弱碱性，与酸作用生成盐。

伯胺和仲胺的氮原子上连有氢原子，故能与酸酐、酰氯等发生酰基化反应，叔胺则不起反应。兴斯堡（Hinsberg）反应就是利用它们与苯磺酰氯在氢氧化钠溶液中的反应来鉴别伯、仲和叔胺的。

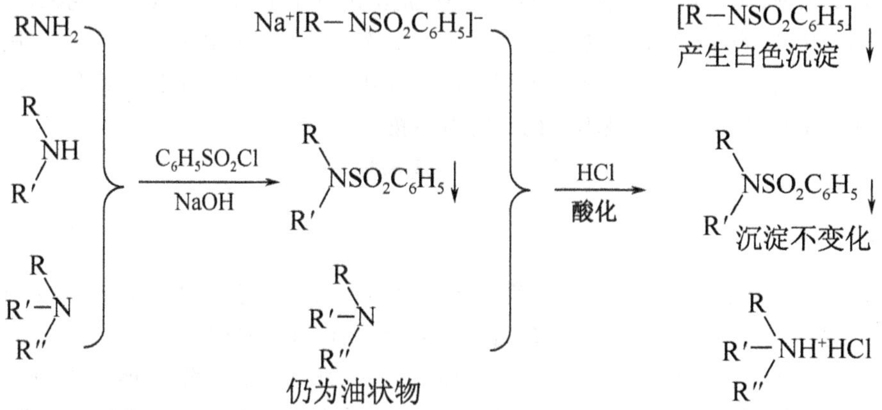

伯胺所生成的磺酰胺，因氮原子上还剩下一个氢受磺酰基影响，具有弱酸性，故溶于碱而成盐，加盐酸酸化生成沉淀。仲胺所生成的磺酰胺沉淀因氮上无氢，故不溶于碱，加入盐酸酸化也不发生变化。叔胺不和磺酰氯反应。

伯胺与氯仿和氢氧化钾作用生成异腈：

$$RNH_2 + CHCl_3 + 3KOH \longrightarrow RN^+ \equiv C^- + 3KCl + 3H_2O$$

亚硝酸也可用来鉴别伯、仲和叔胺。脂肪族伯胺与亚硝酸作用放出氮气，芳香族伯胺则生成重氮盐，脂肪族和芳香族仲胺与亚硝酸作用均生成 *N*-亚硝基胺（为黄色固体或油状物）。脂肪族叔胺与亚硝酸不起反应，芳香族叔胺则生成对位亚硝基化产物（为绿色固体）。

重氮盐易发生重氮基的取代和偶联反应，如氯化重氮苯在酸性介质中加热，则转变成苯酚；若与酚或芳胺在弱碱或弱酸性溶液里作用，则生成有色的偶氮化合物。

1. 胺的化学性质

（1）胺的溶解度与弱碱性实验：在试管中加入 1～2 滴试样和 1.5 mL 水振摇，若加热仍不溶，则逐滴加入 6 mol · L^{-1} HCl 使其溶解，然后分别滴加 25％NaOH 溶液，观察现象。

样品：甲胺盐酸盐，苯胺。

（2）兴斯堡实验：在试管中加入 2 滴试样，4 mL 10％NaOH 溶液及 2 滴苯磺酰氯。塞住试管口，剧烈振摇，并在水浴中温热至不再有苯磺酰氯的气味为止①。用水冷却，观察现象。

溶液中若无沉淀析出，加稀酸振摇后析出沉淀，则为伯胺，溶液中析出油状物或沉淀，加稀盐酸后不溶解，则为仲胺；溶液中仍有油状物，加浓盐酸后溶解，则为叔胺②。

样品：苯胺，*N*-甲基苯胺，*N*，*N*-二甲基苯胺。

(3) 异腈反应：在试管中加 2 滴苯胺、2 滴氯仿和 0.3 mL 10%KOH-乙醇溶液，摇匀后加热，即有难闻的异腈生成，异腈奇臭且有毒，作用后应加入浓盐酸并加热使其分解。

(4) 亚硝酸实验：在试管中将 3 滴试样和 3 mL 1 $mol \cdot L^{-1}$ HCl 混合，置冰浴中冷却到 0～5℃，然后滴加 10%亚硝酸至溶液对碘化钾-淀粉试纸呈显蓝色。按下列现象区别伯、仲和叔胺：溶液中无固体产生，则取出 1 mL 加入 1 滴 β-萘酚，析出橙红色沉淀，则为伯胺；溶液中有黄色固体析出，加 10%NaOH 中和至碱性时有绿色固体析出，则为叔胺；溶液中有黄色固体或油状物析出，加碱不变色，则为仲胺。

样品：苯胺③，*N*-甲基苯胺，*N*，*N*-二甲基苯胺。

2. 重氮盐的反应

(1) 苯酚的生成：取 1 mL 上述制得的苯胺重氮盐溶液置于小试管中，在50～60℃水浴中加热，注意有气体（N_2）放出，冷却后，反应液中有苯酚的气味。

(2) 与苯酚偶联：取 2 滴液体苯酚，加 5%NaOH 溶液溶解后再多加 0.5 mL 5% NaOH，用冰水冷却。加入 1 mL 上述制得的苯胺盐酸重氮盐溶液，注意橙黄色偶氮化合物的生成。

【注释】

① *N*，*N*-二甲基苯胺和苯磺酰氯一起加热时，可生成蓝紫色染料，此时加酸也很难溶解。

② 苯磺酰氯水解不完全时，它可与 *N*，*N*-二甲基苯胺混溶在一起沉于底部，这时若加入数滴浓盐酸酸化，*N*，*N*-二甲基苯胺虽可溶解，但苯磺酰氯仍以油状物存在，往往会得出错误结论。因此，在加盐酸酸化前，必须使苯磺酰氯水解完全。

③ 苯胺与亚硝酸作用所得的溶液为苯胺重氮盐溶液，留供重氮盐反应中用。

Ⅱ. 糖的化学性质

糖类化合物是指多羟基醛或多羟基酮以及它们的缩合物，通常分为单糖（如葡萄糖、果糖），双糖（如蔗糖、麦芽糖）和多糖（如淀粉、纤维素）。

糖类化合物遇到浓硫酸生成糠醛的衍生物，后者遇 α-萘酚生成紫色物质，此为鉴定碳水化合物的一般方法。

单糖都属还原糖，能还原土伦试剂和费林试剂，并且能与过量苯肼作用生成脎，糖脎有良好的结晶和一定的熔点。根据糖脎的形状和熔点可以鉴别不同的还原糖。果糖和葡萄糖形成相同的脎。

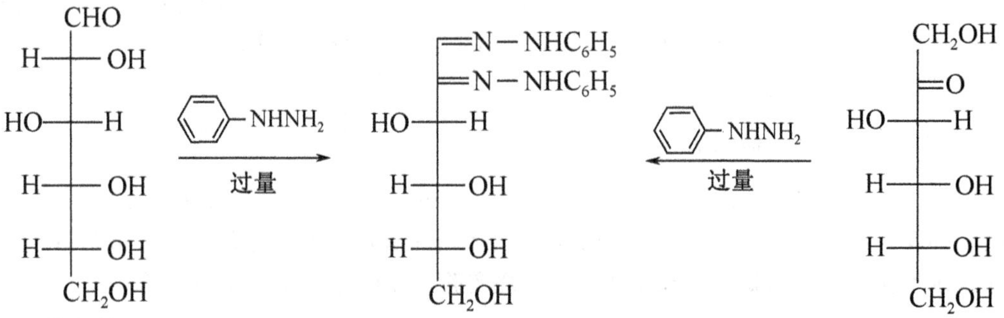

葡萄糖　　　　葡萄糖脎　　　　果糖

双糖由于两个单糖的结合方式不同，有的有还原性，有的没有。麦芽糖、乳糖、纤维二糖等分子中有一半缩醛基，属于还原糖，也能生成脎。蔗糖分子中没有半缩醛结构，所以没有还原性，也不能生成脎。

淀粉和纤维素都是由很多葡萄糖分子缩合而成，但两者性质差别极大。葡萄糖以 α-苷键连接形成淀粉，以 β-苷键结合形成纤维素，两者均无还原性。纤维素含有羟基，经硝酸和浓硫酸作用生成所谓硝化纤维（硝酸酯），它是炸药、油漆原料。

1. 糖类化合物与 α-萘酚的反应［莫利希（Molisch）试验］[1]

在小试管中加入 0.5 mL 试液和 1 滴 10%α-萘酚的乙醇溶液，摇匀。把试管倾斜 45°，沿管壁慢慢加入 0.5 mL 浓硫酸，硫酸在下层，试液在上层，若两层交界处出现紫色环，表示试液含糖类化合物[2]。

用 5%葡萄糖、果糖、蔗糖及 2%淀粉溶液进行实验。

2. 单糖和双糖的反应

（1）还原反应：取三支试管加入费林试剂 A、B 各 2 滴，然后分别加入 2 滴 5%葡萄糖、果糖和蔗糖溶液，在沸水浴中加热，观察现象。

再以土伦[3]试剂代替费林试剂进行实验。

（2）脎的形成：取三支试管分别加入 0.5 mL 5%葡萄糖、果糖和蔗糖，每支试管再加入 0.5 mL 10%的苯肼盐酸盐溶液和 0.5 mL 15%乙酸钠溶液[4]，摇匀，试管口塞以棉花[5]，在沸水浴中加热，比较各试管中产生糖脎结晶的速度，记录成脎的时间[6]，在显微镜下观察脎的结晶形状。

3. 淀粉与碘的反应

取 1 mL 2%淀粉溶液，加 1 滴碘-碘化钾溶液，由于淀粉与碘形成分子复合物，溶液变蓝，再以葡萄糖、蔗糖试验。

4. 淀粉的水解

（1）用酸水解：在试管中加入 0.5 mL 2%淀粉溶液和 2 滴 20%H_2SO_4，于沸水浴中加热5 min,冷却后用 10%NaOH 中和至中性，取 2 滴与费林试剂作用，观察现象。

（2）用唾液[7]水解：在试管中加入 0.5 mL 2%淀粉溶液，加入唾液约 0.5 mL 混合均匀，放置 3 min，然后进行费林实验。

在另一支试管中先加入 0.5 mL 唾液，用少量水将附于管壁的唾液洗下，加热煮沸 2 min，再加入 0.5 mL 2%淀粉溶液，放置 3 min，然后进行费林实验。

比较结果有何不同，为什么？

5. 硝酸纤维素酯⑧的制取

取 2.5 mL 硝酸于大试管中，在摇动下加入 5 mL 浓硫酸。待混合液稍冷后，浸入一小块脱脂棉花，在 40～50℃的热水浴中加热，并不时用玻璃棒搅动棉花。10 min 后取出棉花，用大量水冲洗，挤干再烘干。取小块进行燃烧实验（和棉花比较），记录现象。

【注释】

① 莫利希试验：糖类化合物先与浓硫酸作用生成糠醛或其衍生物，再与 α-萘酚缩合生成紫色的缩合物。

② α-萘酚试验是鉴定糖类常用的颜色反应，游离存在的糖和以结合形式存在的糖，均呈正性反应。但氨基糖例外，呈负反应。此外，丙酮、甲酸、乳酸、草酸、葡萄糖、醛酸、各种糠醛衍生物和甘油醛等均呈颜色近似的正性反应。因此，负性反应为无糖类化合物存在的确证，而正性反应则只能指出糖类存在的可能性。

③ 土伦试剂的配制参见实验 25。

④ 乙酸钠与苯肼盐酸盐作用生成苯肼乙酸盐，弱酸弱碱所生成的盐在水中容易水解生成苯肼。

$$C_6H_5NHNH_2 \cdot HCl + CH_3COONa \longrightarrow C_6H_5NHNH_2 \cdot CH_3COOH + NaCl$$

$$C_6H_5NHNH_2 \cdot CH_3COOH \xrightarrow{\text{水解}} C_6H_5NHNH_2 + CH_3COOH$$

⑤ 苯肼的蒸气很毒，用棉花塞住管口以防止苯肼蒸气逸出。

⑥ 蔗糖不与苯肼作用生成脎，但经长时间加热，可能水解成葡萄糖与果糖，因而也有少量葡萄糖脎沉淀出现。为了比较生成脎所需要的时间，药品用量要准确，并同时进行试验。各试管标明号码，成脎速度果糖快于葡萄糖。

⑦ 唾液中含有淀粉酶，它是淀粉水解的催化剂，在室温下很容易把淀粉水解成麦芽糖。麦芽糖是还原糖，能与费林试剂作用。淀粉酶经高温处理，则失去活性。

⑧ 这样得到的产物约含 11%氮，相当于纤维素二硝酸酯。

Ⅲ. 氨基酸与蛋白质的显色反应

1. 与茚三酮的反应

任何 α-氨基酸或含有游离氨基的蛋白质及其水解产物（朊、胨、多肽等）均能与茚三酮发生紫蓝色反应。这个反应十分灵敏，1∶1500000 的氨基酸水溶液即能显色，故作为氨基酸色层分析的显色剂，其反应如下：

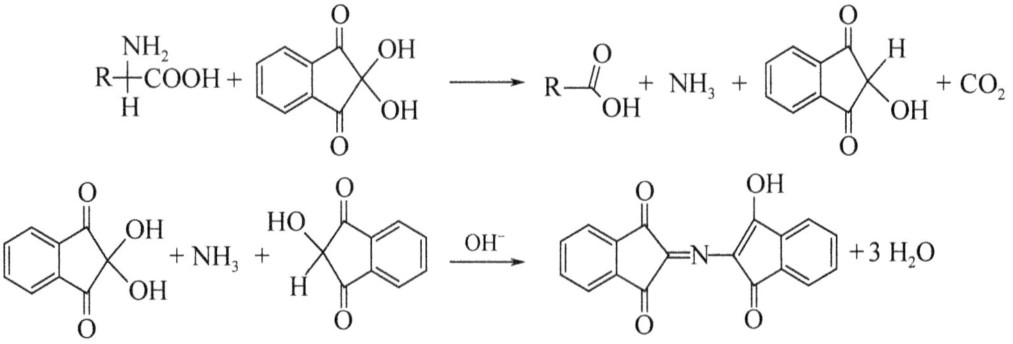

紫蓝色染料

操作：在试管中加 6 滴 1%甘氨酸和 3 滴茚三酮溶液①，在沸水浴中加热 10 min，即有紫蓝色出现。再以 0.5%酪氨酸以及蛋白质溶液②重复以上实验。

2. 蛋白质的黄色反应

几乎所有蛋白质与浓硝酸作用产生黄色，此黄色物质在碱性溶液中则变成橙红色，这是因为许多蛋白质都含有带苯核的氨基酸。具有苯核的氨基酸有

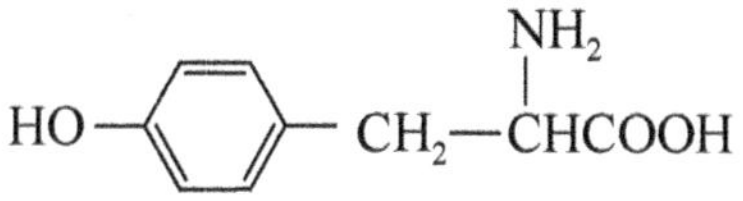

酪氨酸

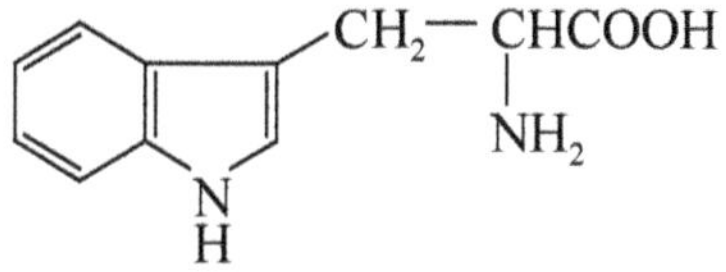

色氨酸

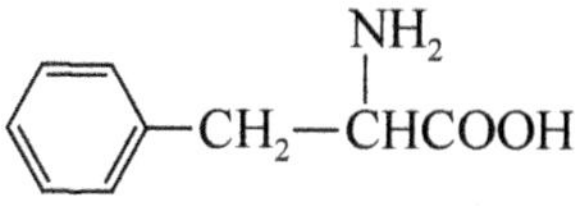

苯丙氨酸

氨基酸都能起显色反应。反应中，硝酸将苯核硝化产生黄色硝基衍生物，遇碱变成橙红色。浓硝酸与皮肤、指甲或毛织品接触呈现黄色的原因可用下式表示：

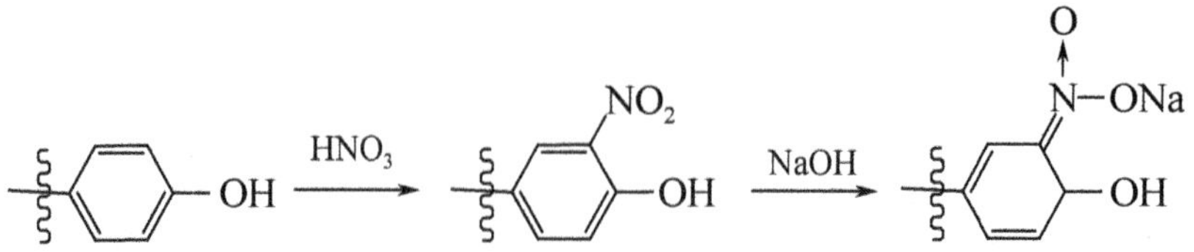

黄色　　橙红色

操作：在试管中加 6 滴蛋白质溶液和 2 滴浓硝酸，生成凝固的蛋白质沉淀，小心微热，沉淀成黄色，冷却后滴加 10%NaOH 使成碱性，则沉淀变成橙红色。

再以 0.5%酪氨酸和 1%甘氨酸进行实验，观察现象。

3. 二缩脲反应

由于二肽、多肽及蛋白质分子中带有相似于缩二脲的结构：

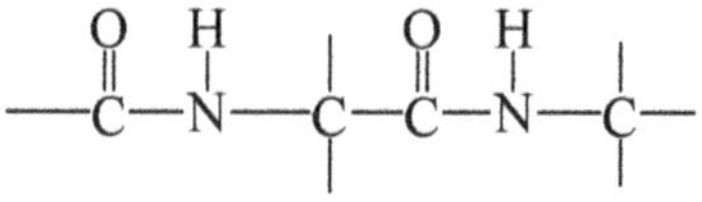

因此都能与硫酸铜作用形成蓝、紫或红色的铜盐配合物，但是除组氨酸外的一切氨基酸却都不发生此反应。

操作：取 1 mL 1%蛋白质溶液，加 2 mL 10%NaOH 溶液，摇匀，再滴加 2～3 滴 1% $CuSO_4$，注意观察紫红色的出现（硫酸铜不可多加，否则生成蓝色的氢氧化铜而妨碍观察）。

取 1%甘氨酸、0.5%酪氨酸进行实验，此时仅有氢氧化铜沉淀析出。

4. 生物碱试剂对蛋白质的沉淀作用

生物碱试剂也能使蛋白质沉淀，表明在蛋白质分子中存在含氮的基团（氨基和氮杂环），蛋白质在弱酸介质中较容易发生这种沉淀作用。

操作：在三支试管中分别加入 1～1.5 mL 某种蛋白质溶液，在第一支试管中加等体积的苦味酸饱和溶液，即析出黄色沉淀（如果蛋白质溶液的浓度过低，则溶液只变浑浊），在第二支试管中加入 1～2 滴浓乙酸和 3～4 滴 10%单宁酸溶液，有大量絮状物析出。在第三

支试管中加入 1～2 滴稀盐酸和几滴碘化汞钾溶液，也析出沉淀。

【注释】

① 茚三酮溶液配制如下：溶 0.4 g 茚三酮于 100 mL 95%乙醇中，再加入 1.5 mL 吡啶摇匀即成。

② 用鸡蛋溶液作样品，配制时可将除去蛋黄的鸡蛋白与 20 倍体积的水混合均匀，通过数层纱布过滤即得。

第7章 定量分析

酸碱滴定法

定量分析化学实验的目的是使学生通过实验加深对分析化学基本理论的理解，训练学生正确、熟练地掌握化学分析的基本操作，学习定量分析化学实验的基本知识，确立准确的“量”的概念，提高学生观察、分析和解决问题的能力，培养学生实事求是的科学态度和认真、细致的工作作风，为学习后续课程和今后从事工作打下良好的基础。通过本课程的学习，学生应该具有解决某些分析化学实际问题以及进行简单科学实验的能力。

实验27 纯碱中总碱度的测定

（一）实验目的

（1）掌握纯碱中总碱度的测定原理和方法。

（2）进一步巩固分析天平和滴定分析基础操作。

（二）实验原理

工业碳酸钠俗称纯碱或苏打，其中可能含有少量NaCl、Na_2SO_4、NaOH或$NaHCO_3$等成分。用酸滴定时，除主要成分Na_2CO_3被中和外，其他碱性杂质如NaOH或$NaHCO_3$等也被中和，所以称为总碱度的测定，其结果用Na_2CO_3或Na_2O的质量分数表示。对于纯碱这类试样，很难使其内部各成分分布均匀。所以，分析时称一份“大样”于容量瓶中配成一定浓度的试液，然后用移液管分取几等份试液进行滴定。

以甲基橙为指示剂，用HCl标准溶液滴定至溶液由黄色变为橙色时（pH≈4.0），其反应可能包括：

$$Na_2CO_3+2HCl = 2NaCl+CO_2\uparrow+H_2O$$

$$NaOH+HCl = NaCl+H_2O$$

$$NaHCO_3+HCl = NaCl+CO_2\uparrow+H_2O$$

上述方法简单快速，在不需要高准确度时可推荐此法。

也可以选用甲基红或者甲基红-溴甲酚绿混合指示剂，但滴定至红色时要停下来煮沸溶液以除去大部分CO_2，冷却后再滴定至红色为终点。

（三）实验步骤

1. 0.1 mol·L^{-1}HCl标准溶液的配制

用10 mL量筒（或吸量管）量取6 mol·L^{-1}HCl 5.0 mL，倒入装有295 mL蒸馏水的

500 mL 试剂瓶中，摇匀①。

2. 0.1 mol·L^{-1}HCl 标准溶液的标定

1）用硼砂标定（本实验采用此方法）

准确称取 1.6～2.2 g 硼砂于 100 mL 烧杯中，加入约 50 mL 蒸馏水温热溶解，冷至室温后定量转移 100 mL 容量瓶中，用蒸馏水稀释至刻度，摇匀。

用移液管移取上液 10.00 mL 于 250 mL 锥形瓶中，加 1～2 滴甲基红指示剂②，用待标定的 HCl 溶液滴定至溶液由黄色恰变为浅红色为终点。平行标定三份，计算 HCl 溶液的浓度和相对平均偏差。数据记录和结果表达见表 7-1。

表 7-1　用硼砂标定盐酸溶液

标定次数	1	2	3
$m_{硼砂}$/g*			
$V_{硼砂}$/mL	10.00	10.00	10.00
V_{HCl}/mL			
c_{HCl}/(mol·L^{-1})**			
$\bar{c}_{HCl}$/(mol·L^{-1})			
d/(mol·L^{-1})			
相对平均偏差/%			

*　溶解后定容于 100 mL 容量瓶中。

** $c_{HCl}=\dfrac{m_{硼砂}\times\dfrac{10.00}{100.0}\times2\times1000}{M_{硼砂}\times V_{HCl}}$。

2）用无水碳酸钠标定

准确称取无水碳酸钠 0.45～0.61 g 于 100 mL 烧杯中，加入约 40 mL 蒸馏水溶解，定量转移至 100 mL 容量瓶中，用蒸馏水稀释至刻度，摇匀。

用移液管移取上液 10.00 mL 于 250 mL 锥形瓶中，加 1～2 滴甲基橙指示剂，用待标定的 HCl 溶液滴定至溶液由黄色变为橙色为终点③。平行标定三份，计算 HCl 溶液的浓度和相对平均偏差。数据记录和结果表达参考本实验表 7-1。

3. 纯碱中总碱度的测定

准确称取纯碱 0.53～0.95 g（为什么?）于 100 mL 烧杯中，加约 50 mL 蒸馏水溶解，定量转移入 100 mL 容量瓶中，用蒸馏水稀释至刻度，摇匀。

用移液管移取上液 10.00 mL 于 250 mL 锥形瓶中，加甲基橙 1 滴，用 0.1 mol·L^{-1} HCl 标准溶液滴定至溶液由黄色变为橙色即为终点。平行测定三份，计算纯碱中总碱量，以 Na_2CO_3%表示。数据记录和结果表达见表 7-2。

表 7-2 纯碱中总碱量的测定

测定次数	1	2	3
$m_{纯碱}$/g			
$V_{纯碱(总)}$/mL	100.00		
$V_{纯碱(分取)}$/mL	10.00	10.00	10.00
c_{HCl}/(mol·L^{-1})			
V_{HCl}/mL			
总碱量/Na_2CO_3（%）*			
总碱量平均值/Na_2CO_3（%）			
单次测定偏差/Na_2CO_3（%）			
相对平均偏差/%			

* 总碱度/Na_2CO_3（%）$=\dfrac{(cV)_{HCl}\times\dfrac{M_{Na_2CO_3}}{2}}{m_{纯碱}\times\dfrac{10}{100}\times1000}\times100$。

在滴定结束后，务必将上述容量瓶倒空、洗净（为什么?）。

【注释】

① 尽量将量筒中盐酸洗干净，以免配制盐酸浓度过低。

② 指示剂用量要合适，滴体积较大时用 1 滴，滴体积较小时用 2 滴。因为甲基红用量太多时，终点便不是由黄变为微红，而是由黄变为橙红。

③ 由于 CO_2 容易形成过饱和溶液，滴定过程中生成的 H_2CO_3 只是慢慢地转变为 CO_2，这样就使溶液的酸度稍稍增大，终点出现偏早。因此，应注意在滴定终点附近剧烈地摇动溶液。

思 考 题

1. 实验步骤中，“称取硼砂 1.6～2.2 g”或“称取无水碳酸钠 0.45～0.61 g”的依据是什么?

2. 硼砂保存不当（如放在有硅胶的干燥器中），失去部分结晶水，用来标定盐酸溶液对标定有什么影响?

3. 无水碳酸钠吸湿之后，用来标定盐酸溶液，对标定结果有什么影响?

4. 碳酸钠作为标定盐酸溶液的基准物质时，需要预先在 270～300℃干燥，而本实验的纯碱试样却在 180℃干燥，为什么?

5. 如果试样是混合碱（Na_2CO_3＋NaOH，Na_2CO_3＋$NaHCO_3$），如何测定各组分的含量?

实验 28 混合碱的测定（双指示剂法）

（一）实验目的

（1）掌握双指示剂法测定混合碱的原理和方法。

（2）进一步熟练滴定操作方法和滴定终点的判断。

（二）实验原理

混合碱是指 Na_2CO_3 与 NaOH 或 Na_2CO_3 与 $NaHCO_3$ 的混合物，可采用“双指示剂”进

行测定。

用 HCl 标准溶液滴定含有 Na_2CO_3 与 NaOH 的混合溶液。先以酚酞作指示剂，滴定到酚酞的红色刚好消失（第一个终点），消耗 HCl 溶液体积 V_1（mL），此时 NaOH 完全被滴定，Na_2CO_3 仅被滴定到 $NaHCO_3$；再加入甲基橙作指示剂，继续滴定到橙色为终点（第二个终点），又消耗 HCl 溶液体积 V_2（mL）。此时，$V_1>V_2$，Na_2CO_3 消耗 HCl 标准溶液的体积为 $2V_2$，NaOH 消耗的体积为（V_1-V_2）。

$$\mathrm{NaOH}/\% = \frac{[c\ (V_1 - V_2)]_{\mathrm{HCl}} \times M_{\mathrm{NaOH}}}{\text{试样质量(g)} \times 1000} \times 100$$

$$\mathrm{Na_2CO_3}/\% = \frac{(cV_2)_{\mathrm{HCl}} \times M_{\mathrm{Na_2CO_3}}}{\text{试样质量(g)} \times 1000} \times 100$$

用 HCl 标准溶液滴定含有 Na_2CO_3 与 $NaHCO_3$ 的混合溶液。用上述同样方法进行滴定。此时，$V_1<V_2$，Na_2CO_3 消耗 HCl 标准溶液的体积为 $2V_1$，$NaHCO_3$ 消耗的体积为（V_2-V_1）。

$$\mathrm{NaHCO_3}/\% = \frac{[c\ (V_2 - V_1)]_{\mathrm{HCl}} \times M_{\mathrm{NaHCO_3}}}{\text{试样质量(g)} \times 1000} \times 100$$

$$\mathrm{Na_2CO_3}/\% = \frac{(cV_1)_{\mathrm{HCl}} \times M_{\mathrm{Na_2CO_3}}}{\text{试样质量(g)} \times 1000} \times 100$$

（三）实验步骤

1. 0.1 $mol \cdot L^{-1}$ HCl 溶液的配制及标定

参见实验 27（三）1. 和 2.。

2. 混合碱的测定

准确称取混合碱试样 1.0～1.2 g，于 100 mL 烧杯中加少量水使其溶解，转移至 100 mL容量瓶中，用水稀释至刻度，摇匀。

准确移取上述溶液 10.00 mL 三份于 250 mL 锥形瓶中，加酚酞 2～3 滴，用 HCl 标准溶液滴定至溶液由红色恰好褪至无色，记下消耗的体积 V_1；再加入甲基橙指示剂 1～2 滴，继续用 HCl 标准溶液滴定至溶液由黄色恰好变成橙色，消耗的体积记为 V_2。平行测定三份，根据 V_1 和 V_2 计算混合碱中各组分的百分含量。

思 考 题

1. 有碳酸盐试液，可能是 NaOH、Na_2CO_3、$NaHCO_3$ 或二者共存的混合物，当用 HCl 标准溶液滴定至酚酞的红色刚好消失，消耗 HCl 体积为 V_1（mL）；继续加入甲基橙作指示剂，滴定至橙色终点时，消耗 HCl 体积为 V_2（mL）。试根据下列 V_1 和 V_2 的情况，判断混合碱的组成。

（1）$V_1=0$；　（2）$V_2=0$；　（3）$V_1>V_2$；　（4）$V_1<V_2$；　（5）$V_1=V_2$

2. 无水碳酸钠保存不当，吸收了水分，用此基准物质标定盐酸溶液浓度时，对结果有什么影响？用此盐酸溶液测定试样含量时，对结果有什么影响？

实验29 硫酸铵含氮量的测定（甲醛法）

（一）实验目的

（1）掌握甲醛法测定氨态氮的原理和方法。

（2）熟悉酸碱滴定法选用指示剂的原则。

（二）实验原理

氮是各种肥料养分中对植物生长影响最大的元素。氮肥的种类和氮存在的形态十分复杂，不仅有通常的水溶性氮肥，而且还有缓效性氮肥，尚有难溶于水的氮。若以对氮成分划分，主要包括：总氮、铵态氮、硝酸态氮、酰胺态氮，以及列为有害成分或限制性成分的如硫氰酸盐、氨基磺酸、亚硝酸态氮等。本实验主要测定铵态氮。

由于铵盐中的 NH_4^+ 的酸性太弱（$K_a=5.6\times10^{-10}$），故不能用标准碱直接滴定，而用间接方法进行测定。一般常用蒸馏法，即试样加入氢氧化钠溶液以蒸馏出氨，氨用已知浓度的酸收集，剩余的酸用已知浓度的碱反滴以算出氮的含量[①]。若有石灰氮（$CaCN_2$）和尿素之类的容易分解的氮化合物共存时，可以采用甲醛法。

关于甲醛与氨（或铵盐）的反应，Plöchl 早在 1888 年就已经提出了报告，1907 年 Sörensen 提出用于定量氨基酸中的氨基。本实验用甲醛法测定硫酸铵中的氮，铵离子与甲醛作用生成质子化的六亚甲基四胺和 H^+，反应可以用下式表示：

$$4NH_4^+ + 6HCHO = (CH_2)_6N_4H^+ + 3H^+ + 6H_2O$$

生成的混合酸可用 NaOH 标准溶液滴定，以酚酞作指示剂[②]，滴定至溶液呈微红色为终点。也可以加入过量 NaOH 标准溶液，然后用 HCl 标准溶液滴定反应剩余的 NaOH。

从反应式可知，反应生成混合酸，因 $(CH_2)_6N_4H^+$ 的酸性不太弱（$pK_a=5.15$），所以也可以被 NaOH 标准溶液所滴定。此处 4 mol NH_4^+ 反应生成 4 mol H^+ [包括 $3H^+ + (CH_2)_6N_4H^+$]，消耗 4 mol NaOH，即 1 mol NH_4^+ 与 1 mol NaOH 相当。

如试样中含有游离酸，加入甲醛之前应事先以甲基红为指示剂，用 NaOH 溶液中和至溶液呈黄色。在测定过程中，由于同时存在甲基红和酚酞两种指示剂，所以滴定过程颜色变化比较复杂，可以表示如下：

红色 ⟶	橙色 ⟶	黄色 ⟶	橙红色（终点）⟶	红色
pH<4.4	5.0	6.2	8.7	>10

⟵甲基红颜色变化　　⟶酚酞在黄色溶液中变化⟶

（三）实验步骤

1. 0.1 mol·L⁻¹NaOH 溶液的配制

用 10 mL 量筒（或吸量管）量取 50%NaOH 溶液 1.8 mL[③]，倒入装有 300 mL 新煮沸冷却的蒸馏水的试剂瓶中，用橡皮塞塞好瓶口，摇匀。

2. 0.1 mol·L⁻¹NaOH 溶液的标定

准确称取邻苯二甲酸氢钾 0.3～0.4 g（为什么?）三份，分别倾入编好号的 250 mL 锥形瓶中。用量筒分别加入 30 mL 新煮沸并冷却的蒸馏水，小心摇动，使其溶解。加入酚酞指示剂 2 滴，用待标定的 NaOH 溶液滴定至溶液呈微红色，30 s 不褪色为终点。计算 NaOH 溶液的浓度和相对平均偏差。数据记录和结果表达见表 7-3。

表 7-3　用邻苯二甲酸氢钾标定氢氧化钠溶液

标定次数	1	2	3
$m_{KHC_8H_4O_4}$/g			
V_{NaOH}/mL			
$c_{NaOH}/(mol \cdot L^{-1})$ *			
$\bar{c}_{NaOH}/(mol \cdot L^{-1})$			
单次测定偏差 $d/(mol \cdot L^{-1})$			
相对平均偏差/%			

$$* c_{NaOH}=\frac{m_{KHC_8H_4O_4}\times 1000}{M_{KHC_8H_4O_4}\times V_{NaOH}}。$$

3. 甲醛溶液的处理

甲醛中常含有微量酸，应事先中和，否则使测定结果偏高。方法如下：取原瓶装甲醛溶液于烧杯中，用水稀释 1 倍，加入 1～2 滴酚酞指示剂，用 0.1 $mol \cdot L^{-1}$NaOH 溶液滴定至甲醛溶液呈淡红色。

4. 试样中含氮量的测定

准确称取 $(NH_4)_2SO_4$试样 0.80～0.88 g 于 100 mL 烧杯中，加入约 30 mL 蒸馏水溶解，然后把溶液定量转移至 100 mL 容量瓶中，再用蒸馏水稀释至刻度，摇匀。

移取上液 10.00 mL 于 250 mL 锥形瓶中。加入 1 滴甲基红指示剂，用 0.1 $mol \cdot L^{-1}$ NaOH 溶液中和至溶液呈黄色④。加入 6 mL（1+1）甲醛溶液，再加 2 滴酚酞指示剂，摇匀，放置 1 min 后，用 0.1 $mol \cdot L^{-1}$NaOH 标准溶液滴定至溶液由红变黄，再变为微橙红色，并持续 30 s 不褪色即为终点，记录读数。平行测定三份，计算试样中氮的含量（以质量分数表示）和相对平均偏差。

【注释】

① 蒸馏出来的氨也可以用硼酸溶液吸收，以标准酸滴定。

② 也可以使用百里酚蓝作指示剂，用 NaOH 溶液滴定至呈现蓝色（pH 8.8～8.9）为终点。

③ 应根据 50%NaOH 的实际浓度，量取合适的 NaOH 体积，倒入试剂瓶中，并尽量将量筒中残剩的 NaOH 溶液用蒸馏水清洗干净。

④ 中和游离酸所消耗的 NaOH 溶液不能计入后面的滴定体积。

思　考　题

1. 配制 NaOH 标准溶液和溶解邻苯二甲酸氢钾时，为什么要求用新煮沸并冷却的蒸馏水？

2. 已标定好的 NaOH 标准溶液，在存放过程中若吸收了 CO_2，用它来测定 HCl 溶液的浓度，若以酚酞为指示剂对测定结果有什么影响？如换用甲基橙为指示剂又如何？

3. 为什么不能用碱标准溶液直接滴定法测定铵盐中氮的含量？

4. NH_4NO_3、NH_4Cl、NH_4HCO_3的含氮量是否都可以用本法测定？为什么？

5. 为什么中和甲醛溶液中的游离酸用酚酞作指示剂，而中和试样中的游离酸则以甲基红作指示剂？

6. 测定试样中含氮量时，指示剂的颜色变化是由红变黄，最后变微橙红色为终点，为什么？

7. 如何改变中和硫酸铵中游离酸的操作程序，使得被滴定溶液中不含甲基红指示剂？

参考文献

北京农业大学，西北农学院. 1979. 分析化学. 北京：农业出版社. 145～147

出添文雄等. 1983. 肥料分析方法详解（修订本）. 韩辰极等译. 北京：化学工业出版社. 36～37

夏宗莫. 1965. 甲醛法测定化肥中氨态氮的研究. 化学世界，(2)：66～68

实验30 食醋中总酸量的测定

(一) 实验目的

(1) 复习强碱滴定弱酸的基本原理及指示剂的选择。

(2) 掌握食醋中总酸量的测定方法。

(二) 实验原理

食醋的主要组分是乙酸（$K_a=1.8\times10^{-5}$），此外还含有少量其他有机酸，如乳酸（$CH_3CHOHCOOH$，$K_a=1.4\times10^{-4}$）等。可以用酚酞作指示剂，用NaOH标准溶液滴定，测出酸的总含量。其主要反应式为

$$NaOH+CH_3COOH = CH_3COONa+H_2O$$

总酸量常以乙酸表示。

食醋中乙酸含量一般为≥3.5%，浓度较大，且有一定色泽，滴定前应稀释。本实验参考食醋卫生标准的分析方法GB 5009·41—85。

(三) 实验步骤

1. 0.1 $mol\cdot L^{-1}$ NaOH标准溶液的配制和标定

参见实验29（三）1. 和2. 。

2. 食醋中总酸量的测定

用移液管吸取10.00 mL食醋一份，置于100 mL容量瓶中，用蒸馏水稀释至刻度，摇匀。

吸取上液10.00 mL于锥形瓶中，各加入蒸馏水25 mL和酚酞指示剂2～3滴，用NaOH标准溶液滴定至微红色在30 s内不褪色为终点，平行测定三份。

计算食醋的总酸量，用每100 mL食醋含CH_3COOH的质量（单位：g）表示。

思考题

1. 测定食醋的总酸量时，选用酚酞作指示剂的依据是什么？能否用甲基橙或甲基红？

2. 为什么稀释食醋试样时并不强调必须用新煮沸并冷却的不含CO_2的蒸馏水？

实验 31　金属材料酸洗液中游离酸的测定

(一) 实验目的

(1) 学习用酸碱滴定法测定金属材料酸洗液中游离酸的原理和方法。

(2) 掌握溴甲酚绿-甲基红混合指示剂的滴定终点。

(二) 实验原理

生产上经常需要测定铁、铝等易水解金属盐中的游离酸，钢材、铝材酸洗液和稀土浸取液中酸度的测定就是一些重要的例子。

酸洗液中可滴定的游离酸 H^+、HA^{m-} 和金属离子 M^{n+} 共存，当用强碱溶液滴定游离酸至接近化学计量点时，有以下反应：

$$M^{n+} + nH_2O \rightleftharpoons M(OH)_n \downarrow + nH^+$$

由于金属离子的水解平衡不断进行，没有出现 pH 突跃，因而无法准确确定终点。有人提出滴定大量 Fe^{3+} 中的游离酸时，可用六偏磷酸钠作掩蔽剂，但掩蔽效果并不理想，使用也不方便。目前，生产上应用较多的是经验的校正系数法，但操作较繁琐，且准确度也不高。本实验应用 Ca-EDTA "配位体缓冲溶液"① 作掩蔽剂，可有效地掩蔽 Fe^{3+} 等易水解金属离子对滴定游离酸的干扰：

$$Fe^{3+} + [Ca\text{-}EDTA]^{2-} \rightleftharpoons [Fe\text{-}EDTA]^- + Ca^{2+}$$

并以溴甲酚绿-甲基红为指示剂。铝材酸洗液中的游离酸的测定，加入 Ca-DCTA（环己烷二胺四乙酸）较佳。稀土浸取液中酸度（草酸）的测定，可以应用 Ca-EDTA，但要用酚酞作指示剂。

(三) 实验步骤

吸取酸洗液（含 HCl 约 2.5 mol · L^{-1}，Fe^{3+} 约 0.3 mol · L^{-1}）10.00 mL 于 250 mL 容量瓶中，用水稀释至刻度，摇匀。每次测定吸取稀释液 10.00 mL 于锥形瓶中②，加入 Ca-EDTA 配位体缓冲溶液 30 mL，加入溴甲酚绿-甲基红指示剂 3 滴，用 NaOH 标准溶液③滴定至溶液由红色变为黄绿色（为什么不是绿色?）即为终点。平行测定三份，计算酸洗液中盐酸的浓度（单位：mol · L^{-1}）。

另外，试用酚酞作指示剂进行滴定以作比较，并观察不加 Ca-EDTA 时的滴定情况。

试剂说明：

(1) Ca-EDTA 配位体缓冲溶液（0.05 mol · L^{-1} Ca^{2+} + 0.05 mol · L^{-1} Ca-EDTA）150 mL。称取3.5 g $Ca(NO_3)_2 \cdot 4H_2O$ 和 2.8 g EDTA 二钠盐溶于 150 mL 水中，必要时加热，冷却后加入 3 滴溴甲酚绿-甲基红指示剂，用 NaOH 溶液中和至绿色。

(2) 溴甲酚绿（0.1%）-甲基红（0.2%）混合指示剂（乙醇作溶剂，变色点 pH 5.1，酸色为酒红色，碱色为绿色）。

【注释】

① 配位体缓冲溶液是由配位体和过量金属离子组成的，它是常用的掩蔽剂之一。

② 以上程序着重于基本操作训练。生产中一般是直接吸取小体积酸洗液于锥形瓶中，用水适当稀释。

③ 0.1 mol · L^{-1}NaOH 标准溶液的配制及标定（见实验 29）。

思考题

1. 试自行计算配制 Ca-EDTA 配位体缓冲溶液所需试剂的量。所需试剂用什么天平称量？所需的水用什么仪器量取？

2. 本实验为什么选用溴甲酚绿-甲基红作指示剂？若选酚酞结果如何？

参考文献

李培哲等. 1979. 分析化学. 北京：冶金工业出版社. 60

王志铿，赵藻藩. 1982. 水解金属盐中游离酸的测定——配位体缓冲溶液的应用. 理化检验（化学分册），18（1）：封 2

王志铿. 1986. 钢材酸洗液中游离酸的测定. 理化检验（化学分册），22（4）：226

章道昆. 1985. 易水解金属离子存在下游离酸的测定. 分析试验室，4（5）：45

络合滴定法

实验 32 水的总硬度的测定

（一）实验目的

（1）掌握用络合滴定法测定水的总硬度的原理和方法。

（2）学习采集自来水样的方法。

（二）实验原理

水的总硬度是指水中钙和镁离子的总浓度。各国对水的硬度表示方法有所不同。我国“生活饮用水卫生标准”规定总硬度（以碳酸钙计）不得超过450 mg · L^{-1}。我国目前使用较多的表示方法还有 mmol · L^{-1}，1 mmol · L^{-1} 相当于 100.1 mg · L^{-1} 以碳酸钙表示的硬度。

除了对饮用水的总硬度有一定的要求之外，各种工业用水对总硬度也有不同的要求。因此，测定水的总硬度有很重要的实际意义。

EDTA 滴定法测定水的总硬度是国内外规定的标准分析方法，适用于生活饮用水、锅炉用水、冷却水、地下水以及没有被严重污染的地表水。

用 EDTA 滴定 Ca^{2+}、Mg^{2+} 总量时，一般是在 pH 10 的 NH_3-NH_4Cl 缓冲介质中进行，用铬黑 T 作指示剂。化学计量点前，Mg^{2+} 与铬黑 T 形成酒红色络合物。当用 EDTA 滴定时，先与 Ca^{2+} 络合，再与 Mg^{2+} 络合。到达化学计量点时，EDTA 夺取 Mg^{2+}-铬黑 T 中的 Mg^{2+}，释放出游离的铬黑 T 而使溶液变为纯蓝色。

Al^{3+}、Fe^{3+}、Ti^{4+}、Co^{2+}、Ni^{2+}、Cu^{2+} 等离子会封闭铬黑 T。为了消除封闭作用，可

以用三乙醇胺掩蔽 Al^{3+}、Fe^{3+}、Ti^{4+}；以氰化钾掩蔽 Co^{2+}、Ni^{2+}、Cu^{2+} 等；也可以用硫化钠沉淀掩蔽少量 Co^{2+}、Ni^{2+}、Cu^{2+}、Pb^{2+}、Cd^{2+}、Zn^{2+} 和 Mn^{2+} 等。

铬黑 T 与 Ca^{2+} 络合较弱，所呈颜色不深，终点变化不明显，不宜作为 Ca^{2+} 的指示剂。当水样中的 Mg^{2+} 的含量较低时（一般要求相对于 Ca^{2+} 来说需有 5%Mg^{2+} 存在），用铬黑 T 指示剂往往终点变色不敏锐。这时，可在加铬黑 T 前在被滴定液中加入适量 Mg^{2+}-EDTA 溶液（也可以在标定前向 EDTA 溶液中加入适量 Mg^{2+}），利用置换滴定法的原理来提高终点变色的敏锐性。

如果水样中 HCO_3^-、H_2CO_3 含量较高，会使终点变色不敏锐，这时可先将水样酸化、煮沸、冷却后再测定。

（三）实验步骤

1. 0.01 $mol \cdot L^{-1}$ EDTA 标准溶液的配制

用洁净的 500 mL 烧杯称取（用什么天平?）配制 300 mL 0.01（或 0.02）$mol \cdot L^{-1}$ EDTA 溶液所需的 EDTA 二钠盐（$Na_2H_2Y \cdot 2H_2O$）固体，在烧杯中加水、温热溶解、冷却后转移入试剂瓶中①，摇匀。

2. Ca^{2+} 标准溶液的配制

准确称取配制 100 mL 0.01000 $mol \cdot L^{-1}$ Ca^{2+} 溶液所需的 $CaCO_3$（0.1001±0.0002）g 于 150 mL 烧杯中。先用少量水润湿，盖上表面皿，从烧杯嘴滴加 5 mL 6 $mol \cdot L^{-1}$ HCl 溶液使 $CaCO_3$ 全部溶解（注意：5 mL HCl 不用加完，溶解完全后，再补加 1～2 滴 HCl 即可）。加水使溶液总量约 50 mL，微沸几分钟以除去 $CO_2$②。冷却后用少量水冲洗表面皿，定量地转移到 100 mL 容量瓶中，用水稀释至刻度，摇匀。

3. Zn^{2+} 标准溶液的配制

用干净的 150 mL 烧杯准确称取配制 100 mL 0.01（或 0.02）$mol \cdot L^{-1}$ 的锌溶液所需的纯锌片，加入 3 mL 6$mol \cdot L^{-1}$ HCl 溶液，立即盖上表面皿，微热③，待锌完全溶解后，以少量水冲洗表面皿和烧杯内壁，适当稀释后定量地转移至 100 mL 容量瓶中，用水稀释至刻度，摇匀。计算其准确浓度。

4. 0.01 $mol \cdot L^{-1}$ EDTA 溶液的标定

1）在 pH 10 时以 $CaCO_3$ 为基准物质（本实验采用此方法）

吸取 10.00 mL Ca^{2+} 标准溶液于锥形瓶中，加 1 滴 0.05% 甲基红，用（1＋2）$NH_3 \cdot H_2O$ 溶液中和至溶液由红色变浅黄色。加入 20 mL 水和 3 mL Mg^{2+}-EDTA（是否要准确加入?），再加 5 mL pH 10 的缓冲溶液和 4 滴铬黑 T 指示剂。立即用 0.01 $mol \cdot L^{-1}$ EDTA 溶液滴定至由酒红色变纯蓝色即为终点④。平行标定三份，计算 EDTA 溶液的准确浓度。

2）在 pH 10 时以 Zn^{2+} 为基准物质

吸取 10.00 mL 0.01 $mol \cdot L^{-1}$ Zn^{2+} 标准溶液于锥形瓶中，加 1 滴 0.05% 甲基红，用（1＋2）$NH_3 \cdot H_2O$ 溶液中和至溶液由红色变浅黄色。加入 20 mL 水和 5 mL pH 10 的缓冲溶

液，再加4滴铬黑T指示剂。用0.01 mol·L^{-1}EDTA溶液滴定至由酒红色变纯蓝色即为终点[4]。平行标定三份，计算EDTA溶液的准确浓度。

3）在pH 5～6时标定EDTA溶液

吸取10.00 mL 0.01 mol·$L^{-1}$$Zn^{2+}$标准溶液于锥形瓶中。加入2滴二甲酚橙指示剂，滴加20%的六次甲基四胺溶液至溶液呈现稳定的紫红色，再过量5 mL。用0.01 mol·L^{-1} EDTA溶液滴定至溶液由紫红色变为亮黄色即为终点。平行标定三份，计算EDTA溶液的准确浓度。

4）返滴定法标定EDTA溶液

用移液管移取10.00 mL 0.01 mol·L^{-1}EDTA溶液于锥形瓶中，加入40 mL水和5 mL pH 5.8的六次甲基四胺溶液，再加2滴二甲酚橙指示剂。用0.01 mol·L^{-1}锌标准溶液滴定至溶液由黄色变为紫红色即为终点。平行标定三份，计算EDTA的浓度。

5. 自来水水样的采集

打开自来水龙头，先放水几分钟，使积留在水管中的杂质及陈旧水排出。接着用水样洗涤干净的取样瓶及塞子（无色具塞硬质玻璃瓶或具塞聚乙烯瓶）两三次。最后，将取样瓶装满水样，盖好塞子（可采集一大瓶水样供一个实验组共用，以便比较结果）。

6. 自来水总硬度的测定

准确移取100 mL自来水样（视水样硬度大小而取适量体积）于锥形瓶中，加入5 mL pH 10的缓冲溶液和4滴铬黑T指示剂[5]，立即用0.01 mol·L^{-1}的EDTA标准溶液滴定至由酒红色变纯蓝色即为终点[6]。平行测定三份，计算自来水的总硬度，以$CaCO_3$（mg·L^{-1}）表示，并判断该水样的总硬度是否符合生活饮用水的卫生标准。

试剂说明：

（1）Mg^{2+}-EDTA溶液：先配制0.05 mol·L^{-1}的$MgCl_2$和乙二胺四乙酸（EDTA）二钠盐[7]溶液各500 mL。吸取25.00 mL Mg^{2+}溶液，加水20 mL和pH 10缓冲溶液10 mL，加铬黑T 4滴，用EDTA溶液滴定至酒红色变纯蓝色，记录EDTA的体积。重复一次，取其平均值。按所得的比例使$MgCl_2$和EDTA溶液混合，配成1∶1的Mg^{2+}-EDTA溶液。每100 mL Mg^{2+}-EDTA溶液加入10 mL pH 10的NH_3-NH_4Cl缓冲溶液。Mg^{2+}-EDTA溶液若配制得当，取制备溶液5 mL，加入20 mL水和5 mL pH 10的缓冲溶液，加铬黑T 2滴，溶液应呈紫色；且只要加入1滴0.01 mol·L^{-1}EDTA溶液将使溶液变成蓝色，而加入1滴0.01 mol·$L^{-1}$$Mg^{2+}$将使溶液变成红色。

（2）铬黑T：0.5%的三乙醇胺-无水乙醇溶液：将0.5 g铬黑T溶于含有25 mL三乙醇胺及75 mL无水乙醇的溶液中[8]。

也可配成铬黑T与NaCl的固体混合物。将10 g NaCl研细，加0.1 g铬黑T，再研匀，装入棕色小磨口瓶，保存于干燥器中。每次约加绿豆大小。按此法配制和保存的铬黑T，一般可使用一年以上。

（3）锌片：含锌99.99%。

（4）20%的六次甲基四胺溶液。

（5）pH 5.8的六次甲基四胺溶液：先配制20%的六次甲基四胺溶液，然后在pH计上用 6mol · L^{-1}HCl 调至 pH 5.8。

（6）0.2%的二甲酚橙水溶液⑨。

【注释】

① EDTA 溶液比较稳定。但若储存在软质玻璃中，EDTA 可与玻璃中的 Ca^{2+}、Mg^{2+} 等络合，影响它的浓度。因此，EDTA 溶液隔一段时间后必须重新标定。如果溶液需长期保存，应储存在硬质玻璃瓶或聚乙烯塑料瓶中。

② 在氨性溶液中，当 $Ca(HCO_3)_2$ 含量高时，可能慢慢析出 $CaCO_3$ 沉淀，使终点拖长，变色不敏锐，甚至反复，所以要煮沸以除去 CO_2。

③ 若时间允许，可盖上表面皿后放置过夜，待其自然溶解。

④ 滴定到接近终点时，反应速度较慢，EDTA 溶液应慢慢加入，加 1 滴充分摇匀后再继续滴定。若不清楚终点是否到达时，可先读数，再加半滴，摇匀，溶液颜色无变化则该读数已是终点，否则不是终点。另外，若甲基红加入较多，终点会呈蓝绿色（蓝＋淡黄）。

⑤ 自来水样一般杂质较少，故可省去将水样酸化、煮沸的步骤，也不必加三乙醇胺、氰化钾或硫化钠等掩蔽剂。

⑥ 为防止在碱性溶液中析出碳酸钙及氢氧化镁沉淀，滴定时所取的 100 mL 水样中，钙和镁总量不可超过 3.6 mmol · L^{-1}；加入缓冲溶液后，必须立即滴定。开始滴定时速率宜稍快；接近终点时宜稍慢，每加 1 滴 EDTA 溶液后，都充分摇匀。如果终点变色缓慢，可能是缺乏 Mg^{2+}，应在滴定前加入 5 mL Mg^{2+}-EDTA。

⑦ 有时，乙二胺四乙酸二钠盐含有一定数量的乙二胺四乙酸，后者溶解度小，使得配制 0.05 mol · L^{-1}EDTA 时，即使加热，试剂也溶解不完。为此，可加入少量 NaOH 溶液使 pH 提高到 5.0 以上，以促使试剂溶解。

⑧ 固体铬黑 T 很稳定，但其水溶液则只能稳定数日，这是由于发生了聚合反应和氧化反应。加入三乙醇胺可防止聚合，加入还原剂，如盐酸羟胺或抗坏血酸可防止氧化。已有多种改良的配制方法，其有效期从一周升至数周，甚至数月不等。但放置时间过长，其敏锐性会下降，甚至失败。

⑨ 二甲酚橙水溶液有效期为 3 个月左右。

思 考 题

1. 如果配制 EDTA 溶液的水中含有少量 Ca^{2+}、Mg^{2+}，则在 pH 10 时用 Ca^{2+} 标定和在pH 5～6时用 Zn^{2+} 标定，所得结果是否一致？为什么？

2. 在 pH 10 时用 Ca^{2+} 或 Zn^{2+} 标定 EDTA 溶液时，为了中和基准溶液中的强酸，能否用酚酞代替甲基红来指示中和反应？如果不用酸碱指示剂，操作应怎样进行？

3. 查出在 pH 10 用 Ca^{2+}、Mg^{2+} 与 EDTA、铬黑 T 络合物的条件稳定常数，并据此阐述实验中用 Ca^{2+} 标定 EDTA 时应用 Mg^{2+}-EDTA 改善滴定终点敏锐性的原理。

4. 测定水的总硬度，在什么情况下可以省去下列步骤？

（1）将水样酸化、微沸。

（2）加入三乙醇胺。

（3）加入 Na_2S。

（4）加入 Mg^{2+}-EDTA 溶液。

5. 为了用 $CaCO_3$ 标定 EDTA，以及测定水的总硬度，除了用铬黑 T 作指示剂（加 Mg^{2+}-EDTA）以外，还可采用什么指示剂？用钙指示剂可以吗？

6. 用钙标准溶液标定 EDTA 及测定水的总硬度时，吸取 3 份 Ca^{2+} 溶液或水样，同时加入氨性缓冲溶液，然后逐步对每份进行滴定，这样好不好？为什么？

参考文献

陈永兆. 1986. 络合滴定. 北京：科学出版社. 198～207

陈永兆. 1986. 络合滴定. 北京：科学出版社. 54～55，218～222

国家环保局《水和废水监测分析方法》编委会. 1989. 水和废水监测分析方法 . 3 版. 北京：中国环境科学出版社. 226

美国公共卫生协会，美国自来水协会，水污染控制联合会. 1985. 水和废水标准检验法 . 15 版. 宋仁元等译. 北京：中国建筑工业出版社. 175

R. 蒲希比. 1987. 实用络合滴定法. 李焕然等译. 广州：中山大学出版社. 265～266

实验 33　铅、铋混合液中铅、铋含量的连续测定

（一）实验目的

（1）掌握通过控制溶液的酸度用 EDTA 连续滴定金属离子的原理和方法。

（2）熟悉二甲酚橙指示剂的变色特征。

（二）实验原理

Pb^{2+}、Bi^{3+} 均能与 EDTA 形成稳定的络合物，它们的 $\lg K$ 值分别为 18.04、27.94。由于两者的 $\lg K$ 值相差较大，故可利用酸效应，控制不同的酸度，用 EDTA 连续滴定 Bi^{3+} 和 Pb^{2+}。通常在 pH≈1 滴定 Bi^{3+}，在 pH 5～6 滴定 Pb^{2+}。

二甲酚橙指示剂的水溶液在 pH＞6.3 时呈红色，pH＜6.3 时呈黄色；在 pH≈1 和 pH 5～6 时分别与 Bi^{3+} 和 Pb^{2+} 形成紫红色络合物①。用 EDTA 滴定 Bi^{3+}、Pb^{2+} 至终点时，溶液都是由紫红色突变为亮黄色。

（三）实验步骤

1. 0.01 $mol \cdot L^{-1}$ EDTA 标准溶液的配制和标定

参见实验 32（三）1. 、3. 和 4. 3)。

2. Pb^{2+}、Bi^{3+} 混合液的连续滴定

移取 10.00 mL Pb^{2+}、Bi^{3+} 混合液②。借助精密 pH（0.5～5）试纸，用 1 $mol \cdot L^{-1}$ $NaHCO_3$ 溶液③调节混合液的酸度至 pH≈1④。然后加入 5 mL 0.1 $mol \cdot L^{-1}$ HNO_3 溶液和 2 滴 0.2%二甲酚橙指示剂。用 EDTA 标准溶液滴定至溶液由紫红色变为亮黄色，即为 Bi^{3+} 的终点，记下消耗 EDTA 的体积。

在滴定 Bi^{3+} 后的溶液中，滴加 20%的六次甲基四胺溶液，至呈现稳定的紫红色后再过量 5 mL。继续用 EDTA 滴定至由紫红色变为亮黄色即为 Pb^{2+} 的终点，记下消耗 EDTA 的体积。平行测定三份，计算混合液中 Bi^{3+} 和 Pb^{2+} 的浓度（$mol \cdot L^{-1}$）。

【注释】

① 在 pH≈1 时，Pb^{2+} 不与二甲酚橙形成紫红色络合物；在更高的酸度下，Bi^{3+} 也不与二甲酚橙络合

显色。

② 含 Pb^{2+}、Bi^{3+} 各约为 0.01 mol·L^{-1}，先用少量 3 mol·L^{-1} HNO_3溶液溶解 Pb^{2+}、Bi^{3+} 的硝酸盐，然后用稀 HNO_3稀释，使最后混合液含大约 0.3 mol·L^{-1} HNO_3。

③ 铋溶液具有明显的水解倾向。在中和时，局部碱性过强易产生聚合阳离子（聚核羟基络合物），加入酸之后聚合阳离子不会立即溶解。用碳酸氢钠或乙酸钠中和，优于用氢氧化钠和氨水。

④ 借助精密 pH 试纸调节溶液 pH 时，为了避免多次检验致使溶液被带出而引起明显的损失，可先取一份溶液做调节 pH 的实验，确定所需 $NaHCO_3$的量。

思考题

1. 试述连续滴定 Bi^{3+}、Pb^{2+} 全过程试液颜色变化的情况及原因。
2. 能否在 pH 5～6 直接滴定 Bi^{3+}？返滴定又如何？
3. 在滴定 Bi^{3+} 前，应怎样调节溶液的 pH 才能既防止溶液的损失，又不影响终点的观察？

参考文献

陈永兆．1986．络合滴定．北京：科学出版社．270～272
张梾森．1963．络合滴定中的酸效应．化学通报，(3)：28
G. 施瓦岑巴赫，H. 弗拉施卡．1981．络合滴定法．阎大任译．北京：冶金工业出版社．306
R. 蒲希比．1987．实用络合滴定法．李焕然等译．广州：中山大学出版社

实验 34　络合滴定法测定铝（铝盐或合金等）

（一）实验目的

（1）了解络合滴定法测定铝的原理。
（2）掌握返滴定法测定简单试样中铝或置换滴定法测定复杂试样中的铝的方法。
（3）学习铝盐或铝合金试样的溶解方法。

（二）实验原理

由于 Al^{3+} 水解倾向较强，易形成一系列多核羟基络合物，这些多核羟基络合物与 EDTA 络合缓慢，故通常采用返滴定法测定铝。为此，可先加入一定量过量的 EDTA 标准溶液，在 pH≈3.5 煮沸几分钟，使 Al^{3+} 与 EDTA 络合完全，然后在 pH 5～6，以二甲酚橙为指示剂，用锌溶液返滴定过量的 EDTA 而得铝量。此法可用于简单试样如明矾 $KAl(SO_4)_2 \cdot 12H_2O$、氢氧化铝、复方氢氧化铝片和氢氧化铝凝胶等药物中铝含量的测定。

返滴定法测定铝是缺乏选择性的，除了碱土金属以外，所有能生成稳定的 EDTA 络合物的元素都会干扰。对于像合金、硅酸盐、水泥和炉渣等复杂试样中铝的测定，一般采用置换滴定法以提高选择性，即在第一终点后，加入过量的 NH_4F[①]，加热至沸，使 AlY^- 与 F^- 之间发生置换反应，并释放出与 Al^{3+} 等物质的量的 H_2Y^{2-}（EDTA）：

$$AlY^- + 6F^- + 2H^+ \xlongequal{} AlF_6^{3-} + H_2Y^{2-}$$

释放出来的 EDTA 再用锌标准溶液返滴定而得铝量。

置换滴定法测定铝，试样中含 Ti^{4+}、Zr^{4+}、Sn^{4+} 等离子时，也发生与 Al^{3+} 相同的反应

而干扰 Al^{3+} 的测定。Ti^{4+} 的干扰可利用苦杏仁酸掩蔽加以消除。少量 Mn^{2+} 不影响 Al^{3+} 的测定。Mn^{2+} 量高时，在终点，过量的 Zn^{2+} 会置换 Mn-EDTA 的 Mn^{2+}，使终点不稳定而影响 Al^{3+} 的测定。大量 Ca^{2+} 在 pH 5～6 时会有部分与 EDTA 络合，使测定 Al^{3+} 的结果不稳定。

DCTA（环己烷二胺四乙酸）在室温下能与 Al^{3+} 迅速定量络合，用 DCTA 测定 Al^{3+} 可使操作简化。但 DCTA 价格较贵。

铝盐药物试样一般用 HCl 溶解。铝合金所含杂质元素主要有 Si、Mg、Cu、Mn、Fe、Zn，个别还含 Ti、Ni、Ca 等，通常用 HNO_3-HCl 混合酸溶解，也可在银坩埚或塑料烧杯中以 NaOH-H_2O_2 分解后再用 HNO_3 酸化。

（三）实验步骤

1. 0.02 $mol \cdot L^{-1}$ EDTA 溶液的配制和标定

返滴定法测定铝，按实验 32（三）1.、3. 和 4.4）。置换滴定法测定铝，按实验 32（三）1. 和 3.，EDTA 溶液不必标定，配制 150 mL EDTA 已够用。

2. 返滴定法测定明矾中铝的含量（适合非化学类专业选做）

准确称取明矾试样 0.5～0.7 g 于 150 mL 烧杯中，加 3 $mol \cdot L^{-1}$ HCl 溶液5 mL，加热溶解。适当稀释并冷至室温后，定量转移至 100 mL 容量瓶中，加水稀释至刻度，摇匀。

用移液管移取上述试液 10.00 mL 于锥形瓶中（平行吸取 3 份），加入 0.02 $mol \cdot L^{-1}$ EDTA 溶液 10.00 mL，加二甲酚橙指示剂 2 滴，用（1+4）$NH_3 \cdot H_2O$ 溶液调至溶液由黄色变为红色。然后，滴加 3 $mol \cdot L^{-1}$ HCl 溶液 3 滴，将溶液煮沸 3 min 左右。冷却至室温，加入 pH 5.8 的六次甲基四胺溶液 10 mL，再补加二甲酚橙 2 滴，用 0.02 $mol \cdot L^{-1}$ 锌标准溶液滴定至溶液由黄色变为红紫色为终点。计算明矾中铝的质量分数。

3. 置换滴定法测定铝合金中铝的含量（适合化学类专业选做）

准确称取 0.10～0.11 g 铝合金试样②于 150 mL 烧杯中，加入 10 mL 混合酸，立即盖上表面皿，小心加热至溶解③。用水冲洗表面皿和杯壁，适当稀释后定量转移至 100 mL 容量瓶中，稀释至刻度，摇匀。

用移液管吸取 10.00 mL 试液于锥形瓶中，加入 0.02 $mol \cdot L^{-1}$ EDTA 溶液 25.00 mL，接着按 2. 的步骤操作，直至用锌滴至红紫色终点，但不必计锌的体积。加入 20% 的 NH_4F 溶液 10 mL，将溶液加热至微沸，流水冷却。再补加二甲酚橙指示剂 2 滴，此时溶液应呈黄色。若溶液呈红色④，应滴加 3 $mol \cdot L^{-1}$ HCl 溶液使溶液呈黄色。再用锌标准溶液滴定至红紫色为终点。根据消耗的锌标准溶液的体积，计算铝合金中铝的质量分数⑤。

【注释】

① 氟化铵（钾或钠）是 Al^{3+} 的强有力掩蔽剂，用 Al ∶ F 为 1 ∶ 5～1 ∶ 6 的 F^- 就可以掩蔽 Al^{3+}，从 Al-EDTA 络合物中置换出 EDTA 也只需要过量（相对于 1 ∶ 6）30%～50% 的 F^-。氟化物对 Fe^{3+} 的掩蔽作用比较复杂。氟化铵（钾或钠）虽均含有 F^-，但作用不完全相同。氟化铵在返滴定法中不能掩蔽 Fe^{3+}，也不能从 Fe-EDTA 中置换出 EDTA。在直接滴定法中，若以二甲酚橙为指示剂，尽管氟化铵能与 Fe^{3+} 生

成 FeF_6^{3-}，但 FeF_6^{3-} 中的 Fe^{3+} 仍能与二甲酚橙反应并封闭它；若以对 Fe^{3+} 灵敏度低的铬天青 S 作指示剂，则可用氟化铵掩蔽 Fe^{3+}，以 EDTA 直接滴定铜。氟化钾与 Fe^{3+} 生成难溶的 K_3FeF_6 微晶，在以二甲酚橙为指示剂的直接滴定或返滴定中，都可用氟化钾掩蔽 Fe^{3+}；当有过量 Zn^{2+} 存在时，氟化钾甚至能从 Fe-EDTA 中置换出 EDTA。氟化钠也能掩蔽 Fe^{3+}，但不能从 Fe-EDTA 中置换出 EDTA，它的溶解度较小，限制了对 Fe^{3+} 的掩蔽量。鉴于上述原因，以氟化物置换法测定铝时，一般以用氟化铵为佳。

② 称样量的确定，除了考虑合金中铝的质量分数和每次滴定中铝的合适量之外，还要考虑称量误差。

③ 若时间允许，可盖上表面皿后放置过夜，待其自然溶解。

④ 加热往往会使六次甲基四胺部分水解，以致 pH>6.3 而使二甲酚橙显红色：

$$N_4(CH_2)_6+6H_2O \xlongequal{} 6HCHO+4NH_3$$

⑤ 由于 NH_4F 会腐蚀玻璃，含 NH_4F 废液应尽快倒掉，并及时清洗仪器。

思　考　题

1. 试分析整个测定过程中，溶液颜色几次变红、变黄的原因。

2. 置换滴定法测定铝时，所用的 EDTA 溶液是否要标定？加入 EDTA 体积是否要非常准确？为什么第一终点时锌的体积可以不计？

3. 某硅酸盐试样含 Fe、Al、Ti 和少量 Mn、Ca、Mg、K、Na 等金属元素，试设计一个用置换滴定法连续测定 Fe、Al、Ti 的分析方案。

4. 返滴过量 EDTA 测定 Al^{3+} 时，能否改用其他金属离子的标准溶液？这时要用什么指示剂？

参 考 文 献

陈永兆. 1986. 络合滴定. 北京：科学出版社. 135～136，233～237

R. 蒲希比. 1987. 实用络合滴定法. 李焕然等译. 广州：中山大学出版社. 227～235

实验 35　金属指示剂的研究——5-Br-PADAT 作为络合滴定指示剂的研究

(一) 实验目的

(1) 了解金属指示剂研究的一般方法。

(2) 进行 5-Br-PADAT 作为络合滴定指示剂的研究。

(3) 预习 4.4 节中吸量管的使用方法。

(二) 实验原理

合成或发现具有优良性能的金属指示剂仍然是一个很有吸引力的研究课题。有机显色剂的迅速发展为金属指示剂研究提供了丰富的试剂。

金属指示剂研究的初步实验的一般方法如下。

1. 指示剂溶液的配制

有些指示剂可溶于水，有些则要用有机溶剂（如乙醇等）才能溶解。实验中还应注意指示剂溶液的稳定性。

2. 指示剂稀溶液在不同 pH 的颜色

可在 pH 计上一边用酸（或碱）调节 pH，一边观察记录相应的颜色变化。

3. 指示剂与金属离子的显色反应

可在 pH 计上进行实验，观察显色反应同 pH 的关系。如果在该金属离子络合滴定的适宜酸度范围内显深颜色，且与游离指示剂颜色显著不同，则该试剂有可能作为指示剂。

4. 滴定终点的观察

对经 3. 实验有可能作为指示剂的情况，可用 EDTA 滴定，观察有无终点颜色突跃（注意在不同 pH 进行实验）。若有突跃，则可进一步作定量研究。如果终点不够敏锐，有时还可试验采取某些措施（如加热、加入有机溶剂、辅助络合剂、表面活性剂和惰性染料等）以改善指示剂的性能。

如果该试剂已被用作光度法显色剂，则应参考有关文献，使初步实验更有目的地进行。

定量研究主要是用标准溶液或标准样品检验是否准确，还包括实验适宜的 pH 范围和指示剂的用量等。这样，基本上就可确定该试剂是否可作为金属指示剂。如果能查到或测得该金属指示剂的有关常数，则还可对指示剂的灵敏度、敏锐性和滴定准确度作进一步的定量评价。

对 5-Br-PADAT 的实验①，由于课时所限，只能择要进行，并可考虑两人合作。

（三）实验内容

5-Br-PADAT 的全称是5-[(5-溴-2-吡啶)偶氮]-2，4-二氨基甲苯，分子式 $C_{12}N_5H_{12}Br$，相对分子质量为 306.03，结构式为

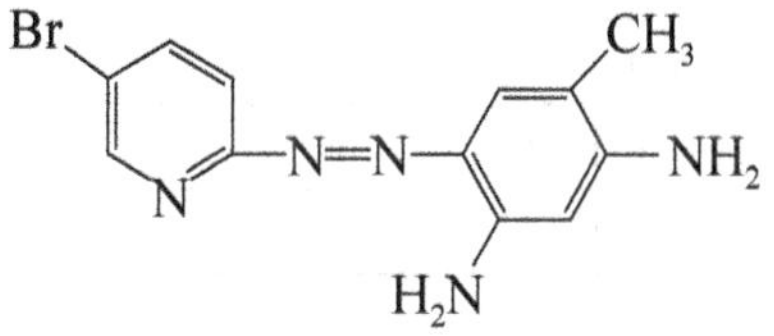

它不溶于水，但溶于乙醇，长期稳定。

1. 指示剂稀溶液在不同 pH② 的颜色

在 4 个 100 mL（或 50 mL）烧杯中，按表 7-4 加入试剂（用小玻璃棒搅匀，以下在烧杯中的滴定也用小玻璃棒搅拌），观察呈现的颜色。

表 7-4　指示剂稀溶液在不同 pH 的颜色

编号	$V_{水}$/mL	缓冲溶液		$0.01\ mol \cdot L^{-1}$ EDTA③/滴	5-Br-PADAT/滴	颜色
		pH	mL			
1	20	6.0	2	2	1	
2	20	5.0	2	2	1	
3	20	4.0	2	2	1	
4	20	3.0	2	2	1	

2. 指示剂与金属离子的显色反应及滴定终点的观察

在 4 个 100 mL（或 50 mL）烧杯中，按表 7-5 加入试剂，观察显色反应，对有可能作为指示剂的，用 EDTA 进行滴定，观察终点的情况。

表 7-5　显色反应及滴定终点情况

编号	金属离子			$V_{水}$/mL	缓冲溶液		5-Br-PADAT/滴	颜色	V_{EDTA}/mL	终点变色情况
	M^{n+}	V/mL	m/mg		pH	V/mL				
1	Cu^{2+}	1	1	20	6.0	2	1			
2		1	1	20	5.0	2	1			
3		1	1	20	4.0	2	1			
4		1	1	20	3.0	2	1			
1	Co^{2+}	1	1	20	6.0	2	1			
2		1	1	20	5.0	2	1			
3		1	1	20	4.0	2	1			
4		1	1	20	3.0	2	1			
1	Ni^{2+}	1	1	20	6.0	2	1			
2		1	1	20	5.0	2	1			
3		1	1	20	4.0	2	1			
4		1	1	20	3.0	2	1			
1	Pb^{2+}	1	1	20	6.0	2	1			
2		1	1	20	5.0	2	1			
3		1	1	20	4.0	2	1			
4		1	1	20	3.0	2	1			

根据表 7-4 和表 7-5 所列出的“颜色”，判断 5-Br-PADAT 有可能作为哪些离子的指示剂。根据用 EDTA 滴定情况，初步判断哪种离子可用 5-Br-PADAT 作指示剂？在 pH 为多少时终点突跃较明显？哪种离子封闭指示剂？哪种离子终点突跃不明显？哪种离子与 5-Br-PADAT 不显色？

3. 用铜标准溶液标定 EDTA 溶液并与 PAN 比较④

用移液管移取 10 mL 铜标准溶液（1.000 mg · mL^{-1}）于 150 mL 烧杯中，加入 30 mL水、10 mL pH 5.0 缓冲溶液、2 滴 5-Br-PADAT 指示剂，用 0.01 mol · L^{-1}EDTA 溶液滴定至终点，计算 EDTA 溶液的准确浓度（mol · L^{-1}）。平行标定两次，求平均值。

PAN 是铜的常用指示剂，但要求在热溶液中，或有 30%～50%乙醇存在下滴定才有明显的终点。为了比较，可按以上步骤，仅以 PAN 代替 5-Br-PADAT，一份在室温滴定，一份加热至沸后滴定。比较它们的终点。

4. 铜的回收实验[④]

用移液管移取 5 mL、15 mL 铜标准溶液（1.000 mg · mL^{-1}）于 150 mL 烧杯中，其余操作同 3.（5-Br-PADAT 为指示剂）。根据消耗 EDTA 溶液的体积和前面标定算出的 EDTA 溶液的浓度计算铜的回收率列于表 7-6。平行实验两次，求平均值。在研究工作中，通常还进一步实验更低和更高铜量，得出能准确滴定铜的低限和高限。

表 7-6　回收实验结果

编号	加入 Cu		消耗 V_{EDTA}/mL	测得 m(Cu)/mg	测得 $\overline{m}$(Cu)/mg	平均回收率/%
	V/mL	m/mg				
1	5.00	5.00				
2	5.00	5.00				
1	15.00	15.00				
2	15.00	15.00				

5. 以 5-Br-PADAT 为指示剂用 EDTA 滴定铜的终点误差

采用连续变化法测得 Cu 与 5-Br-PADAT 络合物的组成比为 1∶1，并通过计算络合物的离解度，进而求出 pH5.0 时其条件稳定常数的对数 $\lg K'_{MIn}=6.8$。假设化学计量点时铜离子的分析浓度 $c_{Cu}^{eq}=0.002$ mol · L^{-1}，乙酸盐为 0.1 mol · L^{-1} [对 Cu^{2+} 络合效应系数的对数 $\lg\alpha_{M(L)}=0.9$]。试计算这时的终点误差。

最后，对实验结果进行小结。

【注释】

① 如果实验室没有 5-Br-PADAT，也可采用 3，5-Br_2-PADAT 或 5-Cl-PADAB 等试剂代替。

② 由于实验人数多，不可能在 pH 计上试验各溶液的 pH，在此采用不同 pH 的缓冲溶液来控制 pH。在 pH 3.0 时，乙酸-乙酸钠缓冲剂的缓冲容量较小，但为了同其他 pH 一致，仍采用这一缓冲剂。

③ 加入 EDTA 的目的在于络合水和缓冲溶液中可能存在的微量金属离子，使观察到的颜色纯粹是游离 5-Br-PADAT 的颜色。

④ 在研究工作中，这项实验应采用高纯铜（99.99%以上）配制的标准溶液。由于本实验人数多，可用 A. R. 级硫酸铜盐代替。为节约时间和试剂，仅平行测定两次。

参 考 文 献

陈焕光，陈永兆等. 1990. 5-Cl-PADAB 作为铜的络合滴定指示剂的研究. 分析试验室，9（6）：36

陈永兆，陈焕光等. 1983. 5-Br-PADAT 和 3，5-Br_2-PADAT 作为铜的络合滴定指示剂的研究. 分析化学，11（9）：655

实验 36　试样中硫酸根总含量的测定

（一）实验目的

（1）掌握络合滴定法测定硫酸根的原理和方法。

（2）了解实验过程中空白扣除的方法。

（二）实验原理

氯化钡与试样中的硫酸根生成难溶的硫酸钡沉淀，过剩的钡离子在 pH 10 及 EDTA-Mg 络合物存在下，以铬黑 T 为指示剂，用 EDTA 标准溶液滴定，间接测定硫酸根的含量。由于待测试样中含有少量的钙、镁离子，故采用空白扣除的方法。

（三）实验步骤

1. 0.01 mol · L^{-1} EDTA 溶液的配制及标定

参见实验 32（三）1. 、2. 和 4. 1)。

2. 0.01 mol · $L^{-1}$$Ba^{2+}$ 溶液的配制及标定

用洁净的 500 mL 烧杯称取（用什么天平?）配制 300 mL 0.01 mol · L^{-1} Ba^{2+}溶液所需的 $BaCl_2 \cdot 2H_2O$ 固体，加入蒸馏水及（1+1）HCl 溶液 3 滴，用玻棒搅拌溶解后移入试剂瓶中，用玻璃塞塞好瓶口，摇匀。

准确移取 10.00 mL Ba^{2+}溶液于锥形瓶中，加入 5 mL Mg^{2+}-EDTA 溶液，5 mL pH 10 的缓冲溶液，4 滴铬黑 T 指示剂，用 EDTA 标准溶液滴定至由酒红色变成纯蓝色为终点。平行标定三份，计算 Ba^{2+}溶液的准确浓度。

3. 硫酸根总量的测定

准确移取试样 10.00 mL（V_0）于锥形瓶中，加入 1 滴（1+1）HCl 溶液，准确加入 25.00 mL（V）Ba^{2+}标准溶液，水浴（或在电炉上）加热 30 min，冷却，加入 5 mL Mg^{2+}-EDTA 溶液，5 mL 无水乙醇，5 mL pH 10 的缓冲溶液，4 滴铬黑 T 指示剂，用 EDTA 标准溶液滴定至由酒红色变纯蓝色为终点。平行测定三份，记录消耗的体积 V_1（mL）。

4. 空白扣除实验

另取 10.00 mL 试样于锥形瓶中，加入 5 mL pH 10 的缓冲溶液和 4 滴铬黑 T 指示剂，立即用 EDTA 标准溶液滴定至由酒红色变纯蓝色为终点。平行测定三份，记录消耗的体积 V_2（mL），计算试样中钙、镁离子总量。

硫酸根总含量的表达式为

$$c_{SO_4^{2-}}/(g \cdot L^{-1}) = \frac{[(cV)_{Ba^{2+}} - c_{EDTA}(V_1 - V_2)] \times M_{SO_4^{2-}}}{V_0}$$

思考题

1. 什么是空白实验？在本实验中，要考虑哪些空白实验？
2. 如果没有考虑空白实验，对实验结果会造成什么影响？试解释原因。
3. 本实验间接络合滴定测定过程中，加入乙醇的目的是什么？如果不加乙醇，对测定结果有什么影

响？试解释原因。

4. 计算 $BaSO_4$ 在 pH=10 的 0.01 mol · L^{-1} EDTA 溶液中的溶解度。当溶液达到平衡时，溶液中 Ba^{2+} 和 BaY^{2-} 的浓度各为多少？结论说明什么？

实验 37　黄铜中铜、锌含量的测定

（一）实验目的

（1）了解络合滴定法测定混合离子的原理和方法。

（2）进一步掌握络合滴定法中指示剂的选择和终点判断。

（3）学习合金试样的溶解和分离方法。

（二）实验原理

试样以 HNO_3（或 $HCl+H_2O_2$）溶解，或加入 10 mL（1+1）HCl，盖上表面皿，分次滴加 2 mL 30% H_2O_2，加热使试样完全溶解。用（1+1）$NH_3 \cdot H_2O$ 调至 pH 8～9，沉淀分离 Fe^{3+}、Al^{3+}、Mn^{2+}、Pb^{2+}、Sn^{4+}、Cr^{3+}、Bi^{3+} 等干扰离子，Cu^{2+}、Zn^{2+} 则以 $Cu(NH_3)_4^{2+}$、$Zn(NH_3)_4^{2+}$ 的形式存在于溶液中，过滤。将一份滤液调至微酸性，用 $Na_2S_2O_3$（或硫脲）掩蔽 Cu^{2+}，在 pH 5.5 的 HAc-NaAc 缓冲溶液中，以二甲酚橙作指示剂，用 EDTA 标准溶液直接滴定 Zn^{2+}。在另一份滤液中，于 pH 5.5 加热至 70～80℃，加入乙醇，以 PAN 为指示剂，用 EDTA 标准溶液直接滴定 Cu^{2+} 和 Zn^{2+} 总量。采用差减法，得到 Cu^{2+} 的含量。Zn^{2+} 也可采用 KCN 掩蔽、甲醛解蔽法，但 KCN 剧毒。

（三）实验步骤

1. 0.01 mol · L^{-1}EDTA 溶液的配制及标定

参见实验 32（三）1. 、2. 和 4. 1）。

2. 黄铜中铜、锌含量的测定

准确称取 0.2～0.25 g 黄铜试样于 150 mL 烧杯中，加 10 mL 4 mol · L^{-1} HNO_3，加热溶解，或加入 10 mL（1+1）HCl，盖上表面皿，分次滴加 2 mL 30% H_2O_2，加热使试样完全溶解。加 0.5 g $(NH_4)_2S_2O_8$，摇匀。小心分次加入 10 mL（1+1）$NH_3 \cdot H_2O$，再多加15 mL浓氨水。加热微沸 1 min。冷却，将沉淀与溶液一起转入 250 mL 容量瓶中，用水稀释至刻度，摇匀。干过滤（滤纸、漏斗、接滤液的烧杯都应是干的）。

1）Zn 的测定

吸取滤液 10.00 mL 于锥形瓶中，用 2 mol · L^{-1} HCl 酸化（留意能否观察到有沉淀产生后又溶解），此时 pH 为 1～2（也有控制在 pH 5～6）。加入 5 mL HAc-NaAc 缓冲溶液，以及 6 mL 10%$Na_2S_2O_3$（或加 $Na_2S_2O_3$ 至无色后多加 1 mL）①。加 0.2%二甲酚橙指示剂 4 滴，用 EDTA 标准溶液滴定，终点由红紫变亮黄②，记下消耗的 EDTA 体积 V_1（mL）。平行测定三份，计算 Zn 的百分含量。

2）Cu 的测定

吸取滤液 10.00 mL 于锥形瓶中，用 2 mol · L^{-1} HCl 酸化，加入 5 mL pH 5.5 的 HAc-NaAc 缓冲溶液，加热至近沸，加 5 mL 乙醇，0.1% PAN 指示剂 8 滴，用 EDTA 标准溶液滴定至深蓝紫变为草绿色③，记下消耗的 EDTA 体积 V_2（mL）。平行测定三份，计算 Cu 的百分含量。

$$w_{Zn}/\% = \frac{c_{EDTA} \times \overline{V_1} \times M_{Zn}}{\text{试样质量(g)} \times \frac{10.00}{250.0} \times 1000} \times 100$$

$$w_{Cu}/\% = \frac{c_{EDTA} \times (\overline{V_2} - \overline{V_1}) \times M_{Cu}}{\text{试样质量(g)} \times \frac{10.00}{250.0} \times 1000} \times 100$$

【注释】

① 掩蔽 Cu^{2+} 需在弱酸性介质中进行。因 $Na_2S_2O_3$ 遇酸分解而析出硫：$S_2O_3^{2-} + 2H^+ \xlongequal{} H_2SO_3 + S\downarrow$，故酸性不能过强。故采用先加入 HAc-NaAc 缓冲溶液，然后加入 $Na_2S_2O_3$，可避免上述反应发生。$Na_2S_2O_3$ 掩蔽 Cu^{2+} 的反应如下：$2Cu^{2+} + 2S_2O_3^{2-} \xlongequal{} 2Cu^+ + S_4O_6^{2-}$，$Cu^+$ 与过量 $S_2O_3^{2-}$ 络合生成无色可溶性 $Cu_2(S_2O_3)_2^{2-}$，此络合物在 pH>7 时不稳定。

② 在 pH 5.5 时，用 XO 作指示剂比用 PAN 作指示剂终点变色敏锐。这是因为 Zn-XO 的条件稳定常数（$\lg K'_{Zn\text{-}XO} = 5.7$）比 Zn-PAN 的大。滴定至终点几分钟后，颜色由亮黄转为橙红，这可能是因为 Cu^+ 被慢慢氧化为 Cu^{2+} 后与 XO 络合，对滴定无影响。

③ PAN 与 Cu^{2+} 络合为红色，游离 PAN 为黄色，Cu-EDTA 络合物为蓝色，故终点变化不是从红变成黄，而是蓝紫（蓝＋红）变成草绿（蓝＋黄）。又由于 Cu-PAN 络合物水溶性较差，终点时 Cu-PAN 与 EDTA 交换较慢，故临近终点时滴定速度要慢。

思　考　题

1. 总结标定 EDTA 的原理和方法。
2. 在 Cu 的测定实验中，能否使用二甲酚橙指示剂？试解释原因。
3. 实验过程中，加入 $(NH_4)_2S_2O_8$ 的目的是什么？
4. 什么是干过滤？实验过程中，如果没有采用干过滤，对测定结果有什么影响？

参 考 文 献

陈必友．1992．工厂分析化学手册（修订本）．北京：国防工业出版社

陈永兆．1986．络合滴定．北京：科学出版社

杭州大学分析化学教研室．1982．分析化学手册（第二分册），化学分析．北京：化学工业出版社

衡兴国，黄按佑．1996．实用快速化学分析新方法．北京：国防工业出版社

沪东造船厂质量检验组．1974．金属的化学分析．北京：国防工业出版社

李宽亮，张艳．1993．理化分析测试指南（金属材料部分），有色金属合金分析分册．北京：兵器工业出版社

任继平．1966．黄铜中锌和铜的快速连续络合滴定．理化检验通讯，(2)：58

武登高．1973．铜合金中锌的络合滴定．分析化学，1 (2)：49

朱利亚等．1995．铜滴定分析的进展．理化检验（化学分册），31 (6)：369

R. 蒲希比．1987．实用络合滴定法．李焕然等译．广州：中山大学出版社

氧化还原滴定法

实验38 水中化学耗氧量（COD）的测定（酸性高锰酸钾法）

（一）实验目的

掌握酸性高锰酸钾法测定化学耗氧量的原理及方法。

（二）实验原理

化学耗氧量（COD）是指在一定条件下，用强氧化剂处理水样时所消耗氧化剂的量，以 O_2的量（单位：$mg \cdot L^{-1}$）来表示。化学耗氧量反映了水中受还原性物质污染的程度。水中还原性物质包括有机物、亚硝酸盐、亚铁盐和硫化物等。水被有机物污染是很普遍的，因此 COD 也作为测定有机物相对含量的指标之一。

水样的 COD 可受加入氧化剂的种类及浓度，反应溶液的酸度，反应温度和时间，以及催化剂的有无等影响而获得不同的结果。因此，化学耗氧量也是一个条件性指标，必须严格按操作步骤进行。

测定 COD 的方法，根据测定所用氧化剂的不同可以分为重铬酸钾法（适于工业废水）、酸性高锰酸钾法（适于一般天然水体）以及碱性高锰酸钾法（适于高 Cl^- 水体，如海水）。应该指出，上述方法在规定条件下，水中有机物只能部分被氧化。因此，得到的并不是理论上的需氧量，也不是反映水体中总有机物含量的尺度。

在文献（国家环保局《水和废水监测分析方法》编委会，1989）中，将高锰酸钾法的化学耗氧量改称为高锰酸盐指数（仍以 O_2的 $mg \cdot L^{-1}$表示），以有别于氧化能力更强的重铬酸钾法的化学耗氧量。

酸性高锰酸钾法测定水中化学耗氧量是在酸性条件下，用过量的高锰酸钾溶液（V_1）并加热，将水样中某些有机物及无机还原性物质氧化。反应后，剩余的高锰酸钾用过量的草酸钠溶液还原，剩余的草酸钠再用高锰酸钾标准溶液（V_2）回滴，其反应式如下：

$$4KMnO_4+6H_2SO_4+5C \xlongequal{} 2K_2SO_4+4MnSO_4+5CO_2\uparrow+6H_2O$$

$$2MnO_4^-+5C_2O_4^{2-}+16H^+ \xlongequal{} 2Mn^{2+}+8H_2O+10CO_2\uparrow$$

根据上述反应和有关数据，便可计算出水样的化学耗氧量。

（三）实验步骤

1. 0.02 $mol \cdot L^{-1}$ $KMnO_4$ [$c(1/5KMnO_4)=0.1\ mol \cdot L^{-1}$] 标准溶液的配制

称取 $KMnO_4$ 1.6 g，溶于 500 mL 水中，盖上表面皿，加热至沸并保持微沸状态 1 h，冷却后，用微孔玻璃漏斗（3 号或 4 号）[①]或玻璃棉过滤，滤液储于棕色试剂瓶中，将溶液于室温下静置 2～3 d 后过滤，备用[②]。

2. 0.02 $mol \cdot L^{-1}$ $KMnO_4$溶液浓度的标定（本实验此步骤不做）

准确称取 0.10～0.13 g 基准物质 $Na_2C_2O_4$三份，分别置于锥形瓶中，加入 50 mL 水，加热使其溶解，加入 3 mol·L^{-1} H_2SO_4 15 mL。在水浴上加热到 70～80℃[3]（刚冒蒸汽），趁热用待标定的 $KMnO_4$ 溶液进行滴定[4]，至溶液呈粉红色并且在 30 s 内不褪色为终点。滴定过程中要注意滴定速率，必须待前一滴溶液褪色后再加第二滴。计算 $KMnO_4$ 标准溶液的浓度平均值。

3. 0.005 mol·L^{-1} $Na_2C_2O_4$ 标准溶液的配制

用洁净的烧杯准确称取 0.168 g 在 105℃烘干 2 h 并冷却的 $Na_2C_2O_4$，置于烧杯中用适量的水溶解，定量转移入 250 mL 容量瓶中，用水稀释至刻度，摇匀。按实际称取质量计算其准确浓度。

4. 水中化学耗氧量的测定

取 100 mL 水样[5]置于 250 mL 锥形瓶中，加入（1+3）H_2SO_4 溶液 10 mL，再由滴定管准确加入 0.002 mol·L^{-1} $KMnO_4$ 溶液 10 mL（V_1）。快速加热至沸，准确煮沸 10 min[6]（红色不应褪去）。取下锥形瓶，趁热加入 0.005 mol·L^{-1} $Na_2C_2O_4$ 标准溶液 10.00 mL，摇匀（此时溶液应为无色）。立即用 0.002 mol·L^{-1} $KMnO_4$ 溶液滴定至显微红色，记录 $KMnO_4$ 溶液用量 V_2（锥形瓶中的溶液不要倒掉）。平行测定三份。

5. 0.002 mol·L^{-1} $KMnO_4$ 溶液浓度的标定

将上述已滴定完毕的溶液加热至 70～80℃，准确加入 0.005 mol·L^{-1} $Na_2C_2O_4$ 标准溶液 10.00 mL，摇匀，再用 0.002 mol·L^{-1} $KMnO_4$ 溶液滴定至显微红色，所用 $KMnO_4$ 溶液的量为 V_3。计算 $KMnO_4$ 溶液的校正系数：

$$K=\frac{10.00}{V_3}$$（每毫升 $KMnO_4$ 溶液相当于 $Na_2C_2O_4$ 标准溶液的体积单位：mL）

$$\text{化学耗氧量}/(\text{mg}\cdot\text{L}^{-1})=\frac{[(V_1+V_2)K-10.00]\times c_{Na_2C_2O_4}\times 16.00\times 1000}{\text{水样体积(mL)}}$$

式中，16.00 为氧的相对原子质量。

【注释】

① 过滤 $KMnO_4$ 溶液的漏斗滤板上 MnO_2 沉淀可用还原性溶液（如亚铁的酸性溶液）除去，再用水抽洗干净。

② $KMnO_4$ 也可溶于新煮沸冷却的蒸馏水中，置于棕色玻璃瓶内，于暗处放置 7～10 d 后过滤备用。

③ 温度不能太高，如超过 85℃则有部分 $H_2C_2O_4$ 分解，反应式如下：

$$H_2C_2O_4 = CO_2\uparrow + CO\uparrow + H_2O$$

滴定结束时的温度不应低于 60℃。

④ $KMnO_4$ 颜色深，液面弯月面下缘不易看出，读数时应以液面的最高线（读液面的边缘）为准。

⑤ 水样采集后，应加入硫酸调 pH<2，以抑制微生物活动。样品应尽快分析，必要时，应在 0～5℃冷藏保存，并在 48 h 内测定。

取水样的量可视水质污染程度而定，洁净透明的水样可取水样 100 mL。被污染严重的浑浊水样取 10～30 mL，然后加蒸馏水至 100 mL，蒸馏水中的耗氧量采用测定水中耗氧量同样的方法测定加以扣除。当水样的化学耗氧量超过 5 mg·L^{-1}时，则酌情分取少量，并用水稀释后再行测定。

⑥ 文献（日本工业用水协会，1990）中，有关测定是在沸水浴中加热 30 min（从水浴重新沸腾起计时）。本实验考虑到水浴装置和课时的限制，简化为在石棉网上煮沸 10 min（从冒第一个大气泡开始计时），为防止暴沸，需不断摇动，最好加入几粒玻璃珠或沸石。

思 考 题

1. 用 $Na_2C_2O_4$标定 $KMnO_4$溶液浓度的过程中，加酸、加热和控制滴定速率的目的是什么？
2. 装 $KMnO_4$的玻璃器皿放置较久后，其壁上常有棕色沉淀物，这是什么物质？应如何除去？
3. 水样加入 $KMnO_4$煮沸后，如紫红色变浅或全部褪去，这说明什么？应如何处理？
4. 当水样中氯离子含量超过 300 $mg \cdot L^{-1}$时，耗氧量的测定应在碱性溶液中进行或将水样加蒸馏水稀释后测定，高浓度的氯离子如何干扰酸性高锰酸钾法测定化学耗氧量？

参考文献

国家环保局《水和废水监测分析方法》编委会. 1989. 水和废水监测分析方法 . 3 版. 北京：中国环境科学出版社. 359
日本工业用水协会. 1990. 水质试验法（修订版）. 陈履安译 . 北京：中国环境科学出版社. 152

实验 39　碘量法测定铜合金中的铜（半微量滴定分析法）

（一）实验目的

（1）了解 $Na_2S_2O_3$溶液的稳定性特性及其标准溶液的配制方法。

（2）掌握用 $K_2Cr_2O_7$基准物质标定 $Na_2S_2O_3$溶液浓度的原理和方法。

（3）了解间接碘量法测定铜合金或铜盐的原理并掌握其方法。

（4）掌握半微量碘量法测定铜合金中的铜的方法和技术。

（二）实验原理

硫代硫酸钠结晶 $Na_2S_2O_3 \cdot 5H_2O$ 往往含有杂质，所以不能用直接法配制标准溶液。同时，$Na_2S_2O_3$遇酸会分解产生 S，水中溶解的二氧化碳可促使 $Na_2S_2O_3$分解。此外，空气中的氧会氧化 $Na_2S_2O_3$，水中还往往含有能使 $Na_2S_2O_3$分解的微生物。因此，配制 $Na_2S_2O_3$通常用新煮沸冷却的蒸馏水，并在溶液中加入少量Na_2CO_3，然后储存于洁净的棕色试剂瓶中，放置 7～14 d，待溶液浓度趋于稳定后再标定。

$Na_2S_2O_3$溶液一般用基准试剂 $K_2Cr_2O_7$ 标定。标定时，先使 $K_2Cr_2O_7$与过量 KI 作用，再用欲标定浓度的 $Na_2S_2O_3$溶液滴定析出的 I_2，并以淀粉溶液作指示剂。反应如下：

$$Cr_2O_7^{2-} + 14H^+ + 6I^- = 3I_2 + 2Cr^{3+} + 7H_2O$$

$$2S_2O_3^{2-} + I_2 = S_4O_6^{2-} + 2I^-$$

淀粉溶液在有 I^- 存在时能与 I_2分子形成蓝色可溶性吸附化合物，使溶液呈蓝色。达到终点时，溶液中的 I_2全部与 $Na_2S_2O_3$作用，则蓝色消失。必须在滴定至近终点时方可加入淀粉溶液，否则，大量 I_2被淀粉牢牢吸附，就不易被完全夺出，使终点难以观察。

间接法测定铜，是指在弱酸性溶液中，Cu^{2+} 与过量的 KI 作用，生成 CuI 沉淀，同时析出等物质的量的 I_2。由于其选择性较高，因而常被用来测定各种物质中的铜。反应式如下：

$$2Cu^{2+} + 4I^- = 2CuI \downarrow + I_2$$

析出的 I_2 以淀粉为指示剂，用 $Na_2S_2O_3$ 标准溶液滴定：

$$2S_2O_3^{2-}+I_2 \longrightarrow S_4O_6^{2-}+2I^-$$

为了使反应进行完全，必须加入过量的 I^-。I_2 在水中溶解度较小，过量的 I^- 存在使 I_2 形成 I_3^-，增加 I_2 的溶解度。

CuI 沉淀强烈地吸附 I_3^-，使测定结果偏低。为此，加入硫氰酸盐，将 CuI（$K_{sp}=1.1\times10^{-12}$）转化为溶解度更小的 CuSCN 沉淀（$K_{sp}=4.8\times10^{-15}$），把吸附的碘释放出来，同时置换出 I^- 从而减少 KI 的用量。但硫氰酸盐只能在临近终点时加入，否则有可能直接将 Cu^{2+} 还原为 Cu^+，致使计量关系发生变化。反应式如下：

$$CuI+SCN^- \longrightarrow CuSCN\downarrow+I^-$$

$$6Cu^{2+}+7SCN^-+4H_2O \longrightarrow 6CuSCN\downarrow+SO_4^{2-}+CN^-+8H^+$$

溶液的 pH 不宜大于 4，在较高的 pH，碱式铜（Ⅱ）型体的形成使得 I^- 的氧化变慢且反应不完全。在铜（Ⅰ）离子存在下，必须避免 H^+ 浓度大于 0.3 mol·L^{-1}，以防止空气中的 O_2 氧化 I^-（在较高酸度下 Cu^+ 会催化此反应）。

间接碘量法测定铜时，如果溶液中存在能与 KI 反应生成游离的杂质或能被游离碘氧化的杂质都将干扰铜的测定。

铜合金种类较多，其组成元素少者仅两三种，多者可超过十种，常见的是 Cu、Zn、Fe、Al、Sn、Pb、Mn、Mg、Ni、Bi、Sb、As、P 和 Si 等。对碘量法测铜会干扰的只有 Fe、As 和 Sb，但这些元素的干扰很容易消除。当加入氟化物时，Fe^{3+} 可与它形成稳定的 FeF_6^{3-} 而不再和 I^- 反应。As 和 Sb 的干扰可将这些元素在溶解样品时转化成+5 价① 而避免。只要溶液酸度不太大，+5 价的 As 不会氧化 I^-。Sb 的情况也一样。总之，维持溶液的 pH≥3时，就可避免 As 和 Sb 的干扰。然而，前面已经提到当 pH>4 时，Cu^{2+} 氧化 I^- 的反应就不完全。因此，当 Cu 与 As 或 Sb 存在时，欲分析铜含量则必须控制 pH 为 3～4。为此可使用氟化氢铵（$NH_4F\cdot HF$，HF 的 $K_a=6.6\times10^{-4}$，$pK_a=3.18$）或 HAc-NaAc 来缓冲。在这里 NH_4HF_2，也可作为的 F^- 来源而用来消除 Fe^{3+} 的干扰。

如果用浓 HNO_3 分解样品，产生的低价氮的氧化物能氧化 I^- 而干扰测定，必须除去②。也可用 HCl 和 H_2O_2 分解试样：

$$Cu+2HCl+H_2O_2 \longrightarrow CuCl_2+2H_2O$$

过量的 H_2O_2 干扰测定：

$$H_2O_2+2HI \longrightarrow I_2+2H_2O$$

通过煮沸可使剩余的 H_2O_2 分解除去。

铜盐的成分较简单，不含干扰物质时测定步骤可以简化。

本实验采用半微量滴定法，以减少试剂的消耗，尤其是可以减少 $K_2Cr_2O_7$ 对环境造成的污染。

（三）实验步骤

1. 0.01 mol·L^{-1} $Na_2S_2O_3$ 溶液的配制

称取 0.8 g（为什么?）$Na_2S_2O_3\cdot5H_2O$，用 300 mL 新煮沸并冷却的蒸馏水溶解。加入 0.1 g Na_2CO_3，搅匀，储存于棕色试剂瓶中，在暗处放置 7～14 d 后标定。

2. $Na_2S_2O_3$溶液的标定（用 $K_2Cr_2O_7$作基准物质）

1）$K_2Cr_2O_7$标准溶液［$c(1/6K_2Cr_2O_7)=0.01000\ mol \cdot L^{-1}$］的配制

用洁净的小烧杯准确称取 0.1226 g（±0.0002 g）$K_2Cr_2O_7$，加水溶解，定量转移入 250 mL 容量瓶中，加水稀释至刻度，摇匀。按 $K_2Cr_2O_7$的实际质量计算其浓度。

2）$Na_2S_2O_3$溶液的标定

移取上述溶液 10.00 mL 三份分别置于三个碘量瓶中，加入 2 mL（1＋1）HCl 溶液，4 mL 10%KI 溶液，盖紧玻璃塞，水封，摇匀，于暗处（实验柜）放置 5 min，用蒸馏水吹洗碘量瓶壁，加入 100 mL 水稀释③。用待标定的 $Na_2S_2O_3$溶液滴定至淡黄绿色，然后加入 8 滴 0.5%的淀粉水溶液指示剂④，继续滴定至无色为终点⑤。记录 V（$Na_2S_2O_3$），计算 $Na_2S_2O_3$的浓度（$mol \cdot L^{-1}$）。标定三份（应在滴定完第一份后，才开始向第二份加入 KI，为什么?），取其平均值。

3. 铜合金中铜的测定

1）铜合金试样的制备

用洁净的小烧杯准确称取 0.13～0.18 g 铜合金试样一份，加入 10 mL（1＋1）HCl，盖上表面皿，分次滴加 2 mL 30% H_2O_2，加热使试样完全溶解⑥。继续微沸以破坏多余的 H_2O_2（溶液冒大气泡表示 H_2O_2已除尽）。用水冲洗表面皿和烧杯壁。冷却后，将其定容于 100 mL容量瓶中。准确吸取 10.00 mL 上述试液三份分别置于三个锥形瓶中。

2）铜合金中铜的测定

于上述锥形瓶中，边摇动边小心滴加 3 $mol \cdot L^{-1}$氨水直到溶液中刚刚有稳定的沉淀发生，然后加入 2 mL（1＋1）HAc（从这里开始，分别处理每一样品）。加 2 mL 20% $NH_4HF_2$⑦溶液和 4 mL 10%KI 溶液，立即用 0.01 $mol \cdot L^{-1}$ $Na_2S_2O_3$溶液滴定至浅黄色。再加入 8 滴 0.5%淀粉水溶液指示剂⑧，继续滴定至浅蓝色。而后加入 3 mL 10% NH_4SCN 溶液，剧烈摇荡溶液，继续滴定至溶液的蓝色消失，5 min内不变蓝色即为终点。此时因有白色沉淀物存在，终点呈灰白色。记录所消耗的 $V_{Na_2S_2O_3}$，计算铜的质量分数。平行测定三份，取其平均值。

【注释】

① 在中性或微碱性溶液中，AsO_3^{3-}能和 I_2定量反应；在微酸性溶液中 AsO_3^{3-}和 I_2仍有一定的反应。一般来说，用热浓 HNO_3来溶解样品可将 As 和 Sb 氧化成＋5 价，但往往另加少量的溴水以保证氧化完全，而过量的溴可借煮沸来除去。HCl 和 H_2O_2也能将 As 和 Sb 氧化成＋5 价。

② 低价氮的氧化物可发生下列反应而干扰测定：

$$2NO+O_2 = 2NO_2$$

$$NO_2+2HI = I_2+NO+H_2O$$

$$NO_2+NO+H_2O = 2HNO_2$$

$$2HNO_2+2HI = I_2+2NO+2H_2O$$

除去低价氮氧化物的简便方法是加入尿素，其反应如下：

$$(NH_2)_2CO+2HNO_2 = 2N_2\uparrow+CO_2\uparrow+3H_2O$$

③ $K_2Cr_2O_7$与 I_2反应缓慢，故先在浓溶液和高酸度条件下反应以加快反应速率。然而，在强酸性溶液

中，$Na_2S_2O_3$会分解，I^-也容易被空气中的O_2氧化。因此在用$Na_2S_2O_3$滴定前必须加水稀释。稀释的另一个目的是为了降低有色离子Cr^{3+}的浓度，使终点易于观察。

④ 碘-淀粉形成蓝色络合物，颜色与淀粉的结构有关。含直链淀粉成分多的淀粉与I_2（I_3^-）作用形成蓝色，灵敏度高，在室温条件下，可检出约10^{-5} mol·L^{-1}的碘；含支链成分多的淀粉，灵敏度低，且颜色多为红紫色，终点不易观察。也可配成淀粉-甘油指示剂（在100 mL甘油中加入3.0 g可溶性淀粉，搅匀，加热至190℃，至淀粉完全溶解。每120 mL试液加3～4滴淀粉-甘油指示剂。室温下可保存1年，出现浑浊不影响指示剂的功效）。

⑤ 滴定开始时宜慢摇快滴，但近终点时要慢滴，并用力振摇。请解释此操作的原因。

⑥ 若实验室通风设备不良，时间允许时，试样加入HCl和H_2O_2后，不必加热，盖上表面皿后放置过夜，让其自然溶解。

⑦ NH_4HF_2有一定的毒性和化学腐蚀性，应避免与皮肤接触，若接触到则须用水冲洗。含NH_4HF_2废液应及时倒掉，并用水冲洗容器，以减少对玻璃容器的侵蚀。

⑧ 也可用2滴3%淀粉-甘油指示剂（配制方法见本实验【注释】④）。

思 考 题

1. 影响硫代硫酸钠溶液稳定性的因素有哪些？如何配制硫酸钠标准溶液？
2. 为什么不能直接用$K_2Cr_2O_7$标定$Na_2S_2O_3$溶液，而采用间接法？
3. 写出本实验$c_{Na2S2O3}$的计算公式。若浓度是以“$K_2Cr_2O_7$”为基本单元，这时$c_{Na2S2O3}$的计算公式又如何？
4. 已知$E^\circ(Cu^{2+}/Cu^+)=0.159$ V、$E^\circ(I_3^-/I^-)=0.545$ V，为什么本实验中Cu^{2+}却能使I^-氧化为I_2？
5. 测定铜盐的含量时，酸度调节不那么严格，又可以不加NH_4HF_2，为什么？

实验40 直接碘量法测定维生素C的含量（半微量滴定分析法）

（一）实验目的

（1）掌握碘标准溶液的配制和标定。

（2）掌握半微量直接碘量法测定维生素C的原理、方法和技术。

（二）实验原理

维生素C又称为抗坏血酸，属于水溶性维生素，其分子式为$C_6H_8O_6$，相对分子质量为176.12。维生素C在医药上和化学上的应用非常广泛，是分析化学中常用的还原剂。$E^\circ(I_3^-/I^-)=0.545$ V，$E^\circ(C_6H_6O_6/C_6H_8O_6)=0.18$ V，用I_2标准溶液可以直接滴定维生素C。维生素C分子中的烯二醇基被I_2氧化成二酮基：

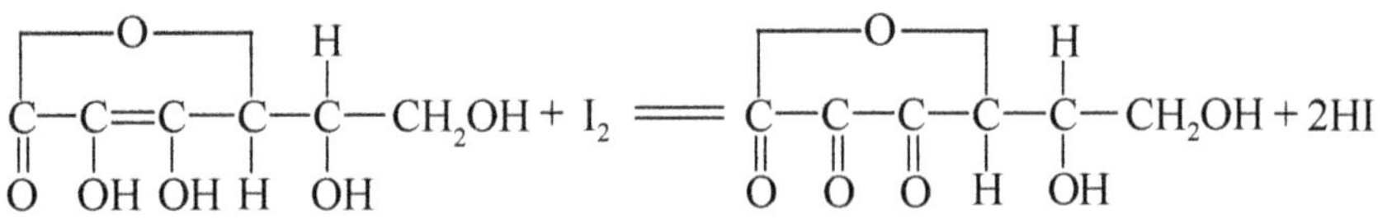

反应是等物质的量定量反应。用直接碘量法可测定药片、注射液、蔬菜、水果中维生素C的含量。

由于维生素 C 的还原性很强，在空气中极易被氧化，特别是在碱性溶液中更易被氧化，所以，测定时须加入稀乙酸，使溶液保持足够的酸度，以减少副反应的发生。

虽然用升华法可制得纯碘，但由于碘的升华作用，称量时易引起损失，且碘蒸气对天平零件有一定的腐蚀作用，故碘标准溶液多采用间接法配制。碘在纯水中的溶解度很小，通常都是利用 I_2 与 I^- 生成 I_3^- 络离子的反应，配制成有过量碘化钾存在的碘溶液，I_3^- 的形成增大了碘的溶解度，也减少了碘的挥发损失。

可以用 As_2O_3 直接标定 I_2 溶液的浓度，也可先标定 $Na_2S_2O_3$ 溶液的浓度，然后用 $Na_2S_2O_3$ 溶液标定 I_2 溶液。

$$2S_2O_3^{2-} + I_2 \longrightarrow S_4O_6^{2-} + 2I^-$$

本实验是用 $Na_2S_2O_3$ 溶液标定 I_2 溶液。

光照和受热都能促使溶液中 I^- 的氧化，所以配好的含有碘化钾的碘标准溶液应放在棕色瓶中，置于暗处保存。

(三) 实验步骤

1. 0.01 mol · L^{-1} $Na_2S_2O_3$ 标准溶液的配制和标定（用 $K_2Cr_2O_7$ 作基准物质）

参见实验 39（三）1. 和 2.。

2. $c(1/2I_2)=0.01$ mol · L^{-1} I_2 标准溶液的配制和标定

1）$c(1/2I_2)=0.1$ mol · L^{-1} I_2 储备液的配制

将 3.3 g I_2 与 5 g KI 置于研钵中，在通风橱中加入少量水研磨，待 I_2 全部溶解后，将溶液转入棕色试剂瓶中，加水稀释至 250 mL，摇匀，放暗处保存。

2）$c(1/2I_2)=0.01$ mol · L^{-1} I_2 标准溶液的配制

用 100 mL 量筒取 $c(1/2I_2)=0.1$ mol · L^{-1} I_2 储备液 20 mL 于棕色瓶中，加水 180 mL 即可。

3）$c(1/2I_2)=0.01$ mol · L^{-1} I_2 标准溶液的标定

用移液管移取 10.00 mL $Na_2S_2O_3$ 标准溶液于锥形瓶中，加入 8 滴 0.5%淀粉水溶液，用 I_2 标准溶液滴定至稳定的浅蓝色，30 s 不褪色即为终点。平行标定三份，计算 I_2 溶液的浓度 $c(1/2I_2)$。

3. 维生素 C 含量的测定

用洁净的 150 mL 烧杯准确称取 0.15～0.20 g 维生素 C 片①，加入新煮沸过的冷蒸馏水使其溶解，定量转移入 100 mL 容量瓶中，定容。用移液管移取 10.00 mL 待测液于锥形瓶中，加入 10 mL 2 mol · L^{-1} HAc 和 8 滴 0.5%淀粉水溶液，立即用 I_2 标准溶液滴定至稳定的浅蓝色即为终点。平行测定三份，计算维生素 C 的质量分数。

【注释】

① 取维生素 C 药片两粒，在洁净的研钵中快速研磨，用烧杯快速准确称取后，将研钵中剩余的维生素 C 粉倒入垃圾桶。

思 考 题

1. 配制 I_2 标准溶液时为什么要加入 KI?
2. 溶解维生素 C 片时，为什么要用新煮沸过的冷蒸馏水?
3. 解释注释中操作的原因。

参考文献

安登魁. 1986. 药物分析. 北京：人民卫生出版社. 175
中华人民共和国卫生部药典委员会. 1985. 中华人民共和国药典（二部）. 北京：化学工业出版社，人民卫生出版社. 495

实验 41 钙制剂样品中钙含量的测定

(一) 实验目的

(1) 掌握酸性间接高锰酸钾法测定钙的原理及方法。
(2) 掌握晶形沉淀的沉淀条件。
(3) 了解沉淀分离的基本要求与操作。

(二) 实验原理

钙制剂样品中钙离子与草酸根能形成难溶的草酸盐沉淀。沉淀经过过滤、洗净后，再用稀硫酸溶液将其溶解，然后用 $KMnO_4$ 标准溶液滴定释放出来的 $H_2C_2O_4$，即可间接测定钙离子的含量。

$$Ca^{2+} + C_2O_4^{2-} = CaC_2O_4 \downarrow$$

$$CaC_2O_4 + 2H^+ = Ca^{2+} + H_2C_2O_4$$

$$2MnO_4^- + 5H_2C_2O_4 + 6H^+ = 2Mn^{2+} + 10CO_2 \uparrow + 8H_2O$$

(三) 实验步骤

1. 0.02 mol · L^{-1} $KMnO_4$ 溶液的配制及标定

参见实验 38（三）1. 和 2. 。

2. 钙制剂样品中钙含量的测定

准确称取钙制剂样品 0.12～0.15 g 两份，分别置于 250 mL 烧杯中，加入少量纯水润湿，盖上表面皿，从烧杯嘴滴加 5 mL 6 mol · L^{-1} HCl 溶液（注意：5 mL HCl 不用加完，溶解完全后再补加 1～2 滴 HCl 即可），并轻轻摇动烧杯，使样品溶解。加纯水使溶液总量约 50 mL，微沸几分钟。稍冷后，加入 2～3 滴甲基红指示剂，再滴加 3 mol · L^{-1} $NH_3 \cdot H_2O$ 至溶液由红色变为黄色。

在连续搅拌下，趁热逐滴加入约 50 mL 0.05 mol · L^{-1} $(NH_4)_2C_2O_4$ 溶液，并仔细观察是否已经沉淀完全。然后加纯水至 200 mL，盖上表面皿，水浴加热陈化 1 h。冷却后过滤

(先将上层清液倾入漏斗中)，将烧杯中的沉淀用0.1% NH_4NO_3洗涤液洗涤数次后转入漏斗中，继续洗涤至无Cl^-。方法是：用小试管小心收集滤液约2 mL，加入1滴2 mol·L^{-1} HNO_3和2滴$AgNO_3$溶液，不呈浑浊。

将带有沉淀的滤纸放入250 mL烧杯中，用50 mL 1 mol·L^{-1} H_2SO_4溶液将滤纸上的沉淀溶解，加入纯水使总体积约为100 mL，加热至70～80℃(刚冒蒸气)，用0.02 mol·L^{-1} $KMnO_4$标准溶液滴定至溶液呈淡红色，30 s内不褪色即为终点。记录V_{KMnO_4}，并计算钙制剂中钙的百分含量。

思 考 题

1. CaC_2O_4沉淀过程中，沉淀条件是什么？试解释原因。

2. 实验过程中，加入2～3滴甲基红指示剂，再滴加3 mol·L^{-1} $NH_3·H_2O$至溶液由红色变为黄色，试解释原因，并计算CaC_2O_4在pH 6.0溶液中的溶解度。

3. 在用$H_2C_2O_4$标准溶液标定$KMnO_4$的实验中：

(1) 溶液酸度为什么要在1 mol·L^{-1}左右？若酸度较低有什么影响？为什么要在H_2SO_4介质而不能在HCl或HNO_3介质中进行滴定？

(2) 为什么必须用$KMnO_4$滴定$H_2C_2O_4$而不能以$H_2C_2O_4$滴定$KMnO_4$？

(3) 为什么要在加热70～80℃下进行，且开始必须慢滴？

4. 在沉淀洗涤过程中，为什么采用1% NH_4NO_3为洗涤剂，并且洗涤至无Cl^-？试解释原因。

沉淀滴定法与重量分析法

实验42 可溶性氯化物中氯含量的测定(莫尔法)

(一) 实验目的

(1) 掌握用莫尔法进行沉淀滴定的原理和方法。

(2) 学习$AgNO_3$标准溶液的配制和标定。

(二) 实验原理

可溶性氯化物中氯含量的测定常采用莫尔法。此法是在中性或弱碱性溶液中进行，以K_2CrO_4为指示剂，用$AgNO_3$标准溶液进行滴定。由于Ag_2CrO_4比AgCl的溶解度大，根据分步沉淀的原理，当AgCl定量沉淀后，微过量的$AgNO_3$溶液即与CrO_4^{2-}生成砖红色Ag_2CrO_4沉淀，指示终点到达。主要反应如下：

$$Ag^+ + Cl^- = AgCl\downarrow \ (白)\ (K_{sp}=1.8\times10^{-10})$$

$$2Ag^+ + CrO_4^{2-} = Ag_2CrO_4\downarrow \ (砖红色)\ (K_{sp}=2.0\times10^{-12})$$

滴定必须在中性或弱碱性溶液中进行，最适宜的pH范围为6.5～10.5，如有NH_4^+存在，溶液的pH应保持在6.5～7.2。CrO_4^{2-}在溶液中存在下列平衡：

$$2H^+ + 2CrO_4^{2-} \rightleftharpoons 2HCrO_4^- \rightleftharpoons Cr_2O_7^{2-} + H_2O$$

酸度过高，平衡向右移动，CrO_4^{2-}浓度降低，不产生Ag_2CrO_4沉淀。如果溶液的碱性太强，则会形成Ag_2O沉淀。

指示剂K_2CrO_4的用量对滴定终点有影响，浓度过高，将使终点提前到达，如果浓度过低，则终点延缓到达，一般K_2CrO_4的浓度以5×10^{-3} mol·L^{-1}为宜。

凡能与CrO_4^{2-}生成沉淀的阳离子（如Ba^{2+}、Pb^{2+}等）和能与Ag^+生成难溶化合物或稳定络合物的阴离子（如PO_4^{3-}、AsO_4^{3-}、SO_3^{2-}、S^{2-}、CO_3^{2-}、$C_2O_4^{2-}$等）对测定都有干扰。

大量Cu^{2+}、Ni^{2+}、Co^{2+}等有色离子将影响终点的观察。

Al^{3+}、Fe^{3+}、Bi^{3+}、Sn^{4+}等高价金属离子，在中性或弱碱性溶液中易水解产生沉淀，也会干扰测定。

本法可用于海水中氯度的测定，用手工滴定的方法测定氯度，仪器比较简单，但比较费时，现已逐渐采用快速、可靠的现代盐度计，用电导法进行测定。

（三）实验步骤

1. 0.1 mol·L^{-1} $AgNO_3$溶液的标定

准确称取0.50～0.65 g NaCl基准试剂于100 mL烧杯中，用蒸馏水溶解后，定量转移到100 mL容量瓶中，加水稀释至刻度，摇匀。

取三份上述溶液10.00 mL，分别置于锥形瓶中，加25 mL水、0.5 mL 5%K_2CrO_4溶液①，在不断摇动下用$AgNO_3$溶液滴定，至溶液呈砖红色即为终点。

根据NaCl的质量和$AgNO_3$溶液的用量计算$AgNO_3$溶液的准确浓度。

2. 氯化物试样中氯的测定

准确移取10.00 mL氯化物试液三份，分别置于锥形瓶中，加入25 mL水，0.5 mL 5% K_2CrO_4溶液①，在不断摇动下用$AgNO_3$标准溶液滴定至溶液呈砖红色，即为终点②。计算试样中氯的含量（以g·L^{-1}表示）。

【注释】

① 加0.5 mL 5%K_2CrO_4溶液的量要准确，可用吸量管吸取。

② 滴定管用完后，先用蒸馏水洗涤。因为自来水中含有Cl^-，容易生成AgCl沉淀附于管壁上，不易洗涤。

思 考 题

1. 配制NaCl标准溶液所用的NaCl固体，如果使用前没有处理，用其来标定$AgNO_3$溶液，对$AgNO_3$溶液浓度有什么影响？

2. 计算滴定前溶液中CrO_4^{2-}的浓度大约是多少。

3. 本法滴定中，试液的酸度需控制在什么范围？为什么？怎样调节？有NH_4^+存在，在酸度控制上为什么要有所不同？

实验43 HCl、NH_4Cl和NaCl混合液各组分含量的测定

（一）实验目的

（1）了解酸碱滴定法和沉淀滴定法测定混合物中各组分的原理和方法。

（2）进一步掌握滴定分析法中指示剂的选择和终点判断。

（二）实验原理

准确移取一份溶液，采用甲基红指示剂，用NaOH标准溶液滴定混合液中HCl的含量，指示剂由红色变成黄色为终点；然后加入甲醛溶液，以酚酞为指示剂，用NaOH标准溶液滴定混合液中NH_4Cl的含量，指示剂由红色变成黄色，最后变成橙色为终点。准确移取另一份溶液，加入滴定HCl含量相同体积的NaOH标准溶液，以K_2CrO_4为指示剂，用$AgNO_3$标准溶液滴定混合液中总的氯含量，利用差减法，得到NaCl的含量。

（三）实验步骤

1. 0.1 $mol \cdot L^{-1}$ NaOH溶液的配制及标定

参见实验29（三）1. 和2. 。

2. 试液中HCl含量的测定

准确移取10.00 mL混合液于锥形瓶中，加入1滴甲基红指示剂，用NaOH标准溶液滴定溶液至黄色，记录读数。平行测定三份，计算试液中HCl含量（以$g \cdot L^{-1}$表示）。

3. 试液中NH_4Cl含量的测定

参见实验29（三）3. 和4. ，并计算试液中NH_4Cl含量（以$g \cdot L^{-1}$表示）。

4. 0.1 $mol \cdot L^{-1}$ $AgNO_3$溶液的配制及标定

参见实验42（三）1. 。

5. 试液中NaCl含量的测定

准确移取10.00 mL混合液三份于锥形瓶中，从滴定管中放入实验步骤2. 中消耗的NaOH体积量，加入20 mL纯水，用pH试纸调节溶液的酸度（pH 6.5～7.2），并加入1 mL 5%K_2CrO_4指示剂，在不断摇动下用$AgNO_3$标准溶液滴定至溶液呈砖红色，即为终点。平行测定三份，测定混合液中总的氯含量，利用差减法，计算混合液中NaCl的含量（以$g \cdot L^{-1}$表示）。

思考题

1. 在实验步骤5. 中，从滴定管中放入实验步骤2. 中消耗的NaOH体积量，试解释原因。
2. 在实验步骤5. 中，用pH试纸调节溶液的酸度（pH 6.5～7.2），试解释原因。

实验 44　$BaCl_2 \cdot 2H_2O$ 中钡的测定（灼烧法）

（一）实验目的

（1）了解测定 $BaCl_2 \cdot 2H_2O$ 中钡含量的原理和方法。

（2）掌握晶形沉淀的制备、过滤、洗涤和灼烧等操作技术。

（3）实验前要求预习 4.5 节内容。

（二）实验原理

重量分析法是经典的分析方法之一。根据被测组分与其他组分分离方法的不同，重量法可分为挥发法（或称气化法）、电解法和沉淀法。例如，测定$BaCl_2 \cdot 2H_2O$ 样品中的结晶水的含量时，可以采用挥发法。电解法一般在电分析中介绍。沉淀法是重量法中最重要的方法，本实验即属沉淀法。重量法直接用分析天平称量被测成分或反应产物，故准确度较高，相对误差一般为 0.1%～0.2%。此法的缺点是操作繁、费时多，已逐渐为其他较快速的方法所取代。但目前硅、硫、磷、镍以及某些稀有元素的精确测定仍采用重量法。在医药分析中，某些药片的含量测定、干燥失重、灼烧残渣以及中草药灰分的测定尚需应用重量法。

硫酸钡重量法既可应用于钡盐和矿石中钡的测定，也可应用于可溶性硫酸盐或其他样品（如煤炭、矿石、水和废水等）中硫的测定。采用硫酸钡重量法一般需要灼烧沉淀，手续较繁琐。1979 年试行的氯化钡的国家标准中的“氯化钡含量的测定”，是将 Ba^{2+} 沉淀为 $BaCO_3$形式，然后烘干、称量。此法虽然仍属重量法，但采用烘干，比灼烧相对简单一些。如果有其他合适的滴定方法进行测定，或准确度要求不那么高，也可以不采用重量法。例如，化学试剂氯化钡的国家标准中的“$BaCl_2 \cdot 2H_2O$ 含量测定”，1971 年采用银量法进行滴定，1979 年起实施的试验方法则采用 EDTA 滴定钡离子。但是，1981 年起实施的“工业用碳酸钠中硫酸盐含量的测定”国家标准仍然采用灼烧硫酸钡的重量法。

本实验将氯化钡试样用水溶解，用稀 HCl 酸化并加热至近沸，在不断搅拌下，缓慢地加入热、稀的沉淀剂——H_2SO_4溶液，形成 $BaSO_4$沉淀，其反应式为

$$Ba^{2+} + SO_4^{2-} \xlongequal{\quad} BaSO_4 \downarrow$$

所得沉淀经陈化、过滤、洗涤和灼烧后，仍以 $BaSO_4$形式称量，可算出 $BaCl_2 \cdot 2H_2O$ 中钡的质量分数。

Ba^{2+}能生成 $BaCO_3$、BaC_2O_4、$BaCrO_4$和 $BaSO_4$等一系列难溶化合物，其中以 $BaSO_4$的溶解度最小($K_{sp}=1.1\times10^{-10}$)并且稳定，组成与化学式相符，符合重量分析对沉淀的要求。

为了防止碳酸盐、草酸盐、氢氧化物等溶解度小的杂质共沉淀，须在盐酸酸性介质中沉淀 $BaSO_4$，同时也可降低溶液中 SO_4^{2-} 的浓度，有利于获得较大的晶形沉淀。

测定 Ba^{2+}时，一般选用稀 H_2SO_4作沉淀剂。为了使 $BaSO_4$沉淀完全，H_2SO_4必须过量。由于高温灼烧时，H_2SO_4可挥发除去，所以沉淀带下的H_2SO_4不致引入误差，因此沉淀剂用量可过量 50%～100%。但 NO_3^-、Cl^-等阴离子和 Na^+、Ca^{2+}、Fe^{3+}等阳离子，均可引起共沉淀现象，为了获得纯净的 $BaSO_4$晶形沉淀，应控制好沉淀条件，以减少共沉淀的产生。

$BaSO_4$沉淀的灼烧作用，远不是只为了除去湿存水和灰化滤纸。据 Erdey 的专著所述

$BaSO_4$的热重量曲线（TG），在300～900℃，按照H_2O、SO_3、HCl的顺序除去杂质，直到900℃以上才保持固定的质量。但Duval认为在780℃热解曲线就已基本上变为水平，沉淀灼烧不必在过高的温度下进行。近代论文多数提议800℃作为$BaSO_4$沉淀的灼热温度。

经典的硫酸钡重量法仍不断有所改进。佐洛塔文（Zolotavin）等人将沉淀在固态CO_2-丙酮中冷冻15 min，随后在60～70℃的热水中熔化15 min，即能产生一种与在室温下陈化较长时间相似的结果，并且使重量法测定SO_4^{2-}的全部时间由10 h缩短到2 h。有人取消了灼烧和其他加热步骤，采用垂熔玻璃过滤坩埚过滤，沉淀用乙醇和乙醚洗涤，抽通空气20 min使其风干，再放在保干器中5～10 min，然后称量，节省了时间又有相当高的准确度。

在近代高速发展的科技与工业中，微波能已发展成为一种新奇的加热方法，即微波加热技术。微波能突破了常规加热方法（如电炉、烘箱及喷灯等）的局限性和低效率，其优点是加热迅速、瞬时即达高温、均匀、使被加热物里外一起加热、热损耗小、热利用率高、改善工作环境等，因而它已引起化学界的关注。20世纪70年代中期，国外开始研究微波分解试样和烘干样品，迄今已有不少论文发表。近年来，国内分析化学界才开始关注这一新技术的应用。吴瑞林等（1991）曾就微波热效应及其在化学分析中的应用进行了论述。徐文国等（1992）用微波炉代替马弗炉，用$BaSO_4$重量法（用玻璃熔砂坩埚过滤）测定了Na_2SO_4和铜铅锌矿中的S，在350 W功率下，空坩埚微波加热2 min即可恒量，有沉淀坩埚微波加热3 min也可恒量，而且具有很好的准确度和精密度。姜锋等（1993）也报道了类似的工作，沉淀在微波炉内加热6 min即可恒量。

（三）实验步骤

1. 试样的称取及溶解

在天平上准确称取$BaCl_2 \cdot 2H_2O$试样0.4～0.6 g两份，分别置于250 mL烧杯中，加水约100 mL，搅拌溶解，加入2 $mol \cdot L^{-1}$ HCl溶液3 mL，盖上表面皿，加热至近沸（不要使溶液沸腾而溅失）。

2. 沉淀的制备

取4 mL 1 $mol \cdot L^{-1}$ H_2SO_4两份，分别置于小烧杯中，加水约30 mL，加热至近沸，趁热将稀H_2SO_4用小滴管逐滴加入上述试样溶液中（待有较多沉淀析出时，可稍加快）并搅拌，直至两份分别只剩下数滴H_2SO_4为止。待$BaSO_4$下沉后，于上层清液中沿杯壁加入1～2滴稀H_2SO_4溶液，观察是否沉淀完全，若清液出现浑浊，需再加入H_2SO_4直至沉淀完全。盖上表面皿（不要取出玻璃棒），在水浴上加热，并不时搅动，陈化0.5～1 h，冷却至室温后便可过滤。也可将沉淀在室温下放置过夜，陈化。

3. 空坩埚恒量

洗净瓷坩埚（连盖），晾干，编号（用蓝黑墨水或取少许氯化钴粉末加入饱和硼砂溶液中，编写号码）。然后于（800±20）℃温度下灼烧约30 min（可在高温电炉中进行，但要注意由于温度骤升或骤降会使坩埚破裂，最好将坩埚放入冷的炉膛中然后升温。也可在煤气灯上进行，将其放在泥三角上，先用煤气灯逐渐升温，然后才在氧化焰中高温灼烧），取出，稍冷，将坩埚移入干燥器中，在天平室冷却至室温（约 30 min），称量，记录坩埚的质量。重复灼烧 15 min，冷却 30 min，再称量直至恒量（前后两次灼烧后称量之差≤0.3 mg），记录坩埚的最后质量。

4. 沉淀的倾注法过滤和洗涤

取慢速定量滤纸[①]两张，依照漏斗角度大小折叠好放在漏斗中，以蒸馏水润湿，使其与漏斗很好地黏合，在漏斗加蒸馏水能形成“水柱”。将漏斗放于漏斗架上，漏斗下放一洁净的大烧杯接收滤液。小心地把沉淀上面清液沿玻璃棒倾入漏斗中，沉淀暂时留在烧杯，再用倾注法洗涤沉淀 3 次，每次用洗涤液（取 2 mL 1 mol · L^{-1} H_2SO_4溶液稀释至 200 mL 即成）约 10 mL。然后将沉淀小心地转移到滤纸上，并用小片滤纸擦净烧杯，滤纸放入漏斗内的滤纸上，用水洗涤沉淀至洗涤液无氯离子时为止（用试管收集滤液约 2 mL，加入 1 滴 2 mol · L^{-1} HNO_3和 2 滴 $AgNO_3$溶液，不呈浑浊）。

5. 沉淀的灼烧和称量

将沉淀包折好，置于已恒量的坩埚中，经烘干、炭化和灰化[②]后于（800±20)℃[③]下灼烧 30 min，然后冷却，称量，记录质量。第二次灼烧 15 min，冷却，再称量，直至恒量，记录最后质量。

根据沉淀的质量，计算试样中钡的质量分数。

（四）时间安排及注意事项

1. 时间安排

本实验安排三个单位时间完成，具体安排如下：

（1）沉淀的制备、陈化及洗净漏斗晾干。若有时间可做空坩埚恒量。

（2）沉淀的过滤、洗涤，同时做空坩埚恒量。若有时间可做沉淀的烘干。

（3）沉淀的烘干、炭化、灰化、灼烧和称量，直至恒量。

2. 注意事项

（1）沉淀时所用的烧杯要干净，尽可能选用无刻痕的烧杯。

（2）用玻璃棒搅拌时，不要碰撞烧杯，以免损伤杯壁。

（3）尚湿的滤纸在坩埚中干燥时，需逐渐升温。待干燥后将煤气灯逐渐移至坩埚底部，稍加大火焰使滤纸炭化。

（4）用煤气灯灼烧到沉淀完全变白（灰化）后，才直立加盖继续灼烧。

（5）灼烧好的坩埚稍冷后放入干燥器，不能马上盖严，要留一小缝，放置数分钟后才盖紧置冷。如果立即盖严，中间则要推开干燥器盖几次，以平衡内外压力。

（6）灼烧后待称量的坩埚和盖只能用坩埚钳夹取。

【注释】

① $BaSO_4$属细晶形沉淀，很容易形成穿过滤纸的细小结晶，所以应该选择孔隙最小的慢速滤纸。

② 滤纸灰化时空气要充足，否则硫酸钡易被滤纸的碳还原为灰黑色的 BaS：

$$BaSO_4 + 4C = BaS + 4CO\uparrow$$

$$BaSO_4 + 4CO = BaS + 4CO_2\uparrow$$

若遇此情况，可加 2～3 滴（1+1）H_2SO_4，小心加热，待二氧化硫白烟冒尽后，再重新灼烧。

③ 灼烧温度不能太高，如超过 950℃，可能有部分 $BaSO_4$分解：

$$BaSO_4 = BaO + SO_3\uparrow$$

中山大学张大经等曾用扫描电镜研究过 $BaSO_4$沉淀在灼烧过程中的变化，认为灼烧温度不应超过 800℃，若温度太高，反而使结晶断裂。

思 考 题

1. 为什么沉淀 $BaSO_4$时要在加 HCl 的热稀溶液中且不断搅拌下进行，而在冷却后才过滤？

2. 如果要测定 SO_4^{2-} 的含量，选用 $BaCl_2$为沉淀剂，$BaCl_2$能否过量很多？为什么？选用什么溶液作为洗涤剂？H_2SO_4或 $BaCl_2$溶液可以吗？

3. 什么是倾注法过滤？

4. 什么是灼烧至恒量？

参 考 文 献

姜锋等. 1993. 微波炉在重量法测定硫中的应用. 岩矿测试，12（2）：135

吴瑞林等. 1991. 微波能加热及其在化学分析中的应用. 分析试验室，10（2）：51

徐文国等. 1992. 微波加热技术在重量分析法中的应用. 分析化学，20（11）：1291

实验 45 $BaCl_2 \cdot 2H_2O$ 中钡的测定（微波法）

（一）实验目的

（1）了解测定 $BaCl_2 \cdot 2H_2O$ 中钡含量的原理和方法。

（2）掌握晶形沉淀的制备方法及重量分析的基本操作技术，建立恒量概念。

（3）了解微波技术在样品干燥方面的应用。

（4）实验前要求预习 4.5 节内容。

（二）实验原理

在重量分析法中，为了使获得的产品（如 $BaSO_4$）转化为一定的“称量形式”，在称量前必须干燥除水，以保证测定的准确度和精密度。

微波法实验原理（沉淀操作的条件）与传统的灼烧法相同，不同之处在于本实验使用微波炉干燥 $BaSO_4$沉淀。

传统的 $BaSO_4$重量法采用高温［煤气灯（800±20）℃］灼烧恒量，由外到内热传导，升温慢，且容器也需长时间冷却（30 min），操作繁琐，耗能多，耗时长。微波的“体加热作用”可在不同深度同时产生热，分子通过对微波能的吸收和微波炉内交变磁场的作用，快速升温与冷却，加热均匀，既可节省实验时间，节省能源，又改善加热质量，对于稳定的

$BaSO_4$晶形沉淀来说，是一种非常好的恒量方法。

由于微波干燥的时间短，所选用的微波炉功率低，在使用微波法干燥 $BaSO_4$沉淀时，包藏在 $BaSO_4$沉淀中的高沸点的杂质如 H_2SO_4等不易在干燥过程中被分解或挥发而除去，所以对沉淀条件和沉淀洗涤操作要求更加严格。沉淀时应将含 Ba^{2+}的试液进一步稀释，并且使过量的沉淀剂控制在 20%～50%，沉淀剂的滴加速率要缓慢，尽可能减少包藏在沉淀中的杂质。

（三）实验步骤

1. 试样的称取、溶解与沉淀的制备

在天平上准确称取 0.4～0.5 g 钡盐试样两份，分别置于 250 mL 烧杯中，各加入 150 mL水，搅拌溶解，加入 3 mL 2 mol · L^{-1} HCl 溶液，盖上表面皿，加热至近沸。

取 4～5 mL 1 mol · L^{-1} H_2SO_4溶液两份，分别置于小烧杯中，加入约 30 mL 水，加热至近沸，在连续搅拌下，趁热将 H_2SO_4溶液逐滴滴入热的试样溶液中，沉淀剂滴完后（在烧杯中留几滴沉淀剂，待用），待 $BaSO_4$沉降完全，再沿烧杯内壁向上层清液中加入 1～2 滴稀 H_2SO_4溶液（沉淀剂），仔细观察是否已沉淀完全。若清液出现浑浊，说明沉淀剂不够，应再加入直至沉淀完全。盖上表面皿（不要取出玻璃棒），将沉淀在室温下放置过夜，陈化；或在蒸汽浴上加热陈化 1 h，其间要每隔几分钟搅动一次，取出烧杯，冷却至室温后便可抽滤。

准备洗涤液：取 2 mL 1 mol · L^{-1} H_2SO_4溶液稀释至 200 mL。

2. 空玻璃坩埚的准备和恒量

用水洗净两个玻璃坩埚，编号，然后分别使用 6 mL 2 mol · L^{-1} HCl 及蒸馏水减压过滤，至无水气后再抽滤 2 min，以除掉玻璃砂板微孔中的水分，便于干燥。先用滤纸吸去坩埚外壁的水珠，然后将玻璃坩埚放入标有“干燥”的微波炉中，用高功率加热干燥 3 min，取出，稍冷，将玻璃坩埚移入干燥器中，留一小缝，半分钟后盖严冷却 12～15 min 至室温，在分析天平中快速称量；然后放入标有“恒量”的微波炉中，加热 3 min，冷至室温，称量，直至恒量（前后两次质量之差≤0.3 mg），否则再放入标有“恒量”的微波炉中干燥 3 min,冷至室温、称量，直至恒量。

3. 称量形式（$BaSO_4$）的获得

用倾注法在已恒量的玻璃坩埚中进行减压过滤，小心地把沉淀上面清液滤完后，用事先准备好的洗涤液将烧杯中的沉淀洗涤 3 次，每次用 10～15 mL，再用水洗一次。然后将沉淀转移到玻璃坩埚中，并用玻璃棒“擦”“活”黏附在杯壁上的沉淀，再用水冲洗烧杯和玻璃棒直至沉淀转移完全。最后用水淋洗沉淀及坩埚内壁数次（6 次以上）至洗涤液无 Cl^- 时为止，方法为先将减压装置开关调小，再用小试管小心收集滤液约 2 mL，加入 1 滴 2 mol · L^{-1} HNO_3和 2 滴$AgNO_3$溶液，不呈浑浊。将减压过滤装置开关调大，继续减压过滤 10 min 以上至不再产生水雾为止。

用滤纸吸去坩埚外壁的水珠，放入标有“干燥”的微波炉中，用高功率加热干燥3 min，

在干燥器中冷至室温，称量；然后放入标有“恒量”的微波炉中加热 3 min，冷至室温，再称量，重复恒量操作，直至恒量。

根据 $BaSO_4$ 的质量，计算钡盐试样中钡的质量分数 $w_{Ba}(\%)$。

实验完后，请分别使用稀 H_2SO_4 和水将玻璃坩埚洗净。

思考题见实验 44。

（四）注意事项

（1）干、湿坩埚不可在同一微波炉内加热，因炉内水分不挥发，加热恒量的时间很短，湿度的影响过大。并且，本实验中可考虑先用滤纸吸去坩埚外壁的水珠，再放入微波炉中加热，以减少加热的时间。

（2）干燥好的玻璃坩埚稍冷后放入干燥器，先要留一小缝，半分钟后盖严，用分析天平称量，必须在干燥器中自然冷却至室温后方可进行。

（3）由于传统的灼烧沉淀可除掉包藏的 H_2SO_4 等高沸点杂质，而用微波干燥时不能分解或挥发掉，故应严格控制沉淀条件与操作规范。应把含 Ba^{2+} 的试液进一步稀释，过量的沉淀剂 H_2SO_4 控制 20%～50%，滴加 H_2SO_4 速率缓慢，且充分搅拌，可减少 H_2SO_4 及其他杂质被包裹的量，以保证实验结果的准确度。

（4）坩埚使用前用稀 HCl 抽滤，不用稀 HNO_3，防止 NO_3^- 成为抗衡离子。本实验中，使用后的坩埚可即时用稀 H_2SO_4 洗净，不必用热的浓 H_2SO_4。

参考文献

北京大学化学系分析化学教学组. 1998. 基础分析化学实验. 北京：北京大学出版社. 197

陈焕光，李焕然，张大经等. 1998. 分析化学实验. 2 版. 广州：中山大学出版社. 165

金钦汉. 1999. 微波化学. 北京：科学出版社. 170

钱军，郭明，张晓晖. 1996. 微波炉灼烧 $BaSO_4$ 沉淀好处多. 大学化学，11 (1)：44

分光光度法

实验 46 邻二氮菲分光光度法测定铁的条件实验和络合物组成的测定

（一）实验目的

（1）了解分光光度计的结构和正确的使用方法。

（2）学习如何选择吸光光度分析的实验条件。

（3）预习 4.4 节中吸量管的使用方法以及 4.6 节内容。

（二）实验原理

在可见光区进行吸光光度测量时，如果被测组分本身颜色很浅或者无色，那么就要用显色剂与其反应，生成有色化合物，然后进行测定。显色反应受到各种条件的影响，如溶液的酸度、显色剂的用量、有色溶液的稳定性、温度、溶剂、干扰物质等，这些条件都是通过实验来确定的。本实验将通过邻二氮菲-Fe^{2+}显色反应的几个条件实验，学习如何确定光度分析方法的实验条件。

条件试验的简单方法是：变动某实验条件，固定其余条件，测得一系列光度值，绘制吸光度-某实验条件的曲线，根据曲线确定某实验条件的适宜值。

（三）实验步骤

1. 吸收曲线的绘制

用吸量管吸取 2 mL 1.00×10^{-3} mol · L^{-1} 的标准铁溶液于 50 mL 比色管（或容量瓶，同下）中，加入 1 mL 10％的盐酸羟胺溶液，摇匀（原则上每加入一种试剂后都要摇匀）。再加入 2 mL 邻二氮菲溶液，5 mL 1 mol · L^{-1} 的 NaAc 溶液，以水稀释至刻度，摇匀。放置 10 min。在 UV-1750 紫外-可见分光光度计上，用 1 cm 比色皿，以蒸馏水为参比溶液，在 450～550 nm 自动扫描，测定 A-λ 吸收曲线，从吸收曲线上选择测定铁的适宜波长，一般选用最大吸收波长 λ_{max}。将数据存储到计算机指定的位置，实验完打印吸收曲线。

2. 显色剂用量确定

取 5 个 50 mL 比色管，各加入 2 mL 1.00×10^{-3} mol · L^{-1} 的标准铁溶液和 1 mL 10％的盐酸羟胺溶液，摇匀。分别加入 0.3 mL、0.5 mL、1.0 mL、2.0 mL 及 4.0 mL 0.15％的邻二氮菲溶液，然后加入 5 mL 1 mol · L^{-1} NaAc 溶液，用蒸馏水稀释至刻度，摇匀。放置 10 min，在 UV-1750 紫外-可见分光光度计，用 1 cm 比色皿，选择适宜（由 1. 所选定的）波长，以蒸馏水为参比，分别测其吸光度。在坐标纸上以加入的邻二氮菲体积（mL）为横坐标，相应的吸光度为纵坐标，绘制 A-$V_{显色剂}$ 曲线，确定测定过程中应加入的显色剂最佳体积。

3. 溶液酸度影响

取 8 个 50 mL 比色管，各加入 2 mL 1.00×10^{-3} mol · L^{-1} 的标准铁溶液，及 1 mL 10％的盐酸羟胺溶液，摇匀。再加 2 mL 0.15％邻二氮菲溶液，摇匀。用 5mL 吸量管分别加入 0 mL、0.2 mL、0.5 mL、1 mL、1.5 mL、2 mL、2.5 mL、3 mL 1 mol · L^{-1} NaOH 溶液，以蒸馏水稀释至刻度，摇匀。放置 10 min，在选定的波长，用 1 cm 比色皿，以蒸馏水为参比，测其吸光度，用精密 pH 试纸测定各溶液 pH（也可使用 pH 计测量）。在坐标纸上以 pH 为横坐标，相应的吸光度为纵坐标，绘制 A-pH 曲线。找出测定铁的适宜 pH 范围。

4. 显色时间

取一个 50 mL 比色管，加入 2 mL 1.00×10^{-3} mol · L^{-1} 的标准铁溶液，1 mL 10％的盐酸羟胺溶液，摇匀。加入 2 mL 0.15％的邻二氮菲溶液，5 mL 1 mol · L^{-1} NaAc 溶液，用蒸馏水稀释至刻度，摇匀。立即在所选定的波长下，用 1 cm 比色皿，以蒸馏水为参比，测定吸光度，然后测量放置 5 min、10 min、15 min、20 min、30 min、1 h、2 h 相应的吸光度。以时间为横坐标，吸光度为纵坐标在坐标纸上绘制 A-t 曲线，从曲线上观察显色反应完全所需的时间及其稳定性，并确定合适的测量时间。

5. 邻二氮菲与铁的络合比测定（物质的量比法）

取 8 个 50 mL 比色管，各加入 1 mL 1.00mol · L^{-1}的标准铁溶液，1 mL 10%盐酸羟胺溶液，摇匀。依次加入 1.00×10^{-3} mol · L^{-1} 邻二氮菲溶液 1.0 mL、1.5 mL、2.0 mL、2.5 mL、3.0 mL、4.0 mL、4.5 mL，然后各加入 5 mL 1 mol · L^{-1} NaAc 溶液，用蒸馏水稀释至刻度，摇匀。放置 10 min，在所选用的波长下，用 1 cm 比色皿，以蒸馏水为参比，测定吸光度。以邻二氮菲与铁的浓度比 $c(\mathrm{R})/c(\mathrm{Fe})$ 为横坐标，吸光度 A 为纵坐标作图，根据曲线上前后两部分延长线的交点位置，确定 Fe^{3+} 与邻二氮菲的络合比。

思 考 题

1. 本实验中，各种试剂溶液的量取采用何种量器较为合适？为什么？
2. 本实验中，盐酸羟胺的作用是什么？乙酸钠的作用是什么？
3. 根据条件实验，邻二氮菲分光光度法测定铁时，需控制哪些反应条件？
4. 为什么本实验可以采用蒸馏水作参比溶液？

实验 47　邻二氮菲分光光度法测定微量铁

（一）实验目的

（1）掌握分光光度计的使用方法。

（2）掌握用分光光度法测定铁的原理及方法。

（3）预习 4.4 节中吸量管的使用方法以及 4.6 节内容。

（二）实验原理

光度法测定铁，显色剂比较多，有邻二氮菲及其衍生物、磺基水杨酸、硫氰酸盐和 5-Br-PADAT 等。邻二氮菲光度法测定铁，由于灵敏度较高，稳定性好，干扰容易消除，因而是目前普遍采用的一种测定方法。

在 pH 2～9 的溶液中，邻二氮菲与 Fe^{2+} 反应生成稳定的橙红色络合物：

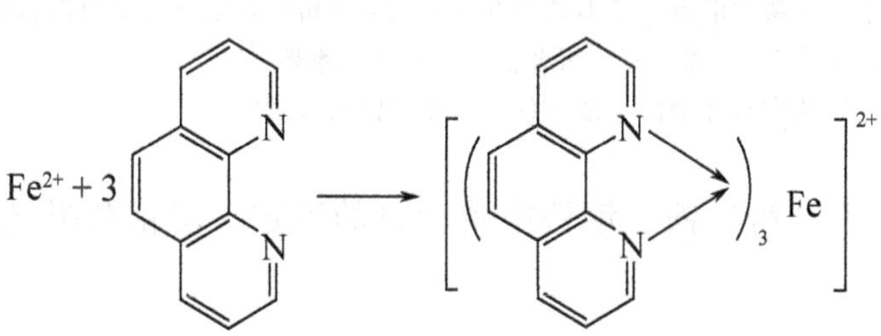

其 $\lg\beta_3=21.3$，摩尔吸光系数 $\varepsilon_{508}=1.1\times10^4\ \mathrm{L\cdot mol^{-1}\cdot cm^{-1}}$。如果铁为+3价时，可用盐酸羟胺还原：

$$2Fe^{3+}+2NH_2OH = 2Fe^{2+}+2H^{+}+N_2\uparrow+2H_2O$$

邻二氮菲还能与许多金属离子形成络合物，其中有些是较稳定的（如 Cu^{2+}、Co^{2+}、

Ni^{2+}、Cd^{2+}、Hg^{2+}、Mn^{2+}、Zn^{2+}等)，有些还带有较浅的颜色（如Cu^{2+}、Co^{2+}、Ni^{2+}等)。但是，只要这些离子存在量适当，并且加入足够过量的邻二氮菲，便不会影响Fe^{2+}的测定。当这些离子存在量较高时，可用EDTA等掩蔽或预先分离。Cu^{+}也与邻二氮菲反应生成稳定的橙红色络合物，因而干扰Fe^{2+}的测定。

（三）实验步骤

1. 标准曲线的制作

用移液管吸取100 $\mu g \cdot mL^{-1}$铁标准溶液10 mL于100 mL容量瓶中，用10 mL量筒加入2 mL 6 $mol \cdot L^{-1}$ HCl，用水稀释至刻度，摇匀。此溶液1 mL含铁10 μg。

在6个50 mL比色管中，用10 mL吸量管分别加入0 mL、2 mL、4 mL、6 mL、8 mL、10 mL 10 $\mu g \cdot mL^{-1}$铁标准溶液，各加入1 mL 10%盐酸羟胺，摇匀（原则上每加入一种试剂都要摇匀)。再加入2 mL 0.15%的邻二氮菲溶液和5 mL 1 $mol \cdot L^{-1}$乙酸钠溶液，用蒸馏水稀释至刻度，摇匀。放置10 min。以试剂空白为参比，在510 nm或所选波长下，在UV-1750紫外-可见分光光度计上，用1 cm比色皿，同时测定各溶液的吸光度，观察所显示的标准曲线。将数据存储到计算机指定的位置，实验完打印标准曲线。

2. 试液含铁量的测定（可与标准曲线的制作同时进行）

准确吸取5.00 mL试液（如水样或工业盐酸、石灰石试样制备液等）三份，分别置于50 mL比色管中，各加入1 mL 10%盐酸羟胺，摇匀（原则上每加入一种试剂都要摇匀)。再加入2 mL 0.15%的邻二氮菲溶液和5 mL 1 $mol \cdot L^{-1}$乙酸钠溶液，用蒸馏水稀释至刻度，摇匀。放置10 min。以步骤1. 的试剂空白为参比，在510 nm或所选波长下，在UV-1750紫外-可见分光光度计上，用1 cm比色皿，同时测定各溶液的吸光度，记录相应的铁含量，计算试液中铁的含量（以$mg \cdot L^{-1}$表示)。

思考题

1. 邻二氮菲测定微量铁的反应条件是什么？
2. 本实验用试剂空白作参比溶液，是不是所有吸光光度分析中都以试剂空白作参比溶液？
3. 根据实验结果，计算Fe^{2+}-邻二氮菲络合物的摩尔吸光系数。
4. 怎样用吸光光度法测定水样中的全铁（总铁）和亚铁的含量？

实验48　生（铸）铁、钢铁中磷含量的测定（磷钼蓝吸光光度法）

（一）实验目的

（1）了解磷钼蓝吸光光度法测定生（铸）铁、钢铁中磷的原理及方法。

（2）熟悉分光光度计的使用方法。

（二）实验原理

钢铁中的磷由原料引入，主要以固熔体磷化物（Fe_2P或Fe_3P）状态存在。钢中含磷量高于 0.1%时便产生冷脆现象，钢的抗冲击性能降低，影响钢的锻接。因此，磷在钢铁中是作为有害元素存在的。一般钢铁中把磷含量限制在 0.06%以下，偶尔有高至 0.1%以上的。优质钢的含磷量在 0.04%或 0.03%以下。炼钢的生铁中含磷量要求少于 0.3%。

在测定磷的所有方法中，试样都用氧化性酸溶解，将磷氧化为正磷酸，用钼酸铵与其反应生成磷钼杂多酸络合物，然后用不同的方法测定磷含量。常用的测定方法有重量法、容量法和吸光光度法。由于钢样中磷含量较低，大都是将磷转变为磷钼蓝杂多酸络合物进行光度测定。钢样用氧化性酸溶解，磷生成正磷酸和少量偏磷酸及亚磷酸：

$$3Fe_3P+41HNO_3 = 3H_3PO_4+9Fe(NO_3)_3+14NO\uparrow+16H_2O$$

$$3Fe_3P+41HNO_3 = 3HPO_3+9Fe(NO_3)_3+14NO\uparrow+19H_2O$$

$$Fe_3P+13HNO_3 = H_3PO_3+3Fe(NO_3)_3+4NO\uparrow+5H_2O$$

在煮沸过程中，偏磷酸能逐渐转变成正磷酸。由于亚磷酸不与钼酸铵生成磷钼杂多酸，必须用过硫酸铵或高锰酸钾氧化可能生成的亚磷酸为正磷酸。

$$H_3PO_3+(NH_4)_2S_2O_8+2HNO_3+H_2O = H_3PO_4+2NH_4NO_3+2H_2SO_4$$

$$5H_3PO_3+2KMnO_4+6HNO_3 = 5H_3PO_4+2KNO_3+2Mn(NO_3)_2+3H_2O$$

氧化过程中，若有 MnO_2生成，须用过氧化氢或亚硝酸钠将其还原。

在一定酸度及温度下，加入钼酸铵，则磷酸和钼酸作用生成黄色磷钼杂多酸络合物——磷钼黄：

$$H_3PO_4+12H_2MoO_4 = H_3[PMo_{12}O_{40}]+12H_2O$$

然后用还原剂如 $SnCl_2$或抗坏血酸还原磷钼杂多酸络合物分子中的部分配位钼原子，生成磷钼蓝络合物。一般认为钼蓝的组成可能为

$$H_3PO_4\cdot 10MoO_3\cdot Mo_2O_5 \text{或} H_3PO_4\cdot 8MoO_3\cdot 2Mo_2O_5$$

磷钼蓝络合物的蓝色深度和磷含量成正比，可以在波长 680 nm 处光度测定磷的含量。

（三）实验步骤

1. 钢样分解

准确称取 0.2000 g 钢样于 150 mL 锥形瓶（或烧杯，盖上表面皿）中，加入过硫酸铵 2～3 g，硫酸硝酸混合酸 45 mL，小火加热溶解。如有二氧化锰析出或溶液呈褐色，滴加 3% 的过氧化氢至高价锰恰好还原，煮沸 1 min 使过氧化氢分解，冷至室温，转移入 100 mL 容量瓶中，用水稀释至刻度，摇匀。如有沉淀，可进行干过滤，弃去开始流出的滤液约 10 mL，而后收集的滤液作为测磷（和硅）的试液。

2. 钢样中磷的测定

准确吸取上述试液 10.00 mL 于 100 mL 容量瓶中，依次加入 3 滴硫代硫酸钠溶液、抗坏血酸①5 mL、硝酸铋溶液②5 mL、钼酸铵溶液 20 mL，待 5 min 后用 0.5 cm 比色皿，在波长 680 nm 处以纯水为参比溶液进行测定，根据工作曲线查出磷的质量分数。

3. 工作曲线的制作

准确称取 0.2000 g 不同含磷量的标准钢样③，按上述操作方法溶解样品并进行测定，以

吸光度对标准钢样的磷百分含量绘制工作曲线。

【注释】

① 加入硫代硫酸钠将 AsO_4^{3-} 还原为低价，消除砷的干扰：

$$AsO_4^{3-}+2S_2O_3^{2-}+10H^+ = As^{3+}+H_2S_4O_6+4H_2O$$

在同时有抗坏血酸存在条件下，上述还原效果更好，因此提前加入抗坏血酸。

② 硝酸铋为催化剂，它催化磷钼黄的形成。

③ 若没有不同含磷量的标准钢样，则可采用一较高含磷量的标样先配制成储备液，使用时再进行稀释成所需不同浓度的系列。

思　考　题

1. 溶解试样时要用硝酸或硝酸加硫酸混合酸，能否用盐酸？为什么？
2. 硫代硫酸钠、抗坏血酸及硝酸铋的作用是什么？
3. 用不同含磷量的标准钢样作工作曲线有什么好处？

参考文献

衡兴国，黄按佑．1996. 实用快速化学分析新方法. 北京：国防工业出版社．133

李金城等．1981. 铁合金分析. 北京：冶金工业出版社．62

株洲冶炼厂等．1979. 有色冶金中元素的分离与测定. 北京：冶金工业出版社．482

分离方法

实验 49　离子交换树脂总交换容量的测定

（一）实验目的

（1）了解离子交换树脂交换容量的意义。

（2）学习总交换容量的测定方法。

（二）实验原理

离子交换树脂的交换容量是指每克干燥树脂或每毫升溶胀后的树脂所能交换的物质的量（mmol），用 $mmol \cdot g^{-1}$（干树脂）或 $mmol \cdot mL^{-1}$（湿树脂）来表示。一般使用的树脂其交换容量为 3～6 $mmol \cdot g^{-1}$或 1～2 $mmol \cdot mL^{-1}$，它取决于网状骨架内所含有可被交换基团（称为活泼基团）的数目。交换容量通常有总交换容量，工作（实际）交换容量及穿过交换容量之分。总交换容量是树脂内所有可交换离子全部发生交换时的交换容量，也称极限交换容量。工作交换容量是指在一定操作条件（离子浓度、溶液酸度等）所测得的交换容量，这时活泼基团可能未完全电离，交换量未完全被利用，故一般小于总交换容量。穿过（漏）交换容量是因离子交换多半在柱上进行，实际使用中，当流出液里漏出（或检到）原先需要交换（或除去）的离子时，交换柱即不能继续使用，这时树脂交换上去的离子的量称穿过交换容量，它与柱长、流速、颗粒大小等有关。

本实验是用酸碱滴定法测定强酸性阳离子交换树脂的总交换容量。必须指出，树脂的总交换容量是树脂的特征常数，但其数值与所吸附的离子有关，如 1 g 氢型磺酸型阳离子交换树脂的交换容量为 5.20 $mmol \cdot g^{-1}$（干树脂），若转化为钠型，因 1 g 氢型树脂将增重至 1.114 g，故按钠型计算其交换容量将为 4.67 $mmol \cdot g^{-1}$（干树脂）。

当一定量的氢型阳离子交换树脂 RH 与一定量过量的 NaOH 标准溶液混合，静态放置一定时间，达平衡时：

$$RH + NaOH \longrightarrow RNa + H_2O$$

用盐酸标准溶液滴定的 NaOH，即可求出树脂的总交换容量。

（三）实验步骤

1. 树脂的预处理

市售的阳离子交换树脂，一般为 Na^+ 型，需用稀盐酸处理，使其转变为 H^+ 型，同时除去杂质（如 Fe^{3+}）：

$$RNa + HCl \longrightarrow RH + NaCl$$

称取 20 g 阳离子交换树脂于烧杯中，加入 150 mL 2 $mol \cdot L^{-1}$ HCl，搅拌，浸泡一天。倾出上层 HCl 溶液（带黄色），换新鲜 2 $mol \cdot L^{-1}$ HCl 100 mL 再泡 12 h，倾出上层 HCl 溶液，用蒸馏水漂洗树脂至中性，抽滤，装于培养皿中于 105℃下干燥（首次 1 h 再烘 0.5 h）至恒量①。

2. 总交换容量的测定

准确称取已干燥恒量的氢型阳离子交换树脂 1.000 g，放入 250 mL 干燥带塞的锥形瓶中，准确加入 100 mL 0.1 $mol \cdot L^{-1}$ NaOH 标准溶液，摇匀，将锥形瓶盖紧后放置 24 h②。然后吸取上层清液 25.00 mL 于锥瓶中，加入 2 滴酚酞，用 0.1 $mol \cdot L^{-1}$ HCl 标准溶液滴定至红色刚好褪去即为终点，记下消耗的标准 HCl 溶液体积，平行滴定三份。使用过的树脂回收在指定烧杯中，统一进行再生处理。按下式计算该树脂的总交换容量 Q：

$$Q/(mmol \cdot g^{-1}) = \frac{[(cV)_{NaOH} - (cV)_{HCl}] \times \frac{100}{25}}{\text{干树脂的质量 (g)}}$$

【注释】

① 若只做总交换容量测定，可取 1～2 g 进行干燥，其余浸泡于水中备用。

② 由于静态离子交换平衡时间较长，故本实验应与其他实验穿插进行，或将以上操作提前进行。

思考题

试设计测定强酸性阳离子交换树脂工作交换容量和强碱性阴离子交换树脂总交换容量的测定方法。

实验50　钴、镍的离子交换分离与络合滴定法测定

（一）实验目的

（1）学习离子交换分离的操作方法（包括树脂处理、装柱、交换和淋洗）。

（2）了解离子交换分离在定量分析中的应用。

（3）学习钴和镍的络合滴定方法。

（二）实验原理

某些金属离子如 Mn^{2+}、Co^{2+}、Cu^{2+}、Fe^{3+}、Zn^{2+} 在浓盐酸溶液中能形成氯络阴离子，而 Ni^{2+} 则不产生氯络阴离子，由于各种金属络阴离子稳定性不同，生成络阴离子所需的 Cl^- 浓度也就不同，因而把它们放入阴离子交换柱后，可通过控制不同盐酸浓度的洗脱液淋洗而进行分离。本实验只进行钴、镍分离。当试液为 9 mol · L^{-1} 盐酸时，Ni^{2+} 仍带正电荷，不被交换吸附，而 Co^{2+} 形成 $CoCl_4^{2-}$，被交换吸附：

$$2R_4N^+Cl^- + CoCl_4^{2-} \rightleftharpoons (R_4N^+)_2CoCl_4^{2-} + 2Cl^-$$

柱上显蓝色带。用 9 mol · L^{-1} HCl 洗脱，Ni^{2+} 首先流出柱，流出液呈淡黄色。接着用 3 mol · L^{-1} HCl 洗脱，$CoCl_4^{2-}$ 成 Co^{2+} 被洗出柱（因试液中只有钴和镍，故可用 0.01 mol · L^{-1} HCl 更易洗脱钴），然后分别用络合滴定法测定。

（三）实验步骤

1. 交换柱的准备

强碱性阴离子交换树脂（国产 717，新商品牌号为 201×7），氯型，40～80 目，先用 2 mol · L^{-1} HCl 溶液浸泡 24 h，取出树脂，用水洗净。继用 2 mol · L^{-1} NaOH 溶液浸泡 2 h，然后用去离子水洗至中性，再用 2 mol · L^{-1} HCl 浸泡 24 h，备用。

取一支 1 cm×20 cm 的玻璃交换柱或 25 mL 酸性滴定管，底部塞以少许玻璃丝，将树脂和水缓慢倒入柱中，树脂柱高约 15 cm，上面再铺一层玻璃丝。调节流速约 1 mL · min^{-1}，待水面下降至近树脂层的上端时（切勿使树脂干涸），分次加入 20 mL 9 mol · L^{-1} HCl 平衡柱。

2. 试液

取钴、镍等体积混合后的试液 2.00 mL 于 50 mL 小烧杯中，加入浓盐酸 6 mL，使试液中 HCl 浓度为 9 mol · L^{-1}。

3. 分离

将试液小心移入交换柱中进行交换，用 250 mL 锥形瓶收集流出液，流速 0.5 mL · min^{-1}，当液面达到树脂相时，用 20 mL 9 mol · L^{-1} HCl 洗脱 Ni^{2+}，开始时用少量 9 mol · L^{-1} HCl 洗涤烧杯，每次 2～3 mL，洗三四次，洗涤液均倒入柱中，以保证试液全部转移入交换柱。然后其余 9 mol · L^{-1} HCl 分次倒入交换柱。收集流出液以测定 Ni^{2+}。待洗脱近结

束时，取 2 滴流出液，用浓氨水碱化，再加 2 滴 1% 丁二酮肟，以检验 Ni^{2+} 是否洗脱完全。

继用 25 mL 0.01 mol · L^{-1} HCl 分 5 次洗脱 Co^{2+}，流速 1 mL · min^{-1}，收集流出液于另一锥形瓶中以备测定 Co^{2+}（用 NH_4SCN 法检验 Co^{2+} 是否已洗脱完全）。

4. Ni^{2+}、Co^{2+} 的测定

将洗脱 Ni^{2+} 的洗脱液用 6 mol · L^{-1} NaOH 中和至酚酞变红，继用 6 mol · L^{-1} HCl 调至红色褪去，再多加 2 滴，此时由于中和发热液温升高，可将锥形瓶置于流水中冷却。用移液管加入 10.00 mL EDTA 溶液，加入 5 mL 六次甲基四胺溶液，控制溶液的 pH 在 5.5 左右。加 2 滴二甲酚橙，溶液应为黄色（若呈紫红或橙红，说明 pH 过高，用 3 mol · L^{-1} HCl 调至刚变黄色），用标准锌溶液回滴过量的 EDTA，终点由黄绿色变紫红色。

Co^{2+} 的测定同 Ni^{2+}。

根据滴定结果计算钴镍混合试液中各组分的浓度，以 mg · mL^{-1} 表示。

用 9 mol · L^{-1} HCl 20～30 mL 处理交换柱使其再生。

思 考 题

1. 在离子交换分离中，为什么要控制流出液的流速？淋洗液为什么要分几次加入？
2. 本实验若是微量 Co^{2+} 与大量 Ni^{2+} 的分离，其测定方法应有何不同？
3. 对于含常量钴和镍的试液，若不采用预分离，应如何进行测定？

参 考 文 献

陈永兆. 1986. 络合滴定. 北京：科学出版社. 293～299

柯瑞华等. 1992. 最新国外钢铁及合金化学分析标准方法. 北京：中国物资出版社. 159；371

邵令娴. 1994. 分离及复杂物质分析. 2 版. 北京：高等教育出版社. 288～292；303～307

J. 明切斯基等. 1986. 无机痕量分析的分离和预富集方法. 陈永兆等译. 北京：地质出版社. 427；435～436

R. 蒲希比. 1987. 实用络合滴定法. 李焕然，陈焕光等译. 广州：中山大学出版社. 213～216

实验 51　萃取分离-光度法测定环境水样中微量铅

（一）实验目的

（1）掌握溶剂萃取分离的基本操作。

（2）了解双硫腙（又称二苯硫腙）萃取分光光度法测定环境水样中铅的原理和方法。

（二）实验原理

铅是可在人体和动物组织中积蓄的有毒金属，其主要毒害效应是贫血症、神经机能失调和肾损伤。淡水中含铅 0.06～120 μg · L^{-1}，中值 3 μg · L^{-1}。世界卫生组织规定饮用水中铅最高含量不得超过 100 μg · L^{-1}。

测定水质中的铅有原子吸收法和双硫腙萃取分光光度法，后者经萃取分离富集，选择性和灵敏度较高。该法基于在 pH 8.5～9.5 的氨性柠檬酸盐-氰化物-盐酸羟胺的还原性介质中，铅与双硫腙形成可被三氯甲烷（或四氯化碳）萃取的淡红色双硫腙铅螯合物：

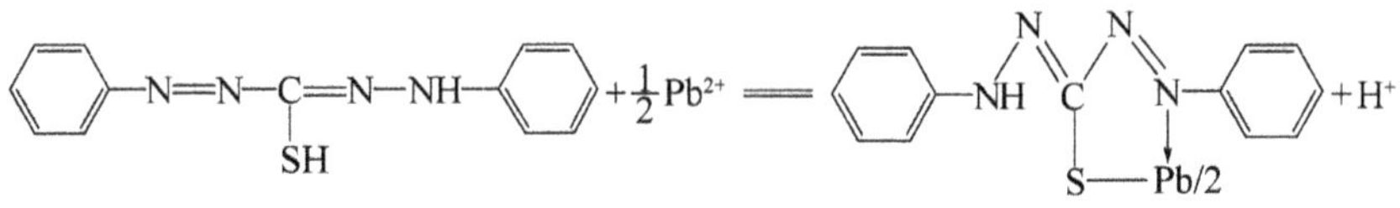

有机相最大吸收波长为 510 nm，摩尔吸光系数为 6.7×10^4。加入盐酸羟胺是为了还原 Fe^{3+} 及可能存在的其他氧化性物质，以免双硫腙被氧化；氰化物可掩蔽 Ag^+、Hg^{2+}、Cu^{2+}、Zn^{2+}、Cd^{2+}、Ni^{2+}、Co^{2+} 等；柠檬酸盐可络合 Al^{3+}、Cr^{3+}、Fe^{3+}、Ca^{2+}、Mg^{2+} 等，可防止它们在碱性溶液中水解沉淀。本法测定铅时，含有 0.1mg 下列离子存在并不产生干扰：银、汞、铋、铜、锌、砷、锑、锡、铝、铁、镍、钴、铬、锰、碱土金属等。本法适于测定地表水和废水中微量铅。

(三) 实验步骤

1. 水样预处理

除非证明水样的消化处理是不必要的，如不含悬浮物的地下水、清洁地面水可直接测定外，否则应按下面预处理：

(1) 比较浑浊的地面水：取 250 mL 水样加入 2.5 mL HNO_3，于电热板上微沸消解 10 min,冷却后用快速滤纸滤入 250 mL 容量瓶，滤纸用 0.2% HNO_3 洗涤数次至容量瓶满刻度。

(2) 含悬浮物和有机物较多的水样：取 200 mL 水样加入 10 mL HNO_3，煮沸消解至 10 mL左右，稍冷却，补加 10 mL HNO_3 和 4 mL $HClO_4$，继续消解蒸至近干。冷却后用 0.2% HNO_3 温热溶解残渣，冷却后用快速滤纸滤入 200 mL 容量瓶，用 0.2% HNO_3 洗涤滤纸并定容至 200 mL。

2. 样品测定

准确量取含铅量不超过 30 μg 的适量试样放入 250 mL 分液漏斗中，用水补充至 100 mL，加入 20% (V/V) HNO_3 10 mL，柠檬酸盐-氰化钾还原性氨性溶液 50 mL，混匀。加入 10.00 mL双硫腙工作液，塞紧后剧烈振荡 30 s，静置分层。在分液漏斗的颈管内塞入一小团无铅脱脂棉，然后放出下层有机相，弃去 1～2 mL 流出液，再注入 1 cm 比色皿，以三氯甲烷为参比，在 510 nm 处测量吸光度①。

3. 标准曲线

向 8 只 250 mL 分液漏斗中分别加入 0 mL、0.50 mL、1.00 mL、5.00 mL、7.50 mL、10.00 mL、12.50 mL、15.00 mL 铅的标准溶液，补加去离子水至 100 mL，以下按样品测定步骤进行。

计算：

$$含铅量/(mg\cdot L^{-1}) = \frac{m}{V}$$

式中，m 为从标准曲线上查到的铅量，μg；V 为水样的体积，mL。

试剂说明：

（1）0.01%（m/V）双硫腙储备液：称取 100 mg 纯净双硫腙溶于 1000 mL 三氯甲烷中，储于棕色瓶，放置于冰箱内备用②。

（2）柠檬酸盐-氰化钾还原性溶液：将 100 g 柠檬酸氢二铵、5 g 无水Na_2SO_3、2.5 g 盐酸羟胺、10 g KCN（剧毒!）溶于水，用水稀释至250 mL，加入 500 mL 氨水混合（此溶液不可用嘴吸）③。

【注释】

① 若试剂未经提纯，应做试剂空白，即用无铅水代替水样，其他试剂用量相同，按实验步骤进行，测定空白值。水样测定值再从标准曲线上查出铅量。

② 双硫腙试剂不纯时应提纯。称取 0.5 g 双硫腙溶于 100 mL 三氯甲烷中，滤去不溶物，滤液置于250 mL分液漏斗中，每次用（1＋100）氨水 20 mL 萃取，此时杂质留于有机相，双硫腙进入水相，放出水相，重复提取五次。合并水相，然后用 6 $mol \cdot L^{-1}$盐酸中和至 pH 3～5，再用 250 mL 三氯四烷分 3 次提取，合并三氯甲烷，此时双硫腙进入有机相，含双硫腙 0.2%（m/V）。放于棕色瓶，保存于冰箱内。

③ 若此溶液含有微量铅，应用双硫腙专用液萃取，直至有机相为绿色，再用三氯甲烷萃取两三次，除去残留于水相的双硫腙。

参考文献

国家环保局《水和废水监测分析方法》编委会. 1989. 水和废水监测分析方法. 北京：中国环境科学出版社. 193

美国公共卫生协会等. 1985. 水和废水标准检验法 . 15 版. 宋仁元等译. 北京：建筑工业出版社. 186

第三部分　制备实验

第8章　化合物的制备

实验52　硫代硫酸钠的制备

（一）实验目的

（1）掌握硫代硫酸钠的制备方法。

（2）学习 SO_3^{2-} 与 SO_4^{2-} 的半定量比浊分析法。

（二）实验原理

硫代硫酸钠是一种常见的化工原料和试剂，可以用 SO_3^{2-} 氧化单质硫来制备。反应式为

$$Na_2SO_3 + S \xlongequal{} Na_2S_2O_3$$

常温下从硫代硫酸钠溶液中结晶出来的是 $Na_2S_2O_3 \cdot 5H_2O$，它在48.2℃熔融并失去结晶水，在220℃分解。因此要制备 $Na_2S_2O_3 \cdot 5H_2O$，只能采用低温真空干燥；若要获得无水 $Na_2S_2O_3$，则要在较高温度下干燥。

$Na_2S_2O_3$ 一般易含有 SO_3^{2-} 与 SO_4^{2-} 杂质，可用比浊度方法来半定量分析 SO_3^{2-} 与 SO_4^{2-} 的总含量。先用 I_2 将 SO_3^{2-} 和 $S_2O_3^{2-}$ 分别氧化为 SO_4^{2-} 与 $S_4O_6^{2-}$，然后与过量 $BaCl_2$ 溶液反应生成难溶的 $BaSO_4$，溶液变浑浊，且溶液的浑浊度与样品中 SO_3^{2-} 和 SO_4^{2-} 的总含量成正比。

（三）实验步骤

1. 硫代硫酸钠的制备

称取 2 g 硫粉，研磨后置于 100 mL 烧杯中，加 1 mL 乙醇使其润湿，再加入 6 g Na_2SO_3 固体和 30 mL 水。加热此混合物并不断搅拌，待溶液沸腾后改用小火加热并继续保持微沸状态不少于 40 min，直至仅剩下少许硫粉悬浮在溶液中（反应过程中注意适当补加水，保持溶液体积不少于 20 mL 左右）。趁热过滤。

将滤液转移至蒸发皿中，水浴加热蒸发至溶液呈微黄色浑浊为止，冷却至室温即有大量晶体析出。减压过滤，用少量乙醇洗涤晶体，抽干后称量，计算产率。

2. 硫酸根和亚硫酸根的半定量分析

将 1 g 产品溶于 25 mL 水中，先加入 30 mL 0.05 mol·L^{-1} 碘水溶液，然后滴加碘水至溶液呈浅黄色。将其定量转移至 100 mL 容量瓶，定容。从中吸取 10.00 mL 溶液至 25 mL 比色管中，再加入 1 mL 0.1 mol·L^{-1} HCl 及 3 mL 25% $BaCl_2$ 溶液，加水稀释至 25 mL，摇匀，放置 10 min。然后加 1 滴 0.05 mol·L^{-1} $Na_2S_2O_3$ 溶液，摇匀，立即与 SO_4^{2-} 标准系

列溶液①（由教师配制）进行比浊。根据浊度确定产品等级。

【注释】

① 用吸量管吸取 100 mg·L^{-1}的 SO_4^{2-} 标准溶液 0.20 mL、0.50 mL、1.00 mL，依次置于 3 支 25 mL 比色管中，再分别加入 1 mL 0.1 mol·L^{-1} HCl 及 3 mL 25% $BaCl_2$溶液，加水稀释至 25 mL，摇匀。这三支比色管中 SO_4^{2-} 的含量分别相当于一级（优级纯）、二级（分析纯）和三级（化学纯）试剂 $Na_2S_2O_3$·$5H_2O$ 中的 SO_4^{2-} 含量允许值。

思　考　题

1. 要提高硫代硫酸钠产品的纯度，实验中需注意哪些问题？
2. 一、二、三级试剂中，杂质（SO_3^{2-} 与 SO_4^{2-}）的质量分数各是多少？

实验 53　海水中氯化钠的提取与纯化

（一）实验目的

（1）巩固减压过滤、蒸发浓缩等基本操作。
（2）了解沉淀溶解平衡原理的应用。
（3）学习在分离提纯物质过程中，定性检验某种物质是否除尽的方法。
（4）学习写“无机物制备或提纯实验的流程图”。

（二）实验原理

海水中蕴藏着无比巨大的化学资源。海水目前已发现的元素有 80 多种，它们主要以简单离子和络合离子的形式存在，在海水浓缩结晶过程中则以盐的形式析出，成为化学原料。海水中平均含有约 3.5%的各种盐类，其中约 78%的盐分为氯化钠，总量约 5 亿亿吨。可以说，氯化钠是海水中除水外最巨大的化学资源。目前世界上每年由海水制盐近亿吨，占世界食盐总产量的 30%以上。海水制盐方法主要有太阳能蒸发法（又称盐田法）、电渗析法和冷冻法。

在盐田法中，当海水蒸发掉约 90%的水时，氯化钠开始析出，一般蒸发到析出 79%的食盐为止。继续蒸发会有较多的 $MgSO_4$、$MgCl_2$和 NaBr 陆续析出，从而影响食盐的纯度。分离即可得到粗盐和卤水。如此制备的粗盐（或原盐）含有 Mg^{2+}、Ca^{2+}、SO_4^{2-}、K^+等可溶性杂质，可满足一般的化学工业需要；而应用于食品及精细化工等方面，常需对粗盐进一步提纯。可溶性杂质中的 Mg^{2+}、Ca^{2+}和 SO_4^{2-} 则可通过加入 $BaCl_2$，NaOH 和 Na_2CO_3溶液，生成沉淀而除去；也可加入 $BaCO_3$固体和 NaOH 溶液来除去。

上述两种提纯方法可由两位同学合作进行实验，报告中要从产品产量和质量、实验操作、成本等方面进行评述。

（三）流程图介绍

无机物制备或提纯实验中，要求会写流程图。流程图的书写要求如下：

（1）表示物料走向。

（2）表示出实验的主要步骤。

（3）区分、标注实验的主要条件，如加热、pH 等。

（4）习惯上，用□表示有操作，在实际工作中代表一个岗位，如“过滤”要加□，而“冷却”一般不加。

例如，本实验方法一（$BaCl_2$-NaOH，Na_2CO_3法）的流程图可写成以下形成：

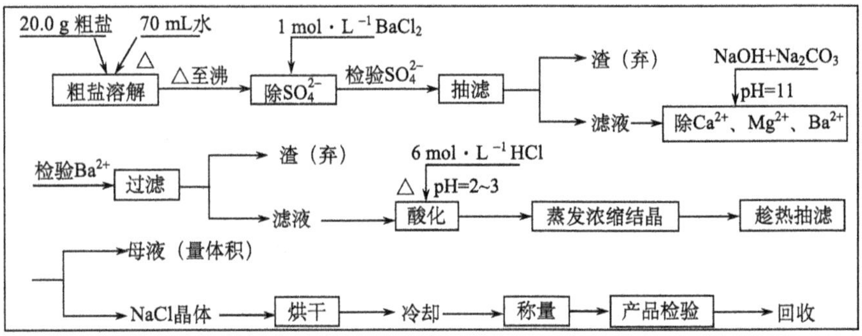

（四）实验步骤

1. 海水预浓缩（或粗盐溶解）

取 400 mL 海水，直接加热蒸发浓缩至溶液体积剩余 50 mL（若实验时间不够，可由准备室提供预浓缩后的溶液；若没有海水，可将 20.0 g 粗盐溶入 70 mL 自来水中）。

2. 除 Mg^{2+}、Ca^{2+} 和 SO_4^{2-}

方法一：$BaCl_2$-NaOH，Na_2CO_3 法

（1）除 SO_4^{2-}。将上述溶液加热至沸，边搅拌边滴加 1 mol · L^{-1} $BaCl_2$溶液至 SO_4^{2-} 除尽为止。继续加热煮沸数分钟。过滤。

（2）除 Mg^{2+}、Ca^{2+} 和过量的 Ba^{2+}。将滤液加热至沸，边搅拌边滴加 NaOH-Na_2CO_3 混合溶液至 pH 约等于 11。取清液检验 Ba^{2+} 除尽后，继续加热煮沸数分钟。过滤。

（3）除过量的 CO_3^{2-}。加热搅拌溶液，滴加 6 mol · L^{-1} HCl 调节溶液的 pH 为 2～3。

方法二：$BaCO_3$-NaOH 法

（1）除 Ca^{2+} 和 SO_4^{2-}。在海水浓缩液（或配制的盐水）中，加入约 1.0 g $BaCO_3$[比 Ca^{2+} 和 SO_4^{2-} 的含量约过量10%(质量分数)]。在 90℃左右搅拌溶液约 30 min。取清液，用饱和 $(NH_4)_2C_2O_4$溶液检验 Ca^{2+}，如尚未除尽，需继续加热搅拌溶液，至除尽为止。

（2）除 Mg^{2+}。用 6 mol · L^{-1} NaOH 调节上述溶液 pH 约为 11。取清液，依次加入 6 mol · L^{-1} NaOH和镁试剂，证实 Mg^{2+} 除尽后，再加热数分钟，过滤。

（3）溶液的中和。用 6 mol · L^{-1} HCl 调节溶液的 pH 为 5～6。

3. 蒸发、结晶

加热蒸发浓缩上述溶液，并不断搅拌至稠状。趁热抽滤，将产品转入平底蒸发皿内加热

炒干（或转入表面皿中，放入 105℃烘箱中烘干）。冷至室温，称量，计算回收率。

4. 产品质量检验

取产品 1 g，溶于 5 mL 蒸馏水，定性检验其中是否含 Ba^{2+}、Mg^{2+}、Ca^{2+} 和 SO_4^{2-}。

思考题

1. 能否用重结晶的方法提纯氯化钠？
2. 能否用氯化钙代替毒性大的氯化钡来除去食盐中的 SO_4^{2-}？
3. 试用沉淀溶解平衡原理，说明用碳酸钡除去食盐中 Ca^{2+} 与 SO_4^{2-} 的根据和条件。
4. 在实验中，如果以 $Mg(OH)_2$ 沉淀形式除去粗盐溶液中的 Mg^{2+}，则溶液的 pH 应如何控制？
5. 在提纯粗盐溶液过程中，K^+ 将在哪一步除去？

实验 54　由钛铁矿提取二氧化钛

（一）实验目的

（1）了解用硫酸分解钛铁矿的原理和操作方法。
（2）了解钛盐的某些特性及在高酸度下使 TiO^{2+} 进行水解的方法。

（二）基本原理

钛铁矿的主要成分为 $FeTiO_3$，杂质主要为 Mg、Mn、V、Al 等，由于这些杂质的存在，以及部分 Fe(Ⅱ) 在风化过程中转化为 Fe(Ⅲ) 而失去，所以 TiO_2 的含量变化范围较大，一般在 50%(质量分数)左右。

在 160～200℃时，过量的浓硫酸与钛铁矿发生下列反应：

$$FeTiO_3 + 2H_2SO_4 \xlongequal{} TiOSO_4 + FeSO_4 + 2H_2O$$

$$FeTiO_3 + 3H_2SO_4 \xlongequal{} Ti(SO_4)_2 + FeSO_4 + 3H_2O$$

它们都是放热反应，反应一旦开始，便继续剧烈反应。

用水浸取分解产物，这时钛和铁等以 $TiOSO_4$ 和 $FeSO_4$ 形式进入溶液。此外，部分 $Fe_2(SO_4)_3$ 也进入溶液，因此需在浸出液中加入过量铁粉，把 Fe(Ⅲ)完全还原为 Fe(Ⅱ)，同时把少量的 TiO^{2+} 还原为 Ti^{3+}，以保护 Fe(Ⅱ)不被氧化。

将溶液冷却至 0℃以下便有大量 $FeSO_4 \cdot 7H_2O$ 晶体析出，剩下的 Fe(Ⅱ)可在偏钛酸的水洗过程中除去。

为了使 $TiOSO_4$ 在高酸度下水解，可先取一部分上述 $TiOSO_4$ 溶液，使其水解并分散为偏钛酸胶体，以此作为沉淀凝聚中心与其余的 $TiOSO_4$ 溶液一起，加热至沸腾使其进行水解，即得“偏钛酸”沉淀：

$$TiOSO_4 + (n+1)H_2O \xlongequal{} TiO_2 \cdot nH_2O(s) + H_2SO_4$$

将偏钛酸在 800～1000℃煅烧，即得 TiO_2。

（三）实验步骤

1. 分解钛铁矿

称取 25 g 钛铁粉（325 目），放入瓷蒸发皿中，加入 20 mL 浓硫酸，搅拌均匀。然后砂浴加热并不断搅拌。当反应物温度升至 110～120℃时，要不停地搅拌反应物，并注意观察现象①。当温度升至 150℃左右时，反应激烈进行，反应物也迅速变硬，这一过程几分钟内即结束，故这段时间要大力搅拌，避免反应物凝固在蒸发皿上。剧烈反应后，把温度计插入砂浴中，在 200℃左右保温 0.5 h，冷至室温。

2. 浸取

将产物放在烧杯中，加入 60 mL 水，搅拌至产物全部分散（约需 1 h）。为了加速溶解，可微热②。抽滤，滤渣用约 10 mL 水洗涤后弃去。

3. 分离硫酸亚铁

往滤液中慢慢加入约 1 g 铁粉，不断搅拌，至溶液变为紫黑色（Ti^{3+} 呈紫色）为止。抽滤，滤液用冰-盐混合物冷至 0℃以下，观察 $FeSO_4 \cdot 7H_2O$ 结晶析出。再冷却一段时间后，抽滤。回收 $FeSO_4 \cdot 7H_2O$。

4. 钛盐水解

取已分离 $FeSO_4 \cdot 7H_2O$ 后的浸出液 1/5 体积，在不断搅拌下，逐滴加入浸出液总体积 8～10 倍的沸水中，继续煮沸 10～15 min 后，再慢慢加入其余全部浸出液，继续煮沸约 0.5 h（应适当补充水）。静置沉降，用倾析法洗涤沉淀③。抽滤，得到偏钛酸。

5. 煅烧

把偏钛酸放在瓷坩埚中，先小火烘干，然后用大火烧至不再冒白烟为止（也可放在马弗炉内于 900℃灼烧），冷却，即得白色的 TiO_2 粉末。称量，计算产率。

【注释】

① 现象包括：有无气体放出？反应物的颜色如何变化？黏度有何变化？

② 在整个浸取过程中，温度不能超过 70℃，以免 $TiOSO_4$ 过早水解为牛奶状而难以过滤。

③ 先用热的 10%（体积分数）H_2SO_4 洗两次，再用热水洗涤沉淀多次，直至检查不到 Fe^{2+} 为止。

思 考 题

1. 钛盐在水溶液中能否以 Ti^{4+}、TiO_4^{4-} 或 Ti^{2+} 等形式的离子稳定存在？

2. 在本实验中，为什么 Fe(Ⅲ)以 $FeSO_4 \cdot 7H_2O$ 的形式除去？可否用其他金属如 Zn、Al 或 Mg 等将其还原为 Fe(Ⅱ)？

3. 欲除去浸取液中少量的重金属离子，应如何处理？

实验 55　无水四氯化锡的制备

（一）实验目的

（1）了解无水四氯化锡的制备原理和操作方法。

（2）了解无水四氯化锡的状态、水解性质。

（二）实验原理

用直接合成法制备无水四氯化锡，反应式为

$$Sn+2Cl_2 \xlongequal{300℃} SnCl_4$$

制得的 $SnCl_4$ 因溶解有氯气而呈黄绿色。

纯 $SnCl_4$ 是无色液体，凝固点 −36℃，沸点 114℃，在空气中极易水解，溶于水后发生反应：

$$SnCl_4+(x+2)H_2O = SnO_2 \cdot xH_2O(s)+4HCl(g)$$

水解生成的 HCl 在空气中发烟，胶状的 $SnO_2 \cdot xH_2O$ 留在水溶液中，尚未水解的 $SnCl_4$ 与 HCl 作用生成 H_2SnCl_6 也留在溶液中。

（三）实验步骤

（1）把干燥的各部分仪器（包括已称量的带 2 个胶头的接收管）按图 8-1 所示安装好，检查仪器各接口的严密性。

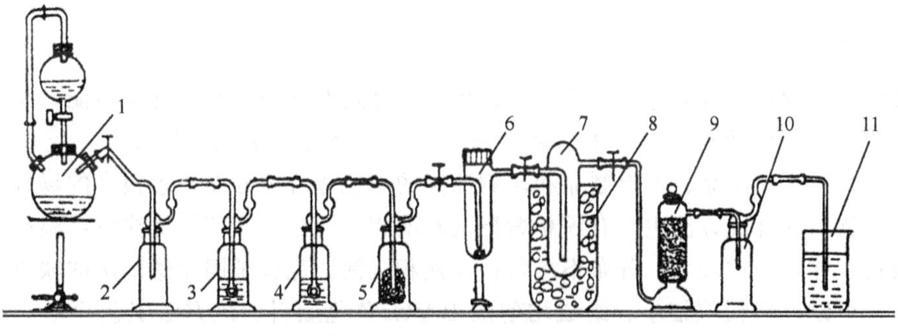

图 8-1　四氯化锡的制备装置示意图

1. 氯气发生器；2. 缓冲瓶；3、4. 洗气瓶（浓硫酸）；5. 洗气瓶（玻璃丝）；6. 反应管；7. 接收管；8. 冰水槽；9. 干燥塔（无水 $CaCl_2$）；10. 缓冲瓶；11. 吸收槽（6 $mol \cdot L^{-1}$ NaOH）

在三颈烧瓶中装约 35 g $KMnO_4$ 固体，分液漏斗中装入约 90 mL 浓盐酸，反应管内装入 5 g 锡粒，并使反应管中氯气导管几乎接触到金属锡，再次检查整套装置的气密性，必须严密不漏气。

（2）调节分液漏斗活塞，让浓盐酸慢慢滴入 $KMnO_4$ 中，均匀地产生氯气并充满整套装置，以排除装置中的空气和少量水汽（以氯气特有的黄绿色判断）。加热锡粒使其熔化，熔融的锡与氯气反应而燃烧，氯气的流速可由浓盐酸的加入速度控制。生成的 $SnCl_4$ 蒸气经冷却收集在接收管内，观察 $SnCl_4$ 的颜色和状态。没有反应的氯气被吸收槽中的 NaOH 溶液吸收。

(3) 待熔融的锡反应完毕，即停止加热。取下接收管，套上胶头。停止加入浓盐酸，将反应管接吸气泵抽气，拆开分液漏斗与三颈烧瓶连接的导管，使三颈烧瓶与大气相通，抽至无氯气为止（也可将整套氯气发生器和净化装置移入通风橱内）才可拆去所有装置。

(4) 将接收管（连同 2 个胶头）称量，计算产率。

(5) 在两个烧杯中分别加入 10 mL、50 mL 水，然后用干燥的滴管迅速从接收管内吸取 $SnCl_4$液体分别加入两个烧杯中，观察现象并加以解释。

思 考 题

1. 如果整个装置系统的水汽未被赶尽，对实验的结果将有什么影响？
2. 如何检查装置系统是否漏气？
3. 无水四氯化锡能否用直接加热 $SnCl_4 \cdot 5H_2O$ 或 $H_2SnCl_6 \cdot 6H_2O$ 而制得？
4. 处理尾气时，为什么要增加一个干燥塔？应选用什么干燥剂？

实验 56 钒酸铋黄色颜料的制备

（一）实验目的

(1) 学习比较准确地控制反应条件的方法。

(2) 学习简易回流操作的应用。

(3) 学习液相沉淀法合成粉体材料的原理。

（二）实验原理

钒酸铋黄色颜料具有无毒、耐候性好、色泽明亮及对环境友好等优良性能，是一种有着美好应用前景的新型颜料，可用来代替含有铅、镉、铬等有毒元素的颜料，应用于汽车面漆、工业涂料、橡胶制品、塑料制品和印刷油墨的着色等各项性能要求很高的场合。

钒酸铋颜料的合成方法主要有固相煅烧法和液相沉淀法。固相煅烧法所需温度较高，反应时间较长，并且颗粒较大、分布不均匀；而液相沉淀法克服了固相煅烧法的缺点，反应物混合均匀，可以得到颗粒细小、组成均匀的 $BiVO_4$黄色颜料。该方法工艺简单，容易实现工业化生产，但是经化学沉淀法制备的 $BiVO_4$粉体容易形成十分有害的团聚体，从而影响颜料的颜色。因此，需控制沉淀的生成条件，如反应物初始浓度、溶液 pH、反应温度和反应时间等因素。必要时，可加入少量表面活性剂起分散作用。

（三）实验步骤

1. NH_4VO_3溶液的配制

称取一定量的偏钒酸铵，加入 15 mL 2 mol · L^{-1} NaOH 溶液中，加热溶解完全后，再加水稀释得到 1.0 mol · L^{-1} NH_4VO_3溶液 30 mL。

2. 钒酸铋的制备

取 20 mL 1.0 mol·L^{-1} $Bi(NO_3)_3$溶液于 250 mL 锥形瓶中，加入 2 mL 1%十二烷基苯磺酸钠（DBS）溶液混合均匀。在磁力搅拌并水浴加热的同时，将 20 mL NH_4VO_3溶液滴加到 $Bi(NO_3)_3$溶液中，用 NaOH 溶液调节其 pH = 6[①]，控制水浴温度约 90℃保温 1 h（为减少水分蒸发，可用坩埚盖住锥形瓶口）。此过程中需维持溶液的 pH 基本恒定，并要检查溶液中是否有 Bi^{3+}[②]，若有，则要往锥形瓶中继续滴加 NH_4VO_3溶液至 Bi^{3+}完全沉淀为止。

反应结束后抽滤[③]，用大量蒸馏水洗涤沉淀至少三次，以洗去杂质离子，再用 95%乙醇 10 mL 洗涤两次。放入 105 ℃烘箱中烘干，得松散的钒酸铋黄色颜料。冷却后称量，计算产率。

【注释】

① 先快速加入 5 mL 6 mol·L^{-1} NaOH 溶液，后滴加 2 mol·L^{-1} NaOH 溶液。

② Bi^{3+}检查方法：用小漏斗法取上层清液于试管中，加入 2 滴 30%NH_4SCN 溶液后再滴加 0.1 mol·L^{-1} $Pb(NO_3)_2$溶液，观察是否有棕色或橙色沉淀生成。

③ 钒酸铋沾在手上不易洗净，进行相关操作时建议戴手套。

思　考　题

1. 查阅资料，了解钒酸铋有哪几种晶形。根据制备产物的颜色判断其所属晶形。
2. 若温度或 pH 控制不好，对实验的结果将有什么影响？
3. 如何判断产物已经洗净？

实验 57　二苄叉丙酮的制备与鉴定

（一）实验目的

通过利用著名的有机反应克莱森-施密特（Claisen-Schmidt）缩合反应制备二苄叉丙酮，考查有机合成、分离纯化以及仪器分析结构表征等方面的实验技能以及解决实际问题的能力。

（二）实验原理

芳香醛与含有 α-氢原子的醛、酮在碱催化下能发生羟醛缩合反应，脱水得到产率很高的 α，β-不饱和醛、酮，这一类型的反应称为克莱森-施密特缩合反应。它是增长碳链的重要方法，可合成侧链上含两种官能团的芳香族化合物以及含几个苯环的脂肪族体系中间体等。

本实验将在碱催化下，由苯甲醛和丙酮反应得到二苄叉丙酮。二苄叉丙酮是重要的有机合成中间体，可用于合成香料、医药中间体、防日光制品等各种精细化学品。

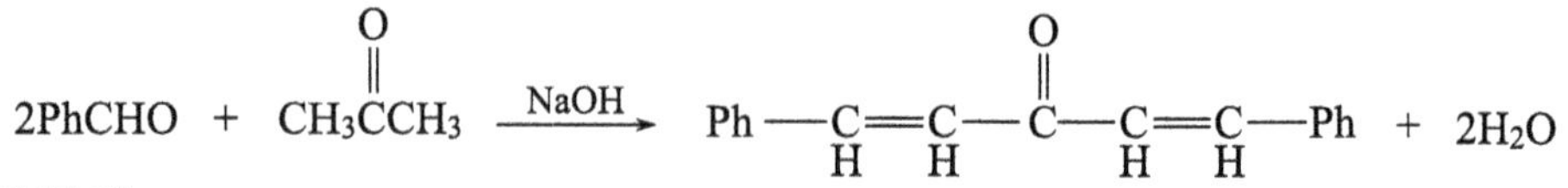

反应机理：

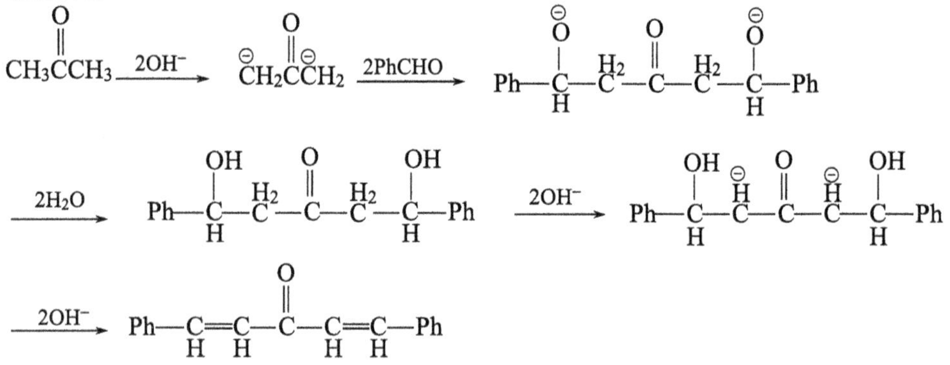

(三) 实验步骤

在一个装有回流冷凝管的 250 mL 三颈瓶中将 8.0 mL 苯甲醛溶解在 80 mL 95%乙醇中，加入 80 mL 0.5mol · L^{-1} 氢氧化钠溶液和 1.0 mL 丙酮（用移液管量取），均匀搅拌 30 min,然后用冰浴冷却，静置结晶。通过减压过滤收集产物，用冷水洗涤。置于红外箱中干燥，称粗产品的质量。粗产品用乙醇重结晶（建议量取 15 mL 乙醇，若不够可以补加），得到纯二苄叉丙酮，然后干燥、称量，计算产率。测量产品的熔点（110～113 ℃）和红外光谱。

思　考　题

1. 有机溶剂的重结晶应选用什么装置？容器大小选择有什么要求？
2. 要提高重结晶产物的纯度和回收率应注意哪些方面？本实验乙醇重结晶抽滤得到的产物洗涤时应该用什么溶剂？可以用水洗吗？
3. 如果增加丙酮的实验用量，是否可以提高二苄叉丙酮的产量？
4. 若碱的浓度偏高，反应有什么不同？
5. 二苄叉丙酮有几种立体异构体？如果要想知道产品中是否含有这些立体异构体，需要做哪些测试？
6. 对产品的红外光谱进行解析。

实验 58　1-溴丁烷

(一) 实验目的

（1）学习卤代烷的制备方法。

（2）学习回流、气体吸收、蒸馏、分液漏斗使用、有机液体的干燥等操作。

（二）实验原理

卤代烃是重要的化工原料，也是许多有机合成的中间产物。卤代烷能够发生亲核取代反应和消除反应，通过这些反应可以将卤代烃转变为胺类、氰类、醚类和不饱和烃类等一系列化合物。卤代烃的制备可以通过烷烃的卤代反应、烯烃炔烃的亲电加成反应、醇的亲核取代反应、芳香烃的亲电取代反应等来制备。

1-溴丁烷（1-bromobutane）也称正溴丁烷，无色透明液体，不溶于水，易溶于醇、醚等有机溶剂中，是麻醉药盐酸丁卡因的中间体，也用于生产染料和香料。制备方法较多，如醇的溴代、磺酸酯的溴代以及醚的裂解等。本实验采用正丁醇与氢溴酸在浓硫酸催化下发生亲核取代反应制备 1-溴丁烷。反应式如下：

$$KBr + H_2SO_4 = KHSO_4 + HBr$$

$$CH_3CH_2CH_2CH_2OH + HBr \longrightarrow CH_3CH_2CH_2CH_2Br + H_2O$$

醇和氢溴酸的反应是可逆的，为了使化学平衡向右移动，提高产率，本实验中增加了溴化钠和硫酸的用量，从而使反应物之一的氢溴酸过量来加速正反应的进行。反应过程中由于浓硫酸的氧化性和脱水性，会伴随如下副反应：

$$2KBr + 3H_2SO_4 \longrightarrow Br_2 + SO_2 + 2H_2O + 2KHSO_4$$

$$2CH_3CH_2CH_2CH_2OH \longrightarrow CH_3CH_2CH_2CH_2OCH_2CH_2CH_2CH_3 + H_2O$$

$$CH_3CH_2CH_2CH_2OH \longrightarrow CH_3CH_2CH{=}CH_2 + H_2O$$

$$CH_3CH_2CH_2CH_2OH + H_2SO_4 \longrightarrow CH_3CH_2CH_2CH_2OSO_2OH + H_2O$$

$$2CH_3CH_2CH_2CH_2OH + H_2SO_4 \longrightarrow CH_3CH_2CH_2CH_2OSO_2OCH_2CH_2CH_2CH_3 + 2H_2O$$

反应结束后，利用蒸馏的方法将产物从反应混合物中分出。粗产物中含有未反应完全的正丁醇、氢溴酸以及副产物正丁醚等，可以通过水洗和酸洗分离除去，而副产物 1-丁烯则因为沸点特别低，在回流过程中不能被冷凝除去。

（三）实验步骤

在 250 mL 圆底烧瓶中加入 12 mL 水，慢慢加入 16.6 mL 浓硫酸①，混合均匀，并冷却到室温。在振摇下加入 10 mL 正丁醇，混合均匀后再加入 13.6 g 溴化钾，充分振摇后，装上回流冷凝管，冷凝管上端接溴化氢气体吸收装置，用 5% NaOH 溶液作吸收液。

将圆底烧瓶放在电磁加热搅拌器上，加热回流 30～45 min。反应完毕，稍冷后取下气体吸收装置和球形冷凝管，装上简易蒸馏装置②，蒸出粗 1-溴丁烷（粗蒸馏液中除正溴丁烷外，常含有水、正丁醚、正丁醇，还有一些溶解的丁烯，液体还可能由于混有少量溴而带颜色）。将粗产品移入分液漏斗中③，用水洗涤，小心将有机层转移到另一个干燥的分液漏斗④，用 8 mL 浓硫酸洗涤一次，分出硫酸层⑤。有机层再次用水、10%碳酸钠溶液以及水各洗涤一次。将有机层分出到干燥的锥形瓶中，用无水氯化钙干燥。过滤出的粗产品进行蒸馏⑥，收集 99～103℃的馏分，产量为 6.0～8.4 g。产品纯度用折光率进行检验⑦。

纯 1-溴丁烷为无色透明液体，沸点 101.6℃，$d_4^{20}=1.2758$，$n_D^{20}=1.4401$。

【注释】

① 本实验使用浓硫酸可以吸收生成的水，因此不能稀释过多。一般采用 1∶1 硫酸（相对密度约为

1.52)，不但可以减少副反应，还可以吸收来不及反应的溴化氢气体。

② 这里是蒸出粗产品，可不加用温度计。蒸馏不溶于水的有机化合物时，可以由以下几个方面判断是否蒸完：馏出物是否由浑浊变澄清；蒸馏瓶中的上层油层是否消失；馏出液滴入水中是否有油珠出现。实验过程中，用一支试管收集几滴溜出液，加入少量水振摇，如果没有油珠出现，则表明1-溴丁烷已经蒸完。

③ 本实验需要用分液漏斗对粗产物进行洗涤和分离，每一次分离前必须明确产品在哪一层。为了防止造成不可弥补的损失，应该将有机液层都保留到实验结束。整个洗涤过程中，静置要充分，分离要完全，特别是每次水洗时注意观察水面上是否有悬浮的油状产品，如有，则在放出下层油后，轻轻旋转分液漏斗促使悬浮物离心下沉，再将其放出，并入有机液层，以确保实验产率。在分液操作中，振摇前和振摇过程中分液漏斗要注意放气；静置分层时分液漏斗要置于铁圈上，放液时顶部空心塞要拔出，下层液体从下部放出，上层液体从顶部倒出，有机液体最好用锥形瓶接收，避免用烧杯等宽口径容器，大量挥发造成产品损失。

④ 未反应完全的原料正丁醇和副产物丁醚等可与浓硫酸作用生成𬭩盐溶于浓硫酸中而被除去，但是𬭩盐遇到水会分解，因此应该使用干燥的分液漏斗，以防止漏斗中残余水分冲稀浓硫酸而降低洗涤效果。分液时硫酸也应尽量分彻底。

⑤ 如果油层呈红棕色，是由于在回流过程中氢溴酸与具有氧化性的浓硫酸反应产生少量游离的溴。在其后的洗涤过程中会逐渐褪去，也可以在分去硫酸后用亚硫酸氢钠水溶液洗涤除去。

$$2KBr + 3H_2SO_4 \longrightarrow Br_2 + SO_2 + 2H_2O + 2KHSO_4$$

$$Br_2 + KHSO_3 + H_2O \longrightarrow KHSO_4 + 2HBr$$

⑥ 蒸馏所用的各仪器必须预先烘干，否则产品易浑浊。

⑦ 折光率测定要注意记录测定的环境温度，并按下列经验关系式进行换算：$n_D^{20} = n_D^{\text{测定温度}} +$(测定温度$-20)\times 0.0004$。一般认为误差范围在$\pm 0.0010$内为合格产品，$\pm 0.0005$内为优质产品。

思 考 题

1. 加入物料时不按实验操作中的加料顺序，如先将溴化钾与硫酸混合，然后再加入正丁醇和水，将会出现什么现象？

2. 本实验如何减少副反应的发生？硫酸浓度太高或太低对实验有什么影响？

3. 本实验在回流冷凝管上为什么要采用气体吸收装置？吸收什么气体？为什么要用NaOH溶液作吸收液？还可用什么液体来吸收？

4. 在回流反应过程中，反应液逐渐分成两层。产品应处于哪一层中？为什么？烧瓶内有时出现红棕色，为什么？

5. 从反应混合物中分离出粗产品1-溴丁烷时，为什么用蒸馏分离而不直接用分液漏斗分离？

6. 本实验有哪些副反应发生？后处理时各步洗涤的目的是什么？用等体积的浓硫酸洗涤粗产品一次，可除去哪些杂质？为什么能除去它们？为什么在用10%碳酸钠溶液洗涤之前先要用水洗一次？用碳酸氢钠溶液洗涤时，要特别注意什么问题？

7. 本实验应根据哪种试剂的用量计算理论产量？计算结果是多少？

8. 用分液漏斗洗涤产物时，产物有时在上层，有时在下层。可以用什么简便方法判断产物是在上层还是下层？

9. 为什么用分液漏斗洗涤产物时，经摇动后要放气？该从何处放气？指向什么方向？

10. 写出无水$CaCl_2$吸水后发生化学变化的反应式。蒸馏前为什么一定要将它过滤掉？

实验 59　乙　醇

（一）实验目的

（1）学习用微生物发酵法制备乙醇(ethanol)。

（2）学会分馏操作。

（二）实验原理

乙醇，俗称酒精，无色透明液体，有特殊的芳香味。它的用途很广，可作为溶剂、有机合成原料、饮料、燃料、防冻剂、燃料、消毒剂（医疗上也常用体积分数为 70%～75%的乙醇作消毒剂）等。按产品质量可分为绝对乙醇（100%）、无水乙醇（99.5%）、普通乙醇(95.57%)[①]。

乙醇的合成主要有发酵法和化学合成法。人类很早就会用糖类发酵制造乙醇，这也是最早的几项生物技术之一。发酵原料可以是含淀粉的农产品，如谷类、薯类或野生植物果实等；也可用制糖厂的废糖蜜；或者用含纤维素的木屑、植物茎秆等。这些物质借助于微生物酶的催化作用进行一系列化学变化的过程，可得到乙醇。

本实验利用面包干酵母提供催化酶，对稀糖溶液进行发酵，形成乙醇稀溶液。这是一个复杂的化学变化过程，用反应式简单表示如下：

$$\underset{\text{蔗糖}}{C_{12}H_{22}O_{11}} + H_2O \longrightarrow \underset{\text{果糖}}{C_6H_{12}O_6} + \underset{\text{葡萄糖}}{C_6H_{12}O_6} \longrightarrow 4C_2H_5OH + 4CO_2$$

发酵液经过简单分馏，可以提高乙醇含量。

（三）实验步骤

1. 糖液的发酵

在 500 mL 圆底烧瓶中加入 60 g 蔗糖、300 mL 水、35 mL 巴斯德盐溶液[②]和 3～4 滴浓硫酸[③]，加热使糖溶解并煮沸 3～5 min。将糖液放置冷却到室温，加入少量干酵母菌种[④]，摇匀。将瓶口用棉花塞好，在室温下（28～35℃）放置发酵 4～7 d。发酵过程中有大量气泡放出，并生成碳酸盐粉末状沉淀。发酵完成后液面平静，不再有气泡放出。这时打开棉花塞可以闻到酒和面包混杂的香味。

2. 乙醇的分馏

在发酵用的烧瓶上装好分馏装置进行分馏。收集 60 mL 馏出液（每 10 mL 记录温度一次），用酒度计[⑤]测出乙醇含量，计算产率。

合并两份上述所得溜出液，再进行分馏，收集 78～82℃、82～95℃馏分。分别测定各馏分以及残液[⑥]的浓度和体积。

【注释】

① 普通乙醇含 95.57%（质量分数）乙醇和 4.43%水，是恒沸点混合物，沸点是 78.15℃，比纯乙醇

的沸点（78.5℃）低。把这种混合物蒸馏时，气相和液相的组成是相同的，即乙醇和水始终以这个混合比例蒸出，不能用蒸馏法制得无水乙醇。实验室制备无水乙醇时，在95.57%乙醇中加入生石灰（CaO）加热回流（或者用无水硫酸铜也可），乙醇中的水与氧化钙反应（与无水硫酸铜反应生成五水硫酸铜），生成不挥发的氢氧化钙从而除去水分，然后再蒸馏，这样可得99.5%的无水乙醇。如果还要去掉这残留的少量水，可以加入金属镁来处理，可得100%乙醇，称为绝对乙醇。工业上制备无水乙醇的方法是在普通乙醇中加入一定量的苯，再进行蒸馏，于64.9℃沸腾，蒸出苯、乙醇和水的三元恒沸混合物（质量比为74∶18.5∶7.5），这样可将水全部蒸出。继续升高温度，于68.3℃蒸出苯和乙醇的二元混合物（质量比为67.6∶32.4），可将苯全部蒸出。最后升高温度到78.5℃，蒸出的是无水乙醇。工业上使用强酸性阳离子交换树脂（具有极性基团，能强烈吸水）来制取无水乙醇。

② 巴斯德盐溶液由2.0 g磷酸钙、0.2 g硫酸镁和10 g酒石酸铵溶解于860 mL水配制而成，用来提供微生物繁殖所需要的养分。

③ 酵母在酸性条件下发酵有利于乙醇产生，并可以抑制细菌生长（细菌适应中性条件），达到防止其他细菌入侵的作用。

④ 可以用面包干酵母、古巴-21190菌种或者它们的发酵液等进行接种。用面包干酵母时大约加0.3 g即可。

⑤ 酒度计是根据密度计的原理设计的，乙醇的密度小于水，而相应的乙醇浓度越大，酒的密度也越小，而浮力也越小。酒度计就是根据这种差异算出乙醇的含量。测量浓度时，将乙醇倒入量筒中，注意不要倒得过少或过满，再把温度计和酒度计放入量筒中不要贴筒壁，稍等片刻，目光平视看准温度与酒度，通过《酒度、温度换算表》，然后查出标准（20℃的酒度）。使用酒度计测量酒度时，由于表面张力的原因，乙醇表面与酒度计长轴的接触处会出现弯月面，因此在读数时应以水平面为准。

⑥ 测定酒度前要将残液冷却到室温，否则测定误差较大。

思　考　题

1. 分馏和蒸馏有什么不同？
2. 本实验采用分馏方法得到的乙醇产品，理论上乙醇含量最高可达到多少？为什么？
3. 酒度计根据什么原理测定乙醇在水中的含量？发酵液能否直接用酒度计测定乙醇含量？为什么？

实验60　三苯甲醇

（一）实验目的

（1）学习用格氏（Grignard）反应制备醇。

（2）学习无水反应、水蒸气蒸馏、有机溶剂重结晶操作。

（二）实验原理

醇类化合物在有机化学上应用非常广泛，不但可作溶剂，而且易于转变成卤代物、烯、醚、醛、酮以及羧酸等化合物，是一类重要的有机化工原料。实验室制备醇的重要途径之一是以羰基化合物为原料与格氏试剂的加成，其中以醛最活泼，其次是酮、酯。利用此法，通过格氏试剂与甲醛、环氧乙烷或者卤代醇的反应可以制备一级醇；与醛或甲酸酯（此时应使用2倍量的格氏试剂）的反应制备二级醇；而三级醇的合成则常使用酮、酯、酰氯、不饱和酸酯或者酸酐等。镁与脂肪族卤代烃和芳香族卤代烃反应生成格氏试剂，一般情况下1 mol脂肪族或芳香族卤代烃要用1 mol镁，但往往因为有副反应，需过量10%～15%，反应活性从碘到氯逐渐降低，碘化物反应速度最快，但也最易发生偶合副反应，因此比相应的溴化物与氯化物产率要差，氯代烃一般与镁难以反应。

格氏试剂很活泼，不但可以与 H_2O 和含有酸性氢的有机化合物（如 ROH，RSH，RCO_2H，RNH_2，$RCONH_2$，RC≡CH，RSO_3H 等）反应，还可以与氧等发生反应，因此在格氏试剂的制备以及后续的加成反应过程中，反应体系内要绝对无水和无氧，也不能使用含有酸性氢的有机化合物作反应的溶剂。反应体系中即便是痕量的水（或者说酸性氢）或氧的存在，不但阻碍了卤代烃与镁之间的反应，而且会使格氏试剂发生分解，影响产率，如与 H_2O 和氧的反应：

$$RMgX + H_2O \longrightarrow R{-}H + XMgOH$$

$$RMgX + [O] \longrightarrow ROMgX \longrightarrow R{-}OH + XMgOH$$

因此，反应之前需通入氮气赶走反应瓶中的空气。乙醚是该反应最好的溶剂，它的挥发性大，蒸气可赶走反应瓶中的空气，但需在高温下反应时，也可选用四氢呋喃、丙醚、异丙醚、丁醚以及苯甲醚等。对于镁，应使用细小镁屑或镁粉，事先可在 60～80℃干燥 30 min，再经真空干燥并保存于密闭的玻璃容器中。必要时，可用碘活化镁，即将理论计算量的镁和少量碘放入反应瓶，小火加热至瓶内充满碘蒸气，待冷却后，再加入反应所需其他试剂即可进行反应。

在格氏反应进行的过程中，伴随着热量的放出，采用滴加卤代烷的方法是至关重要的。在制备格氏试剂时，必须先加入少量的卤代烷乙醚溶液和镁作用，待反应引发后，再将其余的卤代烷缓慢滴入，滴加速度以使乙醚保持微沸腾为宜，绝对不能一次加入大量卤代烷，否则反应会过于剧烈而不易控制。实验证明，在反应体系中存在过量的卤代烷会造成卤代烷自身的偶合反应。如有必要，反应瓶可用冷水冷却，而对于活性较差的卤代烷或反应不易发生时，则可用温水浴微热或加少许碘引发。当全部卤代烷滴加完后，沸腾逐渐停止，将反应混合物加热 0.5～2 h 至镁几乎全溶解。反应结束后醚溶液应是灰色或浅褐色的浑浊液，此时可将另一反应组分的醚溶液滴入。为了保证格氏试剂用量不过量，也可采取相反的加料方式。格氏试剂与醛酮等形成的加成产物进行酸性水解时镁转变成易溶于水的镁盐，便于乙醚溶液和水溶液分层。由于水解时放热，故应该在冷却下进行。遇酸易脱水的醇，常用氯化铵溶液来进行水解。

本实验通过溴苯所形成的格氏试剂与苯甲酸甲酯的加成反应来制备三苯甲醇（triphenyl methanol），反应式如下：

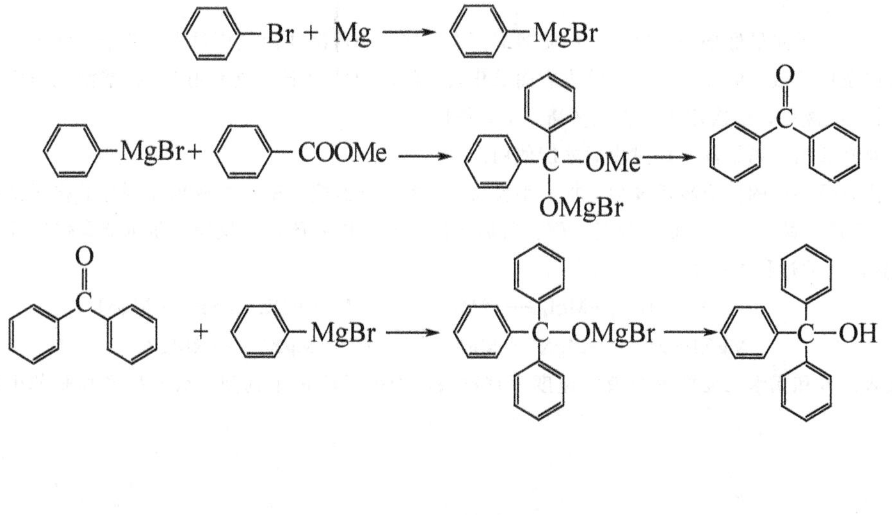

同时反应过程中常发生以下偶联副反应：

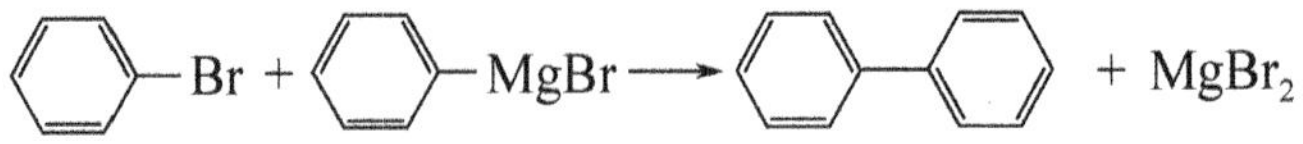

(三) 实验步骤

1. 格氏试剂苯基溴化镁的制备[①]

在干燥的 250 mL 三颈烧瓶上装上回流冷凝管和滴液漏斗及玻璃塞[②]，冷凝管上口都装上氯化钙干燥管。在烧瓶中加入 1 g 镁屑[③]、10 mL 无水乙醚[④]和一小粒碘。将 4.5 mL 溴苯和 10 mL 无水乙醚的混合液加入滴液漏斗中，从滴液漏斗中先滴入约 5 mL 混合液到三颈烧瓶中，然后轻轻振荡烧瓶引发反应[⑤]，碘的颜色逐渐消失。反应开始后，继续慢慢滴加剩余的溴苯和无水乙醚的混合液，保持反应液呈微沸状态[⑥]。滴加完毕后，再用温水浴加热回流，使镁屑作用完全，然后冷却到室温。

2. 加成制备三苯甲醇

在滴液漏斗中放入 2.5 g 苯甲酸甲酯和 6 mL 无水乙醚，混合均匀，在搅拌状态下，缓慢滴加到上述反应混合物中，滴加的速度应保持反应平稳地进行（有颜色变化，注意观察）。滴加完后，水浴温热至沸腾，保持反应微沸回流 30 min。反应物冷却到室温后，在振荡下从滴液漏斗缓慢滴入 10 mL 6 mol · L^{-1} HCl，分解加成产物[⑦]。

将反应装置改装成低沸点易燃物蒸馏装置，用热水浴回收乙醚，然后将三颈烧瓶改装成水蒸气蒸馏装置，开始进行水蒸气蒸馏，直到无油状物蒸出，瓶内粗产物固化成松散的颗粒为止[⑧]。将瓶中的粗产物抽滤，水洗，得粗三苯甲醇，干燥后称量。

粗产品用 2∶1 石油醚-丙酮的混合溶剂或 70%乙醇水溶液重结晶[⑨]，得白色固体，干燥后约 2.5 g。

纯三苯甲醇为白色片状晶体，熔点 164.2℃。

【注释】

① 格氏试剂的制备和格氏试剂与苯甲酸甲酯的加成反应过程中，所用仪器及药品必须经过彻底干燥，否则将导致实验失败。

② 漏斗和塞子间最好垫一小纸片，以防溶剂挥发，造成滴液漏斗内气压过大，塞子易弹出。

③ 将镁条用砂纸打磨光亮，彻底除去表面氧化膜，然后剪成碎屑，或者用 5%盐酸溶液与之作用数分钟，抽滤除去酸液后，依次用水、乙醚洗涤，干燥待用。

④ 乙醚必须用金属钠丝干燥过夜后才能使用。

⑤ 卤代芳烃和镁的反应较难发生，加一小粒碘、1,2-二氯乙烷、溴乙烷或预先制好的格氏试剂均可以促进反应，反应开始后，反应物浑浊且沸腾。若加碘催化并温热后还是不反应，很可能是仪器等没有彻底干燥好。碘催化的过程可用下列方程式表示：

$$Mg + I_2 \longrightarrow MgI_2 \longrightarrow 2MgI^- \qquad MgI + RX \longrightarrow R^- + MgXI$$

$$MgXI + Mg \longrightarrow MgX^- + MgI^- \qquad R^- + MgX^- \longrightarrow RMgX$$

⑥ 加入溴苯和无水乙醚的混合液的速度不宜过快，否则反应过于剧烈，会有副产物联苯生成，降低产率。

⑦ 水解反应大量放热，因此加入盐酸的速度不要太快。水解酸的量根据所用镁量计算，一般过量10%～15%，以便使絮状氢氧化镁全部溶解，也可用饱和氯化铵溶液或固体氯化铵分解产物。

⑧ 水蒸气蒸馏主要是除去未反应的原料溴苯及副产物联苯。

⑨ 用混合溶剂重结晶产品，可先将粗产品加热溶解在少量良溶剂中，然后向这个热溶液中逐滴加入预热的不良溶剂，直至溶液刚好出现浑浊为止。然后再滴入一滴良溶剂使浑浊消失，冷却，待结晶析出。

思考题

1. 本实验在水解前的各步反应（格氏试剂的制备及其与苯甲酸甲酯的加成）中，为什么仪器和药品都要经严格的干燥处理？

2. 制备苯基溴化镁时，碘起什么作用？如果溴苯和无水乙醚的混合液滴入过快或者一次性加入，会有什么后果？

3. 反应若不能立即开始，应采取什么措施？本实验有哪些副反应？应如何避免？

4. 本实验中为什么要用盐酸来分解产物？除此以外还有什么试剂可以代替盐酸？

5. 为什么在纯化固体产物前，总是先用其他方法除去未反应的原料、副产物等，再进行重结晶来提纯？反应完后直接用重结晶来提纯可以吗？为什么？

6. 本实验的反应混合物进行水蒸气蒸馏的目的是什么？为什么采用此法？

实验 61　乙　　醚

（一）实验目的

（1）学习醚的制备。

（2）学习萃取、洗涤以及低沸点有机物的蒸馏操作。

（二）实验原理

大多数有机化合物在醚中都有良好的溶解度，有些反应（如格氏反应）也必须在醚中进行，因此醚是有机合成中常用的溶剂。制备醚的方法是醇的脱水和醇(酚)钠与卤代烃作用。前一种方法是醇类在酸性脱水剂的存在下通过分子间脱去一分子水而制备醚，在实验室常用浓硫酸和氧化铝作脱水剂。这种方法只适宜制备两边基团相同的简单脂肪族低级醚，而且这个方法主要用于从低级伯醇制醚；从仲醇制醚的产量不高；叔醇脱水则主要生成烯烃。对于两边基团不同的混合不对称醚的制备，则要采用威廉姆森（Williamson）醚合成法等方法，即醇(酚)钠和卤代烃的作用，该方法特别是制备芳基烷基醚时产率较高，醇(酚)钠可由相应的醇(酚)和强碱（金属钠或 NaOH）作用制得。

本实验以浓硫酸作脱水剂，控制温度在 140～150℃，通过乙醇分子间脱水制备乙醚(diethyl ether)。反应机理为乙醇先与浓硫酸反应，生成硫酸氢乙酯，后者再被乙醇进攻生成乙醚。为了减少副产物的生成，在操作时必须特别注意控制反应温度。因为醇和硫酸的作用随温度不同，生成的产物不同。例如，乙醇和硫酸在室温下生成𨦡盐；在 100℃时反应产物是硫酸氢乙酯；在 140℃时产物是乙醚；在大于 160℃时产物是乙烯。

一般将乙醇蒸气不断通入加热到 140～150℃的硫酸氢乙酯溶液中，生成的乙醚不断被蒸出。反应过程如下：

$$CH_3CH_2OH + H_2SO_4 \xrightleftharpoons{50℃} CH_3CH_2OSO_2OH + H_2O$$

$$CH_3CH_2OSO_2OH + CH_3CH_2OH \xrightarrow{140\sim150℃} CH_3CH_2OCH_2CH_3 + H_2SO_4$$

用浓硫酸作脱水剂时，由于它的氧化作用还往往生成少量氧化产物和二氧化硫。为了避免氧化反应，有时用芳香族磺酸作脱水剂。用浓硫酸作脱水剂时的主要副反应有

$$CH_3CH_2OSO_2OH \xrightarrow{170℃} CH_2{=}CH_2 + H_2SO_4$$

$$CH_3CH_2OSO_2OH + CH_3CH_2OH \longrightarrow CH_3CH_2OSO_2OCH_2CH_3 + H_2O$$

$$CH_3CH_2OH + H_2SO_4 \longrightarrow CH_3CHO + SO_2 + 2H_2O$$

$$CH_3CHO + H_2SO_4 \longrightarrow CH_3COOH + SO_2 + 2H_2O$$

因此粗产品中除了乙醚外，还有水、乙醛、乙酸、亚硫酸以及未反应的乙醇等。利用碱洗涤除去酸性杂质，用饱和氯化钙洗涤除去乙醇，再经过干燥后蒸馏可得到产品乙醚。

乙醚是常用的有机溶剂之一，医药上作全身麻醉剂。由于它的沸点较低（34.5℃），其蒸气比空气重 2.5 倍，易燃，与空气混合达一定比例时，有爆炸性，因此操作时要特别小心！

（三）实验步骤

在干燥的 250 mL 三颈烧瓶上装上滴液漏斗（注意：滴入管应浸入混合液，有利于充分反应）、250℃温度计（注意：温度计水银球应浸入混合液才能测得反应温度）以及低沸点溶剂简易蒸馏装置。在三颈烧瓶中加入 15 mL 95%乙醇，在冷水浴冷却下，边摇动烧瓶，边慢慢地加入 15 mL 浓硫酸，再投入两三粒沸石。在滴液漏斗中放入 20 mL 95%乙醇。装好装置，并注意所有连接处必须严密不漏气[①]。

在石棉网上用小火慢慢加热三颈烧瓶，当反应液的温度升高到 140℃时，开始滴加乙醇，反应开始进行，即有乙醚产生并被蒸出。严格控制反应温度在140～150℃[②]，同时控制火焰大小和乙醇的滴加速度（每秒 1～2 滴），使乙醚蒸出速度为每秒钟 1～2 滴（滴入乙醇和馏出乙醚的速度大致相等）[③]。加完乙醇后，迅速关闭滴液漏斗活塞，继续加热三颈烧瓶内反应液 10 min，直到没有馏分蒸出为止。

把灯熄灭后（并注意附近有无灯火），取下接受器，把馏出液倒入分液漏斗中，用 15 mL 10% NaOH 溶液洗涤，彻底分去 NaOH 层后，依次用 20 mL 饱和食盐水[④]和 20 mL 饱和氯化钙溶液各洗涤两次。将洗涤后的醚层转移到干燥的锥形瓶中，用无水氯化钙干燥[⑤]。通过长颈漏斗把干燥后的乙醚转移到 60 mL 蒸馏烧瓶中，加入两三粒沸石，装好蒸馏装置，接受瓶置于冰水浴中冷却，用热水浴进行蒸馏[⑥]，收集 35～40℃的馏分（切勿蒸干！[⑦]），产量 15～20 g。

纯乙醚为无色液体，沸点 34.5℃，$d_4^{20}=0.7138$。

【注释】

① 乙醚很易挥发并容易着火。乙醚蒸气和空气的混合物在一定比例范围内，遇火易爆炸，故需特别注意安全问题。

② 反应温度超过 150℃时，容易有乙烯气体生成。但若温度在 130℃以下，则反应很慢。

③ 此时反应效果最佳。若滴加乙醇过快，则有部分乙醇来不及参与反应而被蒸出，并使反应温度下降。

④ 用饱和食盐水洗涤，可以降低乙醚在水中的溶解度，提高醚的产量；并可除去粗乙醚中的碱液，以免在用饱和氯化钙溶液洗涤时将有氢氧化钙沉淀析出。

⑤ 用氯化钙作干燥剂，还可以络合除去残留的乙醇。

⑥ 必须用热水浴蒸馏乙醚，并且在实验室中也不得有明火。

⑦ 目的是防止可能残留的过氧化物因过热而引起爆炸。

思　考　题

1. 为什么制备乙醚的反应温度要严格控制在 140～150℃？
2. 粗制乙醚用 10%NaOH 溶液和饱和氯化钙溶液洗涤，各可除去什么杂质？
3. 乙醚有什么特性？蒸馏乙醚时要注意什么问题？
4. 哪些步骤一定要用干燥的仪器？为什么？

实验 62　环　己　酮

(一) 实验目的

(1) 学习用醇氧化制备酮。

(2) 学习重铬酸盐的使用、蒸馏操作。

(二) 实验原理

仲醇的氧化和脱氢是制备酮的主要方法。本实验采用常见的氧化剂酸性重铬酸钠（钾）氧化环己醇制备环己酮。

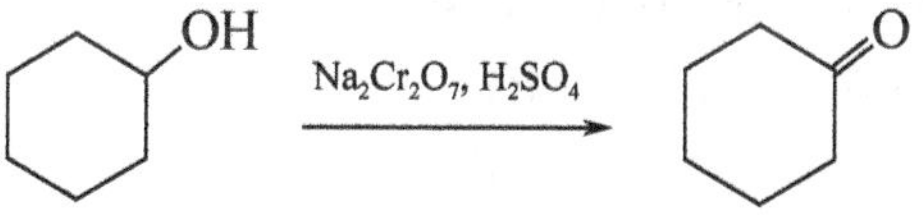

酮的稳定性较醛好，不容易进一步氧化，因此通常可得到满意的结果。但仍需小心地控制条件，常因为氧化过于激烈而造成分子断链（深度氧化）或者在酸性条件下发生脱水等。

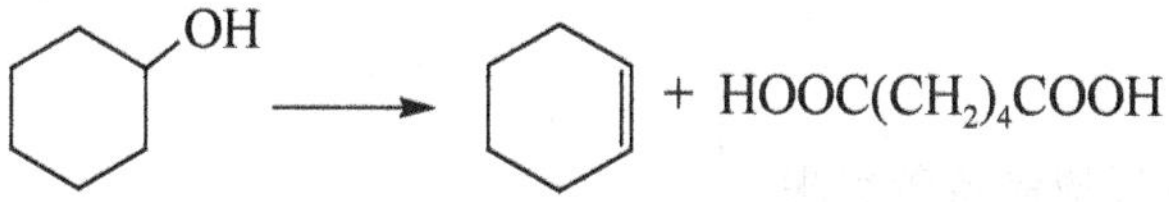

(三) 实验步骤

在 500 mL 圆底烧瓶中放入 80 mL 水，在冷却和搅拌下慢慢加入 13.3 mL 浓硫酸，充分混合并冷却到 30℃以下后，小心加入 13.3 g 环己醇。在此混合物中放入一支温度计，将溶液冷却到 30℃以下。

在烧杯中将 16 g 重铬酸钠[①]溶解于 8 mL 水中，将此溶液分数批加入[②]圆底烧瓶中，并不断振荡使其充分混合。氧化反应开始后，混合物迅速变色。橙红色的重铬酸盐变为墨绿色的三价铬盐，控制反应温度在 60～65℃，待前一批重铬酸钠的橙红色完全消失后，再加入下一批。加完后继续振摇，直至温度有自动下降的趋势，再于 65℃下保温 10 min。然后加入少量草酸（约 2.5 g），使反应液变为墨绿色，以破坏过量的重铬酸钠。

在反应瓶中加入 70～80 mL 水，加入几粒沸石，装好蒸馏装置，将环己酮和水一起蒸出来③，直至馏出液不再浑浊后再多蒸出 15～20 mL（60～70 mL）。用食盐饱和馏出液，将馏出液移至分液漏斗，静置，分出有机层。水层用 15 mL 乙醚萃取一次，合并有机层与萃取液，用无水硫酸镁干燥。水浴蒸出乙醚后，改为空气冷凝，收集 154～156℃馏分。产量 9～10 g，产率 67%～76.6%。此产品可作为合成己二酸的原料。

纯环己酮为无色液体，沸点 155.7℃，$n_D^{20}=1.14507$。

【注释】

① 重铬酸钠是强氧化剂且有毒，避免与皮肤接触，反应残余物不得随意乱倒，应放入指定处，以防污染环境。采用重铬酸钠-乙酸氧化体系时，可避免使用浓硫酸，产率达 76%。为了避免使用重铬酸盐，20 世纪 80 年代发展使用价格低廉的次氯酸钠-冰醋酸体系，减轻了环境污染，可将产率提高至 77%～82%，反应温度 30～35℃。

② 第一次可加入 1/3～1/2 量，使反应混合物尽快升温至 60～65℃，并在此温度范围持续反应。

③ 这实际上是一种简化了的水蒸气蒸馏，环乙酮与水形成恒沸液（沸点 95℃，含环乙酮 38.4%）。而且水的馏出量不宜太多，否则即使用盐析仍不可避免有少量环己酮溶于水而损失掉。环己酮在 31℃时在水中的溶解度为2.4 g·(100 g 水)$^{-1}$。

思 考 题

1. 重铬酸钠-硫酸体系氧化环己醇的反应过程机理是什么？反应终了深绿色物中所含铬化合物是什么？该反应是否可以使用碱性高锰酸钾氧化？会得到什么产物？

2. 重铬酸钠-硫酸混合物为什么冷至 30℃以下使用？

3. 反应温度和氧化剂的用量对反应有什么影响？

4. 反应结束后为什么要加入草酸？如果不加有什么不好？

实验 63 苯 乙 酮

（一）实验目的

（1）学习用傅-克反应制备芳香酮。

（2）学习无水反应、电动搅拌的使用、高沸点物的蒸馏操作。

（二）实验原理

芳烃和卤代烷在无水三氯化铝等路易斯酸的催化作用下，通过亲电取代反应生成烷基芳烃。同理，芳烃和酰卤或者酸酐在相同催化剂作用下可以制得芳香酮类化合物，前者称为烷基化反应，后者称为酰基化反应，两者统称为傅-克（Friedel-Crafts）反应。烷基化反应时常产生基团重排或多元取代的副反应，实验室中不常用，而酰基化反应却可停止在一酰基化阶段，是制备烷基芳基混合酮和芳酮的主要方法之一。酰化试剂常使用酰氯或者酸酐，催化剂除了三氯化铝外，还有三氯化铁、四氯化锡、三氟化硼以及氯化锌等路易斯酸。

烷基化时只用催化量的三氯化铝，而酰基化时因一部分三氯化铝与酰氯或者芳酮生成络合物，所以用酰氯制备芳香酮时需要用多于酰氯物质的量的三氯化铝。当用酸酐做酰基化试剂时，因有一部分三氯化铝与酸酐作用，所以三氯化铝的用量更多，一般需要用 2～3 倍，在实际操作中还需过量 10%～20%。

三氯化铝遇水或潮气会分解失效，故实验过程中所有仪器和试剂都应干燥无水，称取三氯化铝时动作应该迅速。傅-克反应一般都在溶剂中进行的，常用的溶剂有作为反应原料的芳烃或二硫化碳、硝基苯等。

本实验通过苯和乙酸酐的酰基化反应制备苯乙酮（acetophenone）：

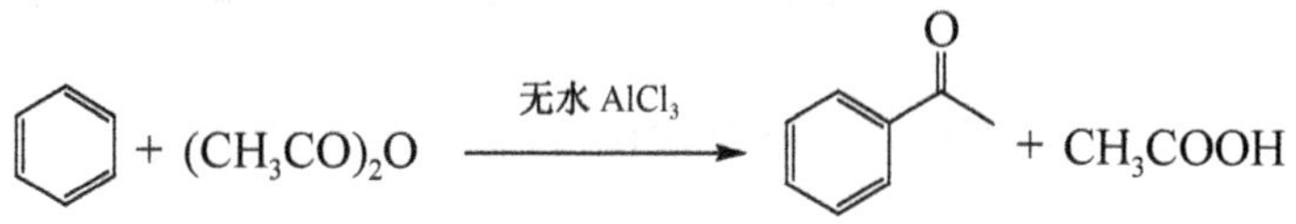

反应生成的苯乙酮与三氯化铝形成稳定的配合物，故反应中需要用过量的三氯化铝。同时，反应结束后必须用酸分解该配合物。该配合物分解时放出 HCl 气体，同时放出大量的热，因此要用冰水浴冷却并吸收 HCl 气体。

苯乙酮是香料工业的原料和有机合成的中间体，用于合成药物、树脂和染料等。

（三）实验步骤

在 250 mL 三颈烧瓶中分别装上电动搅拌器、滴液漏斗及回流冷凝管。仪器均需预先干燥①。在冷凝管上口装氯化钙干燥管，后者再接氯化氢气体吸收装置。迅速称取 20 g 经研碎的无水三氯化铝②，放入三颈烧瓶中，再加入 25 mL 经金属钠干燥过的无水苯，启动搅拌，由滴液漏斗滴加重新蒸馏过的乙酸酐 6 mL（6.5 g，0.063 mol）③和 10 mL 无水苯的混合溶液。反应立即开始，反应物颜色变深，并伴随有反应混合液发热及氯化氢急剧产生。控制滴加速度，勿使反应过于剧烈。滴加完后（大约需要 20 min），在水浴上加热 30 min，至无氯化氢气体逸出为止（此时三氯化铝基本溶完）。

待反应液冷却后，在通风橱内，在搅拌下慢慢将反应液倒入盛有 50 mL 浓盐酸和 50 g 碎冰的烧杯中④。当瓶内固体物质完全溶解后（若仍有固体不溶物，则加入少量盐酸使之溶解），将该溶液转移到分液漏斗中分出苯层，水层用 20 mL 乙醚萃取两次。合并苯层和乙醚提取液，依次用 5%氢氧化钠溶液、水各 20 mL 洗涤一次至中性，然后用无水硫酸钠干燥。

将干燥后的粗产物分几次滤入 25 mL 蒸馏瓶中⑤，在水浴上蒸去苯和乙醚后，再在石棉网上用火加热蒸馏，用空气冷凝管冷却。收集 198～202℃的馏分，得产品约 5 g。

纯苯乙酮为无色液体，沸点为 202.0℃，熔点为 20.5℃，$n_D^{20}=1.5372$。

【注释】

① 本实验所用仪器、试剂必须充分干燥，保证无水，否则影响反应顺利进行。

② 无水三氯化铝的质量优劣是实验成败的关键因素之一，应使用白色颗粒或者粉末状的三氯化铝，露于空气中立刻冒烟。如已变成黄色，表示已经吸潮，不能取用。三氯化铝极易吸潮分解，称取、研磨和投料三氯化铝时应尽可能迅速，避免长时间暴露在空气中，为此可用带塞的锥形瓶中称取或者在红外灯下称取、研磨。另外应防止与皮肤接触。

③ 该反应大量放热，应该注意控制反应温度。乙酸酐的加入不宜过快，否则反应过于剧烈。温度过高对反应不利，一般控制在 60℃以下为宜。

④ 反应后的产物应小心缓慢加入盐酸和冰的混合物中，以免冲出。若冰融完，应酌量补充。

⑤ 由于最终产物不多，且苯乙酮的沸点较高，因此宜选用较小的蒸馏瓶。

思 考 题

1. 水和潮气对本实验有什么影响？在安装反应装置和操作中应注意哪些事项？为什么要迅速称取、研磨三氯化铝？

2. 反应完成后为什么要倒入浓盐酸和冰的混合液中？

3. 指出如何由傅-克反应制备下列化合物：(1) 二苯甲烷；(2) 苄基苯基酮；(3) 对-硝基二苯酮。

实验 64　苯丙烯酰苯及其衍生物

(一) 实验目的

(1) 学习用醇醛（酮）缩合反应制备苯丙烯酰苯及其衍生物。

(2) 学习重结晶操作。

(二) 实验原理

具有 α-活泼氢的醛、酮化合物在酸或碱的作用下，可以发生醇醛（酮）缩合反应。该反应常用的缩合剂是氢氧化钠（钾）、氧化钙、氢氧化钡等。使芳香醛和 α-活泼氢的羰基化合物发生醇醛缩合反应并脱水得到 α，β-不饱和羰基化合物的反应称为克莱森-施密特反应。

本实验用 NaOH 作缩合剂，使苯甲醛和苯乙酮发生醇醛缩合，由于缩合产物的特定结构，在反应条件下，缩合产物分子内还会进一步发生消除一分子水的反应，产生苯丙烯酰苯。反应式如下：

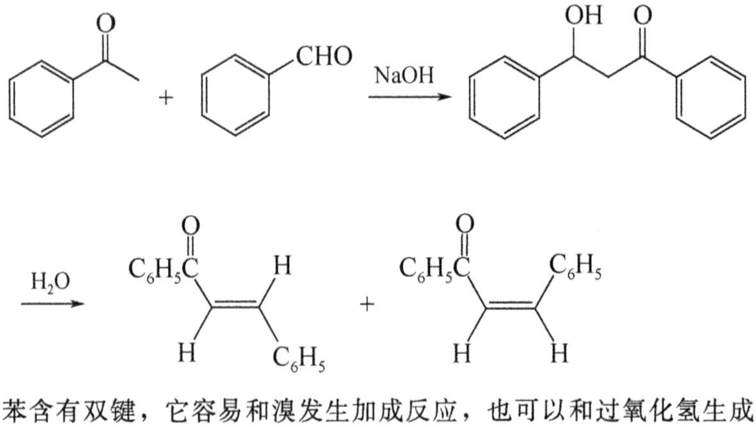

苯丙烯酰苯含有双键，它容易和溴发生加成反应，也可以和过氧化氢生成环氧化物：

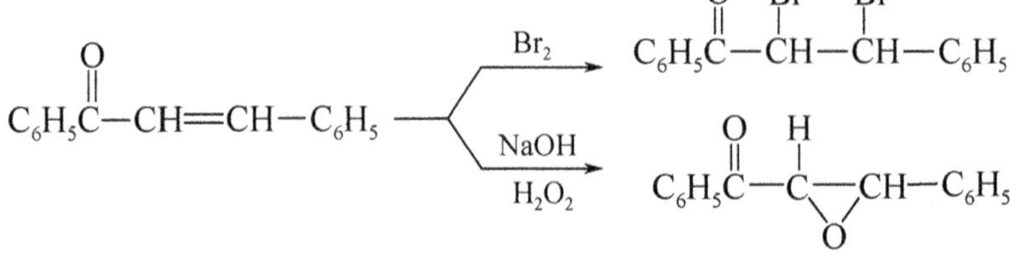

（三）实验步骤

1. 苯丙烯酰苯的制备

在 50 mL 锥形瓶中加入 12.5 mL 10% NaOH、10 mL 95% 乙醇、3 g（3 mL，0.025 mol）新蒸的苯乙酮和 2.7 g（2.7 mL，0.025 mol）新蒸的苯甲醛。把锥形瓶放在电磁搅拌器上搅拌 1.5 h，整个反应过程保持温度 25～30℃①。然后在冰浴冷却下继续搅拌 10 min②，使产品结晶完全析出。抽滤③，用冷水洗涤晶体，直到滤液呈中性，最后用少量冰冷却过的 95% 乙醇洗涤一次。用 95% 乙醇将粗产品重结晶④，干燥得产品 3.5～4.0 g，产品淡黄色，测定熔点⑤。

2. 苯丙烯酰苯和溴的加成

在 25 mL 锥形瓶中加入 1.0 g（5 mmol）苯丙烯酰苯和 4 mL CCl_4（或CH_2Cl_2），待固体溶解后放入冰浴中冷却，边摇动边滴加 Br_2-CCl_4（或CH_2Cl_2）溶液⑥（1 g Br_2溶解于 6 mL CCl_4，约需要 5 mL），直到溶液溴不褪色为止⑦。室温下放置 5～10 min，收集结晶并用少量冷乙醇洗涤，得白色粉状物。干燥，称量，测定熔点⑧以确定是赤式还是苏式。

3. 苯丙烯酰苯的环氧化

在 50 mL 锥形瓶中加入 1.0 g（5 mmol）苯丙烯酰苯、12.5 mL 95% 乙醇和 0.8 mL 30% H_2O_2水溶液。边摇动边滴加 2 mL 5%NaOH，必要时冷却反应混合物，使温度不高于 30℃。析出晶体后，抽滤，用少量冷乙醇洗涤，产量约 0.8 g，测定熔点（89～90℃），粗产品可用 95% 乙醇重结晶，得纯品。

【注释】

① 随着反应进行，反应物逐渐变黏稠，下层出现黄色油状物。

② 如没有结晶析出，可加入晶种。

③ 苯丙烯酰苯对皮肤有刺激作用，注意勿触及皮肤。

④ 每克粗产品约用 5 mL 95% 乙醇。因产品熔点较低，注意控制在 50℃左右进行。

⑤ 苯丙烯酰苯有几种不同的晶形，本实验通常得到的是 *E*-异构体的 α-式，为片状晶体，熔点 58～59℃。此外还有 *E*-异构体的 β-式，为棱柱体。

⑥ 溴具有强烈的腐蚀性和刺激性，操作时必须小心。如果不慎触及皮肤，应该立即用布抹去，再用大量水洗涤后，用乙醇洗，然后用甘油按摩，并涂上油膏。

⑦ 温度过低时，溴的颜色不容易褪去，在 20℃滴加为宜。

⑧ 苯丙烯酰苯与溴的加成物有四个可能的立体异构体，即两对对映体

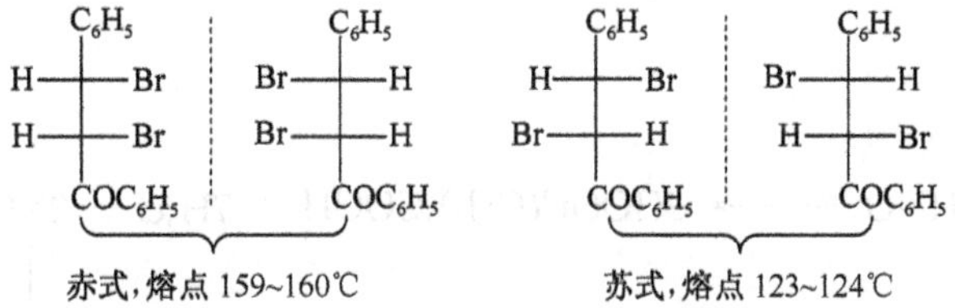

本实验得到的产物是高熔点的赤式二溴化物。

思 考 题

1. 本实验中苯甲醛和苯乙酮交错缩合的产物为什么稳定？
2. 本实验可能有哪些副反应？在实验中采用了什么措施来减少或者避免这些副反应的发生？
3. 写出苯丙烯酰苯环氧化产物可能异构体的结构式。

实验65　己　二　酸

（一）实验目的

（1）学习用硝酸氧化反应制备有机酸。
（2）巩固重结晶操作和固体的干燥。
（3）了解回流反应、滴加原料、测量反应温度、有毒气体吸收装置的应用。

（二）实验原理

己二酸又名肥酸（adipic Acid），是脂肪族二元羧酸中最有应用价值的二元酸之一，主要用于生产尼龙66纤维和尼龙66工程塑料、聚氨酯泡沫塑料和增塑剂，还可用于生产高级润滑油、食品添加剂、医药中间体、香料香精控制剂、新型单晶材料、塑料发泡剂、涂料、杀虫剂、黏合剂以及染料等，用途十分广泛。

1937年，美国杜邦公司用硝酸氧化环己醇（由苯酚加氢制得），首先实现了己二酸的工业化生产。目前国外几乎所有己二酸生产厂商都采用以环己醇和环己酮混合物（醇酮油，俗称KA油）为原料的硝酸氧化工艺路线，KA油可由环己烷或苯酚氧化制得。通常采用50%～60%（质量分数，下同）的硝酸为氧化剂，以0.1%～0.5%的铜与0.1%～0.2%的钒为催化剂，在60～80℃、0.1～0.9 MPa下进行。KA油总转化率为100%，己二酸的选择性为95%。

己二酸作为一种极其重要的石油化工原料和有机合成中间体，近年来全球的消费量呈现出稳定的增长趋势。由于传统生产工艺存在环境污染等问题，己二酸绿色合成方法近年来备受关注，反应原料主要是环己烷、环己醇、环己烯及丁二烯，以分子氧、过氧化氢或臭氧为氧源，采用不同的催化体系合成己二酸。目前，各种方法均有优缺点，但可以肯定，绿色催化合成己二酸的研究具有很好的应用前景，是未来工业化生产的最佳选择。

在实验室中，可以由环己醇氧化成环己酮，再进一步氧化发生碳链断裂生成己二酸。在强氧化剂如浓硝酸或高锰酸盐的作用下，可以将环己醇直接氧化为己二酸。该氧化反应是放热反应，因此控制反应的温度是非常重要的。本实验采用浓硝酸直接氧化法，反应式如下：

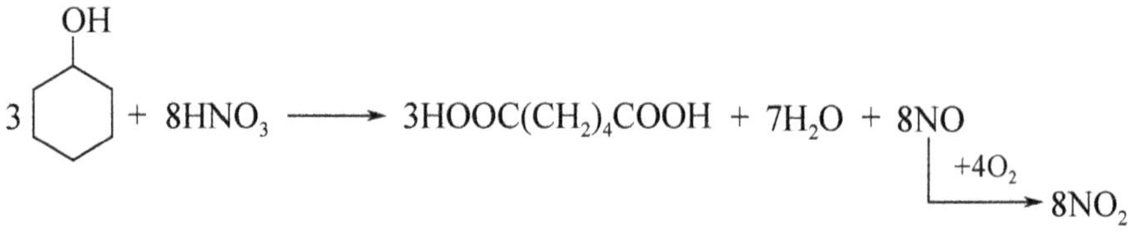

由于浓硝酸具有强氧化性，因此在反应过程中会发生深度氧化，以至于形成戊二酸、丁二酸等副产物。

(三) 实验步骤

在 250 mL 三颈烧瓶中加入搅拌子，装上温度计、滴液漏斗和回流冷凝管。回流冷凝管上端接气体吸收装置，用碱液吸收反应产生的气体，尾气通入水槽①。

在三颈烧瓶中放入 8 mL 水和 16 mL 浓硝酸，混合均匀，另将 5.3 g 环己醇②加入滴液漏斗中。开动搅拌，加热三颈烧瓶，当三颈烧瓶硝酸的温度升到 60℃时停止加热，从滴液漏斗滴加 5～6 滴环己醇，反应立即开始，温度随即上升并有红棕色气体放出。然后以约每 3 s一滴的速度小心滴加，在整个反应过程中使温度控制在 85～90℃，让反应物处于微沸状态③。环己醇全部加入后维持混合物在 85～90℃反应 20 min，直到无红棕色气体放出为止，反应趋于完全。

停止加热后，打开滴液漏斗活塞，用水泵抽去反应体系中的有毒气体。将反应物趁热转移到烧杯中，冷却到室温后，再用冰水冷却使结晶完全。抽滤析出的晶体，烧杯中残留的晶体用滤液洗出。用冰水（每次用 10 mL）洗涤两次④，将粗产品烘干后称量，计算产率。粗产品用水重结晶（每克粗产品用约 4 mL 水），并计算重结晶回收率。所得干燥产品测红外光谱，并进行官能团解析。

纯己二酸为无色单斜晶体，熔点为 153℃。

【注释】

① 本反应中产生的氧化氮气体有毒，应在通风橱中进行反应。

② 环己醇熔点为 25℃，室温时是黏稠的液体，最好将原料直接称在滴液漏斗中，否则经过转移将导致原料损失。

③ 此反应为强烈放热反应，必须严格控制环己醇的滴加速度，以保持反应物处于强烈的沸腾状态为宜。环己醇的滴加速度如果太快，反应将非常剧烈且可能会造成事故。若反应过于缓慢（不沸腾），则应该停止滴加环己醇，使先加入的环己醇全部作用后再继续滴加，否则未作用的环己醇积累起来，一旦反应变得剧烈，此部分环己醇将迅速被氧化，容易引起爆炸。因此，本实验过程中必须特别控制环己醇的滴加速度，尤其在反应开始阶段滴加速度应该更慢一些。绝对不能将环己醇一次性加入或者大量加入！

④ 己二酸为二元酸，在水中的溶解度随温度变化较大，因此反应混合物应该用冰水充分冷却，洗涤时也要用冰水。己二酸在不同温度下的溶解度数据如下：

温度 /℃	15	34	50	70	87	100
溶解度 /[g·(100 g 水)$^{-1}$]	1.44	3.04	8.46	34.1	94.8	100

思 考 题

1. 为什么有些实验在加入最后一个反应物前要预先加热（如本实验中先预热到 60℃）？为什么一些反应剧烈的实验，开始时的加料速度放得较慢，等反应开始后，反而可适当加快加料速度？

2. 本实验为什么必须控制环己醇的滴加速度和反应物的温度？为什么在反应过程中要让反应处于微沸状态？

3. 从给出的溶解度数据，计算己二酸粗产品经过一次重结晶后损失了多少。与实际损失有什么差别？为什么？

实验66　扁　桃　酸

（一）实验目的

（1）学习用相转移催化反应制备扁桃酸。

（2）学习电动搅拌、萃取、低沸点溶剂蒸馏和重结晶操作。

（二）实验原理

α-羟基苯乙酸俗称扁桃酸（mandelic acid），它可口服用于治疗尿道感染，也可作为合成血管扩张药环扁桃酸酯及滴眼药羟基苄唑等的中间体。扁桃酸为手性分子，其具有旋光性的单体已成为一些药物、染料等有机合成产品的重要中间体，用途广泛。通常它是从α，α-二氯苯乙酮碱性水解（产率76%～97%）或者用扁桃氰水解（产率50%～52%）制得。这两种制备方法合成路线较长，操作不便且较不安全。近年来多采用相转移催化反应，一步制得 *dl*-扁桃酸。本实验是用苯甲醛、氯仿和浓碱为原料，在三乙基苄基氯化铵（TEBA）的催化下反应：

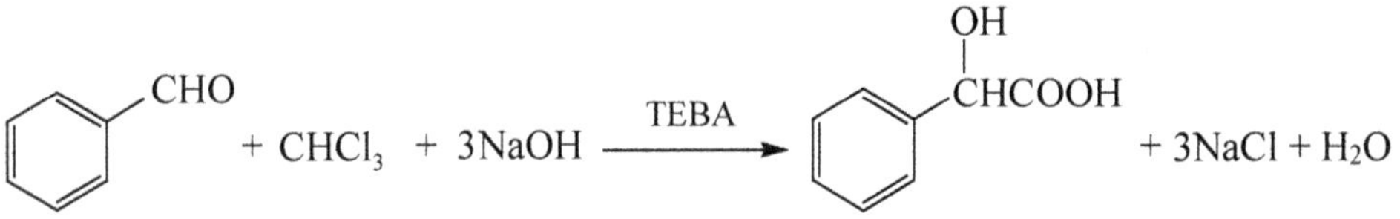

其反应过程可能是氯仿在TEBA和苛性碱的作用下，生成的二氯卡宾与苯甲醛的羰基加成，再经重排水解而得 *dl*-扁桃酸，反应过程如下：

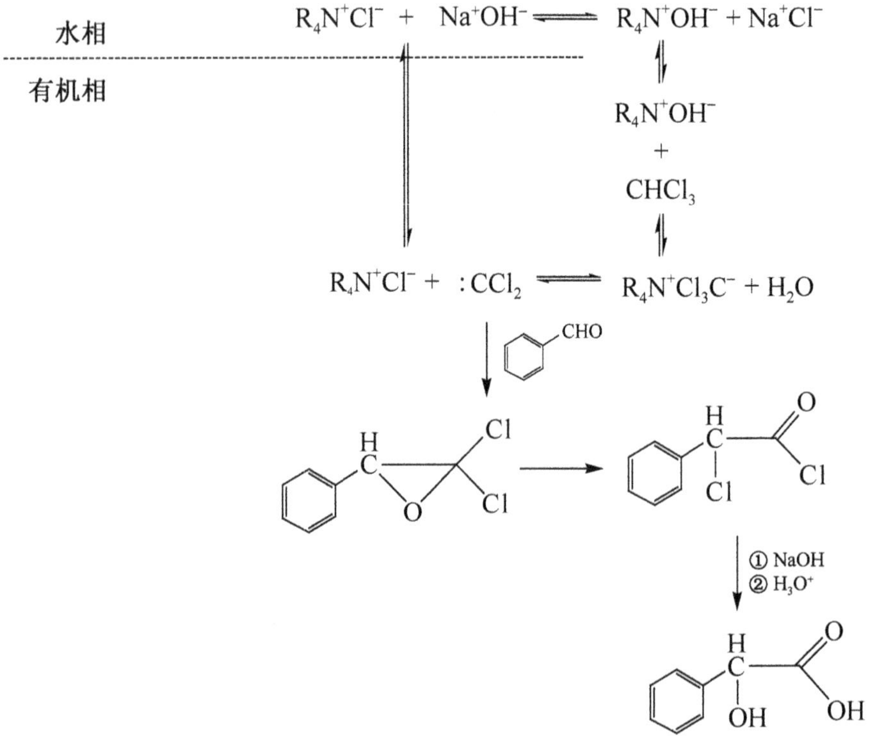

（三）实验步骤

在装有电动搅拌器、温度计和回流冷凝管及滴液漏斗的 250 mL 三颈烧瓶中分别加入 7.1 g（6.8 mL，0.067 mol）新蒸过的苯甲醛、0.7 g TEBA（三乙基苄基氯化铵）[①]和 12 mL氯仿。在搅拌下用慢慢水浴加热，当温度达到 55～60℃时，从滴液漏斗慢慢滴加约 17 mL 50% NaOH 水溶液[②]。在整个滴加过程中，始终维持反应液温度在 60～65℃，滴完（约 45 min）继续在 65～70℃维持搅拌反应 1 h，与此同时，不时测定反应液的 pH，当反应液的 pH 近中性时停止反应（若 pH 不近中性必须继续反应至呈中性方可停止）。

在反应液中加入 135 mL 水，用 50%NaOH 水溶液将溶液 pH 调到 9～10 后转移到分液漏斗中。分去有机层后，水层用乙醚提取两次（每次 20 mL），合并醚层待回收（提取未反应物）。水层用 50%硫酸小心酸化至 pH 为 2～3，然后用乙醚萃取酸化液三次（每次 20 mL），分出提取液并用无水硫酸钠干燥[③]（也可以用乙酸乙酯替代乙醚进行萃取，乙酸乙酯萃取通过旋转蒸发蒸除溶剂而得到产物）。在水浴上蒸去乙醚，最后用水泵减压以尽可能抽尽乙醚，如果黄色油状物不析出晶体，可以用玻璃棒促使其结晶，得粗产品 6～7 g。

粗产品以 1 g 产品用 1.5 mL 甲苯的配比进行重结晶，得到白色晶体。

纯扁桃酸为白色斜方片状结晶，熔点 118～119℃。

【注释】

① 季铵盐易吸潮，需密封保存。

② 浓碱溶液呈黏稠状，腐蚀性极强，使用时要注意，盛装碱液的分液漏斗用完后要立即洗涤干净，以防活塞受腐蚀而黏结。

③ 干燥剂要加够量，否则在下一步蒸完乙醚后，样品中仍然含水，将难以析出固体。

思　考　题

1. 简述此反应的机理。
2. 在制备扁桃酸的反应过程中，为什么要剧烈搅拌反应混合物？
3. 为什么反应时温度不能太高（不能超过 70℃）？
4. 反应后处理中，酸化前后两次乙醚提取的目的是什么？
5. 碱液滴入过快会发生什么副反应？

实验 67　乙酸正丁酯

（一）实验目的

（1）掌握酯化反应的特点和提高反应速度、酯的产率的方法。

（2）学习油-水分离器的使用、萃取、蒸馏操作。

（二）实验原理

羧酸酯是用途很广的一类有机化合物。许多酯具有芳香气味或特定的香气，如乙酸正丁酯具有梨的香味，乙酸异戊酯具有香蕉气味，所以许多酯是调配食品或化妆品香精的原料。油脂不仅可作为食用油，而且是重要的工业原料。邻苯二甲酸二丁酯和二辛酯是人造革及聚氯乙烯的增塑剂。除虫菊酯及其类似物是一类高效低毒、残留少的农药。

羧酸酯常用羧酸和醇的酸催化反应来直接制备，如乙酸和正丁醇在强酸催化作用下酯化合成乙酸正丁酯：

$$CH_3COOH + CH_3CH_2CH_2CH_2OH \underset{\triangle}{\overset{H^+}{\rightleftharpoons}} CH_3COOCH_2CH_2CH_2CH_3 + H_2O$$

应该注意的是生成的酯又能水解为醇和羧酸，即酯化反应与水解反应形成动态平衡，酯化反应是一个典型的酸催化可逆反应。如果使用等物质的量的羧酸和醇反应，达到平衡时，只有 2/3 的原料转化为酯。为了提高产率，可以用过量的醇或者羧酸（根据羧酸和醇的来源、价格及是否容易与产物分离等因素确定哪一种原料过量），也可以把反应中生成的酯或水及时移走，或是两者并用，以破坏原有的平衡而达到提高另一种原料的利用率和酯的产率的目的。在某些酯化反应中，酯、醇和水可以形成二元或三元最低恒沸物，或者在反应体系中加入与水能形成共沸物的溶剂（如苯），利用分水器也可以达到满意的结果。

另外，酯化反应一般进行得很慢，如果加入适量催化剂（如浓硫酸），同时给反应物加热，则可以大大加快酯化反应速度。通常采用这两种方法促使酯化反应在较短时间内达到平衡。常用的催化剂有硫酸、干燥氯化氢、对甲苯磺酸、强酸性树脂等。实验证明，在反应体系中加入过量的催化剂，可以加大反应速率，由于酸与水的水合作用可以除去反应中生成的部分水，从而提高酯的产量。

需要注意的是，对于空间位阻大的羧酸或醇由于明显的位阻效应使酯化历程发生改变，且反应速度很慢甚至不发生反应。

乙酸正丁酯、正丁醇和水三者可以形成三元恒沸点混合物。实验过程中，当酯化反应进行到一定程度时，利用乙酸正丁酯-正丁醇-水三元恒沸混合物的蒸出、冷凝、回流的方法除去酯化反应中生成的水，而把酯和醇（恒沸混合物分出的有机层）重新流回反应器中，让正丁醇继续酯化，这样反复进行，可把反应中所生成的水几乎全部除去而得到较高产率的酯。

本实验采用乙酸过量，并不断移走反应生成的水以提高反应产率。

（三）实验步骤

在干燥的 100 mL 三颈烧瓶中加入 11.1 g（13.6 mL，0.15 mol）正丁醇和 9.9 g（9.5 mL，0.165 mol）冰醋酸，小心加入 0.5 mL 浓硫酸①，并加入搅拌子或几粒沸石。摇匀后，在三颈烧瓶上装上分水器和温度计，分水器上装回流冷凝管，温度计必须插至液面以下。加热回流，反应体系温度逐渐上升，当回流冷凝液不再有明显水分出（理论上应该生成多少水？根据收得的水量粗略地估计酯化完成的程度），且反应温度达到 123℃左右不再上升时（为什么？需要 30～45 min），则可以停止加热。

待反应物冷却后，将粗产物转移到烧杯中，慢慢加入 5 mL 饱和碳酸钠溶液，不断搅拌至不再有 CO_2 气泡产生后（酯层用 pH 试纸检验，应呈中性，先用一滴水润湿试纸，再用一滴试验），转移到分液漏斗中，静置，分出水层，有机层依次用 15 mL 水（为什么?）、15 mL 饱和氯化钙溶液洗涤（洗去什么?），粗产物用无水硫酸镁（或者无水硫酸钠）干燥②。将干燥后的产品滤入 25 mL 圆底烧瓶中，常压加热蒸馏，收集 122～127℃的馏分，产量为 11～13.5 g。

纯乙酸正丁酯为无色液体，沸点 126.5℃，$n_D^{20}=1.3947$。

【注释】

① 加入硫酸后要振摇均匀，否则硫酸局部过浓，加热时会发生炭化现象。

② 氯化钙溶液洗涤必须彻底，无水硫酸镁干燥必须完全，否则因为恒沸混合物的形成，在蒸馏时沸点降低，影响产率。正丁醇、水和乙酸正丁酯之间形成二元或三元恒沸混合物，其蒸气的质量分数和恒沸点分别为：乙酸正丁酯 72.9%-水 27.1%（90.7℃）；乙酸正丁酯 63.0%-正丁醇 8.0%-水 29.0%（90.7℃）；正丁醇 55.5%-水 44.5%（93.0℃）；正丁醇 67.2%-乙酸正丁酯 32.8%（117.6℃）。

思　考　题

1. 酯化反应有什么特点？本实验中可能存在的副反应有哪些？采用什么方法可以提高酯的产率？
2. 如何判断反应终点？
3. 粗产品中有哪些杂质？各用什么方法除去？
4. 如果在最后蒸馏时前馏分较多，其原因是什么？对产率有什么影响？
5. 你认为本实验方法有什么地方可以改进？试提出修改方案，并说明理由。

实验 68　乙酰水杨酸的合成

(一) 实验目的

学习乙酰水杨酸的制备。

(二) 实验原理

乙酰水杨酸又称阿司匹林（aspirin），是传统的解热镇痛药，有退热、镇痛、抗风湿等作用，“APC”片中的 A 即为乙酰水杨酸。本实验通过水杨酸和乙酸酐之间的酰化反应来制备乙酰水杨酸，以便达到熟悉酚羟基酰化反应的原理，掌握乙酰水杨酸的制备方法以及掌握利用重结晶精制固体产物的操作技术。由于水杨酸中的羧基、羟基能形成分子内氢键，反应必须加热到 150～160℃才能破坏，因此本实验中通过加入少量的浓硫酸，从而把反应温度降到 70～80℃即可发生酰化反应，还可以减少副产物。若温度过高，会产生一系列副产物，但是最终产物中的主要杂质是水杨酸本身。它的存在是乙酰化反应不完全或者产物分离过程中发生水解造成的。通过进一步重结晶，可以将杂质除去。

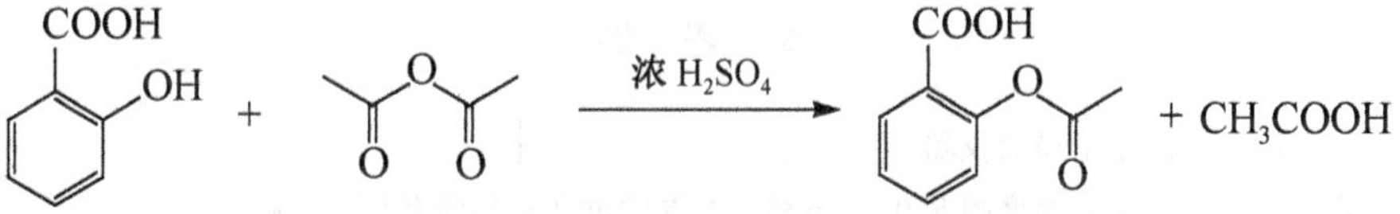

水杨酸在酸性条件下受热，还可以发生缩合反应，生成少量不同缩合度的聚合物。例如：

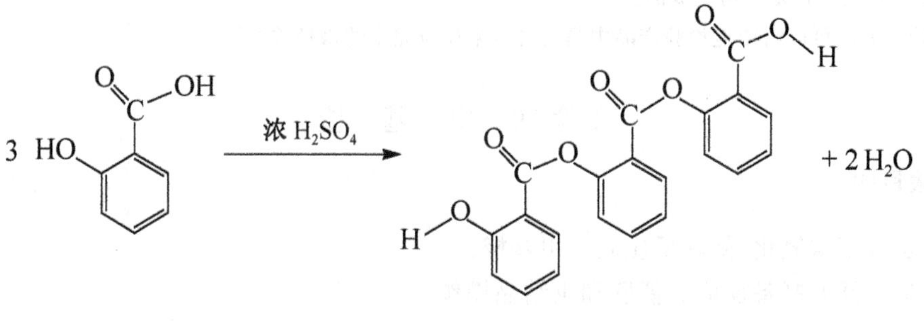

乙酰水杨酸可以和碳酸氢钠反应生成水溶性的钠盐，作为杂质的副产物则不能和碱作用，可以在碳酸氢钠溶液中过滤除去。

（三）实验步骤

在 100 mL 干燥的圆底烧瓶中加入 4 g 水杨酸和 10 mL 新蒸馏的乙酸酐①，在不断振荡下缓慢滴加 10 滴浓硫酸②。安装回流冷凝管，振摇烧瓶使水杨酸溶解，然后在水浴中加热，控制水浴温度在 80～85℃③，反应 20 min。稍冷后，拆下冷凝管。将反应混合物在搅拌下倒入盛有 100 mL 冷水的烧杯中，并用冰水浴冷却，放置 20 min。待结晶完全析出后，抽滤，并用少量冷水洗涤结晶两次④，干燥，得粗制乙酰水杨酸。取少量上述产品溶解于几滴乙醇中，加入 1～2 滴 1%三氯化铁溶液，观察颜色变化。

将上述粗产物放入到 100 mL 烧杯中，加入 50 mL 饱和碳酸氢钠溶液并不断搅拌，直到没有气泡产生。过滤除去不溶性杂质。滤液倒入干净的 200 mL 烧杯中，在搅拌下加入 30 mL (1+2)盐酸（1 份浓盐酸加 2 份水，体积比），析出沉淀。将烧杯置于冰水浴中充分冷却后，减压过滤。用少量冷水洗涤沉淀后，烘干称量，计算产率。

纯乙酰水杨酸为白色晶体，熔点 135℃⑤，加热易分解，微溶于水［37℃时，溶解度为 $1\ g \cdot (100\ g\ 水)^{-1}$］。

取几粒结晶加入盛有 5 mL 水的试管中溶解，加入 1～2 滴 1%三氯化铁溶液，观察有无颜色变化，从而判定产物中有无未反应的水杨酸。

【注释】

① 乙酸酐有毒并有较强烈的刺激性。量取时应该注意不要与皮肤直接接触，防止吸入大量蒸气。

② 水杨酸分子内能形成氢键，阻碍酚羟基的酰化反应。加入浓硫酸、浓磷酸或过氯酸等来破坏氢键，使反应顺利进行。

③ 反应温度不宜过高，否则将会增加副产物的生成。

④ 乙酰水杨酸微溶于水，所以洗涤结晶时用水量要少些，温度要低些，以免减少产品损失。

⑤ 乙酰水杨酸易受热分解，因此熔点不是很明显，它的分解温度为 128～135℃，熔点为 135℃。在测定熔点时，可先将热载体加热至 120℃左右，然后放入样品测定。

思 考 题

1. 该反应为什么要使用干燥的仪器？

2. 本实验为什么要将反应温度控制在 80～85℃？温度过高对实验有什么影响？

3. 本实验如果温度过高，会生成水杨酰水杨酸酯、乙酰水杨酰水杨酸酯以及高聚物等副产物。用化学反应式表示这些副产物是如何生成的。

4. 用什么方法可以简便地检验产品中是否含有未反应完全的水杨酸？

实验 69 甲 基 橙

（一）实验目的

（1）学习用重氮化-偶联反应制备甲基橙。

（2）学习低温制备反应、偶联和重结晶操作。

(二) 实验原理

合成染料按照结构不同分为偶氮染料、蒽醌染料和靛蓝染料，其中偶氮染料是由芳香族伯胺与亚硝酸钠在过量无机酸存在下，在低温时反应生成重氮盐（该反应称为重氮化反应），然后再与芳胺或者酚类偶联而成的有色物质。偶联反应是制备偶氮染料的典型合成方法。

芳香重氮盐的制备一般是在过量酸的水溶液中进行。过量的酸是为了维持溶液的酸度，防止形成的重氮盐与未起反应的芳胺发生偶联反应。重氮盐具有很强的化学活泼性，其稳定性与芳环上取代基的性质有关，大多数重氮盐很不稳定，而带有吸电子基团的重氮盐比较稳定，如硝基苯胺的重氮化可以在室温进行。重氮盐与芳香族叔胺或者酚类偶联反应生成偶氮类化合物，这一反应受介质的酸碱性影响较大，酚类偶联反应一般在中性或者弱碱性介质中进行，胺类偶联反应则宜在中性或者弱酸性中进行（pH 为 3.5～7）。为了防止重氮盐发生分解，重氮化反应一般应在低温（0～5℃）下进行。

本实验利用对氨基苯磺酸为原料制备重氮盐，再与 N,N'-二甲基苯胺乙酸盐在酸性介质中发生偶联反应制得作为酸碱指示剂的甲基橙（methyl orange）。

1. 重氮化反应

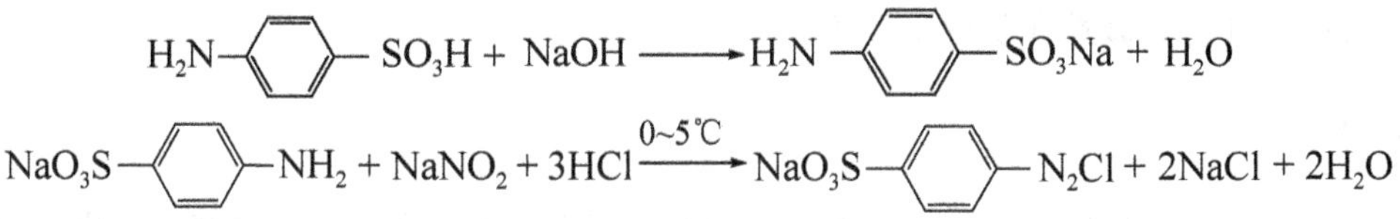

2. 偶联反应

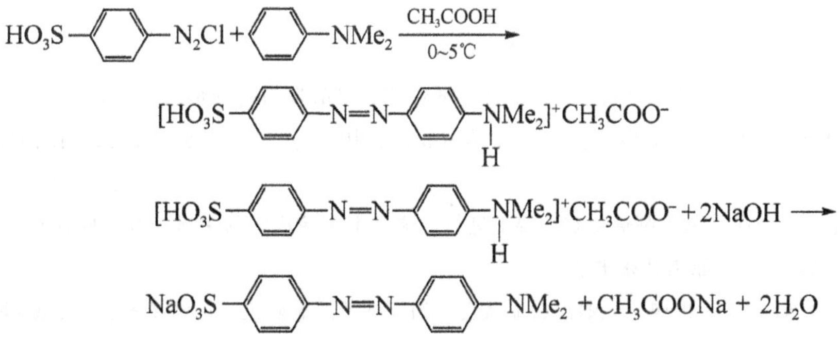

(三) 实验步骤

1. 重氮盐的制备

在 100 mL 烧杯中放入 5% NaOH 溶液（10 mL），加入对-氨基苯磺酸[①]一水合物晶体（1.9 g，0.01 mol。如果不含结晶水，则用 1.7 g），在温水浴中加热溶解后冷却到室温。量取 10%亚硝酸钠溶液（8 mL）加入上述烧杯中，用冰水冷却到 0～5℃[②]，另在 100 mL 烧杯中放入 6 mol · L^{-1}盐酸（6 mL）冷却到 0℃后，在充分搅拌下缓慢加入到上述配制的混合溶液中。此时应注意控制反应温度在 5℃以下，并注意搅匀，防止局部过热。滴加完毕后，用淀粉-碘化钾试纸检验是否有过量的 HNO_2存在[③]，所得对-氨基苯磺酸重氮盐为细粒状白色沉淀[④]。为了保证反应完全，滴完后在冰水浴中继续搅拌 15 min，然后加入 20%尿素（10 mL）除去过量的 HNO_2[⑤]。

2. 偶联反应

用试管将 N,N'-二甲基苯胺（1.2 g，约 1.3 mL，0.01 mol）溶解于乙酸（1.0 mL）中，振荡混匀，并将此溶液冷却到 5℃左右。在不断搅拌下，将此溶液缓慢加到上述制得的冷却的重氮盐溶液中，注意颜色的变化。加完后继续搅拌 10 min，此时有红色的酸式甲基橙沉淀[⑥]。在搅拌下缓慢加入 5% NaOH 溶液（约 25 mL）至 pH 为 9～10，此时反应液变为橙红色，粗甲基橙呈细粒状沉淀析出。

将反应物缓慢加热到室温，加入研细的精制氯化钠（2 g），于 50～55℃沸水浴中加热 5 min[⑦]，不断搅拌使氯化钠全部溶解。冷却到室温后再放置于冰水中冷却。待甲基橙晶体析出完全后，抽滤。依次用少量饱和氯化钠溶液、乙醇、乙醚洗涤产品，以促使其快干。然后在 50℃以下干燥，粗产品产量几乎达到理论产量。粗产品用沸水进行重结晶[⑧]（每克粗产物约需要 25 mL 水）。

纯甲基橙为橙黄色鳞片状晶体，微溶解于水，不溶解于乙醇，是常见的酸碱指示剂，在酸性介质中呈红色，碱性介质中呈黄色。

3. 性质

取少量甲基橙于试管中，加水溶解，分别在试管中加入酸和碱，观察颜色变化。注意观察颜色变化是否具有可逆性，思考为什么会发生变化。

【注释】

① 对-氨基苯磺酸是两性化合物，但是酸性比碱性强，以酸性内盐的形式存在，所以它能与碱作用成盐而不能与酸作用成盐。内盐的形成使对-氨基苯磺酸在水中溶解度很小，通常先将其制成钠盐，再进行重氮化反应。

② 重氮化反应和偶联反应都需要在低温下进行，这是本实验成败的关键所在。因此整个反应过程中，盛装反应液的烧杯始终不能离开冰水浴。

③ HNO_2与 KI 作用析出碘，碘遇淀粉显蓝色。如果试纸不显蓝色，尚需要补充 $NaNO_2$溶液以保证重氮化反应完全。反应式如下：

$$2HNO_2 + 2KI + 2HCl \longrightarrow I_2 + 2NO\uparrow + 2H_2O + 2KCl$$

④ 因为该重氮盐在水中成为中性内盐（$^-O_3S—C_6H_4—N_2^+$），低温时难溶解于水而成晶体析出。

⑤ HNO_2能起氧化和硝化作用，HNO_2过量会引起一系列副反应，故在偶联反应前应加入尿素除去过多的 HNO_2。反应式如下：

$$H_2NCONH_2 + 2HNO_2 \longrightarrow CO_2\uparrow + 2N_2 + 3H_2O$$

⑥ 如果反应物是浅玫瑰红色，可能反应进行不够完全，应在室温下继续搅拌至深红色，否则产率偏低。

⑦ 粗产物呈碱性，温度太高，易使产物变质，颜色变深。湿的甲基橙受日光照射时颜色会变深。

⑧ 经抽滤洗涤，产物为中性，故可以在沸水中进行重结晶。

思 考 题

1. 重氮化反应和偶联反应为什么要控制在 5℃以下进行？

2. 在重氮盐制备实验中，用淀粉-碘化钾试纸检验什么？基本原理是什么？

3. 本实验中制备重氮盐时，为什么要把氨基苯磺酸先变成钠盐？本实验如改成先将对-氨基苯磺酸与盐酸作用，再滴加 $NaNO_2$溶液进行重氮化反应，可以吗？为什么？

4. 重氮化反应为什么要保证 HNO_2稍过量？重氮盐如果有过量的 HNO_2未经除去就进行偶联反应，对实验结果有何影响？

实验 70 呋喃甲醇和呋喃甲酸

（一）实验目的

（1）学习用康尼查罗（Cannizzaro）反应制备呋喃甲醇和呋喃甲酸。

（2）学习控温、搅拌、萃取、蒸馏和重结晶操作。

（二）实验原理

不含 α-H 的醛类在浓的强碱作用时发生分子间氧化还原反应（歧化反应），一分子醛被还原为醇，另一分子被氧化成羧酸，此反应称为康尼查罗反应。芳香醛都能发生康尼查罗反应，甲醛以及 α,α,α-三取代乙醛也能发生此反应。此反应只能得到一半的醇，如果想得到多于一半的醇，可以用稍微过量的甲醛水溶液与无 α-H 的其他醛（1.3∶1）进行交叉康尼查罗反应，可以使所有无 α-H 的其他醛还原成醇，而甲醛则被氧化成甲酸。

本实验用呋喃甲醛这种不含 α-H 的醛类，在浓的强碱作用下可以发生康尼查罗歧化反应制备呋喃甲醇（2-furanmethanol）和呋喃甲酸（2-furancarboxylic acid）。反应式如下：

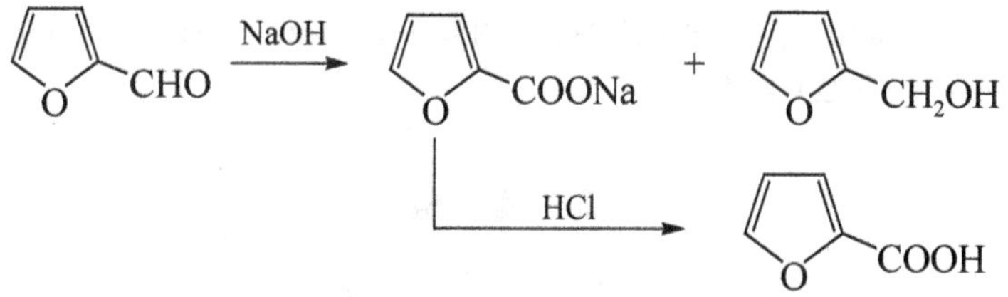

呋喃甲醇可用来生产糠醛树脂，具有优良的抗腐蚀性能，工业上由糠醛催化氢化制备糠醇。呋喃甲酸是防腐和杀菌剂，也可以用于制造香料。

（三）实验步骤

在 150 mL 烧杯中加入新蒸的呋喃甲醛[①]（14.4 g，12.5 mL，0.15 mol），将烧杯放在冰水浴中冷却至 5℃。在充分搅拌下慢慢滴加 33% NaOH 溶液（12 mL），保持反应该温度在 8～12℃[②]。NaOH 溶液滴加完毕后得浅黄色浆状物，并在室温下继续搅拌 45 min，使反应完全。

在搅拌下加入适量水，使沉淀恰好完全溶解[③]，得棕色到暗红色溶液。将液体转移到分液漏斗中，每次用 15 mL 乙醚萃取 4 次，合并有机层（水层保留待用），用无水 Na_2SO_4 干燥。干燥后的有机层分批转移到小蒸馏瓶中，在水浴上蒸去乙醚后，改用空气冷凝管，直接加热蒸馏，收集 167～172℃馏分④，得呋喃甲醇 3.5～5.5 g。用微量法测定其折光率。文献值 $n_D^{20}=1.4861$，$n_D^{25}=1.4868$。

将乙醚萃取后的水溶液放在冰水中冷却，在搅拌下用浓盐酸酸化至 pH 为2～3⑤，得到浅黄色沉淀，抽滤，用少量冷水洗涤两三次，得产品呋喃甲酸。粗产品用水重结晶（必要时可加适量活性炭脱色）⑥，得白色针状结晶，干燥得呋喃甲酸 3.5～5.0 g，测其熔点。呋喃甲酸熔点为 133～134℃。

【注释】

① 呋喃甲醛（糠醛）久置后成棕褐色甚至黑色液体，同时往往含有水分，因此要使反应顺利进行，在使用前应将糠醛蒸馏提纯，收集 160～162℃馏分。最好用减压蒸馏收集 54～55℃/1333 Pa 馏分。新蒸馏的呋喃甲醛为无色或浅黄色液体。

② 反应放热，必须控制 NaOH 溶液的加入速度。反应温度若高于 12℃，则反应温度极易升高而难以控制，有大量副反应发生，致使反应物变成深红色，影响产率；若反应温度低于 8℃，则反应过慢，可能积累一些 NaOH，一旦反应又易使反应过于猛烈，增加副反应，反而影响产量和产品纯度。由于反应是在两相中进行，所以自始至终必须充分搅拌。本实验也可以采用反加的方法，将呋喃甲醛滴加到 NaOH 溶液中，这样反应较易控制。在严格控制反应温度的情况下，两种滴加方法所得产物无明显区别。

③ 得到的黄色浆状物加水不宜过多，过多的水会造成呋喃甲酸的严重损失。

④ 最好采用减压蒸馏。在蒸馏时，如果产品颜色变深，应停止进行，待加入少量尿素之后再继续蒸馏。呋喃甲醇是淡黄色油状液体，储藏时较易聚合，通常加入其质量 1%的尿素作为安定剂。

⑤ 酸要加够，保证 pH 为 2～3，使呋喃甲酸充分游离出来。这一步是影响呋喃甲酸产率的关键。不同温度下呋喃甲酸在水中的溶解度如下：

温度 /℃	0	5	15	100
溶解度/[g·(100 g 水)$^{-1}$]	2.7	3.6	3.8	25.0

⑥ 重结晶呋喃甲酸粗品时，不要长时间加热，否则部分呋喃甲酸会被破坏，出现焦油状物。在脱色前最好将浮于液面的聚合物（黑色）除去。

思 考 题

1. 比较发生康尼查罗反应和羟醛缩合反应的醛在结构上有什么不同。

2. 试写出康尼查罗反应的反应机理，根据反应机理说明为何本实验必须用浓碱为试剂。在所给实验条件下，丙醛将如何进行反应？

3. 写出苯甲醛、甲醛在浓 NaOH 溶液中的反应方程式，列出所有产物。

4. 制备糠醇时为什么要在较低温度下进行？如何控制反应温度？

5. 糠醇和糠酸是如何分离的？

6. 乙醚萃取后的水溶液，用盐酸酸化到中性是否适当？为什么？如果不用试纸或试剂检验，怎样才知道酸化已经恰当？

7. 以下为制得的产品呋喃甲醇和呋喃甲酸的核磁共振谱图（^{1}H、^{13}C NMR 和 DEPT 135，测试条件：溶剂 $CDCl_3$，^{1}H NMR 400 MHz，^{13}C NMR 100 MHz），请对两化合物的^{1}H NMR 和^{13}C NMR 数据进行归属。

(1) 呋喃甲醇：

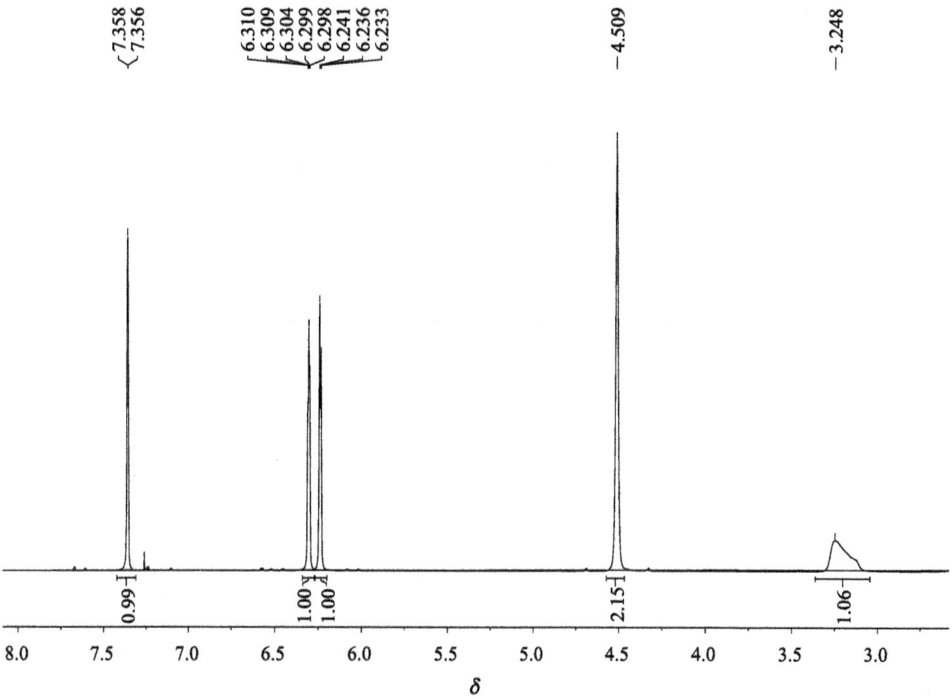

呋喃甲醇的¹H NMR 谱图

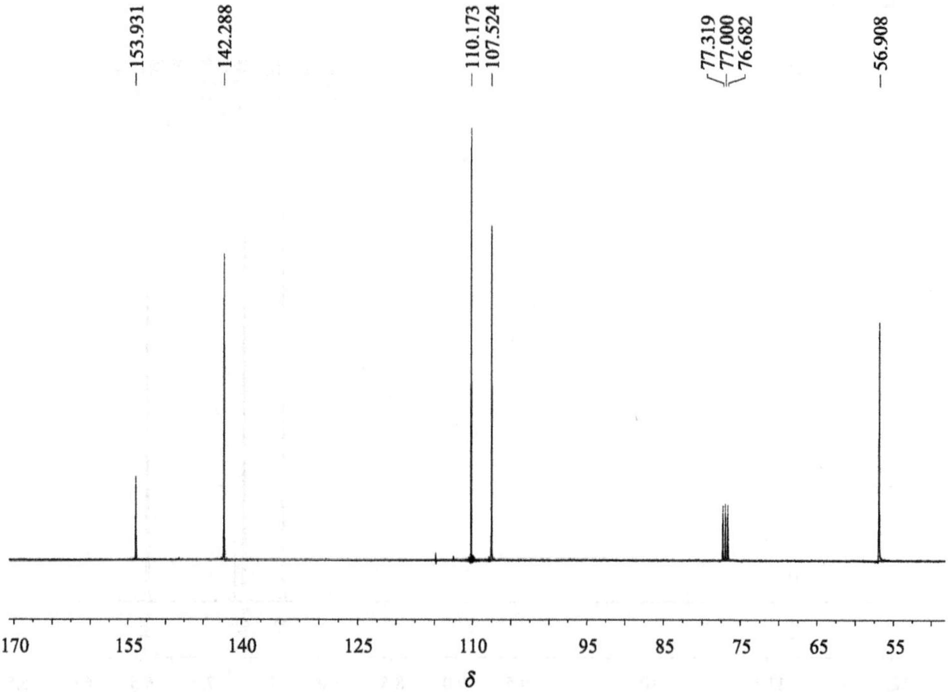

呋喃甲醇的¹³C NMR 谱图

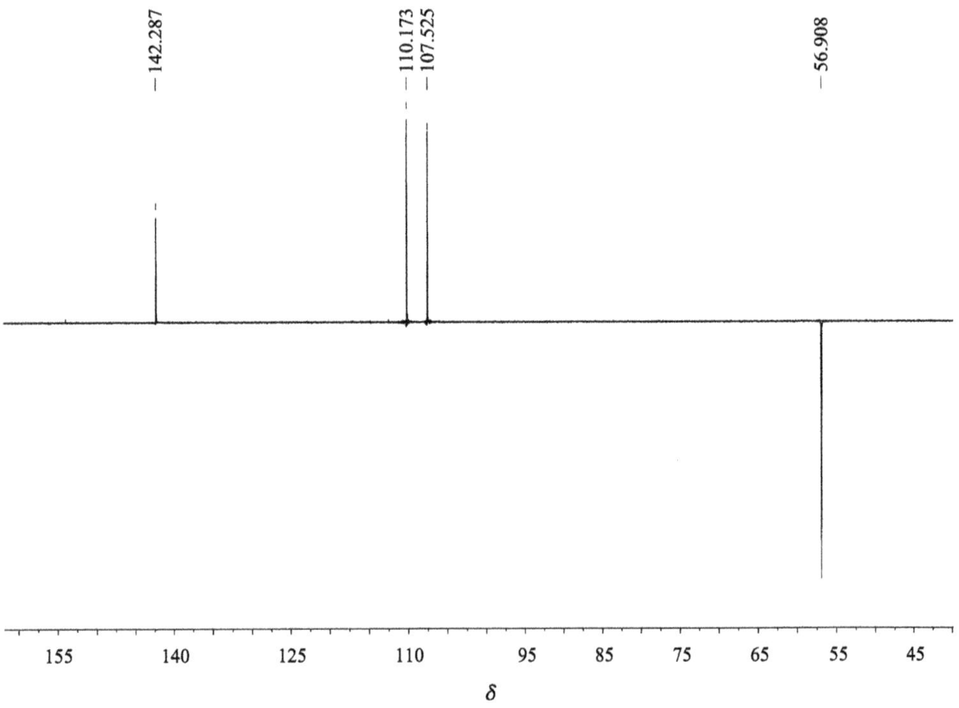

呋喃甲醇的 DEPT 135 谱图

(2) 呋喃甲酸：

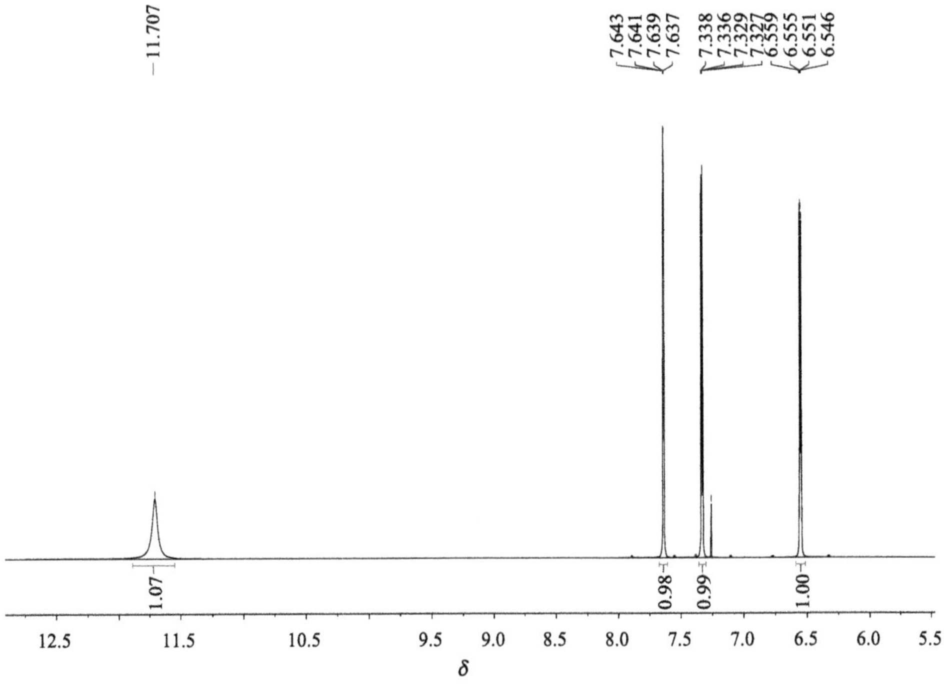

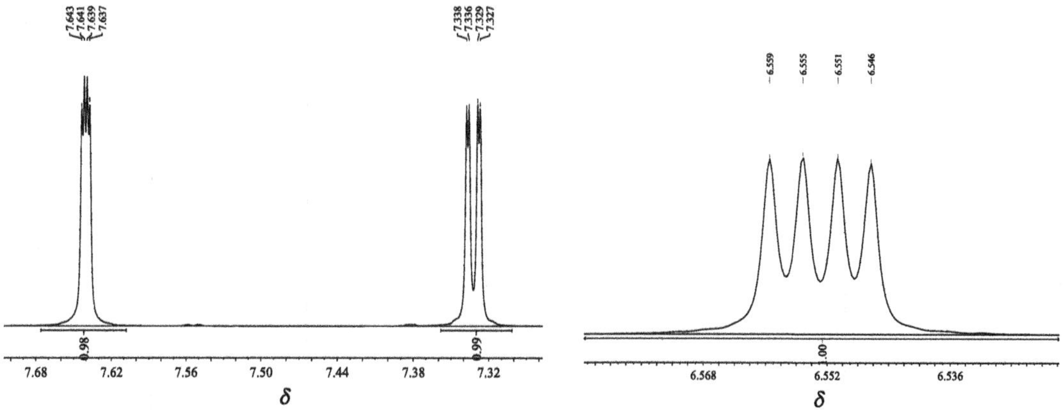

呋喃甲酸的^{1}H NMR 谱图

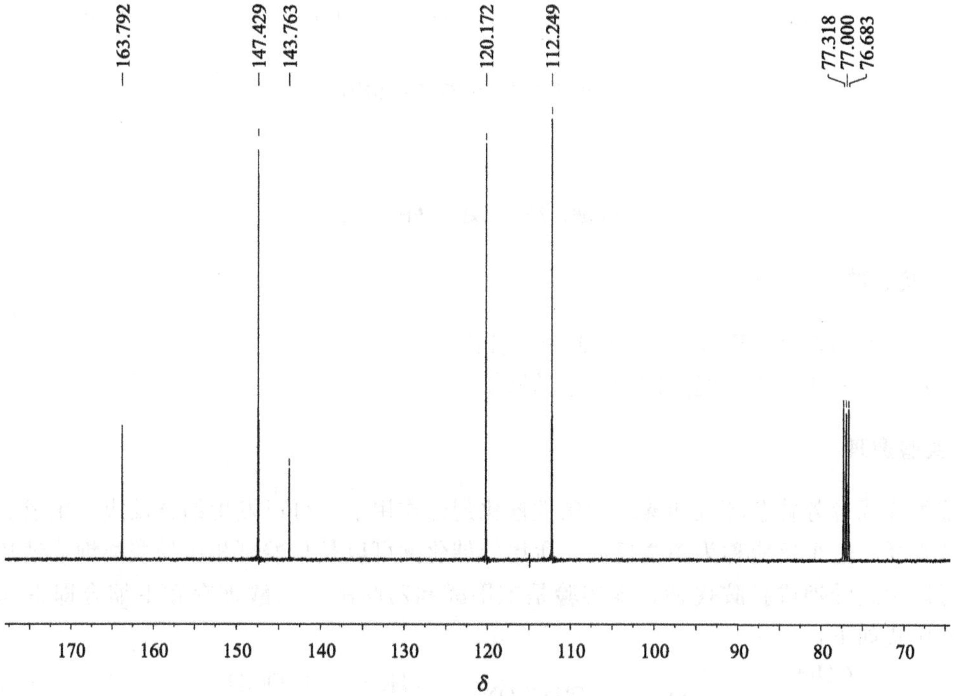

呋喃甲酸的^{13}C NMR 谱图

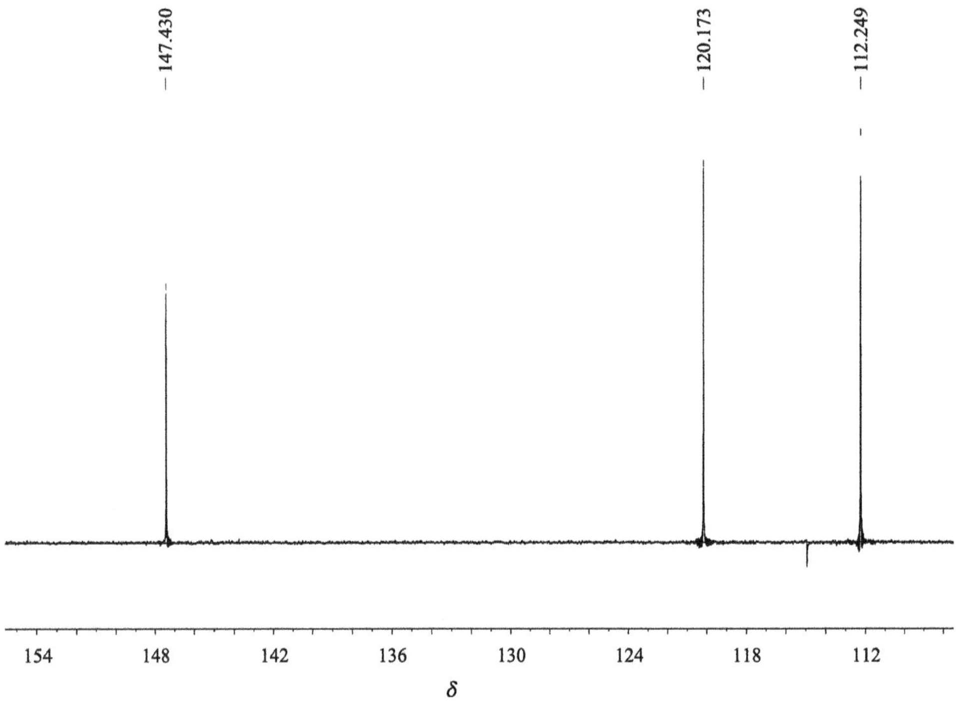

呋喃甲酸的 DEPT 135 谱图

实验 71　肉　桂　酸

(一) 实验目的

(1) 学习用珀金（Perkin）反应制备肉桂酸。

(2) 学习回流、水蒸气蒸馏和重结晶操作。

(二) 实验原理

芳香醛或者芳香杂环醛和酸酐在碱性催化剂的作用下，可以发生缩合反应，生成 α,β-不饱和芳香醛，这个反应称为珀金反应。所用的催化剂可以是与酸酐相应的羧酸钾或钠盐，有时也可以用碳酸钾或叔胺代替。本实验是苯甲醛和乙酸酐在乙酸钾存在下缩合即得到肉桂酸，反应式如下：

肉桂酸又称桂皮酸，是白色针状晶体，熔点 133℃，不溶解于冷水，可溶于热水以及醇、醚等有机溶剂。主要用作制备紫丁香型香精和医药的中间体。自然界中存在于妥卢香酯、苏合香酯中，工业上可用酯水解、烃羧化或羰基缩合等方法制取。

反应产物中混有少量未反应的苯甲醛，可以通过水蒸气蒸馏除去。

(三) 实验步骤

在 250 mL 圆底烧瓶中加入新蒸苯甲醛① (5.3 g，5 mL，0.05 mol)、新蒸乙酸酐② (7.5 mL) 和经过焙烧的粉状乙酸钾③ (3 g)，加入几粒沸石后装上回流冷凝管，在石棉网上用小火加热回流 1.5～2 h。

稍冷后，在搅拌下加入饱和碳酸钠溶液 (35 mL) 使溶液呈碱性，进行水蒸气蒸馏至馏出液无油珠状为止。此时蒸馏瓶内溶液 pH 为 9～10④。

在上述圆底烧瓶中加少量活性炭，装上回流冷凝管，加热回流 10 min，趁热过滤。待稍冷后，在搅拌下缓慢加浓盐酸使溶液呈酸性，冰水冷却，待晶体全部析出，抽滤，冷水洗涤晶体，干燥后称量，产品为 4～5 g。粗产品在热水 (约 80 $mL \cdot g^{-1}$) 或 3∶1 稀乙醇进行重结晶⑤，熔点 131.5～132℃。

肉桂酸有顺反异构体，合成产物通常以反式存在，其熔点为 133℃。

【注释】

① 苯甲醛久置后，由于自动氧化而有苯甲酸生成。这不仅影响反应的进行，而且混在产品中不容易除去，影响产品质量，因此本实验所用的苯甲醛应该预先蒸馏。

② 乙酸酐在放置时因为吸潮和水解而有乙酸生成，因此本实验所用的乙酸酐应该在使用前进行蒸馏。

③ 无水乙酸钾需新鲜烘焙。方法是将含水乙酸钾放入蒸发皿中加热，先在自己的结晶水中熔化，水分蒸发后又结成固体，再猛烈加热使其熔融，不断搅拌，趁热倒在金属板上，冷却后研碎，放干燥器中待用。

④ 如果 pH 偏低，可以用 10%NaOH 溶液调至溶液 pH 为 9～10 以保证肉桂酸全部以钠盐存在。

⑤ 如果不进行重结晶，也可以在加碱中和后的混合液中加入活性炭和少量水，加热煮沸几分钟，趁热过滤，滤液冷却后再作下一步的酸化处理。

思考题

1. 苯甲醛分别与丙二酸二乙酯、过量丙酮或者乙醛相互作用，应得到什么产物？从这些产物如何进一步制备肉桂酸？

2. 在珀金反应中，醛和具有 $R_2CHCOOCOCHR_2$ 结构的酸酐作用能否得到不饱和酸？为什么？

3. 制备过程中，回流完毕后，加入碳酸钠饱和溶液使溶液呈碱性，此时溶液中有几种化合物？各以什么形式存在？

4. 缩合反应之后，为什么要用水蒸气蒸馏的方法除去苯甲醛？

5. 加盐酸酸化时，发生了什么反应？试写出反应方程式。

实验 72　邻-硝基苯酚和对-硝基苯酚

(一) 实验目的

(1) 学习用硝化反应制备邻-硝基苯酚和对-硝基苯酚。

(2) 学习控温、搅拌、水蒸气蒸馏和重结晶操作。

(二) 实验原理

芳香族硝基化合物一般是由芳香族化合物直接硝化而制得的。根据被硝化物的活性，常用的硝化剂有混酸（浓硝酸与浓硫酸的混合酸）和各种浓度的硝酸。混酸中浓硫酸的作用主要是有利于硝基正离子的生成和吸收反应中所生成的水，从而提高反应速率。硝化时如果芳环上已有其他取代基团，应该考虑芳环上原有基团的定位效应。如苯环上已有一个第一类取代基（邻对位定位基），则硝化反应易于进行。

苯酚（phenol）因其酚羟基对苯环的活化作用，比苯容易硝化得多，只需要稀硝酸在室温下就可进行硝化生成邻-硝基苯酚（2-nitrophenol）和对-硝基苯酚（4-nitrophenol）。

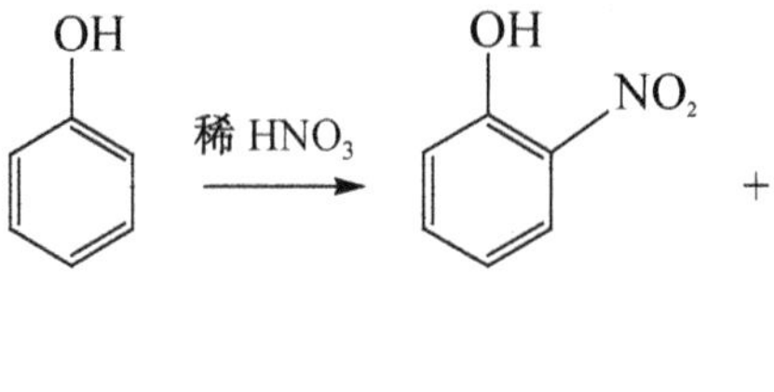

实验室中多用硝酸钠或硝酸钾的硫酸混合物代替稀硝酸，这样可以减少苯酚被硝酸氧化的可能性，提高产率。尽管如此，仍有一部分苯酚被氧化，使反应产物中夹杂少量焦油状物，影响产率。在工业上是利用硝基氯苯水解来制取硝基苯酚。

邻-硝基苯酚的羟基能与邻位硝基形成分子内氢键，使分子间不能发生缔合，也不与水缔合，以单分子存在，而对-硝基苯酚则通过分子间氢键形成分子的缔合体。这样，邻-硝基苯酚的沸点比对-硝基苯酚低很多，在沸水的溶解度也比对-硝基苯酚的小得多，易随水蒸气蒸出，可用水蒸气蒸馏把邻-硝基苯酚和对-硝基苯酚这两个位置异构体分离。

硝基化合物都是有毒的，操作时必须小心。如果不慎将硝基化合物溅到皮肤上，应立即用乙醇洗净。多硝基化合物是强力炸药，在蒸馏时切勿蒸干。

(三) 实验步骤

方法一：在 250 mL 三颈烧瓶中，放入水（40 mL），小心慢慢加入浓硫酸（13.5 mL），摇匀后加入硝酸钠[①]（15 g，约 0.175 mol）。将烧瓶置于冰水浴中冷却，在小烧杯中称取苯酚[②]（14.1 g，0.15 mol），并加入 4 mL 水，温热搅拌至溶，冷却后倒入滴液漏斗中。在振摇下自滴液漏斗往烧瓶中逐滴加入苯酚水溶液，保持反应温度在 15～20℃[③]。滴加完后，继续振摇 1 h，促使苯酚硝化完全。反应过程中颜色逐渐加深，最后得到棕黑色焦油状物。用冰盐浴充分冷却，使全部油状物凝成固体。小心尽量倾去酸性水溶液，油层在用冰盐浴冷却下再用水洗涤数次，尽量洗去剩余的酸液[④]。

将油层进行水蒸气蒸馏[⑤]，直到冷凝管无黄色油滴流出为止。如果蒸馏时冷凝管中结晶析出造成堵塞，则可以关闭冷凝水片刻，使结晶熔化流入接受器中。馏出液冷却后，粗邻-硝基苯酚迅速凝成黄色固体，抽滤收集、干燥、称量（4～4.5 g）并测定其熔点。再用乙醇-水混合溶剂重结晶[⑥]，可得亮黄色针状体约 3.5 g，熔点 45℃。

在水蒸气蒸馏后的残液中，加水至总体积约为 150 mL（如果残液体积太大，则浓缩），再加 10 mL 浓盐酸和 1 g 活性炭，加热煮沸 10 min，趁热过滤。如果滤液颜色太深，则再用活性炭脱色一次。滤液用冰水冷却，粗对-硝基苯酚立即析出。抽滤收集结晶，干燥后得粗产品 2.5～3.0 g。用 2%稀盐酸重结晶[⑦]，产量 1.7～2 g，熔点 114℃。

纯邻-硝基苯酚为亮黄色针状晶体，熔点为 45.3～45.7°C；对-硝基苯酚为白色针状晶体，熔点为 114.9～115.6℃。

方法二：在 100 mL 三颈烧瓶中放入苯酚（4.5 g）、水（0.5 mL）和苯（15 mL），装上温度计、冷凝管和滴液漏斗。在滴液漏斗中放置浓硝酸（4 mL）。将三颈烧瓶放置于冰水浴中冷却，待瓶内混合物温度降至 10℃以下，自滴液漏斗中逐滴滴入浓硝酸，立即发生剧烈的放热反应。小心维持温度在 5～10℃，并不时振摇三颈烧瓶。浓硝酸加完后，三颈烧瓶仍于冰水浴中放置 5 min，然后再在室温放置 1 h，促使反应完全。

将三颈烧瓶在冰水浴中冷却⑧，对-硝基苯酚成晶体析出，抽滤，晶体用 10 mL 苯洗涤，粗对-硝基苯酚可用苯或 2%的稀盐酸重结晶，得淡黄色晶体⑦。

将滤液和苯洗涤液合并置于分液漏斗中，分去含酸的水层，苯层转入蒸馏瓶中，加15 mL 水进行水蒸气蒸馏。当苯全部蒸出后⑨，调换接受器，继续水蒸气蒸馏，蒸出邻-硝基苯酚，冷却馏出液，抽滤并收集邻-硝基苯酚，干燥后测定熔点。用乙醇-水混合溶剂重结晶⑥。

蒸馏瓶中的残液主要含2,4-二硝基苯酚，因其毒性很大，且能渗入皮肤被人体吸收，通常加入 10 mL 1% NaOH 溶液与其作用后，再倒入废液缸另行处理。

【注释】

① 硝化试剂除了用硝酸钠（或硝酸钾）与硫酸的混合物，也可以用稀硝酸（相对密度 1.11，84 mL），但后者有增加苯酚氧化的可能性，使产率降低。

② 苯酚在室温时为固体（熔点 42℃），可以用温水浴温热熔化，加水可降低酚的熔点，使呈液态，有利于反应，从而减少副反应。苯酚对皮肤有较强的腐蚀性，取用时注意不要沾到皮肤上。如不慎沾到皮肤上，应该立即用肥皂水和水冲洗，最后用少许乙醇擦洗，直到没有苯酚味。

③ 由于苯酚与硝化试剂不互溶，故须不断振摇使其充分接触，达到反应完全，同时可防止局部过热现象。一定要控制好温度。反应温度超过 20℃时，苯酚易被氧化，生成焦油状物，而且生成的硝基酚可继续硝化从而使一元硝化产物的产量降低；若反应温度低于 15℃，则对-硝基苯酚所占比例有所增加。

④ 最好将反应瓶放入冰水浴中冷却，则油状物凝成黑色固体，并有黄色针状晶体析出，这样洗涤较方便。如果有残余酸液存在时，则在水蒸气蒸馏过程中，由于温度升高，会使硝基苯酚进一步硝化或氧化。

⑤ 对-硝基苯酚能通过分子间的氢键缔合形成相对分子质量较高的物质，不能随水蒸气挥发，而邻-硝基苯酚因其分子中的羟基和硝基处在相邻位位置，可以在分子内形成氢键，能随水蒸气蒸馏出来。另外，水蒸气蒸馏时，往往由于邻-硝基苯酚的晶体析出而堵塞冷凝管。此时可适当调小冷凝水让热的蒸气通过使其熔化，再慢慢开大冷凝水。

⑥ 邻-硝基苯酚的熔点较低，若重结晶时温度过高，往往容易析出油状物，使结晶不纯。可以用如下方法重结晶：先将粗邻-硝基苯酚溶于热的乙醇（40～45℃）中，过滤后滴入温水至出现浑浊，然后在温水浴中温热或者滴入少量乙醇使溶液至清，冷却后即析出亮黄色针状体的邻-硝基苯酚。

⑦ 对-硝基苯酚重结晶时，也易析出油状物。为了避免油状物析出，可以用以下两种方法：配制较稀的溶液，使结晶慢慢析出，可得针状结晶；或者在冷却下，大力搅拌使结晶很快析出。也可用苯重结晶。操作如下：在热的苯中把固体溶解（不能用明火）。残渣过滤后，慢慢冷却到室温，然后在冰水浴中冷却，收集析出的晶体。

⑧ 因苯的冰点为 5.5℃，故冷却温度不宜太低，以免苯一起析出。

⑨ 苯和水形成共沸混合物，沸点 69.4℃，可先被蒸出。当冷凝管中出现黄色油状物时，即苯已经蒸完，应立即调换接受器。

思考题

1. 本实验有哪些可能的副反应？如何减少这些副反应的发生？

2. 水蒸气蒸馏的基本原理是什么？被提纯的物质应具备哪些条件才能采用此法来加以纯化？

3. 本实验所生成的邻-硝基苯酚和对-硝基苯酚是否等量？为什么？

4. 试比较苯、硝基苯、苯酚硝化的难易性，并解释其原因。

5. 在重结晶邻-硝基苯酚时，为什么在加入乙醇温热时常易出现油状物？如何使它消失？后来在增加水时，也常会出现油状物，应如何避免？

6. 低熔点的固体化合物在收集、洗涤、干燥时应注意什么？

实验 73　从茶叶中提取咖啡碱

（一）实验目的

（1）学习从茶叶中提取咖啡碱。

（2）学习固体的连续萃取、升华操作。

（二）实验原理

茶叶中含有多种生物碱，其中咖啡碱（或称咖啡因，caffeine）含量为1%～5%，单宁酸（或称鞣酸）含量为11%～12%，色素、纤维素、蛋白质等含量为0.6%，咖啡碱是弱碱性化合物，易溶于氯仿（12.5%）、水（2%）及乙醇（2%）、热苯（5%）等。丹宁酸易溶于水和乙醇，不溶于苯。咖啡碱为嘌呤的衍生物，化学名称是1,3,7-三甲基-2,6-二氧嘌呤，其结构式为

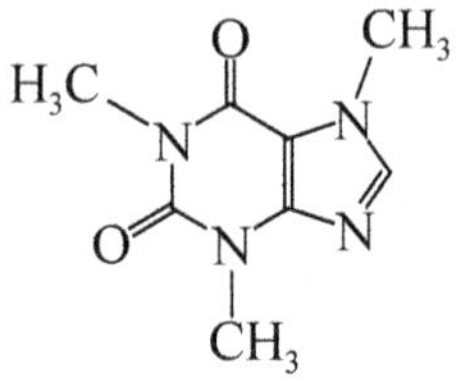

含结晶水的咖啡碱为白色针状结晶粉末，味稍苦，无臭味。一般情况下含有一分子结晶水，在空气中放置后会失去部分结晶水，100℃加热则失去全部结晶水，开始升华，120℃时升华相当显著，178℃以上升华加快。无水咖啡碱的熔点为238℃。咖啡因在约80倍的水中溶解，在热水中易溶，水、乙醇中微溶，而难溶于醚中。

本实验从茶叶中包含的各种成分（色素、香料等）中分离出咖啡因。一般是用适当的溶剂（氯仿、乙醇、苯等）在脂肪提取器中连续抽提茶叶，然后浓缩而得到粗咖啡碱。粗咖啡碱中还含有一些其他的生物碱和杂质，可利用升华进一步提纯。咖啡因可以通过测定熔点、光谱等方法鉴定，还可以通过制备咖啡因水杨酸衍生物加以确认。通过紫脲酸铵(murexide)反应和薄层色谱来确认分离提纯的是否是咖啡因。

咖啡碱具有刺激心脏、兴奋大脑神经和利尿等作用，主要用作中枢神经兴奋药。它也是复方阿司匹林APC（阿司匹林-非那西丁-咖啡因）等药物的组分之一。咖啡和感冒药等都含有大量的咖啡因，但是像从茶叶中简单的分离得到咖啡因的还是很少。现代制药工业多用合成方法来制得咖啡碱。

（三）实验步骤

提取方法一：在150 mL圆底烧瓶上装上压力平衡分液漏斗（或脂肪提取器①），在漏斗

上再装上回流冷凝管。

在压力平衡分液漏斗底部放一小团棉花，称取绿茶（20 g），研碎后装入压力平衡分液漏斗内，并加入 95%乙醇（110 mL），浸泡 5 min 后，从漏斗放入一半浸泡液到圆底烧瓶中。用水浴加热，当乙醇的回流液浸过茶叶后，调节漏斗活塞，使浸泡液流入烧瓶的量和冷凝管滴回漏斗的乙醇量相等，以保证提取过程中回流液浸过茶叶。直到提取液颜色变淡时（约 1 h），停止加热。把提取器内的冷凝液全部滴回圆底烧瓶中，改装成蒸馏装置，回收提取液中的大部分乙醇②。然后把残液倾入蒸发皿中，加入 5 g 生石灰粉③，使其成糊状。在蒸气浴上蒸干后冷却，研成粉末。用砂浴加热至 110℃小心焙烧片刻，使水分全部除去④，冷却后，擦去沾在边上的粉末，以免升华时污染产物。

取一只口径合适的玻璃漏斗，罩在隔有许多小孔的滤纸的蒸发皿上，组成升华装置⑤，用砂浴小心加热升华。当纸上出现许多毛状白色针状结晶时，要适当控制火焰，尽可能使升华速度放慢，提高结晶纯度，如发现有棕色烟雾时，即升华完毕。停止加热，让其自然冷却到 100℃后，揭开漏斗和滤纸，仔细地把附在纸上及器皿周围的咖啡碱结晶用钢铲刮下。残渣经拌和后，用较大的火焰再加热升华一次。合并两次升华收集的咖啡因，称量，计算出茶叶中咖啡因的含量，并测定熔点⑥。如产品中还有颜色和含有杂质，可用半微量减压升华管再次升华，或用热水重结晶提纯。

提取方法二：在 200 mL 烧杯中加入 100 mL 纯水，加热沸腾，然后放入市售的红茶一包，静置约 10 min 加以提取。把茶叶包提出水面，并用玻璃棒把残留在其中的水赶出来（注意：不要弄破茶叶包）。上述烧杯用冰冷却到室温后，转移到分液漏斗，用 10 mL 氯仿萃取两次，用干燥后的 100 mL 三角瓶接受萃取液，用无水硫酸钠干燥，除去有机溶剂中的水分。过滤除去硫酸钠。把干燥后的溶液转移到圆底烧瓶中，加入沸石后常压蒸馏除去氯仿，得到白色的粉末咖啡因。

【注释】

① 若使用脂肪提取器需要注意，脂肪提取器的虹吸管易断裂，拿取时要小心。滤纸套大小既要紧贴器壁又要能方便取放，其高度不得超过虹吸管，滤纸包茶叶末时要严防漏出而堵塞虹吸管，纸套上面盖一层滤纸，以保证回流液均匀浸透被萃取物。滤纸套大小要适宜，其高度不得超过虹吸管，滤纸包茶叶时要严实，防止茶叶漏出堵塞虹吸管，纸套上面折成凹形，以保证回流液均匀浸润被提取物。

② 烧瓶中的乙醇不能蒸得太干，否则残液很黏不能转移。

③ 生石灰起吸水和中和作用，以除去部分杂质。

④ 如果留有少量水分，将会在下一步升华开始时带来一些烟雾，污染器皿。

⑤ 在萃取回流充分的情况下，升华操作是实验成败的关键，在升华的过程中始终都须严格控制加热温度，温度太高，会使产品发黄甚至炭化，把一些有色物带出来，使产品不纯。进行再升华时，加热温度也应严格控制，否则使被烘物大量冒烟，导致产物不纯和损失。

⑥ 咖啡因可以采用以下方法加以鉴定（鉴定时最好同商品咖啡因比较进行）：

a. 用钢铲取少许得到的产品于蒸发皿上，滴加 10 滴 3%过氧化氢溶液和 2 滴 2 $mol \cdot L^{-1}$ 盐酸，用小火加热使水分完全蒸发（注意不要加热过头，否则会变成褐色甚至炭化），残留物呈现黄红色。充分冷却后，加入 2 滴 2 $mol \cdot L^{-1}$ 浓氨水，呈现紫红色。

b. 利用紫脲酸铵反应，最后生成的产物呈紫红色。

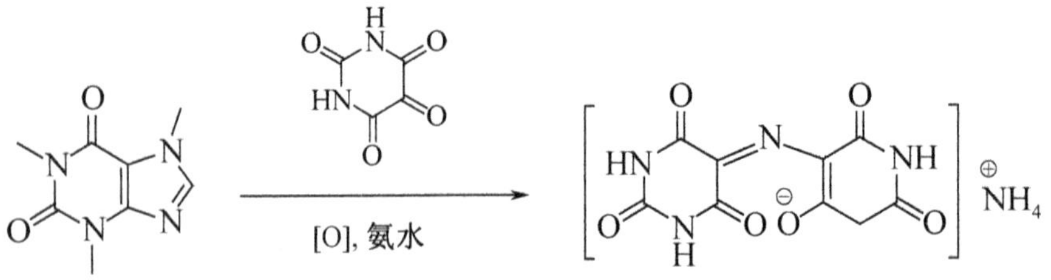

c. 用钢铲取少许得到的产品于试管中，加 1～2 滴氯仿溶解，在薄层色谱板上一边点上得到的产品，一边点上商品咖啡因，用薄层色谱进行检验。薄层色谱板展开以后，用紫外灯（波长 254 nm）观察荧光，并在有荧光的地方用铅笔做上记号。计算并比较实验得到的咖啡因和商品咖啡因的 R_f 值。

思考题

1. 茶叶中的咖啡因是如何被提取出来的？为什么用茶叶粉末而不用完整茶叶？
2. 提取出来的粗咖啡因是绿色，为什么？
3. 向粗产物中加入生石灰起什么作用？
4. 焙烧粗产物时，为什么必须用小火？温度过高会有什么后果？
5. 升华过程中，取下漏斗观察升华情况可以吗？为什么？升华操作需要注意哪些问题？

实验 74　光化异构化和顺反偶氮苯的分离

（一）实验目的

（1）学习硝基苯用镁还原制偶氮苯。

（2）学习光化反应和用薄层色谱分离、分析顺反偶氮苯操作。

（二）实验原理

偶氮苯（azobenzene）有顺反两种异构体，反式异构体比顺式稳定，最常见的形式是反式异构体。反式偶氮苯在光照下能吸收紫外光形成活化分子，其活化能（96～105 kJ · mol^{-1}）很低，活化分子失去过量的能量后又会回到顺式或反式基态。

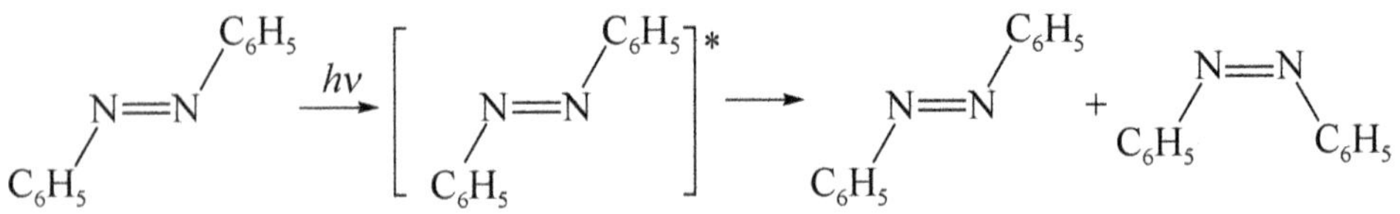

生成的混合物的组成与所使用的光的波长有关。当用波长为 365 nm 的光照射偶氮苯的溶液时，生成 90%以上热力学不稳定的顺式异构体（顺式异构体在室温下只能存在数小时）。若用阳光照射，顺式异构体仅稍多于反式异构体。两种异构体均为橘红色结晶，可以利用色谱技术将两种异构体分开。

本实验先合成偶氮苯，然后利用薄层色谱技术分离经过光异构化得到的偶氮苯混合物。

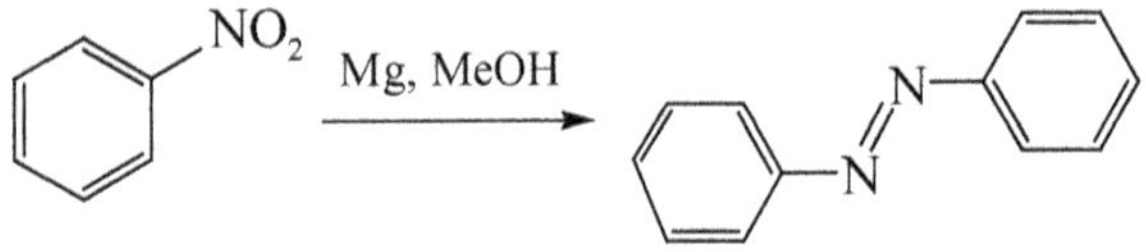

(三) 实验步骤

1. 偶氮苯的制备

在干燥的 100 mL 圆底烧瓶内放入硝基苯（1.9 mL）、甲醇（46.5 mL）和一小粒晶体碘，装上回流冷凝管，振荡均匀，然后加入镁屑（1 g），反应立即开始，保持反应正常进行（此时反应是否正常主要由振荡烧瓶的强弱来控制，不能太激烈，也绝不能停止反应）。待大部分镁屑反应完全后，再加入镁屑（1 g），反应继续进行。反应物由淡黄色渐渐变成深黄色，等镁屑完全反应后，加热回流约 30 min，溶液呈橙黄色透明状。在搅拌下趁热倒入 70 mL冰水中，用冰醋酸小心中和至 pH 为 7，冷却，析出橙红色固体，过滤，水洗，用无水乙醇重结晶得偶氮苯（约 1 g）。

纯偶氮苯（反式）为橙红色片状晶体，熔点 68.5℃。

2. 光化异构化

取偶氮苯（0.1 g）溶于无水苯（5 mL）中，将此溶液分放在两支试管中。一支试管放置于太阳光下照射 1 h，或者用波长为 365 nm 的紫外光照射 30 min。另一支试管用黑纸包好避免阳光照射，以便与光照后的溶液进行对比。

3. 异构体的分离

用管口平整的毛细管（直径 0.3～0.4 mm）吸取光照后的 1%偶氮苯的苯溶液，在距事先制好的薄层色谱薄板底沿约 1 cm 的起点线上点样。再用另一毛细管吸取未经光照的 1%偶氮苯的苯溶液点样，两点之间的距离为 1 cm。待溶剂挥发后将点好样品的薄板放入展开槽中，用体积比 5∶95 的乙酸乙酯-石油醚（60～90℃）作展开剂展开。待展开剂前沿上升到离板的上端约 1 cm 处时取出色谱板，立即用铅笔在展开剂上升的前沿处划一记号，置于空气中晾干。在薄层板上可观察到经光照后的偶氮苯溶液点样处上端有两个黄色斑点（哪一个斑点是顺式的？哪一个斑点是反式的?），计算异构体的 R_f 值。

在实验报告上按比例描绘出斑点的形状、位置和颜色（用颜色笔画），注明展开剂条件和显色方法，并标出各斑点的归属。

思 考 题

1. 简述制备偶氮苯的反应机理。
2. 粗制偶氮苯在提纯过程中有少量乙醇不溶物，它可能是什么杂质？是怎样产生的？

实验 75 二 苯 甲 醇

(一) 实验目的

(1) 学习从二苯甲酮还原制备二苯甲醇。

(2) 学习、比较常量和微量实验操作。

(二) 实验原理

通过多种还原剂可以将二苯甲酮还原得到二苯甲醇。本实验采用硼氢化钠还原法和在碱性溶液中用锌粉还原来制备二苯甲醇。其中，硼氢化钠是一种选择性较好的温和负氢还原剂，能将醛、酮和酰氯的羰基还原，但是不能还原羧酸、酯、腈类和硝基化合物。它在空气中稳定，在室温下与水、醇反应较慢，故操作方便，既可以在甲醇或乙醇中进行还原，也可以在水溶液中进行还原。1 mol 硼氢化钠理论上能还原 4 mol 醛、酮。微型实验中，硼氢化钠是十分理想的试剂。

(三) 实验步骤

1. 碱性锌粉还原法（常量法）

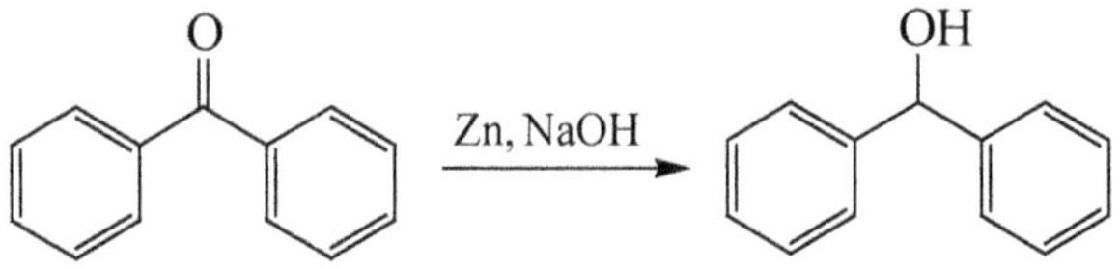

在装有冷凝管的 50 mL 圆底烧瓶中依次加入研细的 NaOH（1 g）、二苯甲酮（1 g）、锌粉（1 g）及 10 mL 无水乙醇，充分摇动，使 NaOH 和二苯酮逐渐溶解，反应微放热。约 20 min后，在 80℃的热水浴上加热 45～60 min，使反应完全。将反应混合物抽滤，固体用少量乙醇洗涤。滤液倒入 80 g 冰水中，搅拌均匀后用浓盐酸小心酸化（注意酸化时溶液酸性不要太强，否则会使产品溶解），使 pH 为 5～6。抽滤析出白色固体，粗产品干燥后用 60～90℃石油醚约 10mL 重结晶。抽滤、干燥，得针状结晶的二苯甲醇约 0.8 g，熔点 67～69℃。

2. 硼氢化钠还原法（微量法）

在装有回流冷凝管的 25 mL 圆底烧瓶中加入二苯甲酮（0.184 g，1 mmol）和甲醇（1.5 mL），摇动使其溶解。迅速称取硼氢化钠①（0.025 g，0.55 mmol）加入瓶中，加入沸石，装上冷凝管，在水浴上加热回流 40 min。冷却到室温后，从冷凝管顶端慢慢加入 10%盐酸（1.5 mL）以分解硼氢化钠，直到溶液为酸性。放置冷却，结晶慢慢析出，用冰水浴冷却②，直到结晶析出完全。用吸滤管滤除母液，用 50%乙醇-水洗涤结晶，干燥后称量，得粗产品。

粗产品用 60%乙醇［或石油醚（60～90℃）、环己烷］重结晶，得二苯甲醇的针状结晶。纯二苯甲醇的熔点 68～69℃，沸点 297～298℃。

【注释】

① 硼氢化钠是强碱性物质，易吸潮，具腐蚀性。称量时要小心操作，勿与皮肤接触。

② 产物结晶速度较慢，故应该冷却较长时间。若无沉淀出现，可在水浴上蒸去大部分乙醇，冷却后将残液倒入 10 g 碎冰和 1 mL 浓盐酸的混合液中。

思　考　题

1. 硼氢化钠和氢化锂铝都是负氢还原剂，试说明它们在还原性及操作上有什么不同。
2. 为什么本实验反应完成后要加入盐酸酸化？
3. 试提出合成二苯甲醇的其他方法。

实验 76　1,2-二苯乙烯

(一) 实验目的

(1) 学习用维悌希（Wittig）反应制备烯烃。

(2) 学习维悌希试剂的制备、相转移催化反应操作。

(3) 学习、比较常量和半微量实验。

(二) 实验原理

膦烷又称叶立德膦盐，与羰基化合物醛或者酮反应可生成烯烃和膦氧化物，这个反应称为维悌希反应。可以用通式表示为

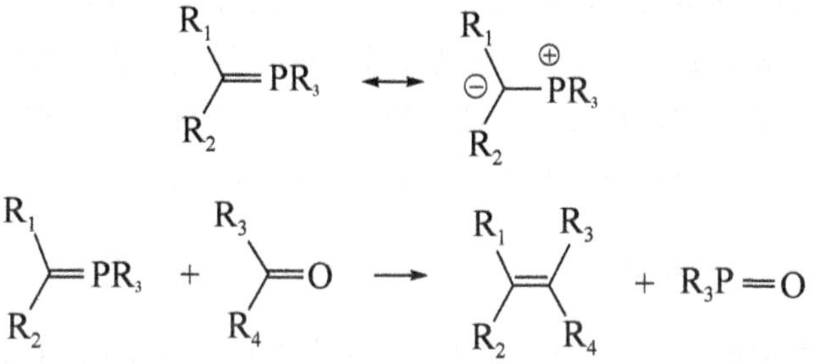

维悌希反应具有易于进行、条件温和、产率高以及双键位置固定等优点，在有机合成中应用十分广泛。

维悌希反应的一个重要的改进是使用亚磷酸酯代替三苯基膦［这个反应称为霍纳-埃蒙斯（Horner-Emmons）反应］。它的优点是立体选择性好，产物容易分离。例如，通过三苯基膦叶立德制备二苯乙烯时得到 Z,E-异构体的混合物（E-异构体约占 70%），而通过霍纳-埃蒙斯反应专一地得到 E-异构体。

本实验包括实验 1 通过苄氯与三苯基膦作用，生成氯化苄基三苯基膦，再和苯甲醛作用生成二苯乙烯。第二步反应是分两相的，通过搅拌及季鏻盐起相转移的作用下，反应可以迅速进行。

水相　$PhCH_2P^+Ph_3Cl^- + NaOH \longrightarrow PhCH_2P^+Ph_3OH^- + NaCl$

有机相　$PhCH{=}PPh_3 + H_2O$

$\downarrow PhCHO$

$PhCH{=}CHPh + Ph_3P{=}O$

cis- 和 *trans*-

实验 2 通过霍纳-埃蒙斯反应制备 E-异构体：

$$C_6H_5CHO + (C_2H_5O)_2\overset{\overset{\displaystyle O}{\|}}{P}—CH_2C_6H_5 \xrightarrow[\text{季铵盐 336，正乙烷}]{40\%NaOH} \underset{trans-}{C_6H_5CH{=}CHC_6H_5} + (C_2H_5O)_2\overset{\overset{\displaystyle O}{\|}}{P}—ONa$$

(三) 实验步骤

1. Z,E-1,2-二苯乙烯（常量）

1）盐的制备

在 100 mL 圆底烧瓶中加入 6 g（0.047 mol）苄氯、12.4 g（0.047 mol）三苯基膦和 30 mL氯仿。装上回流冷凝管，加热回流 1.5～2 h①。冷却后加入 20 mL 乙醚，使鏻盐沉淀完全，抽滤，所得粗产品用少量乙醚洗涤，熔点 312℃。产品可以直接用于下步反应。

2）维悌希反应

在 100 mL 圆底烧瓶中加入 11.7 g（0.03 mol）氯化苄基三苯基膦、3.2 g（0.03 mol）苯甲醛和 15 mL 二氯甲烷。装上回流冷凝管，在电磁搅拌器剧烈搅拌下，自冷凝管顶端滴加② 15 mL 50% NaOH 溶液，滴完后(约15 min)继续搅拌 30 min。把反应物转移到分液漏斗中，加入 15 mL 水和 15 mL 乙醚，摇动后分出有机层，水层用 30 mL 乙醚分二次提取。合并有机层，用水洗三次，每次 15 mL，用无水硫酸钠干燥。蒸馏除去溶剂，余物溶于 18 mL 乙醇中，冰水冷却，反式二苯乙烯结晶析出，抽滤，干燥，称量，熔点 123～124℃。母液减压蒸馏可得顺式二苯乙烯③（105～110℃ / 267 Pa，134℃/1.33 kPa，170～180℃/2 kPa）。

2. E-1,2-二苯乙烯（半微量）

在 10 mL 的圆底烧瓶中加入 88 mg 336（季铵盐）④、100 μL（0.95 mmol）苯甲醛、200 μL（0.95 mmol）苄基膦酸二乙酯⑤、2.0 mL 己烷和 2 mL 40% NaOH 水溶液。剧烈搅拌下加热（90～100℃）回流 1 h。冷至室温，冷却过程中有结晶析出。

加入 700 μL 二氯甲烷将结晶全部溶解，然后用吸管将反应液全部转移到 15 mL 离心管中。另用 30 μL 二氯甲烷冲洗瓶壁，洗涤液并入离心试管，用吸管小心分去水层，有机层用水洗涤两次，每次 1 mL。洗涤时用小玻璃棒搅拌，然后用吸管吸去水层。最后，加入少量无水硫酸钠干燥，干燥好的液体用吸滤管转移到一个 10 mL 圆底烧瓶中，硫酸钠用二氯甲烷洗涤两次，每次 1 mL，洗涤液并入圆底烧瓶。

在通风橱内用水浴温热，向近液面处吹入细小氮气流，将二氯甲烷蒸干。粗产品用 95%乙醇重结晶，空气晾干，称量，测熔点，计算产率。

【注释】

① 延长反应时间，可以提高产率。

② 要控制速度，使反应顺利进行。

③ 如分量太少，可几份合并起来进行减压蒸馏。

④ 季铵盐 336 全名是三辛基甲基氯化铵，在反应中起相转移催化作用。

⑤ 苄基膦酸二乙酯的制备方法：将 2.5 g（0.015 mol）亚磷酸酯和 1.9 g 苄氯加入 25 mL 圆底烧瓶中，回流 2 h，然后减压蒸馏，收集微沸程 155～156℃/1866 Pa 的产物。

思 考 题

维悌希反应合成烯烃与消除法和裂解法制取烯烃相比有哪些明显的优点？

第 9 章　综合型实验及多步合成

综合型实验

实验 77　由锌焙砂制备七水硫酸锌及锌含量的测定

（一）实验目的

（1）了解从粗硫酸锌溶液中除去铁、铜、镍、钴和镉等杂质离子的原理和方法。

（2）进一步提高分离、纯化和制备无机物的实验技能。

（3）学习 EDTA 容量法测定锌含量的原理和方法。

（4）学习 KSCN 分光光度法测定微量铁的原理和方法。

（二）实验原理

硫酸锌是合成锌钡白的主要原料之一。它可由锌精矿焙烧后的锌焙砂或其他含锌原料，经过酸浸、氧化、置换和再次氧化等步骤，除去杂质后得到。

本实验以锌焙砂为原料，其中除含约 65％的 ZnO 外还含有铁、铜、镉、钴、砷、锑、镍和硅等杂质。在用稀硫酸浸取过程中，锌的化合物和杂质都溶入溶液中。在微酸性条件下，用 H_2O_2 将 Fe^{2+} 氧化为 Fe^{3+}，其中 As^{3+} 和 Sb^{3+} 随同 Fe^{3+} 的水解而被除去。用锌粉置换法除去 Cu^{2+}、Cd^{2+}、Co^{2+} 和 Ni^{2+} 等杂质。将净化后的溶液蒸发浓缩，冷却结晶即制得 $ZnSO_4 \cdot 7H_2O$ 晶体。产品中锌的含量用 EDTA 容量法滴定，杂质铁的含量用 KSCN 分光光度法测定。

（三）实验步骤

1. 浸出

在 10.0 g 锌焙砂中加入 56 mL 1.6 $mol \cdot L^{-1}$ H_2SO_4，加热至沸后继续反应 15 min，过滤分离除去不溶物。

2. 除杂

加热上述滤液至近沸，用少量 ZnO 调节溶液的酸度到应控制的 pH（用精密 pH 试纸检查）。停止加热，滴加 30％(质量分数)H_2O_2 数滴、煮沸。取清液检验 Fe^{2+} 除尽后，再煮沸溶液数分钟，过滤。将滤液加热至约 70℃，加入少量锌粉，搅拌 8～10 min，取清液检验 Ni^{2+} 除尽后，再取清液检查 Cd^{2+} 是否除尽。待 Cd^{2+} 除尽后，过滤。

3. 浓缩结晶

将滤液蒸发浓缩至液面出现晶膜，冷却片刻，用冰水浴充分冷却并搅拌。抽干、称量。

4. 产品质量检验

（1）定性检验：取 1 g 产品溶于 5 mL 蒸馏水中，分别检验是否存在 Fe^{2+}、Cd^{2+}、Co^{2+} 和 Ni^{2+} 等杂质离子。

（2）产品中锌与铁含量的测定：准确称取产品 5.0～5.1 g，加入 10 mL 水和 10 mL 1.6 mol · L^{-1} H_2SO_4、2 滴 30% H_2O_2，加热溶解试样并除去过量 H_2O_2，冷却后定量转移至 100 mL 容量瓶，定容后得溶液 A。

(i) 锌含量测定：用移液管吸取 10.00 mL 溶液 A 于 100 mL 容量瓶，加入 2 mL 1.6 mol · L^{-1} H_2SO_4，定容后得溶液 B。吸取 10.00 mL 溶液 B 于锥形瓶，加入约 50 mL 水、10 mL 20%的 NH_4HF_2 溶液和 1 滴甲基橙指示剂，滴加 pH 为 5.8 的 20%六次甲基四胺至溶液呈浅黄色，再加 1 滴二甲酚橙指示剂和 5 mL pH 为 5.8 的 20%六次甲基四胺溶液，用 0.01 mol · L^{-1}EDTA 标准溶液滴定至溶液由紫红色变为黄色，即为终点。平行测定三次，计算样品中的锌含量。

(ii) 杂质铁含量的测定：吸取 10.00 mL 溶液 A 于 50 mL 容量瓶中，用吸量管分别依次加入 7.00 mL（1+4）H_2SO_4、5.00 mL 20% KSCN，定容，放置 10 min，然后于 475 nm 处测定吸光度值。

(iii) 标准曲线的绘制：依次吸取 100 μg · mL^{-1}铁标准溶液 0、10.00 mL、20.00 mL、30.00 mL、40.00 mL、50.00 mL 于 5 个 50 mL 容量瓶中，按上述操作作标准曲线。

根据标准曲线计算样品中杂质铁的质量分数。

思　考　题

1. 本实验中用硫酸浸取锌焙砂后，如果溶液中含 Zn^{2+} 140 g · L^{-1}，试计算 Zn^{2+} 开始沉淀时的 pH，并确定本实验除 Fe^{3+} 时最合适的 pH。

2. 用 H_2O_2 氧化 Fe^{2+} 为 Fe^{3+} 时，在酸性和微酸性条件下，反应产物是否相同？写出反应式。氧化后为什么要将溶液煮沸数分钟？

3. 产品中的铁是以 Fe^{2+} 还是 Fe^{3+} 形式存在？如何定性鉴定硫酸锌溶液中是否存在 Fe^{2+}（或 Fe^{3+}）？

4. 用锌粉置换法除去硫酸锌溶液中的 Cu^{2+}、Cd^{2+}、Co^{2+} 和 Ni^{2+} 时，如果检验 Ni^{2+} 已除尽，是否可以认为 Cu^{2+}、Cd^{2+} 和 Co^{2+} 也已除尽？

5. 根据锌焙砂的含锌量（以含 65%的 ZnO 计算）和加入 ZnO、Zn 的量，计算产品的理论产量。

6. 拟以锌焙砂为原料，利用除杂后的硫酸锌溶液与乳酸钙反应制备乳酸锌，试设计实验方案。

实验 78　二草酸合铜（Ⅱ）酸钾的制备及组成测定

（一）实验目的

（1）掌握配合物制备的一些基本操作。

（2）了解配合物组成测定的原理和方法。

（3）熟悉滴定分析的基本原理和和基本操作。

（二）实验原理

二草酸合铜（Ⅱ）酸钾配合物为蓝色晶体，它在 150℃时失去结晶水，在 260℃时分解，溶于温水时会缓慢分解。它的制备方法很多，可以由硫酸铜和草酸钾直接反应生成，也可由氧化铜与草酸氢钾反应制备。本实验采用前一种制备方法。

确定产物的组成时，用重量法测定结晶水数目，用 EDTA 络合滴定法测定铜含量，用 $KMnO_4$ 法测定草酸根含量。

（三）实验步骤

1. 二草酸合铜（Ⅱ）酸钾配合物的制备

将 5.0 g $CuSO_4 \cdot 5H_2O$ 和 15.0 g $K_2C_2O_4$ 分别溶于 10 mL、50 mL 90℃的热水中。

在剧烈搅拌下，将 $K_2C_2O_4$ 溶液迅速加入 $CuSO_4$ 溶液中，继续搅拌数分钟，然后放入冰水浴中冷却，待温度降至 10℃后，有晶体析出。待晶体充分析出后，减压过滤，用 15 mL 冷水分 3 次洗涤产品，于 50℃烘干产品。冷却后称量，计算产率。

2. 二草酸合铜（Ⅱ）酸钾配合物的组成分析

1）结晶水的测定

将两个坩埚放入烘箱，在 150℃下干燥 1 h，放入干燥器中冷却至室温后称量；同法再干燥 0.5 h，冷却后称量，直至恒量。准确称取 0.5～0.6 g 产品两份，分别放入两个已恒量的坩埚中，放入烘箱，如上法恒量。根据称量结果，计算样品中结晶水含量。

2）铜含量的测定

准确称取 0.10～0.11 g 产品，用 15 mL HAc-NaAc 缓冲溶液（pH = 5）溶解，再稀释至 100 mL（用什么试剂稀释?）。以 PAN 为指示剂，用已标定的 0.01 $mol \cdot L^{-1}$ EDTA 标准溶液滴定，当溶液由红色变为黄色时即为终点。平行测定两次，计算样品中铜含量。

3）草酸根含量的测定

准确称取 0.11～0.12 g 产品，用 2 mL 浓氨水溶解，再加入 22 mL 2 $mol \cdot L^{-1}$ H_2SO_4，稀释至 100 mL。水浴加热至 75～85℃，趁热用已标定的 0.02 $mol \cdot L^{-1}$ $KMnO_4$ 标准溶液滴定，直至溶液出现微红色且 30 s 内不褪色即为终点。平行测定两次，计算样品中草酸根含量。

根据以上测定结果，确定产品的化学式。

思　考　题

1. 制备二草酸合铜（Ⅱ）酸钾配合物时，为什么要将 $K_2C_2O_4$ 溶液加入 $CuSO_4$ 溶液中?
2. 利用失重法测结晶水含量时，温度的选择非常重要。试分析说明温度的选择依据。
3. 测定草酸根含量时，为什么要用氨水而不是水溶解二草酸合铜（Ⅱ）酸钾?
4. 测定草酸根含量时，加入硫酸后可观察到什么现象? 试解释原因。
5. 测定草酸根含量时，是否需要加入 Mn^{2+} 作为催化剂? 为什么?

实验 79　三氯化六氨合钴（Ⅲ）的制备及其实验式的确定

（一）实验目的

（1）了解三氯化六氨合钴（Ⅲ）的制备原理及其组成的测定方法。

（2）通过测量摩尔电导值，学习确定三氯化六氨合钴（Ⅲ）实验式的方法。

（3）加深理解配合物的形成对三价钴稳定性的影响。

（二）实验原理

酸性介质中，二价钴盐比三价钴盐稳定；而大多数三价钴配合物比二价钴配合物稳定。因此，常采用空气或 H_2O_2 氧化 Co(Ⅱ)配合物来制备 Co(Ⅲ)配合物。

随着制备条件的不同，$CoCl_3$ 的氨合物也不一样。例如，在没有活性炭存在时，由 $CoCl_2$ 与过量 NH_3、NH_4Cl 反应的主要产物是二氯化一氯五氨合钴（Ⅲ）；在有活性炭存在时主要产物是三氯化六氨合钴（Ⅲ）。

本实验用活性炭作催化剂、H_2O_2 作氧化剂，由 $CoCl_2$ 与过量 NH_3、NH_4Cl 反应制备三氯化六氨合钴（Ⅲ）。其总反应式如下：

$$2CoCl_2 + 10NH_3 + 2NH_4Cl + H_2O_2 \xlongequal{\text{活性炭}} 2[Co(NH_3)_6]Cl_3 + 2H_2O$$

$[Co(NH_3)_6]Cl_3$ 溶解于酸性溶液中，通过过滤可将混在产品中的大量活性炭除去，然后在高浓度盐酸中使 $[Co(NH_3)_6]Cl_3$ 结晶。

$[Co(NH_3)_6]Cl_3$ 为橙黄色单斜晶体，可溶于水、不溶于乙醇，20℃时在水中的溶解度为 0.26 mol · L^{-1}。其固体在 215℃转变为 $[Co(NH_3)_5Cl]Cl_2$，高于 250℃则被还原为 $CoCl_2$。在冷强碱或强酸作用下基本不分解，只有在沸热条件下才被强碱分解：

$$[Co(NH_3)_6]Cl_3 + 3NaOH \xlongequal{\text{煮沸}} Co(OH)_3 + 6NH_3 + 3NaCl$$

分解逸出的氨可用过量的盐酸标准溶液吸收，剩余的盐酸用 NaOH 标准溶液返滴定，据此可计算出氨的质量分数。

氨蒸出后，溶液中的 Co(Ⅲ)可用碘量法测定，主要反应式如下：

$$2Co(OH)_3 + 2I^- + 6H^+ \xlongequal{} 2Co^{2+} + I_2 + 6H_2O$$

$$I_2 + 2S_2O_3^{2-} \xlongequal{} S_4O_6^{2-} + 2I^-$$

产品中的氯含量可用电位滴定法测定。

根据测定的 NH_3、Co、Cl 含量求出其整数比，从而可确定配合物的实验式。配合物在溶液中的电离行为服从一般强电解质的所有规律，因此，其电离类型和摩尔电导 λ 之间在数值上存在着比较简单的关系，具体如表 9-1 所示。据此，可由配合物的摩尔电导 λ 值求出配合物所解离出离子的数目，从而确定其电离类型，进而验证化学方法所得结论的正确性。

表 9-1 不同离子数的电解质溶液在不同稀释度下的摩尔电导值

电解质	类型（离子数）	摩尔电导 λ /($S \cdot cm^2 \cdot mol^{-1}$)			
		稀释度 128	稀释度 256	稀释度 512	稀释度 1024
NaCl	1-1 型（2）	113	115	117	118
$BaCl_2$	1-2 型（3）	224	237	248	260
$AlCl_3$	1-3 型（4）	342	371	393	413
$[Co(NH_3)_6]Cl_3$	1-3 型（4）	346	383	412	432

（三）实验步骤

1. 三氯化六氨合钴（Ⅲ）的制备

在 100 mL 锥形瓶中加入 3.0 g 研细的 $CoCl_2 \cdot 6H_2O$，2.0 g NH_4Cl 和 7 mL 蒸馏水。加热溶解后加入 0.2 g 活性炭。冷却，加入 10 mL 浓氨水，冷至 10℃以下，缓慢加入 8 mL 6%的 H_2O_2，水浴加热至 60℃左右并恒温 20 min（适当摇动锥形瓶）。取出，先用自来水冷却，后用冰水冷却。抽滤，将沉淀溶解于 50 mL 沸热的 (3+50)HCl 中（若不溶解可适量多加稀 HCl），趁热过滤。在滤液中慢慢加入 6 mL 浓 HCl，冰水冷却，过滤，洗涤（用什么试剂?），抽干，在真空干燥器中干燥或在 105℃以下烘干，称量。

2. 实验式的确定

1）氨含量的测定

准确称取干燥过的样品约 0.5 g，溶于少量蒸馏水，移至蒸馏烧瓶中；在测定氮装置的磨口部位涂上凡士林；加几粒沸石，检查蒸馏装置的气密性（如何检查?）；加 20 mL 20%的 NaOH 溶液；缠上玻璃棉，加热蒸馏；蒸馏出的游离 NH_3 用 50 mL HCl 标准溶液吸收，接收管浸在冰水浴中。取下氨接收管，用甲基橙作指示剂，用 NaOH 标准溶液滴定剩余的盐酸，记录并处理数据。蒸馏瓶内残渣留待测钴用。

2）钴含量的测定

将上述蒸馏瓶内残渣完全转移到碘量瓶中，冷却后加入 20% KI 溶液 5 mL，立即盖上瓶盖，振荡 1 min 后，加入 15 mL 浓 HCl，在暗处放置 15 min。然后加入 100 mL 蒸馏水，用标定的 $Na_2S_2O_3$ 溶液滴定至溶液呈橙黄色时加入 8 滴淀粉指示剂，继续慢慢滴加 $Na_2S_2O_3$ 溶液，滴定至终点，记录并处理数据。

3）氯含量的测定

准确称取干燥过的样品约 0.15 g 于 100 mL 小烧杯中，加适量二次蒸馏水溶解，定量转移至 100 mL 容量瓶中，定容。

取 25.00 mL 溶液，用 $AgNO_3$ 标准溶液进行电位滴定法滴定。开始时取点可疏一些，相隔 1 mL 取 1 个点；接近化学计量点（电位值有较大的突变）时取点应密一些，相隔 0.1 mL取一个点；过了化学计量点后（电位值变化不大）取点又可疏一些。计下各点的 V_{AgNO_3} 值及相对应的电位 E 值；重复测定一次。绘出 E-V 曲线、$\Delta E/\Delta V$ -V 曲线和 $\Delta^2 E/\Delta V^2$-V 曲线，求出样品中氯的含量。

3. 摩尔电导的测定

计算并准确称量样品的量，分别用 100 mL 容量瓶配制稀释度为 128、256、512、1024 的溶液四份，用电导率仪测定电导率。将测定出的电导率代入公式 $\lambda=\kappa(1000/c)$，计算出溶液的摩尔电导 λ 值，并与表 9-1 所列出的摩尔电导值比较，确定出实验式中所含离子数，完成表 9-2，确定配合物电离类型。

表 9-2　摩尔电导测定的数据记录

稀释度*	样品质量/g	$\kappa/(\mu S \cdot cm^{-1})$**	$\lambda/(S \cdot cm^2 \cdot mol^{-1})$	含离子数
128				
256				
512				
1024				

* 稀释度是物质的量浓度的倒数。

** 用电导率仪测定出电导率单位为 $\mu S \cdot cm^{-1}$，应将其换算成 $S \cdot cm^{-1}$ 代入公式计算。

思　考　题

1. 制备 $[Co(NH_3)_6]Cl_3$ 过程中，水浴加热 60℃并恒温 20 min 的目的是什么？能否加热至沸？为什么要趁热过滤？为什么在滤液中要加入 10 mL 浓盐酸？

2. 制备 $[Co(NH_3)_6]Cl_3$ 过程中加 H_2O_2、浓盐酸、活性炭各起什么作用？要注意什么问题？合成实验的关键是什么？怎样才能提高产率？

3. 能否用热的稀盐酸洗涤产品？为什么？

4. 碘量法测定钴（Ⅲ）离子时要注意什么问题？

5. 确定配合物电离类型的根据是什么？

参 考 文 献

北京师范大学无机化学教研室等. 1991. 无机化学实验. 北京：高等教育出版社. 137

高小霞等. 1986. 电分析化学导论. 北京：科学出版社. 22

陆根土，王中庸. 1992. 无机化学实验教学指导丛书. 北京：高等教育出版社. 139

奚治文等. 1988. 电分析化学原理及仪器使用技术 . 成都：四川科学技术出版社. 56

Blanch A A. Inorganic Synthesis. vol 2. New York：McGraw Hill. 211

G. 帕斯，H. 萨克利夫. 1980. 实验无机化学. 郑汝骊译. 北京：科学出版社. 78

实验 80　环境友好产品——过氧化钙的制备及含量分析

（一）实验目的

（1）了解 CaO_2 的制备原理和方法。

（2）认识 CaO_2 的性质和应用。

（3）学习应用化学分析法测定 CaO_2 的含量。

（二）实验原理

金属过氧化物是一类对生态环境友好的氧化剂。其中，CaO_2 具有良好的杀菌、消毒、漂白、增氧作用，广泛地应用于环境保护、医疗、食品、水产养殖等领域。

CaO_2 难溶于水，不溶于乙醇与丙酮，室温下在干燥环境中比较稳定，但在潮湿空气中或 270℃以上会分解。常见制备方法有两种：①$CaCl_2 \cdot 6H_2O$ 与 H_2O_2 及 $NH_3 \cdot H_2O$ 反应；②$Ca(OH)_2$ 与 H_2O_2、NH_4Cl 反应。较低温度下原料相互反应生成 $CaO_2 \cdot 8H_2O$，120℃左右干燥即得到白色或淡黄色粉状 CaO_2。反应过程中加入微量 $Ca_3(PO_4)_2$ 及少量乙醇，可以

增加 CaO_2的化学稳定性，从而提高产率。

酸性条件下，CaO_2与稀酸反应生成 H_2O_2，用 $KMnO_4$标准溶液滴定可确定产品中 CaO_2的含量。为加快反应可加入微量 $MnSO_4$。

（三）实验步骤

1. 过氧化钙的制备

将 7 g $CaCl_2 \cdot 2H_2O$ 溶于 10 mL 蒸馏水；另将30 mL 30% H_2O_2溶液与 5 mL 浓氨水混合，并加入 1 mL 乙醇和0.2 g $Ca_3(PO_4)_2$。用冰水分别冷却这两种溶液，待冷却至 10℃以下后，在剧烈搅拌和继续冰冷条件下将 $CaCl_2$溶液缓慢滴加至 H_2O_2-氨水溶液中。滴加完毕后继续用冰水冷却约 30 min。抽滤，并用少量冰水洗涤 3 次，抽干后，在 120℃的烘箱中干燥 0.5 h 左右，冷却、称量，计算产率，并回收母液。

2. CaO_2的漂白性

取未经处理的天然植物油 2 mL 于试管中，加入约 0.5 g CaO_2和 1 滴 0.1 mol·L^{-1} $MnSO_4$溶液，振荡 10 min，然后静置 10 min，与天然植物油对比色泽，判断漂白效果。

3. 产品中 CaO_2含量的测定

准确称取 0.1 g CaO_2产品于锥形瓶中，加入 30 mL 蒸馏水和 10 mL 2 mol·L^{-1} HCl，完全溶解后加入几滴 0.1 mol·L^{-1} $MnSO_4$溶液，用 0.02 mol·L^{-1} $KMnO_4$标准溶液滴定至终点。平行三次，计算产品中 CaO_2的质量分数。

思考题

1. 本实验所得 CaO_2中会含有哪些主要杂质？如何提高产品纯度？
2. 测定 CaO_2含量时，为什么不用稀 H_2SO_4而用稀 HCl？若用 H_2SO_4，对测定结果有无影响？
3. 查阅有关资料，设计一个实验，制备过碳酰胺。

实验 81 环境友好产品过碳酸钠的制备及活性氧分析

（一）实验目的

（1）认识固化 H_2O_2的原理。

（2）了解低温条件的获取及应用。

（3）掌握过碳酸钠中碳酸钠及活性氧含量的测定方法。

（二）实验原理

双氧水是一种“绿色氧化剂”，工业上常将其固化为过碳酸钠或过氧化钙来使用。过碳酸钠又名过氧化碳酸钠（$Na_2CO_3 \cdot 1.5H_2O_2 \cdot H_2O$），是 Na_2CO_3与 H_2O_2的加合物，为固体放氧剂。主要应用于合成洗涤剂助剂、纸浆等漂白剂、金属表面处理剂、电镀液添加剂、医疗急救氧气源、卫生消毒剂和食品保鲜剂及还原染料的显色剂等方面。

过碳酸钠为白色松散的颗粒状固体，无味，无毒，20℃时在 100 g 水中可溶解 14 g。理论上活性氧含量约 14%，相当于 30%的 H_2O_2溶液。室温下放置会自动缓慢地放出氧气，在重金属离子催化作用下放氧加速。

以 Na_2CO_3和 H_2O_2为原料，在一定条件下可用干法、喷雾法、低温结晶法和溶剂法等方法合成 $Na_2CO_3 \cdot mH_2O_2 \cdot nH_2O$。本实验采用低温结晶法，−4℃时析出 $Na_2CO_3 \cdot 1.5H_2O_2 \cdot H_2O$ 晶体。为提高过碳酸钠的产量和析出速率，可以采用盐析法。由于 NaCl 的溶解度基本不随温度降低而减小，故在合成反应结束后，加入适量 NaCl 固体可促进过碳酸钠晶体大量析出。

过碳酸钠易与有机物反应，因此其晶体与母液不能用滤纸分离，而要用砂芯漏斗抽滤或离心分离法分离。又因为过碳酸钠不稳定，合成过程中要加入微量稳定剂如 $MgSO_4$、Na_2SiO_3、$Na_4P_2O_7$等，也可加入 EDTA 钠盐或柠檬酸钠盐来掩蔽重金属离子。同时，应尽量除去产品中的非结晶水。

产品中的碳酸钠含量可用酸碱滴定法确定，H_2O_2含量可用间接碘量法测定。

（三）实验步骤

1. 过碳酸钠的合成

称取 10.0 g 碳酸钠，溶于 40 mL 蒸馏水，冷却至 0 ℃待用。

量取 15 mL 30% H_2O_2溶液，倒入 100 mL 烧杯中，在冰盐浴中冷却至 0℃后，再加入 0.02 g EDTA 钠盐、0.05 g $MgSO_4$、0.2 g Na_2SiO_3，磁力搅拌均匀后，将碳酸钠溶液通过滴液漏斗滴入该混合溶液中，约 15 min 内滴加完成（整个滴加过程中，控制溶液温度不超过 5℃）。

反应混合液在冰盐浴中冷却至−5℃左右，然后在搅拌的同时缓慢加入 4.0 g NaCl（约 5 min 内加完），此时有大量晶体析出。待晶体充分析出后，用砂芯漏斗减压过滤，用澄清石灰水洗涤固体两次，再用无水乙醇洗涤一次，抽干得过碳酸钠晶体。

将产品置于表面皿上，在低于 50℃的真空干燥箱中烘干，冷却后称量（样品应密闭并置于干燥处），计算产率，并回收母液。

2. 产品中碳酸钠与活性氧含量测定

（1）碳酸钠含量测定（自行设计方案）。

（2）活性氧含量测定。

用减量法准确称取试样 0.20～0.30 g，放入碘量瓶中，加入 100 mL 蒸馏水，并立即加入 6 mL 2 mol · L^{-1} H_3PO_4，再加入 1 g KI 固体，摇匀后于暗处放置 10 min，用已标定好的 0.1 mol · L^{-1} $Na_2S_2O_3$标准溶液滴定至浅黄色，加入 2 mL 淀粉指示剂，继续滴加到蓝色消失，如 30 s 内不变蓝，说明已达终点。记录 $Na_2S_2O_3$用量，平行滴定三次。

同时做空白实验。计算产品中活性氧含量。

思　考　题

1. 根据分子轨道理论计算 O_2^+、O_2、O_2^-、O_2^{2-} 的键级。

2. 根据实验原理，本实验在制备过碳酸钠过程中应注意掌握好哪些操作条件？

3. 与 30% H_2O_2溶液接触的仪器若没有洗干净，可能有什么后果？

4. 本实验合成过碳酸钠过程涉及 CO_3^{2-} 水解、酸碱中和、过氧键转移及低温析出等反应，写出相应反应的化学方程式。

5. 某同学抽滤后未及时将滤液倒出，一段时间后发现滤液中有气泡冒出，试分析原因。

6. 间接碘量法测定的结果一般偏低，为什么？

实验 82　三草酸合铁（Ⅲ）酸钾的制备及其配阴离子电荷和组成的测定

（一）实验目的

（1）了解三草酸合铁（Ⅲ）酸钾的制备原理和方法。

（2）了解用离子交换法测定三草酸合铁（Ⅲ）酸钾配阴离子电荷数的原理和方法。

（二）实验原理

三草酸合铁（Ⅲ）酸钾 $K_3[Fe(C_2O_4)_3]\cdot 3H_2O$ 是光化学研究中常用的一种试剂，为绿色单斜晶体，溶于水，不溶于乙醇，光照易分解。本实验先用硫酸亚铁铵与草酸反应制备草酸亚铁，在草酸钾弱碱性介质中，草酸亚铁被 H_2O_2 氧化为草酸高铁和氢氧化铁，加入草酸后成为草酸高铁配合物溶液。加入乙醇后，便析出三草酸合铁（Ⅲ）酸钾晶体。有关反应如下：

$$(NH_4)_2Fe(SO_4)_2\cdot 6H_2O+H_2C_2O_4 = FeC_2O_4\cdot 2H_2O(s)+(NH_4)_2SO_4+H_2SO_4+4H_2O$$

$$12FeC_2O_4\cdot 2H_2O+3K_2C_2O_4+6H_2O_2 = 2Fe(OH)_3(s)+5Fe_2(C_2O_4)_3+6KOH+24H_2O$$

$$Fe(OH)_3+Fe_2(C_2O_4)_3+9KOH+6H_2C_2O_4 = 3K_3[Fe(C_2O_4)_3]\cdot 3H_2O+3H_2O$$

$$2Fe(OH)_3+Fe_2(C_2O_4)_3+3H_2C_2O_4+2H_2O = 4FeC_2O_4\cdot 2H_2O(s)+4CO_2(g)$$

本实验用阴离子交换法测定三草酸合铁（Ⅲ）酸根离子的电荷数。将准确称量的三草酸合铁（Ⅲ）酸钾晶体溶于水，使其通过装有国产 717 型苯乙烯强碱性阴离子交换树脂 $R\equiv N^+Cl^-$ 的交换柱，三草酸合铁（Ⅲ）酸钾溶液中的配阴离子 X^{Z-} 与阴离子树脂上的 Cl^- 进行交换：

$$ZR\equiv N^+Cl^- + X^{Z-} \rightleftharpoons (R\equiv N^+)_Z X^{Z-} + ZCl^-$$

只要收集交换出来的含 Cl^- 的溶液，用硝酸银标准溶液滴定（莫尔法）测定氯离子的含量，可以确定配阴离子的电荷数 Z。

自己查阅相关文献，测定产物的组成：Fe 和 $C_2O_4^{2-}$ 含量用滴定分析方法测定，K 含量用原子吸收光度方法测定，C 和 H 含量用元素分析仪测定。

（三）实验步骤

1. 草酸亚铁的制备

在 200 mL 烧杯中加入7.0 g $(NH_4)_2Fe(SO_4)_2\cdot 6H_2O$ 固体、15 mL 蒸馏水和几滴 3 mol·L^{-1} H_2SO_4，加热溶解后再加入 30 mL 饱和 $H_2C_2O_4$溶液，加热至沸，搅拌片刻，停止加热，静置。待黄色晶体 $FeC_2O_4\cdot 2H_2O$ 沉降后倾析弃去上层清液，加入 50 mL 蒸馏

水，搅拌并温热，静置，弃去上层清液。

2. 三草酸合铁（Ⅲ）酸钾的制备

在上述沉淀中加入 10 mL 饱和 $K_2C_2O_4$ 溶液，水浴加热至 40℃。用滴管慢慢加入 15 mL 5% H_2O_2，恒温在 40℃（此时有什么现象?），边加边搅拌，然后将溶液加热至沸，停止加热。用滴管在搅拌下逐滴加入饱和 $H_2C_2O_4$ 溶液至 $Fe(OH)_3$ 溶解完全（约 8 mL）。常压过滤。滤液中加入 10 mL 95%乙醇，温热溶液使析出的晶体再溶解后，用表面皿盖好烧杯，静置，自然冷却（避光静置过夜），晶体完全析出后抽滤，称量，计算产率，产品保留用于测定。

3. 三草酸合铁（Ⅲ）酸根离子电荷的测定

1）装柱

将预先处理好的国产 717 型苯乙烯强碱性阴离子交换树脂（氯型）$R{\equiv}N^+Cl^-$ 装入一支 20 mm×400 mm 的玻璃管中，要求树脂高度约为 20 cm，注意树脂顶部应保留 0.5 cm 的水。放入一小团玻璃丝，以防止注入溶液时将树脂冲起，装好的交换柱应该均匀无裂缝、无气泡。

2）交换

用蒸馏水淋洗树脂床至流出的水不含 Cl^- 为止，再使水面下降至树脂顶部相距 0.5 cm 左右，即用螺旋夹夹紧柱下部的胶管。

准确称取 1 g 三草酸合铁（Ⅲ）酸钾，用 10～15 mL 蒸馏水溶解，全部转移入交换柱。松开螺旋夹，控制每分钟 3 mL 的速度流出，用 100 mL 容量瓶收集流出液，当柱中液顶下降离树脂 0.5 cm 左右时，用约 5 mL 蒸馏水洗涤小烧杯并转入交换柱，重复两三次后再用滴管吸取蒸馏水洗涤交换柱上部管壁上残留的溶液，使样品溶液尽量全部流过树脂床。待容量瓶收集的流出液达 60～70 mL 时，可检查流出液不含 Cl^- 为止（与开始淋洗时比较），将螺旋夹夹紧。用蒸馏水稀释、定容，作滴定用。

准确吸取 25.00 mL 淋洗液于锥形瓶内，加入 1 mL 5% $K_2Cr_2O_7$ 溶液，以 0.1 $mol \cdot L^{-1}$ $AgNO_3$ 标准溶液滴定至终点，记录数据。平行滴定三次。

用 1 $mol \cdot L^{-1}$ NaCl 溶液淋洗树脂柱，直至流出液酸化后检不出 Fe^{3+} 为止，树脂回收。

4. 三草酸合铁（Ⅲ）酸钾组成的测定（设计实验）

略。

思考题

1. 影响三草酸合铁（Ⅲ）酸钾质量的主要因素有哪些？如何减少副反应的产生？

2. 三草酸合铁（Ⅲ）酸钾见光易分解，应如何保存？

3. 用离子交换法测定三草酸合铁（Ⅲ）酸钾配阴离子的电荷时，如果交换后的流出速度过快，对实验结果有什么影响？

实验83　$(NH_4)_5[(VO)_6(CO_3)_4(OH)_9]\cdot 10H_2O$的合成及纳米$VO_2$粉的制备和表征

（一）实验目的

（1）了解V（Ⅳ）配合物晶体的一种制备方法。

（2）了解钒化合物的有关性质。

（3）学习应用化学分析法测定钒的含量。

（4）学习差热-热重分析在研究物质热分解行为等方面的应用。

（5）了解利用配合物前驱体制备纳米粉体材料的原理和方法。

（6）初步了解纳米粉体材料的表征方法。

（二）实验原理

VO_2是一种新型热敏材料，其晶体在68℃附近会发生由低温单斜相转变为高温四方相的相变过程，并伴随电阻率、磁化率、红外光反射和透过率的突变。该相变温度可根据需要加入不同的杂质来调节。微米级VO_2晶粒相变时晶胞体积变化达1.2%，会产生巨大的相变应力而造成材料破坏，难以满足实用要求。因此，VO_2粉体晶粒的纳米化是实现该材料实用化的主攻方向。

目前，文献报道合成纳米VO_2粉体的方法有两种，即应用$VOCl_3$气相激光诱导H_2还原法和KBH_4还原K_3VO_4溶液法，这些方法或设备复杂，或试剂昂贵且有毒。

本实验以V_2O_5和联氨（$N_2H_4\cdot 2HCl$）为原料，在HCl介质中反应生成$VOCl_2$，与碳酸氢铵反应即可合成紫色的六核冠状$(NH_4)_5[(VO)_6(CO_3)_4(OH)_9]\cdot 10H_2O$晶体。然后以它为前驱体，在410℃高温、$N_2$气流中热分解制备$VO_2$纳米粉体。此法耗能少、设备简单。此晶体在362℃即可完全分解，得到符合化学计量的较纯净的VO_2。

前驱体组成测定原理是：在酸性溶液中，用高锰酸钾将V(Ⅳ)氧化成V(Ⅴ)，过量的高锰酸钾用亚硝酸钠还原除去，多余的亚硝酸钠用尿素素破坏。以邻苯氨基苯甲酸作指示剂，用硫酸亚铁标准溶液滴定即可测定钒含量。前驱体与NaOH溶液作用，蒸出的NH_3用标准H_3BO_3溶液吸收、用标准酸溶液滴定可测定N含量。前体与酸作用，放出的CO_2用标准Na_2CO_3溶液吸收，以甲基橙-百里酚蓝为混合指示剂，用HCl标准溶液滴定确定C含量，也可用仪器分析方法快速测定C、H、N含量。

前驱体的热分析在Ar气流中应用差热-热重仪研究；VO_2的相变温度和相变热用差示扫描量热法或差热法分析，颗粒大小和形貌用扫描电镜观察，物相鉴定用X射线衍射法。

（三）实验步骤

1. $VOCl_2$溶液的制备

将6.9 g V_2O_5溶于40 mL蒸馏水，温热，分次加入25 mL(1+1)盐酸和1 g $N_2H_4\cdot 2HCl$，微沸数分钟使作用完全（可适量补充水分）。此时溶液呈深蓝色。若有V_2O_5不溶，过滤分离。滤液定量转入50 mL容量瓶中，定容。

2. $(NH_4)_5[(VO)_6(CO_3)_4(OH)_9]\cdot 10H_2O$ 晶体的合成

装置如图 9-1 所示，在 10 mL 锥形瓶中加入 8 g NH_4HCO_3和 18 mL 蒸馏水，在分液漏斗中加入 20 mL $VOCl_2$溶液。CO_2入口与 CO_2气瓶相连并通入 CO_2数分钟，开启电磁搅拌器，逐滴加入 $VOCl_2$溶液（约每分钟 10 滴），观察反应现象。滴加完后继续搅拌数分钟使反应完全，停止通入 CO_2，取下锥形瓶，立即用胶塞塞住瓶口。静置 2 h 或过夜，便可得到紫红色的配合物晶体。抽滤，并用饱和 NH_4HCO_3溶液洗涤晶体 3 次，用乙醇洗 1 次，抽干、称量，计算产率。样品在空气中可稳定 24 h，为避免被空气氧化，最好置于充满 CO_2气氛的真空干燥器中。

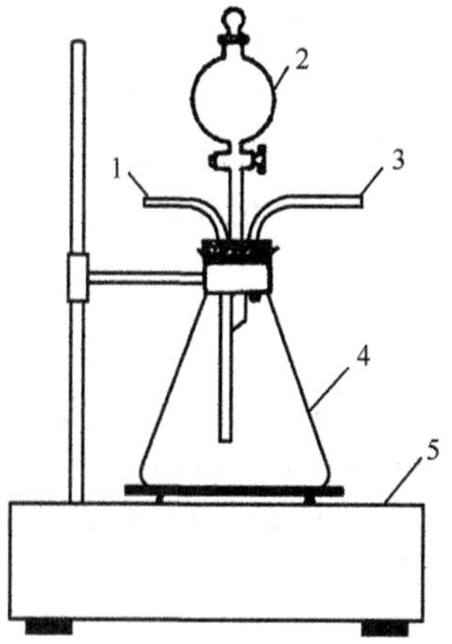

图 9-1　合成装置示意图

1. CO_2入口；2. 分液漏斗；3. CO_2出口；4. 锥形瓶；5. 电磁搅拌器

3. 晶体中 V 含量的测定

准确称取 0.4～0.45 g 晶体 2 份，分别置于锥形瓶中，依次加入 20 mL 蒸馏水、5 mL 浓盐酸、20 mL（1＋1）硫酸、5 mL 浓磷酸，摇匀。冷却后滴加 0.02 $mol\cdot L^{-1}$ $KMnO_4$溶液，使溶液由蓝色变为橙红色并保持 3 min 不褪色。加 1.5 g 尿素溶解后再滴加 1% $NaNO_2$溶液至橙红色刚褪去并过量 1 滴，摇匀，放置 3 min 后加入邻苯氨基苯甲酸指示剂 5 滴，用0.1 $mol\cdot L^{-1}$ $(NH_4)_2Fe(SO_4)_2$标准溶液滴定至溶液呈亮绿色，计算晶体中 V 的质量分数。

4. 晶体中 C、H、N 含量的测定

(1) 化学分析：用学过的蒸馏法测定 N 含量；可参照 N 蒸馏法自行设计方案测定 C 含量，注意必须扣除空白。

(2) 仪器分析法：用元素分析仪测定 C、H、N 的含量。

5. 晶体差热分析

根据差热-热重分析仪要求，取制备的$(NH_4)_5[(VO)_6(CO_3)_4(OH)_9]\cdot 10H_2O$ 前驱体适量，按操作要求进行操作。用 Ar(纯度99.99%)驱赶差热-热重分析仪系统中的空气后，调节 Ar 气流流速为 45 $mL\cdot min^{-1}$，升温速率 5℃ · min^{-1}，加热至 427℃停止加热。由差热和热重曲线分析前驱体受热变化情况和 VO_2晶化温度，写出热分解反应方程式，并指出由前驱体$(NH_4)_5[(VO)_6(CO_3)_4(OH)_9]\cdot 10H_2O$ 制备 VO_2的条件。

6. 晶体热分解制备纳米 VO_2粉体

将约3 g $(NH_4)_5[(VO)_6(CO_3)_4(OH)_9]\cdot 10H_2O$ 晶体在研钵中尽量研细，以薄层均匀铺展在石英舟（ϕ ＝ 27mm，L＝200 mm）中，然后置于 ϕ ＝ 30 mm 的石英管中并处于管式炉中心位置。以 5 $mL\cdot min^{-1}$的 N_2(纯度99.99%)赶尽石英管中的空气，然后加热升温至

450～480℃并保温 0.5 h。取出石英管，使石英舟暴露在空气中并继续通 N_2冷至室温。取出 VO_2粉体并置于充满 CO_2气氛的真空干燥器中。

7. 纳米 VO_2粉体的表征

（1）取少量 VO_2纳米粉体于 0.3％的 731DP 超分散剂溶液中并用超声波分散。用扫描电镜观察粉体的表面形貌并估算其粒径。

（2）用 X 射线衍射法证明粉体属于 A 相 VO_2（单斜相）。

（3）用差示扫描量热仪在 N_2气氛中从 0～100℃（升温速率 10℃ · min^{-1}）测定粉体的相变温度（T_c）和相变热（ΔH），也可用差热分析仪进行测定。

思 考 题

1. V(Ⅳ)配合物的合成为什么要在惰性气体中进行？
2. 影响热分析结果的因素主要有哪些？
3. 在管式炉中制备 VO_2粉体时，怎样控制好最终的反应温度？温度过高或过低对 VO_2晶形有什么影响？

参考文献

Mak T C W, Li P, Zheng C. 1986. A hexanuclear oxovanadium（Ⅳ）anionic aggregate containing μ_2-and μ_6-carbonato groups: synthesis and structural characterigation of $(NH_4)_5[(VO)_6(CO_3)_4(OH)_9]\cdot 10H_2O$. Chem Commun, 1597

Zheng C, Zhang J, Luo G. 2000. Preparation of vanadium dioxide powders by thermolysis of a precursor at low temperature. J Mater Sci, 35: 3425

Zheng C, Zhang X, Zhang J. 2001. Preparation and characterization of VO_2 nanopowders. J Solid State Chem, 156: 274

实验 84 酚试剂分光光度法测定室内空气中甲醛的含量

（一）实验目的

（1）掌握分光光度法测定空气中甲醛含量的原理和方法。

（2）掌握室内空气中污染气体的采集方法。

（二）实验原理

甲醛与酚试剂反应生成嗪，在高铁离子存在下，嗪与酚试剂的氧化产物反应生成稳定的蓝绿色化合物。反应方程式如下：

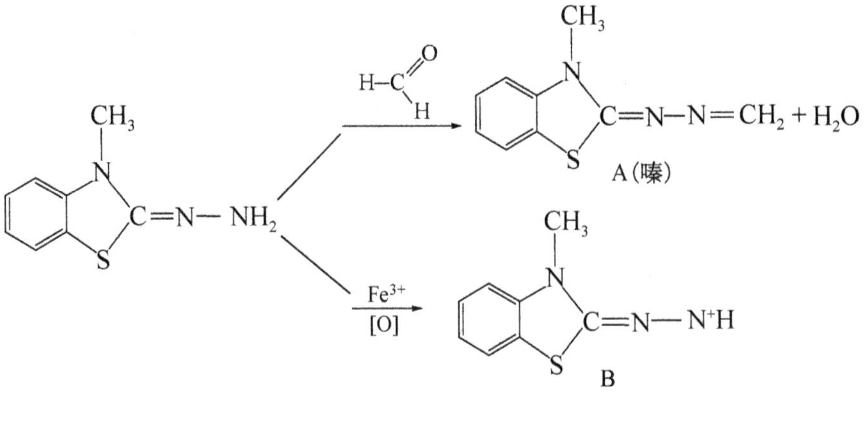

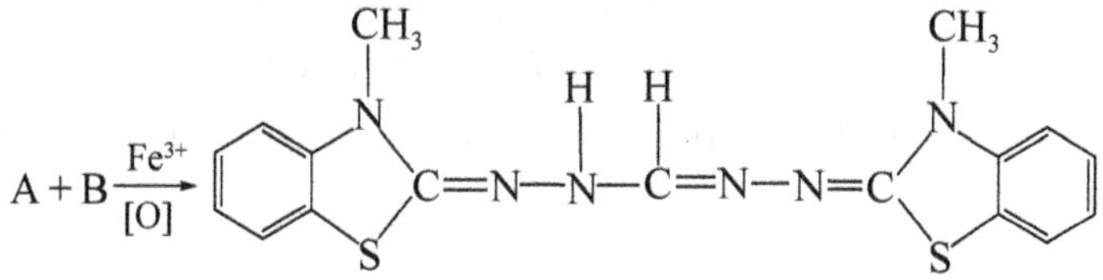

本方法检出限为0.1 μg·(5 mL)$^{-1}$（按吸光度 0.02 相对应的甲醛含量计），当采样体积为 10 L 时，最低检出浓度为 0.01 mg·m^{-3}。

（三）实验步骤

1. 标准曲线的绘制

（1）甲醛溶液的标定①。

量取 5.0 mL 36%～38%甲醛，用水稀释至 500 mL，用碘量法标定甲醛稀释液的浓度。

标定方法：准确移取 5.00 mL 甲醛稀释液于 250 mL 碘量瓶中，加入40.00 mL $c(1/2\ I_2)$=0.1 mol·L^{-1}碘标准溶液，立即滴加 30%氢氧化钠溶液，至淡黄色为止。放置 10 min 后，加入 5.0 mL(1+5)HCl 溶液（做空白滴定时需多加 2 mL），再避光放置 10 min，加入 100～150 mL 水稀释，用 0.1 mol·L^{-1} $Na_2S_2O_3$标准溶液滴定至淡黄绿色，然后加入 1 mL 0.5%的淀粉指示剂，继续滴定至溶液变为亮蓝绿色为终点。

另取 5.0 mL 水，同以上方法进行空白滴定。

按下式计算甲醛溶液浓度：

$$甲醛溶液浓度(mg\cdot mL^{-1}) = [(V_0 - V) \times c\ (Na_2S_2O_3) \times 15.0] / 5.00$$

式中，V_0、V 分别为滴定空白溶液、甲醛溶液所消耗硫代硫酸钠标准溶液体积，mL；$c(Na_2S_2O_3)$为$Na_2S_2O_3$标准溶液浓度，mol·L^{-1}。

（2）标准曲线的绘制。

取 8 支 10 mL 比色管，按表 9-3 配制标准系列②。

然后向各管中加入 1%硫酸铁铵溶液 0.4 mL，摇匀。在室温下(8～35℃)显色 20 min。在波长 630 nm 处，用 1 cm 比色皿，以水为参比，测定吸光度。以吸光度对甲醛含量(μg)，绘制标准曲线。

表 9-3　甲醛标准系列

编　号	0	1	2	3	4	5	6	7
甲醛标准溶液/mL	0	0.10	0.20	0.40	0.60	0.80	1.00	1.50
吸收液/mL	5.00	4.90	4.80	4.60	4.40	4.20	4.00	3.50
甲醛含量/μg	0	0.10	0.20	0.40	0.60	0.80	1.00	1.50

2. 室内空气甲醛含量的测定③

（1）采样：采用空气采样法利用大气采样器采样，用一个内装 5.0 mL 吸收液的气泡吸收管，以 0.5 L·min^{-1}流量，采气 10 L。

（2）样品测定：将样品溶液移入 5 mL 比色管中，用少量吸收液洗涤吸收管，洗涤液并入比色管。加入1%硫酸铁铵溶液0.4 mL，摇匀。室温下（8～35℃）放置80 min后，以下操作同标准曲线的绘制。根据样品溶液的吸光度和取样体积计算出室内空气的甲醛含量为W / V_n(mg · m^{-3})，其中W为样品中甲醛含量（μg）；V_n为标准状态下采样体积（L）。

【注释】

① 标定甲醛时，在摇动下逐滴加入30%氢氧化钠溶液，至颜色明显减褪，再摇片刻，待褪成淡黄色，放置后应褪至无色。若碱量加入过多，则5 mL（1+5）盐酸溶液不足以使溶液酸化，根据实际情况可适当增加盐的用量。

② 绘制标准曲线时与样品测定时温差应不超过2℃。

③ 当与二氧化硫共存时，会使结果偏低。排除二氧化硫产生干扰的方法：可以在采样时，使气体先通过装有硫酸锰滤纸的过滤器。

思 考 题

1. 试述本实验碘量法滴定甲醛的基本原理。
2. 如何确定吸光光度法的显色时间及吸收波长？
3. 试推导甲醛含量的计算公式。

参 考 文 献

陈焕文，郑健，金钦汉等. 2004. 甲醛监测方法及仪器. 分析化学，32（7）：969

国家标准GB/T 18204. 26—2000：公共场所空气中甲醛测定方法

胡冠九，尹卫萍. 2002. 室内空气中甲醛的测定方法. 环境监测管理与技术，14（6）：12

实验85 盐酸萘乙二胺法测定肉制品中亚硝酸盐的含量

（一）实验目的

（1）掌握分光光度法测定肉制品中亚硝酸盐的方法原理。

（2）了解并掌握固体样品的预处理方法。

（二）实验原理

肉制品先经沉淀蛋白质、去除脂肪后，利用亚硝酸盐在弱酸性条件下与对-氨基苯磺酸重氮化反应，然后与盐酸萘乙二胺偶合，生成稳定的玫瑰红色络合物，再用分光光度法测定亚硝酸盐的含量。反应方程式如下：

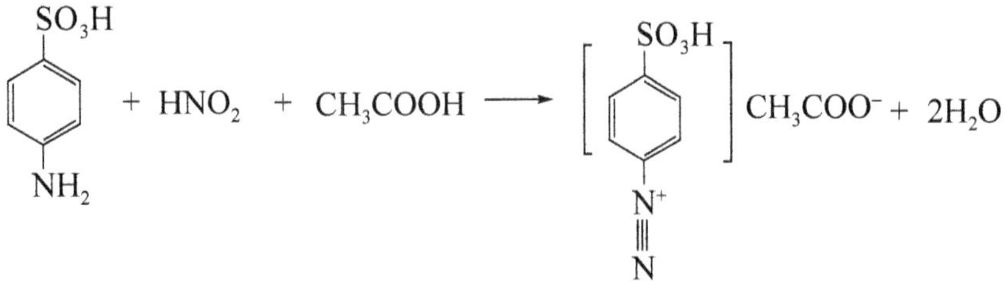

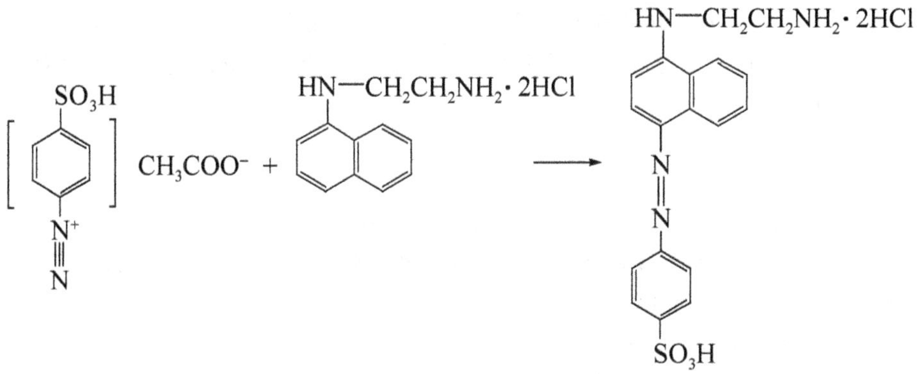

本方法检出限为 1.0 mg · kg^{-1}。

(三) 实验步骤

1. 肉制品的处理

准确称取约 5.0 g 经绞碎混匀的试样，置于 500 mL 烧杯中，加 12.5 mL 硼砂饱和溶液，搅拌均匀，加入 70℃左右的水 200 mL，于沸水浴中加热 15 min 后冷却至室温。加入 5.00 mL 亚铁氰化钾溶液，混匀。再加入 5.00 mL 乙酸锌溶液沉淀蛋白质。然后转移至 500 mL容量瓶中，摇匀后放置 30 min，过滤除去脂肪，滤液备用（弃去初滤液 30 mL）。

2. 标准曲线的绘制

取 8 支 10 mL 具塞比色管，按表 9-4 配制标准系列。

表 9-4　亚硝酸钠标准系列

编　号	0	1	2	3	4	5	6	7
亚硝酸钠标准溶液/mL	0	0.10	0.20	0.30	0.50	0.70	1.0	2.0
水/mL	8.50	8.40	8.30	8.20	8.00	7.80	7.50	6.5
亚硝酸根含量/μg	0	0.20	0.40	0.60	1.00	1.40	2.00	4.0

在每支比色管中加入 1.0 mL 对-氨基苯磺酸溶液，摇匀，静置 3～5 min，再加入 0.5 mL盐酸萘乙二胺溶液，摇匀后，避开直射阳光，放置 15 min。在波长 538 nm 处，用 1 cm比色皿，以水为参比，测定吸光度。以吸光度对亚硝酸根含量（μg），绘制标准曲线。

3. 样品测定

移取 5.00 mL 上述滤液于比色管中，用绘制标准曲线的方法配制和测定试剂空白液和样品溶液的吸光度。若样品溶液的吸光度超过标准曲线的测定上限，可用吸收液稀释后再测定吸光度。试样中亚硝酸盐的含量按下式进行计算：

$$X=\frac{A\times 1000}{m\times\frac{V_2}{V_1}\times 1000}=\frac{A}{\frac{mV_2}{V_1}}$$

式中，X 为试样中亚硝酸盐的含量，mg · kg^{-1}；m 为试样质量，g；A 为测定用样液中亚硝酸盐的质量，μg；V_1为试样处理液总体积，mL；V_2为测定用样液体积，mL。

计算结果保留两位有效数字。在重复性条件下获得的两次独立测定结果的绝对差值不得超过算术平均值的10%。

【试剂说明】

(1) 亚铁氰化钾溶液：称取106.0 g亚铁氰化钾，用水溶解，并稀释至1000 mL。

(2) 乙酸锌溶液：称取220.0 g乙酸锌，加30 mL冰醋酸溶于水，并稀释至1000 mL。

(3) 对氨基苯磺酸溶液（$4\ g\cdot L^{-1}$）。

(4) 盐酸萘乙二胺溶液（$2.0\ g\cdot L^{-1}$）。

(5) $200.0\ \mu g\cdot ml^{-1}$亚硝酸钠标准储备液。

(6) $2.0\ \mu g\cdot ml^{-1}$亚硝酸钠标准溶液，用前现配。

所用试剂均用不含亚硝酸根的重蒸蒸馏水配制，即所配吸收液的吸光度不超过0.005。

思考题

1. 硼砂饱和溶液、亚铁氰化钾、乙酸锌的作用分别是什么？
2. 怎样用分光光度法测定肉制品中硝酸盐的含量？

参考文献

国家标准GB/T 5009.33—2003：食品中亚硝酸盐与硝酸盐的测定

刘红艳，宋秀环，朱慧等. 2004. 紫外分光光度法测定肉制品中亚硝酸盐. 光谱实验室，21（6）：1119

魏红. 2004. 食品中的亚硝酸盐与人体健康. 中国初级卫生保健，18（3）：58

实验86 8-羟基喹啉及其铝配合物的合成、表征与发光性能

（一）实验目的

(1) 掌握8-羟基喹啉和三（8-羟基喹啉）合铝配合物的合成方法。

(2) 掌握返滴定法测定简单试样中铝含量的方法。

(3) 学习有机物与金属配合物紫外-可见吸收光谱的测定方法。

(4) 掌握荧光仪的使用方法及发射光谱的测定方法。

（二）实验原理

1. 喹啉及其衍生物的合成

喹啉及其衍生物可按斯克洛甫（Skraup）反应由苯胺或其衍生物与无水甘油、浓硫酸及弱氧化剂如硝基苯一起加热而制得。为避免氧化反应过于剧烈，常加入少量$FeSO_4$或H_3BO_3。本实验以邻-氨基酚、邻-硝基酚、无水甘油和浓硫酸为原料合成8-羟基喹啉（HQ）。浓硫酸的作用是使甘油脱水生成丙烯醛，并使邻-氨基酚与丙烯醛的加成物脱水成环；硝基酚为弱氧化剂，能将成环产物8-羟基-1,2-二氢喹啉氧化成HQ，邻-硝基酚本身被还原成邻-氨基酚，也可参与缩合反应。主要反应为

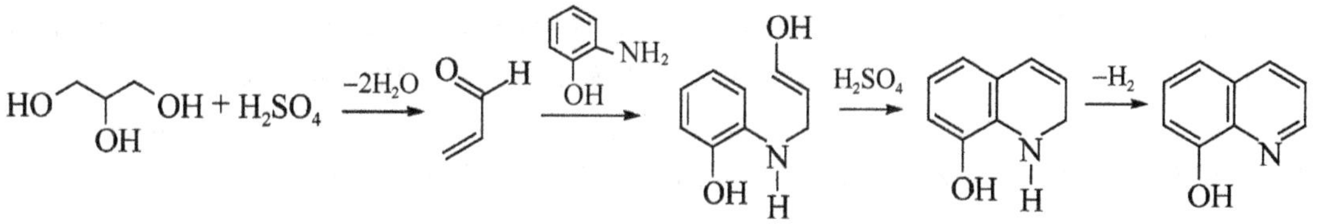

2. 三（8-羟基喹啉）合铝的合成

HQ 是一种双齿配体，它在碱性条件下可脱去质子，以 Q^- 形式与 Al^{3+} 配位，生成三（8-羟基喹啉）合铝（简写为 AlQ_3）配合物。

3. 配合物的表征

对配合物进行表征，就是确定配合物的组成、性质与特征等。一般可以通过滴定分析方法确定金属离子的含量，利用元素分析仪确定 C、H、N 等元素的含量。仪器表征方法通常包括：X 射线衍射仪（XRD）、热重分析（TGA）、紫外-可见光谱（UV-Vis）、红外光谱（IR）等。本实验利用返滴定法来测定 AlQ_3 配合物中铝的含量，并利用紫外-可见光谱和荧光发射光谱进行表征。

AlQ_3 具有很高的发光效率，在有机电致发光显示器件中具有重要作用。这里简述一下荧光的基本原理与知识。处于基态的荧光物质分子吸收了合适波长的光（一般为紫外光）后，电子跃迁到较高能级的激发态。处于激发态的电子是不稳定的，它要跃迁回到基态，并将多余的能量释放出去。若以光辐射形式释放能量回到低能态，则发出的光就是荧光。荧光光谱一般利用荧光分光光度计测量，有激发谱和发射谱之分。以相对荧光强度与激发波长对画的曲线称为"激发光谱"，它表明适于激发样品的激发波长范围。以相对荧光强度与发射波长对画的曲线称为"发射光谱"，它表明样品受一定波长的光激发后，发射荧光的强度随荧光波长的变化。

（三）实验步骤

1. 8-羟基喹啉(HQ)的合成

在干燥的 100 mL 圆底烧瓶中加入玻璃沸石两粒、1.50 g 邻-硝基苯酚、2.20 g 邻-氨基苯酚，初步混合后再加入 7.80 g 无水甘油①，剧烈振摇使之混合。在不断振摇下慢慢滴加 3 mL浓硫酸②。装上干燥过的球形冷凝管，垫上石棉网并用小火慢慢加热至溶液微沸，即移开热源③。反应大量放热，待反应缓和后继续用小火加热，保持反应物微沸，并回流约 1.5 h。等反应液稍微冷却后，进行简易水蒸气蒸馏，以除去未反应的邻-硝基苯酚。

待瓶中混合液稍微冷却后，小心地将其倒进 250 mL 三颈烧瓶中，慢慢加 50% NaOH 溶液调 pH 为 6～7。然后小心滴入饱和碳酸钠溶液，使 pH 约为 8④。再进行水蒸气蒸馏蒸出 HQ。待馏出物充分冷却后，抽滤收集析出物，用冰水洗涤，红外干燥后称量，计算产率。

2. AlQ_3 的合成与发光情况

用 5 mL 1∶1(*V*/*V*)乙醇-水混合溶剂溶解约 0.3 g 8-羟基喹啉，另用 3 mL 1∶1(*V*/*V*)

乙醇-水混合溶剂溶解 0.18 g $AlCl_3 \cdot 6H_2O$。混合两溶液，水浴加热至 60℃左右，滴加 5 mol·L^{-1}氨水至大量浅黄绿色粉末状沉淀生成为止，在热水浴中继续反应约 10 min。静置冷却后抽滤，用少量 1∶1（V/V）乙醇-水混合溶剂洗涤 2 次，红外干燥，即得 AlQ_3，称量，计算产率。然后用紫外光照射 AlQ_3样品，观察并记录其发光颜色。

3. AlQ_3中 Al^{3+}含量分析

准确称取 AlQ_3 0.1～0.2 g，置于坩埚中，放入马弗炉并升温至 800℃，保温 20 min。取出后冷却至室温，加入 3 mL 6 mol·L^{-1} HCl，加热溶解完全后，继续加热除去过量 HCl。冷至室温后，定量转移至 50 mL 容量瓶中，定容。参阅实验 31 测定 Al 的含量。

4. 测定 HQ 和 AlQ_3溶液的紫外-可见光谱和 AlQ_3的荧光发射光谱

分别准确称取适量 HQ 和 AlQ_3，用无水乙醇溶解后分别定量转移至 10 mL 容量瓶，配成浓度约 2×10^{-3} mol·L^{-1}的溶液，分别稀释 10 倍；测定稀释后 HQ 溶液的紫外-可见光谱、稀释后 AlQ_3溶液的紫外-可见光谱和荧光发射光谱。

【注释】

① 本实验所用甘油含水量必须小于 0.5%(d = 1.26)。如果含水量过大，则 HQ 的产率低。可将普通甘油在通风橱内置于瓷蒸发皿中加热至 180℃，冷却至 100℃左右，即可放入盛有硫酸的干燥器中备用。

② 内容物未加浓硫酸时，十分黏稠，难以摇动。浓硫酸加入后，黏度大大减小。

③ 反应为放热反应，溶液呈微沸时，表示反应已开始；如继续加热，则反应过于激烈，会使反应物冲出容器。

④ HQ 既溶于碱又溶于酸而成盐，且成盐后不被水蒸气蒸馏蒸出，为此必须小心中和，严格控制 pH 约为 8。当中和恰当时，瓶内析出的 HQ 沉淀最多。由于 HQ 难溶于冷水，往含有 HQ 的滤液中慢慢滴入去离子水，即有 HQ 晶体不断析出。

思 考 题

1. 为什么第一次水蒸气蒸馏要在酸性条件下进行，第二次则在中性条件下进行？

2. 在斯克洛甫反应中，如果用对-甲基苯胺作原料，应得到什么产物？硝基化合物应如何选择？如果用 β-萘胺或邻-苯二胺呢？

3. 合成 8-羟基喹啉时，能否加入硫酸亚铁来避免氧化反应过于剧烈？为什么？

4. 以 EDTA 二钠盐测定 Al^{3+} 含量时，为什么要采用返滴定法？

参 考 文 献

陈国珍. 1990. 荧光分析法. 2 版. 北京：科学出版社

朱卫国，范同锁，卢志云等. 2000. 有机金属螯合物电致发光材料的研究. 材料导报，14 (1)：50

实验 87 槐花米中芦丁的提取与鉴定

（一）实验目的

（1）通过芦丁的提取与精制，掌握碱溶酸沉法提取黄酮类化合物的原理和操作。

（2）掌握黄酮类化合物的主要性质及黄酮苷的检识方法。

（3）掌握快速柱层析法的操作。

（4）掌握由芦丁水解制取槲皮素的方法。

（二）实验原理

芦丁（rutin）也称芸香苷（rutinoside），为黄酮苷，广泛存在于植物中，其中以槐花米（为槐树 *Sophora japnica L.* 的花蕾）和荞麦叶中含量较高。芦丁的主要药理作用有抗炎作用、维 P 样作用及抗病毒作用，具有维持血管抵抗力，降低其通透性，减少脆性的作用；对脂肪肝有去脂的作用，与谷胱甘肽合用去脂作用更明显；对于放射性伤害所引起的出血症也有一定治疗作用；临床上主要作防治高血压的辅助药物，毛细血管性止血药。芦丁水解后可生成槲皮素，槲皮素有一定的平喘作用；此外还有降低血压，增强毛细血管抵抗力、减少毛细血管脆性，降血脂，扩张冠状动脉，增加冠状动脉血流量的作用。

槐花米中含芦丁 8%～28%，槐花米甲素（sophorin A）14%，槐花米乙素（sophorin B）1.25%，槐花米丙素（sophorin C）0.35%，也含槲皮素（quercetin）、白桦脂醇（betulin）、槐二醇（sophoradiol）等。

本实验以常用中药槐花米为原料，对其主要成分芦丁进行提取分离及鉴定。根据芦丁分子中具有酚羟基，显弱酸性，能与碱成盐而增大溶解度，以碱水为溶剂煮沸提取，其提取液加酸酸化后则芦丁游离析出（碱溶酸沉法），然后可通过其在冷水和热水中的溶解度差异的特性进行纯化，同时也可通过快速柱层析法对芦丁粗品进行纯化。

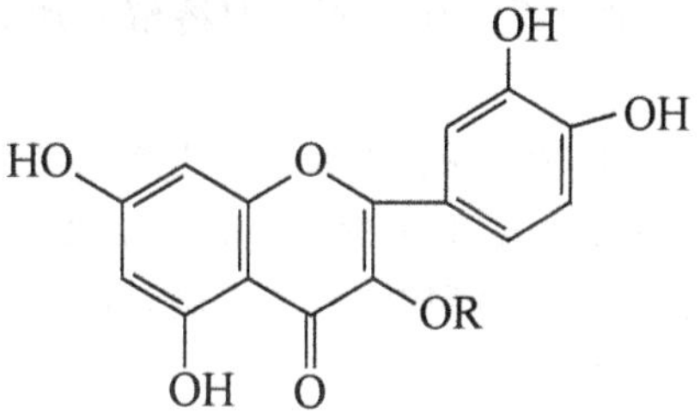

芦丁：R=葡萄糖-鼠李糖；槲皮素：R=H

（三）实验步骤

1. 芦丁的提取

于 250 mL 烧杯中加入 60 mL 石灰水溶液、0.25 g 硼砂、5 g 槐花米粗粉，加入搅拌子，在烧杯上盖一块表面皿，搅拌加热至微沸，保持微沸 30 min 后，趁热用棉花过滤，滤液再趁热抽滤。滤渣再用 40 mL 石灰水溶液、0.17 g 硼砂同法操作两次。合并滤液，然后在 60～70℃保温情况下，以 15%盐酸液调 pH 为 3～4。冷至室温后再用冰水冷却，使沉淀完全。抽滤，蒸馏水洗涤至中性，干燥，称量。

2. 快速柱层析法分离纯化芦丁

称取 0.15 g 芦丁粗产品，在通风橱中加少量甲醇热水浴溶解，拌入 0.2 g 柱层析用硅胶 H，热水浴挥发甲醇，然后于红外灯下烘干。

称取 3 g 柱层析用硅胶 H，装填于层析柱中，注意装填密实均匀，然后将所拌的样品均匀地铺在硅胶 H 上方，再加一层石英砂，快速柱即装填成功。配制两种洗脱液，然后加压洗脱。洗脱液为 a：乙酸乙酯-丙酮（2∶1）30 mL，b：乙酸乙酯-丙酮-乙酸（3∶3∶4）30 mL。先用 a 洗脱，再用 b 洗脱，每次接收 8～10 mL，收集洗脱组分并编号。

将少量芦丁粗产品、芦丁标样、槲皮素标样用乙醇溶解，供点样用。将上述步骤所收集得到的各组分与其进行薄层板对照，用乙酸乙酯-丁酮-冰醋酸-水(5∶3∶1∶1)混合溶剂为展开液展开，确定各组分的成分。

3. 芦丁粗品的重结晶

将剩余芦丁粗品按在热水中 1∶200 的溶解度加蒸馏水进行重结晶。将沉淀悬浮于蒸馏水中，加热煮沸 15 min，趁热过滤。滤液充分静置析出晶体，抽滤，60～70℃干燥，称量。测定熔点和红外光谱，与标准品对照。

4. 芦丁的水解

称取 1 g 得到的芦丁纯品溶于 95%乙醇中（每 1 g 芦丁需加约 35 mL 乙醇），加入 1 mol·L^{-1} H_2SO_4溶液（每 1 g 芦丁需加约 80 mL）水浴回流 1 h [薄层层析检查水解是否完全，展开剂为乙酸乙酯-丁酮-冰醋酸-水（5∶3∶1∶1）]。待全部水解后，蒸去乙醇，冷却、抽滤，水洗，抽干，干燥称量，计算产率。粗品可再用乙醇重结晶一次（纯品为黄色针状晶体)。

5. 性质实验

(1) 盐酸-镁粉反应：取少量芦丁，加数滴乙醇溶解，加 5 滴浓盐酸，再加少量镁粉，观察颜色变化。

(2) 乙酸铅沉淀反应：取芦丁少许溶于热水，加乙酸铅试剂数滴，观察结果。

(3) Molish 反应：分别取芦丁和槲皮素少量，置于 2 支试管中加乙醇数滴，加 α-萘酚几滴振摇使其溶解，倾斜试管，沿管壁滴加浓硫酸 5 滴，静置，观察两层溶液界面处颜色变化，并比较芦丁和槲皮素的区别。

思 考 题

1. 加入石灰水的目的是什么？用 15%盐酸溶液调酸度时为什么控制 pH 大小？
2. 加入硼砂的目的是什么？
3. 黄酮类化合物还有哪些提取方法？本实验中芦丁还可用什么方法提取？
4. 本实验中快速柱色谱和薄层色谱的原理是什么？解释化合物结构与 R_f 值的关系。

实验 88 黄酮化合物的合成

（一）实验目的

(1) 利用 Baker-Venkataramann 重排法合成黄酮类化合物。

(2) 熟悉水蒸气蒸馏、减压蒸馏、混合溶剂重结晶等实验操作方法。

(3) 熟练运用薄层色谱检测反应产物的纯度。

（4）熟悉化合物的熔点测定。

（5）了解并掌握 IR 和 NMR 对有机化合物结构解析的方法。

（二）实验原理

黄酮类化合物（flavonoids）是一类重要的天然有机化合物，具有 C6-C3-C6 基本母体结构，广泛存在于植物的根、茎、叶、花、果实中，对植物的生长、发育、开花、结果以及抗菌防病等有重要作用。黄酮类化合物也是许多中草药的有效成分，具有心血管系统活性、抗菌、抗病毒、抗肿瘤、抗氧化、抗炎镇痛、抗疲劳、抗衰老以及保肝活性，此外还有降压、降血脂、提高机体免疫力等药理活性。黄酮类化合物是新药研究开发的重要资源。

近年来，有大量文献报道了黄酮类化合物化学合成的新技术、新方法。然而，其经典合成方法仍然是查尔酮路线和β-丙二酮路线。β-丙二酮路线中的 Baker-Venkataramann 重排法是目前广泛应用的黄酮合成方法。该方法一般是将 2-羟基苯乙酮类化合物与芳甲酰卤在碱作用下形成酯，然后将酯用碱处理发生分子内克莱森缩合，形成β-丙二酮化合物，β-丙二酮化合物再经酸催化闭环而成黄酮化合物。该方法路线成熟，产率高，产品也较易纯化。

本实验将利用 Baker-Venkataramann 重排法合成重要的黄酮化合物 2-苯基苯并吡喃酮（2-phenyl-4*H*-1-benzopyran-4-one）。

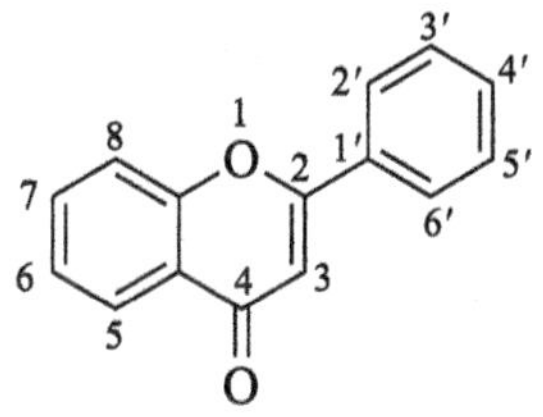

2-苯基苯并吡喃酮

苯酚和乙酸酐反应生成乙酸苯酚酯，乙酸苯酚酯在氯化铝的作用下发生弗里斯（Fries）重排生成邻-羟基苯乙酮。将邻-羟基苯乙酮与苯甲酰氯在吡啶作用下形成邻-乙酰基苯甲酸苯酚酯，然后在 KOH-吡啶作用下发生分子内克莱森缩合生成β-丙二酮酯，再在冰醋酸/浓硫酸介质中闭环合成即得到目标黄酮化合物 2-苯基苯并吡喃酮。

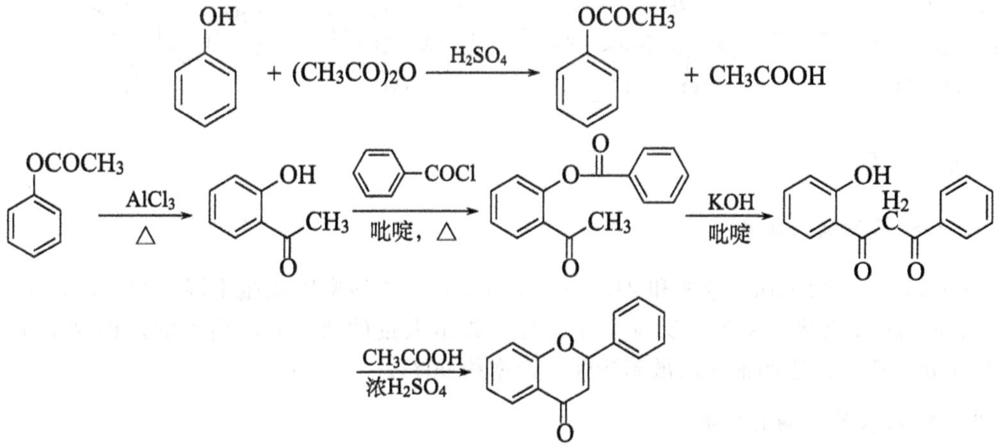

乙酸苯酚酯在路易斯酸催化剂（如三氯化铝、三氟化硼、氯化锌、氯化铁、四氯化钛、四氯化锡和三氟甲磺酸盐等）催化下发生弗里斯重排反应得到邻位或对位酰基酚。邻、对位产物的比例取决于原料酚酯的结构、反应条件和催化剂的种类等。一般来说，反应温度在100℃以下得到动力学控制的对位产物，在较高反应温度时得到热力学控制的邻位产物。弗里斯重排的机理至今仍未完全清楚，但目前广为接受的是涉及碳正离子的机理。三氯化铝中的铝原子与酚酯中酚氧进行配位，C—O键断裂，产生酚基铝化物和酰基正离子。酰基正离子可在酚基的邻位或对位发生亲电芳香取代，经水解得到羟基芳酮。邻、对位产物的性质差异较大，一般邻位异构体可以生成分子内氢键，可随水蒸气蒸出。

乙酰基苯甲酸苯酚酯中的甲基在强碱下活泼，可变成碳负离子，进攻分子中的酯羰基，而后发生碳氧键断裂，发生分子内克莱森缩合生成β-丙二酮酯，再在冰醋酸/浓硫酸介质中闭环脱去一分子水得到黄酮化合物 2-苯基苯并吡喃酮。

弗里斯重排反应机理：

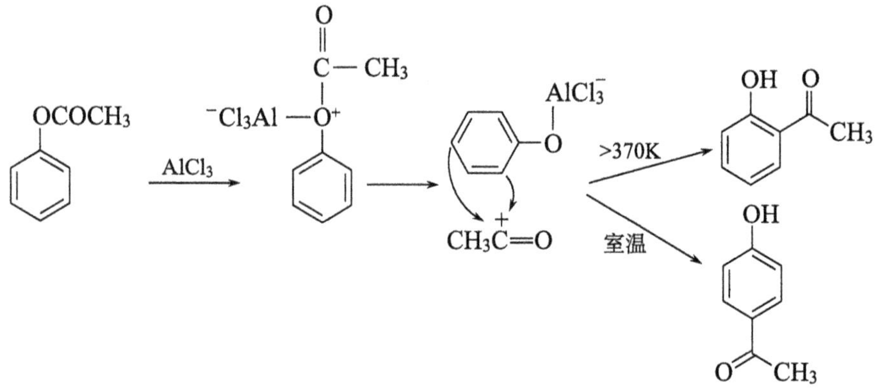

克莱森缩合反应机理：

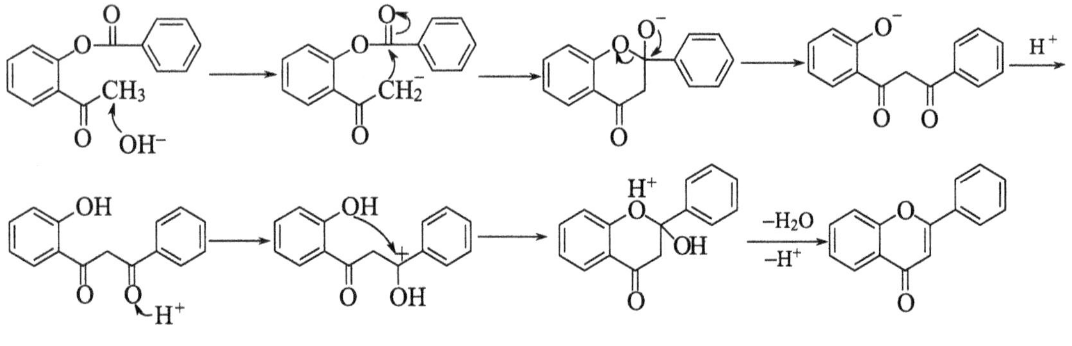

（三）实验步骤

1. 乙酸苯酚酯的制备

将 18.8 g（0.2 mol）苯酚和 21.4 g（0.21 mol）乙酸酐于烧瓶中混合均匀，置于冷浴中，滴加3滴浓硫酸，振摇，反应立即进行并放出大量的热，分馏出乙酸，再收集 194～196℃馏分，得无色透明液体乙酸苯酚酯，产率约 90%。

2. 邻-羟基苯乙酮的制备

将 12 g 干燥的氯化钠和 28 g 粉状三氯化铝于三口烧瓶中充分混合均匀，加热至 230～

250 ℃，保持 1 h，于 200 ℃左右在 30 min 内滴加乙酸苯酚酯 20 g（0.148 mol），滴加完毕后于 240～250℃反应 10 min，冷却后加入 60 mL 10%盐酸溶液水解，水蒸气蒸馏，馏出物用乙醚萃取，萃取液用无水硫酸钠干燥后回收乙醚，减压蒸馏收集 101～105℃/2000 Pa 馏分，得淡黄色透明液体邻羟基苯乙酮，产率约 40 %。

3. 苯甲酸邻-乙酰基苯酚酯

在一个装有回流冷凝管的 50 mL 圆底烧瓶中加入 3.4 g（0.025 mol）邻羟基苯乙酮、4.9 g（4 mL，0.035 mol）苯甲酰氯、5 mL 干燥、重蒸过的吡啶，约 50℃水浴，电磁加热搅拌 20 min。量取 120 mL 1 mol·L^{-1}盐酸和 50 g 碎冰，将反应混合液倒入，并不断搅拌。将生成的固体进行抽滤，用 5 mL 冰冷的甲醇洗涤，再用 5 mL 水洗。固体用甲醇-水混合溶剂重结晶（可取 10 mL 甲醇，加热溶解样品，然后补加适量水至饱和溶液），冰浴静置冷却，抽滤，干燥，称量，得苯甲酸邻-乙酰基苯酚酯（m.p. 87～88 ℃），产率可达 90%。

4. 1-邻-羟基苯基-3-苯基-1，3-丙二酮

在一个装有回流冷凝管的 100 mL 圆底烧瓶中加入 4.8 g（0.02 mol）苯甲酸邻-乙酰基苯酚酯、18 mL 干燥、重蒸过的吡啶。称取 1.7 g（0.03 mol）KOH 粉末迅速加入反应瓶中。50℃水浴，电磁加热搅拌 15 min。将反应液冷至室温，加入 25 mL 10%乙酸水溶液，沉淀经抽滤、洗涤、干燥，称量，得到纯 1-邻-羟基苯基-3-苯基-1，3-丙二酮（m.p. 117～120 ℃），产率约 85%。

5. 2-苯基苯并吡喃酮

在 100 mL 圆底烧瓶中加入制得的 1-邻-羟基苯基-3-苯基-1，3-丙二酮 3.6 g（0.015 mol）、20 mL 冰醋酸，摇匀，加入 0.8 mL 浓硫酸，装上回流冷凝管，沸水浴加热 1 h。用烧杯称取 100 g 碎冰，将反应混合液倒入烧杯，不断搅拌，至冰全部融化。固体抽滤，用水洗涤至滤液不再呈酸性为止，干燥，称量，粗产率可达 95%。粗产品略带浅黄色，可用石油醚（b.p. 60～90℃）-乙酸乙酯重结晶，得到白色针状结晶。

目标产物黄酮化合物 2-苯基苯并吡喃酮，m.p. 95～97 ℃。以石油醚-乙酸乙酯（3∶1，V/V）为展开剂，R_f值约为 0.35；石油醚-乙酸乙酯（3∶2，V/V）为展开剂，R_f值约为 0.55；以二氯甲烷为展开剂，R_f值约为 0.40。IR（KBr）$\tilde{\nu}/cm^{-1}$：3060，1647，1618，1607，1571，1496，1466，1450，1377，1226，1129，1030。^1H NMR（300 MHz，$CDCl_3$，TMS）δ：8.22（d，$J=7.8$ Hz，1H），7.91（dd，$J=7.8$ Hz，1.2 Hz，2H），7.69（dddd，$J=7.8$ Hz，7.8 Hz，1.2 Hz，1.2 Hz，1H），7.56（d，$J=8.4$ Hz，1H），7.52（ddd，$J=8.4$ Hz，7.8 Hz，1.2 Hz，1H），7.51（ddd，$J=7.8$ Hz，7.8 Hz，1.2 Hz，2H），7.41（ddd，$J=7.8$ Hz，7.8 Hz，1.2 Hz，1H），6.82（s，1H）。^{13}C NMR（75 MHz，$CDCl_3$，TMS）δ：177.1，162.0，155.1，132.8，130.7，130.6，128.1，125.2（2×C），124.6，124.3，123.0，117.2，106.5，106.4。

思 考 题

1. 以苯酚为原料，如何制备邻-羟基苯乙酮？写出反应方程式。
2. 本实验的产率高低主要取决于哪几个方面？

实验 89　植物生长调节剂 2，4-二氯苯氧乙酸的制备

(一) 实验目的

植物生长调节剂是在任何浓度条件下都能影响植物生长和发育的一类化合物，包括肌体内产生的天然化合物和来自外界环境的一些天然产物。人类也已经合成了一些与生长调节剂功能相似的化合物，通常包括内呼吸转移的调节剂，如 2，4-二氯苯氧乙酸（简称 2，4-D）就是一种有效的除草剂。而吲哚乙酸是第一种被鉴定的植物激素，能促进植物的生长。另外，有些调节剂可以改变植物的生理过程，使植物果实中的胡萝卜素增加，如 2-二乙氨基乙基-4-甲苯基醚及其同系物。本实验将合成 2，4-二氯苯氧乙酸。

(二) 实验原理

苯氧乙酸作为防霉剂，可由苯酚钠和氯乙酸通过威廉森合成法制备。通过它的氯化，可得到对-氯苯氧乙酸和 2，4-二氯苯氧乙酸。前者又称防落素，可以减少农作物的落花落果。后者又称除莠剂，可选择性地除掉杂草。二者都是植物生长调节剂。

芳环上的卤化是重要的芳环亲电取代反应之一。本实验通过浓盐酸加过氧化氢和次氯酸钠在酸性介质中的氯化，避免了直接使用氯气带来的危险和不便。其基本反应如下：

$$2HCl + H_2O_2 \longrightarrow Cl_2 + 2H_2O$$

$$HOCl + H^+ \rightleftharpoons [H_2OCl]^+$$

$$2HOCl \rightleftharpoons Cl_2O + H_2O$$

$[H_2OCl]^+$ 和 Cl_2O 是良好的氯化试剂。

本实验反应方程式：

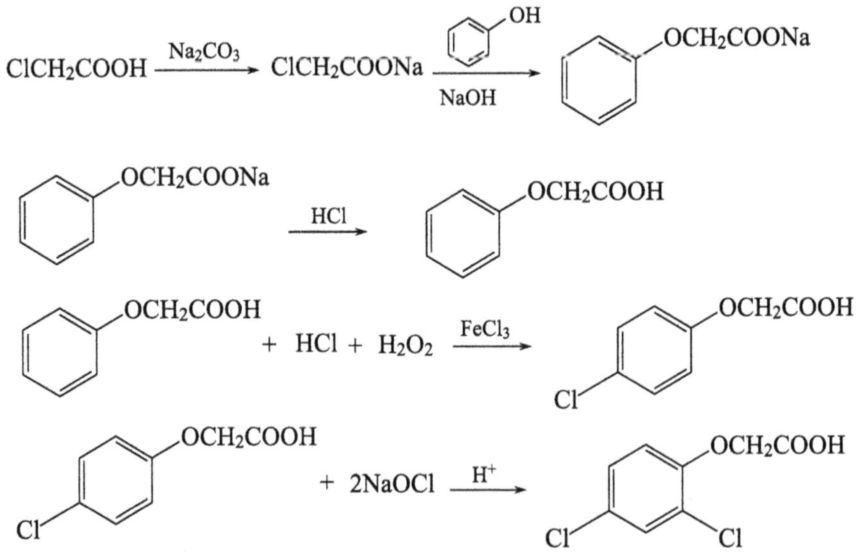

(三) 实验步骤

1. 苯氧乙酸的制备

在装有搅拌器、回流冷凝管和滴液漏斗的 100 mL 三颈烧瓶中加入 3.8 g (0.04 mol) 氯乙酸和 5 mL 水。开动搅拌，慢慢滴加饱和碳酸钠溶液（约需 7 mL)，至溶液 pH 为 7～8。然后加入 2.5 g (0.027 mol) 苯酚，再慢慢滴加 35%氢氧化钠溶液至反应混合物 pH 为 12，在沸水浴中加热 0.5 h。反应过程中 pH 会下降，应补加氢氧化钠溶液，保持 pH 为 12，在沸水浴上再继续加热 15 min。反应完毕后，将三颈烧瓶移出水浴，趁热转入锥形瓶中，在搅拌下用浓盐酸酸化至 pH 为 3～4。在冰浴中冷却，析出固体，待结晶完全后，抽滤，粗产品用冷水洗涤两三次，在 60～65℃下干燥，产量 3.5～4 g（纯苯氧乙酸的熔点为 98～99℃)。粗产品可直接用于对-氯苯氧乙酸的制备。

2. 对-氯苯氧乙酸的制备

在装有搅拌器、回流冷凝管和滴液漏斗的 100 mL 三颈烧瓶中加入 3 g (0.02 mol) 上述制备的苯氧乙酸和 10 mL 冰醋酸。将三颈烧瓶置于水浴加热，同时开动搅拌。待水浴温度上升至 55℃时，加入少许（约 20 mg) 三氯化铁和 10 mL 浓盐酸。当水浴温度升至 60～70℃时，在 10 min 内慢慢滴加 3 mL 过氧化氢 (30%)，滴加完毕后保持此温度再反应 20 min。升高温度使瓶内固体全溶，慢慢冷却，析出结晶。抽滤，粗产品用水洗涤 3 次，干燥。粗产品可直接用于 2，4-二氯苯氧乙酸的制备（若粗产品用 1∶3 乙醇-水重结晶，干燥后产量约 3 g，纯对-氯苯氧乙酸的熔点为 158～159℃)。

3. 2，4-二氯苯氧乙酸的制备

在 100 mL 锥形瓶中加入 1 g (0.0066 mol) 干燥的对-氯苯氧乙酸和 12 mL 冰醋酸，搅拌使固体溶解。将锥形瓶置于冰浴中冷却，在搅拌下分批加入 19 mL 5%次氯酸钠溶液。然后将锥形瓶从冰浴中取出，待反应物温度升至室温后再保持 5 min。此时反应液颜色变深。向锥形瓶中加入 50 mL 水，并用 6 mol · L^{-1} 的盐酸酸化至刚果红试纸变蓝 (pH 3.5～5.2)。反应物每次用 25 mL 乙醚（或乙酸乙酯）萃取 3 次。合并萃取液，在分液漏斗中用 15 mL 水洗涤后，有机层蒸馏浓缩，得粗产品，以石油醚-乙酸乙酯为展开剂，薄层层析分析纯度。以石油醚-乙酸乙酯（或四氯化碳）为溶剂进行重结晶，得纯 2，4-二氯苯氧乙酸（熔点为 138℃)，称量（产量约 0.7 g)，计算产率。

思考题

1. 说明本实验中各步反应调节 pH 的目的。
2. 若次氯酸钠加入过量，产量是增加还是降低？

实验 90　1，2，3，4-四氢-β-咔啉的合成

(一) 实验目的

本实验将合成 1，2，3，4-四氢-β-咔啉（1，2，3，4-tetrahydro-β-carboline）。本实验着重考查学生对 Pictet-Spengler 合成法反应原理的理解和方法的应用；对回流、反应速率控制、重结晶、干燥、化合物的熔点测定等有机化学实验基本操作技能的掌握；以及运用核磁共振谱对有机化合物结构进行解析的能力。

(二) 实验原理

β-咔啉类化合物是一类广泛分布于自然界的吲哚生物碱，具有抗血小板聚集、抗肿瘤、抗病毒、抗菌、抗寄生虫、抗氧化、抑制磷酸二酯酶等多种生物活性，如对冠心病有一定疗效的川芎哚（perlolyrine）；骆驼蓬碱中具有抗肿瘤活性的哈尔明（去氢骆驼蓬碱，harmine）、哈马灵（骆驼蓬碱，harmaline）；具有较好的抗病毒、抗菌和抗肿瘤活性的 Eudistomin 类海洋生物碱；具有抗痉挛、抗焦虑作用的 3-乙氧羰基-β-咔啉（B-CCE）；Shering 公司最近推出的用于抗焦虑的 β-咔啉（1，9-二氮芴）衍生物阿贝卡尔（abecarnil）等新药。在这些 β-咔啉类衍生物中，1，2，3，4-四氢-β-咔啉是许多具有重要生理活性的吲哚生物碱的关键结构单元，也是一些抗肿瘤、抗菌、镇痛、抗氧化等药物和活性化合物的必需结构。

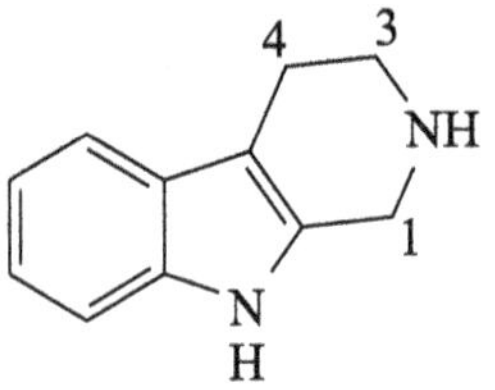

1，2，3，4-四氢-β-咔啉

目前关于 1，2，3，4-四氢-β-咔啉类化合物的合成方法研究较多。构建 1，2，3，4-四氢-β-咔啉骨架一般是采用 Pictet-Spengler 反应（β-芳基乙胺在酸性条件下与羰基化合物如醛等缩合再发生环化，简称 P-S 反应），即色胺与醛的缩合/分子内加成反应，该方法可立体选择性地在 1-位引入相应的取代基团。

Pictet-Spengler 反应由瑞士化学家 Amé Pictet 和 Theodor Spengler 在 1911 年报道，至今已有 100 多年的历史，现在该反应仍然是合成 β-咔啉衍生物和四氢异喹啉最有效的方法，常用于异喹啉类生物碱和药物的合成。这个反应可以看成是曼尼希（Mannich）反应的特殊例子，也可看成是 Bischler-Napieralski 反应的一种改进。反应一般需要酸催化和加热的条件，但 1934 年 Hahn 等报道了活性较高的化合物在温和条件下进行的 Pictet-Spengler 反应。1944 年 Schöpf 等也发现高度活性的羟基取代的芳环可使 Pictet-Spengler 反应在温和的接近生理的条件下进行。

在 Pictet-Spengler 反应中，芳香乙胺的芳香核的反应性能和羰基化合物的性质对于反应能否进行有很大影响。芳香核的闭环位置上电子云的密度增加有利于反应的进行。由于反应中的曼尼希型亲电试剂亚胺正离子的亲电性比 Bischler-Napieralski 反应中的中间体弱，因

此要有效地环化，芳环的适当位置必须有强的活化基团。如果芳环上的活化基团位于间位，关环在活化基团的对位发生；活化基团在邻位或对位则不发生关环反应。当芳环为富电子的吲哚或吡咯环时，反应可以在无酸催化的条件下进行，但反应需要在高沸点溶剂如二甲苯中进行。

最常用的羰基化合物为甲醛、甲醛缩二甲醇。甲醛在许多例子中能得到较好的产率。酮类一般反应结果不理想。最常用的乙胺衍生物为取代苯乙胺、吡咯乙胺、色胺（tryptamine，β-吲哚乙胺），其中以色胺的应用最为广泛。

本实验的合成路线如下：

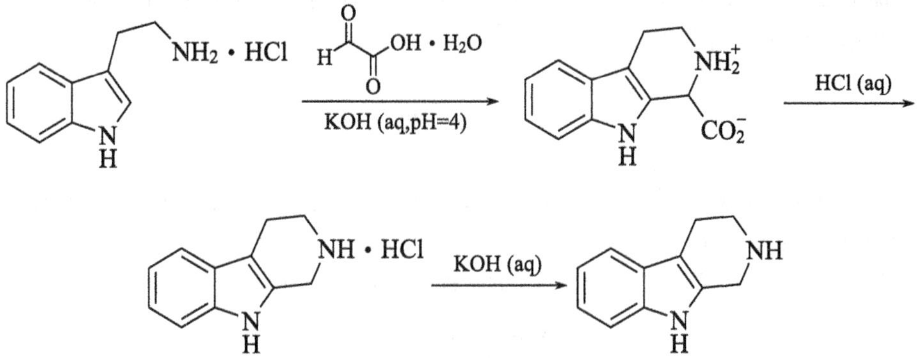

本反应机理是色胺与醛在酸性条件下缩合脱水为亚胺（席夫碱），然后亚胺质子化后形成的亚胺离子作为亲电试剂，对芳环进行亲电芳香取代发生环化。

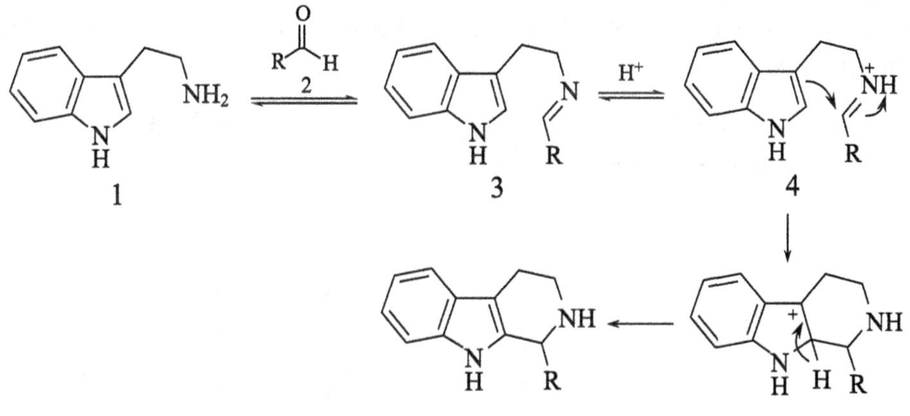

1　3　4　6　5

（三）实验步骤

在 100 mL 圆底烧瓶中加入 1 g（0.00624 mol）色胺，加 16 mL 水，水浴加热至约 45℃，搅拌，加适量浓盐酸，使固体溶解，然后移开水浴，冷至室温。取 0.69 g（0.00749 mol）一水合乙醛酸（glyoxylic acid monohydrate），加入 3.0 mL 水，配成溶液并加入上述圆底烧瓶中。在搅拌状态下，缓慢滴加入冷的浓盐酸或 20% KOH 溶液（7.05 g KOH 溶于 35 mL 水），调节溶液 pH 为 3.5～4.0。在滴加的过程中有四氢-β-咔啉-1-羧酸沉淀生成。在圆底烧瓶上装好回流冷凝管，在室温下继续搅拌反应 1 h。减压抽滤收集反应得到的固体，用 3 mL

冷水洗涤固体。

固体可不经干燥，直接转入 100 mL 三颈烧瓶中，加入 10 mL 水，得到悬浮液。装上回流冷凝管，在搅拌下缓慢加入 2 mL 浓盐酸，加完后加热至沸腾 30 min，然后加入 2 mL 浓盐酸，再加热 15 min。反应液冷至室温，减压过滤收集盐酸盐沉淀，用 2.0 mL 冷水洗涤固体。

固体转移入 50 mL 锥形瓶中，加入 16 mL 水，搅拌，水浴温热（约 55℃）至溶解。用 20% KOH 溶液调 pH 至 12，然后冷至室温，减压抽滤收集固体，用 2.0 mL 水洗涤。粗产品干燥、称量。粗产品用水-95%乙醇混合溶剂重结晶（方法：粗产品加 10 mL 水，加热至沸，再滴加适量 95%乙醇，在沸腾下产物刚好溶解），所得产物为白色针状固体，干燥，称量，计算产率。测定化合物熔点。

思 考 题

1. 是否可以用甲醛代替一水合乙醛酸与色胺反应制备 1，2，3，4-四氢-β-咔啉？如果可以，试分析比较两反应的难易程度和优缺点。

2. 运用 Pictet-Spengler 反应，如何制备以下化合物？写出反应方程式。

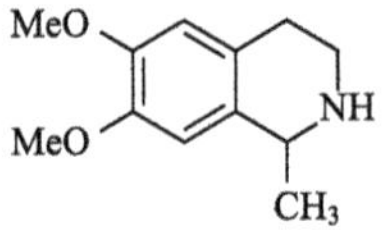

3. 本实验产率高低主要取决于哪几个方面？

4. 以下为 1，2，3，4-四氢-β-咔啉的 ^1H NMR 谱图（测试条件：溶剂 $CDCl_3$，400 MHz），请对图中各氢的化学位移进行归属。

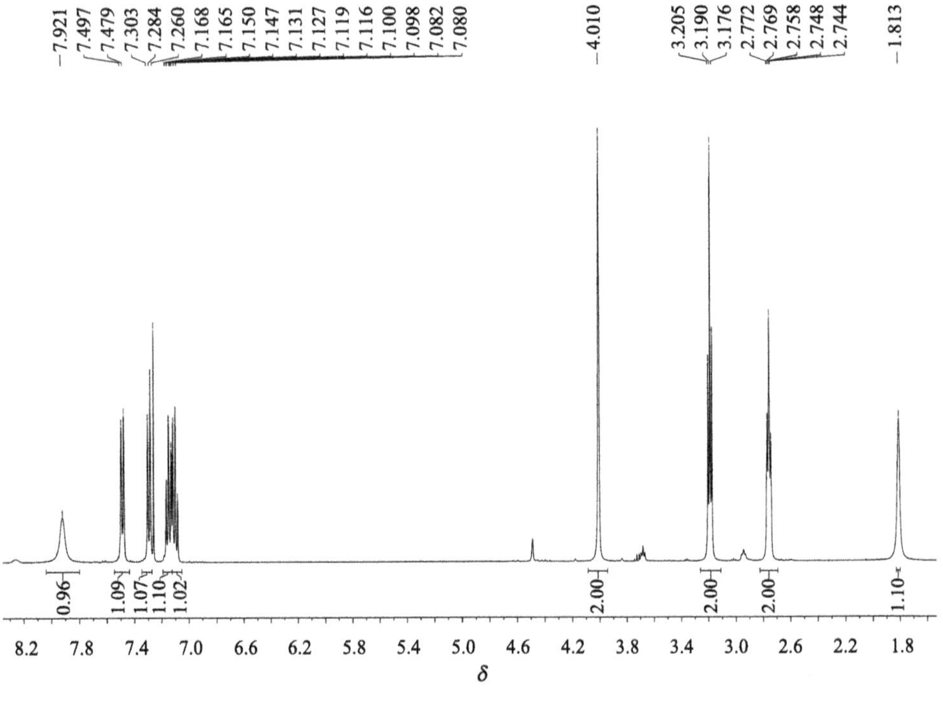

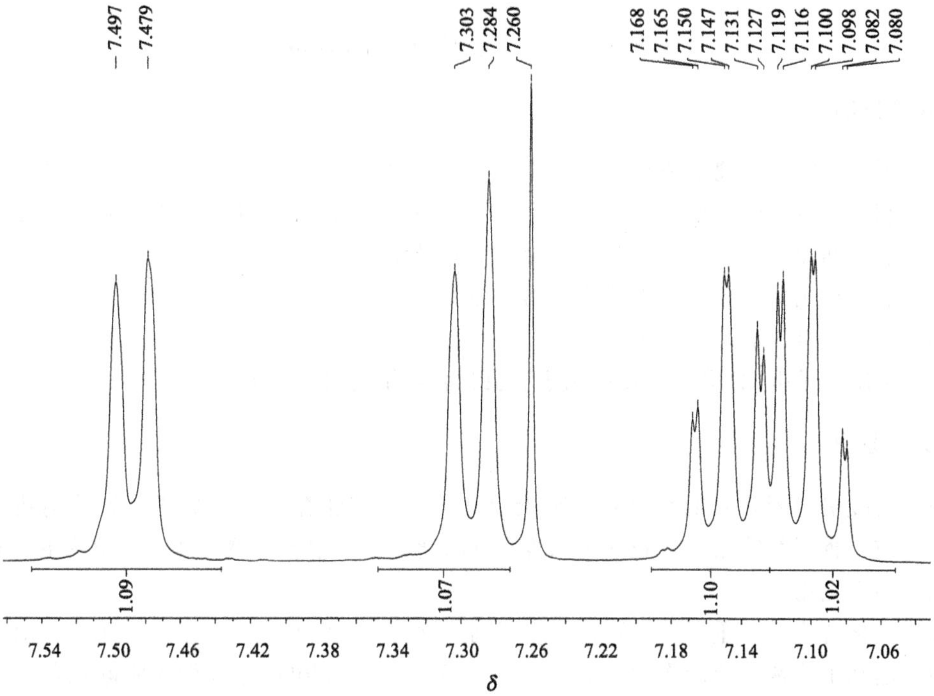
7.497
7.479
7.303
7.284
7.260
7.168
7.165
7.150
7.147
7.131
7.127
7.119
7.116
7.100
7.098
7.082
7.080
1.09
1.07
1.10
1.02
7.54 7.50 7.46 7.42 7.38 7.34 7.30 7.26 7.22 7.18 7.14 7.10 7.06
δ

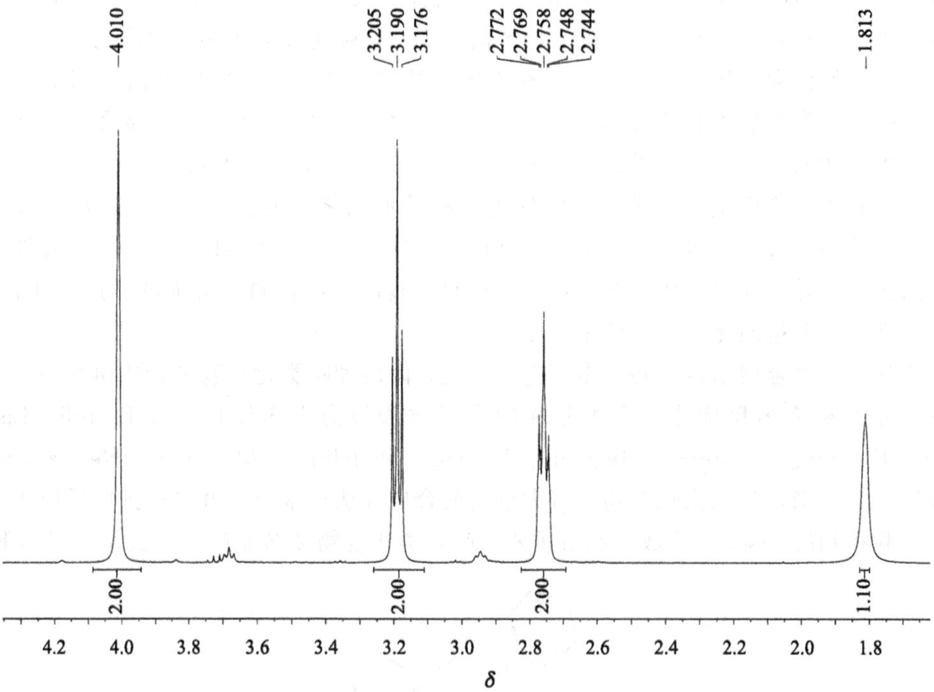
4.010
3.205
3.190
3.176
2.772
2.769
2.758
2.748
2.744
1.813
2.00
2.00
2.00
1.10
4.2 4.0 3.8 3.6 3.4 3.2 3.0 2.8 2.6 2.4 2.2 2.0 1.8
δ

实验91 2-苯基吲哚的合成

(一) 实验目的

(1) 了解吲哚化合物的来源、结构、性质和用途。

(2) 利用 Fischer 合成法制备 2-苯基吲哚，掌握该反应的原理和方法的推广应用。

(3) 熟悉回流、控温、重结晶、干燥等实验操作方法。

(4) 熟练运用薄层色谱检测反应产物的纯度。

(5) 熟悉化合物的熔点测定。

(6) 了解并掌握 IR 和 NMR 应用于有机化合物结构解析的方法。

(二) 实验原理

吲哚是吡咯与苯并联的化合物。吲哚及其衍生物广泛存在于自然界，如茉莉花、苦橙花、水仙花、香罗兰等植物的花油中都含有吲哚化合物；很多天然生物碱、植物生长素等也都是吲哚的衍生物。

吲哚类化合物具有重要的生物活性。目前，含有吲哚结构的药物已大量上市，对人类疾病的治疗起到了非常重要的作用。例如，吲哚洛尔（pindolol）是β-受体阻断剂药，用于治疗心律失常、心绞痛和高血压；吲哚布芬（indobufen）是抗凝血药；吲哚美辛（indomethacin）是治疗风湿性疾病和多种关节炎的非甾体消炎药；由 5-甲氧基吲哚制取的松果腺素直接作用于下丘脑，具有促进睡眠、调节内分泌及增强免疫力等多种生理功能。另外，色氨酸在人体内的代谢产物 5-羟色胺是一种重要的神经递质，对人的精神活动调节起重要作用，当人脑中 5-羟色胺的量突然改变时，就会出现精神失常症状。一些吲哚类生物碱陆续被合成出来，如利舍平、长春碱、麦角新碱、士的宁等，并应用于临床。吲哚乙酸、吲哚-3-丁酸等是重要的植物生长调节剂，能促进植物的根和茎的伸长。3-二甲胺基吲哚（芦竹碱）是一类植物源农药，对虉缕属杂草具有很强的抑制作用，还能使昆虫产生拒食性，可开发为杀虫剂。此外，吲哚类化合物在染料、香料、食品、和饲料等方面的应用也非常广泛，还是合成许多重要精细化工产品的中间体。

由于吲哚类化合物结构和种类多，应用广泛，因而吲哚类化合物的合成研究一直受到格外重视。在有机人名反应中，有关吲哚的合成方法最为引人注目，有 Bartoli、Bischler-Möhlau、Fischer、Gassman、Hegedus、Larock、Madelung、Mori-Ban、Nenitzescu 吲哚合成法等。近年来，吲哚类化合物仍有大量新的合成方法被报道，并且得到广泛应用。

本实验将利用 Fischer 合成法制备重要的吲哚类化合物 2-苯基吲哚，其结构式如下：

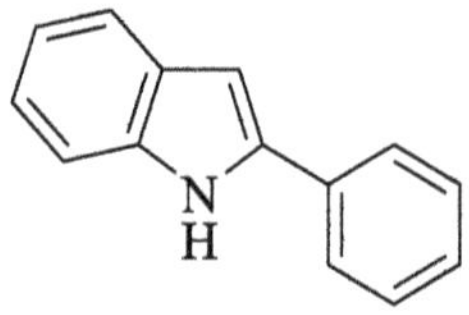

2-苯基吲哚

本实验选用苯肼和苯乙酮为原料，以乙酸和多聚磷酸为催化剂，合成路线如下：

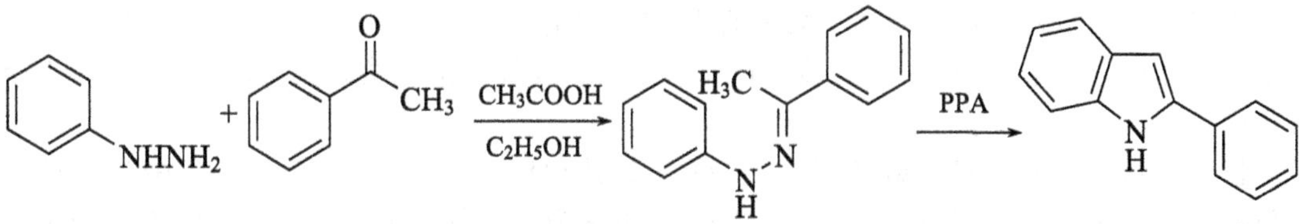

Fischer 吲哚合成反应是常用的合成吲哚环系的方法，由 Fischer 于 1883 年发现。该反应以醛或酮与等物质的量的苯肼作用得到苯腙，所得苯腙在酸性催化剂存在下异构化为烯胺，并发生［3，3］σ迁移反应生成二亚胺。该二亚胺芳构化后成环，得到缩醛胺。氨基质子化，放出氨，并失去一个质子生成芳香性的吲哚环。所用的原料醛或酮必须具有 R—C（═O）—CH_2—R′结构（R、R′为烷基、芳基或氢）。酸性催化剂可以是多聚磷酸（PPA）、BF_3、金属卤化物（如 $ZnCl_2$、$NiCl_2$、$CuBr_2$、$CuCl_2$ 等）、质子酸（如 HCl、H_2SO_4、无水 CH_3COOH）以及其他路易斯酸等。

Fischer 吲哚合成法的反应机理如下：

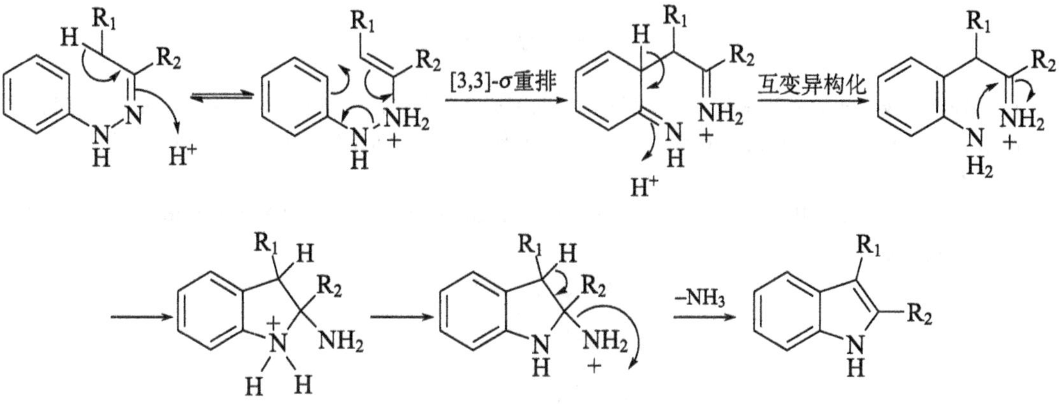

（三）实验步骤

1. 苯乙酮苯腙的合成

取 100 mL 圆底烧瓶，加入 3.6 g（0.03 mol）苯乙酮、3.24 g（0.03 mol）苯肼、10 mL无水乙醇、3 滴冰醋酸，将原料混合均匀。安装回流装置，开动搅拌，在沸水浴中反应 30 min。冷却该反应混合液。减压抽滤，固体依次用 5 mL 浓度为 3 mol · L^{-1} 盐酸、3 mL冰冷的 95％乙醇洗涤，得到白色或淡黄色固体苯乙酮苯腙（熔点 106℃），样品于红外箱干燥，称量（产量约 6 g，产率约 95％）。

2. 2-苯基吲哚的合成

在 250 mL 烧杯中加入 6 g 干燥的苯乙酮苯腙、40 g 多聚磷酸。将该烧杯置于沸水浴中加热，用玻棒搅拌，控制反应体系温度在 100～120℃（注：反应体系放热），反应 20 min。加入 100 mL 冷水（多聚磷酸水解会放热），电磁搅拌 15 min，使多聚磷酸完全溶解。将生成的白色固体减压过滤，冷水洗涤至洗涤液不呈明显酸性。粗产品用 95％乙醇重结晶（每克干燥粗产品的乙醇用量约 15 mL），样品水浴加热溶解后稍冷，再加入适量活性炭脱色，用事先预热的抽滤瓶和布氏漏斗趁热过滤，残渣用约 8 mL 95％热乙醇溶液洗涤。合并滤液，静置、冷至室温，析出固体。减压抽滤，固体用少量95%冷乙醇溶液洗涤。产品干燥、称量，计算反应产率（约80%）。测定产品的熔点、红外光谱、核磁共振谱，也可用硅胶薄层色谱分析产品的纯度。

目标产物2-苯基吲哚，熔点188～189℃。以体积比5∶1的石油醚-乙酸乙酯为展开剂，R_f值约为0.59；以体积比1∶1的石油醚-二氯甲烷为展开剂，R_f值约为0.60。IR $\tilde{\nu}/cm^{-1}$：3442，3050，1602，1542，1480，1457，1446，1403，1352，1339，1299，1240，1230，1189，932，907，797，764，741，689。^1H NMR（400 MHz，DMSO-d6，TMS）δ：11.55（s，1H），7.87（d，J =7.2 Hz，2H），7.54（d，J =7.6 Hz，1H），7.46（dd，J = 7.6 Hz，7.2 Hz，2H），7.42（d，J =7.6 Hz，1H），7.31（dd，J =7.6 Hz，7.6 Hz，1H），7.11（dd，J =7.6 Hz，7.6 Hz，1H），7.01（dd，J =7.6 Hz，7.6 Hz，1H），6.90（s，1H）。^{13}C NMR（100 MHz，DMSO-d6，TMS）δ：137.6（C），137.1（C），132.2（C），128.9（2×CH），128.6（C），127.4（CH），125.0（2×CH），121.6（CH），120.0（CH），119.4（CH），111.3（CH），98.7（CH）。

思　考　题

1. 某同学想按本实验方法制备2-苯基吲哚，发现实验室的苯肼已经用完，但找到了一瓶盐酸苯肼，于是他使用了与苯肼等物质的量的盐酸苯肼作为原料，其他反应试剂和条件均不变，最后能得到2-苯基吲哚吗？为什么？

2. 1，2，3，4-四氢咔唑（1，2，3，4-tetrahydrocarbazole）是一种重要的医药中间体，试为该化合物设计一条合成路线。

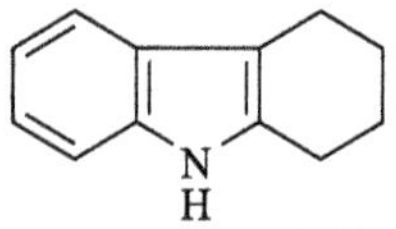

1，2，3，4-四氢咔唑

3. 以下红外光谱图1、图2、图3分别对应化合物苯肼、苯乙酮、2-苯基吲哚的某一个，试对图1～图3进行解析，并指明各图对应的化合物。

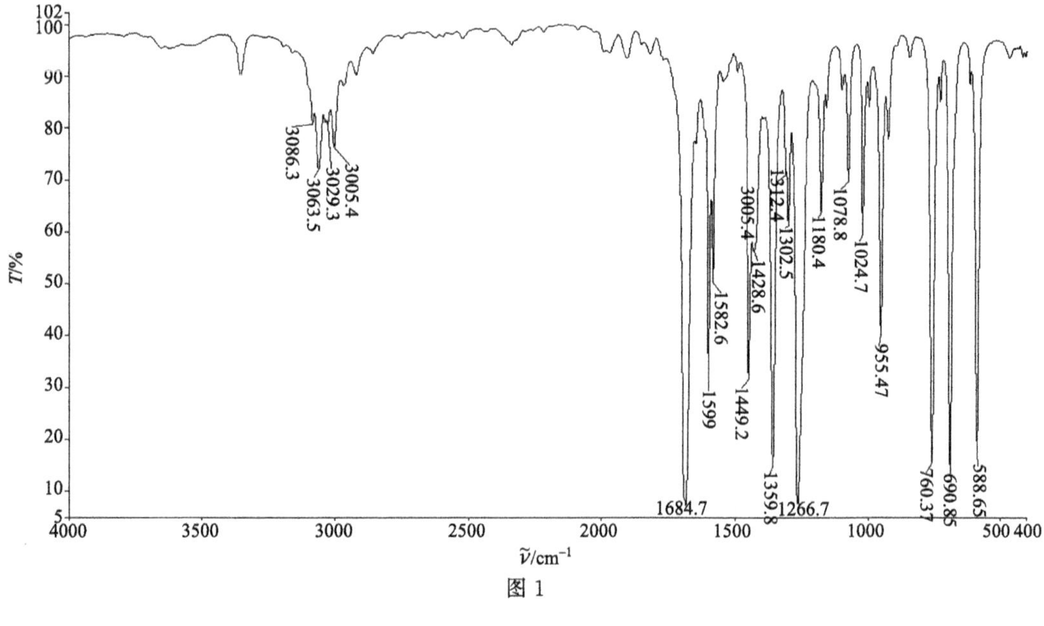

图1

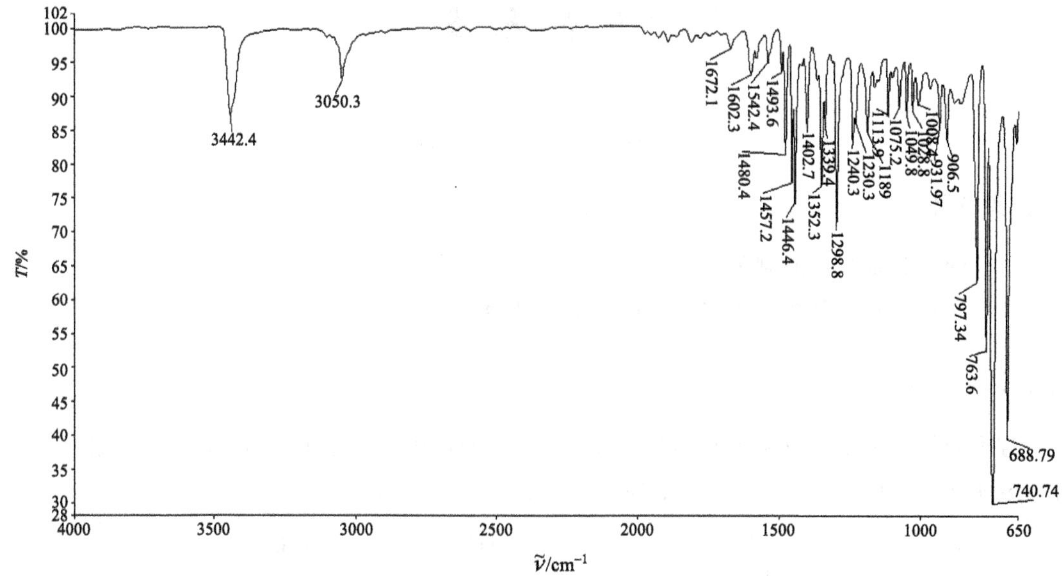

T/%
ṽ/cm⁻¹
3442.4
3050.3
1672.1
1602.3
1542.4
1493.6
1480.4
1457.2
1446.4
1402.7
1352.3
1339.4
1298.8
1240.3
1230.3
1189
1113.9
1075.2
1049.8
1028.8
1008.4
931.97
906.5
797.34
763.6
740.74
688.79

图 2

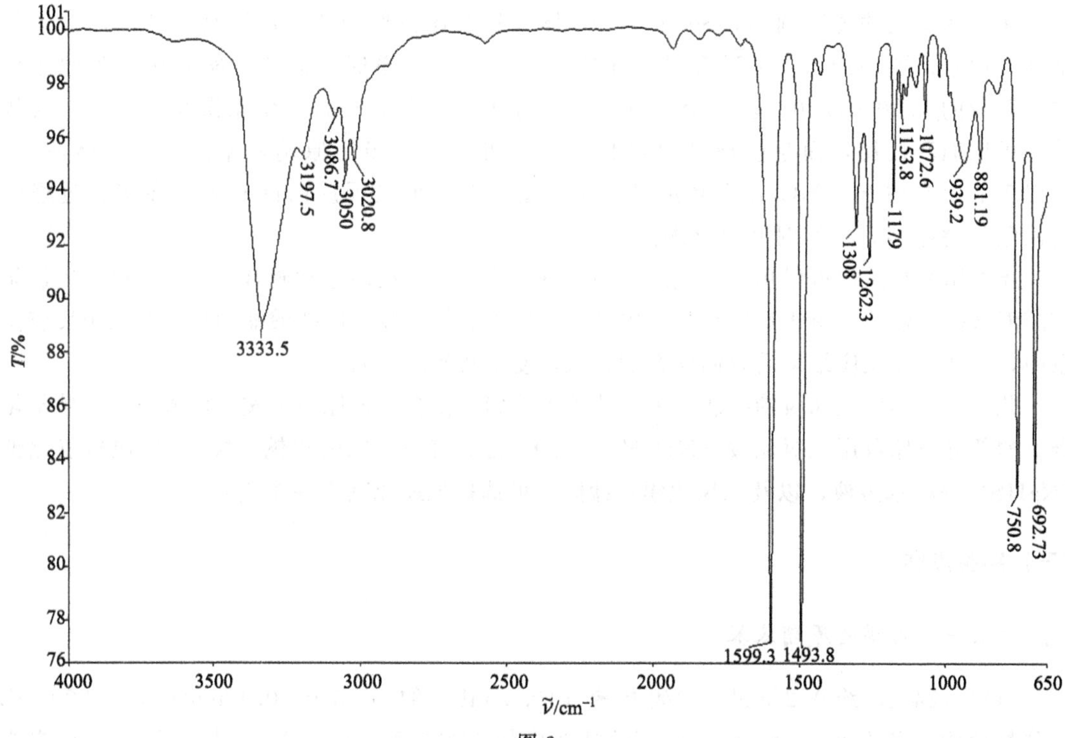

T/%
ṽ/cm⁻¹
3333.5
3197.5
3086.7
3050
3020.8
1599.3
1493.8
1308
1262.3
1179
1153.8
1072.6
939.2
881.19
750.8
692.73

图 3

多步合成

实验92 苯　胺

（一）实验目的

（1）学习硝基苯还原制苯胺。

（2）学习水蒸气蒸馏、萃取、蒸馏和重结晶操作。

（二）实验原理

芳香族伯胺主要通过芳香族硝基化合物在酸性介质中的还原来制备。将硝基转化为氨基常用金属-酸还原体系，如Fe-HCl、Sn-HCl以及Zn-HCl等。

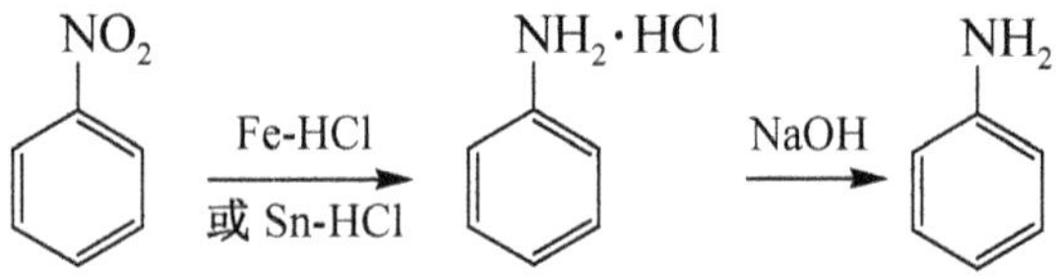

在这些常用的还原剂中，Sn(Zn)-HCl体系具有还原作用快，产率高等特点，但是价格高，而且需要使用大量的酸和碱。而使用Fe－HCl体系时，盐酸的实际用量为此方程式计算量的1/20～1/60，在这个反应中，铁与盐酸反应生成的氯化亚铁经水解后生成盐酸，可以循环使用，而且生成的氢氧化亚铁还可以进一步还原硝基苯。铁的价格便宜，所以工业上常用Fe－HCl体系还原硝基苯制备苯胺，但是反应时间较长，在实验过程中用乙酸代替盐酸，还原时间显著缩短。

还原用的盐酸也可以用弱碱盐酸盐的水解来代替，如在还原对硝基甲苯时，可采用氯化铵溶液来提供盐酸。由于反应在盐酸中进行，所生成的苯胺则以盐酸盐的形式存在于反应体系中，因此还原反应结束后要向体系加入碱，使苯胺游离出来。

此外，利用催化加氢的办法，也可使芳香族硝基化合物还原为伯胺。而芳香族多硝基化合物的部分还原可用硫氢化铵（NH_4HS）的水-乙醇溶液、二硫化钠（Na_2S_2）或硫氢化钠（NaHS）等的水溶液，以及二氯化锡加盐酸，可选择地还原其中一个硝基。

（三）实验步骤[①]

方法一：用锡还原硝基苯

将锡（24 g，约0.2 mol）和硝基苯（10.5 mL，约12.3 g，0.1 mol）加入500 mL三颈烧瓶中，装上回流冷凝管。在滴液漏斗中加入浓盐酸（60 mL）。先加入10 mL浓盐酸[②]，充分混合均匀，片刻后激烈的反应开始，同时伴有急骤放热（如果太剧烈，则用冷水浴冷却）。然后缓慢加入剩余的浓盐酸，控制加入速度使反应物处于微沸腾状态，并不时摇动反应瓶。当盐酸加完，而且反应已经平稳，再将烧瓶置于水浴上加热回流30 min，并不时摇动，使反应趋于完全[③]。

在热的溶液中加入 20 mL 水，将反应瓶改为水蒸气蒸馏装置④，进行水蒸气蒸馏，直到馏出液清澈为止。稍冷后，逐渐加入 40 mL 溶有 30 g NaOH 的水溶液，至呈强碱性，再进行水蒸气蒸馏蒸出苯胺，直至流出液不显浑浊。馏出液用食盐饱和⑤，用分液漏斗分出有机层，水层用乙醚萃取三次，每次用15 mL，萃取液与有机层合并，用无水硫酸钠干燥。干燥后的有机层移到蒸馏瓶中，水浴加热蒸去乙醚，再在石棉网上加热，收集 180～185℃馏分，产量约 8 g。

苯胺的沸点为 184.1℃，$n_D^{20}=1.5863$。

方法二：用铁还原硝基苯

在 500 mL 圆底烧瓶中放置还原铁粉⑥（40 g，0.72 mol）、水（40 mL）和冰醋酸（2 mL），用力振摇，充分混合。装上回流冷凝管，小心加热 5 min⑦。稍冷后，从冷凝管顶端分批加入硝基苯（15.4 mL），每次加完后用力振摇，使反应物充分混合。反应强烈放热，足以使溶液沸腾。加完后，在石棉网上加热回流 1 h。该反应为非均相反应，所以在反应过程中要时时加以摇动，使两相充分接触，以促使反应完全③。

将反应瓶改为水蒸气蒸馏装置，进行水蒸气蒸馏，自到馏出液澄清为止，再收集 10～20 mL 清液⑧。

在馏出液中加入精盐使其饱和⑤，然后倒入分液漏斗中，先分出油层，水层用乙醚萃取三次，每次用 20 mL，合并苯胺与乙醚的萃取液，用适量粒状 NaOH 干燥⑨。

将干燥后的苯胺乙醚溶液分批加入到干的小烧瓶中，在水浴上加热蒸去乙醚，然后改用空气冷凝管，在石棉网上加热蒸馏，收集 180～185℃的馏分，产量为 9～11 g。

【注释】

① 苯胺有毒，操作时应该小心。如果不慎触及皮肤，先用大量水冲洗，再用肥皂和温水洗涤。

② 盐酸不宜一次加得过多，否则反应过于激烈，反应液有冲出冷凝管的危险。

③ 硝基苯为黄色油状物，如果回流液中黄色油状物消失而转变成乳白色油珠（由游离胺引起的），即表示反应完成。还原作用必须完全，否则残留在反应物中的硝基苯在以下几步提纯过程中很难除去，因而影响产品纯度。

④ 蒸去未反应的硝基苯。

⑤ 苯胺在水中有一定的溶解度［22℃，3.48 mL·$(100\ mL)^{-1}$］。加入 NaCl 使水层饱和后，由于盐析作用，降低了苯胺的溶解度，从而减少了苯胺的损失。

⑥ 生铁屑用 5%盐酸洗后，再用水洗涤三次。

⑦ 这步操作主要是使铁活化。铁与乙酸作用生成乙酸亚铁，可使铁转变为碱式乙酸铁的过程加速，缩短反应时间。

⑧ 反应结束后，圆底烧瓶壁上黏附的黑褐色物质可用 1∶1（体积比）的盐酸温热除去。

⑨ 先加数粒 NaOH，旋摇后如有水层分出，则应用吸管把水层吸掉，再加适量 NaOH 干燥。

思 考 题

1. 在方法一中，反应后加入 NaOH 溶液使其呈碱性，才能进行水蒸气蒸馏，而方法二则可以不必中和，这是为什么？

2. 本实验为什么选择水蒸气蒸馏法把苯胺从反应混合物中蒸馏出来？

3. 在水蒸气蒸馏完毕时，先灭火焰，再打开T形管下端的弹簧夹，这种做法可以吗？为什么？

实验93　乙酰苯胺

（一）实验目的

学习苯胺乙酰化制乙酰苯胺。

（二）实验原理

芳香族伯胺的芳香环和氨基都容易发生反应，在有机合成中常需先把氨基酰化变成酰胺，再进行其他反应，最后水解除去酰基。芳胺的酰化主要是乙酰化，常用的乙酰化试剂有乙酸、乙酰氯、乙酸酐等。酰基化衍生物与稀的强碱溶液或与酸溶液加热煮沸时均发生水解。

乙酰苯胺是有机合成的一个重要中间体，由它可以合成许多重要有机化合物，也是合成磺胺类药物的重要原料，其本身就是一个强退热药，俗称“退热冰”，但是因为有毒性以及副作用大，所以被其他较好的解热药（如非那西丁）代替。

（三）实验步骤

方法一：乙酸酐酰化法

在100 mL圆底烧瓶中加入新蒸苯胺[①]（7 mL，3.1 g，0.033 mol），然后慢慢加入乙酸酐（8 mL，5.3 g，0.05 mol）和少许锌粉（约0.1 g）[②]，装上回流冷凝管，加热回流30 min。在搅拌下趁热[③]将反应物倒入100 mL冰水中冷却。待乙酰苯胺晶体完全析出后，抽滤，并用5～10 mL冰水洗涤，以除去残留酸液，抽干，得粗产品。

粗乙酰苯胺用1∶20的水（约100 mL）进行重结晶（必要时需用活性炭进行脱色）[④]。所得到的晶体在60℃以下烘干后，称量，计算产率。

纯乙酰苯胺为白色片状结晶，熔点114.3℃（115～116℃），难溶于冷水，稍溶于热水。

温度/℃	25	50	80	100
溶解度/($mol \cdot L^{-1}$)	0.0458	0.0683	0.2846	0.4588

方法二：用乙酸进行酰基化

在50 mL圆底烧瓶中加入新蒸苯胺（10 mL）以及冰醋酸（15 mL）。装上一支韦氏分馏柱，并装成简单分馏装置，接受瓶用冷水浴冷却。

将圆底烧瓶在石棉网上小火加热，使反应物保持微沸15 min，然后逐渐升高温度，至分馏柱顶温度达到100℃时，即有液体馏出[⑤]，维持温度在100～110℃约1.5 h，反应生成的水及大部分乙酸被蒸出。温度计读数下降，表示反应趋于完成。在搅拌下，将反应物趁热倒入100 mL冷水中[⑥]，冷却后抽滤，用冷水洗涤，粗产品用水重结晶，乙酰苯胺产量为

9～10 g。

【注释】

① 苯胺放置时间过长，颜色变深，含有杂质。故最好用新蒸的无色或浅黄色的苯胺。为了防止苯胺在蒸馏时被氧化，蒸馏时可加入少许锌粉。另外原料乙酸酐也最好用新蒸的。

② 加入锌粉的作用是防止苯胺在反应过程中氧化。但是必须注意的是，不能加入多量的锌粉，否则在后处理中出现难溶解的氢氧化锌。

③ 反应混合物冷却后，固体产物立即析出，黏在瓶壁上不易处理，故应该在搅拌下将混合物趁热倒入冷水中，以除去过量的乙酸酐和未作用的苯胺（苯胺乙酸盐溶于水）。

④ 重结晶加热溶解时可能会出现油珠，注意此油珠不是杂质，而是已经熔化的乙酰苯胺，因为乙酰苯胺超过 83℃时，在水中可以溶解，而且密度比水大，沉在烧瓶底部。不同温度时乙酰苯胺在水中的溶解度如下：

⑤ 收集水和乙酸的总体积约为 8 mL。

⑥ 反应物冷却后，固体产物立即析出，沾在瓶壁上不易处理。故须将反应物在搅拌下趁热倒入冷水中，以除去过量的乙酸及未作用的苯胺（可成为苯胺乙酸盐而溶于水）。

思　考　题

1. 在实验中采用了哪些方法来提高乙酰苯胺的产率？
2. 在方法二中，为什么要控制分馏柱的馏出温度为 100～110℃？若反应温度过高有什么不好？
3. 在方法二中，根据理论计算，反应完成时应产生多少毫升水？为什么实验收集的液体量多于理论量？
4. 常用的乙酰化试剂有哪些？哪一种较经济？哪一种反应较快？

实验 94　磺　　胺

（一）实验目的

（1）学习乙酰苯胺经氯磺化、氨解、水解得磺胺。
（2）学习氯磺酸的使用和重结晶操作。

（二）实验原理

对-氨基苯磺酰胺是一种最简单的磺胺药，简称 SN。它是以乙酰苯胺为原料，通过氯磺化和氨解，最后在酸性介质中水解除去乙酰基，便可制得磺胺。

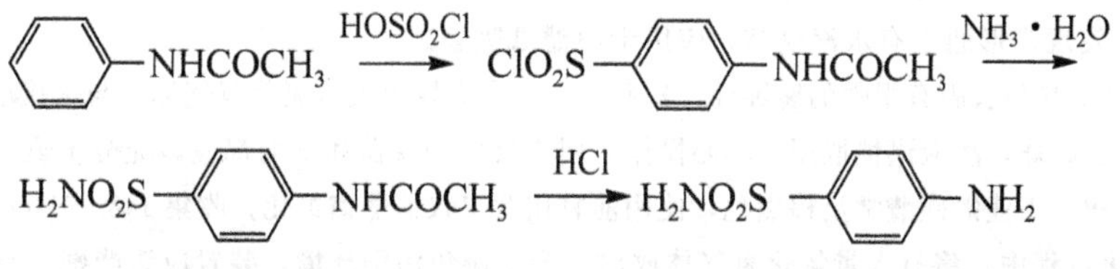

在乙酰苯胺的氯磺化需要过量的氯磺酸，对于 1mol 的乙酰苯胺至少需要用 2mol 氯磺酸，否则会有磺酸生成，过量的氯磺酸的作用是将磺酸转变为磺酰氯。

磺胺为无色晶体，用于外伤消炎，是抑菌物质。它还是制备其他磺胺类药物，如磺胺咪、磺胺咪啶以及各种长效磺胺类药物的原料。

(三) 实验步骤

1. 对-乙酰氨基苯磺酰氯的制备

将 5 g(0.037 mol)乙酰苯胺加入干燥的 100 mL 锥形瓶中，在石棉网上用小火加热使乙酰苯胺熔融①。塞住瓶口让其自然冷却，乙酰苯胺在瓶底凝结成块。锥形瓶于冰水浴中冷却后，迅速将 12 mL 氯磺酸②一次加入冷却的乙酰苯胺中，立即接上氯化氢吸收装置③。移去冰水浴，使反应缓慢进行。待乙酰苯胺固体消失后，再在 60℃的水浴加热15 min,并不断摇动，直到无氯化氢气体放出为止。

反应物移至室温下放置，冷却后再用冰水浴冷却 10 min。在通风橱内将反应液慢慢倒入盛有 75 g 碎冰的烧杯中，边倒边不断搅拌④，此时有白色或者粉红色的沉淀析出。用少量冷水洗涤反应瓶，洗涤液倒入烧杯中。多余的氯磺酸遇水分解，放出氯化氢。抽滤，并用冰水洗涤两三次。产品立即进行氨解反应⑤。

2. 对-乙酰氨基苯磺酰胺的制备

将上述得到的对-乙酰氨基苯磺酰氯粗品转移到 100 mL 锥形瓶中，在不断搅拌下慢慢加入 15 mL 浓氨水，反应放热，大量沉淀析出而成糊状。加完浓氨水后，在 70℃的水浴加热 20 min 以除去多余的氨。待反应物冷却后，加入 15 mL 水⑥，再用冰水浴冷却，抽滤，沉淀用冰水洗涤两次，抽干，称量，不必烘干即可进行下步反应。

3. 磺胺的制备

将上述得到的对-乙酰氨基苯磺酰胺转移到 100 mL 圆底烧瓶中，每克粗产品加入 4 mL 5% HCl。装上回流冷凝管，在石棉网上用小火加热回流 15～20 min，固体消失，得到澄清的溶液。稍冷后加入少量活性炭，煮沸脱色约 5 min，趁热过滤。待滤液冷却后，在搅拌下小心加入粉状 Na_2CO_3 至 pH ＝ 9⑦，这时有大量沉淀析出。在冰水浴中冷却，抽滤，用少量冰水洗涤。粗产品用水重结晶（每克粗产品用 6～7 mL）即可得到纯磺胺。

纯对氨基苯磺酰胺的熔点为 165～166℃。

【注释】

① 乙酰苯胺与氯磺酸的反应相当激烈，将乙酰苯胺加热熔融凝结成块状后，可以减少其表面积，使氯磺化缓和进行；另外也可以进一步除去残留在乙酰苯胺中的水分，提高试剂氯磺酸的利用率。因此，在乙酰苯胺熔融后若发现锥形瓶上有水汽凝结，应用干净滤纸吸去。

② 氯磺酸对皮肤和衣服有很强的腐蚀性，暴露在空气中会冒出大量氯化氢气体，与水接触发生猛烈的分解放热反应，甚至爆炸，故应谨慎取用、小心操作。用于反应的仪器和试剂都应该充分干燥。含有氯磺酸的废液不可倒入水槽。工业氯磺酸常呈棕黑色，使用前宜用磨口仪器蒸馏纯化，收集 148～150℃的馏分。

③ 在氯磺化过程中，将有大量氯化氢气体放出。为了避免污染环境，装置应该严密。导气管的末端要与接受器内的水面接近，但不能插入吸收液中，否则吸收液很可能倒吸入反应瓶中而引起严重事故。

④ 由于过量的氯磺酸遇水分解以及硫酸遇水均会放热，因此反应物要慢慢倒入碎冰中，并且要充分搅

拌，以免局部过热而使对-乙酰氨基苯磺酰氯受热水解成对-乙酰氨基苯磺酰酸或者对-氨基苯磺酸。

⑤ 纯对-乙酰氨基苯磺酰氯很稳定，但是实验中得到的粗产品中含有水分以及少量未洗除的酸，在温热或者在酸性介质下放置过久容易水解，因此洗涤时要尽量洗去固体所夹的杂质和吸附的酸，并且最好立即将它转变为磺酰胺。要得到纯产物，可以用氯仿-丙酮的等体积混合物重结晶。纯品熔点为 149℃。

⑥ 磺酰胺有微弱的酸性，因此对-乙酰氨基苯磺酰胺溶解于过量的浓氨水中，加水稀释，可以降低其溶解度。

⑦ 磺胺是两性化合物，在过量的碱液中也易变成盐类而溶解，所以中和操作必须仔细进行，以免降低产量。

思　考　题

1. 为什么苯胺要乙酰化后再氯磺化？能否直接氯磺化？
2. 试比较并解释下列三种基团中氨基的碱性强度：$—SO_2NH_2$，$—CONH_2$，$—NH_2$。
3. 为什么在氯磺化反应完成以后处理混合物时必须移到通风橱中，且在充分搅拌下缓慢倒入碎冰中？
4. 本实验中氨解后的反应混合物能否不进行抽滤分离而直接将其水解？试设计出一个实验方案。

实验 95　苯　偶　姻

（一）实验目的

（1）学习用安息香缩合反应制备苯偶姻。

（2）学习用辅酶维生素 B_1 催化安息香反应和重结晶操作。

（二）实验原理

苯甲醛在氰化钠（或氰化钾）的催化作用下，于乙醇水溶液中加热回流，两分子苯甲醛之间发生缩合反应，生成二苯乙醇酮即安息香。其他芳香醛也能发生类似反应，芳香醛的这类反应通称为安息香缩合反应。反应机理如下：

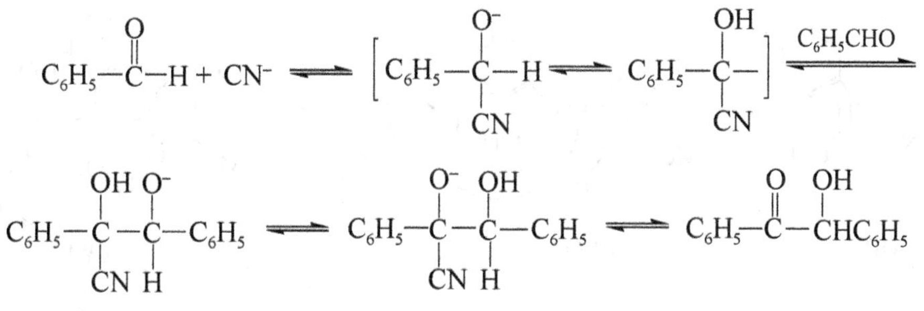

首先氰离子和羰基发生亲核加成生成羟氰化物，氰离子的强吸电作用使羰基碳原子由亲电性变成亲核性，然后与另一分子醛发生加成反应，同时氰离子离去。

安息香缩合反应既可以发生在相同的芳香醛之间，也可以发生在不同的芳香醛之间。无论哪种情况其反应都有局限性，即受参加反应物的结构限制，因此当两种不同的芳香醛发生缩合反应时，环上含有吸电子基团的芳香醛提供羰基，带有给电子基团的芳香醛提供负碳离子，反应即顺利进行，产物的结构为羟基在含有活泼的羰基芳香醛一端。

除氰化钠（或氰化钾）外，还可以用聚合物试剂或辅酶催化这个反应。

聚合物试剂在有机合成中的应用日益广泛，采用氰化钠水溶液处理氯型季铵化交联聚苯乙烯树脂（A）所得到的氰型季铵化交联聚苯乙烯树脂（B），可以作为苯偶姻缩合反应的催化剂，操作简便，能重复使用多次。

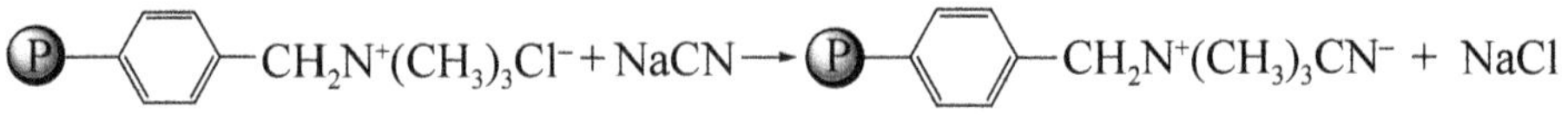

(A)　　　　(B)

本实验采用具有生物活性的辅酶维生素 B_1（Ⅰ，Thiamine，硫胺素）代替剧毒的氰化物进行缩合反应。维生素 B_1 的主要作用是使 α-酮酸脱羧和形成偶姻（α-羟基酮）。反应时维生素 B_1 噻唑环上 2-位在碱 B 的作用下可生成负碳离子（Ⅱ）：

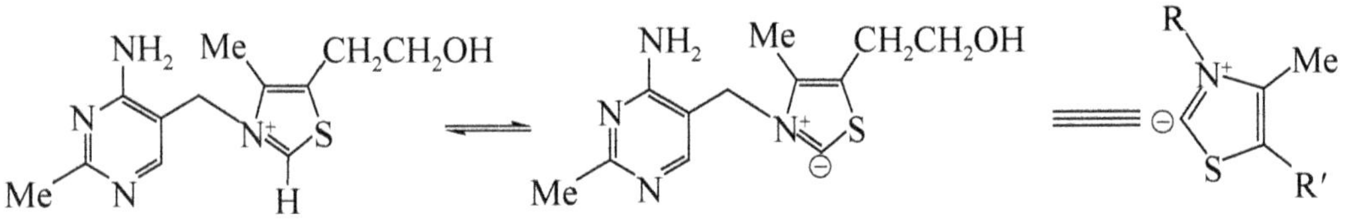

Thiamine(Ⅰ)　　　　(Ⅱ)

（Ⅱ）与苯甲醛作用生成中间体（Ⅲ），（Ⅲ）可被分离得到

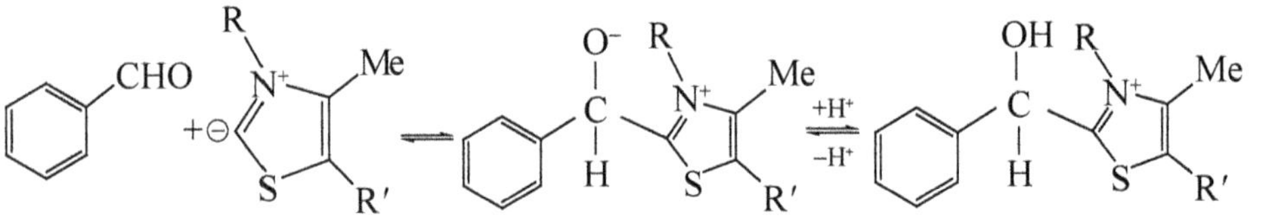

(Ⅱ)　　　　(Ⅲ)

（Ⅲ）经异构化脱去质子，得到中间体烯胺（Ⅳ），（Ⅳ）与另一分子苯甲醛作用时就得到了缩合中间体（Ⅴ），（Ⅴ）脱去（Ⅱ）而得到产物（Ⅵ）

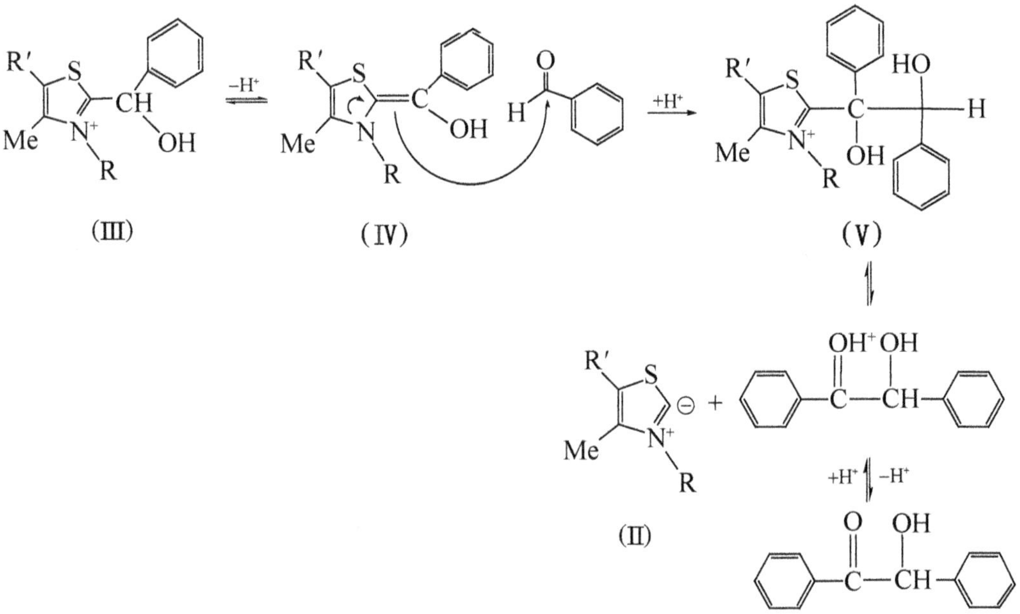

（三）实验步骤

在装有冷凝管的 100 mL 圆底烧瓶中加维生素 $B_1$①（1.8 g，5.0 mmol）和 3.5 mL 蒸馏水，待固体溶解后，再加入 95%乙醇（15 mL），置于冰盐浴中冷却。用一支试管取 3 mol·L^{-1} NaOH 溶液（4 mL），在冰浴中冷却后，边摇动边加入烧瓶中。随着 NaOH 溶液的加入，溶液颜色逐渐变深。

量取新蒸苯甲醛②（10 mL），立即加入上述反应混合物中，摇匀，用 NaOH 溶液调节 pH 为 9.4～9.6③。充分混合均匀后，加几粒沸石或搅拌子，放在温水浴中反应，水浴温度控制在 60～75℃④，勿使反应剧烈。反应液呈浅黄色均相溶液，反应进行中瓶内可能有白色固体析出（产品!）。90 min 后⑤移去水浴，冷却反应物至室温，析出浅黄色晶体。将烧瓶于冰浴中冷却，使晶体析出完全（如果反应混合物中出现油层，则需要重新加热使其变成均相溶液，再慢慢冷却，结晶）。抽滤收集粗产品，用冰水洗涤，干燥，得产品约 6 g。

粗产品用 95%乙醇重结晶（用量约每克粗产品 10 mL 95%乙醇），得白色针状结晶，熔点为 134～136℃。

【注释】

① 维生素 B_1 在酸性条件下是稳定的，但是易吸水，在水溶液中易被空气氧化失效。遇光和 Fe、Cu、Mn 等金属离子可加速其氧化。在氢氧化钠溶液中噻吩环易开环失效。因此，维生素 B_1 和 NaOH 溶液在反应前必须用冰水充分冷却，否则维生素 B_1 在碱性条件下会分解失效，这是实验成败的关键。

② 苯甲醛不能含有苯甲酸。如果含有，则须用 5% $NaHCO_3$ 溶液洗至无 CO_2 放出，然后经过干燥后蒸馏（178～180℃），最好用减压蒸馏。蒸出的热液体避免暴露于空气中。

③ 本实验 3 mol·L^{-1} NaOH 的总用量以 4～5 mL 为佳。若高于 5 mL，产量有下降趋势；若高于 6 mL，则难有固体析出。

④ 维生素 B_1 在碱性条件下受热容易分解，加热反应时，反应初期溶液不必沸腾，反应后期可以适当升温至微沸（80～90℃）。

⑤ 此时反应液的 pH 为 9～10。

实验 96　二苯乙二酮

（一）实验目的

（1）学习安息香氧化制备二苯乙二酮。

（2）熟悉回流、气体吸收、重结晶操作。

（二）实验原理

有许多方法可以将安息香氧化成二苯基乙二酮①（1,2-diphenyl-ethane-1,2-dione），其中用硝酸氧化法较为简便。

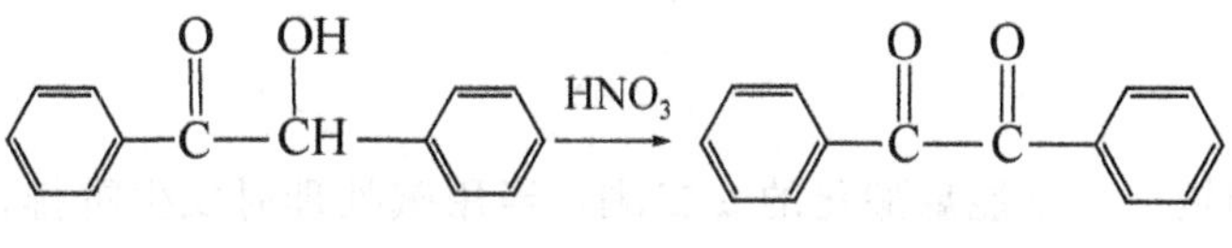

(三) 实验步骤

在 100 mL 圆底烧瓶上安装上回流冷凝管，管口上连接氮氧化物气体吸收装置②。在瓶中放入1，2-二苯羟乙酮（3 g）和浓硝酸（12 mL，密度 1.42 g · mL^{-1}）。在沸水浴中加热10～20 min，有棕色的氧化氮气体迅速放出，此时应适当控制水浴温度，再继续沸水浴加热反应 20 min 后，冷却反应液到室温并将棕色的氧化氮气体尽量赶净后，将反应混合物倒入盛有 75 mL 水的烧杯中，边加边搅拌，即有黄色固体析出③。抽滤，用水洗除残留硝酸，得到黄色固体④。在加热条件下，将产品刚好溶解在乙醇中，在加热沸腾时滴加水至刚好浑浊，停止加热，缓慢放置冷却，析出黄色针状结晶（2.5 g）⑤,⑥。

纯二苯基乙二酮的熔点 95℃，沸点 346～348℃（稍有分解）；不溶于水，易溶于乙醇和乙醚。

【注释】

① 二苯基乙二酮也可以采用以下方法制备：在 100 mL 圆底烧瓶中加入冰醋酸（10 mL）、水（5 mL）和 $FeCl_3 \cdot 6H_2O$（9 g），装上回流冷凝管，小火加热至沸，且不时地加以振荡。停止加热，待沸腾平息后，加入安息香（2.12 g），继续加热回流 45～60 min。加入 50 mL 水再煮沸后，冷却反应液有黄色固体析出。抽滤，并用冷水洗涤固体 3 次，干燥得粗产品（约 2.0 g，产率约 95%）。粗产品用 95%乙醇重结晶，得淡黄色结晶（1.72 g，产率 82%），熔点 94～95℃。

② 反应过程产生的大量棕褐色二氧化氮气体，有刺激性气味。这是一种毒性很大的气体，操作时要小心，不可大量释放到空气中。用 5% NaOH 溶液吸收。

③ 如果析出的不是固体，而是黄色油状物，则可用水充分冷却，使其固化。

④ 水洗后，应尽量将水抽干，但可不必干燥，立即进行重结晶。

⑤ 若重结晶后析出的是油珠，则可滴加少量乙醇，再加热使油珠重新溶解，然后自然冷却，使结晶慢慢析出。如仍无结晶析出，可引入少许晶种。

⑥ 本实验得到的产品中是否含有未被氧化的安息香可以通过以下实验加以检验：取约 0.5 g 二苯基乙二酮粗产品，溶于 0.5 mL 95%乙醇中，加一滴 10%NaOH 溶液。如果安息香存在，由于二苯基乙二酮与安息香的自氧化产物生成一个络合物，溶液立即变成紫色。如果反应液在 3 min 以后不出现颜色，证明产品中没有安息香存在。为了与实验结果对照，可在所配制试液中加入少量安息香，观察颜色变化。注意：塞住试管口，将试管反复倾倒，猛烈振荡，颜色立即消失，静置片刻后，颜色又出现。

思 考 题

产物二苯基乙二酮为黄色结晶固体，原料安息香为白色固体。试从原料与产物的结构特点来解释这种颜色的变化。

实验 97 二苯基乙醇酸

(一) 实验目的

学习从二苯乙二酮重排制备二苯基乙醇酸。

(二) 实验原理

二苯基乙二酮是一个不能烯醇化的 α-二酮，当用碱处理时发生重排，得到二苯基乙醇酸。这种类型的重排称为二苯基乙醇酸重排。反应机理如下：

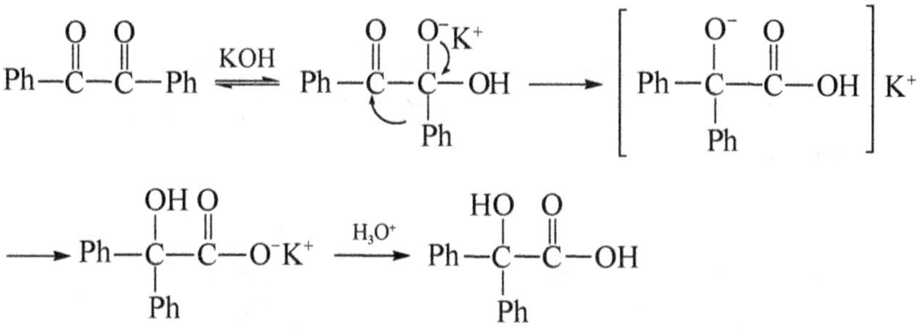

(三) 实验步骤

在 100 mL 圆底烧瓶中加入二苯基乙二酮（2 g）、KOH（2.5 g）、95%乙醇（5 mL）和水（5 mL）。装上回流冷凝管，在水浴上加热回流 15 min。趁热倒入一个 100 mL 烧杯中，并加入 50 mL 水①。少量未反应的二苯乙二酮成为胶体悬浮物，加入活性炭（0.5 g）充分搅拌后，过滤除去活性炭和残留物。滤液做以下处理：在 200 mL 烧杯中加入冰（约 40 g）和盐酸（7.5 mL），在充分搅拌下加入滤液，使 pH = 2，抽滤，用少量冷水洗涤，干燥，得产物。用 15%乙醇或 95%乙醇-水②进行重结晶（m. p. 150℃）。

【注释】

① 反应混合物也可不加水，将其放置过夜后，析出二苯基乙醇酸钾，收集结晶，把结晶溶于尽可能少的热水中，加活性炭脱色，趁热过滤，滤液用浓盐酸酸化至 pH = 2。冷却至室温后，用冷水冷却，得到产物结晶。

② 产物先用良溶剂 95%乙醇（4 mL · g^{-1}）加热溶解，然后在加热状态下用不良溶剂水调成热饱和溶液，最后静置冷却析出结晶。

思 考 题

1. 如果二苯基乙二酮用叔丁醇钾处理时，在酸化后得一产物，具有 $C_{18}H_{20}O_3$ 的分子式。试写出此产物的结构式和产生此产物的反应机理。

2. 如何从相应的原料合成下列化合物？

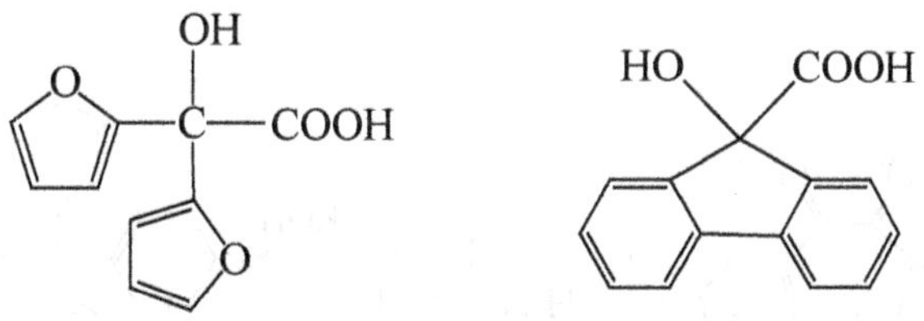

实验 98　5,5-二苯基乙内酰脲

(一) 实验目的

学习邻位二酮与尿素缩合反应的机理和杂环的合成方法。

（二）实验原理

5,5-二苯基乙内酰脲（5,5-diphenylhydantoin）的钠盐（dilantin）是抗痉挛药物，通过静脉注射可控制严重的癫痫病患者的病情。碱性条件下，二苯乙二酮与尿素缩合并通过以下重排得到二苯乙内酰脲：

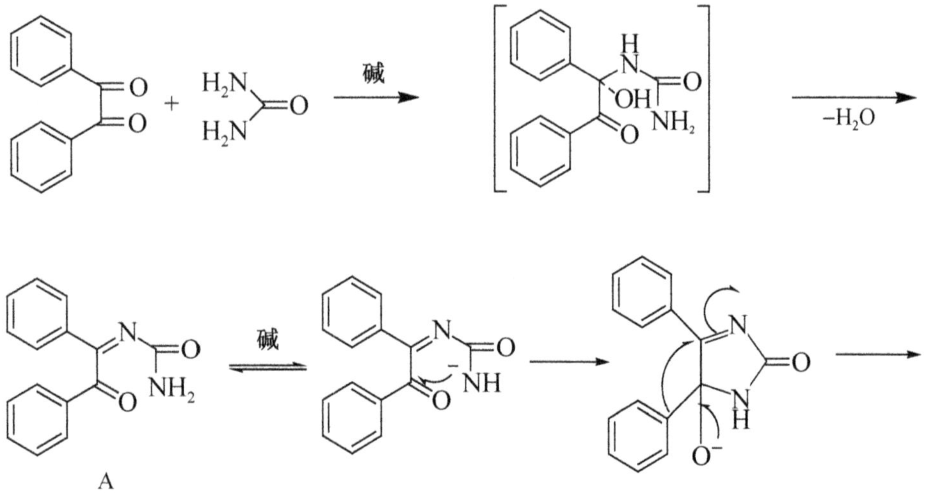

A

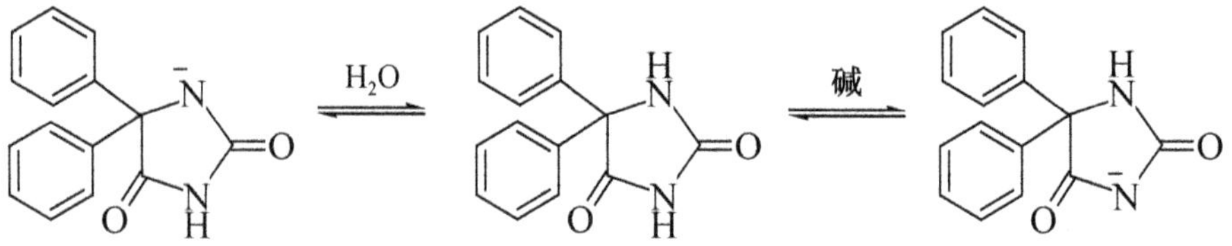

B　　C

第一步碱夺取尿素酰胺氮上的质子，对二苯乙二酮一个羰基发生加成，质子转移失水生成A。第二步过程类似于第一步，只是对羰基加成后，该羰基碳原子上所连的苯基转移至另一个碳原子上，形成化合物B，质子化后得到C。可见，反应开始的亲核试剂是尿素而不是氢氧化物，重排反应通过分子内缩合形成杂环。

反应式为

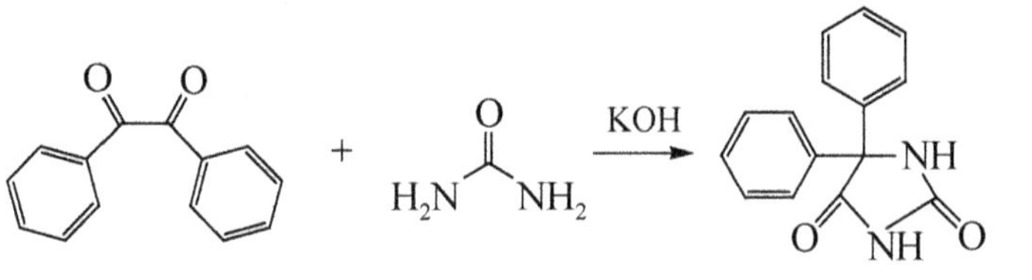

（三）实验步骤

在50 mL圆底烧瓶中加入1.00 g二苯乙二酮、0.58 g尿素，再加入10.0 mL 95%乙醇及氢氧化钾溶液（1.70 g氢氧化钾溶在2.0 mL水中）。装上回流冷凝管，在电磁搅拌下，水浴上加热回流 2～2.5 h，反应过程中有少许不溶物产生。把反应液冷却，过滤，除去不溶物。进一步在冰水浴中冷却滤液，并用 6 mol · L^{-1}硫酸慢慢地酸化，使溶液的 pH ≈ 3，此时有白色固体产生。

过滤固体，并用水洗涤固体（水洗要充分，最好把固体取出后，放在烧杯内洗，否则含有大量无机盐），抽干，即得粗品。

粗品可用 95%的乙醇重结晶。产量约 0.85 g，产率 70%，熔点为 286～295℃。

IR（KBr）：$\tilde{\nu}$/cm^{-1} 3207，1773，1720，1402，1016，788，747，698，656；^1H NMR（CD_3COCD_3）：δ 7.38（Ar—H），8.15（NH）。

参考文献

Hayward R C. 1983. Synthesis of the anticonvulsant drug 5,5-diphenylhydantion. J Chem Ed，60：512

Pankaskie M C，Small L. 1986. The synthesis of 5,5-diphenylhydantion. J Chem Ed，63：650

多步合成——苯佐卡因的合成

实验 99　对-硝基苯甲酸

（一）实验目的

（1）学习从对-硝基甲苯经氧化制备对-硝基苯甲酸。

（2）学习、比较常量和微量实验。

（3）练习用薄层层析法跟踪化学反应。

（二）实验原理

羧酸是重要的化工原料，制备羧酸常用的方法是氧化法，如通过氧化伯醇、醛以及烯烃等均可以得到羧酸。制备芳香羧酸最常见的方法是通过相应芳香烃的侧链氧化，将含有的侧链转化为羧基。本实验以对-硝基甲苯为原料，以重铬酸钠-浓硫酸体系为氧化剂，通过反应将甲基氧化为羧基得到对-硝基苯甲酸。

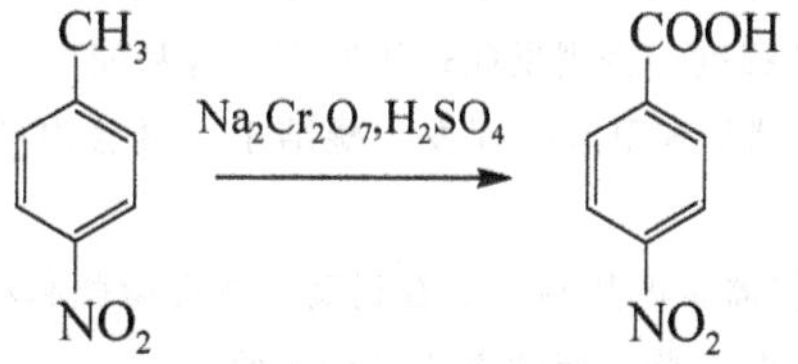

（三）实验步骤

常量法

本实验采用机械搅拌装置①。向该装置的 100 mL 三颈烧瓶中加入 3 g 研碎的对-硝基甲苯、9 g 重铬酸钠和 11 mL 水，开启搅拌器。在滴液漏斗中放入 15 mL 浓硫酸，然后慢慢滴入烧瓶。随着浓硫酸的加入，氧化反应随之开始，反应温度迅速上升，反应混合物颜色逐渐变深。注意要严格控制滴加浓硫酸的速度，严防反应混合物高于沸腾温度（滴加时间为20～30 min）②。浓硫酸加完后，关闭滴液漏斗活塞，稍冷后再将烧瓶放在石棉网上用小火加热③，使反应混合物微微沸腾 30 min④。停止加热。冷却后，慢慢加入 38 mL 冷水⑤，然后关闭搅拌器。将混合物抽滤，并用 20 mL 水分两次洗涤，粗制的对-硝基苯甲酸呈深黄色固体。

为了除去粗产物中夹杂的铬盐，向烧杯中加入 38 mL 5％NaOH 溶液。温热（不超过50℃）使粗产物溶解⑥。冷却后抽滤。在所得滤液中加入 0.5 g 活性炭脱色，趁热过滤后，在搅拌下将滤液慢慢倒入盛有 30 mL 15％硫酸的另一烧杯中⑦，浅黄色沉淀立即析出。用试纸检验溶液是否呈酸性。呈酸性后抽滤，固体用少量冷水洗至中性，干燥，得产品约 2.5 g。粗产品用 50％乙醇重结晶⑧，可得到浅黄色小针状晶体。

纯对-硝基苯甲酸为浅黄色单斜叶片状晶体，熔点 242℃。

微量法

50 mL 锥形瓶中加入 2.0 g 铬酸酐和 4.6 mL 水，小心滴入 2.0 mL 浓硫酸使它们均匀混合。把 0.5 g 对-硝基甲苯和 2.7 mL 冰醋酸加到 10mL 圆底烧瓶中，装上冷凝管，在电磁搅拌器上温热、搅拌，使固体溶解，用长滴管将配好的铬酸酐-硫酸液从冷凝管顶端加入，如反应温度过高，可停止加热并冷却，以免过高的温度使对-硝基甲苯挥发而凝结在冷凝管壁上⑨。加完后，再加热搅拌回流 30 min。（取少许反应液至试管中，加 0.5 mL 水后再加 0.3 mL 乙酸乙酯提取，取乙酸乙酯层为样品用薄层层析法跟踪反应是否完全），完全后，加入约 10 mL 水，即有对-硝基苯甲酸析出。抽滤，用水洗涤，得粗品。

将所得的粗产品用 9 mL 乙醇溶解，滤去不溶物⑩。滤液中滴加适量的水（5～10 mL），调至溶液在接近沸腾时浑浊刚好溶解成透明液，放冷后有晶体析出⑪，抽滤，在温度 100～110℃条件下烘干，得对-硝基苯甲酸晶体，产率约 70％，熔点为 242℃。

【注释】

① 本氧化反应十分剧烈。采用机械搅拌和滴加硫酸的方法可使反应较平稳、安全。

② 若滴加浓硫酸时烧瓶内有较多白色烟雾或火花出现，则应迅速减慢或暂停滴加。必要时用冷水浴冷却烧瓶。硫酸加入后可放出大量的热，氧化反应也随之发生，反应液由橙红色变成暗绿色。可通过控制浓硫酸的滴加速度来缓解反应的剧烈程度，否则反应过于剧烈，容易使对-硝基甲苯受热外溢。

③ 反应温度过高，一部分对-硝基苯甲酸会挥发、凝结于冷凝管内壁上。此时可适当关小冷凝水，让其熔融流下。

④ 观察沸腾情况时，可将搅拌器暂停片刻，当看到反应物在微微起泡则可继续搅拌反应。若因故无法搅拌，也可以采用分批加硫酸、不断振荡烧瓶的方法进行实验。

⑤ 也可将反应混合物在搅拌下倒入水中，但由于反应物较干黏而难以倒净，反之加入水时可以充分利用搅拌器。

⑥ 加碱的目的是使对-硝基苯甲酸成为钠盐溶解，而未反应的对-硝基甲苯不溶解于 NaOH 溶液析出，同时铬盐转变为氢氧化铬沉淀析出，经过滤将两者除去。反应式为 $Cr_2(SO_4)_3 + 6NaOH = 2Cr(OH)_3 + 3Na_2SO_4$。但是由于 $Cr(OH)_3$ 是两性物质，在温度较高时又会溶解于碱中生成可溶性的亚铬酸盐：$Cr(OH)_3 + NaOH = NaCrO_2 + 2H_2O$，所以加热溶解时温度必须在 60℃以下，碱的用量不宜过多。而

如果温度太低，则对硝基苯甲酸也将析出而被滤去。

⑦ 硫酸不能反加到滤液中，否则生成的沉淀会包含滤液，影响产物纯度。

⑧ 本产品可用升华法精制。

⑨ 若有对-硝基甲苯凝结在冷凝管壁上，应设法使它流入反应瓶。

⑩ 此不溶物为反应后生成的硫酸铬[$Cr_2(SO_4)_3$]以及铬氧化剂等无机物。

⑪ 这步操作实际上是乙醇-水混合溶剂重结晶。

思 考 题

1. 本实验为什么要采用机械搅拌装置？
2. 投料时为什么还要加 11 mL 水？若再多加有什么不好？
3. 粗产品为什么可用酸碱处理的方法加以精制？（或者以下操作的目的是什么？将沉淀溶解于 5% NaOH 溶液中；最后将滤液倒入硫酸溶液中。）
4. 检验溶液的酸碱性应用什么试纸？检验溶液酸碱性大小又应用什么试纸？
5. 制备对-硝基苯甲酸时，硫酸为什么要缓慢滴加？一次性加入可以吗？为什么？

实验 100 对-氨基苯甲酸

（一）实验目的

学习从对-硝基苯甲酸经还原反应制备对-氨基苯甲酸。

（二）实验原理

对-氨基苯甲酸可以由对-硝基苯甲酸在锡和盐酸的条件下还原制备。

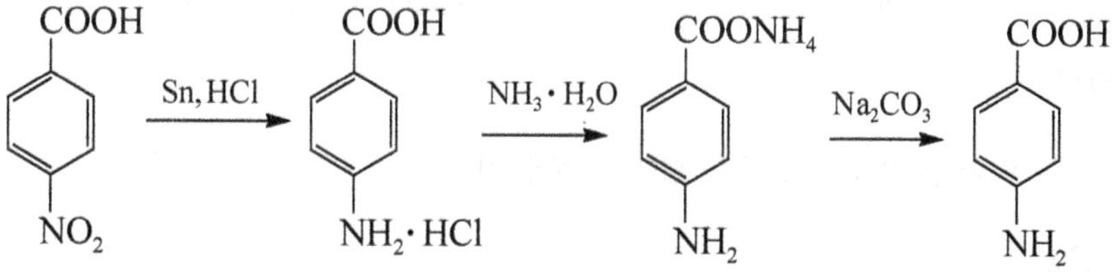

（三）实验步骤

常量法

在 100 mL 圆底烧瓶中加入 4 g 对-硝基苯甲酸、9 g 锡粉和 20 mL HCl，安装回流冷凝管，小火加热直到还原反应发生（反应液呈微沸状态），停止加热（不可过热，以防止氨基被氧化。若反应液不沸腾，可微热片刻，以保持反应进行），不断振摇烧瓶，约 30 min 后，还原反应基本完成，反应液呈透明状。冷却后，将反应混合物倒入烧杯中，在搅拌下滴加浓氨水到溶液刚好呈碱性①，抽滤，除去锡粉以及氢氧化锡沉淀。

滤液转移到干净的烧杯中，在不断搅拌下缓慢滴加冰醋酸至溶液刚好呈酸性①，对-氨基苯甲酸晶体析出。用冰水浴充分冷却后，抽滤，干燥，称量，计算产率。

纯的对-氨基苯甲酸为无色针状晶体，熔点 187～188℃。

微量法

在 10 mL 圆底烧瓶中加入 0.25 g 对-硝基苯甲酸，0.9 g 锡（粉状）及 2.5 mL 盐酸，装上回流冷凝管。搅拌并缓和加热至微沸。待溶液澄清后（加入的锡不一定完全溶解），放置冷却，把液体倾泻入烧杯中，剩余的锡用少量水洗涤，洗涤液与烧杯中液体合并在一起。

在不断搅拌下滴加浓氨水于烧杯中至石蕊试纸呈碱性反应（pH = 8），先用离心法分离，再过滤生成的 SnO_2，滤渣用少量水洗涤②。滴加冰醋酸于滤液中使其呈酸性（pH=4～5），用乙酸乙酯提取酸化液三次，每次 5 mL，合并滤液并加入适量的 $MgSO_4$（约 2.5 g），干燥 10 min 后，过滤，蒸去乙酸乙酯后即得产品，干燥后得粗产品 164 mg。用乙醇作为溶剂进行重结晶，得黄色对-氨基苯甲酸晶体，产率约 76%，熔点 184～186℃。

【注释】

① 对-氨基苯甲酸呈两性，在加酸和加碱时都要严格控制用量，最好少量分批加入，并随时测试溶液 pH，以防酸或碱过量而影响产量和质量。

② 可用离心法分离。

思 考 题

在对-氨基苯甲酸的纯化过程中，加氨水和冰醋酸各起什么作用？

实验 101 对-氨基苯甲酸乙酯（苯佐卡因）

（一）实验目的

学习从对氨基苯甲酸经酯化反应制得苯佐卡因。

（二）实验原理

苯佐卡因（benzocaine）是氨基苯甲酸乙酯的俗名，可作局部麻醉药物，由对-氨基苯甲酸与乙醇酯化制得。

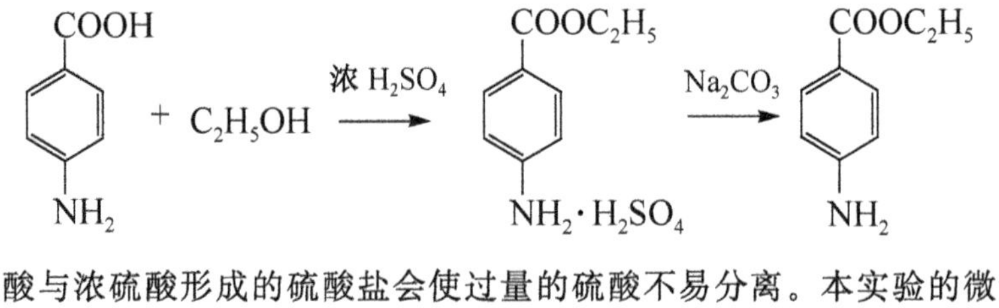

因为氨基酸与浓硫酸形成的硫酸盐会使过量的硫酸不易分离。本实验的微量法采用费歇尔-斯皮尔（Fischer-Spier）酯化法，即以 HCl 作为催化剂，虽然在反应中同样会生成氨基酸酯盐酸盐，但过量的 HCl 较硫酸易于除去。

(三) 实验步骤

常量法

在干燥的 100 mL 圆底烧瓶中加入 2 g 对-氨基苯甲酸、12.5 mL 无水乙醇和 2.5 mL 浓硫酸，混匀后，加入几粒沸石。安装球形冷凝管，用水浴加热回流 2 h。将反应混合物趁热倒入盛有 80 mL 冷水的烧杯中。在不断搅拌下，分批加入碳酸钠粉末直到液面有少许沉淀出现（碳酸钠粉末应该分多次少量加入，待反应完全，不再有气泡产生后，测 pH，不足时再补加，切忌过量），再慢慢滴加 10% 碳酸钠溶液至 pH＝7，苯佐卡因呈晶体完全析出。抽滤，并用水洗涤，干燥，称量，计算产率。粗产品可用 50%乙醇重结晶。

纯苯佐卡因为白色针状晶体，熔点 92℃。

微量法

在锥形瓶中加入 5 mL 无水乙醇，在冰浴中冷却，通入经浓硫酸干燥的氯化氢气体到饱和状态[$g\cdot(100\ mL)^{-1}$溶液：45.4(0℃)；42.7(10℃)；41.0(20℃)]。该溶液由实验室统一准备。

在 5 mL 圆底烧瓶中①加入 150 mg 对氨基苯甲酸及 2 mL 上述氯化氢-乙醇溶液，装上冷凝管，加热回流 1 h 左右，有对-氨基苯甲酸乙酯的盐酸盐生成（熔点 203℃，分解）。

把制得的酯的盐酸盐趁热倾入 25 mL 热水中（50℃左右），冷却，加入饱和的碳酸钠水溶液至溶液呈中性即有白色沉淀生成。抽滤，用水洗涤沉淀，抽干后晾干，得白色粉末状的对-氨基苯甲酸乙酯固体。用乙醇-水混合溶剂重结晶②得纯苯佐卡因白色针状晶体，产率 56%。苯佐卡因的熔点文献值为 90℃。

将所得苯佐卡因用 KBr 压片法作红外光谱，与标准谱图对照。

【注释】

① 所用的玻璃仪器必须干燥，否则会影响产率。

② 必要时可加活性炭脱色。

思 考 题

酯化反应结束后，为什么要加入碳酸钠固体和碳酸钠溶液？

实验 102 巴比妥酸(镇静催眠药)

巴比妥酸及其衍生物是一类广泛应用的镇静-催眠药物，是由 Adolph von Baeyer 在 1864 年首先用丙二酸与尿素合成的。利用丙二酸二乙酯或取代丙二酸酯与尿素或硫脲反应，可生成一系列巴比妥酸类的嘧啶衍生物。

(一) 实验目的

学习巴比妥酸（barbituric acid）的合成方法。

（二）实验原理

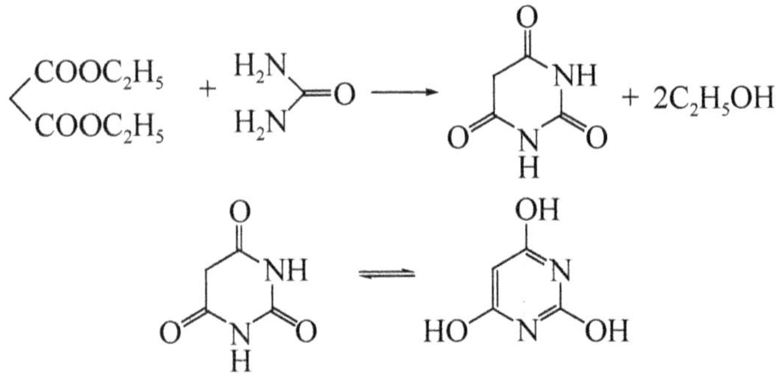

（三）实验步骤

在 100 mL 干燥的圆底烧瓶[①]中加入 20 mL 绝对无水乙醇，装好冷凝管。从冷凝管上口分数次加入 1 g 切成小块的金属钠[②]，待其全部溶解后，再加入 6.5 mL 丙二酸二乙酯[③]，摇荡均匀。然后慢慢加入 2.40 g 干燥过的尿素和 12 mL 绝对无水乙醇所配成的溶液，在冷凝管上端装氯化钙干燥管，振荡下回流 2 h。

反应物冷却后为黏稠的白色半固体物。向其中加入 30 mL 热水，再用盐酸酸化（pH ≈ 3），得澄清溶液，过滤除去少量杂质。滤液用冰水冷却使其结晶[④]，过滤，用少量冰水洗涤数次，得白色棱柱状结晶。干燥后测定熔点为244～245℃，产量为 2.00～3.00 g。

【注释】

① 所用仪器及药品均应保证无水。

② 由于钠可与醇顺利地反应，故金属钠无需切得太小，以免暴露太多的表面，在空气中会迅速吸水转化为氢氧化钠而皂化丙二酸二乙酯。

③ 若丙二酸二乙酯的质量不够好，可进行一次减压蒸馏，收集82～84℃/1.07 kPa (8 mmHg)或90～91℃/2.00 kPa(15 mmHg)的馏分。

④ 反应产物在水溶液中析出时为光泽结晶，放置太久会转化为粉末状，粉末状产物有较好的熔点。

实验 103　硫代巴比妥酸（镇静催眠药）

（一）实验目的

学习硫代巴比妥酸（thiobarbituric acid）的合成方法。

（二）实验原理

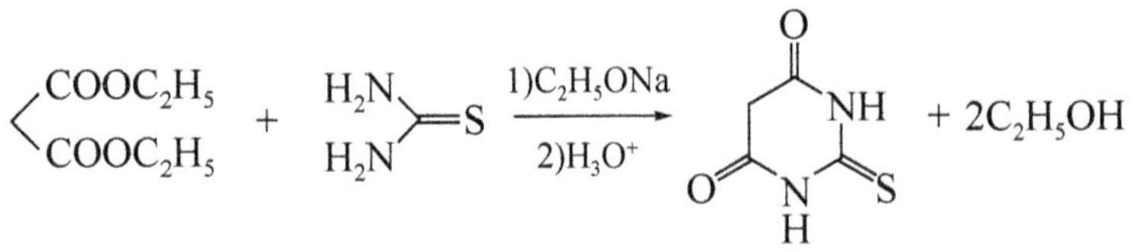

（三）实验步骤

在 100 mL 干燥的圆底烧瓶①中加入 20 mL 绝对无水乙醇，装好冷凝管。从冷凝管上口分数次加入切成小块的金属钠②，待其全部溶解后，再加入 6.5 mL 丙二酸二乙酯③，摇荡使反应物均匀。然后慢慢加入 4.00 g 干燥过的硫脲和 25 mL 绝对无水乙醇所配成的溶液（如不溶解可加热），在冷凝管上端装氯化钙干燥管，振荡下回流 2 h。

向反应物中加入 50 mL 热水，再用浓盐酸酸化，得到澄清溶液，趁热过滤除去少量杂质。滤液用冰水冷却使其结晶④，减压过滤，用少量冰水洗涤数次，得白色固体产品，干燥后测定熔点为 234～235℃，产量约 4.00 g。

【注释】

同实验 102【注释】。

实验 104　正丁基丙二酸二乙酯

（一）实验目的

学习丙二酸二乙酯合成法原理和实验技术。

（二）实验原理

$$C_2H_5ONa + \left\langle \begin{matrix} COOC_2H_5 \\ COOC_2H_5 \end{matrix} \right. \xrightarrow{-EtOH} NaCH(COOC_2H_5)_2 \xrightarrow[-NaBr]{n\text{-}C_4H_9Br} n\text{-}C_4H_9-\!\left\langle \begin{matrix} COOC_2H_5 \\ COOC_2H_5 \end{matrix} \right.$$

（三）实验步骤

半微量合成

在 50 mL 三颈烧瓶上装好带有无水氯化钙干燥管的回流冷凝器和滴液漏斗。

向反应瓶中迅速加入 0.24 g 切成小块的金属钠，在滴液漏斗中加入 4 mL 无水乙醇，慢慢滴入①反应瓶中，在搅拌下使金属钠反应完。再加入 0.14 g 无水碘化钾粉末，水浴加热至沸，搅拌使固体溶解，然后慢慢滴加① 1.5 mL（1.6 g，10 mmol）丙二酸二乙酯，水浴加热回流搅拌 10～20 min，慢慢滴入① 1.1 mL（1.36 g，10 mmol）正溴丁烷，加入 1mL 乙醇将滴液漏斗中药品冲入反应瓶中，加热回流搅拌 1h。

待反应液冷却后，加入 7 mL 水使沉淀全部溶解。用分液漏斗分出有机层，水层用 8 mL乙醚分 2 次萃取。合并有机相，用无水硫酸镁干燥。水浴蒸出乙醚，换空气冷凝器常压蒸出产品，收集 220～240℃ 的馏分。也可以减压蒸馏收集 1006 Pa 下 110～118℃ 或 27 kPa下 130～135℃的馏分。

纯正丁基丙二酸二乙酯（*n*-butyl-diethylmalonate）沸点为 235～240℃。

【注释】

① 滴加速度以乙醇微沸为准。

思 考 题

1. 反应中为什么要加入无水碘化钾？其作用是什么？
2. 如何用正丁基丙二酸二乙酯合成正己酸？
3. 写出用丙二酸二乙酯和适当的原料合成环己基甲酸的反应式。

实验 105　5-正丁基巴比妥酸

（一）实验目的

学习取代巴比妥酸的合成方法。

（二）实验原理

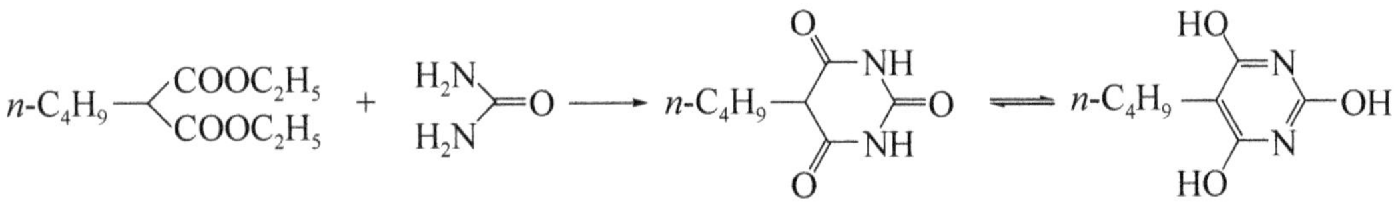

（三）实验步骤

在 50 mL 三颈烧瓶上装好带有无水氯化钙干燥管的回流冷凝器，装好电磁搅拌器。

向反应瓶中迅速加入 0.09 g 刚切成小块的金属钠和 4 mL 无水乙醇，开动搅拌器，水浴加热使金属钠溶解。从三颈烧瓶的另一个口加入自制的 0.8 g 正丁基丙二酸二乙酯，搅拌均匀。再加入 0.24 g 干燥过的尿素①，用约 4 mL 的无水乙醇冲洗瓶壁，在 70℃的水浴上加热回流搅拌 1.5 h，冷却后加入 3.2 mL 水使固体溶解，然后用约 0.4 mL 浓盐酸酸化。冰水冷却使固体析出，抽滤，用少量石油醚洗涤固体。粗产品为灰白色晶体，可用水重结晶。

纯 5-正丁基巴比妥酸（*n*-butyl-barbituric acid）熔点为 209～210℃。

【注释】

① 尿素需在 105～110℃烘箱中烘干，放在干燥器内冷却备用。

思 考 题

1. 乙醇钠在本实验中起什么作用？
2. 请写出本反应的机理。

第10章 英文实验

Experiment 106 Preparation of Ammonium Ferrous Sulfate

Purposes

(1) To further practise heating in water bath, decantating and filtering under reduced pressure.

(2) To understand the general properties and the preparation method of double salts.

(3) To learn the technology of product quality analysis by visual colorimetry.

Principles

Ammonium ferrous sulfate is also named molar salt, which is a kind of pale green crystal, more stable than common ferrous salts in air and difficult to be oxidized by oxygen. As a commonly used ferrous reagent in laboratory, it is soluble in water, but insoluble in ethanol.

Because the solubility of double salts is usually smaller than their components, if concentrated $(NH_4)_2SO_4$ solution and $FeSO_4$ are mixed with equivalent mole at the temperature range of 0～60℃, crystal of ammonium ferrous sulfate can be obtained after concentrating:

$$(NH_4)_2SO_4 + FeSO_4 + 6H_2O = (NH_4)_2SO_4 \cdot FeSO_4 \cdot 6H_2O$$

Fe (Ⅱ) is stable in solid state molar salt, but Fe^{2+} in the solution is to be oxidized easily:

$$4Fe^{2+} + O_2 + 6H_2O = 4Fe(OH)_2^+ + 4H^+$$

Therefore, enough acidity should be kept in the concentrating and crystallizing procedures of ammonium ferrous sulfate to avoid the oxidation of Fe^{2+} ions.

Procedures

1. Purification of Scrap Iron

Weigh 2.0 grams of scrap iron into a 250 mL conical flask and add 20 mL of 10% Na_2CO_3 solution. Then heat it on low for 10 min with stirring, decant the alkalinous solution and wash the scrap iron clean with water.

2. Preparation of Ferrous Sulfate

Add 15 mL of 3 mol · L^{-1} H_2SO_4 into the conical flask with cleaned scrap iron, and heat it in a water bath to accelerate the reaction of scrap iron with $H_2SO_4$①. Continuously swirl the conical flask and observe whether or not white solid appears on the surface of the solution

(Pale green $FeSO_4 \cdot 6H_2O$ is easy to dehydration to form white $FeSO_4$) . If so, add small quantity of water to dissolve it. When the reaction of scrap iron and H_2SO_4 is almost completed (How to determine?), add 2 mL of 3 $mol \cdot L^{-1}$ H_2SO_4 to the conical flask. Filter the solution under reduced pressure while it is hot and then transfer the filtrate to an evaporating dish. Wash the residue in the conical flask and the filter paper with small quantity of water, gather it together and weigh it after absorbing the residual water with a piece of blotting paper. Therefore, the amount of $FeSO_4$ in the solution can be calculated with the mass of consumed iron.

3. Preparation of Ammonium Ferrous Sulfate

According to the amount of $FeSO_4$ in the solution, add $(NH_4)_2SO_4$ to the solution with the molar ratio of $(NH_4)_2SO_4 : FeSO_4 = 1 : 1$. Heat it with water vapor and stir it to make $(NH_4)_2SO_4$ to dissolve completely. Continuously heat until a large of solids appear on the surface of the solution, and then cool it to room temperature to make crystals of ammonium ferrous sulfate crystallize out. Filter under reduced pressure and wash the crystals twice with 10 mL ethanol. Take out of the crystals and then weigh it. Calculate the theoretical yield and the percent yield.

4. Analysis dose limited of Fe^{3+}

Weigh 1.0 g of the product into a 25 mL colorimetric tube, dissolve it with 15 mL of distilled water without oxygen (Prepare it by yourself and cool it to room temperature), add 3 mL of 6 $mol \cdot L^{-1}$ HCl and 3 mL of 25% KNCS solution into it, and finally add distilled water to dilute it to the scale of 25 mL. Shake it well, compare color with the series standard solution② provided by preparatory room by visual colorimetry and determine the quality grade of your product.

【Notes】

① The operation had better be done in hood.

② Firstly, prepare the standard solution of Fe^{3+} with the concentration of 0.02 $mg \cdot mL^{-1}$, transfer respectively 2.50 mL, 5.00 mL and 10.00 mL of the standard solution by a pipette to three 25 mL colorimetric tubes, add 3 mL of 6 $mol \cdot L^{-1}$ HCl and 3 mL of 25% KNCS solution into it, and finally add distilled water to dilute it to the scale of 25 mL. Shake it well to obtain the 1st, 2nd and 3rd grade standard solutions.

Questions

1. What is the difference of the purpose between the water-bath heating used in preparation of ferrous sulfate and ammonium ferrous sulfate in this experiment? What is the difference of the use of instruments and method? Why is it so?
2. What is the difference between immediate filtration and hot filtration?
3. In the preparation experiment of ferrous sulfate, who is excessive, scrap iron or H_2SO_4? Why?

4. If the reaction of scrap iron and H_2SO_4 is completed to pursue a high yield, what bad consequences may appear? How do you comprehend the dialectic relationship between yield and quality?

5. Why the solution may turn yellow while concentrating the solution of ammonium ferrous sulfate by evaporation? How to prevent?

6. What are the mass percentages of Fe^{3+} impurity in the 1st, 2nd and 3rd grade reagents?

Experiment 107 Determination of the Rate of Chemical Reaction and Activation Energy

Purposes

(1) To understand the effects of the concentration, temperature and catalyst on the rate of chemical reaction.

(2) To determinate the rate of chemical reaction that $(NH_4)_2S_2O_8$ oxidize KI, and to calculate the reaction order, rate constant and activation energy of the reaction.

(3) To master graphing method to deal with experimental data.

Principles

In a mixed aqueous solution of $(NH_4)_2S_2O_8$ and KI, the following redox reaction takes place,

$$S_2O_8^{2-} + 3I^- = 2SO_4^{2-} + I_3^- \text{(slow)} \quad (1)$$

At a certain temperature, the reaction rate law can be expressed as follows according to reaction equation,

$$v = k[c(S_2O_8^{2-})]^m[c(I^-)]^n \quad (2)$$

where v is the instantaneous rate of the reaction, k is reaction rate constant, and the sum of m and n is the reaction order. If c $(S_2O_8^{2-})$ and c (I^-) are the initial concentrations, then v is the initial rate.

In this experiment, we will determine the average rate $\bar{v}$, the change of the concentration of $S_2O_8^{2-}$ in a period of time (Δt),

$$\bar{v} = -\Delta c(S_2O_8^{2-})/\Delta t \quad (3)$$

If Δt is controlled to be very small, the average rate can be taken place by the instantaneous rate approximately,

$$\bar{v} = -\Delta c(S_2O_8^{2-})/\Delta t \approx k[c(S_2O_8^{2-})]^m[c(I^-)]^n \quad (4)$$

In order to determine the value of $\Delta c(S_2O_8^{2-})$, we use starch solution as an indicator. Firstly, add certain starch solution into $Na_2S_2O_3$ solution with accurately known concentration. Then add KI solution into the mixed solution. And finally add $(NH_4)_2S_2O_8$ solution into the solution. I_3^- released from the reaction (1) immediately reacts with $S_2O_3^{2-}$ to form the colorless $S_4O_6^{2-}$ and I^- ions,

$$2S_2O_3^{2-} + I_3^- = S_4O_6^{2-} + 3I^- \quad \text{(fast)} \quad (5)$$

Because the rate of reaction (2) is much faster than that of reaction (1), only when the $S_2O_3^{2-}$ is consumed completely, I_2 released from the reaction (1) immediately reacts with the starch to turn the color of the solution into unique blue.

In the experiment, we record the time interval Δt from the beginning of the reaction to the moment that the color of the solution turns into blue. From the reactions (1) and (5), we can rewrite the equation (3) as,

$$\bar{v} = -\Delta c(S_2O_8^{2-})/\Delta t = c(S_2O_3^{2-})/(2\Delta t) \tag{6}$$

Combine with the equation (4), the rate of the reaction can be written as follows,

$$\bar{v} = -\Delta c(S_2O_8^{2-})/\Delta t = c(S_2O_3^{2-})/(2\Delta t) \approx k[c(S_2O_8^{2-})]^m[c(I^-)]^n \tag{7}$$

Take logarithm to both side of equation (2), then

$$\lg v = \lg k + m\lg[c(S_2O_8^{2-})] + n\lg[c(I^-)] \tag{8}$$

When $c(I^-)$ is kept constant and $c(S_2O_8^{2-})$ is changed, we can obtain different rates of the reaction under different condition. The plot of lg v versus lg $[c(S_2O_8^{2-})]$ should be a straight line and the slope of the line, m, is the reaction order of $S_2O_8^{2-}$. Similarly, when $c(S_2O_8^{2-})$ is kept constant and $c(I^-)$ is changed, we can obtain the value of n, the reaction order of I^-. In this way, we get the total reaction order and further calculate the constant k of the reaction rate at a given temperature from the equation (2) .

From Arrhenius equation, the effect of temperature on reaction rate constant can be determined,

$$\lg k = -E_a/(2.303RT) + \lg A \tag{9}$$

where A is a constant unique to the reaction, R is the gas constant, T is the absolute temperature, and E_a is the activation energy of the reaction with the unit of $kJ \cdot mol^{-1}$.

We can calculate different values of k under different temperature. Then plot lg$k$ versus $1/T$ to yield a straight line and the activation energy of the reaction can be calculated from the slope $[-E_a/(2.303R)]$ of the line.

Procedures

1. Concentration Effects on Reaction Rates

(1) At room temperature, KI, $Na_2S_2O_3$, KNO_3, $(NH_4)_2SO_4$, and starch solutions are added to five numbered beakers (100 mL) according to the amount of experiment No. 1～5 in Table 10-1, respectively. The mixed solutions are stirred homogeneously.

(2) Add certain volume of $(NH_4)_2S_2O_8$ solution into corresponding beakers quickly with measuring cylinders, and meanwhile turn on stopwatch and stir the solution continuously. Turn off the stopwatch immediately when the color of the solution turns into blue and record the time Δt.

Table 10-1　volumes of each solution needed for each kinetic run

No.		1	2	3	4	5
Amounts of Reagents /mL	0.20 mol · L^{-1} KI	10.0	10.0	10.0	5.0	2.5
	0.2% (*m*) starch solution	2.0	2.0	2.0	2.0	2.0
	0.010 mol · L^{-1} $Na_2S_2O_3$	4.0	4.0	4.0	4.0	4.0
	0.20 mol · L^{-1} KNO_3	0	0	0	5.0	7.5
	0.20 mol · L^{-1} $(NH_4)_2SO_4$	0	5.0	7.5	0	0
	0.20 mol · L^{-1} $(NH_4)_2S_2O_8$	10.0	5.0	2.5	10.0	10.0

2. Temperature Effects on Reaction Rates

(1) According to the amount of experiment No. 4 in Table 10-1, KI, $Na_2S_2O_3$, KNO_3, and starch solutions are added to a 100 mL beaker and mixed together.

(2) Add 10.0 mL of $(NH_4)_2S_2O_8$ solution into a test tube.

(3) Place the beaker and the test tube into a water bath with constant temperature being 10 K higher than room temperature. When the temperature of the solutions in the beaker and the test tube reach the same, add $(NH_4)_2S_2O_8$ solution into the beaker, and meanwhile turn on stopwatch and stir the solution continuously. Turn off the stopwatch immediately when the color of the solution turns into blue and record the time Δt.

(4) Repeat the above experiment at the temperatures which are 20 K, 30 K and 40 K higher than room temperature, respectively. And record the corresponding values of Δt.

3. Catalyst Effects on Reaction Rates

(1) According to the amount of experiment No. 4 in Table 10-1, KI, $Na_2S_2O_3$, KNO_3, and starch solutions are added to a 100 mL beaker and mixed together.

(2) Add 2 drops of 0.02 mol · L^{-1} $Cu(NO_3)_2$ solution into the above solution and mix thoroughly.

(3) Add 10.0 mL of $(NH_4)_2S_2O_8$ solution into the mixed solution quickly and meanwhile turn on stopwatch and stir the solution continuously. And record the time Δt.

Experimental Results

(1) Record the experimental data in a table.

(2) Calculate the average values of reaction rate of experiment No. 1～5 in Table 10-1, respectively, and then calculate the reaction order $(m+n)$ and rate constant k.

(3) Calculate the average values of reaction rate and rate constant under different temperatures, respectively, and then plot $\lg k$ versus $1/T$ to calculate the activation energy E_a.

(4) Based on the above experimental results, discuss the effects of concentration, temperature and the catalyst on the reaction rate, respectively.

Questions

1. Why were KNO_3 and $(NH_4)_2SO_4$ solutions added in the experiments?

2. Does the reaction stop when the color of the solution turned into blue? Why?

3. If we use $c(I^-)$ or $c(I_3^-)$ instead of $c(S_2O_8^{2-})$ to show the reaction rate, is the reaction rate constant the same? Why?

4. What is the purpose of adding certain amount of $Na_2S_2O_3$ and starch solutions in the experiment? How does the amount of $Na_2S_2O_3$ solution influence on the result of the experiment?

Experiment 108 Volumetric Determination of the Calcium Carbonate Content and in an Eggshell

Purposes

(1) Master the principles and methods of volumetric determination.

(2) Master the operation of back-titration.

Principles

The main constituent of a regular eggshell is $CaCO_3$. For this reason it has been widely used for demonstration of the typical release of CO_2 when subjected to a standard acid. In this experiment we will determine the $CaCO_3$ content of eggshell by volumetric determination. The typical reaction is as follows:

$$CaCO_3 + 2HCl \xlongequal{} Ca^{2+} + 2Cl^- + H_2O + CO_2 \uparrow \quad (1)$$

This determination can be done by regular titrimetry, but the reaction and the dissolution of the eggshell is quite slow. For this reason, a back-titration technique will be used. In this technique a measured excess volume of a standard acid is mixed with the ground eggshell which is allowed to react in time. Upon completion, the excess amount of the acid is titrated with a standard NaOH.

$$HCl + NaOH \xlongequal{} Na^+ + Cl^- + H_2O \quad (2)$$

The total amount of HCl used for the dissolution and release of CO_2 in reaction (1) will be determined by the difference between the total acid used and the back-titrated acid.

So, total amount of acid used for the decomposition of $CaCO_3$ is: $c_{HCl}V_{HCl} - c_{NaOH}V_{NaOH}$.

At this point, note that for every mole of $CaCO_3$ decomposed to CO_2, 2 moles of HCl are required. Therefore the amount of $CaCO_3$ decomposed = (the amount of acid used)/2.

Procedures

Obtain and dry a sample of pulverized eggshell from the instructor. Weigh very accurately, to about 0.10 mg accuracy, about 0.15~0.20 g of this sample into a clean 150.0 mL beaker. This process must be done in triplicate. Add about 35.0 mL of your previously standardized HCl into the flask and warm them for about 20～30 min, just to facilitate the reaction. When all the CO_2 appears to have subsided, remove the samples and cool to room temperature. Very carefully, filter the precipitate into a previously cleaned 250. 0 mL Erlenmeyer flask and add about two drops of phenolphthalein indicator into each flask and titrate with a previously standardized NaOH.

Questions

1. What are the main sources for the measurement errors in this experiment? Which substances would affect the determination of calcium in the eggshell during measurement?

2. What should be noticed during the dissolving process of eggshells? Describe the influence of concentration of HCl on the results.

References

IwunzeM O. 2005. Laboratory Experiment in Analytical Chemistry. Indiana: Author House, 99～102.

Experiment 109　Simultaneous Spectrophotometric Determination of Manganese and Chromium

Purposes

(1) Master the methods of simultaneous spectrophotometric determination of manganese and chromium.

(2) Master the principle of dual-wavelength spectrophotometry.

Principles

The concentrations of Mn^{2+} and Cr^{3+} in a mixture may be determined by chemical oxidation of these species to MnO_4^- and $Cr_2O_7^{2-}$, respectively, followed by spectrophotometric measurement at two wavelengths. This experiment illustrates the principle of the additivity of absorbances due to two substances shows how absorbance values at two different wavelengths are employed to calculate the concentrations of the two desired components.

Procedures

To each flask add 5 mL of concentrated H_2SO_4 and 1 mL of 0. 2 mol · L^{-1} $AgNO_3$ solution. Dilute each solution with distilled water to a volume of approximately 50. 0 mL. Then dissolve 5 g of reagent-grade potassium persulfate ($K_2S_2O_8$) in each solution; heat the solutions to boiling, add 0. 5 g of reagent grade potassium periodate (KIO_4) to each solution. Again bring the solutions to boiling for a period of 5 min. Finally, cool each solution to room temperature, and transfer it quantitatively to a clean 100 mL volumetric flask and dilute the solutions with distilled water to the mark.

Obtain the complete absorption spectrum for each of the standard solutions as well as for unknown solution in the wavelength region from about 600～375 nm. These spectra may be obtained by using a scanning UV-Vis spectrophotometer. Follow the instructions given for this instrument or consult the instructor, if in doubt. Inspect the three absorption spectra in order to select the two wavelengths at which the mutual interference between MnO_4^- and $Cr_2O_7^{2-}$ appear to be least.

From the data obtained with the pure MnO_4^- and $Cr_2O_7^{2-}$ solutions, calculate an apparent molar absorptivity for each species at each desired wavelength. (Notice that only an apparent molar absorptivity may be calculated because the path length is not known, although it does remain constant throughout the experiment) .

Calculate the concentrations ($mol \cdot L^{-1}$) of Mn^{2+} and Cr^{3+} in the original sample solution and report your results in mg of Cr and Mn for your unknown sample.

【Notation】

① Solution solutions: Standard solutions of Mn^{2+} and Cr^{3+} should be available so that individual spectra of MnO_4^- and $Cr_2O_7^{2-}$ may be obtained. These standard solutions may serve for the preparation of manganese-chromium mixtures for subsequent spectrophotometric analysis.

Cr^{3+}: Prepare a standard 0.010 $mol \cdot L^{-1}$ solution of Cr^{3+} in 1 $mol \cdot L^{-1}$ H_2SO_4 as follows: weigh to the nearest milligram 1.48 g of reagent grade $K_2Cr_2O_7$ into a clean 500 mL Erlenmeyer flask. To this add 100 mL of distilled water, 5 mL of concentrated (18 $mol \cdot L^{-1}$) H_2SO_4 and 25 mL of 3% H_2O_2. After the reduction of $Cr_2O_7^{2-}$ to Cr^{3+} has occurred, heat the solution to boiling for 15～20 min to decompose the excess H_2O_2. Cool the solution and transfer it to a 1 L volumetric flask. Add distilled water along with 50 mL of concentrated H_2SO_4, to bring the volume precisely to the calibration mark. Mix the solution thoroughly, and calculate the exact concentration of Cr^{3+} and label the flask appropriately.

Mn^{2+}: Prepare a standard 0.0010 $mol \cdot L^{-1}$ solution of Mn^{2+} in 1 $mol \cdot L^{-1}$ H_2SO_4 as follows: Pipette exactly 50.00 mL of a previously standardized 0.02 $mol \cdot L^{-1}$ $KMnO_4$ solution into a clean 500 mL Erlenmeyer flask. Add 50 mL of distilled water, 5 mL of concentrated (18 $mol \cdot L^{-1}$) H_2SO_4, and 10 mL of 3% H_2O_2. After the reduction of MnO_4^- appears to be complete heat the solution to boiling for about 15～20 min to decompose the excess H_2O_2. Cool the solution and transfer it quantitatively to a 1 L volumetric flask. Add distilled water, plus 50mL of concentrated H_2SO_4, to bring the volume to the calibration mark. Stopper the flask, mix the solution thoroughly, and calculate the exact concentration of Mn^{2+} and label the flask appropriately.

② Unknown solutions: Present to the instructor a clean 100 mL volumetric flask for an unknown sample. Dilute to the mark with distilled water. Clean three 250 mL Erlenmeyer flasks. Into the first flask pipet 25.00 mL of Cr^{3+} standard solution, and pipette the same volume of the standard Mn^{2+} solution into the second flask. Pipet a 25.00 mL aliquot of the unknown manganese-chromium mixture into the third flask.

Questions

1. Please describe how to select the suitable wavelengths for dual-wavelength spectrophotometric analysis.
2. Please describe the advantages of dual-wavelength spectrophotometry for the manganese and chromium

determination.

References

Skoog D A, Holler F J, Nieman T A. 1998. Principles of Instrumental Analysis. Philadelphia: Saunders College Publishing.

Iwunze M O. 2005. Laboratory Experiment in Analytical Chemistry. Indiana: Author House. 135～140.

Experiment 110　Orange Ⅱ (β-Naphthol Orange)

Purpose

(1) This experiment demonstrates the use of diazotisation in the preparation of azo dyes, Orange Ⅱ (β-Naphthol Orange).

(2) Familiar with the temperature controlling and recrystallization experiment operation.

Principles

Diazonium compounds or diazonium salts are a group of organic compounds sharing a common functional group $R—N_2^+ X^-$ where R can be any organic residue such alkyl or aryl and X is an inorganic or organic anion such as a halogen. The process of forming diazonium compounds (diazotisation) was first reported by Peter Griess in 1858, who subsequently discovered several reactions of this new class of compounds. The most important method for the preparation of diazonium salts is treatment of aromatic primary amines such as aniline with nitrous acid. Usually the nitrous acid is generated in situ (in the same flask) from sodium nitrite and hydrochloric acid. In aqueous solution diazonium salts are unstable at temperatures above +5℃; the $—N^+≡N$ group tends to be lost as N_2 (nitrogen gas). So, the reaction is normally carried out in ice.

$$NaNO_2 + HCl \longrightarrow HO—N=O + NaCl$$

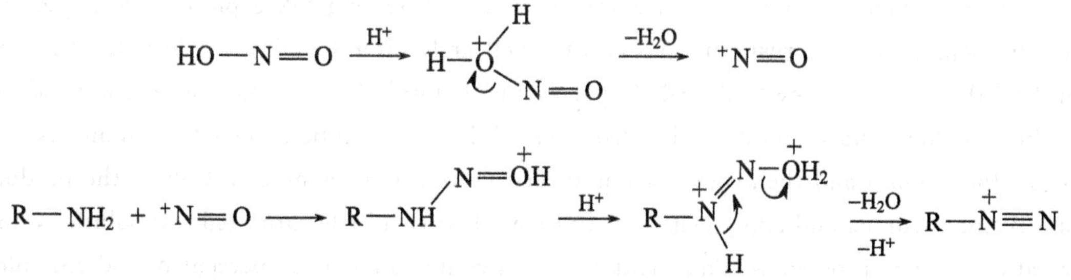

Diazonium salts, especially those where R is an aryl group, are important intermediates in the organic synthesis of azo dyes. By varying the chemical structures of the amines that are diazotized (the diazo components) and of the compounds with which they react (the coupling components), colours throughout the visible spectrum are imparted to dyes applicable to many types of fibres by several techniques.

The azo dyes, Orange Ⅱ (β-Naphthol Orange) can be prepared by the interaction of diazobenzene sulphonate with 2-naphthol in the presence of sodium hydroxide. The coupling reaction is an electrophilic substitution involving the diazonium ion which reacts at the position of greatest electron availability, i. e. 1-position of 2-naphthol.

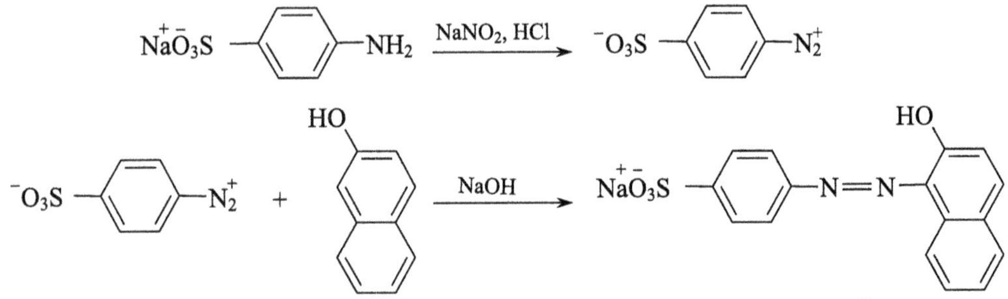

Orange Ⅱ

Procedures

In a 100 mL conical flask place 3. 26 g (0. 0167 mol) of sulphanilic acid sodium salt (or 2. 89 g, 0. 0167 mol, of sulphanilic acid), 0. 89 g (0. 0084 mol) of anhydrous sodium carbonate and 33 mL of water, and warm until a clear solution is obtained. Cool the solution to about 15℃, and add a solution of 1. 36 g (0. 0197 mol) of sodium nitrite in 3. 5 mL of water. Pour the resulting solution slowly and with stirring into a 200 mL beaker containing 3. 5 mL of concentrated hydrochloric acid and 20 g of crushed ice. Test for the presence of free nitrous acid with potassium iodide-starch paper after 15 minutes. Fine crystals of the diazobenzene sulphonate will soon separate; do not filter these off as they will dissolve during the next stage of the preparation, and keep the suspension of the diazonium compound in ice-water until required.

Dissolve 2. 40 g (0. 0167 mol) of a good grade of 2-naphthol in 14 mL of cold 10 percent sodium hydroxide solution in a 200 mL beaker, cool to 5℃ and pour in, with stirring, the well-mixed suspension of diazotised sulphanilic acid. Coupling takes place readily and the dyestuff separates as a crystalline paste. Stir well and, after 10 minutes, heat the mixture until all the solid has dissolved. Add 7 g of sodium chloride (to decrease the solubility of the product further) and warm until this dissolves. Allow the solution to cool spontaneously in the air for 1 hour, and then cool in ice until crystallization is complete. Collect the product on a Buchner funnel and apply gentle suction; wash with a little saturated salt solution, and dry at 80℃. The product weighs about 7 g, and contains about 20 percent of sodium chloride; further purification is unnecessary for dyeing purposes. To obtain pure, crystalline Orange Ⅱ, dissolve the crude substance in the minimum volume of boiling water, allow to cool to about 80 ℃, add about twice the volume of ethanol and allow crystallization to proceed spontaneously. When cold, filter at the pump, wash the pure dyestuff (it is a dihydrate) with a little ethanol and dry in the air. The yield is about 4. 7 g (80%) .

Questions

1. It is most important that the coupling medium be adjusted to the right degree of acidity or alkalinity. Try to explain why the coupling of diazonium salts with 2-naphthol is favored in mildly alkaline solutions.

2. The azo dye, *p*-dimethylaminoazobenzene, is known as butter yellow because it was once used to color fats (until it was discovered to be carcinogenic) . How *p*-dimethylaminoazobenzene can be made?

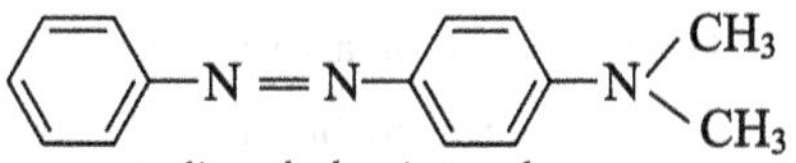

p-dimethylaminoazobenzene

Experiment 111 Diels-Alder Reaction: 9, 10-Dihydroanthracene-9, 10-α, β-Succinic Acid Anhydride

Purpose

(1) This experiment demonstrates the use of the Diels-Alder reaction in the preparation of 9, 10-dihydroanthracene-9, 10-α, β-succinic acid anhydride.

(2) Familiar with the microscale experiment operation.

Principles

The Diels-Alder reaction, was first described by Otto Paul Hermann Diels (Germany, 1876—1954) and his student Kurt Alder (Germany, 1902—1958) in 1928, for which work they were awarded the Nobel Prize in Chemistry in 1950. In the conventional terminology, the Diels-Alder reaction is a [4+2] cycloaddition between a conjugated diene and a substituted alkene, commonly termed the dienophile, to form a substituted cyclohexene system with good control over regio- and stereochemical properties. The preparative procedure for the Diels-Alder reaction is extremely simple and the cycloaddition usually merely requires warming the reactants together either alone, or in the presence of a suitable solvent. The Diels-Alder reaction is widely recognized as one of the cornerstone synthetic organic reactions of the 20th century. In fact, it is one of the most commonly employed reactions for the synthesis of natural products, as well as for the rapid construction of cyclic and polycyclic compounds.

Anthracene possesses the characteristic properties of a diene system, and can react with many dienophiles at the 9 and 10 positions (the two positions on the central ring where new bonds can be made without destroying the aromaticity of the other two rings) to form stable Diels-Alder adducts. In this experiment, maleic anhydride, a very reactive dienophile, is used here in the reaction with anthracene. This reaction is reversible, it is usually best carried out at the lowest possible temperatures consistent with an acceptable reaction rate.

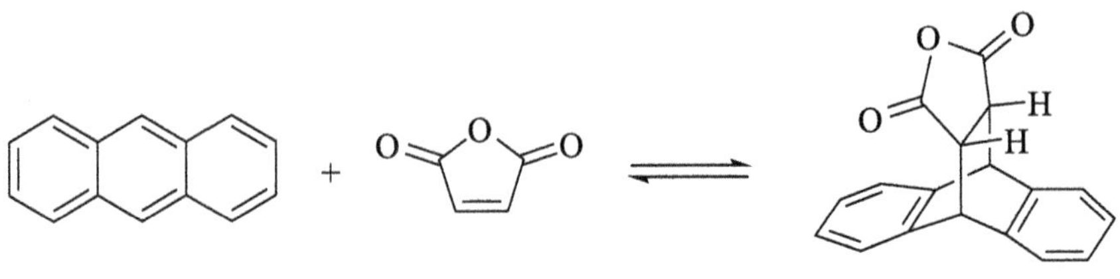

Procedures

Weigh and place 142. 6 mg (0. 8 mmol) of anthracene, 68. 6 mg (0. 7 mmol) of maleic anhydride and 2 mL dry xylene in a 5 mL round-bottomed flask containing a stirrer. Fit with a reflux condenser carrying a calcium chloride drying-tube. Stir and heat the reaction mixture at reflux for 30 min in the hood. During this time the initial yellow color of the reaction mixture gradually disappears. Allow the solution to cool to room temperature and then place it in an ice bath for 10 min to complete the crystallization of the product.

Purification and Characterization

Method A:

Anthracene, maleic anhydride, and the product 9, 10-dihydroanthracene-9, 10 -α, β-succinic acid anhydride have different polarity in the following order: anthracene < 9, 10-dihydroanthracene-9,10-α, β-succinic acid anhydride < maleic anhydride. The good chromatographic separation can be achieved because the more polar maleic anhydride is adsorbed more strongly on the adsorbent and hence the anthracene may be eluted with a relatively non-polar solvent.

Dissolve the reaction mixture in the minimum volume of ethyl acetate and carry out the silica gel thin-layer chromatography (TLC) analysis using petroleum ether-dichloromethane (1 : 2, *V*/*V*) as the solvent system. Guided by the TLC result, the reaction mixture can be separated on a silica gel column chromatography eluted with petroleum ether-dichloromethane. Analyse of the eluate fractions with TLC, and concentrate the eluate fraction containing the product under reduced pressure on a rotary evaporator. The residual solid is practically pure 9, 10- dihydroanthracene-9, 10-α, β-succinic acid anhydride.

Method B:

Collect the crystals by vacuum filtration using a Hirsch funnel and wash the filter cake with a little portion of cold xylene. Dry the filter cake. The product may be further purified by recrystallization from ethyl acetate or dichloromethane using a Craig tube. Weigh the dried Diels - Alder product and calculate the percent yield. Determine the melting point and compare your result with the standard value.

Questions

1. The following are the NMR spectra of the product 9, 10-dihydroanthracene-9, 10-α, β-succinic acid anhydride, please try to assign the ^1H NMR and ^{13}C NMR data.

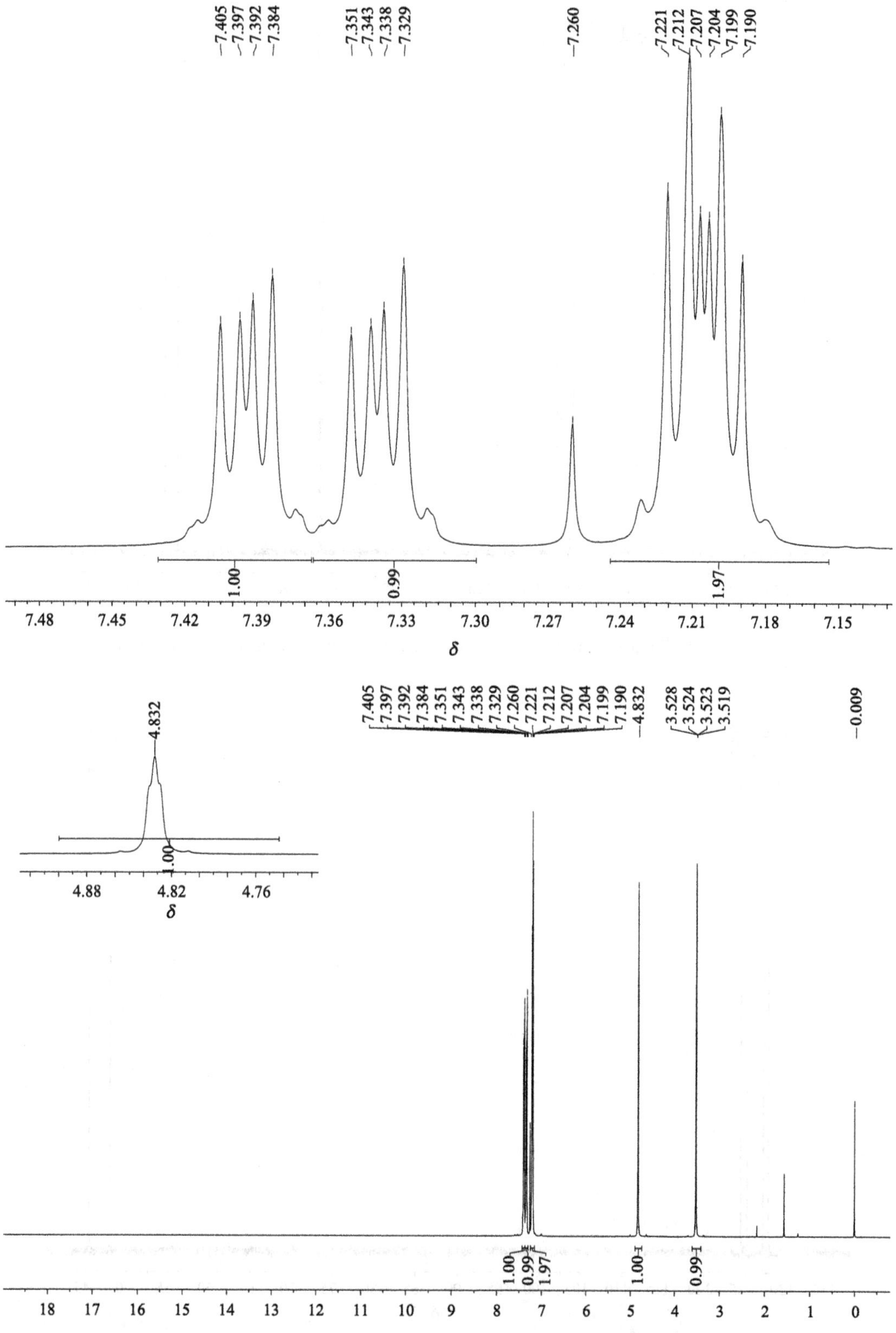

^{1}H NMR of 9，10-dihydroanthracene-9，10-α，β-succinic acid anhydride (CDCl₃，400 MHz)

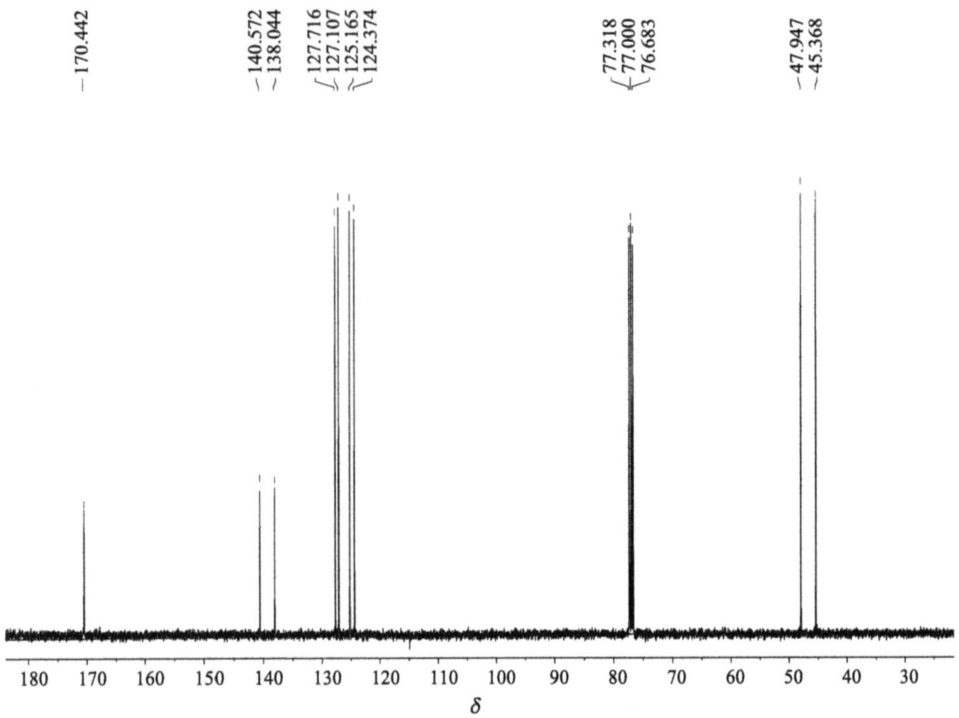

^{13}C NMR of 9, 10-dihydroanthracene-9, 10-α, β-succinic acid anhydride ($CDCl_3$, 100 MHz)

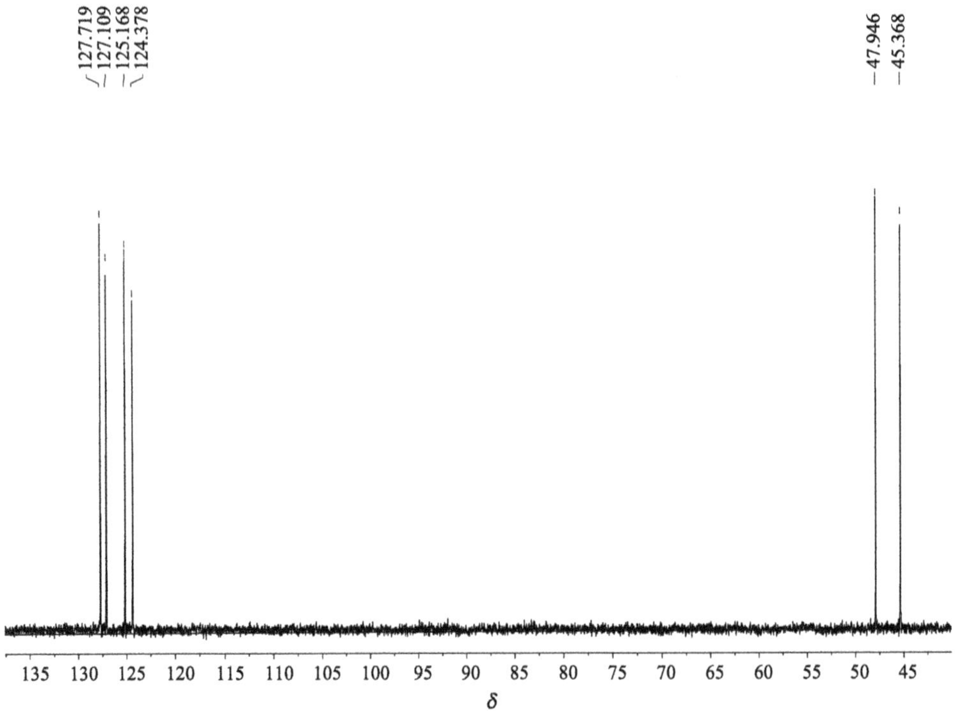

DEPT 135 of 9, 10-dihydroanthracene-9, 10-α, β-succinic acid anhydride

2. Cantharidin was first isolated in 1810 by Pierre Robiquet, from the Spanish fly, *Lytta vesicatoria*. Cantharidin is secreted by the male blister beetle and given to the female as a copulatory gift during mating. Afterwards the female beetle will cover its eggs with it as a defense against predators. Cantharidin is a poisonous substance, acting as a blister agent, and can cause severe chemical burns, but these same properties make it effective as a topical medication to remove warts, tattoos, and to treat the small papules of *Molluscum contagiosum*.

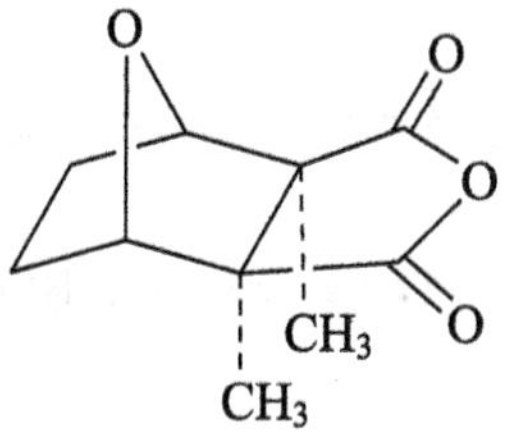

cantharidin

Please propose a synthesis for this compound. Then search the references, and compare your "paper synthesis" with the practice.

第四部分　设计实验

(一) 实验目的

(1) 培养学生灵活运用所学理论及实验知识解决基础化学实际问题的能力，为今后从事实际工作和开展科研打好基础。

(2) 学习查阅和分析文献，学习总结参考资料及书写实验总结报告。

(二) 基本要求

(1) 学生自选设计实验题目。

(2) 学生在查阅参考资料的基础上，设计实验方案，经教师审阅后，进行实验工作，然后写出实验报告。如果实际做法与实验方案基本一致，可将实验方案补充成实验报告；若不一致，则应重新改写。

(3) 实验报告的内容大致包括以下各项：

(i) 实验题目。

(ii) 概述（列出制备方法或测定方法的要点，注明出处，并与后面的参考文献对应）。

(iii) 设计方法的原理。

(iv) 所需试剂的计划用量及配制方法。

(v) 实验步骤（测定实验，需写明标定、测定及其他实验步骤）。

(vi) 数据记录和结果（附上有关计算公式）。

(vii) 讨论（注意事项，误差分析，心得体会，以及不成功的原因等）。

(viii) 参考文献。

实验 112　氯化铵的制备及氮含量的测定

(一) 设计要求

(1) 以 NaCl 和 $(NH_4)_2SO_4$ 为原料，制备 15 g 理论量 NH_4Cl。

(2) 定性检验 NH_4Cl 产品。

(3) 测定产品的氮含量。

(二) 提示

(1) NaCl 与 $(NH_4)_2SO_4$ 的反应是一个复分解反应，因此在溶液中同时存在着 NaCl、$(NH_4)_2SO_4$、NH_4Cl 和 Na_2SO_4。根据它们在不同温度下的溶解度差异，可采取怎样的实验条件和操作步骤，使 NH_4Cl 与其他三种盐分离？在保证 NH_4Cl 产品纯度的前提下，如何提高其产量？

(2) 假设有 150 mL NH_4Cl-Na_2SO_4 混合溶液（质量为 185 g)，其中含 30 g NH_4Cl、

40 g Na_2SO_4。如果在 90℃左右加热，分别浓缩至 120 mL、100 mL、80 mL 和 70 mL。根据有关溶解度数据，通过近似计算，试判断在上述不同情况下，有哪些物质能够析出？如果过滤后的溶液冷至 60℃和 35℃时，又有何种物质析出？试列表表示。根据计算，说明应如何控制蒸发浓缩条件来防止NH_4Cl和 Na_2SO_4同时析出。

参考文献

化学工业部科学技术情报所. 1979. 国外化肥工业手册. 北京：化学工业出版社. 217
张爱谦. 1984. 化工手册（上册）. 济南：山东科学技术出版社. 557

实验 113 硝酸钾溶解度的测定与提纯

(一) 设计要求

(1) 测定 KNO_3在不同温度下的溶解度。

(2) 提纯 10 g 含有少量 NaCl 的粗硝酸钾。

(3) 定性检验纯化后的产品。

(二) 提示

(1) 测定溶解度时，硝酸钾的用量及水的体积是否需要准确？测定装置选用什么样的玻璃器皿较为合适？

(2) 在测定溶解度时，水的蒸发对实验结果有什么影响？应采取什么预防措施？

(3) 溶解和结晶过程是否需要搅拌？

(4) 纯化粗硝酸钾应采取什么操作步骤？

参考文献

M J 西恩科等. 1981. 化学实验. 北京：人民教育出版社. 80

实验 114 由废铝箔制备硫酸铝钾大晶体

(一) 设计要求

(1) 主要原料：自己收集废铝箔（如食品及药品包装、易拉罐、铝质牙膏壳等）。

(2) 利用 2 g 废铝箔制备硫酸铝钾。

(3) 用自制的硫酸铝钾制备硫酸铝钾大晶体。

(二) 提示

(1) 在水溶液中培养某种盐的大晶体，一般可先制得籽晶（较透明的小晶体），然后把籽晶植入饱和溶液中培养。籽晶的生长受溶液的饱和度、温度、湿度及时间等因素影响，必须控制好实验条件，使饱和溶液缓慢蒸发，才能获得大晶体。

(2) 一般的废铝箔表面有一薄层塑料膜，应如何处理？

(3) 如何把籽晶植入饱和溶液？

(4) 若在饱和溶液中，籽晶长出一些小晶体或烧杯底部出现少量晶体时，对大晶体的培养有何影响？应如何处理？

参考文献

张克从. 1987. 近代晶体学基础（下册）. 北京：科学出版社
周效贤. 1993. 大学化学新实验（二）. 兰州：兰州大学出版社
R A 劳迪斯. 1979. 单晶生长. 刘光照译. 北京：科学出版社

实验 115 从铬盐生产的废渣中提取无水硫酸钠

硫酸钠俗称元明粉，是维尼纶、玻璃、合成洗涤剂、造纸、染料等工业的原料，通常可由生产某些化工产品中的副产品获得。例如，生产重铬酸钠时就可获得副产品硫酸钠，但由于含有重铬酸钠而限制其用途，成为废渣。利用生产钛白粉的副产品硫酸亚铁可以把铬盐厂的废渣中的硫酸钠分离提纯，以废治废，变废为宝。

（一）设计要求

(1) 以 20 g 铬盐废渣（废渣的质量分数：Na_2SO_4 98.4%，$Na_2Cr_2O_7$ 1%，$CaCl_2$、$MgCl_2$和 $FeCl_3$各 0.2%）和七水硫酸亚铁为主要原料，制备无水硫酸钠。

(2) 定性检验产品中是否含有 $Cr_2O_7^{2-}$、Cr^{3+}、Fe^{3+}、Ca^{2+}、Mg^{2+}、Cl^-等离子。

（二）提示

(1) 本实验从铬盐生产的废渣中提取硫酸钠的基本原理是什么？

(2) 为了使杂质容易分离除去，本实验应采取何种操作方法？

参考文献

安家驹，王伯英. 1988. 实用精细化工辞典. 北京：轻工业出版社
天津化工研究院等. 1979. 无机盐工业手册（上）. 北京：化学工业出版社

实验 116 印刷电路腐蚀废液回收铜和氯化亚铁

印刷电路的废腐蚀液通常含有大量 $CuCl_2$、$FeCl_2$及 $FeCl_3$。因此，将铜与铁化合物分离并回收是有实际意义的。因为它既可以减少污染，消除公害，又能化废为宝。

（一）设计要求

(1) 取约含 2 mol · L^{-1} $FeCl_3$、2 mol · L^{-1} $FeCl_2$、1 mol · L^{-1} $CuCl_2$的废腐蚀液 50 mL，回收铜和氯化亚铁。

(2) 回收的氯化亚铁要进行纯度检验。

（二）提示

(1) 氯化亚铁的水合物及其脱水温度如下：

$$FeCl_2 \cdot 6H_2O \xrightarrow{12.3℃} FeCl_2 \cdot 4H_2O \xrightarrow{76.5℃} FeCl_2 \cdot 2H_2O$$

(2) 本实验根据铜、铁单质和化合物什么性质回收铜和氯化亚铁？

(3) 经放置的废三氯化铁腐蚀液常浑浊不清，为什么？如何处理？

(4) 回收操作过程应采取什么步骤才能得较纯产品？

参考文献

冯世昌等．1987．无机化合物辞典．西安：陕西科学技术出版社

M 西丁．1989．金属与无机废物回收百科全书（金属分册）．李怀先译．北京：冶金工业出版社

实验 117　微波辐射法制备磷酸锌纳米材料

所谓纳米材料，一般指尺寸介于 1～100 nm 的材料。物质尺寸的减少会使物质产生许多新性质，因此有关纳米材料与技术的研究是目前的热门领域。科学家预言，纳米技术将在 21 世纪发挥巨大的作用。

纳米材料的制备方法很多。微波辐射法不同于传统加热方法，可以对反应物的外部与内部同时进行加热，升温速度快，因而能加快反应速度，有利于制备纳米材料。

磷酸锌通常带有 2 个结晶水，是一种新型防锈颜料，配制成防锈涂料后可代替有毒的氧化铅作为底漆。

(一) 设计要求

(1) 以硫酸锌（$ZnSO_4 \cdot 7H_2O$）、尿素和磷酸为主要原料，利用微波辐射法制备纳米磷酸锌[$Zn_3(PO_4)_2 \cdot 2H_2O$]，理论产量 5 g。

(2) 对产品进行定性检验。

(二) 提示

(1) 硫酸锌、尿素和磷酸加热反应后，产物为 $Zn_3(PO_4)_2 \cdot 4H_2O$、$(NH_4)_2SO_4$和 CO_2。

(2) $Zn_3(PO_4)_2 \cdot 4H_2O$ 在 110℃脱去 2 个结晶水即得磷酸锌产品。

(3) 微波辐射法为什么能显著缩短反应时间？使用微波炉时应注意哪些问题？

(4) 纳米材料制备方法一般有哪些？微波辐射法除了能显著缩短反应时间外，还有哪些优点？

(5) 本实验中加入尿素的目的是什么？其水解产物是什么？

参考文献

胡希明，李兴，谷云骊等．1998．微波诱导快速磷酸锌合成研究．化学通报，(12)：33

宋宝玲，廖森，吴文伟等．2003．固相反应制备磷酸锌纳米晶体．广西大学学报（自然科学版），(4)：314

实验 118　碱式碳酸铜的制备及铜含量测定

碱式碳酸铜是一种重要的化工原料。其中铜含量的变化会影响产品的颜色，工业产品含

66.2%～78.2%(质量分数)CuO，为孔雀绿色。碱式碳酸铜的制备方法有两大类：固相反应法和水溶液反应法。

设计要求

(1) 采用水溶液反应法制备。

(2) 要对反应的条件进行探索性研究，包括反应物浓度与比例、温度、时间等。

(3) 要求定量分析产品中的铜含量。

实验 119　水热法制备 Fe_2O_3 纳米材料

设计要求

(1) 以氯化铁和 EDTA 为主要原料，利用水热法制备纳米 Fe_2O_3。

(2) 要求对反应条件进行探索性研究，包括水解温度与时间、反应溶液的 pH 与 Fe^{3+} 的浓度等。

(3) 利用紫外-可见吸收光谱监控水解过程。

实验 120　人造金刚石酸洗触媒废液回收

工业上人造金刚石是用石墨和金属触媒在高温高压作用下生产的。产出物多采用酸洗法除去触媒金属。酸洗结果使触媒金属溶解在酸液中，与人造金刚石分离。酸洗触媒废液中主要含有 Ni^{2+}、Mn^{2+} 和 Co^{2+} 等金属离子。若对该类废液进行综合利用，提取其中的 Ni、Mn、Co 生产系列的化工原料，既解决了环境污染，又使宝贵资源得到综合利用，必将带来良好的社会、经济和环境效益。

已知某人造金刚石酸洗触媒废液的化学成分如下：

组成 (pH − 1)	Ni^{2+}	Mn^{2+}	Co^{2+}	Fe^{3+}	Cu^{2+}	SO_4^{2-}
含量/$(g \cdot L^{-1})$	58.7	22.0	3.0	0.06	0.03	大量
浓度/$(mol \cdot L^{-1})$	1.0	0.4	0.1	0.001	0.0005	—

设计要求

(1) 从 50.0 mL 上述人造金刚石酸洗触媒废液中提取锰与镍，制备二氧化锰和硫酸镍。

(2) 定性分析二氧化锰中是否含有 Fe^{3+}、Co^{2+} 与 Ni^{2+}。

(3) 分别利用重量法、分光光度法测定硫酸镍产品中的镍含量与钴含量。

实验 121　富铜废水回收铜制备五水硫酸铜

富铜废水中除含大量 $CuCl_2$ 外，通常含有 $FeCl_2$、$FeCl_3$ 及 $AlCl_3$，从中回收铜既可减少污染，又能变废为宝。回收方法较多，如电解法、沉降法、离子交换法、置换法等。

（一）设计要求

（1）取富铜废水（约含 1 mol · L^{-1} Cu^{2+} 及大量 Fe^{2+}、Fe^{3+}、Cl^- 和一些 Al^{3+}）50 mL，利用氨水、硫酸铵、氢氧化钠、硫酸等试剂回收铜制备五水硫酸铜。

（2）利用分光光度法测定所得五水硫酸铜产品中的总铁含量。

（二）提示

（1）设法使杂质金属离子尽量沉淀完全，而铜尽量多地留在溶液中，这应注意到 $Fe(OH)_3$、$Fe(OH)_2$ 沉淀难易和 $Al(OH)_3$ 的两性，另应注意利用 Cu^{2+} 的性质确保铜不沉淀。

（2）沉淀铜一步分离杂质阴离子。

（3）回收操作过程应采取什么步骤才能得较纯产品？

实验 122　电镀除油液中各种成分（NaOH、Na_2CO_3 和 Na_3PO_4）的测定（酸碱滴定法）

参考文献

陈必友. 1992. 工厂分析化学手册（修订本）. 北京：国防工业出版社

《电镀手册》编写组. 1977. 电镀手册（上册）. 北京：国防工业出版社

武汉材料保护研究所. 1983. 常用电镀溶液的分析（修订版）. 北京：机械工业出版社

P W 魏尔德. 1980. 电镀溶液的现代分析. 杨家昌等译. 北京：轻工业出版社. 51

实验 123　合金钢（高速钢）中铬、钒的含量测定（氧化还原滴定法）

参考文献

陈必友. 1992. 工厂分析化学手册（修订本）. 北京：国防工业出版社

衡兴国，黄按佑. 1996. 实用快速化学分析新方法 . 北京：国防工业出版社

湖北油泵油嘴厂化验室. 1977. 高速钢中钒、钼联合测定. 理化检验（化学分册），(3～4)：55

柯瑞华等. 1922. 最新国外钢铁及合金化学分析标准方法. 北京：中国物资出版社

赵俭，宋恩烈. 1988. 金属材料分析. 沈阳：辽宁大学出版社

实验 124　硫酸铝中铝和硫的测定（络合滴定法）

参考文献

刘宏之，翟璨. 2003. 络合滴定法测定工业废水中的硫酸根离子. 化工环保，23 (1)：42

曲启恒，曹宇容. 1997. EDAT 络合滴定法间接测定盐湖卤水中的硫酸根. 山西化工，(3)：35

实验 125 HCl-NH_4Cl 溶液中各组分浓度的测定（酸碱滴定法）

参考文献

雷良萍，施踏青，罗斐贤. 2006. HCl-$FeCl_3$ 混合液中 HCl 含量测定方法的探讨. 井冈山学院学报（自然科学），27(2)：44
武汉大学. 2000. 分析化学. 4 版. 北京：高等教育出版社
武汉大学. 2002. 分析化学实验. 4 版. 北京：高等教育出版社

实验 126 HCl-H_3BO_3 溶液中各组分浓度的测定（酸碱滴定法）

参考文献

蔡华民，尤大衡. 1987. 多种（多元）混合酸的图像计算分析法. 高等学校化学学报，8(4)：366
成都科学技术大学分析化学教研组，浙江大学分析化学教研组. 1982. 分析化学实验. 北京：人民教育出版社
李汉洙. 1993. 强酸与多元酸混合物中各组分酸含量测定方法研究. 分析化学，21(4)：431
聂兆广，夏延致. 2002. 含有盐酸及有机弱酸废水的电位滴定分析. 青岛大学学报，15(3)：12

实验 127 NaH_2PO_4-Na_2HPO_4 溶液中各组分浓度的测定（酸碱滴定法）

参考文献

常文保. 1981. 简明分析化学手册. 北京：北京大学出版社
刘秀萍. 1994. 磷酸盐混合物 Na_3PO_4、Na_2HPO_4 含量测定. 晋中师专学报，2：15
武汉大学. 2002. 分析化学实验. 4 版. 北京：高等教育出版社
郑金鼎，刘伯雄. 1991. 容量法快速测定洗衣粉中聚磷酸盐含量. 日用化学工业，5：38

实验 128 Ca-EDTA（或 Mg-EDTA）溶液中各组分浓度的测定（络合滴定法）

参考文献

李淑兰等. 2000. 络合滴定法对 EDTA 和 NTA 混合体系中二者含量的分别测定. 辽宁化工，29(5)：301
彭崇慧等. 1985. 定量化学分析简明教程. 北京：北京大学出版社
武汉大学. 2000. 分析化学. 4 版. 北京：高等教育出版社
武汉大学. 2002. 分析化学实验. 4 版. 北京：高等教育出版社

实验 129　银焊条中银、铜、锌的测定（沉淀-氧化还原-络合滴定法）

可用硫脲等溶解 AgI 和 CuSCN 等沉淀。

参考文献

机械工业部武汉材料保护研究所. 1983. 常用电镀溶液的分析（修订版）. 北京：机械工业出版社

彭崇慧等. 1985. 定量化学分析简明教程. 北京：北京大学出版社

武汉大学. 2000. 分析化学. 4 版. 北京：高等教育出版社

武汉大学. 2002. 分析化学实验. 4 版. 北京：高等教育出版社

玉梅. 1996. 银焊条中银锌铜的络合滴定法. 山东机械，1：24

周天泽. 1996. 化学分析测试中的干扰消除. 北京：首都师范大学出版社

实验 130　吲哚丁酸的合成

吲哚丁酸（1-*H*-indole-3-butanoic acid，indolebutyric acid）是植物生长调节剂，具有促进果树、桑、茶等插条生根作用。

参考文献

Avramenko V G，Pershin G N，Mushulov P I. 1970. Indole derivatives Ⅴ：synthesis and tuberculostatic activity of indole-3-alkanoic acids. Chemical Abstracts，73（3）：344

Bowman R E，Islip P J. 1971. Decarboxylation of indole-2-carboxylic acids. Chem Ind（London），154

Jackson R W，Manske R H. 1930. The Synthesis of indolyl-butyric acid and some of its derivatives. J Am Chem Soc，52：5029

Suvorov N N，Antonov V K，Rokhlin E M. 1954. Synthesis of phenyl substituted 4-（3-indolyl）butyric acids. Chemical Abstracts，48（20）：12078

实验 131　甲氧氯（DMDT）的合成

甲氧氯[1-trichloro-2，2-bis（*p*-methoxyphenyl）ethane，methoxychlor]是一种杀虫剂 DDT 的类似物，它的毒性（LD50 为 6000 mg · kg^{-1}）比 DDT（LD50为250 mg · kg^{-1}）低得多，没有致癌作用，且具有很好的杀虫效果。

参考文献

Miller J A，Neuzil E F. 1980. Modern Experimental Organic Chemistry. Toronto D. C.：Health and Company，371

Schneller G H，Smith G B L. 1949. 1-Trichloro-2，2-bis（p-methoxyphenyl）ethane（methoxychlor）. Ind Eng Chem，41（5）：1027

实验 132　利度卡因的合成

利度卡因的化学名称为2-二乙胺基-*N*-（2，6-二甲苯基）乙酰胺，是一种手术中常用的局部麻醉剂。通过查阅相关文献，自己设计合成路线合成利度卡因。

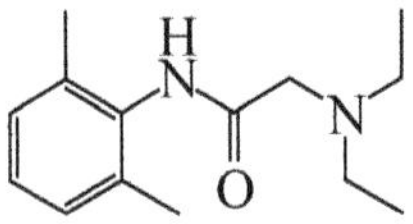

参考文献

Harms A F, Tersteege H M, Nauta W T. 1961. The effect of alkyl substitution in drugs Ⅵ: ortho-ethyl substituted *N*, *N*-diethylamino-acetanilides. J Med Chem, 4 (3): 375

Miller J A, Neuzil E F. 1980. Modern Experimental Organic Chemistry. Toronto D. C.: Health and Company, 404

实验 133　驱虫剂 *N*,*N*-二乙基-间-甲苯甲酰胺的合成

蚊子通过空气中二氧化碳浓度增加而密切注意寄主的存在，并且沿着这股暖湿气流向寄主飞去。化合物 *N*，*N*-二乙基-间-甲苯甲酰胺(*N*，*N*-diethyl-3-methylbenzamide，*N*，*N*-dimethyl-*m*-toluamid，DETA)阻扰了蚊子对寄主的定位，因而是一种有效的蚊虫驱避剂。

参考文献

Drake N L, Eaker C M, Shenk W. 1948. *N*,*N*-dialkyl-β-hydroxyamide via the reformatsky reaction. J Am Chem Soc, 70: 677

Mecabe E T, Barhel W F, Gertler S I, et al. 1954. Insect repellents Ⅲ; *N*, *N*-diethylamides. J Org Chem, 19: 493

Miller J A, Neuzil E F. 1980. Modern Experimental Organic Chemistry. Toronto D. C.: Health and Company, 414

Wang B J-S. 1974. An interestingand successful organic experiment, J Chem Educ, 51 (10): 631

实验 134　昆虫信息素 4-甲基-3-庚醇和 4-甲基-3-庚酮的合成

参考文献

Einterz R M, Ponoder J W, Lenox R S. 1997. The synthesis of 4-methyl-3-heptanol and 4-methyl-3-heptanone. J Chem Educ, 54 (6): 382

Miller J A, Neuzil E F. 1980. Modern Experimental Organic Chemistry. Toronto D. C.: Health and Company, 337

Mori K. 1977. Absolute configuration of (−)-4-methylheptan-3-ol, a pheromone of the smaller european elm bark beetie, as determined by the synthesis of its(3*R*, 4*R*)(+)- and(3*S*, 4*R*)-(+)-isomers. Tetrahedron, 33 (3): 289

实验 135　鲁米诺的合成

鲁米诺 (luminol) 是一种化学发光材料。

参考文献

Drew H D K, Pearman F H. 1937. Chemiluminescent organic compounds, Part Ⅱ: The effect of substituents on the closure of phthalhydrazides to 5-and 6-membered rings. J Chem Soc, 26

Huntress E H, Stanley L N, Parker A S. 1934. The preparation of 3-aminophthalhydrazide for use in the demonstration of chemiluminescence. J Am Chem Soc, (56): 241

Nicolet B H, Bender J A. 1941. 3-Nitrophthalic anhydride. Org Synth, coll 1, 408
Redemann C T, Redemann C E. 1955. 5-Amino-2, 3-dihydro-1, 4-phthalazinedione. Org Synth, coll 3, 69
Redemann C T, Redemann C E. 1955. 5-Nitro-2, 3-dihydro-1, 4-phthalazinedione. Org Synth, coll 3, 656

实验 136 手性1,1′-联-2-萘酚的合成

手性1,1′-联-2-萘酚(1,1′-bi-2-naphthol)是新型的手性试剂和化学传感物质的重要中间体。

参考文献

黄乃聚,项明,叶明新等. 1994. β-环糊精-β-萘酚包结物的固相不对称氧化偶联反应. 复旦大学学报(自),33(4):473～476
单自升,孙杰,段标等. 1995. 1,1′-联-2-萘酚硼烷的辛可宁和麻黄碱衍生物的合成. 武汉大学学报(自),41(4):509～511
许遵乐,黄文洪,邬亮等. 1985. 轴不对称联芳香化合物的研究 1. 用 2-氨基丁醇-1 拆分磷酸一氢-1,1′-联-2,2′-萘酯. 有机化学,54(6):475
许遵乐,石中平,涂敬仁等. 1993. 合成光学活性 1,1′-联-2-萘酚的新方法. 合成化学,1(1):(31)
Kimoto H A, Yamada S. 1971. Stereochemical studies-Ⅷ unequivocal determination of the absolute configuration in biaryl systems. Tetrahedron, 27(24):5999
Noji M, Nakajima M, Koga K. 1994. A new catalytic system for aerobic oxidative coupling of 2-naphthol derivatives by the use of CuCl-amine complex: a practical synthesis of binaphothol derivativer. Tetrahedron Lett, 35(43):7983
Toda F, Tanaka K, Iwata S. 1989. Oxidative coupling reactions of phenols with $FeCl_3$ in the solid state. J Org Chem, (54):3007

实验 137 防己中生物碱的提取分离与检识

汉防己为防己科千金藤属物 Stephania tetrandra S. Mcore 的根,是祛风解热镇痛药物,其有效成分为生物碱,主要是汉防己甲素和汉防己乙素。临床上除用作治疗高血压、神经性疼痛、抗阿米巴原虫外,还将粉防己生物碱的碘甲基、或溴甲基化合物作为肌肉松弛剂应用,此外汉防己甲素在动物实验中有抗癌和扩张血管的作用。

通过设计实验进行生物碱的提取分离与检识,要求掌握下列知识和技能:

(1) 掌握生物碱的提取分离方法。

(2) 熟悉生物碱的一般理化性质。

(3) 掌握生物碱的检识方法。

参考文献

徐任生. 2004. 天然产物化学. 2 版. 北京:科学出版社. 115
中华人民共和国药典委员会. 2000. 中华人民共和国药典(二部). 北京:化学工业出版社

主要参考书目

北京大学化学系分析化学教研组. 1998. 基础分析化学实验. 3版. 北京：北京大学出版社

北京大学化学学院有机化学研究所. 2002. 有机化学实验. 2版. 北京：北京大学出版社

蔡维平. 2004. 基础化学实验（一）. 北京：科学出版社

陈焕光，李焕然，张大经等. 1998. 分析化学实验. 2版. 广州：中山大学出版社

陈永兆. 1986. 络合滴定. 北京：科学出版社

金钦汉. 1999. 微波化学. 北京：科学出版社

柯以侃. 2001. 大学化学实验. 北京：化学工业出版社

兰州大学，复旦大学化学系有机化学教研室. 1994. 有机化学实验. 2版. 北京：高等教育出版社

李兆陇，阴金香，林天舒. 2002. 有机化学实验. 北京：清华大学出版社

刘约权，李贵深. 1999. 实验化学. 北京：高等教育出版社

南京大学大学化学实验教学组. 1999. 大学化学实验. 北京：高等教育出版社

南京大学大学无机及分析化学实验编写组. 1999. 无机及分析化学实验. 3版. 北京：高等教育出版社

武汉大学. 2001. 分析化学实验. 4版. 北京：高等教育出版社

许遵乐，刘汉标，陆慧宁. 1999. 有机化学实验. 2版. 广州：中山大学出版社

中山大学等. 1992. 无机化学实验. 3版. 北京：高等教育出版社

周宁怀，王德琳. 1998. 微型有机化学实验. 北京：科学出版社

周宁怀. 2000. 微型无机化学实验. 北京：科学出版社

周效贤. 1993. 大学化学新实验（二）. 兰州：兰州大学出版社

R. 蒲希比. 1987. 实用络合滴定法. 李焕然，陈焕光，杨秀环等译. 广州：中山大学出版社

Murov S，Stedjee B. 2004. Experiments and Exercises in Basic Chemistry. 6th ed. New York：John Wiley & Sons，Inc.

附　　录

附录1　不同温度下常见无机化合物的溶解度

[g・(100 g 水)$^{-1}$]

序号	物质(分子式)	0℃	10℃	20℃	30℃	40℃	60℃	90℃	100℃
1	$AgNO_3$	* 122	167	216	265	311	440	652	733
2	$AlCl_3$	43.9	44.9	45.8	46.6	47.3	48.1		49
3	$Al(NO_3)_3$	60	66.7	73.9	81.8	88.7	106	153	160
4	$Al_2(SO_4)_3$	31.2	33.5	36.4	40.4	45.8	59.2	80.8	89
5	$BaCl_2 \cdot 2H_2O$	31.2	33.5	35.8	38.1	40.8	46.2	55.8	59.4
6	$Ba(NO_3)_2 \cdot 2H_2O$	50.3	60	72.8		102	151	261	325
7	$Ba(NO_3)_2$	4.95	6.67	9.02	11.48	14.1	20.4		34.4
8	$Ba(OH)_2$	1.67	2.48	3.89	5.59	8.22	20.94		
9	BaS	2.88	4.89	7.86	10.38	14.89	27.69	67.34	60.29
10	Br_2	* 4.17							
11	$CaBr_2 \cdot 6H_2O$	125	132	143	185 (34℃)	213	278		312 (106℃)
12	$CaCl_2 \cdot 6H_2O$	59.5	64.7	74.5	100	128	137	154	159
13	$Ca(HCO_3)_2$	16.15		16.60		17.05	17.50		18.40
14	CaI_2	64.6	66.0	67.6	69.0	70.8	74		81
15	$Ca(NO_2)_2 \cdot 4H_2O$	63.9		84.5 (18℃)	104		134	166	178
16	$Ca(NO_3)_2 \cdot 4H_2O$	102	115	129	152	191			363
17	$Ca(OH)_2$	0.189	0.182	0.173	0.160	0.141	0.121	0.086	0.076
18	$CaSO_4 \cdot 1/2H_2O$			0.32	0.29 (25℃)	0.26 (35℃)	0.145 (65℃)		0.071
19	$CaSO_4 \cdot 2H_2O$	0.223	0.244	0.255 (18℃)	0.264	0.265	0.244 (65℃)		0.205
20	$CdCl_2 \cdot 2.5H_2O$	90	100	113	132				
21	$CdCl_2 \cdot H_2O$		135	135	135	135	136		147
22	$Cd(NO_3)_2$	122	136	150	167	194	310		
23	$CdSO_4$	75.4	76.0	76.6		78.5	81.8	68.1	60.8
24	Cl_2(g)	1.46	0.98	0.716	0.57	0.451	0.324	0.125	0
25	CO (g)	4.4×10^{-3}	3.5×10^{-3}	2.8×10^{-3}	2.4×10^{-3}	2.1×10^{-3}	1.5×10^{-3}	6×10^{-4}	0

续表

序号	物质(分子式)	0℃	10℃	20℃	30℃	40℃	60℃	90℃	100℃
26	CO_2(g)*	0.384			0.145 (25℃)	0.097	0.058		
27	$CoBr_2$	91.9		112	128	163	227		257
28	$CoCl_2$	43.5	47.7	52.9	59.7	69.5	93.8	101	106
29	$Co(NO_3)_2$	84.0	89.6	97.4	111	125	174	300	
30	$CoSO_4$	25.5	30.5	36.1	42.0	48.8	55.0	45.3	38.9
31	$CoSO_4 \cdot 7H_2O$	44.8	56.3	65.4	73.0	88.1	101		
32	$CuCl_2$	68.6	70.9	73.0	77.3	87.6	96.5	108	120
33	$Cu(NO_3)_2$	83.5	100	125	156	163	182	222	247
34	$CuSO_4 \cdot 5H_2O$	23.1	27.5	32.0	37.8	44.6	61.8		114
35	$FeCl_2$	49.7	59.0	62.5	66.7	70.0	78.3	92.3	94.9
36	$FeCl_3 \cdot 6H_2O$	*74.4	81.9	91.8	106.8				*535.7
37	$Fe(NO_3)_3 \cdot 9H_2O$	112		137.7		175			
38	$FeSO_4 \cdot 7H_2O$	*15.65	20.51	26.5	32.9	40.2			
39	H_3BO_3	2.67	3.73	5.04	6.72	8.72	14.81	30.38	40.25
40	HBr (g)	221.2	210.3	198					130
41	HCl (g)	82.3			67.3	63.3	56.1		
42	$HgBr_2$	0.3	0.4	0.56	0.66	0.91	1.68		4.9
43	$HgCl_2$	3.63	4.82	6.57	8.34	10.2	16.3		61.3
44	I_2			*0.029	0.03 (25℃)	0.056			
45	KBr	*53.48	59.5	65.2	70.6	75.5	85.5	99.2	*102
46	$KBrO_3$	3.1	4.8	6.9	9.5	*13.3	22.7		*49.75
47	KCl	*27.6	31.0	34.0	37.0	40.0	45.5	54.0	*56.7
48	$KClO_3$	3.3	5.2	*7.1	10.1	13.9	23.8	46.0	*57
49	$KClO_4$	*0.75	1.06	1.68	2.56	3.73	7.3	17.7	*21.8
50	K_2CO_3	105	108	111	114	117	127	148	156
51	K_2CrO_4	58.2	60.0	*62.9	63.4	65.2	68.6	73.9	*79.2
52	$K_2Cr_2O_7$	*4.9	7	12	20	26	43	70	*102
53	$K_3[Fe(CN)_6]$	30.2	38	46	53	59.3	70		91
54	$K_4[Fe(CN)_6]$	*14.5	21.1	28.2	35.1	41.4	54.8	71.5	74.2
55	$KHC_4H_4O_6$	0.231	0.358	0.523	0.762				
56	$KHCO_3$	*22.4	27.4	33.7	39.9	47.5	65.6		
57	$KHSO_4$	*36.3		48.6	54.3	61	76.4		122
58	KI	128	136	144	153	162	176	198	206
59	KIO_3	*4.74	6.27	8.08	10.3	12.6	18.3		*32.3
60	$KMnO_4$	2.83	4.31	*6.38	9.03	12.6	22.1		

续表

序号	物质(分子式)	0℃	10℃	20℃	30℃	40℃	60℃	90℃	100℃
61	KNO_2	*281	292	306	320	329	348	390	*413
62	KNO_3	*13.3	21.2	31.6	45.3	61.3	106	203	*247
63	KOH	95.7	103	112	126	134	154		*178
64	K_2SO_4	7.4	9.3	11.1	13.0	14.8	18.2	22.9	*24.1
65	$K_2S_2O_8$	*1.75	2.67	4.70	7.75	11.0			
66	$KAl(SO_4)_2 \cdot 12H_2O$	3.00	3.99	5.90	8.39	11.70	24.8	109	
67	LiBr	143	147	160	183	211	223		266
68	LiCl	*63.7	74.5	83.5	86.2	89.8	98.4	121	*130 (96℃)
69	Li_2CO_3	*1.54	1.43	1.33	1.26	1.17	1.01		*0.72
70	LiF			*0.27 (18℃)					
71	LiI	151	157	165	171	179	202	440	481
72	$LiNO_3$	53.4	60.8	70.1	138	152	175		
73	LiOH	11.91	12.11	12.35	12.70	13.22	14.63		19.12
74	Li_2SO_4	36.1	35.5	34.8	34.2	33.7	32.6	30.9	
75	$MgBr_2$	98	99	101	104	106	112		125
76	$MgCl_2$	52.9	53.6	*54.25	55.8	57.5	61.0	69.5	*72.7
77	$Mg(NO_3)_2$	62.1	66.0	69.5	73.6	78.9	78.9	106	
78	$MgSO_4$	22.0	28.2	33.7	38.9	44.5	54.6	52.9	50.4
79	$MnBr_2$	127	136	147	157	169	197	226	228
80	$MnCl_2$	63.4	68.1	73.9	80.8	88.5	109	114	115
81	$Mn(NO_3)_2$	102	118	139	206				
82	$MnSO_4$	52.9	59.7	62.9	62.9	60.0	53.6	40.9	35.5
83	NaBr	*79.5	85.2	90.8	98.4	107	118	121	*121
84	$Na_2B_4O_7$	1.11	1.60	2.56	3.86	6.67	19.0	41.0	52.5
85	$NaBrO_3$	*27.5	30.3	36.4	42.6	48.8	62.6		*90.9
86	$NaC_2H_3O_2$	36.2	40.8	46.4	54.6	65.6	139	161	170
87	$Na_2C_2O_4$	2.69	3.05	3.41	3.81	4.18	4.93		*6.33
88	NaCl	*35.7	35.8	36.0	36.3	36.6	37.3	39.0	*39.12
89	$NaClO_3$	*79	87.6	95.9	105	115	137	184	204
90	Na_2CO_3	*7.1	12.5	21.5	39.7	49.0	46.0	43.9	*45.5
91	Na_2CrO_4	31.7	50.1	84.0	*87.3	96.0	115		126
92	$Na_2Cr_2O_7$	163	172	*180	198	215	269	405	415
93	$Na_4[Fe(CN)_6]$	11.2	14.8	18.8	23.8	29.9	43.7		
94	$NaHCO_3$	*6.9	8.1	9.6	11.1	12.7	*16.4		

续表

序号	物质(分子式)	0℃	10℃	20℃	30℃	40℃	60℃	90℃	100℃
95	NaH_2PO_4	56.5	69.8	86.9	107	133	172	234	
96	Na_2HPO_4	1.68	3.53	7.83	22.0	55.3	82.8	102	104
97	NaI	159	167	178	191	205	257		*302
98	$NaIO_3$	2.48	4.59	*9	10.7	13.3	19.8	29.5	*34
99	$NaNO_2$	71.2	*81.5 (15℃)	80.8	87.6	94.9	111		*163
100	$NaNO_3$	73.0	80.8	87.6	*92.1 (25℃)	102	122		*180
101	NaOH	*42	98	109	119	129	174		*347
102	Na_3PO_4	4.5	8.2	12.1	16.3	20.2	29.9	68.1	77.0
103	$Na_4P_2O_7$	*3.16							*40.26
104	Na_2S	9.6	12.1	15.7	20.5	26.6	39.1	65.3	
105	Na_2SO_4	4.9	9.1	19.5	40.8	48.8	45.3	42.7	42.5
106	$Na_2SO_4 \cdot 7H_2O$	19.5	30.0	44.1					
107	$Na_2S_2O_3 \cdot 5H_2O$	50.2	59.7	70.1	83.2	104			
108	Na_2WO_4	71.5		73.0		77.6			97.2
109	NH_4Br	60.5	68.1	76.4	83.2	91.2	108	135	145
110	NH_4Cl	*29.7	33.2	37.2	41.4	45.8	55.3	71.2	77.3
111	$(NH_4)_2C_2O_4$	*2.54	3.21	4.45	6.09	8.18	14.0	27.9	34.7
112	$(NH_4)_2CrO_4$	25.0	29.2	34.0	*40.5	45.3	59.0		
113	$(NH_4)_2Cr_2O_7$	18.2	25.5	35.6	46.5	58.5	86.0		156
114	$(NH_4)_2Fe(SO_4)_2$	12.5	17.2	26.4	33	46			
115	NH_4HCO_3	*11.9	16.1	21.7	28.4	36.6	59.2	170	354
116	$NH_4H_2PO_4$	*22.7	29.5	37.4	46.4	56.7	82.5		*173.2
117	$(NH_4)_2HPO_4$	42.9	62.9	68.9	75.1	81.8	97.2		
118	NH_4I	*154.2	163	172	182	191	209		*250.3
119	NH_4NO_3	*118.3	150	192	242	297	421	740	*871
120	$(NH_4)_2SO_4$	70.6	73.0	75.4	78.0	81	88		*103.8
121	$NH_4Al(SO_4)_2$	2.10	5.00	7.74	10.9	14.9	26.7		
122	NO (g)	9.84×10^{-3}	7.57×10^{-3}	6.18×10^{-3}	5.17×10^{-3}	4.4×10^{-3}	3.24×10^{-3}	1.14×10^{-3}	0
123	N_2O (g)		1.7×10^{-1}	1.21×10^{-1}					
124	$NiCl_2$	53.4	56.3	60.8	70.6	73.2	81.2		87.6
125	$Ni(NO_3)_2$	79.2		94.2	105	119	158	188	
126	$NiSO_4 \cdot 6H_2O$			40.1	43.6	47.6			

续表

序号	物质(分子式)	0℃	10℃	20℃	30℃	40℃	60℃	90℃	100℃
127	$NiSO_4 \cdot 7H_2O$	26.2	32.4	37.7	43.4	50.4			
128	$Pb(Ac)_2$	19.8	29.5	* 44.3	69.8	116			
129	$PbBr_2$	0.45	0.63	0.86	1.12	1.50	2.29	3.86	4.55
130	$PbCl_2$	0.67	0.82	1.00	1.20	1.42	1.94	2.88	3.20
131	PbI_2	* 0.044	0.056	* 0.068	0.090	0.124	0.193		0.42
132	$Pb(NO_3)_2$	* 37.65	46.2	54.3	63.4	72.1	91.6		133
133	$SO_2(g)$	22.83	16.21	11.09	7.81	5.41			
134	$SbCl_3$	602		910	1087	1368		72℃以上完全混溶	
135	SbF_3	385	444	562					
136	$SnCl_2$	* 83.9		* 259.8 (15℃)					
137	SnI_2			0.99	1.17	1.42	2.11	3.58	4.20
138	$SnSO_4$				* 33 (25℃)				
139	$Sr(Ac)_2$	37.0	42.9	41.1	39.5	38.3	36.8	36.2	* 36.4 (97℃)
140	$SrBr_2$	85.2	93.4	102	112	123	150		223
141	$SrCl_2$	43.5	47.7	52.9	58.7	65.3	81.8		101
142	SrF_2	1.13×10^{-2}		1.17×10^{-2}	1.19×10^{-2}				
143	SrI_2	165		178		192	218	365	383
144	$Sr(NO_3)_2$	39.5	52.9	69.5	88.7	89.4	93.4	98.4	
145	$Sr(OH)_2$	0.91	1.25	1.77	2.64	3.95	8.42	44.5	91.2
146	$SrSO_4$	0.0113	0.0129	0.0132	0.0138	0.0141	0.0131	0.0115	
147	$ZnBr_2$	389		446	528	591	618		672
148	$ZnCl_2$	342	363	395	437	452	488		614
149	ZnI_2	430		432		445	467		510
150	$Zn(NO_3)_2$	98			138	211			
151	$ZnSO_4$	41.6	47.2	53.8	61.3	70.5	75.4		60.5

* 数据摘自 Weast R C. Handbook of Chemistry and Physics. 68th ed.(1987～1988)，其余数据 Dean J A. Lange's Handbook of Chemistry. 13th ed(1985)。分子式后面标注气态的物质表示在 101.3 kPa 下。

附录 2　常见离子的颜色

无色阳离子	Na^+，K^+，NH_4^+，Ag^+；Mg^{2+}，Ca^{2+}，Sr^{2+}，Ba^{2+}，Sn^{2+}，Pb^{2+}，Zn^{2+}，Cd^{2+}，Hg_2^{2+}，Hg^{2+}；Al^{3+}，Bi^{3+}
有色阳离子	$[Cr(H_2O)_6]^{2+}$ 蓝色，$[Cr(H_2O)_6]^{3+}$ 紫色，$[Cr(H_2O)_5Cl]^{2+}$ 浅绿色，$[Cr(H_2O)_4Cl_2]^{2+}$ 暗绿色，$[Cr(NH_3)_2(H_2O)_4]^{3+}$ 紫红色，$[Cr(NH_3)_3(H_2O)_3]^{3+}$ 浅红色，$[Cr(NH_3)_4(H_2O)_2]^{3+}$ 橙红色，$[Cr(NH_3)_5H_2O]^{3+}$ 橙黄色，$[Cr(NH_3)_6]^{3+}$ 黄色；$[Mn(H_2O)_6]^{2+}$ 肉色；$[Fe(H_2O)_6]^{2+}$ 浅绿色，$[Fe(H_2O)_6]^{3+}$ 浅紫色；$[Co(H_2O)_6]^{2+}$ 粉红色，$[Co(NH_3)_6]^{2+}$ 黄色，$[Co(NH_3)_6]^{3+}$ 橙黄色，$[Co(NH_3)_5H_2O]^{3+}$ 粉红色；$[Ni(H_2O)_6]^{2+}$ 亮绿色，$[Ni(NH_3)_6]^{2+}$ 蓝色；$[Cu(H_2O)_4]^{2+}$ 浅蓝色，$[Cu(NH_3)_4]^{2+}$ 深蓝色
无色阴离子	F^-，Cl^-，Br^-，I^-，ClO_3^-，BrO_3^-，NO_3^-，NO_2^-，SCN^-，HCO_3^-，Ac^-，BO_2^-；S^{2-}，SO_4^{2-}，SO_3^{2-}，$S_2O_3^{2-}$，CO_3^{2-}，$C_2O_4^{2-}$，SiO_3^{2-}，$B_4O_7^{2-}$；PO_4^{3-}
有色阴离子	CrO_2^- 绿色，CrO_4^{2-} 黄色，$Cr_2O_7^{2-}$ 橙色；MnO_4^{2-} 绿色，MnO_4^- 紫红色；$[Fe(C_2O_4)_3]^{3-}$ 黄色，$[Fe(NCS)_6]^{3-}$ 血红色，$[Fe(CN)_6]^{4-}$ 黄色，$[Fe(CN)_6]^{3-}$ 浅橘黄色；$[Co(SCN)_4]^{2-}$ 蓝色，$[Co(CN)_6]^{3-}$ 紫色；$[CuCl_4]^{2-}$ 黄色；I_3^- 浅棕黄色

附录 3　分析试剂配制法

(一) 常见阳离子练习试液（1 mL 含阳离子 10 mg）

阳离子	化合物	$c/(g\cdot L^{-1})$	溶剂及配制方法
Ag^+	$AgNO_3$	15.7	水（储于棕色瓶中）
Hg_2^{2+}	$Hg_2(NO_3)_2\cdot 2H_2O$	14.0	0.6 $mol\cdot L^{-1}$ HNO_3 溶液，使用前新配
Pb^{2+}	$Pb(NO_3)_2$	16.0	水
Bi^{3+}	$Bi(NO_3)_2\cdot 5H_2O$	23.2	3 $mol\cdot L^{-1}$ HNO_3 溶液
Cu^{2+}	$Cu(NO_3)_2\cdot 3H_2O$	38.0	水
Cd^{2+}	$Cd(NO_3)_2\cdot 4H_2O$	27.0	水
As(Ⅲ)	As_2O_3	13.2	溶于 500 mL 浓 HCl 后再用水稀释至 1 L
As(Ⅴ)	As_2O_5	15.2	溶于 500 mL 浓 HCl 后再用水稀释至 1 L
Sb(Ⅲ)	$SbCl_3$	19.0	溶于 0.6 $mol\cdot L^{-1}$ HCl 后再用 2 $mol\cdot L^{-1}$ HCl 稀释至 1 L
Sb(Ⅴ)	$SbCl_5$	24.5	溶于 0.6 $mol\cdot L^{-1}$ HCl 后再用 2 $mol\cdot L^{-1}$ HCl 稀释至 1 L
Sn(Ⅱ)	$SnCl_2\cdot 2H_2O$	19.0	0.6 $mol\cdot L^{-1}$ HCl 溶液，使用前新配
Sn(Ⅳ)	$SnCl_4\cdot 3H_2O$	27.0	0.6 $mol\cdot L^{-1}$ HCl 溶液
Hg^{2+}	$Hg(NO_3)_2$	16.2	0.6 $mol\cdot L^{-1}$ HNO_3 溶液

续表

阳离子	化合物	$c/(g·L^{-1})$	溶剂及配制方法
Al^{3+}	$Al(NO_3)_3 \cdot 9H_2O$	140.0	水
Cr^{3+}	$Cr(NO_3)_3 \cdot 9H_2O$	77.0	水
Fe^{3+}	$Fe(NO_3)_3 \cdot 9H_2O$	71.5	水(如出现浑浊加几滴 6 $mol \cdot L^{-1}$ HNO_3 至溶液澄清)
Fe^{2+}	$FeCl_2 \cdot 4H_2O$	35.6	溶于适量 1 $mol \cdot L^{-1}$ HCl,再用水稀释至 1L,使用前新配
Mn^{2+}	$Mn(NO_3)_2 \cdot 6H_2O$	52.2	水
Zn^{2+}	$Zn(NO_3)_2 \cdot 6H_2O$	45.5	水
Co^{2+}	$Co(NO_3)_2 \cdot 6H_2O$	50.0	水
Ni^{2+}	$Ni(NO_3)_2 \cdot 6H_2O$	50.0	水
Ba^{2+}	$Ba(NO_3)_2$	19.0	水
Sr^{2+}	$Sr(NO_3)_2$	24.0	水
Ca^{2+}	$Ca(NO_3)_2 \cdot 4H_2O$	59.0	水
Mg^{2+}	$Mg(NO_3)_2 \cdot 6H_2O$	106.0	水
K^+	KNO_3	26.0	水
Na^+	$NaNO_3$	37.0	水
NH_4^+	NH_4NO_3	44.4	水

(二) 常见阴离子练习试液(1 mL 含阴离子 10 mg)

阳离子	化合物	$c/(g·L^{-1})$	溶剂及配制方法
CO_3^{2-}	$Na_2CO_3 \cdot 10H_2O$	47.8	水
SO_3^{2-}	$Na_2SO_3 \cdot 7H_2O$	31.5	水,使用前新配
$S_2O_3^{2-}$	$Na_2S_2O_3 \cdot 5H_2O$	22.2	水
S^{2-}	$Na_2S \cdot 9H_2O$	75.0	水
NO_2^-	$NaNO_2$	15.0	水
CN^-	KCN	25.0	水
Cl^-	NaCl	16.6	水
Br^-	KBr	15.0	水
I^-	KI	13.0	水,储于棕色瓶中
NO_3^-	$NaNO_3$	14.0	水
SO_4^{2-}	$Na_2SO_4 \cdot 10H_2O$	33.6	水
SiO_3^{2-}	$Na_2SiO_3 \cdot 5H_2O$	28.0	水
PO_4^{3-}	$Na_2HPO_4 \cdot 12H_2O$	38.0	水

(三) 酸溶液

名　称	$c/(\mathrm{mol \cdot L^{-1}})$	配制方法
HCl	12	浓 HCl
	9	750 mL 浓 HCl+250 mL 水
	6	500 mL 浓 HCl+500 mL 水
	2	167 mL 浓 HCl+833 mL 水
	1	83 mL 浓 HCl+917 mL 水
	0.5	42 mL 浓 HCl+958 mL 水
HNO_3	16	浓 HNO_3
	6	380 mL 浓 HNO_3+620 mL 水
	3	188 mL 浓 HNO_3+812 mL 水
	2	126 mL 浓 HNO_3+847 mL 水
	1	63 mL 浓 HNO_3+937 mL 水
H_2SO_4	18	浓 H_2SO_4
	2	111 mL 浓 H_2SO_4慢慢加到 500 mL 水中,冷却后加水稀释至 1 L
	1	55.4 mL 浓 H_2SO_4慢慢加到 800 mL 水中,冷却后加水稀释至 1 L
CH_3COOH	17	冰醋酸
	6	350 mL 冰醋酸+650 mL 水
	2	120 mL 冰醋酸+880 mL 水
	1	60 mL 冰醋酸+940 mL 水

(四) 碱溶液

名　称	$c/(\mathrm{mol \cdot L^{-1}})$	配制方法
NaOH	6	240 g NaOH 溶于 400 mL 水中,盖上表面皿,放冷,再用水稀释至 1 L
	2	80 g NaOH 溶于 150 mL 水中,盖上表面皿,放冷,再用水稀释至 1 L
KOH	0.5	28 g KOH 加 50 mL 水,搅拌溶解,放冷后,稀释至 1 L
$NH_3 \cdot H_2O$	15	浓氨水
	6	400 mL 浓氨水与 600 mL 水混合
	2	133 mL 浓氨水与 867 mL 水混合
$Ba(OH)_2$	饱和	取 72 g $Ba(OH)_2 \cdot 8H_2O$ 溶于 1 L 水中,充分搅拌,放置 24 h 后,吸取上层清液使用。注意防止吸收 CO_2
$Ca(OH)_2$	饱和	17 g $Ca(OH)_2$溶于 1 L 水中,使用前新配

（五）盐溶液

名　称	浓　度	配制方法
$AgNO_3$	1 mol·L^{-1}	170 g $AgNO_3$溶于 400 mL 水并稀释至 1 L(储于棕色瓶中)
$BaCl_2$	0.5 mol·L^{-1}	溶 122 g $BaCl_2 \cdot 2H_2O$ 于水中,并稀释至 1 L
$CuSO_4$	1%	10 g $CuSO_4 \cdot 5H_2O$ 溶于水并稀释至 1 L
	0.02%	取 2 mL 1% $CuSO_4$溶液用水稀释至 100 mL
$FeCl_3$	0.5 mol·L^{-1}	135 g $FeCl_3 \cdot 5H_2O$ 溶于水,稀释至 1 L
$FeSO_4$	25%	溶 25 g $FeCl_3 \cdot 7H_2O$ 于 50 mL 水及 5 mL 1 mol·L^{-1} H_2SO_4中,再用水稀释至 100mL
$HgCl_2$	0.2 mol·L^{-1}	55.6 g $HgCl_2$溶于水,稀释至 1 L
KBr	0.5 mol·L^{-1}	60 g KBr 溶于水中并稀释至 1 L
K_2CrO_4	5%	50 g K_2CrO_4溶于水中并稀释至 1 L
$K_3[Fe(CN)_6]$	0.033 mol·L^{-1}	11 g $K_3[Fe(CN)_6]$溶于水,稀释至 1 L
$K_4[Fe(CN)_6]$	0.025 mol·L^{-1}	10.5 g $K_4[Fe(CN)_6] \cdot 3H_2O$ 溶于水,稀释至 1 L
KI	1 mol·L^{-1}	166 g KI 溶于水,稀释至 1 L(储于棕色瓶中)
$KMnO_4$	0.01 mol·L^{-1}	1.6 g $KMnO_4$溶于水,稀释至 1 L
NaAc	3 mol·L^{-1}	408 g $NaAc \cdot 3H_2O$ 溶于水并稀释至 1 L
	1 mol·L^{-1}	136 g $NaAc \cdot 3H_2O$ 溶于水并稀释至 1 L
NaBrO		在小试管中加 3 滴溴水,逐滴加入 6 mol·L^{-1} NaOH 使红棕色褪去(或呈淡黄色)即成
Na_2CO_3	1 mol·L^{-1}	106 g Na_2CO_3溶于水并稀释至 1 L
$Na_3Co(NO_2)_6$	15%	15 g $Na_3Co(NO_2)_6$溶于 100 mL 水中。易分解,用时现配
(亚硝酸钴钠)	或 0.1 mol·L^{-1}	溶 230 g $NaNO_2$于 500 mL 水中,加入 16.5 mL 6 mol·L^{-1} HAc 及 30 g $Co(NO_3)_2 \cdot 6H_2O$,静置过夜,过滤,滤液用水稀释至 1 L,储于棕色瓶中。此液应为橙色,比较稳定,一般可使用四周。若溶液变红色,表示已分解,应重新配制
$Na_2[Fe(CN)_5 \cdot NO] \cdot 2H_2O$ (亚硝酰铁氰化钠)	3%	3 g $Na_2[Fe(CN)_5 \cdot NO] \cdot 2H_2O$ 溶于水,稀释至 100 mL
Na_2S	2 mol·L^{-1}	溶解 $Na_2S \cdot 9H_2O$ 480 g 于适量水中,稀释至 1 L,用时新配
NH_4Ac	3 mol·L^{-1}	235 g NH_4Ac 溶于水,稀释至 1 L
NH_4Cl	饱和	溶 NH_4Cl 于水中直至饱和
	3 mol·L^{-1}	162 g NH_4Cl 溶于水,稀释至 1 L
	1 mol·L^{-1}	54 g NH_4Cl 溶于水,稀释至 1 L

续表

名称	浓度	配制方法
$(NH_4)_2CO_3$	饱和	溶$(NH_4)_2CO_3$于水中直至饱和
	12%	120 g $(NH_4)_2CO_3$溶于水，稀释至 1 L
$(NH_4)_2C_2O_4$	0.5 mol · L^{-1}	71 g $(NH_4)_2C_2O_4 \cdot 2H_2O$溶于水后稀释至 1 L
$(NH_4)_2Hg(SCN)_4$	0.3 mol · L^{-1}	溶 90 g NH_4SCN 和 80 g $HgCl_2$于水中并稀释至 1 L
$(NH_4)_2MoO_4$	3%	2.5 g $(NH_4)_2MoO_4 \cdot 4H_2O$ 细末加 20 g NH_4NO_3 拌匀，加入 80 mL 4.5 mol · L^{-1} HNO_3中，搅拌溶解，放置 48 h。如有沉淀，过滤后使用
NH_4NO_3	1%	1 g NH_4NO_3溶于水中，稀释至 100 mL
NH_4SCN	饱和	溶 NH_4SCN 于水中直至饱和
$(NH_4)_2SO_4$	饱和	溶$(NH_4)_2SO_4$于水中直至饱和
$Pb(Ac)_2$	0.25mol · L^{-1}	95 g $Pb(Ac)_2 \cdot 3H_2O$ 溶于 500 mL 水及 10 mL 冰醋酸中，再用水稀释至 1 L
$SnCl_2$	0.25 mol · L^{-1}	溶 56.5 g $SnCl_2 \cdot 2H_2O$ 于 100 mL 浓 HCl 及 80 mL 水的溶液中，再用水稀释至 1 L 并加少许 Sn 粒防止 Sn^{2+} 被氧化
$SrCl_2$	0.2 mol · L^{-1}	32 g $SrCl_2$溶于水，稀释至 1 L
$UO_2(Ac)_2$(乙酸铀酰)	0.1 mol · L^{-1}	溶 42.4 g $UO_2(Ac)_2 \cdot 2H_2O$ 于 200 mL 水及 30 mL 冰醋酸的混合液中，溶后用水稀释至 1 L
乙酸铀酰锌	饱和	溶解乙酸铀酰锌于水中至不溶为止，储于棕色瓶中。或溶 10 g $UO_2(Ac)_2 \cdot 2H_2O$ 于 5 mL 冰醋酸及 20 mL 水的混合液中，并稀释至 50 mL(溶液 a)。溶 30 g $Zn(Ac)_2 \cdot 2H_2O$ 于 5 mL 冰醋酸及 20 mL 水中，也稀释 50 mL(溶液 b)。将溶液 a 与溶液 b 加热至 70℃后混合，放置 24 h 后，把析出的沉淀过滤除去

(六) 其他无机试剂溶液

名称	浓度	配制方法
氯水	饱和	通 Cl_2 于水中至饱和为止(新制)
H_2O_2	6%	200 mL 浓 H_2O_2(30%)用水稀释至 1 L
I_2-淀粉		0.1 g I_2和 0.3 g KI 溶于少量水中，用 1%淀粉溶液稀释至 100 mL

(七) 有机试剂溶液

名　称	浓　度	配制方法
硫代乙酰胺(TAA)	5%	5 g CH_3CSNH_2溶于水，并稀释至 100 mL
甲基紫	0.10%	水溶液，用时新配
溴百里酚蓝	0.10%	0.1 g 溴百里酚蓝溶于 100 mL 20%乙醇中
硫脲	2.50%	2.5 g 硫脲溶于 100 mL 1 mol·L^{-1} HNO_3中
邻二氮菲	0.50%	水溶液，加热溶解
茜素 S	0.10%	水溶液
丁二酮肟	1%	乙醇溶液
二苯卡巴肼 (二苯基碳酰二肼)	0.25%	溶解 16 g 邻苯二甲酸酐于热的 400 mL 无水乙醇中，加入 1 g 二苯卡巴肼，溶解后冷却至室温，储于棕色瓶中(不加邻-苯二甲酸酐，必须隔周配制一次)
玫瑰红酸钠	0.50%	水溶液，用时新配
镁试剂Ⅰ	0.001%	0.001 g 对-硝基苯偶氮间苯二酚溶于 100 mL 2 mol·L^{-1} NaOH 溶液中
淀粉溶液	1%	1 g 淀粉用水调成糊状，倒入 100 mL 沸水中，再煮沸数分钟
对氨基苯磺酸		0.5 g 溶于 150 mL 2 mol·L^{-1} HAc 中
α-萘胺		0.3 g α-萘胺溶于 20 mL 水中，煮沸，加 150 mL 2 mol·L^{-1} HAc
联苯胺	1%	1 g 联苯胺溶于 100 mL 2 mol·L^{-1} HAc 中
氨基乙酸(Gl)	5%	5 g NH_2CH_2COOH 溶于水并稀释至 100 mL
草酸	1%	1 g 草酸溶于 100 mL 水中

(八) 有机溶剂

戊醇　四氯化碳

(九) 固体试剂

$CdCO_3$　KI　KNO_2　$NaBiO_3$　Na_2CO_3　NaF

Al 粉(箔)　Sn 箔　Zn 粉　酒石酸　尿素

(十) 试纸

广泛 pH 试纸

附录4　常用酸、碱溶液的密度和浓度

酸或碱	分子式	密度/($g\cdot mL^{-1}$)	溶质的质量分数/%	c/($mol\cdot L^{-1}$)
浓盐酸 稀盐酸	HCl	1.19 1.10	37 20	12 6
浓硝酸 稀硝酸	HNO_3	1.42 1.20	72 32	16 6
浓硫酸 稀硫酸	H_2SO_4	1.84 1.18	96 25	18 3
冰醋酸 稀乙酸	CH_3COOH	1.05 1.04	99.5 34	17 6
高氯酸	$HClO_4$	1.75	72	12
磷酸	H_3PO_4	1.71	85	14.6
氢氟酸	HF	1.14	40	27.4
浓氨水 稀氨水	$NH_3\cdot H_2O$	0.90 0.96	28～30 10	15 6
稀氢氧化钠	$NaOH$	1.22	20	6

附录5　常用指示剂

(一) 酸碱指示剂

指示剂	变色范围* pH	颜色变化	pK_{HIn}	浓　度	用量/(滴每10毫升试液)
百里酚蓝	1.2～2.8	红～黄	1.65	0.1%的20%乙醇溶液	1～2
甲基黄	2.9～4.0	红～黄	3.25	0.1%的90%乙醇溶液	1
甲基橙	3.1～4.4	红～黄	3.45	0.05%的水溶液	1
溴酚蓝	3.0～4.6	黄～紫	4.1	0.1%的20%乙醇溶液或其钠盐水溶液	1
溴甲酚绿	4.0～5.6	黄～蓝	4.9	0.1%的20%乙醇溶液或其钠盐水溶液	1～3
甲基红	4.4～6.2	红～黄	5.0	0.1%的60%乙醇溶液或其钠盐水溶液	1
溴百里酚蓝	6.2～7.6	黄～蓝	7.3	0.1%的20%乙醇溶液或其钠盐水溶液	1
中性红	6.8～8.0	红～黄橙	7.4	0.1%的60%乙醇溶液	1
苯酚红	6.8～8.4	黄～红	8.0	0.1%的60%乙醇溶液或其钠盐水溶液	1
酚酞	8.0～10.0	无～红	9.1	0.5%的90%乙醇溶液	1
百里酚蓝	8.0～9.6	黄～蓝	8.9	0.1%的20%乙醇溶液	1～4
百里酚酞	9.4～10.6	无～蓝	10.0	0.1%的90%乙醇溶液	1～2

* 指室温下，水溶液中各种指示剂的变色范围。实际上，当温度改变或溶剂不同时，指示剂的变色范围将有变动。另外，溶液中盐类的存在也会影响指示剂的变色范围。

(二) 混合酸碱指示剂

指示剂溶液的组成	变色时pH	颜色		备注
		酸色	碱色	
一份0.1%甲基黄乙醇溶液 一份0.1%次甲基蓝乙醇溶液	3.25	蓝紫	绿	pH=3.2蓝紫色 pH=3.4绿色
一份0.1%甲基橙水溶液 一份0.25%靛蓝二磺酸水溶液	4.1	紫	黄绿	
一份0.1%溴甲酚绿钠盐水溶液 一份0.2%甲基橙水溶液	4.3	橙	蓝绿	pH=3.5黄色 pH=4.05绿色 pH=4.3浅绿色
三份0.1%溴甲酚绿乙醇溶液 一份0.2%甲基红乙醇溶液	5.1	酒红	绿	
一份0.1%溴甲酚绿钠盐水溶液 一份0.1%氯酚红钠盐水溶液	6.1	黄绿	蓝绿	pH=5.4蓝绿色 pH=5.8蓝色 pH=6.0蓝带紫 pH=6.2蓝紫色
一份0.1%中性红乙醇溶液 一份0.1%次甲基蓝乙醇溶液	7.0	蓝绿	绿	pH=7.0紫蓝
一份0.1%甲酚红钠盐水溶液 三份0.1%百里酚蓝钠盐水溶液	8.3	黄	紫	pH=8.2玫瑰红 pH=8.4清晰的紫色
一份0.1%百里酚蓝50%乙醇溶液 三份0.1%酚酞50%乙醇溶液	9.0	黄	紫	从黄到绿，再到紫
一份0.1%酚酞乙醇溶液 一份0.1%百里酚酞乙醇溶液	9.9	无	紫	pH=6.6玫瑰红 pH=10紫色
二份0.1%百里酚酞乙醇溶液 一份0.1%茜素黄R乙醇溶液	10.2	黄	紫	

(三) 络合滴定指示剂

名　称	配　制	用于测定		
		元素	颜色变化	测定条件
酸性铬蓝K	0.1%乙醇溶液	Ca	红～蓝	pH=12
		Mg	红～蓝	pH=10(氨性缓冲溶液)
钙指示剂	与NaCl配成1∶100的固体混合物	Ca	酒红～蓝	pH>12(KOH或NaOH)
铬黑T	与NaCl配成1∶100的固体混合物,或将0.5 g铬黑T溶于含有25 mL三乙醇胺及75 mL无水乙醇溶液中	Al	蓝～红	pH为7～8,吡啶存在下,以Zn^{2+}回滴
		Bi	蓝～红	pH为9～10,以Zn^{2+}回滴
		Ca	红～蓝	pH=10,加入EDTA-Mg
		Cd	红～蓝	pH=10(氨性缓冲溶液)
		Mg	红～蓝	pH=10(氨性缓冲溶液)
		Mn	红～蓝	氨性缓冲溶液,加羟胺
		Ni	红～蓝	氨性缓冲溶液
		Pb	红～蓝	氨性缓冲溶液,加酒石酸钾
		Zn	红～蓝	pH=6.8～10(氨性缓冲溶液)
O-PAN	0.1%乙醇溶液(或甲醇溶液)	Cd	红～黄	pH=6(乙酸缓冲溶液)
		Co	黄～红	乙酸缓冲溶液,70～80℃以Cu^{2+}回滴
		Cu	紫～黄	pH=10(氨性缓冲溶液)
			红～黄	pH=6(乙酸缓冲溶液)
		Zn	粉红～黄	pH为5～7(乙酸缓冲溶液)
磺基水杨酸	1%～2%水溶液	Fe(Ⅲ)	红紫～黄	pH=1.5～3
二甲酚橙	0.5%乙醇(或水)溶液	Bi	红～黄	pH=1～2(HNO_3)
		Cd	粉红～黄	pH为5～6(六次甲基四胺)
		Pb	红紫～黄	pH为5～6(六次甲基四胺)
		Th(Ⅳ)	红～黄	pH为1.6～3.5(HNO_3)
		Zn	红～黄	pH为5～6(乙酸缓冲溶液)

(四) 吸附指示剂

名　称	配　制	用于测定		
		可测元素(括号内为滴定剂)	颜色变化	测定条件
荧光黄	1%钠盐水溶液	Cl^-、Br^-、I^-、SCN^-(Ag^+)	黄绿～粉红	中性或弱碱性
二氯荧光黄	1%钠盐水溶液	Cl^-、Br^-、I^-(Ag^+)	黄绿～粉红	pH为4.4～7
四溴荧光黄(曙红)	1%钠盐水溶液	Br^-、I^-(Ag^+)	橙红～红紫	pH为1～2

(五) 氧化还原指示剂

名　称	配　制	$\varphi^{\ominus}$/V(pH=0)	氧化型颜色	还原型颜色
二苯胺	1%硫酸溶液	+0.76	紫	无色
二苯胺磺酸钠	0.2%水溶液	+0.85	红紫	无色
邻苯氨基苯甲酸	0.2%水溶液	+0.89	红紫	无色

附录6　常用缓冲溶液的配制

缓冲溶液组成	pK_a	缓冲液pH	缓冲溶液配制方法
一氯乙酸-NaAc	2.86	2.1	取100 g一氯乙酸溶于200 mL水中,加无水NaAc 10 g,稀至1 L
氨基乙酸-HCl	2.35 (pK_{a1})	2.3	取氨基乙酸150 g溶于500 mL水中后,加浓HCl 80 mL,稀至1 L
H_3PO_4-柠檬酸盐		2.5	取$Na_2HPO_4 \cdot 12H_2O$ 113 g溶于200 mL水后,加柠檬酸387 g,溶解,过滤后,稀至1 L
一氯乙酸-NaOH	2.86	2.8	取200 g一氯乙酸溶于200 mL水中,加NaOH 40 g溶解后,稀至1 L
邻苯二甲酸氢钾-HCl	2.95 (pK_{a1})	2.9	取500 g邻苯二甲酸氢钾溶于500 mL水中,加浓HCl 80 mL,稀至1 L
甲酸-NaOH	3.76	3.7	取95 g甲酸和NaOH 40 g于500 mL水中,溶解,稀至1 L
NaAc-HAc	4.74	4.0	取无水NaAc 32 g溶于水中,加冰醋酸120 mL,稀至1 L
NH_4Ac-HAc		4.5	取NH_4Ac 77 g溶于200 mL水中,加冰醋酸59 mL,稀至1 L
NaAc-HAc	4.74	4.7	取无水NaAc 83 g溶于水中,加冰醋酸60 mL,稀至1 L
NaAc-HAc	4.74	5.0	取无水NaAc 160 g溶于水中,加冰醋酸60 mL,稀至1 L
NH_4Ac-HAc		5.0	取NH_4Ac 250 g溶于水中,加冰醋酸25 mL,稀至1 L
六次甲基四胺-HCl	5.15	5.4	取六次甲基四胺40 g溶于200 mL水中,加浓HCl 10 mL,稀至1 L
NaAc-HAc	4.74	5.5	取无水NaAc 200 g溶于水中,加冰醋酸14 mL,稀至1 L
NH_4Ac-HAc		6.0	取NH_4Ac 600 g溶于水中,加冰醋酸20 mL,稀至1 L
NaAc-H_3PO_4盐		8.0	取无水NaAc 50 g和$Na_2HPO_4 \cdot 12H_2O$ 50 g,溶于水中,稀至1 L

续表

缓冲溶液组成	pK_a	缓冲液pH	缓冲溶液配制方法
HCl-Tris [三羟甲基氨甲烷 CNH_2══$(HOCH_3)_3$]	8.21	8.2	取 25 g Tris 试剂溶于水中,加浓 HCl 18 mL,稀至 1 L
NH_3- NH_4Cl	9.26	9.2	取 NH_4Cl 54 g 溶于水中,加浓氨水 63 mL,稀至 1 L
NH_3- NH_4Cl	9.26	9.5	取 NH_4Cl 54 g 溶于水中,加浓氨水 126 mL,稀至 1 L
NH_3- NH_4Cl	9.26	10.0	取 NH_4Cl 54 g 溶于水中,加浓氨水 350 mL,稀至 1 L

注:(1) 缓冲液配制后可用 pH 试纸检查。如 pH 不对,可用共轭酸或碱调节。pH 欲调节精确时,可用 pH 计调节。
(2) 若需增加或减少缓冲液的缓冲容量时,可相应增加或减少共轭酸碱对物质的量,再调节。

附录 7　常用基准物质及其干燥条件和应用

基准物质		干燥后组成	干燥条件	标定对象
名　称	分子式			
碳酸氢钠	$NaHCO_3$	Na_2CO_3	270～300℃	酸
碳酸钠	$Na_2CO_3 \cdot 10H_2O$	Na_2CO_3	270～300℃	酸
硼砂	$Na_2B_4O_7 \cdot 10H_2O$	$Na_2B_4O_7 \cdot 10H_2O$	放在有 NaCl 和蔗糖饱和液的干燥器中	酸
碳酸氢钾	$KHCO_3$	K_2CO_3	270～300℃	酸
草酸	$H_2C_2O_4 \cdot 2H_2O$	$H_2C_2O_4 \cdot 2H_2O$	室温空气干燥	碱或 $KMnO_4$
邻苯二甲酸氢钾	$KHC_8H_4O_4$	$KHC_8H_4O_4$	110～120℃	碱
重铬酸钾	$K_2Cr_2O_7$	$K_2Cr_2O_7$	140～150℃	还原剂
溴酸钾	$KBrO_3$	$KBrO_3$	130℃	还原剂
碘酸钾	KIO_3	KIO_3	130℃	还原剂
铜	Cu	Cu	室温干燥器中保存	还原剂
三氧化二砷	As_2O_3	As_2O_3	室温干燥器中保存	氧化剂
草酸钠	$Na_2C_2O_4$	$Na_2C_2O_4$	130℃	氧化剂
碳酸钙	$CaCO_3$	$Ca\ CO_3$	110℃	EDTA
锌	Zn	Zn	室温干燥中器保存	EDTA
氧化锌	ZnO	ZnO	900～1000℃	EDTA
氯化钠	NaCl	NaCl	500～600℃	$AgNO_3$
氯化钾	KCl	KCl	500～600℃	$AgNO_3$
硝酸银	$AgNO_3$	$AgNO_3$	280～290℃	氯化物
氟化钠	NaF	NaF	铂坩埚中 500～550℃下保存 40～50min后,H_2SO_4干燥器中冷却	

附录 8　常用滤器及其使用

(一) 国产滤纸规格*

编　号	102	103	105	120
类　别	定量滤纸			
灰　分	每张 0.02 mg			
滤速/[s·(100 mL)$^{-1}$]	60～100	100～160	160～200	200～240
滤速区别	快　速	中　速	慢　速	慢　速
盒上包带标志	蓝	白	红	橙
实用例	$Fe(OH)_3$ $Al(OH)_3$	H_2SiO_4 CaC_2O_4	$BaSO_4$	
编　号	127	209	211	214
类　别	定性滤纸			
灰　分	每张 0.2 mg			
滤速/[s·(100 mL)$^{-1}$]	60～100	100～160	160～200	200～240
滤速区别	快　速	中　速	慢　速	慢　速
盒上包带标志	蓝	白	红	橙

* 北京滤纸厂产品规格。

(二) 玻璃砂芯滤器规格及使用*

滤板编号	滤板平均孔径/μm	一般用途
1	80～120	过滤粗颗粒沉淀，收集或分布粗分子气体
2	40～80	过滤较粗颗粒沉淀，收集或分布较粗分子气体
3	15～40	过滤化学分析中一般结晶沉淀和杂质。过滤水银，收集或分布一般气体
4	5～15	过滤细颗粒沉淀，收集或分布细分子气体
5	2～5	过滤极细颗粒沉淀，滤除较大细菌
6	<2	滤除细菌

* 新玻璃滤器使用前应先以热盐酸或铬酸洗液抽滤一次，并随即用水冲洗干净，使滤器中可能存在的灰尘杂质完全清除干净。每次用完或经一定时间使用后，都必须进行有效的洗涤处理，以免因沉淀物堵塞而影响过滤效果。

附录 9　常用熔剂和坩埚

熔剂(混合熔剂)名称	所用熔剂量(对试样量而言)	熔融用坩埚材料*						熔剂的性质和用途
		铂	铁	镍	磁	石英	银	
Na_2CO_3(无水)	6～8 倍	+	+	+	−	−	−	碱性熔剂,用于分析酸性矿渣黏土,耐火材料,不溶于酸的残渣,难熔硫酸盐等
$NaHCO_3$	12～14 倍	+	+	+	−	−	−	碱性熔剂,用于分析酸性矿渣黏土,耐火材料,不溶于酸的残渣,难熔硫酸盐等
Na_2CO_3-K_2CO_3(1∶1)	6～8 倍	+	+	+	−	−	−	碱性熔剂,用于分析酸性矿渣黏土,耐火材料,不溶于酸的残渣,难熔硫酸盐等
Na_2CO_3-KNO_3(6∶0.5)	8～10 倍	+	+	+	−	−	−	碱性氧化熔剂,用于测定矿石中的总 S、As、Cr、V,分离 V、Cr 等物中的 Ti
$KNaCO_3$-$Na_2B_4O_7$(3∶2)	10～12 倍	+	−	−	+	+	−	碱性氧化熔剂,用于分析铬铁矿、钛铁矿等
Na_2CO_3-MgO(2∶1)	10～14 倍	+	+	+	+	+	−	碱性氧化熔剂,用于分解铁合金、铬铁矿等
Na_2CO_3-ZnO(2∶1)	8～10 倍	−	−	−	+	+	−	碱性氧化熔剂,用于测定矿石中的硫
Na_2O_2	6～8 倍	−	+	+	−	−	−	碱性氧化熔剂,用于测定矿石和铁合金中的 S、Cr、V、Mn、Si、P,辉钼矿中的 Mo 等
NaOH(KOH)	8～10 倍	−	+	+	−	−	+	碱性熔剂,用以测定锡石中的 Sn,分解硅酸盐等
$KHSO_4$($K_2S_2O_7$)	12～14 (8～12)倍	+	−	−	+	+	−	酸性熔剂,用以分解硅酸盐、钨矿石,熔融 Ti、Al、Fe、Cu 等的氧化物
Na_2CO_3∶粉末结晶硫黄(1∶1)	8～12 倍	−	−	−	+	+	−	碱性硫化熔剂,用于自铅、铜、银等中分离钼、锑、砷、锡;分解有色矿石烘烧后的产品,分离钛和钒等
硼酸酐(熔融、研细)	5～8 倍	+	−	−	−	−	−	主要用于分解硅酸盐(当测定其中的碱金属时)

* “+”可以进行熔融,“−”不能用以熔融,以免损坏坩埚,近年来采用聚四氟乙烯坩埚,代替铂器皿用于氢氟酸熔样。

附录 10 常见溶剂和特殊试剂的纯化

大多有机试剂与溶剂性质不稳定，久储易变色、变质，而化学试剂和溶剂的纯度直接关系到反应速率、反应产率及产物的纯度。为了合成某一目标分子，需要选择适当规格的试剂，以及对试剂与溶剂进行纯化处理。本附录介绍了常用试剂和某些溶剂在实验室条件下的纯化方法及相关性质。

(一) 无水乙醇

无水乙醇（absolute ethanol）沸点 78.5℃，折光率 n_D^{20} 1.3616，相对密度 d_4^{20} 0.7893。

1. 纯度 98%～99%乙醇的纯化

(1) 利用苯、水和乙醇形成低共沸混合物的性质，将苯加入乙醇中，进行分馏，在 64.9℃时蒸出苯、水、乙醇的三元恒沸混合物，多余的苯在 68.3℃与乙醇形成二元恒沸混合物被蒸出，最后蒸出乙醇。工业上多采用此法。

(2) 用生石灰脱水。于 100 mL 95%乙醇中加入新鲜的块状生石灰 20 g，回流 3～5 h，然后进行蒸馏。

2. 纯度 99%以上乙醇的纯化

(1) 在 100 mL 99%乙醇中加入 7 g 金属钠，待反应完毕，再加入 27.5 g 邻苯二甲酸二乙酯或 25 g 草酸二乙酯，回流 2～3 h，然后进行蒸馏。金属钠虽能与乙醇中的水作用，产生氢气和 NaOH，但所生成的 NaOH 又与乙醇发生以下的平衡反应：

$$C_2H_5OH + Na \longrightarrow C_2H_5ONa + 1/2H_2\uparrow$$

$$C_2H_5ONa + H_2O \rightleftharpoons C_2H_5OH + NaOH$$

因此单独使用金属钠不能完全除去乙醇中的水，须加入过量的高沸点酯，如邻苯二甲酸二乙酯与生成的 NaOH 作用，抑制上述反应，从而达到进一步脱水的目的。

(2) 在 60 mL 99%乙醇中加入 5 g 镁和 0.5 g 碘，待镁溶解生成醇镁后，再加入 900 mL 99%乙醇，回流 5 h 后，蒸馏，可得到 99.9%乙醇。

检验乙醇是否含有水分，常用的方法有：①在一支干净试管中加入制得的无水乙醇，随即加入少量的无水硫酸铜粉末，如果变为蓝色则表明乙醇中含有水分；②在另一支干净试管中加入制得的无水乙醇，随即加入几粒干燥的高锰酸钾，如果呈现紫红色，则表明乙醇中含有水分。由于乙醇具有非常强的吸湿性，所以在操作时，动作要迅速，尽量减少转移次数以防止空气中的水分进入。同时所用仪器必须实验前干燥好。

(二) 无水乙醚

无水乙醚（diethyl ether）沸点 34.51℃，折光率 n_D^{20} 1.3526，相对密度 d_4^{20} 0.71378。普通乙醚常含有 2%乙醇和 0.5%水，久藏的乙醚常含有少量过氧化物。

1. 过氧化物的检验和除去

制备无水乙醚时首先必须检验有无过氧化物的存在，否则容易发生爆炸。

(1) 检验方法：在干净的试管中加入 2～3 滴浓硫酸、1 mL 2%碘化钾溶液（若碘化钾溶液已被空气氧化，可用稀亚硫酸钠溶液滴到黄色消失）和 1～2 滴淀粉溶液，混合均匀后加入乙醚，振摇，如果出现蓝色即表示有过氧化物存在。

(2) 除去方法：除去过氧化物可用新配制的硫酸亚铁稀溶液（配制方法是 $FeSO_4 \cdot 7H_2O$ 60 g，100 mL 水和 6 mL 浓硫酸）。把乙醚置于分液漏斗中加入新配制的硫酸亚铁溶液，充分振荡混合后，弃去水层。此操作可以重复数次，至无过氧化物为止。

2. 醇和水的检验和除去

(1) 检验方法：乙醚中放入少许高锰酸钾粉末和一粒 NaOH。放置后，NaOH 表面附有棕色树脂，即证明有醇存在。水的存在用无水硫酸铜检验。

(2) 除去方法：先用无水氯化钙除去大部分水，再经金属钠干燥。其方法是：将 100 mL乙醚放在干燥锥形瓶中，加入 20～25 g 无水氯化钙，盖好，放置一天以上，并间断摇动，然后蒸馏，收集 33～37℃的馏分。加入 1 g 钠丝放于盛乙醚的瓶中，放置至无气泡发生即可使用；放置后，若钠丝表面已变黄变粗时，须再蒸一次，然后再压入钠丝。

(三) 吡啶

吡啶 (pyridine) 沸点 115.5℃，折光率 n_D^{20} 1.5195，相对密度 d_4^{20} 0.9819。

吡啶吸水力强，能与水、醇和醚任意混合。与水形成恒沸溶液，沸点为 94℃。

目前市售的分析纯吡啶含量为 99%，可供一般实验用。如要制得无水吡啶，可将吡啶与粒状氢氧化钾（钠）一同加热回流，然后隔绝潮气蒸出。干燥的吡啶吸水性很强，应保存于含有氧化钡、分子筛或氢化钙的容器中。

关于普通吡啶的纯化，是先用 NaOH 干燥，经过分馏，收集温度 113～117℃。然后另取 424 g 二氯化锌溶于 300 mL 水、173 mL 浓盐酸和 354 mL 无水乙醇中，将分馏过的 600 mL吡啶加入，即有结晶析出（可能为 $2C_5H_5N \cdot ZnCl_2$）。过滤，以无水乙醇重结晶两次，所得干燥固体，按每 100 g 质量加 26.7 g 的 NaOH 分解，滤除沉淀，将吡啶用固体 NaOH 干燥分馏即得。

(四) *N*,*N*′-二甲基甲酰胺

N,*N*′-二甲基甲酰胺 (dimethyl formide, DMF) 沸点 149～156℃，折光率 n_D^{20} 1.4305，相对密度 d_4^{20} 0.9487。无色液体，与多数有机溶剂和水可任意混合。化学和热稳定性好，对有机和无机化合物的溶解性能较好。

市售的 *N*,*N*′-二甲基甲酰胺三级纯以上含量不低于 95%，主要杂质为少量胺、氨、甲醛和水。常压蒸馏时有些分解，产生二甲胺和一氧化碳；在有酸或碱存在时，分解加快。所以加入固体氢氧化钾（钠）在室温放置数小时后，即有部分分解。因此，最常用硫酸钙、硫酸镁、氧化钡、硅胶或分子筛干燥，然后减压蒸馏，收集 46℃/4800 Pa(36 mmHg)的馏分。其中如含水较多时，可加入其 1/10 体积的苯，在常压及 80℃以下蒸去水和苯，然后再用无

水硫酸镁或氧化钡干燥，最后进行减压蒸馏。

纯化方法：①先用无水硫酸镁干燥 24 h，再加固体氢氧化钾振荡，然后蒸馏；②取 250 g二甲基甲酰胺、30 g 苯和 12 g 水分馏，先将苯、水、胺和氨除去，然后减压蒸馏即得纯品；③若含水量低于 0.05%，可用 4Å 型分子筛干燥 12 h 以上，然后蒸馏。

二甲基甲酰胺见光可慢慢分解为二甲胺和甲醛，因此纯化后的 N,N'-二甲基甲酰胺要避光储存。其中游离胺，可用2,4-二硝基氟苯产生颜色来检查。

(五) 四氢呋喃

四氢呋喃（tetrahydrofuran）沸点 67℃（64.5℃），折光率 n_D^{20} 1.4050，相对密度 d_4^{20} 0.8892。

四氢呋喃与水能混溶，并常含有少量水分及过氧化物。如要制得无水四氢呋喃，可用氢化铝锂在隔绝潮气下回流（通常 1000 mL 需 2～4 g 氢化铝锂）除去其中的水和过氧化物，然后蒸馏，收集 66℃的馏分（蒸馏时不要蒸干，将剩余少量残渣立即倒出）。精制后的液体加入钠丝并在氮气氛围下保存。如需较久放置，应加 0.025% 4-甲基-2,6-二叔丁基苯酚作抗氧剂。

处理四氢呋喃时，应先用小量进行实验，在确定其中只有少量水和过氧化物，作用不致于过于剧烈时，方可进行纯化。

四氢呋喃中的过氧化物用酸化的碘化钾溶液来检验。如过氧化物较多，应另行处理为宜。

(六) 丙酮

丙酮（acetone）沸点 56.21℃，折光率 n_D^{20} 1.3588，相对密度 d_4^{20} 0.7899。

普通丙酮含有少量的甲醇、乙醛以及水等杂质，不可能利用简单蒸馏把这些杂质分离开。其纯化方法有：

(1) 在 250 mL 丙酮中加入 2.5 g 高锰酸钾进行回流，若高锰酸钾紫色很快消失，再加入少量高锰酸钾继续回流，至紫色不褪为止。然后将丙酮蒸出，用无水碳酸钾或无水硫酸钙干燥，过滤后蒸馏，收集 55～56.5℃的馏分。用此法纯化丙酮时，须注意丙酮中含还原性物质不能太多，否则会过多消耗高锰酸钾和丙酮，使处理时间增长。

(2) 将 100 mL 丙酮装入分液漏斗中，先加入 4 mL 10% 硝酸银溶液，再加入 3.6 mL 1 $mol \cdot L^{-1}$ NaOH 溶液，振摇 10 min，分出丙酮层，再加入无水硫酸钾或无水硫酸钙进行干燥，最后蒸馏收集 55～56.5℃馏分。此法比方法（1）快，但硝酸银较贵，只宜小量纯化用。

(七) 二氯甲烷

二氯甲烷（dichloromethane）沸点 40℃，折光率 n_D^{20} 1.4242，相对密度 d_4^{20}1.3266。

使用二氯甲烷比氯仿安全，因此常用它代替氯仿作为比水重的萃取剂。普通的二氯甲烷一般都能直接作萃取剂用。如需纯化，可用 5%碳酸钠溶液洗涤，再用水洗涤，然后用无水氯化钙干燥，蒸馏收集 40～41℃的馏分，保存在棕色瓶中。

(八) 氯仿

氯仿 (chloroform) 沸点 61.7℃，折光率 n_D^{20} 1.4459，相对密度 d_4^{20} 1.4832。

氯仿在日光下易氧化成氯气、氯化氢和光气（剧毒），故氯仿应储于棕色瓶中。市场上供应的氯仿多用 1%乙醇作稳定剂，以消除产生的光气。氯仿中乙醇的检验可用碘仿反应；游离氯化氢的检验可用硝酸银的醇溶液。

除去乙醇可将氯仿用其二分之一体积的水振摇数次分离下层的氯仿，用氯化钙干燥 24 h,然后蒸馏。另一种纯化方法是将氯仿与少量浓硫酸一起振动两三次。每 200 mL 氯仿用 10 mL 浓硫酸，分去酸层以后的氯仿用水洗涤，干燥，然后蒸馏。

除去乙醇后的无水氯仿应保存在棕色瓶中并避光存放，以免光化作用产生光气。

(九) 四氯化碳

四氯化碳 (carbon tetrachloride) 沸点 76.8℃，折光率 n_D^{20} 1.4603，相对密度 d_4^{20} 1.6037。

目前四氯化碳主要由二硫化碳经氯化制得，因此普通四氯化碳中含有二硫化碳（含量约 4%）。

纯化方法：将 1000 mL 四氯化碳与相当于含有二硫化碳量的 1.6 倍的氢氧化钾溶于等量的水中，再加 100 mL 乙醇，剧烈振摇半小时（温度 50～60℃），必要时可减半量重复振荡一次。然后分出四氯化碳，先用水洗，再用少量浓硫酸洗至无色，最后再以水洗，用无水氯化钙干燥，蒸馏即得。四氯化碳不能用金属钠干燥，否则要发生爆炸。

(十) 无水无噻吩苯

无水无噻吩苯 (benzene) 沸点 80.1℃，折光率 n_D^{20} 1.5011，相对密度 d_4^{20} 0.8765。

普通苯常含有少量水和噻吩，噻吩的沸点为 84℃，与苯接近，不能用蒸馏的方法除去。

噻吩的检验：取 1 mL 苯加入 2 mL 溶有 2 mg 吲哚醌的浓硫酸，振荡片刻，若酸层呈蓝绿色，即表示有噻吩存在。

噻吩和水的除去：将苯装入分液漏斗中，加入相当于苯体积七分之一的浓硫酸，振摇使噻吩磺化，弃去酸液，再加入新的浓硫酸，重复操作几次，直到酸层呈现无色或淡黄色并检验无噻吩为止。将上述无噻吩的苯依次用水、10%碳酸钠溶液和水洗至中性，再用氯化钙干燥，进行蒸馏，收集 80℃的馏分，最后用金属钠脱去微量的水得无水苯。

(十一) 乙酸乙酯

乙酸乙酯 (ethyl acetate) 沸点 77.06℃，折光率 n_D^{20} 1.3723，相对密度 d_4^{20} 0.9003。

乙酸乙酯一般含量为 95%～98%，含有少量水、乙醇和乙酸。

纯化方法：

(1) 于 1000 mL 98%乙酸乙酯中加入 100 mL 乙酸酐，10 滴浓硫酸，加热回流 4 h，除去乙醇和水等杂质，然后进行蒸馏。馏出液用 20～30 g 无水碳酸钾振荡，再蒸馏，产物沸点为 77℃，纯度可达 99.7%以上。

(2) 先用等体积 5% 的碳酸钠溶液洗涤，然后用饱和氯化钙溶液洗，最后以无水碳酸钾干燥蒸馏。如需进一步干燥可再与五氧化二磷回流半小时，过滤，防潮蒸馏。

（十二）甲醇

甲醇（methanol）沸点 64.96℃，折光率 n_D^{20} 1.3288，相对密度 d_4^{20} 0.7914。

普通未精制的甲醇含有 0.02%丙酮和 0.1%水。而工业甲醇中这些杂质的含量达 0.5%～1%。

为了制得纯度达 99.9%以上的甲醇，可将甲醇用分馏柱分馏，收集 64℃的馏分，再用镁去水（与制备无水乙醇相同）。甲醇有毒，处理时应防止吸入其蒸气。

（十三）甲苯

甲苯（toluene）沸点 110.6℃，折光率 n_D^{20} 1.4961，相对密度 d_4^{20} 0.8699。

普通甲苯中可能含有少量甲基噻吩，欲除去甲基噻吩，可以用浓硫酸（甲苯：浓硫酸＝10：1）振摇 30 min（温度不能超过 30℃），除去酸层，然后依次用水、10%碳酸钠溶液和水洗至中性，用无水氯化钙干燥，进行蒸馏，收集 110℃的馏分。

（十四）乙腈

乙腈（acetonitrile）沸点 81.5℃，折光率 n_D^{20} 1.3441，相对密度 d_4^{20} 0.7822。

乙腈是惰性溶剂，可用于化学反应及重结晶。乙腈与水、醇、醚可任意混溶，与水生成共沸物（含乙腈 84.2%、沸点 76.7℃）。市售乙腈常含有水、不饱和腈、醛和胺等杂质，三级以上的乙腈含量应高于 95%。

纯化方法：可将试剂乙腈用无水碳酸钾干燥。过滤，再与五氧化二磷加热回流（20 g·L^{-1}），直至无色，用分馏柱分馏。乙腈可储存于放有分子筛（2Å，0.2 nm）的棕色瓶中。乙腈有毒，常含有游离氢氰酸。

（十五）苯胺

市售苯胺（aniline）经氢氧化钾（钠）干燥，为除去含硫的杂质可在少量氯化锌存在下，在氮气保护下，减压蒸馏，沸点77～78℃/2.0 kPa（15 mmHg）或184.4℃/101.0 kPa（760 mmHg），n_D^{20} 1.5850。

在空气中或光照下苯胺颜色变深，应密封储存于避光处。苯胺稍溶于水，能与乙醇、氯仿和大多数有机溶剂相混。可与酸成盐，苯胺盐酸盐熔点 198℃。

吸入苯胺蒸气或经皮肤吸收会引起中毒症状。

（十六）苯甲醛

苯甲醛（benzaldehyde）是带有苦杏仁味的无色液体，能与乙醇、乙醚、氯仿相混溶，微溶于水，由于在空气中易氧化成苯甲酸，使用前需经蒸馏，沸点64～65℃/1.60 kPa（12 mmHg）或179℃/101.0 kPa（760 mmHg），n_D^{20}1.5448。

低毒，但对皮肤有刺激，触及皮肤可用水洗。

（十七）冰醋酸

将市售冰醋酸（acetic acid 或 glacial acetic acid）在 4℃下慢慢结晶，并在冷却下迅速过滤，压干。少量的水可用五氧化二磷回流干燥几小时除去（10 g · L^{-1}），熔点 16～17℃，沸点 117～118℃/101.0 kPa（760 mmHg）。

冰醋酸对皮肤有腐蚀作用，触及到皮肤或溅到眼睛时，要用大量水冲洗。

（十八）乙酸酐

加入无水乙酸钠回流并蒸馏可得乙酸酐（acetic anhydride）(20 g · L^{-1})，沸点139～141℃/101.0 kPa (760 mmHg)，n_D^{20} 1.3904。

对皮肤有严重腐蚀作用，使用时需使用防护眼镜及手套。

（十九）水合肼

水合肼（hydrazine hydrate）是肼与一分子水的混合物，在合成中常用 85％浓度的肼的水溶液。

制备 85％的水合肼：取 100 g 40％～45％市售水合肼和 200 g 二甲苯的混合物，进行分馏，可在 99℃时蒸出水-二甲苯共沸物，在 118～119℃蒸出 85％的水合肼。

制备 90％～95％的水合肼：取 114 mL 40％～45％的水合肼和 230 mL 二甲苯，装高效分馏柱，油浴加热分馏；约带出 85 mL 水后；再进行蒸馏，收集113～125℃馏分。肼浓度越高，越易爆炸，蒸馏时，不宜蒸得过干，应在防爆通风橱内进行。

将 85％的水合肼和等量粒状 NaOH 在油浴中加热至 113℃，并在此温度下保温 2 h，再逐渐升温至 150℃，即可蒸出肼，浓度为 95％左右。

肼严重腐蚀皮肤、眼、鼻喉，特别是黏膜。如触及皮肤可用稀乙酸洗涤，必要时服用葡萄糖以解除毒性。

（二十）碘甲烷

碘甲烷（iodomethane）无色液体，见光变褐色，游离出碘。纯化可用硫代硫酸钠或亚硫酸钠的稀溶液反复洗至无色，然后用水洗，用无水氯化钙干燥，蒸馏，沸点 42～42.5℃。

碘甲烷应盛于棕色瓶中，避光保存。

（二十一）二甲基亚砜

二甲基亚砜（dimethyl sulfoxide，DMSO）沸点 189℃，熔点 18.5℃，折光率 n_D^{20} 1.4783，相对密度 d_4^{20} 1.100。无色、无嗅、微苦、易吸湿的液体，是一种优异的非质子极性溶剂，常压下加热至沸腾会发生部分水解。市售二甲基亚砜含水量约为 1％，一般先减压蒸馏，后用 4Å 型分子筛干燥，或用氢化钙（10 g · L^{-1}）干燥，搅拌 4～8 h，再减压蒸馏，蒸馏时，温度不宜高于 90℃，否则会发生歧化反应生成二甲砜或二甲硫醚。沸点180℃/101.0kPa（760 mmHg）或 71 ～ 72℃/2.80 kPa（21 mmHg），m. p. 18.5℃，n_D^{20} 1.4783，

d_4^{25} 1.0954。

注意：二甲亚砜与某些物质混合可能发生爆炸，如氢化钠、高碘酸、高氯酸镁等，应注意安全。

二甲亚砜能与水混合，可用长期放置分子筛加以干燥。然后减压蒸馏，收集 76℃/1200 Pa（12 mmHg）的馏分。也可用氧化钙、氢化钙、氧化钡或无水硫酸钡来干燥，然后减压蒸馏。也可用部分结晶的方法纯化。

（二十二）亚硫酰氯

亚硫酰氯（thionyl chloride）又称氯化亚砜，为无色或微黄色液体，有刺激性，遇水强烈分解。工业品常含有氯化砜、一氯化硫、二氯化硫，一般经蒸馏纯化，但经常仍有黄色。需要更高纯度的试剂时，可用喹啉和亚麻油依次重蒸纯化，但处理手续麻烦，产率低，剩余残渣难以洗净。使用硫磺处理，操作较为方便、效果较好。将硫磺（20 g·L^{-1}）搅拌下加入亚硫酰氯中，加热，回流 4.5 h，用分馏柱分馏，得无色纯品，沸点 78～79℃，n_D^{20} 1.5170。

操作中要小心，对皮肤与眼睛有刺激性。

（二十三）乙二醇二甲醚

乙二醇二甲醚（二甲氧基乙烷，dimethoxyethane）沸点 82～83℃，折光率 n_D^{20} 1.3721，相对密度 d_4^{25} 0.8683。

俗称二甲基溶纤剂，无色液体，有乙醚气味，能溶于水和碳氢化合物，对某些不溶于水的有机化合物是很好的惰性溶剂，并可促使芳香族碳氢化合物与钠反应。其化学性质稳定，溶于水、乙醇、乙醚和氯仿。

纯化时，先用钠丝干燥。在氮气下加氢化锂铝蒸馏；或者用无水氯化钙干燥数天，过滤，加金属钠蒸馏，可加入氢化锂铝保存，用前蒸馏。

（二十四）二氧六环

二氧六环（dioxane）又称二噁烷，1,4-二氧六环，与水互溶，无色，易燃，能与水形成共沸物（含量为 81.6%，沸点 87.8℃）。普通品中含有少量二乙醇缩醛与水。

纯化方法：可加入 10%的浓盐酸回流 3 h，同时慢慢通入氮气，以除去生成的乙醛。冷却后，加入粒状氢氧化钾直至其不再溶解；分去水层，再用粒状氢氧化钾干燥一天；过滤，在其中加入金属钠回流数小时，蒸馏。可压入钠丝保存。沸点 101.5℃，n_D^{20} 1.4224，d_4^{20} 1.0336。

久储的二氧六环中可能含有过氧化物，要注意除去，然后再处理。

（二十五）1,2-二氯乙烷

1,2-二氯乙烷（1,2-dichloroethane）无色油状液体，具有芳香气味，与水可形成共沸物（含量为 81.5%，沸点 72℃）。可溶于 120 份水中，与乙醇、乙醚和三氯甲烷相混溶，是重结晶和提取的常用溶剂。

可用五氧化二磷（20 g · L^{-1}），加热回流 2 h，常压蒸馏纯化。沸点83～84℃/101.0 kPa(760 mmHg)，n_D^{20}1.4444，d_4^{20}1.6000。

（二十六）石油醚

石油醚（petroleum）为轻质石油产品，是低相对分子质量的烷烃类（主要是戊烷和己烷）的混合物，按其沸程收集不同馏分。沸程为30～150℃，一般收集30℃左右的温度区间的馏分，如通常有30～60℃（d_4^{15}0.59～0.62）、60～90℃（d_4^{15}0.64～0.66）、90～120℃（d_4^{15}0.67～0.72）以及120～150℃（d_4^{15}0.72～0.75）等沸程规格的石油醚。

石油醚中含有少量不饱和烃杂质，其沸点与烷烃相近，用蒸馏方法是不能分离的，通常可用浓硫酸和高锰酸钾溶液把它洗去。首先将石油醚用相当其体积10%的浓硫酸洗涤两三次，再用10%硫酸加入高锰酸钾配成的饱和溶液洗涤，直至水层中的紫色不再消失为止。然后用水洗，经无水氯化钙干燥后蒸馏。如要绝对干燥的石油醚，则加入钠丝，同无水乙醚同样处理。

使用石油醚为溶剂时，由于烃组分挥发快，溶解能力降低，通常在其中加入苯、氯仿、乙醚等以增加其溶解能力。

（二十七）环己烷

环己烷（cyclohexane）沸点80.7℃，熔点6.5℃，折光率n_D^{20}1.4262，相对密度d_4^{20}0.7785。

无色液体，不溶于水，当温度高于57℃时，能与无水乙醇、甲醇、苯、醚、丙酮等混溶。环己烷中含有的杂质主要是苯。作为一般溶剂用，并不需要特殊处理。若要除去苯，可用冷的浓硫酸与浓硝酸的混合液洗涤数次，使苯硝化后溶于酸层而除去，然后用水洗，干燥分馏，加入钠丝保存。

（二十八）正己烷

正己烷（hexane）沸点68.7℃，折光率n_D^{20}1.3748，相对密度d_4^{20}0.6693。

无色极易挥发性液体，能与醇、醚和三氯甲烷混合，不溶于水。在60～70℃沸程的石油醚中，主要为正己烷，因此在许多方面可以用该沸程的石油醚代替正己烷作溶剂。目前市售三级纯含量为95%。

纯化方法：先用浓硫酸洗涤数次，继以0.5 mol · L^{-1}高锰酸钾的10%硫酸溶液洗涤，再以0.5 mol · L^{-1}高锰酸钾的10% NaOH溶液洗涤，最后用水洗，干燥，蒸馏。